智顗 説

現代語訳

法華文句（上）

菅野博史 訳注

公益財団法人東洋哲学研究所

はしがき

このたび、公益財団法人東洋哲学研究所の仏典現代語訳シリーズにおいて、『法華文句』（詳しくは『妙法蓮華経文句』）の訳注を刊行することとなった。『法華文句』全一〇巻（一巻を上下に分けるので、二〇巻と数えることもある）は、天台大師智顗（五三八～五九七。実際には、新暦の五九八年の一月七日に逝去した）の講義をもとに、弟子の章安大師灌頂（五六一～六三二）が書物としたものといわれる。灌頂の作業の過程で、嘉祥大師吉蔵（五四九～六二三）の大きな影響を受けたことも知られている。日本では、天台宗の影響が歴史的に大きかったので、『法華文句』は天台三大部の一つとして、『法華経』の随文釈義の注釈書として、古来よりもっとも多く読み継がれてきたものといえよう。

訳注者は、第三文明社のレグルス文庫から『法華文句』（Ⅰ）～（Ⅳ）を刊行したことがある（二〇〇七年～二〇一一年。現在は、第三文明選書に収録されている）が、これは訓読訳であった。本書の特徴は、現代語訳であることである。私の翻訳に誤りが多いことを恐れるが、一般の読者にとっては、訓読訳よりもはるかに理解しやすいものとなっていると思う。さらに、注に引用した漢文文献は、読者の便宜を考慮し、すべて訓読訳を提示することにする。

『法華文句』の訳注全体を上巻、下巻の二冊とする。上巻には巻第一上から巻第五下までを収め、下巻には巻第六上から巻第十下までを収める。下巻に解説を付す。また、必要な場合は索引を付す。

本書の訳注の方針について、以下、簡潔に説明する。

一、訳注にあたっては、底本として『大正新脩大蔵経』第三十四巻（一七一八番）所収本を使用する。また適宜、『天台大師全集・法華文句』（一九八五年、中山書房仏書林）所収本（『全集本』と略記する）を参照し、底本の文字を改める場合は、一々注記する。

二、見開き二頁にわたって、はじめに現代語訳を提示し、次に現代語訳に出る重要な語句や引用される経論の出典について語注を付ける。語注の番号は、巻第一上、巻第一下など、各巻ごとに連番とする。他注の参照を指示する場合、同一巻内では「前注○」、「後注○」と表記するが、他の巻は「巻第一上の前注○」などとする。

三、現代語訳と底本との対照の便宜のために、現代語訳の上段余白に『大正新脩大蔵経』第三十四巻の頁・段を記した。たとえば、14ａは十四頁上段を示す（中段はｂ、下段はｃと表記する）。

四、現代語訳の字体は、原則として常用漢字を用い、また、異体字を通用の字体に改める場合もある。

五、注の見出しの原漢文や訓読訳では、漢字は、常用漢字がある場合は原則としてそれを用いるが、ない場合は底本どおりの旧字体、もしくは正字体を用いる。また、底本において旧字体の使い分けがある場合など（例：「辨」、「辯」、「辦」）も旧字体のままとする。仮名遣いは、原則として現代仮名遣いを用いる。

六、読みやすくするため、現代語訳に科文を示す。『法華文句』の科文については、『国訳一切経』（経疏部二、『妙法蓮華経文句』）を参考にし、数字化した。随文釈義の注釈書は、何層にもわたる分科が施され、読者が今読んでいる箇所がどのような位相にあるのかよくわからないという面がある。数字も桁数が多くなると煩瑣ではあるが、目次に記載した科文表を参照すると、『法華文句』のある箇所が全体のなかでどのような位置づけにあるのかを理解できるはずである。『国訳一切経』は湛然（七一一～七八二）の『法華文句科文』、および『法華文句記会本』に基づき、部分的に独自の工夫を凝らしたものであるが、本書は『国訳一切経』の科文を参考にしながらも、あまりに細かい分科は省略したところもある。また、ある範囲の経文を三段落に分けるといいながら、実際には二段落しか注釈されていないという場合もある。このような場合は、科文の整合性を示すために、科文番号を出し、「本文に注釈なし」と記入する。ただし、湛然の科文の整合性が少しく破綻している場合もある。とくに、譬喩品の注釈の冒頭部分（巻第五上）は、譬喩品の品題や、譬喩品の分文解釈が挿入されているため、全体の分科との一貫性がない。本書では、注にその範囲を明示するが、この範囲は全体の科文表から除外する。このように本書に付した科文は十分なものではないので、『法華文句』の構造を理解するためのごく便宜的なものとご理解いただければ幸いである。なお、本文のなかにも、科文の説明文を挿入する。説明文は、簡潔な訓読調の表現を採用する。

七、語注の見出しについては、該当する現代語訳を提示し（長い場合は、中略する場合もある。「……」は中略を意味する）、その後に原漢文を掲げる。注のなかで、経論を引用する場合、訓読訳を示す。

八、「 」は引用文や会話文に、『 』は書名、もしくは「 」内の会話や引用文に用いる。〔 〕は訳者による補訳を示し、（ ）は簡単な語句の説明を示す。また、【 】は原漢文を示す。〔 〕は原文の割書きや細字を表わす際に使用する。これは注に引用する出典にも用いる。

九、語注の中のローマ字は、とくに断りがない場合は、サンスクリット語（梵語）を示す。音写語に対応する梵語を記す場合が多いが、実際には梵語ではなく俗語である場合も多い。また、対応する原語も複数ある場合もあるので、本書に記した対応梵語も一応の目安とご理解いただきたい。

十、経論の出典については、『大正新脩大蔵経』の頁・段・行を、大正二五、一二三上一一～一三（『大正新脩大蔵経』第二十五巻、百二十三頁上段十一行~十三行）などと記す。『法華経』からの引用は頻出するので、『大正新脩大蔵経』第九巻の巻数は省略し、16c12（十六頁下段十二行）などと記す。また、読者の便宜のために、注釈の直接の対象となる『法華経』の原漢文の出典については、『大正新脩大蔵経』以外に、岩波文庫版『法華経』上中下の頁・行（上中下をそれぞれABCと表記する。たとえば、A8·2は、上巻八頁二行を示す）、創価学会教学部編『妙法蓮華経並開結』の頁・行を『大正新脩大蔵経』、岩波文庫の後に挿入する。たとえば、（1c19/A8·2/70·2）などと表記する。なお、出典未詳の場合は、本文の引用文の後に、その旨を記す。多くの場合、『法華文句』の引用文は、出典の原文通りではなく、取意引用である。引用文と原文とが相違する場合、その程度は、単に一字違いの場合もあるし、大幅な要約の場合もある。取意引用といっても、このように大きな幅があるので、原文通りの引用と取意引用の区別はしないこととする。

また、『新纂大日本続蔵経』からの引用についても、『大正新脩大蔵経』に準じる。

十一、本書で用いる略号は以下の通りである。

大正：『大正新脩大蔵経』全百巻、大蔵出版

『新纂大日本続蔵経』：『新纂大日本続蔵経』全九〇巻、国書刊行会

全集本：『天台大師全集・法華文句』、中山書房仏書林

『文句』：『法華文句』

『文句記』：湛然『法華文句記』全二〇巻、大正三四巻（一七一九番）、全集本所収

『私志記』：智雲『妙経文句私志記』（生没年不詳、唐代）

『輔行』：『止観輔行伝弘決』全一〇巻、大正四六巻（一九一二番）、『天台大師全集・摩訶止観』（中山書房仏書林）所収

『私記』：証真（一二世紀～一三世紀）『法華疏私記』全一〇巻、『大日本仏教全書』（鈴木学術財団）第四・五巻、全集本所収
『講録』：霊空光謙（一六五二～一七三八）の『法華文句記講録』、全集本所収
『講義』：慧澄癡空（一七八〇～一八六二）の『法華文句記講義』、全集本所収
『南本涅槃経』：『大般涅槃経』全三六巻、大正一二巻（三七五番）所収
『六十巻華厳経』：『大方広仏華厳経』全六〇巻、大正九巻（二七八番）所収
『維摩経』：『維摩詰所説経』全三巻、大正一四巻（四七五番）所収
『大品般若経』：『摩訶般若波羅蜜経』全二七巻、大正八巻（二二三番）所収
『勝鬘経』：『勝鬘師子吼一乗大方便方広経』全一巻、大正一二巻（三五三番）所収
『次第禅門』：『釈禅波羅蜜次第法門』全一二巻、大正四六巻（一九一六番）所収

なお、現代語訳にあたり、『智証大師生誕一二〇〇年記念　天台寺門宗教文化資料集成　教学編　大宝守脱関係資料群　第Ⅰ期』（天台寺門宗教文化資料集成　教学編編纂委員会編、二〇〇九年）として、園城寺（三井寺）より刊行された『法華文句記会本』を参照する。これは、『法華文句記会本』の刊本に対して、大宝守脱が書き入れしたテキストの電子書籍である。守脱がおびただしい数の朱の書き入れをしたテキストを鮮明な画像で見ることができる。『文句』の文脈、論理を理解するために、守脱の書き入れは大いに役立った。

二〇二四年八月一日

『現代語訳　妙法蓮華経文句（上）』　目次

『現代語訳　法華文句（上）』科文

巻第一上

巻第一下

巻第二上

巻第二下

巻第三上

巻第四上

巻第四下

巻第五上

巻第五下

校正・校閲／土倉 宏
本文レイアウト／安藤 聡
装 幀／光村印刷株式会社

現代語訳

妙法蓮華経文句（上）

1b

妙法蓮華経文句　巻第一上

天台智者大師が説く

序品第一（1c18/A8·1/70·1）〔仏が世に出現することは難しく、仏がこれ（『法華経』）を説くことは難しく、これを〔中国に〕伝え翻訳することは難しく、自ら悟る【開悟】ことは難しく、師の講義を聞くことは難しく、一遍〔聞いた〕だけで記録することは難しい。私（灌頂）は二十七歳で金陵《きんりょう》（現在の南京）において〔師の講義を〕聞き、六十九歳で丹丘《たんきゅう》（天台山）において添削した。〔この書を〕留めて将来の賢人【後賢】に贈り、ともに仏慧を期待しよう〕

1 経の通題を釈す

委細に経題（『法華経』の題名）を解釈することは、上に説いた通りである。1

1　上に説いた通りである【已如上説】『法華玄義』の「釈名」の段を指す。

2　品の別目を釈す

2.1　序を釈す（序品を釈す）

「序」とは、庠序《しょうじょ》と解釈する[2]【訓】。その意味は、階位・賓主《ひんしゅ》（客と主人）・問答は、すべて庠序であるということである。経典編纂者は意義にしたがって[3]、次《じ》［序］・由《ゆう》［序］・述《じゅつ》［序］[4]を意味するのである。「如是」（1c19/A8･2/70･2）などの五つの事柄[5]が経の最初に加わる【冠】のは、次序である。放光［など］の六つの瑞相[6]は、［説法の］発端であり、由序である。問答によって疑いを解消することは正説の方便[7]であり、叙述［の序］である。この三つの意義を備えるので、序と呼ぶのである。

2.2　品を釈す

「品」とは、『中阿含［経］』には、「跋渠《ばっこ》」とある[8]。ここ（中国）では品と翻訳する。品とは、意味内容の同じもの【義類】が一段落に集まっているので、品と名づけるのである。あるいは仏が自ら品と唱える。『梵網
1c
［経］』の通りである[9]。あるいは結集して置いたものである。『大［智度］論』のようなものである。あるいは

2　庠序　双声語。庠は詳と同義。静かで落ち着いたさまをいう。『文句記』巻第一上には、「庠は安庠《あんじょう》を謂う。学舎・養宮は並びに今の意に非ず」（大正三四、一五二上八～九）とあるのによれば、「庠」は「学舎・養宮」の意味ではなく、「安庠」（ゆったりとして安らかなさま。安詳と同義）の意味であるとしている。さらに、『爾雅』、「東西の牆、之れを序と謂う。内外を別つなり」を引用し、その区別という意味を借用して、諸経と異なる『法華経』独自の序である別序を解釈するとしている。また、諸経と共通する通序（如是・我聞・一時・仏など）も外道とは異なるので、区別という意味を兼用でき

るとしている。『文句記』によれば、『文句』は他経と『法華経』とを区別する別序の意味を主とするので、階位・賓主・問答などの区別を意味する語彙を取りあげていると解釈する。また、「安庠」の意味を兼用しているとして、「忽卒越次」（あわただしく、次第順序を乱しているさま）の意ではないとしている。ここでは、「序」をいとぐちの意味と解釈してない。

3 経典編纂者【経家】 詳しくは集経家（経を集める人）という。経典には、仏や弟子が直接発言した部分だけでなく、第三者的立場から場面、状況を描写した部分があり、それらの部分は経家によると考えられた。

4 次［序］・由［序］・述［序］【次由述】 本文に説明があるように、「如是」等の五事は次序、放光などの瑞相は由序、弥勒と文殊の問答は述序にそれぞれ相当する。ここでの「序」は、庠序ではなく、次（順序）、由（理由、発端）、述（述べること）の意味と解釈している。

5 五つの事柄【五事】 経典冒頭に見られる「如是」・「我聞」・「一時」・「仏住某処」・「与衆倶」の五つをいう。「仏」と「住某処」を二分する場合は、六事となる。

6 放光［など］の六つの瑞相【放光六瑞】 説法・入定・雨華・地動・衆喜・放光の六つの瑞相で、『法華経』の説法の前に示される。

7 方便【弄引】 正説にたとえられる弄（歌曲の意）を引き出すものの意から、方便という意味となる。

8 『中阿含［経］』には、「跋渠」とある【中阿含云跋渠】 「中阿含」は、僧伽提婆訳『中阿含経』六十巻を指す。ただし、『私記』にも指摘されているように、『中阿含経』には「跋渠」は出ない。『摩訶僧祇律』に多く出る。「跋渠」は、vargaの音写語。伐伽とも音写する。品・多・種・衆・部・聚などと漢訳する。書物の章・節などの意。

9 『梵網［経］』の通りである【如梵網】 「梵網」は、『梵網経』二巻のこと。巻下に、「盧舎那仏は光光を放って、千花の上の仏に告ぐらく、『我が心地法門品を持って去り、……』と」（大正二四、一〇〇三中一六～一七）とあることから、この品名が仏の名づけたものとされる。なお、『梵網経』は中国撰述経典とされる。

翻訳者が付加したもので、［鳩摩］羅什のようなものである。[10] 今の薬王［菩薩］本事［品］は、仏が説きはじめたものである。妙音［菩薩品］・観［世］音［菩薩普門品］などは経典編纂者［の付けた品名］である。翻訳者［が付けた品名］はまだ聞いていない。[11]

2.3　第一を釈す

さまざまな品の出だしであるので、「第一」という。

3　経文を分節す

3.1　分文の有無得失を辨ず

仏は［衆生の機］縁に趣いて、長行【散花】・偈頌【貫花】の二つの説を設ける。［経典を］結集する者は、［仏の］説を調べて【按】これを伝える。論者は、経によって述べる。いずれも段落分けをしない。古の講師は、ただ義理を広く述べ弘めるだけで、段落を分けなかった。もし専一にこの意味を用いるならば、後の人【後生】はほとんど［文章の］構造【起尽】を知らないであろう。さらにまた、仏は偈頌・長行【貫散】を説き、［経典を］集める者は意義にしたがって品を確立する。『増一［阿含経］』には、「契経《かいきょう》（修多羅《しゅたら》、経）が一分、律が一分、阿毘曇が一分である」とある。[12] 契経にはさらに四つを開く。『増一［阿含経］』・『長［阿含経］』・『中［阿含経］』・『雑［阿含経］』のことである。『増一阿含［経］』は人・天の因果を明らかにし、『長阿含［経］』は邪見を破り、『中阿含［経］』は深い意義を明らかにし、『雑阿含［経］』は禅定を明らかにする。律には五部[13]や

10　『大［智度］論』のようなものである。あるいは翻訳者が付加したもので、［鳩摩］羅什のようなものである【如大論或訳人添足如羅什】『文句記』には、『大品般若経』は本来、序品・魔事品・嘱累品の三品しかなかったが、訳者の鳩摩羅什が加えて、九十品としたと記している。『文句記』は、僧叡『大品経序』（『出三蔵記集』巻第八所収）に、「胡本には唯だ序品、阿毘跋致《あびばっち》品、魔品のみ名有り」（大正五五、五三中一六～一七）とあるのを踏まえたものであろう。

11　翻訳者［が付けた品名］はまだ聞いていない【訳人未聞】『法華経』の品名のなかには、翻訳者が自分で付加した品名はないという意味。

12　『増一［阿含経］』には、「契経（修多羅、経）が一分、律が一分、阿毘曇が一分である」とある【増一云契経一分律一分阿毘曇一分】『増一阿含経』巻第一、序品、「契経一分、律二分、阿毘曇経も復た三分なり。過去の三仏も皆な三分す。契経・律・法を三蔵と為す」（大正二、五四九下二六～二七）を参照。

13　五部　律蔵に関する五種の分派のこと。法蔵部の四分律、有部の十誦律、化地部の五分律、飲光部の律（解脱律というが未伝、戒本は解脱戒経）、大衆部の摩訶僧祇律のこと。

八十誦[14]を開く。阿毘曇には六足[15]・八犍度《はっけんど》[16]などを開く。『阿含［経］』には、施・戒・慧[17]［など］の六度はいずれも足であるというのである。能力・性質、道[18]、定などの八種の集まりを意味するのである。天親は『［法華］論』を作り、七功徳によって序品を分け、五示現によって方便品を分ける。その他の品は、それぞれ段落分け【処分】がある。[19]

3.2　正しく分節を明かす

3.21　古の分節を明かす

昔、河西の［道］憑《ひょう》[20]、江東の［法］瑤《よう》[21]は、この意味を取りあげて、経文を段落分けした【節目】。末代にはとりわけ煩雑であり、光宅［寺法雲］はますます詳細である。[22]もやもやと立ちこめる霧は天空を覆い【重雰翳於太清】、［日・月・星の］三光はこのために耀きを隠す。渡し場を問う者【問津者】（探求する者）が尊ばないものである。曇鸞は、「［経典の］詳細な段落分け【細科】は煙のように風に飛ばされ【煙颺】、きめの粗い砥

14　八十誦　優婆離が一夏（九十日）に八十度、高座に登って誦出したとされる根本の律蔵とされるが、現存せず、後に五部の律の伝承の相違が生まれたとされる。

15　六足　『文句記』は、六度（六波羅蜜）の意であるとするが、『私記』は、本文に「施・戒・慧の六度は皆な足なり」とあっても、「阿毘曇に六足」とあれば、いわゆる六足論（集異門足論・法蘊足論・施設足論・識身足論・品類足論・界身足論）を指すはずであると解釈している。

16　八犍度　犍度はskhandaの音写語。書物の篇、章の名。法聚・篇・章・品などと漢訳する。八犍度は、『阿毘曇八犍度

論』に説かれる雑・結使・智・行・大・根・定・見の八種の犍度を指す。

17 施・戒・慧【施戒慧】 布施、持戒、智慧（般若）を指す。

18 能力・性質、道【根性道】 「根性」は根犍度、「道」は智犍度にそれぞれ相当する。

19 天親は『［法華］論』を作り、七功徳によって序品を分け、五示現によって方便品を分ける。その他の品は、それぞれ段落分け【処分】がある【天親作論以七功徳分序品五示現分方便品其余品各有処分】 天親（Vasubandhu）の『法華論』によれば、序品は七種の功徳成就（序分・衆・如来欲説法時至・依所説法威儀随順住・依止説因・大衆現前欲聞法・文殊師利菩薩答）を示現するとし、方便品を歎法勝妙分・歎法師功徳分・智衆成疑分・定記分・断疑分（『文句記』による）の五分に分科している。その他の品については、七種譬喩、三種平等、十無上、第十勝妙義が説かれるとしている。菩提留支訳『法華論』、「第一の序品は、七種の功徳の成就を示現す。第二の方便品は五分の示現有りて二を破し一を明かす。余品は向《さき》に処分するが如し。解し易し」（大正二六、一〇中二二～二四）を参照。

20 河西の［道］憑【河西憑】 『私記』は、『大般涅槃経疏』巻第一、「上代は直ちに唱え、文を消し意を釈す。章段を分かつは、小山瑤・関内憑等より起こる」（大正三八、四二上二八～二九）を引用して、「東晋姚秦時の僧、什師の学徒にして、法華・百論の疏を作るなり」と述べているが、『国訳』の注では、『続高僧伝』に立伝される道憑（四八八～五五九）のこととされる。『涅槃経』の分科をした人としては、道憑がふさわしい。

21 江東の［法］瑤【江東瑤】 呉興小山の法瑤（宋元徽年間［四七三～四七七］に七十六歳で死去）のこと。『高僧伝』巻第七に立伝される。『大般涅槃経集解』にも法瑤の注が収められている。

22 光宅［寺法雲］はますます詳細である【光宅転細】 光宅寺法雲（四六七～五二九）のこと。『法華義記』の科段が煩瑣詳細であることの指摘である。

石【雑礪】は塵のように飛ぶ」という。[23]思うに、あるいは行き過ぎ、あるいは及ばないのである。廬山龍師[24]は、［経典の］文を分類して、序・正・流通とする。［提婆達多品を欠く］二十七品について、まとめると、ただ二種があるだけである。序［品］から法師［品］までは、言葉［による教え］に関する方便と言葉［による教え］に関する真実【言方便言真実】である。理は一つであるのに、三［乗］（声聞乗・縁覚乗・菩薩乗）を説くからである。宝塔［品］以下は、［仏］身に関する方便と［仏］身に関する真実【身方便身真実】である。真実には［仏の成仏が］遠い昔であるのに、近いと唱えるからである。さらにまた、方便［品］から安楽行［品］までは因門であり、涌出［品］以下は果門である。斉の中興［寺僧］印[25]、小山の［法］瑤[26]は、［慧］龍に従って経を受けたので、［経典の］文を分類することは同じである。玄暢[27]は序［品］から多宝［品］（見宝塔品）までを因分とし、勧持［品］から神力［品］までを果分とし、嘱累［品］から経が終わるまでを［諸菩薩が法華経の信仰者を］保護維持する部分【護持分】とする。さらにまた、ある師は、「序［品］から［授］学無学人記［品］までは、『法華［経］』の体である。法師［品］から嘱累［品］までは、受持の功徳を明らかにする。薬王［菩薩本事品］から経が終わるまでは、さまざまな菩薩の過去世の誓願【本願】をほめる」という。ある師は四段とする。初品（序品）を序段とし、方便［品］から安楽行［品］までは開三顕一段であり、涌出
2a ［品］から分別功徳［品］を終わるまでは開近顕遠段であり、以下の流れは流通段である。光宅［寺法］雲は、［僧］印にしたがって経を受けた。最初に三段がある。次にそれぞれ二［段］を開く。［序の二段は］通序・別序のことであり、正［宗段の二段］は因門・果門のことであり、流通［段の二段］は化他・自行のことである。［通序・別序の］二序にそれぞれ五［段］があり、［因門・果門の］二正にそれぞれ四［段］があり、［化他・自行の］二流通にそれぞれ三［段］がある。合わせて二十四段である[28]……。

そもそも経文を段落分けするのは、すべて［凡］人の迷いの心である【人情】。蘭菊はそれぞれその美をほしいままにする。後の人【後生】は議論して争ってはならない。三［悉檀］の利益がなく、一［悉檀］の道

23 曇鸞は、「［経典の］詳細な段落分け【細科】は煙のように風に飛ばされ【煙颺】、きめの粗い砥石【雑礪】は塵のように飛ぶ」という【曇鸞云細科煙颺雑礪塵飛】一応、原文を直訳したが、下記のように、文字の誤りもあるようである。「曇鸞」は、中国浄土教の開祖である曇鸞（四七六～五四二？）のことであるが、『私志記』（『新纂大日本続蔵経』二九、一六一中九～一〇）によれば、「徳鸞」の誤りとされる。また、『私志記』（同前、一六一中一〇～一一）によれば、「細」は「砕」の誤り、「礪」は「例」の誤りとされる。

24 廬山龍師　慧龍（生没年不詳）のこと。廬山に住した。僧印に『法華経』を教えたとされる。

25 斉の中興［寺僧］印【斉中興印】　斉の中興寺僧印（四三五～四九九）のこと。慧龍より『法華経』を学んだ。光宅寺法雲の師。

26 小山の［法］瑤【小山瑤】　前注21を参照。

27 玄暢　四一六～四八四。『高僧伝』巻第八に立伝される。

28 二十四段　本文にあるように、法雲は『法華経』全体を二十四段に分けている。法雲『法華義記』（大正三三、五七四下～五七六下）を参照。

(第一義悉檀)を喪失するであろう。三［悉檀］の利益とは、世界［悉檀］などの三悉檀[29]である。一［悉檀］の道とは、第一義悉檀である。

3.22 今の分節を明かす

天台智者［大師］は、［経典の］文を分類して三［段］とする。最初の品(序品)を序とし、方便品から分別功徳［品］の十九行の偈に終わるまで、全部で十五品半を正と名づけ、偈から後、経が終わるまで、全部で十一品半を流通と名づける。

さらにまた、ある場合は二つに分ける。序［品］から安楽行［品］までの十四品は、迹に焦点をあわせて開権顕実し、涌出［品］から経が終わるまでの十四品は、本に焦点をあわせて開権顕実する。本迹にそれぞれ序・正・流通がある。最初の品を序［説］とし、方便［品］から授学無学人記品に終わるまでを正［説］とし、法師［品］から安楽行［品］までを流通［説］とする。涌出［品］から「弥勒已問斯事。仏今答之」(41a12/B304·12-306·1/462·10-12)までの半品を序［説］と名づけ、「仏告阿逸多」(41a14/ B 306·2-3/463·1-2)から分別功徳品の偈までを正［説］とし、これから後、経が終わるまでを流通［説］とする。今の注釈【記】は前の［序・正・流通］の三段にしたがって［経］文を解釈する【消】のである。

質問する。一経にどうして［迹門の序と本門の序の］二つの序があるのか。

答える。『華厳［経］』は至る所で大勢のものを集め、『阿含［経］』は一々の篇に「如是」［という言葉］があり、『大品［般若経］』[30]は前と後で付嘱するけれども、すべて一部［の経典］であることに背かない。二つの序がどうして妨げ[31]であろうか。今、［「如是」・「我聞」・「一時」・「仏住某処」・「与衆倶」の］五つの意義を置かないのは、本門は［経典の］最初【次首】ではないからである。迹門はただ［嘱累（経典を委託すること）流通がなく、勧持（経典の受持を勧めること）流通の］一つの流通だけがあるのは、［その後に本門があり］説法がまだ終わらないからである。［本門には序はあるが五義がなく、迹門には勧持流通はあるが嘱累流通がないという］有無の意味にすぎない。

29　世界［悉檀］などの三悉檀【世界等三悉檀】『大智度論』巻第一に出る世界悉檀・各各為人《かくかくいにん》悉檀・対治悉檀のこと。これに第一義悉檀を加えて四悉檀という。仏の説法を四種に分類したものである。悉檀はsiddhāntaの音写語で、確定した説の意。世界悉檀は世俗における真実、各各為人悉檀は衆生の性質・能力に応じて、善を生じるように説かれた真実、対治悉檀は衆生の悪を断ち切るように説かれた真実、第一義悉檀は究極的な真実をそれぞれいう。

30　『華厳［経］』は至る所で大勢のものを集め、『阿含［経］』は一々の篇に「如是」［という言葉］があり、『大品［般若経］』は前と後で付嘱する【華厳処処集衆阿含篇篇如是大品前後付嘱】『文句記』によると、『華厳経』（八十巻）の妙厳品、如来名号品、光明覚品ではそれぞれ別個に聴衆を招集している。また、『阿含経』は小さな経を集めたものであり、その小経ごとに「如是我聞」などの五義を置いている。『大品般若経』には巻第二十（『文句記』には「第二巻」とあるが誤り）に「累教品」があって前付嘱とし、巻第二十七に「嘱累品」があって後付嘱としている。

31　どうして【何】底本の「阿」を、甲本によって「何」に改める。

4　消文四意

4.1　総じて四意を標す

今、文を提示する[32]のに、四［段］とする。

4.2　開章別釈

4.21　開章

第一に数を列挙し、第二に理由、第三に［経文を］引用して証拠立て、第四に様相を示すのである。

4.22　別釈

4.221　列数

数を列挙するとは、第一に因縁、第二に約教、第三に本迹、第四に観心である。始め「如是」から「而退」(62a29/C336·2/678·4) に終わるまでは、すべて［因縁・約教・本迹・観心の］四つの意味によって文を解釈するけれども、今かいつまんで書くと、あるいは三つ、二つ、一つである。尊いことは意味を理解することにあるので、わざわざ記さないのである【不煩筆墨】。

4.222　四種釈の所以を明かす

第二に理由とは、質問する。もし省略すると一つであり、もし詳しくする【広】と四つでない。その理由は何か。

答える。詳しくすると智を退かせ、省略すると意味は行きわたらない。私が今、［広略の］中道に身を置いて説くならば、意義を明らかにしやすい。因縁は感応とも名づける。衆生に機がなければ、近いけれども見えないようにさせる。[33] 慈しみという善根の力によって、遠いけれども自然と通じあい、［衆生の］感と［仏の］応の道が交わる。それ故、因縁の解釈を用いるのである。

2b そもそも衆生は解脱を求める。この機は多い。聖人は応を生ずる。応も多い。この意義はさらに広い。中［道］に身を置くことは、どこにあるのか。そうであれば、『大［般涅槃］経』には、「慈しみという善根の力に、無数の門があるけれども、かいつまむと神通である」とある。[34] もし十方の［衆生の］機が感じるならば、虚空のように広大である。今、娑婆国土を論じる場合、音声による仏の仕事であるので、甘露の門は開く。教を拠り所として解釈すると、中［道］に身を置いて説くことは明らかである。もし機に応じて教を設けるならば、教に権実・浅深の相違がある。指を置いて月を残し、迹を滅して本を探求する必要がある。それ故、肇師《じょうし》（僧肇）は、「本でなければ、それで迹を垂れることはなく、迹でなければ、それで本をあらわすことはない」

32 文を提示する【帖文】 帖は「牒」・「貼」と通じて用いられ、貼り付けるの意で、経文やテーマを提示することを意味する。

33 近いけれども見えないようにさせる【雖近不見】 『法華経』如来寿量品、「我れは常に此こに住すれども、諸の神通力を以て、顚倒の衆生をして、近しと雖も、見えざらしむ」（大正九、四三中一八～一九）に基づく。

34 『大［般涅槃］経』には、「慈しみという善根の力に、無数の門があるけれども、かいつまむと神通である」とある【大経云慈善根力有無量門略則神通】 『南本涅槃経』巻第十四、梵行品、「我れは説く。是の慈に無量の門有り。所謂る神通なり」（大正一二、六九九中一七）を参照。

とある。[35]それ故、本迹釈を用いるのである。もし迹を探求すれば、迹は広くて、むだに疲れる。もし本を探求すれば、本は高く、その高さはきわめ尽くすことができない。日夜、他人の宝を数えても、自分では半銭の得分もない。[36]ただ自己の心の高さ、広さを観察して、窮まることのない聖人の応を発動【扣】させれば、機が成就して感を招き寄せ、自己の利益を獲得する。それ故、観心釈を用いるのである。

4.223 四種釈の引証を明かす

第三に引用して証拠立てる。方便品には、「十方の諸仏は、一つの重大な事柄【一大事】という理由のために、世に出現する」とある。[37]人・天・小乗に関しては、「一」でもなく、「大」でもない。そのうえ、「仏事」でもなく、機と感を成立させない。実相を「一」と名づけ、広いことを「大」と名づける。仏は、これを指して「事」とする。世に出現することを、「一大事因縁」と名づけるのである。さらにまた、「種々の法門によって、仏の覚りを述べて広く知らせる」とある。[38]種々の音声による教えのなかで、あるものはかすかなもの、あるものは顕著なもの、あるものは権（方便）、あるものは実（真実）であり、すべて仏の覚りのために、方便[39]となると知るべきである。『大〔般涅槃〕経』に、「粗雑な言葉や柔軟な言葉は、すべて第一義に帰着する」とあるのは、[40]このことを意味するのである。寿量品には、「今、天・人・阿修羅は、みな私が若いときに出家して釈迦族の宮殿を出て、伽耶城から遠くないところで、正しい覚りを得たと思い込んでいる。ところが、私はほ

35　肇師は、「本でなければ、それで迹を垂れることはなく、迹でなければ、それで本をあらわすことはない」とある【肇師

云非本無以垂迹非迹無以顕本】 僧肇『維摩詰経序』（『出三蔵記集』巻第八所収）、「本に非ざれば以て迹を垂るること無く、迹に非ざれば以て本を顕わすこと無し。本迹は殊なりと雖も、不思議一なり」（大正五五、五八中五―六）を参照。

36 日夜、他人の宝を数えても、自分では半銭の得分もない【日夜数他宝自無半銭分】『六十巻華厳経』巻第五、菩薩明難品、「譬えば貧窮の人は、日夜に他の宝を数うるに、自らは半銭の分も無きが如し。多聞も亦た是の如し」（大正九、四二九上三～四）を参照。

37 方便品には、「十方の諸仏は、一つの重大な事柄【一大事】という理由のために、世に出現する」とある【方便品云十方諸仏為一大事因縁故出現於世】『法華経』方便品、「諸仏世尊は、唯だ一大事因縁を以ての故に、世に出現す」（大正九、七上二一～二二）を参照。

38 「種々の法門によって、仏の覚りを述べて広く知らせる」とある【云以種種法門宣示於仏道】『法華経』方便品、「今、我れも亦た是の如し。衆生を安隠にせんとするが故に、種種の法門を以て、仏道を宣示す」（同前、九中二一～二二）を参照。

39 方便【筌罤】「筌《せん》」は魚を捕る竹器、「罤」は兎を捕る網。目的を達するための方便の意となる。罤は蹄に通じる。もと『荘子』外物篇に出る。

40 『大〔般涅槃〕経』に、「粗雑な言葉や柔軟な言葉は、すべて第一義に帰着する」とある【大経云麁言及軟語皆帰第一義】『南本涅槃経』巻第十八、梵行品、「諸仏は常に軟言すれども、衆の為めの故に麁を説く。麁語、及び軟語は、皆な第一義に帰す」（大正一二、七二八上二八～二九）を参照。

んとうに成仏してから、無量無辺阿僧祇劫《あそうぎこう》である。この方便によって、衆生を導き利益を与える」とある。[41] 方便品にさらに、「私はもともと［次のように］誓願を立てた。『くまなくすべての衆生にまたともにこの覚りを得させ、私と等しく相違がないようにさせよう』と」とある。[42] さらにまた、五百［弟子］受記品には、「内に菩薩の行を隠し、外に声聞であることを現わす。ほんとうは自分で仏土を浄める。大勢のものたちに［自分に］三毒があることを示し、さらにまた［自分が］邪見の姿を現わす。私の弟子はこのように、方便によって衆生を救済する」とある。[43] これは師弟がみな本迹を明らかにする……。譬喩品には、「もし人があなたの説くことを信じるならば、すぐに私を見、またあなたや比丘僧、そして菩薩たちを見る」とある。[44] 聞く内容にしたがって、明らかな心で観察するならば、信ずる心において、三宝を見ることができると知るべきである。説を聞くことは法宝であり、私を見ることは仏宝であり、あなたたちを見ることは僧宝である……。

4.224　四種釈の相を明かす

4.2241　示相

4.22411　総標

2c 第四に［四種釈の］様相を示すとは、

41　寿量品には、「今、天・人・阿修羅は、みな私が若いときに出家して釈迦族の宮殿を出て、伽耶城から遠くないところで、正しい覚りを得たと思い込んでいる。ところが、私はほんとうに成仏してから、無量無辺阿僧祇劫である。この方便によって、衆生を導き利益を与える」とある【寿量品云今天人阿修羅皆謂我少出家出釈氏宮去伽耶城不遠得三菩提然我実成仏已来無量無辺阿僧祇劫以斯方便導利衆生】『法華経』如来寿量品、「一切世間の天、人、及び阿修羅は、皆な今の釈迦牟尼仏は、釈氏の宮を出《い》で、伽耶城を去ること遠からず、道場に坐して、阿耨多羅三藐三菩提を得たりと謂《おも》えり。然るに、善男子よ、我れは実に成仏してより已来、無量無辺百千万億那由他劫なり」（大正九、四二中九～一三）を参照。

42 方便品にさらに、「私はもともと［次のように］誓願を立てた。『くまなくすべての衆生にまたともにこの覚りを得させ、私と等しく相違がないようにさせよう』と」とある【方便品又云我本立誓願普令一切衆亦同得此道如我等無異】『法華経』方便品、「我れは本と誓願を立てり。一切衆をして、我が如く等しくして異なること無からしめんと欲す」（同前、八中四～五）、同、「諸仏は本と誓願す。我が行ずる所の仏道は、普く衆生をして亦た同じく此の道を得しめんと欲す」（同前、九中四～六）を参照。

43 五百［弟子］受記品には、「内に菩薩の行を隠し、外に声聞であることを現わす。ほんとうは自分で仏土を浄める。大勢のものたちに［自分に］三毒があることを示し、さらにまた［自分が］邪見の姿を現わす。私の弟子はこのように、方便によって衆生を救済する」とある【五百受記品云内秘菩薩行外現是声聞実自浄仏土示衆有三毒又現邪見相我弟子如是方便度衆生】『法華経』五百弟子受記品、「内に菩薩の行を秘し、外に是れ声聞なるを現ず。少欲にして生死を厭えども、実自《まこと》に仏土を浄む。衆に三毒有りと示し、又た邪見の相を現ず。我が弟子は是の如く、方便もて衆生を度す」（同前、二八上一七～二〇）を参照。

44 譬喩品には、「もし人があなたの説くことを信じるならば、すぐに私を見、またあなたや比丘僧、そして菩薩たちを見る」とある【譬喩品云若人信汝所説即為見我亦見於汝及比丘僧并諸菩薩】『法華経』譬喩品、「若し人の能く汝の説く所を信ずること有らば、則ち我れを見ると為す。亦た汝、及び比丘僧、并びに諸菩薩を見る」（同前、一五中一二～一四）を参照。

4.22412　別示

4.224121　因縁相を示す

ひとまず三段に焦点をあわせて、因縁の様相を示す。衆生は久遠の昔に、仏が巧みに仏の覚りの因縁を植えさせるのを受け、中間に［仏と］出会い、さらに異なる方便によって、それを助けとして第一義をあらわして、[45]これを成熟させ、今日、花を降らせ大地を震動させ、如来の滅度によって、これを滅度させる。[46]次に、久遠を種とし、過去を熟とし、近世（今から遠くない過去）を脱とする。地涌［の菩薩］などのことである。次に、中間を種とし、［乳味・酪味・生蘇味・熟蘇味の］四味を熟とし、王［舍］城［で説かれる『法華経』］を脱とする。今、［仏知見について］開示悟入する者のことである。[47]次に、今世を種とし、次の世を熟とし、後世を脱とする。未来に救済される者のことである。まだ本門でないけれども、意味を汲み取って説くだけである。その間、一々の段階において【節節】、三世、［三世をさらに分けた］九世[48]を設け、種とし、熟とし、脱とする。また妨げがないはずである。なぜであろうか。如来は自在な神通の力、師子奮迅で、大いなる勢いのある猛々しい力によって、自在に説くからである。[49]如是［我聞］などがあるので、序分があるのである。大勢のものは稀有な瑞相を見て、敬い慕い【顒顒】かしこまって望み【欽渴】、完全な道を聞こうとする。[50]仏は機に乗じて教化を設け、仏の知見について開示悟入させる。[51]それ故、正説分があるのである。ただその時において大いなる利益を獲得するだけでなく、後の五百年[52]においても、遠く妙道において［仏法の利益の］潤いを受ける。そ

45　さらに異なる方便によって、それを助けとして第一義をあらわして【更以異方便助顕第一義】『法華経』方便品、「又た

諸の大聖主は、一切世間の天人群生の類の深心の欲する所を知り、更に異の方便を以て、助けて第一義を顕わす」（同前、八下八～一〇）を参照。

46 如来の滅度によって、これを滅度させる【以如来滅度而滅度之】『法華経』譬喩品、「我れに無量無辺の智慧、力、無畏等の諸仏の法蔵有り。是の諸の衆生は皆な是れ我が子にして、等しく大乗を与え、人有りて独り滅度を得しめず、皆な如来の滅度を以て、之れを滅度す」（同前、一三下五～八）を参照。

47 ことである【是也】　底本の「也」を、甲本によって「是也」に改める。

48 三世、［三世をさらに分けた］九世【三世九世】「三世」は、過去世・現在世・未来世の三世。「九世」は、三世のそれぞれをさらに三分類して九世とする。たとえば、過去世において過去世・現在世・未来世の三世を区別する。

49 如来は自在な神通の力、師子奮迅で、大いなる勢いのある猛々しい力によって、自在に説くからである【如来自在神通之力師子奮迅大勢威猛之力自在説也】『法華経』従地涌出品、「如来は今、諸仏の智慧、諸仏の自在神通の力、諸仏の師子奮迅の力、諸仏の威猛大勢の力を顕発し宣示す」（同前、四一上一六～一八）を参照。

50 完全な道を聞こうとする【欲聞具足道】『法華経』方便品、「又た、諸万億国の転輪聖王は至りて、合掌するに敬心を以てし、具足の道を聞かんと欲す」（同前、六下五～六）を参照。

51 仏の知見について開示悟入させる【開示悟入仏之知見】『法華経』方便品、「諸仏世尊は衆生をして仏知見を開かしめ、清浄なることを得しめんと欲するが故に、世に出現す。衆生に仏知見を示さんと欲するが故に、世に出現す。衆生をして仏知見を悟らしめんと欲するが故に、世に出現す。衆生をして仏知見の道に入らしめんと欲するが故に、世に出現す。舎利弗よ、是れ諸仏は一大事因縁を以ての故に、世に出現すと為す」（同前、七上二三～二八）を参照。

52 後の五百年【後五百歳】　仏典には「後五百歳」という表現が多く出る。一般には、仏滅後五百年を意味する。つまり、正法五百年を経過した時代を意味する。ただし、『文句記』には、『毘尼母論』の五の百歳のうち、第五の百歳、布施堅固の時代を指す説と、『大集経』の五の五百歳のうち、第五の五百歳、闘諍堅固の時代を指す説とを挙げ、後者の説を支持している。

れ故、流通分があるのである。

4.224122　教相に約して示す

さらにまた、教相を示すとは、この序は人天［界］が清らかに昇る【清升】ために序となるのでもなく、二乗、小道のために序となるのでもなく、即空で三［乗に］共通する［教え］（通教）のために序とならず、ただ菩薩の法のために序とならず、はじめて正直に方便を捨てて、ただ最高の仏の覚りを説こうとする[53]ことのために序となるだけである。この「正」は、世間を指して正とせず、蛍の光の析［法の］智（蔵教の智）を指して正とせず、灯火【灯炬】の体法の智（通教の智）を指して正とせず、星や月の道種智（別教の智）を指して正とせず、まさに日光の一切種智（円教の智）を指して正とする。この流通は、楊葉・木牛・木馬のために流通となるのでもなく、半字を流通するのでもなく、共字《ぐうじ》を流通するのでもなく、別字を流通するのでもなく、もっぱら円満の修多羅（経）、満字の法を流通するのである。[54]

4.224123　本迹の相を示す

次に本迹を示すとは、久遠の昔に菩薩の道を修行するとき、過去仏が法華経を宣揚する場合、また［序・正・流通の］三分の上中下の言葉がある。また本迹がある。ただ仏と仏とをたがいに比較すると、際限がない【無窮】。個別に最初に成仏したときに説いた法華［経］の［序・正・流通の］三分の上中下の言葉を取りあげて、もっぱら上と名づけ、これを本と名づける。なぜであるか。最初に成仏して最初に説法するので、上とし、
3a 本とする。この意味は、理解できるであろう。中間に教化を行ない、大通智勝［仏］、燃灯［仏］などの仏を

助けて、法華経の［序・正・流通の］三分を宣揚することは、ただ中と名づけ、ただ迹と名づける。なぜであるか。前に上があるからであり、前に本があるからである。今日、王［舎］城で説く［序・正・流通の］三分は、ただ下と名づけ、ただ迹と名づける。ないし師子奮迅の力によって、未来永劫にわたって説く［序・正・流通の］三分も最初を指して上とし、本とする。たとえば大樹に千本の枝、一万の葉があるけれども、その根本を論じると、次々と【伝伝】たがいに［根本であると］指すことができず、ともに一つの根を根本【宗】と

53 正直に方便を捨てて、ただ最高の仏の覚りを説こうとする【正直捨方便但説無上仏道】『法華経』方便品、「正直に方便を捨てて、但だ無上道を説くのみ」（同前、一〇上一九）を参照。

54 この流通は、楊葉・木牛・木馬のために流通となるのでもなく、半字を流通するのでもなく、共字を流通するのでもなく、別字を流通するのでもなく、もっぱら円満の修多羅（経）、満字の法を流通するのである【此流通非為楊葉木牛木馬而作流通非流通半字非流通共字非流通別字純是流通円満修多羅満字法也】「楊葉木牛木馬」は、ここでは人天乗を指す。『南本涅槃経』巻第十八、嬰児行品（大正一二、七二九上三～九）に出る比喩に基づく。嬰児が泣くとき、親が泣き止ませるために、かわやなぎの黄葉を与えようと約束し、また木製の牛や馬を与えようと約束する。嬰児はかわやなぎの黄葉を黄金と思いこみ、また木製の牛や馬を本物と思いこんで泣き止むというもの。『涅槃経』では、この比喩によって、三十三天が真実には無常・無楽・無我・無浄であるのに、方便によって常・楽・我・浄であると説くと、衆生はこの方便の教えによって、天界に生まれる善業を積むことができるようになることをたとえる。「半字」は蔵教、「共字」は通教、「別字」は別教、「満字」は円教をそれぞれ指す。半字・満字は、サンスクリット語で、母韻十二字、子音三十五字のそれぞれを半字といい、母韻と子音を合わせて意味を持つ一語としたものを満字という。教判に応用され、劣った教えを半字、優れた教えを満字と判じる。『南本涅槃経』巻第八、文字品（大正一二、六五五上二〇～二二）を参照。

するようなものである。この比喩は理解できるであろう……。

4.224124　観心の相を示す

次に観心の様相を示すとは、自己の心に焦点をあわせて戒・定・慧を論じて、三つの部分（初中後）とするべきである。修行には、戒を最初とし、定は中頃、慧は最後である。法門に関しては、慧を本とし、定・戒を迹とする。さらにまた、戒・定・慧を、それぞれ三つの部分とする。［授戒の儀式の］準備的な行為、白四羯《びゃくしこん》磨《ま》、完成[55]を戒の三つの部分とし、［正観の準備の］二十五方便・正観・歴縁《りゃくえん》[56]［を三つの部分とし］、そのうえ巧みに百千の三昧等に入り、［三昧から］出、［三昧に］留まること[57]を定の三つの部分とし、因縁によって生ずる法が即空・即仮・即中であること[58]を、慧の三つの部分とする。

4.2242　総結

三つの部分に焦点をあわせて、四種［釈］の様相を示す。

4.3　結勧

この意義を用い、「如是」（1c19/A8･2/70･2）以下、「作礼而退」（62a29/C336･2/678･4）までは、すべて四つの意味[59]を設けて文を解釈するべきである。ただこの［四種釈の］意義に準拠して【準望】推論【比知】すると、平易である。［四種釈を］説明して示す【分別顕示】と、その表現は難しい。修行者はたくみにこれを思量しなさい。言葉は相違するが、意味は同じであり、千車は車輪のあと【轍】を共通にし、万流は［海に入って］

55　［授戒の儀式の］準備的な行為、白四羯磨、完成【前方便白四羯磨結竟】「前方便」とは、授戒の中心的部分である白四羯磨の前に行われる準備的な行為をいう。「白四羯磨」とは、羯磨はkarmaの音写語で、戒律に関する行為の作法をいう。白四羯磨は衆僧法（サンガ＝四人以上で構成される教団のなかで申し述べる方法）の一つで、僧衆に一度告知（表白）し、三度可否を問うこと。一度告知することを一白といい、三度可否を問うことを三羯磨という。これを一白三羯磨とも白四羯磨ともいう。これは具足戒を受ける場合、僧残罪の懺悔の場合などに行なわれる。「結竟」とは、授戒の儀式が始めから終わりまで正しく行われ完成すること。

56　［正観の準備の］二十五方便・正観・歴縁【二十五方便正観歴縁】「二十五方便」は、正観（正しく止観を修すること）に入るための準備的行為で、具五縁・呵五欲・棄五蓋・調五事・行五法の二十五箇条。その内容は、『天台小止観』・『摩訶止観』に詳しく説かれている。「歴縁」は、行・住・坐・臥・語・黙の六縁、つまり日常的な活動の場面で止観を修すること。

57　巧みに百千の三昧等に入り、［三昧から］出、［三昧に］留まること【善入出住百千三昧等】『法華経』従地涌出品、「善く無量百千万億の三昧に入出住す」（大正九、四一下一七～一八）に基づく表現。「入出住」は、時間的には、入住出の順序となり、それぞれ三昧に入り、三昧に住し、三昧から出るの意。

58　因縁によって生ずる法が即空・即仮・即中であること【因縁所生法即空即仮即中】『中論』巻第四、観四諦品、「衆因縁もて法を生ずるに、我れは即ち是れ無なりと説き、亦た為是《こ》れ仮名にして、亦た是れ中道の義なり」（大正三〇、三三中一一～一二）に基づく。後の三句を略して、即空・即仮・即中という。

59　四つの意味【四意】いわゆる四種釈（因縁釈・約教釈・本迹釈・観心釈）を指す。

鹹味《かんみ》という点で合致するのである。[60]

5　正しく経文を釈す

5.1　迹門

5.11　序分

5.111　通序

序に通（共通性）・別（個別性）がある。「如是」以下、「却坐一面」（2b6/A16·16/75·9）までは、通序（すべての経典に共通的な序）である。「爾時世尊」（2b7/A18·1/75·10）以下、品［末］までは、別序（『法華経』に個別的な序）である。通序はさまざまな教えに共通し、別序は一経に個別的である。通序は五［段］とする。あるいは六［段］、あるいは七［段］である……。[61]「如是」とは、聞く対象としての法体を取りあげる。「我聞」（1c19/A8·2/70·2）とは、保持する主体としての人である。「一時」（1c19/A8·2/70·2）とは、聞くことと保持することと調和合致【和合】して、［聞くことと保持することとが］相違した時ではないのである。「仏」（1c19/A8·2/70·2）とは、あるとき仏から聞くのである。「王城耆山」（1c19/A8·2-3/70·2-3）は、聞いて保持する場所である。「与大比丘」（1c20/A8·3/70·3）とは、聞いて保持する仲間である。これはすべてみな因と縁が調和合致して、順序よく他を生ずるのである。

5.1111　所聞の法体

5.11111　四意に約して文を消す

さらにまた、「如是」とは、三世の仏は経典の最初にすべて「如是」を置く。諸仏の道は同じであり、世間と争わないのは、世界悉檀である。『大［智度］論』に、「時と場所【方】を取りあげて人々に信を生じさせる」とあるのは[62]、為人悉檀である。さらにまた、外道の阿欧[63]の二字が「如」でもなく、「是」でもないことを
3b 対象として破ることは、対治悉檀である。さらにまた、「如是」とは、信じ随順するという言葉である。信じるので、聞く対象としての理に合致し、随順するので、師弟【師資】の道が成就する。[64]つまり第一義悉檀であ

60 万流は［海に入って］鹹味という点で合致するのである【万流鹹会者也】『文句記』によれば、「鹹」は誤りで、「万流咸《こと》ごとく会する者なり」と推定している。意味としては、「流れ、海に入りて、一同の鹹味なるが如し」ということを言いたいのであろうと推定している。また、「鹹会」は「会鹹」の誤りであるという説も紹介している（大正三四、一五八中二〇～二二を参照）。

61 五［段］とする。あるいは六［段］、あるいは七［段］である【為五或六或七】「五」・「六」は前注5を参照。「七」の場合は、「我聞」を「我」と「聞」に二分する。

62 『大［智度］論』に、「時と場所【方】を取りあげて人々に信を生じさせる」とある【大論云挙時方令人生信】『大智度論』巻第三、「問うて曰う。何を以て直ちに般若波羅蜜の法を説かずして、仏は王舎城に住すと説くや。答えて曰う。方・時・人を説いて、人をして心に信を生ぜしむるが故なり」（大正二五、七五下一三～一五）を参照。

63 阿欧「欧」は、漚とも記す。ここでは、外道の経の冒頭に置かれるオーム（om）のこと。

64 「如是」とは、信じ随順するという言葉である。信じるので、聞く対象としての理に合致し、随順するので、師弟【師資】の道が成就する【如是者信順之辞信則所聞之理会順則師資之道成】『注維摩詰経』巻第一、「肇曰わく、如是は信順の辞なり。夫れ信ずれば、則ち言う所の理は順じ、順ずれば、則ち師資の道は成ず」（大正三八、三二八上一二～一三）を参照。

る。因縁釈はとても広大であるので、詳しく記載することはできない……。

教に焦点をあわせて解釈するならば、『経』に「三世の仏の法は、最初にすべて如是とある」という[65]。過去仏に漸・頓・秘密・不定などの経がある。漸にさらに三蔵［教］・通［教］・別［教］・円［教］がある。今の仏も同様である。さまざまな経は同じでないので、「如是」も同様に相違する。一つの匙《かぎ》で多くの戸を開くべきではない。さらにまた、仏と阿難との二つの文が相違しないことを「如」とし、説き明かす主体【能詮】が説き明かす対象【所詮】を説き明かすことを「是」とする。今、阿難は仏のどのような文を伝え、どのような是を説き明かすのか。漸の文によって頓の是を伝えたり、偏の文によって円の是を説き明かしたりすることはできない。伝えること・説き明かすこと【伝詮】がもし誤れば、文は如ではない。文が如でなければ、理は是ではない。この意義は明らかにすることが難しいので、注意して詳しく明らかにする必要がある。

ひとまず漸教によって区別すると、仏は、俗［諦］には文字があり、真［諦］には文字がないことを明らかにする。阿難は、仏の俗諦の文字を伝えて、仏説と相違しないので、「如」と名づけ、この俗［諦］の文によって、真諦の理に合致するので、「是」と名づける。これは三蔵［教］の経の最初に「如是」を明らかにするのである。

仏は、色そのままが空であり、空はとりもなおさず色であり、色は空であり、空は色であり、二つのものがなく、別のものがないことを明らかにする。空と色とが相違しないことを「如」とし、事そのままが真であることを「是」とする。阿難は仏の文を伝えて相違しないことを「如」とし、説き明かす主体【能詮】はとりもなおさず説き明かす対象【所詮】であることを「是」とする。これは通教の経の最初の「如是」である。

仏は、生死は有辺、涅槃は無辺であり、生死の有辺を出て、涅槃の無辺に入り、涅槃の無辺を出て、中道に入ることを明らかにする。阿難は、有を出て無に入り、無を出て中［道］に入るという、このことを伝えて、仏説と相違することがないことを「如」とし、浅いものから深いものに至るまで、非がないことを「是」という。これは別教の経の最初の「如是」である。

仏は［次のことを］明らかにする。生死は涅槃であり、また中道である。まして涅槃はどうして中道でないことがあろうか。真如・法界・実性・実際・遍一切処[66]は、仏法でないものはない、と。阿難はこれを伝えて、仏説と相違することがないので、「如」と名づけ、あるがままで[67]動揺しないので、「是」と名づける。これは円教の経の最初の「如是」である。

もし俗［諦］を動かして如に入るならば、三蔵［教］の意義にすぎない。俗［諦］を動かさないで、とりもなおさず如であるのは、通教の意義にすぎない。如を動かして如に入るならば、別教の意義にすぎない。如を

65 『経』に「三世の仏の法は、最初にすべて如是とある」という【経称三世仏法初皆如是】　出典未詳。

66 真如・法界・実性・実際・遍一切処【真如法界実性実際徧一切処】　いずれの語も、仏教における真理を表わす用語の一つ。「真如」は tathatā の訳。原義は、そのようにあること、あるがままなこと。「法界」は dharma-dhātu の訳。仏教的真理の世界のこと。「実性」は、真実の本性の意。「実際」は bhūta-koṭi の訳。真実、究極の境界の意。現象世界の真実のあり方を意味する。「徧一切処」は、すべての場所に普遍的であるの意で、ここでは、真如などの他の概念と同様、仏教的真理の世界を意味している。また、法身仏の異名として用いられることもある。『観普賢菩薩行法経』、「釈迦牟尼仏を、毘盧遮那遍一切処と名づく」（大正九、三九二下一五～一六）を参照。

67 あるがままで【如如】　tathatā の訳で、真如とも訳す。前注66を参照。

動かさないで如であるのは、円教の意義である……。

頓の如是に関しては円と同じであり、不定の如是は前後がたがいに入れ替わり、秘密［の如是］は隠れて伝わらない。［蔵教・通教・別教・円教の化法の四教と、頓・漸・秘密・不定の化儀の四教の］八教の網を広げ
3c
て、法界の海にわたす。その漏れることがあることを恐れる。まして網【羅】の一つの目はどうしてそれだけで張りめぐらせるのか。さらにまた、同時に四本の箭を手で受け止めて、地面に落ちないようにさせても、まだけっして速いとはいわない。[68]足の遅いロバ【鈍驢】を鞭で打ち、足の不自由なスッポン【跛鼈】を速く走らせても、一［本の箭］でさえ得ない。まして四［本の箭を得ないこと］はなおさらである……。

本迹に焦点をあわせて「如是」を解釈するとは、三世・十方の横・縦はすべてその通りである。過去ははるか遠く【遠遠】、現在は広々としており【漫漫】、未来は長遠【永永】であり、すべて「如是」である。どこが本であり、どこが迹であろうか。ひとまず釈尊に焦点をあわせると、最初に成道した［ときの］経の最初の「如是」は本である。中間に成仏して説いた経、今日説く経の最初の「如是」はすべて迹である。さらにまた、阿難の伝えた「如是」は迹であり、仏の説く「如是」は本である。さらにまた、師弟が「如是」をよく理解することは、今日に始まるのでもなく、中間でもないのは本である。そして中間でもあり、今日でもあるのは迹である。

観心によって解釈するとは、前の悉檀（因縁釈）・教（約教釈）・迹（本迹釈）などのさまざまな「如是」の意義を観察すると、すべて因縁によって生じる法は、［蔵教の］通観である。因縁は即空・即仮であるのは、［通教の］別観である。二観を方便道とし、中道第一義に入ることができて、二諦をどちらも照らすことは、［別教の］亦通亦別の観である。これまでのものがすべて中道であることは、［円教の］非通非別の観である。[69]下

の文に、「もし人があなたの説くことを信ずるならば、すぐに私を見、またあなたや比丘僧、並びに菩薩たちを見ることができる」とある[70]のは、観行（観察修行）の明らかな文である。信は［衆生の］機を論じ、見は［仏の］応であるので、［感応の］因縁である。さらにまた、信に浅深があり、見に権実があって、さまざまに区別して同じでないのは、教を区別することである。さらにまた、『法華［経］』の文を信じれば、実相の本を見

68　同時に四本の箭を手で受け止めて、地面に落ちないようにさせても、まだけっして速いとはいわない【一時接四箭不令堕地未敢称捷】『南本涅槃経』巻第三十四、迦葉菩薩品（大正一二、八三七中二三～下二）に出る比喩に基づく。射撃の上手な四人が、同時にそれぞれ箭を射るとき、それらの箭が地に落ちない前に、四本の箭をすべて手で取ることができれば、普通はそれを速いと評することができるが、衆生の寿命の速さ、無常の迅速さはその比ではないことをいったもの。

69　因縁によって生じる法は、［蔵教の］通観である……［円教の］非通非別の観である【因縁生法即通観也因縁即空即仮者別観也二観為方便道得入中道第一義双照二諦者亦通亦別観也上来悉是中道者非通非別観也】前注58を参照。また、『菩薩瓔珞本業経』巻上、賢聖学観品、「三観とは、仮名従り空に入る二諦観、空従り仮名に入る平等観なり。是の二観は方便道なり。是の二空観に因りて、中道第一義諦観に入ることを得。双べて二諦を照らし、心心寂滅して、進んで初地の法流水の中に入るを、摩訶薩の聖種性と名づく」（大正二四、一〇一四中一九～二三）を踏まえた表現。

70　下の文に、「もし人があなたの説くことを信ずるならば、すぐに私を見、またあなたや比丘僧、並びに菩薩たちを見ることができる」とある【若人信汝所説即得見我亦見於汝及比丘僧并諸菩薩】前注44を参照。

る。もし身子（舎利弗）の応化［の迹］を見ると、龍陀[71]の本を見る。もし始めて正覚を成じた【始成】釈尊を見るならば、また久しい以前に正覚を成就した【久成】過去仏をも見る。もし千二百人の比丘、八万人の菩薩[72]を見るならば、また彼らの本を見るのである。さらにまた、経を聞き、心に信じて疑いがなく、この信心が明るく清らかであることを悟ることは、とりもなおさず仏を見ることである。智慧という心作用[73]が明瞭であることとは、身子を見ることである。［智慧以外の］心作用【諸数】が明瞭であることは、この会座の比丘【是衆比丘】を見ることである。[74]慈悲心が清浄であることは、菩薩たちを見ることである。［観］心に焦点をあわせて四［種釈］とし、経文に即して解釈すると、[75]ますます明瞭である。

5.11112　同異を判ず

もし他の経を解釈するならば、ただ［因縁釈・約教釈・観心釈の］三つの意味を用いるだけである。まだ本を払い除いて迹をあらわさないからである。[76]今の『［法華］経』の［因縁釈・約教釈・観心釈の］三釈は他と同じで、［本迹釈の］一釈は他と相違すると知るべきである……。

5.11113　総結

四番に「如是」を解釈し終わった……。

71　**龍陀**　ここでは、舎利弗の本地として紹介されている。本地が龍陀仏で、舎利弗はその変化身という意味である。東方青龍陀仏は須菩提の本地として、諸資料が伝えるが、『文句』巻第五上には、「身子は久成の仏にして、金龍陀と号し、迹として釈迦を助けて右面の智慧の弟子と為る」（大正三四、六四上二〇～二一）とあるので、龍陀は金龍陀仏の略記のはずである。ただし、この説を紹介する他の現存資料は見あたらない。

72　**千二百人の比丘、八万人の菩薩【千二百比丘八万菩薩】**　現行の『法華経』序品には、「一時、仏は王舎城耆闍崛山の中に住し、大比丘衆万二千人と倶なり」（大正九、一下一九～二〇）とある。比丘の数が千二百人ではなく、一万二千人となっている。ちなみに、『正法華経』巻第一、光瑞品には、「比丘千二百」（同前、六三上八）とある。また、『法華経』序品、「菩薩摩訶薩八万人は、皆な阿耨多羅三藐三菩提に於いて退転せず」（同前、二上二一～三）を参照。

73　**智慧という心作用【慧数】**　「数」は心数（新訳では心所、心所有法）のこと。五位七十五法のうち、心数に四十六法あり、「慧数」はその一つである。したがって、次下に「諸数」とあるのは、慧数以外の心数を指す。

74　**この会座の比丘を見ることである【見是衆比丘】**　底本の「是衆比丘」を、甲本によって「見是衆比丘」に改める。

75　**経文に即して解釈する【帖釈】**　経文やテーマを提示して解釈すること。「帖」は、もともと貼り付ける、貼り付くの意。『文句記』に「帖釈と言うは、但だ今通途に経を消するのみ」（大正三四、一五四中二〇～二一）とある。

76　**まだ本を払い除いて迹をあらわさないからである【為未発本顕迹故】**　「発本顕迹」という表現は天台の文献にいくつかの用例はあるが、「開迹顕本」の方が妥当であると思う。『法華玄義』巻第七下の「未来発本顕迹」（大正三三、七六九中二五）の「発本顕迹」について、『国訳一切経』の脚注には、「一本に発迹顕本」とある。

5.1112　能持の人

5.11121　我を釈す

「我聞」とは、あるときは「聞如是[77]」とある。思うに、経のテキストが同じでなく、前後たがいに取りあげるだけである。今、前例にならって四釈とする。『大［智度］論』には、「耳根は破壊されないで、声は聞くことのできる対象領域［処］にある。意識的に【作心】聞こうとして、多くの条件が調和する」とある[78]。それ故、
4a
「我聞」という。

質問する。「耳聞」というべきである。どうして「我聞」というのか。

答える。「我」は耳の主であるので、我を取りあげて［聞くための］多くの条件【縁】を包摂する。これは世界［悉檀］の解釈である。阿難は高いところに登って「我聞」というと、大衆は悲しみのあまり大声で泣き叫ぶ【悲号】はずである。ちょうど如来を見ようとする場合、今「我聞」というと、無学（阿羅漢）は飛び上がって偈を説く。『仏話経[79]』には、「文殊が［経典を］結集する場合、まず題を唱え、次に『如是我聞』というと、会座の人々【時衆】は悲しみのあまり大声で泣き叫ぶ」と明らかにする。これは為人［悉檀］の解釈である。阿難は高いところに登って「我聞」といい、大衆の疑いを払い除く。阿難の身は仏と似ているけれども、仏より三指分、背が低い。大衆は、「釈尊が重ねて出現したのか、それとも他方の仏がやって来たのか、それとも阿難が成仏したのか」と疑う。もし「我聞」と唱えるならば、三つの疑い[80]はすぐに払い除かれる。これは対治［悉檀］の解釈である。阿難は学人（有学）であるので、世俗にしたがって、「我聞」という。第一義［悉檀］のなかには、我もなく、聞もない。古来の多くの解釈は、ともに因縁［釈］という一つの意味にすぎない。

教に焦点をあわせて解釈するとは、『釈論』（『大智度論』）には、「凡夫には三種の我がある。見・慢・名字の

ことである。学人（有学）には［見の我と名字の我の］二種、無学（阿羅漢）には［名字の我の］一種がある。阿難は学人（有学）であり、邪な我はなく、慢の我を制伏することができる。世間の名字にしたがって、我と

77 「聞如是」【聞如是】 初期の漢訳仏典には、「如是我聞」ではなく、「聞如是」という翻訳がよく見られる。これは、仏教の無我説との関係で、あえて「我」を訳出しなかったと考えられる。

78 『大［智度］論』には、「耳根は破壊されないで、声は聞くことのできる対象領域［処］にある。意識的に【作心】聞こうとして、多くの条件が調和する」とある【大論云耳根不壊声在可聞処作心欲聞衆縁和合】『大智度論』巻第一、「爾の時、耳根は破せず、声は聞く可き処に至る。聞かんと意欲して、情・塵・意は和合するが故に、耳識は生ず」（大正二五、六四下二〜四）を参照。

79 『仏話経』【仏話経】 この経は現存しないが、『法華伝記』には「仏話経の若《ごと》きは、文殊は座に在りて、先に題目を唱え、阿難は高きに昇りて、復た述べて集む」（大正五一、四九下二一〜二二）とある。

80 三つの疑い【三疑】 阿難が高座に登り法を説くと、その姿が仏のように見えて、大衆は、第一に釈尊が重ねて出現したのではないか、第二に他方の仏がやって来たのではないか、第三に阿難が成仏したのではないかという三種の疑問を持つというもの。吉蔵『金剛般若疏』巻第一（大正三三、九二上二五〜中三）には真諦三蔵の発言として紹介されている。

いっても欠点はない」とある。[81] これは三蔵［教］の意味によって我を解釈するのである。『十住毘婆沙［論］』には、「四句にわたって我というと、すべて邪見に落ちる」とある。[82] 仏の正法のなかには、我がなく、だれが聞くであろうか。これは通教の意味を用いるのである。『大［般涅槃］経』には、「阿難は［教えを］多く聞く人物【多聞士】であり、我・無我は不二であることを知り、我・無我をどちらも区別する」とある。[83] これは別教の意味を用いるのである。さらにまた、阿難は、我と無我は不二であると知り、方便によって侍者となり、如来の障礙《しょうげ》のない智慧を伝え保持する。自在の音声によって、権（方便の教え）を伝え、実（真実の教え）を伝える。どのような不都合があろうか。これは円教によって我を解釈するのである。さらにまた、『正法念［処］経』には三人の阿難を明らかにする。[84] 阿難陀は、ここでは歓喜といい、小乗蔵を保持する。阿難跋陀《ばつだ》は、ここでは歓喜賢といい、雑蔵《ぞうぞう》を受持する。[85] 阿難娑伽《しゃが》は、ここでは歓喜海といい、仏蔵を保持する。『阿含経』に典蔵《てんぞう》阿難がいて、[86] 菩薩蔵を保持する。思うに、一人に四つの徳を備え、四つの法門を伝え保持することを指す。その意義は自然とはっきりする……。

81 『釈論』（『大智度論』）には、「凡夫には三種の我がある……我といっても欠点はない」とある【釈論云凡夫三種我謂見慢名字学人二種無学一種阿難是学人無邪我能伏慢我随世名字称我無咎】『大智度論』巻第一、「復た次に、世界の語言に三の根本有り。一には邪見、二には慢、三には名字なり。是の中の二種は不浄、一種は浄なり。一切の凡人は、三種の語あり。邪・慢・名字なり。見道の学人は、二種の語あり。慢・名字なり。諸の聖人は、一種の語あり。名字なり。内心は実法に違わずと雖も、世界人に随うが故に、共に是の語を伝え、世界の邪見を除くが故に、俗に随いて諍《あらそ》い無し。是れを以ての故に、二種の不浄の語を除く。本と世に随うが故に、一種の語を用う。仏弟子は俗に随うが故に、我を説くも、咎《とが》有ること無し」（大正二五、六四上二七～中六）を参照。

82 **『十住毘婆沙［論］』には、「四句にわたって我というと、すべて邪見に落ちる」とある【十住毘婆沙云四句称我皆堕邪見】**『十住毘婆沙論』巻第二、地相品、「是の故に我・非我・亦我亦非我・非我非無我は、是れ皆な邪論と為す。我所・非我所・亦我非我所・非我非我所は、是れ亦た邪論と為す」（大正二六、二八下一五～一八）を参照。

83 **『大［般涅槃］経』には、「阿難は［教えを］多く聞く人物【多聞士】であり、我・無我は不二であることを知り、我・無我をどちらも区別する」とある【大経云阿難多聞士知我無我而不二双分別我無我】**『南本涅槃経』巻第十、一切大衆所問品、「汝等は当に諦《あき》らかに観ずべし。阿難は多聞の士にして、自然に能く是の常、及び無常を解了す」（大正一二、六六九下三～四）を参照。

84 **『正法念［処］経』には三人の阿難を明らかにする【正法念経明三阿難】**「三阿難」は、『正法念処経』には出ない。吉蔵『勝鬘宝窟』巻上本（大正三七、六下一一～一八）は、『闍王懺悔経』（現存しない）を引用して、阿難・阿難跋陀・阿難伽羅の三阿難に言及している。吉蔵『維摩経義疏』巻第一（大正三八、九一九上一三～一七）は、『集法蔵経』を引用して、上記の三阿難に言及している。また、『法華玄賛』巻第一末（大正三四、六六三中八～一一）は、『集法伝』（現存しない）を引用して、吉蔵と同じ三阿難に言及している。

85 **雑蔵**　『法華玄義』巻第十下（大正三三、八一二上一一～一五）には、声聞蔵・菩薩蔵の二蔵に雑蔵を加えて三蔵となり、さらに仏蔵を加えて四蔵となると記す。声聞蔵は十二部経のうちの方広部を除く十一部経であり、菩薩蔵は方広部であり、雑蔵は十二部経を合して説くものを意味する。

86 **『阿含経』に典蔵阿難がいて【阿含経有典蔵阿難】**『私記』によれば、『阿含経』に典蔵阿難は出ない。『観仏三昧海経』巻第六には、「阿難を典蔵臣と為し、難陀を主兵臣と為す」（大正一五、六七六中一九～二〇）とある。「典蔵」は、主蔵ともいい、蔵＝倉庫をつかさどること。ここでは、阿難が法の蔵をつかさどることを意味している。

本迹によって解釈するとは、もしまだ［迹を］会して［本に］入らなければ、[87]阿難は世にしたがって我と名づけるということができる。もし迹を払い除いて本をあらわす【発迹顕本】ならば、空王仏のもとで、同時に発心するけれども、[88]方便によって法を伝える人となることを示す。どうして［法を伝えることが］できないことがあろうか。

観心によって解釈するとは、因縁によって生じる法を観察すると、即空・即仮・即中である。即空とは、我が無我であることである。即仮とは、我を区別することである。即中とは、真実微妙の我であることである……。

4b

5.11122　聞を釈す

「聞」を解釈すると、阿難は仏が覚りを得た夜に生まれ、仏に二十余年間、近くで仕えた。まだ仏の近くで仕えなかったとき、［仏の教えを］聞かなかったはずである。『大［智度］論』には、「阿難は法を集めたとき、自分で、『仏は最初に法輪を転じたとき、私はそのとき見なかったが、このように次々と聞いた』」とある。[89]すべてを聞いたわけではないことを知るべきである。古い解釈には、「阿難は仏覚三昧を得て、[90]努力して自分で聞くことができる」とある。『報恩経』には、「阿難は四つの願いを求める。まだ聞いていない経を、仏が重ねて説くことを願う」とある。[91]さらにまた、「仏は口密によって説くのである」とある。[92]『胎経』には、「仏は金

87　もしまだ［迹を］会して［本］に入らなければ【若未会入】「会入」について、『講録』は「権を会し実に入る」と解釈し、『講義』は「其の迹を会して本に入る」と解釈している。ここは本迹釈について説く箇所なので、会入は、『法華経』

本門の思想である開迹顕本を意味する。

88　空王仏のもとで、同時に発心するけれども【空王仏所同時発心】『法華経』授学無学人記品（大正九、三〇上二～四）に基づく。空王仏は、釈尊と阿難がともにそのもとで発心した過去仏の名。

89　『大〔智度〕論』には、「阿難は法を集めたとき、自分で、『仏は最初に法輪を転じたとき、私はそのとき見なかったが、このように次々と聞いた』」とある【大論云阿難集法時自云仏初転法輪我爾時不見如是展転聞】『大智度論』巻第二、「仏は初めて法を説く時、爾の時、我れは見ざるも、是の如く展転して聞く」（大正二五、六九中一二～一三）を参照。

90　仏覚三昧　『舎利弗問経』、「唯だ阿難のみ不忘禅を修し、宿習もて総持し、少時の中に於いて仏覚三昧を得」（大正二四、九〇二下二〇～二二）を参照。なお、吉蔵『法華義疏』巻第一には、「問う。阿難は何れの徳、何れの三昧に依りて、能く仏経を持するや。答う。釈道安云わく、『十二遊経』に云わく、阿難は仏意三昧の伝うる所を得るなり。『金剛華経』に云わく、阿難は法性覚三昧の伝うる所を得るなり」（大正三四、四五五上九～一二）とあり、阿難の得た三昧の名を仏意三昧、法性覚三昧とする説を紹介している。

91　『報恩経』には、「阿難は四つの願いを求める。まだ聞いていない経を、仏が重ねて説くことを願う」とある【報恩経云阿難求四願所未聞経願仏重説】『大方便仏報恩経』巻第六には、阿難の四つの願が説かれている（大正三、一五五下二二～二六を参照）。すなわち、古い衣を受けないこと、他人の食事の招待を受けないこと、他の比丘と異なり、仏に会いたいとき会えること、仏が最初の二十年間に説いた教えを阿難のために再び説くことである。

92　さらにまた、「仏は口密によって説くのである」とある【又云仏口密為説】前後から『大方便仏報恩経』からの引用のはずであるが、このままの引用は見られない。ただし、関連する記述として、「仏は善巧方便もて、一句の法の中に於いて、無量の法を演べ、能く無量の法を以て一句の義と為し、仏は粗其《ほぼ》の端緒を示す。阿難は尽ごとく已に知ることを得。速利強なる持力なるが故に」（大正三、一五五下二七～二九）とある。

棺から金の臂《うで》を出し、重ねて阿難のために、［母］胎に入る姿を現じた」とある。[93]諸経をすべて聞いた。まして他の場所での［仏の］説はなおさらである。この［『法華経』の］文には、「阿難は記別を得てすぐに過去の願を思い出し、過去仏の法を保持することは、すべて今のようであった」とある。[94]これは因縁釈である。

もし教に焦点をあわせれば、歓喜阿難は、顔は清浄な満月のようであり、眼は青蓮華のようである。[95]直接、仏の考えを受けることは、上を向いた完全な器[96]のようである。［教えを］伝えて人々を教化することは、異なる瓶に水を注ぐようなものである。これは［蔵教の］聞聞[97]の法を伝えるのである。歓喜賢は、学地（有学）に留まって、空・無相・［無］願［三昧］を得、眼・耳・鼻・舌のさまざまな根は漏らさず、［通教の］聞不聞の法を伝え保持するのである。典蔵阿難は、含み受けるものが多く、大きな雲が雨を保持するようなものである。これは［別教の］不聞聞の法を伝え保持するのである。阿難海は、［教えを］多く聞く人物であり、自然とこの常と無常を理解することができる。もし如来は常に説法しないと知るならば、これを菩薩が［教えを］多く聞くことを備えると名づける。仏法の大海の水は、阿難の心に流入する。[98]此れは［円教の］不聞不聞の法を伝え保持するのである。今の『［法華］経』は海阿難が不聞不聞の妙法を保持するのである。

本迹によって理解するとは、上の四つの聞[99]に関しては、みな迹の教化[100]であり、本地は思議することはできな

93 『胎経』には、「仏は金棺から金の臂を出し、重ねて阿難のために、［母］胎に入る姿を現じた」とある【胎経云仏従金棺出金臂重為阿難現入胎之相】出典は未詳であるが、『仁王護国般若経疏』にも同様の記述がある。「『胎蔵経』に云わく、仏は金棺従り金色の臂を出だし、重ねて阿難の為めに、入胎・出胎の相を現ず。諸経は此れに因りて皆な聞と称すること

を得」（大正三三、二五六中一八～一九）を参照。

94　この『法華経』の」文には、「阿難は記別を得てすぐに過去の願を思い出し、過去仏の法を保持することは、すべて今のようであった」とある【此文云阿難得記即憶本願持先仏法皆如今也】　『法華経』授学無学人記品、「『我れは阿難等と空王仏の所に於いて、同時に阿耨多羅三藐三菩提の心を発しき。阿難は常に多聞を楽い、我れは常に勤めて精進す。是の故に我れは已に阿耨多羅三藐三菩提を成ずることを得たり。而るに阿難は我が法を護持し、亦た将来の諸仏の法蔵を護って、諸の菩薩衆を教化し成就せん。其の本願は是の如きなるが故に斯の記を獲』と。阿難は面《まのあた》り仏前に於いて、自ら授記、及び国土の荘厳を聞いて、願う所は具足し、心は大いに歓喜して、未曾有なることを得たり。即時に過去の無量千万億の諸仏の法蔵を憶念するに、通達無礙なること、今聞く所の如し。亦た本願を識りぬ」（大正九、三〇上二～一一）を参照。

95　顔は清浄な満月のようであり、眼は青蓮華のようである【面如浄満月眼若青蓮華】　『大智度論』巻第三、「是の阿難は能く他人の見る者の心眼をして歓喜せしむるが故に、阿難と名づく。是に於いて論を造る者は讃えて言わく、面は浄満の月の如く、眼は青蓮華の若し。仏法の大海の水は、阿難の心に流入す」（大正二五、八四上一六～一九）を参照。

96　上を向いた完全な器【仰完器】　傷や割れ目のない完全な器で上を向いている状態のもの。水を漏れなく盛ることができることをたとえる。

97　聞聞　蔵教・通教・別教・円教の法を聞くことを、それぞれ聞聞・聞不聞・不聞聞・不聞不聞の四種に分けている。『涅槃経』の四不可説（生生不可説・生不生不可説・不生生不可説・不生不生不可説）と類似した表現である。

98　仏法の大海の水は、阿難の心に流入する【仏法大海水流入阿難心】　前注95を参照。

99　上の四つの聞【上四聞】　上に出た聞聞の法、聞不聞の法、不聞聞の法、不聞不聞の法を指す。知礼『金光明経文句記』巻第一上に「四聞」の注釈があり、それぞれを生滅、無生、無量、無作の教えに対応させている（大正三九、八六中五～一四）。つまり、蔵教・通教・別教・円教に対応させている。

100　迹の教化【迹引】　蔵教・通教・別教・円教の四教は、本迹のうちの迹の立場での引＝教化、救済であることを意味する。

い……。

観心によって解釈するとは、因縁の法を観察することは［蔵教の］聞聞を観察し、空を観察することは［通教の］聞不聞を観察し、仮を観察することは［別教の］不聞聞を観察し、中を観察することは［円教の］不聞不聞を観察する……。一念［心］の観とは、妙観である……。

5.1113　聞持の和合

「一時」とは、肇師（僧肇）が「法王（仏）が活動を開始する、すばらしい集会のときである」というの[101]は、世界［悉檀］である。『［大智度］論』に「迦羅は実在の時（具体的な時間）であり、内（仏教）の弟子に食事の時、衣を着る時を示す」とあるの[102]は、為人［悉檀］である。「三摩耶は仮りの時であり、外道の邪な見解を破る」[103]とは、対治［悉檀］である。もし時が道と合致すれば、第一義［悉檀］である……。

もし［三界の見惑を断じて四諦の理を見る預流果の］見諦以上、無学（阿羅漢果）以下は、下の一時と名づける。もし［声聞・縁覚・菩薩の］三人がともに第一義［悉檀］に入るならば、中の一時と名づける。もし登
4c 地以上（別教の初地以上）は、上の一時と名づける。もし初住以上（円教の初住以上）は、上上の一時と名づける。今の『［法華］経』は上上の一時である。これは教に焦点をあわせて区別するのである。

本迹とは、前のさまざまな一時は迹であり、久遠に本当に［覚りを］得る一時は本である。

観心によって解釈するとは、心を観察する場合、まず空、次に仮、後に中であるのは、次第の観心である。心を観察する場合、即空・即仮・即中であるのは、円妙の観心である。

5.1114　教主聞持の所を明かす

5.11141　教主を明かす

5.111411　仏を釈す

「仏」とは、劫初（世界の成立する成劫の最初）には病気がなく、劫尽（世界が存続する期間である住劫の尽きるとき）には病気が多い。長寿のときは楽であり、短寿のときは苦である。東の天下は豊かで長寿[104]である。西の天

101　肇師（僧肇）が「法王（仏）が活動を開始する、すばらしい集会のときである」という【肇師云法王啓運嘉会之時】『注維摩経』巻第一、「法王は運を啓く嘉集の時なり」（大正三八、三二八上二四～二五）を参照。

102　『［大智度］論』に「迦羅は実在の時（具体的な時間）であり、内（仏教）の弟子に食事の時、衣を着る時を示す」とある【論云迦羅是実時示内弟子時食時著衣】『大智度論』からの引用であるが、このままの文は見られない。関連する記述として、「問うて曰わく、天竺に時を説くに、名に二種有り。一に迦羅と名づけ、二に三摩耶と名づく。仏は何を以て迦羅と言わずして、三摩耶と言うや。答えて曰わく、若し迦羅と言わば、倶に亦た疑い有り。問うて曰わく、軽易なる説なるが故に、応に迦羅と言うべし。迦羅は二字なり。三摩耶は三字なり。重くして語は難しきが故なり。答えて曰わく、邪見を除くが故に、三摩耶を説き、迦羅と言わず」（大正二五、六五中五～一〇）を参照。「迦羅」は、kāla の音訳。時の意。「実時」は、食事の時間などの一定の時。

103　「三摩耶は仮りの時であり、外道の邪な見解を破る」【三摩耶是仮時破外道邪見】『大智度論』からの引用であるが、このままの文は見られない。「三摩耶」は、samaya の音写語。「仮時」は、特定の時ではなく、ある時などの不定の時を指す。また、前注102を参照。

104　長寿　底本の「寿」を、甲本によって「長寿」に改める。

下は宝石が多く、牛や羊が多い。北の天下は我［執］もなく、臣下もいない。このような時間と場所は、仏の出現を発動【感】しない。［人の寿命が］八万歳のときから百歳のときまで、南の天下にはまだ果を見ないで因を修行する。それ故、仏はその地に出現する。離車（リッチャヴィ）の人々は、「摩竭提国《まかつだいこく》（マガダ国）は大きな池のようなものである。仏がその国に出現するのは、大きな蓮華のようなものである」といい、無勝［婆羅門］は、「仏は衆生に対して平等無二である。あなたたちは五欲（五官の欲望）に耽り迷って、仏を見ないだけである。仏はあなたを捨てて、摩竭提に出現したのではない」という。[105] これはすべて世界［悉檀］の解釈である。太陽がもし出なければ、池のなかのまだ生じていない花、生じた花などの花が覆われて影になって死ぬことが確実である。[106] 仏がもし世に出現すれば、刹利・婆羅門・居士・四天王、ないし有頂［天が］ある。[107] これは為人［悉檀］について解釈するのである。三乗の能力・性質【根性】は、仏が世に出現することを発動し、その他の者は発動することができない。巧みに有頂［天に昇る］種子を断ち切り、[108] 永遠に生死［輪廻］の流れを渡る。これは対治［悉檀］について説くのである。仏は法性において［煩悩を］動かす（断ち切る）こともなく、［生死から］脱出することもなく、[109] 衆生に［煩悩を］動かす（断ち切る）こと、［生死から］脱出することを感じ見させるけれども、如来にとっては本当に［煩悩を］動かす（断ち切る）こと、［生死を］出ることがない。これは第一義［悉檀］について説くのである。すべて因縁釈にすぎない。

仏は、覚者・知者と名づけ、道場（覚りを得る場所）の［菩提］樹の下で、世間・出世間の総体的様相・個

105　離車（リッチャヴィ）の人々は、「摩竭提国（マガダ国）は大きな池のようなものである……仏はあなたを捨てて、摩竭

提に出現したのではない」という【離車子云摩竭提国如大池仏出其国如大蓮華無勝云仏於衆生平等無二汝等耽荒五欲不見仏耳非仏棄汝出摩竭提】『南本涅槃経』巻第二十八、師子吼菩薩品、「時に大会の中に婆羅門の子有りて、名づけて無勝と曰う。諸の梨車に語る。善き哉、善き哉。汝の言う所の如し。頻婆娑羅《びんばしゃら》王は、已に大利を獲たり。如来世尊は、其の国土に出ず。猶お大池に妙なる蓮花を生ずるが如し。水に生ずと雖も、水は汚すこと能わず。諸の梨車子は、仏も亦た是の如し。彼の国に生ずと雖も、世法の滞礙《たいげ》する所と為らず。諸仏世尊は、出無く入無し。衆生の為めの故に、世に出現す。世法の滞礙する所と為らず。仁等は自ら迷いて五欲に耽荒し、親近して如来の所に往くことを知らず。是の故に名づけて放逸の人と為す。仏の摩伽陀国に出ずるを、放逸と名づくるには非ざるなり」（大正一二、七八八上一四～二三）を参照。「離車」は、Licchavi の音訳で、「子」は、その部族の者の意。ヴァイシャーリーに住むクシャトリヤ族の名。

106 太陽がもし出なければ、池のなかのまだ生じていない花、生じた花などの花が覆われて影になって死ぬことが確実である【日若不出池中未生生已等華翳死無疑】『大智度論』巻第一、「譬えば水中の蓮華に、生有り、熟有り、水中に未だ出でざる者有りて、若し日光を得ざれば、則ち開くこと能わざるが如し」（大正二五、六三上一八～一九）を参照。

107 刹利・婆羅門・居士・四天王、ないし有頂［天が］ある【有刹利婆羅門居士四天王乃至有頂】「刹利」は、kṣatriya の音写語。インドの四姓の第二、王族・武士階級。「婆羅門」は、brāhmaṇa の音写語。四姓の第一、司祭階級。「居士」は、vaiśya の漢訳語。四姓の第三、商工業者。また、在家の仏教信者のことを意味する場合もある。「四天王」は、欲界の六欲天の第一で、須弥山の中腹に住む。東方の持国天、南方の増長天、西方の広目天、北方の多聞天（毘沙門天）のこと。「有頂」は、無色界の最高の非想非非想処天のこと（色界の最高である色究竟天を指すこともある）。

108 有頂［天に昇る］種子を断ち切り【断有頂種】『文句記』によれば、三界の悪を断ち切ること。有頂は、三界の頂点であるから、有頂の種は、三界に生まれる原因となる悪の意味になる。

109 ［煩悩を］動かす（断ち切る）こともなく、［生死から］脱出することもなく【無動無出】『文句記』巻第一には、「煩悩即菩提なるが故に、無動と云い、生死即涅槃なるが故に、無出と云う」（大正三四、一六三上五～六）とある。

別的様相を覚知する。世［間］を覚知することは苦［諦］・集［諦］であり、出世［間］を覚知することは道［諦］・滅［諦］である。同様に他者を覚知させることができる。身長は一丈六尺[110]で、寿命は八十歳であり、老比丘の姿で、菩提樹の下で、三十四心[111]に正［使］・習［気］がどちらも消滅することは、三蔵［教］の仏の自覚（自ら悟ること）・覚他（他者を悟らせること）である。比丘の姿を取ってとりわけ尊い身を現わし、［菩提］樹の下で、一念［心が理と］相応［した智慧］によって、残余の習［気］を断ち切ることは、通［教］の仏の自覚・覚他である。ただとりわけ尊い様相を現わし、蓮華台に座り、仏の地位【職】を受けることは、別［教］の仏の自覚・覚他である。前の［蔵教・通教・別教の］三つの様相を隠して、ただ不可思議で虚空のような様相を示すことは、円［教］の仏の自覚・覚他である。それ故、『［像法決疑］経』に、「あるときは如来の一丈
六尺の身を見、あるときは小さな身、大きな身を見、あるときは［蓮］華台に座って。百千の釈迦のために
5a 心地の法門を説くのを見、あるときは身が虚空に同化して、法界に行き渡り、［虚妄の］分別がないことを見
る」とあるのは[112]、この意義である。これは教に焦点をあわせて区別することである。

本迹釈とは、［円教の］一仏を本とし、［蔵教・通教・別教の］三仏を迹とする。中間に身を現わして、しばしば生を唱え、しばしば滅を唱えることは、すべて迹である。ただ本地の［蔵教・通教・別教・円教の］四仏は、すべて本である。

観心釈とは、因縁によって生じる心を観察すると、まず空、次に仮、後に中［道］であることは、すべて偏覚（偏頗な覚り）である。心を観察すると、即空・即仮・即中であることは、円覚（完全な覚り）である……。

5.111412　住を釈す

「住」とは、能住（留まる主体）は所住（留まる場所）に留まる。所住は忍土（娑婆世界）の王［舍］城であり、能住は［仏が］四威儀（行住坐臥にわたる礼式に合致した行為）によって世に留まってまだ涅槃に入らない。これ

110　一丈六尺【丈六】　一尺は周尺の大尺で、二十二・五センチメートル。普通人は八尺で、釈尊はその二倍の身長で一丈六尺あったとされる。

111　三十四心　三十四の刹那の心で、八忍・八智と九無礙・九解脱とを合わせたもの。蔵教においては、八忍・八智の十六心によって見惑を断じ、九無礙・九解脱の十八心によって修惑（思惑）を断じて成仏するとされる。見道において四諦を現観する無漏智に、見惑を断じる無間道（無礙道）の智＝忍と、断じおわって四諦の理を証する解脱道の智がある。八忍・八智については、欲界の苦諦に関して苦法智忍・苦法智、上界（色界・無色界）の苦諦に関して苦類智忍・苦類智があり、以下同様にして、集法智忍・集法智・集類智忍・集類智、滅法智忍・滅法智・滅類智忍・滅類智、道法智忍・道法智・道類智忍・道類智がある。道類智の前の十五心が見道に属し、第十六心の道類智は修道に属す。九無礙・九解脱については、三界（欲界・色界・無色界）は九地（欲界・四禅天・四無色天）に分けられ、九地の一々に見惑と修惑（思惑）がある。そして、それぞれの地の修惑に九品の段階を設け、その一品の修惑を断じるのに、無礙道（無間道ともいう。惑を断じつつある位）と解脱道（惑を断じおわって解脱を得る位）がある。したがって、一地ごとに、九無礙道、九解脱道があることになる。

112　『像法決疑』経』に、「あるときは如来の一丈六尺の身を見……［虚妄の］分別がないことを見る」とある【経云或見如来丈六之身或身小身大身或見坐花台為百千釈迦説心地法門或見身同虚空遍於法界無有分別】『像法決疑経』（大正八五、一三三七上八～一一）の取意。

は世界［悉檀］の因縁によって住を解釈することである。さらにまた、「住」とは、十善道[113]に留まり、［色界の］四禅に留まることである。これはまさに為人［悉檀］の因縁によって住を解釈することである。さらにまた、「住」とは、［空・無相・無作（無願）の］三種の三昧に留まることである。対治［悉檀］の因縁によって住を解釈することである。さらにまた、「住」とは、首楞厳［三昧］[114]に留まることである。［これは］第一義［悉檀］の因縁によって住を解釈することである……。

約教［釈］とは、三蔵［教］の仏は、析［空観の］門から真無漏［慧］を生じて、有余・無余の涅槃に留まる。通［教］の仏は、体［空観の］門から真［無漏慧］を生じて、有余・無余の涅槃に留まる。別［教］の仏は、次第門から入って、秘密蔵に留まる。円［教］の仏は、不次第門から入って、秘密蔵に留まる。前の［蔵教・通教・別教の］三仏の住は能・所はいずれも麁であり、後の［円教の］一仏の住は能・所はともに妙である。今の『［法華］経』は、円［教］の仏が妙である住に留まるのである。

本迹の解［釈］とは、三蔵［教］の仏は、涅槃するべきである。慈悲によって迹を垂れ、生身によって世に留まる。通［教］の仏は、誓願・慈悲によって、残りの習気【余習】を助けて、衆生を救済し、仏の仕事をする。別［教］・円［教］の仏は、いずれも慈悲を法性に浸透させ、衆生を憐れむので、法界に応現する。［蔵教・通教・別教・円教の］四仏は、本仏の住に留まることを知るべきである。慈悲があるので、忍土（娑婆世界）の王［舎］城に留まり、［四］威儀によって世に留まる。これを迹の住と名づける。

観［心］によって解釈するとは、観は境に留まる。あるときは無常の境、即空・即仮・即中などの境に留まる。無住の法（空であり住著すべきもののない法）によって、境に留まる。それ故、住と名づける。

5.11142　聞持の所を明かす

5.111421　王舎城を釈す

「王舎城」とは、天竺では羅閲祇伽羅《らえつぎがら》[115]と呼ぶ。羅閲祇はここでは王舎といい、伽羅はここでは城という。国を摩伽陀[116]と名づける。ここでは不害という。死刑の制度【刑殺法】がないからである。また摩竭提ともいう。ここでは天羅という。天羅とは、王の名である。王を国の名とした。この王は、駮足《ばくそく》[117]の父である。昔、はるか遠い過去【久遠劫】に、この王は千の小国の主であった。王は山を巡回して、雌の師子に出合った。多くの人は四散した【迸散】。よって王と交わった。後に月が満ちて宮殿に来て出産した。王は我が子であると知
5b
り、嘘をついて、「私には子どもがいないので、これはまさに天の賜物である。養って太子としよう」といった。足の上にまだら【斑駁】があったので、当時の人々は、駮足と名づけた。後に王位を継承し、喜んで肉を食い、料理人に、肉を欠かさないように命令した。あるとき、急に［肉が］なくなった。なんと城市の西で死んだばかりの小児を取ってごちそうとした。王は、「たいへん美味しい」といった。常にこの肉を調理する

113　十善道　十善は、十悪（殺生・偸盗・邪婬・妄語・両舌・悪口・綺語・貪欲・瞋恚・邪見）を離れること。

114　首楞厳　［三昧］【首楞厳】 śūraṃgama の音訳。健相・健行・一切事竟などと訳す。三昧の名。

115　羅閲祇伽羅　マガダ国の首都、王舎城のこと。「羅閲祇」は、Rājagṛha の音訳で、王舎と訳す。「伽羅」は、nagara の音訳で、城と訳す。

116　摩伽陀　Maghada の音訳。中インドの大国の名。

117　駮足　Kalmāṣapada の訳。班足・鹿足とも訳す。磨沙波陀《ましゃはだ》と音訳する。

【辦】ように命令した。料理人は、毎日、一人を捉えた。国中が心配し恐れた。千の小国は、兵を興して王を除き、耆闍山[118]のなかに置いた。羅刹たちは、彼を補助して鬼王とした。そこで、山神と誓い、千の王を取って山を祭ろうと誓った。九百九十九［人の王］を捉えて、ただ普明王[119]だけはまだ捉えていなかった。後に、すきをねらってこれを捉えたところ、［普明王は］大いに泣き叫んで、「生来、真実の言葉を話してきたが、今、約束を守れない」と悲しんだ。駁足はこれを放免して国に帰らせた。［普明王は］大施（無遮大会）を設け、太子を立て、よって死に趣くとき、身は喜び心は安らかであった。駁足は彼に質問した。［普明王は］答えた、「聖［人］の法を聞くことができた」と。そこで、［駁足は普明王に］これ（聖人の法）を説かせた。広く慈しみの心をたたえて、殺害を誹った。よって、四非常偈[120]を説いた……。駁足は法を聞いて、空平等の境地を獲得した。つまり初地である。千王はそれぞれ一滴の血、三筋の髪を取って、山神の願に報い祭りをした。駁足は千王と［王］舎城を立て、五つの山[121]のなかに都を置いて大国とし、それぞれ千の小国を跡継ぎ【子胤】に付与し、千王はたがいに大国の物事を治めた。さらにまた、人民は五つの山のなかにいて、七度家【舎】を作り、七度焼かれた。人民は相談して、「私たちは福徳が少ないので、しばしば［家が］燃え尽きた。王には福徳の力があるので、その家は焼けない。今から後は、すべて私たちの家【屋】を除いて、王の家【王舎】としよう」といった。これに基づいて、焼失を免れた。それ故、王舎城と呼んだ。

さらにまた、駁足は千王と一緒に家をその土地に立てたので、王舎と呼んだ。さらにまた、駁足は道を獲得して千王を赦免し、千王はその地で赦免されたので、その土地を王赦と名づけたけれども、経典編纂者は［舎の］発音を借りて［赦の字を］屋舎の［意味の舎の］字としただけである。［駁足王の］由来は、『大［智度］論』やさまざまな経に出る[122]……。

約教［釈］とは、『像法決疑経』には、「すべての大衆が見るものは同じでない。あるときは娑羅林の地はすべて土砂・草木・石壁であると見、あるときは七宝によって清浄に荘厳されていると見、あるときはこの林は三世の諸仏が遊行する場所であると見、あるときはこの林はとりもなおさず不可思議な諸仏の境界、真実の法

118 **耆闍山**　耆闍崛山（霊鷲山と訳す）ともいう。耆闍崛は Gṛdrakūṭa の音訳。Gṛdrakūṭa は禿鷲のこと。マガダ国の首都、王舎城の郊外にある山で、『法華経』の説法場所でもある。

119 **普明王**　「普明」は、Śrutasoma の訳語。須陀須摩《しゅだしゅま》と音訳する。

120 **四非常偈**　四無常偈ともいう。無常・苦・空・無我を説く。『仁王般若経』巻下、護国品、「其の第一法師は、普明王の為めに而も偈を説いて言わく、『劫焼くること終に訖《お》われば、乾坤も洞燃たり。須弥も巨海も、都《すべ》て灰煬と為らん。天龍も福尽きて、中に於いて彫喪し、二儀すら尚お殞《ほろ》ぶ。国に何の常有らん。生老病死は、輪転して際《かぎ》り無し。事と願と違えば、憂悲して害と為す。欲深ければ禍重く、瘡疣は外に無し。三界は皆な苦なり。国に何の頼《さいわ》い有らん。有は本自《もと》より無なり。因縁もて諸を成ず。盛んなる者も必ず衰え、実なる者も必ず虚《むな》し。衆生は蠢蠢《しゅんしゅん》として、都て幻居の如し。声も響も倶に空なり。国土も亦た如たり。識神に形無く、仮りに四蛇に乗ぜり。無明の宝象は、以て楽車と為す。形に常主無く、神に常家無く、形神すら尚お離る。豈に国有らんや』と」（大正八、八三〇中三～一五）を参照。

121 **五つの山**　王舎城の五つの山。吉蔵『仁王般若経疏』巻上一（大正三三、三一七中二～四）によれば、東方の象頭山、南方の馬頭山、西方の羊頭山、北方の師子頭山、中央の鷲頭山（霊鷲山のこと）を指す。

122 **『大［智度］論』やさまざまな経に出る【出大論及諸経】**　駁足王と普明王の物語については、たとえば、『大智度論』巻第四（大正二五、八八下二八～八九中一一）、『賢愚経』巻第十一（大正四、四二五上一八～四二七上五）などを参照。

の本体であると見る」とある。[123]［沙羅を］例として、この意義を知る。[124]［蔵教・通教・別教・円教の］四つの見方は同じではない。所住がそうである以上、能住も同様である。これは教に焦点をあわせて区別することである。

本迹［釈］・観心［釈］は後に説くであろう。

5c

5.111422　耆闍崛山を釈す

「耆闍崛山《ぎじゃくっせん》」とは、ここでは霊鷲《りょうじゅ》と翻訳し、また鷲頭《じゅず》ともいい、また狼跡《ろうぜき》ともいう。梁武［帝］は、「王鴡《おうしょ》[125]である」という。詩人がうたう関雎《かんしょ》[126]のことを引用するのである。『爾雅』には、「鵄《とび》に似ている」とある。さらにまた、「山の峯は、鷲に似ている。峯によって山に名づけた」と解釈する。さらにまた、「山の南に尸陀林《しだりん》[127]がある。鷲は死体【尸】を食ってから、その山に棲息する。当時の人々は鷲山と呼んだ」という。さらにまた、「前仏、今仏は、みなこの山に住む。もし仏が涅槃に入った後には阿羅漢が住み、法が滅するときは［辟］支仏が住み、［辟］支仏がいなければ、鬼神が住む」と解釈する。聖霊の住む場所である以上、まとめて三つの

123　『像法決疑経』には、「すべての大衆が見るものは同じでない……真実の法の本体であると見る」とある【像法決疑経云一切大衆所見不同或見娑羅林地悉是土砂草木石壁或見七宝清浄荘厳或見此林是三世諸仏所遊行処或見此林即是不可思議諸仏境界真実法体】『像法決疑経』、「今日、座の中の無央数の衆は、各おの見ること同じからず。……或いは此の処の沙羅林の地は悉ごとく是れ土沙・草木・石壁なりと見、或いは此の処は金銀七宝もて清浄に荘厳す。或いは此の処は乃ち是れ三世諸仏の行ずる所の処なりと見る。或いは此の処は即ち是れ不可思議なる諸仏の境界、真実の法体なりと見る」（大正八五、一三三七上五～一五）を参照。

124 ［沙羅を］例として、この意義を知る【例知此義】『文句記』には、「娑羅を以て王城に例するなり」（大正三四、一六四中二四）とある。『講義』には、「娑羅の四見に例して、王城の四教所見の不同なるを知るなり」とある。

125 王鴡　王雎《おうしょ》にも作る。鳥の名。みさご。雎鳩《しょきゅう》ともいう。

126 関雎　王雎、雎鳩ともいう。みさご。また、『詩経』国風、周南の第一篇の名でもある。

127 尸陀林　śīta-vana.「尸陀」は śīta の音写語で、寒いの意。vana は林と訳す。死体置き場、墓所の意。

事柄[128]がある。そこで、霊鷲山と呼ぶ。五つの精舎[129]がある。鞞婆羅跋恕《ばいばらばっじょ》は、ここでは天主穴《てんしゅけつ》という。薩多般那求訶《さったはつなぐか》は、ここでは七葉穴《しちようけつ》という。因陀世羅求訶《いんだせらぐか》は、ここでは蛇神山《じゃしんせん》という。薩簸恕魂直迦鉢婆羅《さつばじょこんじきかはつばら》は、ここでは少《しょう》独力山《どくりきせん》という。第五に耆闍崛山である。

質問する。劫火《ごうか》（壊劫の終わりの火災）はよく燃え【洞然】、天地は清らかである【廓清】。どうして前仏、後仏はともにこの山に住むのか。

答える。後の劫が成立する場合、もともとの様相【本相】が逆に現われる。神通を得る人は、昔の名を知って、今に名づけるだけである。たとえば過去の劫に瞿曇（釈尊の姓）を姓とし、その過去の姓【本姓】を、今の姓とするようなものである。

教に焦点をあわせて【約教】山を解釈するならば、たとえば［王舎］城の意義についての説の通りである……。

観［心］釈とは、王は心王、舎は五陰である。心王は、この舎を作る。もし五陰の舎を分析して空じ、空を涅槃の城とするならば、この観は浅く、土木を見るようなものである。もし五陰の舎を体得して空じ、空を涅槃の城とするならば、通教である。もし五陰の舎を観察し、この色を滅することによって、常住の色を獲得するならば[130]、受・想・行・識も同様である。この［常・楽・我・浄の］四徳は常に諸仏が遊ぶ場所である。もし五陰が法性であり、法性が[131]受・想・行・識であると観察するならば、すべての衆生は涅槃であり、もう滅することはなく、究極的に空寂の舎である。このような涅槃は、とりもなおさず真如の実体である……。

128 三つの事柄【三事】 本文に「又た解す」・「又た云わく」・「又た解す」とあり、前二者は「鷲」についての解釈、第三は「霊」の解釈に当たる。三事は、これを指す。『法華経文句輔正記』巻第一、「疏に云わく、総じて三事有りとは、文の中に三あり。又た是れ二鷲・一霊なり」（『新纂大日本続蔵経』二八、六四六中一三）を参照。

129 五つの精舎【五精舎】『大智度論』巻第三（大正二五、七七下四～六）によれば、『文句』本文にある五精舎のうち、耆闍崛山のかわりに竹園（Veṇuvana）が入る。「鞞婆羅跋恕」は、Vaibhāravana の音写語で、普広と訳す。「薩多般那求訶」は、Saptaparṇaguhā の音訳で、七葉窟と訳す。「因陀世羅求訶」は、Indraśailaguhā の音写語で、帝釈窟と訳す。「薩簸恕魂直迦鉢婆羅」は、Sarpasauṇḍika-praghāra の音写語で、蛇頭巌と訳す。『文句』が因陀世羅求訶を蛇神山とし、薩簸恕魂直迦鉢婆羅を少独力山とするのは誤解。少独力山については、智顗伝撰『仁王護国般若経疏』巻第一には、「王舎城の中に六精舎有り。一に竹園精舎は平地に在り。迦蘭陀長者の造る所なり。城を去ること西北三十里なり。二に小力独山精舎なり。三に七葉穴山精舎なり。四に天主穴山精舎なり。五に蛇神穴山精舎なり。六に耆闍崛山精舎なり。耆闍崛山は、此には霊鷲と翻ず」（大正三三、二五八上二〇～二四）とあるように、「小力独山」とある。また、吉蔵『仁王般若経疏』巻上一、「耆闍崛山中とは、王舎城に六精舎有り。一に竹園精舎なり。平地に在り。迦園陀長者の造る所なり。城を去ること西北三十里なり。二に少力独上山精舎なり。三に七葉穴山精舎なり。四に四天王穴山精舎なり。五に蛇穴精舎なり。六に祇闍崛山精舎なり。此に鷲頭山と翻ず。耆闍を鷲と名づけ、崛を頭と名づく。此の山頂は鷲に似たり。王舎城の人は、其の鷲に似たるを見るが故に、伝に因りて鷲頭山と名づく。又た、王舎城の南に、諸の尸陀林多し。鳥獣は来たりて食し、多く諸の鷲鳥を集むるが故に、鷲頭山と云うなり」（同前、三一七上二四～中二）を参照。

130 この色を滅することによって、常住の色を獲得するならば【因滅是色獲得常色】『摩訶止観』巻第五上では、『涅槃経』の引用として、「『大経』に云わく、無常の色を滅するに因りて、常色を獲得す。受想行識も亦復た是の如し」（大正四六、五二下一九～二一）と出る。

131 法性が【法性即】 底本の「法性無」を、全集本によって「法性即」に改める。

観心の山とは、もし色陰を観察して無知であるならば山のようであり、識陰は霊のようであり、三陰は鷲のようである。この霊鷲は無常であると観察することは、［蔵教の］析観である。この霊鷲は空であると観察することは、［通教の］体観であり、霊は智性の了因［仏性］、智慧荘厳であり、鷲は集まる【聚集】縁因［仏性］、福徳荘厳であり、山は法性の正因［仏性］、不動であると観察する。[132]［法身・般若・解脱の］三法を秘密蔵と名づける。自らそのなかに留まり、またそれによって人を救済する。下の文には、「仏は自ら大乗に留まる」とある。[133]つまり、別［教］・円［教］の二観である……。

5.111423　中の字を釈す

「中」とは、仏は中道を好む。中天に昇り、中日に中国に降り、中夜に涅槃に入る。[134]すべて中道を表わす。今、［霊鷲］山のなかにいて、中道を説くのである。

5.1115　聞持の伴を明かす

5.11151　科分経文

6a

5.111511　科文

同聞衆を解釈するのに、三［段］とする。最初に声聞、次に菩薩、後に雑衆である。

5.111512　諸経の例を引く

さまざまな経は多くの場合、同様である。

5.111513　次第を辨ず

旧［説］には、「事があり、義がある。事とは、外に現れた姿形【形迹】の近しい関係・疎遠な関係【親疎】を追求する。声聞は、姿形【形】は世俗の網を出て、外に現われた姿【迹】は如来に近く、経［の真実

132　霊は智性の了因［仏性］、智慧荘厳であり、鷲は集まる【聚集】縁因［仏性］、福徳荘厳であり、山は法性の正因［仏性］、不動であると観察する【観霊即智性了因智慧荘厳也鷲即聚集縁因福徳荘厳也山即法性正因不動】了因仏性は、正因＝法性を了悟する智慧の性質をもつので、「智性了因」という。縁因仏性は、悟りの補助となるすべての善行のことで、それらの善行の因が集まって悟りの補助となるので、「聚集縁因」という。聚集は、集まるの意の複合動詞。正因仏性は、悟りの中心的な原因＝正因が法性であるので、「法性正因」という。智慧荘厳、福徳荘厳は、『涅槃経』に説かれるもので、それぞれ智慧と福徳（善行の意）によって身を荘厳することを意味する。『南本涅槃経』巻第二十五、師子吼菩薩品に、「若し有る人は能く法の為めに諮啓《しけい》せば、則ち二種の荘厳を具足すと為す。一には智慧、二には福徳なり。若し菩薩ありて是の如き二荘厳を具足せば、則ち仏性を知る」（大正一二、七六七中一五～一八）とあるのを参照。

133　下の文には、「仏は自《おのずか》ら大乗に留まる」とある【下文云仏自住大乗】『法華経』方便品、「仏は自《おのずか》ら大乗に住す」（大正九、八上二三）を参照。

134　中天に昇り、中日に中国に降り、中夜に涅槃に入る【升中天中日降中国中夜滅】「中天」は、兜率天を指す。兜率天は六欲天の第四天で、六欲天と梵天の真ん中にある。「中日」は、昼間を三分したなかの中間の部分で、朝の十時から午後二時まで。「中国」は、ここでは、中心地（Madhyadeśa）の意で、インドのこと。「中夜」は、夜間を三分したなかの中間の部分で、夜の十時から午前二時までを指す。

性〕を証拠立てるのに近しい関係【親】であるので、前に列ねるのである。神々【天人】は、姿形【形】が〔声聞と〕相違し衣服は異なり、外に現われた姿【迹】は側に侍ってお仕えせず、経〔の真実性〕を証拠立てるのに疎遠な関係であるので、後に列ねるのである。菩薩は、姿形【形】は注意して制限すること【検節】をしないで、外に現われた姿【迹】に定まったあり方はなく、世俗と同じでもなく、また僧とも異なる以上、上等と下等の間【季孟之間】にいるので、中間【中仲】にいるのである。義があるとは、声聞は涅槃を喜び、神々【天人】は生死に執著し、それぞれ偏っている。菩薩は喜ばず執著せず、中間にいて根本を求めるので、〔声聞と神々の〕二つの間にいる」とある。[135]『釈論』（『大智度論』）の意味も同様である。[136]この理解は、二つの解釈に似ている。事についての理解は因縁〔釈〕に似ており、義についての理解は約教〔釈〕に似ている……。

本迹の解〔釈〕とは、声聞は内に〔菩薩の行を〕秘し、外に〔声聞であることを〕現わすのである。[137]どうしていままで涅槃を取り、そこに留まって、成仏に進まない【保証涅槃】ことがあろうか。神々はすべて偉大な衆生【大薩埵】である。どうして生死に執著してその影響を受ける【耽染】であろうか。すべて迹は二辺（涅槃と生死の二つの極端）を引くけれども、本は常に中道である。

観心釈とは、従仮入空観は生死だけを破り、従空入仮観は涅槃だけを破り、中道正観にはもはや〔生死を破ることと涅槃を破ることとの〕前後がない……。

5.11152　解釈

5.111521　列衆

5.1115211　声聞衆

5.1115211 科分経文

声聞を列ねるのに、二［段］とする。まず比丘、次に比丘尼である。比丘にさらに二つがある。まず多知識（多く知られている者）を列ね、次に少知識（あまり知られていない者）を列ねる。旧［説］では大名聞（大きな名声を持つ者）、小名聞（あまり名声を持たない者）と呼んだ。[138] そうであるけれども、［旧説には］根拠はない。今、

135 旧［説］には、「事があり、義がある……菩薩は喜ばず執著せず、中間にいて根本を求めるので、［声聞と神々の］二つの間にいる」とある【旧云有事有義事者逐形迹親疎声聞形出俗網迹近如来証経為親故前列也天人形乖服異迹非侍奉証経為疎故後列也菩薩形不検節迹無定処既不同俗復異於僧処季孟之間故居中仲也有義者声聞欣涅槃天人著生死各有所偏菩薩不欣不著居中求宗故在両間】 法雲『法華義記』巻第一、「又た、意致尋求すれば、則ち事有り、理有り。……但だ他を化すを求め、常に物を利するを求めんが為めなり」（大正三三、五七七中二二～下八）と内容的に相似しているが、相異点も多い。「形迹」は、形跡、形蹟と通じる。外に現われた姿形の意。この引用文のなかでは、たんに「形」、「迹」とも言い換えられている。「俗網」は、世俗社会を、人を拘束する網にたとえたもの。「侍奉」は、側に侍ってお仕えするの意。「検節」は、注意して制限するの意。「季孟の間」は、『論語』微子に出、魯国の三卿（貴族）のなかで、上卿の季孫氏と下卿の孟孫氏の間という意味から転じて、上等と下等の間の意として用いられる。「中仲」は、中間の意であろう。

136 『釈論』（『大智度論』）の意味も同様である【釈論意亦爾】 『大智度論』巻第四（大正二五、八四下一二～一九）を参照。

137 内に［菩薩の行を］秘し、外に［声聞であることを］現わすのである【内秘外現】 前注43を参照。

138 旧［説］では大名聞（大きな名声を持つ者）、小名聞（あまり名声を持たない者）と呼んだ【旧呼為大名聞小名聞】 『法華義記』巻第一には、「有名聞衆」・「小名聞衆」が出る（大正三三、五七七下一六～一九）。

文によってこのように判定する。多知識衆（多く知られている者たち）について六［段］とする。第一に類、第二に数、第三に位、第四に歎、第五に列、第六に結である。

5.11152112　各四意に約して解釈す

5.111521121　比丘衆

5.1115211211　多知識衆

5.11152112111　類を挙ぐ

5.111521121111　通じて五字を釈す

第一に類とは、すべて大比丘の気質の同類のもの【気類】である。天下各地【群方】の身分の高いもの、低いものにそれぞれ同類のもの【班輩】がいるのにたとえる。今、諸比丘はすべて大勢のものに知られている高い名誉のある大徳である。

5.1115211211112　別して四義を釈す

5.11152112111121　与の字を釈す

『釈論』（『大智度論』）に「与」を明らかにするのは、共通という意義である。七種の一を取りあげて共通であることを理解する。一時・一処・一戒・一心・一見・一道・一解脱のことである。[139] もし［蔵教・通教・別教・円教の四］教を経歴するならば、それぞれ七種の一を明らかにするべきである。三蔵［教］は一種類の七種の一、通教は二種類の七種の一、別教は無量の種類の七種の一、円教は一種類の七種の一である。[140] もしまだ迹を払わなければ、ちょうど三蔵［教］・通教のなかの七種の一である。ただちに［同一と相違の］二つの意味を明らかにすると、どれほど相違するのか。時・処・戒・解脱は同じで、心・見・道の三種は相違する。もし開三顕一に到達するならば、円教の七種の一に入ることができるので

139 『釈論』（『大智度論』）に「与」を明らかにするのは、共通という意義である。七種の一を取りあげて共通であることを理解する。一時・一処・一戒・一心・一見・一道・一解脱のことである【釈論明与者共義挙七一解共謂一時一処一戒一心一見一道一解脱也】『大智度論』巻第三、「共を一処・一時・一心・一戒・一見・一道・一解脱と名づく。是れ名づけて共と為す」（大正二五、七九中二四～二五）を参照。

140 三蔵［教］は一種類の七種の一、通教は二種類の七種の一、別教は無量の種類の七種の一、円教は一種類の七種の一である【三蔵一七一通教二七一別教無量七一円教一七一】『文句記』巻第一下、「初めに三蔵の一の七一に約すとは、生滅同じきが故なり。通教の二とは、利鈍を分つが故なり。利は円・別を兼ぬれば、応に三の七と云うべし。且らく通は総じて説けば、同じく一例と為す。別に無量と為すと云うは、自行・化他、横・竪は皆な四門あり、門門に四悉ありて、入る者は同じからず。円教の一とは、発心・畢竟の二は別ならざるが故なり」（大正三四、一六六上一二～一六）を参照。これについて、『法華経会義』巻第一は、「三蔵の一の七一〔同じき仏を感ずる時、同じき鹿苑の処、同じき別脱戒、同じき一切智心、同じき無漏正見、同じき三十七道、同じき有余涅槃なり〕、通教の二の七一〔利鈍を分つが故なり。利は円・別を兼ぬれば、応に三七と云うべし。且らく通は総じて説けば、同じく一例と為す〕、別教は無量の七一〔自行・化他、横・竪は皆な四門あり、門門に四悉ありて、入る者は同じからず〕、円教は一の七一〔発心・畢竟の二は別ならざるが故なり〕」（『新纂大日本続蔵経』三二、一三上一七～二〇）と注釈している。

ある。『法華論』に四種の声聞がある。[141]今、［分段・変易の生死の］果報に留まる者【住果者】を二つに展開する。析法の住果は三蔵［教］の声聞であり、体法の住果は通教の声聞である。応化の者を二つに展開する。初
6b 地に登る応化は別教の声聞であり、初住に登る応化は円教の声聞である。仏道の声聞をまた二つに展開する。他者に次第に仏道を聞かせることは別教の声聞であり、他者に不次第に仏道を聞かせることは円［教］の声聞である。声聞の意義は広大である。どうして［小乗の］涅槃を証得する者によって、これ（声聞の広大な意義）を判定するのか……。

5.1115211211122　大の字を釈す

「大」とは、『釈論』（『大智度論』）に、「大とは、多ともいい、勝ともいう。器量は尊貴で、天王などの偉大な人たちに尊敬されるので、大という。九十五種の外道[142]を超出するので、勝という。くまなく内外の経書を知るので、多という。さらにまた、数が一万二千になるので、多という」と明らかにする。[143]今、［次のように］明らかにする。大道があるので、大用があるので、大知があるので、ことさらに「大」という。勝とは、道が勝れ、用（働き）が勝れ、知が勝れているので、「勝」という。多とは、道が多く、用が多く、知が多いので、「多」という。道は性念処であり、一切智の外道より大である。用は共念処であり、神通のある外道より勝れ

141　『法華論』に四種の声聞がある【法華論四種声聞】　菩提留支訳『法華論』巻下、「声聞に四種有り。一には決定声聞、二には増上慢声聞、三には退菩提心声聞、四には応化声聞なり」（大正二六、九上一五～一七）を参照。

142 外道　底本の「道外」を、甲本・『全集本』によって「外道」に改める。

143 『釈論』（『大智度論』）に、「大とは、多ともいい……数は一万二千になるので、多という」と明らかにする【釈論明大者亦言多亦言勝器量尊重為天王等大人所敬故言大升出九十五種外道故言勝遍知内外経書故言多又数至一万二千故言多】『大智度論』巻第三、「摩訶は、秦に大と言う。或いは多、或いは勝なり。云何《いか》なるか大なる。一切衆の中、最上なるが故に、一切の障礙断ずるが故に、天王等の大人は恭敬するが故に、是れ名づけて大と為す。云何なるか多なる。数は五千に至るが故に、多と名づく。云何なるか勝なる。一切九十六種の道の論議をば、能く破するが故に、勝と名づく」（大正二五、七九中二五～二九）を参照。

ている。知は縁念処であり、四つのヴェーダの外道より多いのである。[144]

教に焦点をあわせて【約教】大・多・勝を解釈するならば、「偉大な人たちに尊敬される」などは、三蔵［教］のなかの解釈にすぎない。大とは、大いなる力を持つ羅漢に尊敬されるのである。多とは、生滅は無生滅の法であるとくまなく知るのである。勝とは、三蔵［教］の［有門・空門・亦有亦空門・非有非空門の］四門より勝れているのである。これは通教の解釈である。さらにまた、大とは、体法の大いなる力を持つ羅漢に尊敬されるのである。多とは、恒沙（ガンジス河の砂の数ほど多いこと）の仏法をすべて知るのである。勝とは、二乗の人より勝れている。これは別教の解釈である。さらにまた、大とは、大菩薩たちに尊敬されるのである。多とは、法界の計量できない法をすべて知るのである。勝とは、菩薩たちより勝れているのである。これは円教の解釈である。

本迹［釈］とは、これらの大徳は、長い間、諸仏に讃歎されてきた。本は勝幢三昧[145]を得て、さまざまな外道を超え、まず［一切］種智という普遍的な知を成就した。迹はやって来て、仏が教化を行なうことを助け、愛・見［の煩悩］のなかの大・多・勝となることを示す。乳を導いて酪に入らせようとして、さらに三蔵のなかの大・多・勝となる。酪を導いて生蘇に入らせようとして、方等のなかの大・多・勝を示す。生蘇を導いて

144　道は性念処であり……四つのヴェーダの外道より多いのである【道即性念処大於一切智外道用即共念処勝神通外道知即縁念処多四韋陀外道也】　これと類似の記述が『維摩経文疏』巻第三に、「今、外道を明かすに三種有り。一には一切智外道、二に神通外道、三に韋陀外道なり。此の三種を具すれば、外国に大外道と名づく、仏は此の三外道を対破するが故に、三

藏の教門に於いて、三種の念処を説く。一に性念処、二に共念処、三に縁念処なり。若し能く是の如く三種の念処を修習せば、但だ三種の外道を止破するのみに非ず、性地に入り果を証することを得るの時、即ち三種の解脱を成ず。慧得好解脱、心得好解脱、及び得無礙解脱を謂い、大比丘と名づけ、大羅漢と名づくるなり」(『新纂大日本続蔵経』一八、四七八上二～八)とある。また、『法華経三大部補注』巻第四、「一に性念処は、直ちに諦理を縁じ、後に果を証する時、慧解脱を成じ、一切智外道に勝る。二に共念処は、事理合わせて修し、後に果を証する時、倶解脱を成じ、神通外道に勝る。三に縁念処は、三藏の法を縁じ、後に果を証する時、無礙解脱を成じ、韋陀外道に勝る」(『新纂大日本続蔵経』二八、二〇二中一～四)を参照。なお、『大智度論』巻第十九には、「三念処」について、「是の四念処に三種有り。性念処・共念処・縁念処なり。云何んが性念処と為すや。身を観ずる智慧は、是れ身念処なり。諸受を観ずる智慧は、是れ受念処と名づく。諸心を観ずる智慧は、是れ心念処と名づく。諸法を観ずる智慧は、是れ法念処と名づく。是れ性念処と為す。云何んが共念処と名づくるや。身を観ずるを首と為す因縁もて道を生じ、若しは有漏、若しは無漏、是れ身念処なり。受を観じ、心を観じ、法を観ずるを首と為す因縁もて道を生じ、若しは有漏、若しは無漏、是れ受・心・法念処と名づく。是れ共念処と為す。云何んが縁念処と為すや。一切の色法は、謂う所は十入、及び法入の少分にして、是れ身念処と名づく。六種の受あり。眼触して受を生じ、耳・鼻・舌・身・意触して受を生じ、是れ受念処と名づく。六種の識あり。眼識・耳・鼻・舌・身・意識、是れ心念処と名づく。想衆・行衆、及び三無為は、是れ法念処と名づく。是れ縁念処と名づく」(大正二五、二〇〇下二九～二〇一上一二)とある。「韋陀」は、はVeda の音訳。バラモン教の四種のヴェーダ聖典のこと。リグ・ヴェーダ、サーマ・ヴェーダ、ヤジュル・ヴェーダ、アタルヴァ・ヴェーダのこと。

145　勝幢三昧　『悲華経』、「若し未来の諸菩薩等は菩薩道を行ずる時、亦た悉ごとく是の如き三昧を得るを願う。世尊よ、願わくは我れは三世を出離する勝幢三昧を得んことを。三昧の力を以ての故に、悉ごとく十方の無量無辺の諸仏世界は、在在処処の現在せる諸仏を見、三世を出離して、諸の衆生の為めに、正法を説く」(大正三、一九一下一四～一九)を参照。

熟蘇に入らせようとして、転教して[146]、『般若［経］』のなかの大・多・勝となることを示す。熟蘇を導いて醍醐に入らせようとするので、『法華［経］』のなかの大・多・勝となるのである。ところが、その本地の大・多・勝は久しい時間がたっている[147]……。

観心［釈］とは、空観を大とし、仮観を多とし、中観を勝とする。さらにまた、ただちに中観にしたがうと、心の本性が広大であることが大空のようであるので、大と名づける。二辺のどちらも遮り、寂滅の海に入るの
6c で、勝と名づける。二諦のどちらも照らし、含むものが多く、一心が一切心であるので、多と名づけるのである。

5.1115211211123　比丘を釈す

「比丘」とは、肇師（僧肇）は、「秦では浄命乞食、破煩悩、能持戒、怖魔などという。天竺の一つの名に、この四つの意義を含んでいる。秦には翻訳するものがないので、［天竺の］もともとの名称を残す」という[148]。什師（鳩摩羅什）は、「最初、妻子の家を出て、乞食によって自らを助け、清らかに生命を維持するべきである。最終的に三界の家を出るためには、煩悩を破り、戒を保持して自ら守る必要がある。この［煩悩を破ることと戒を保持することの］二つの意義を備えれば、天魔は彼（仏）が［凡夫の］境を超出することを恐れるのである」という[149]。『釈論』（『大智度論』）には、「怖魔・破悪・乞士」とある[150]。魔は生死［輪廻］を願う。彼が出家する以上、また他の人を教化して、ともに三界を離れさせ、魔の心に背反する。魔は力によって押さえつけようとするが、反対に［頭・両手・両足の］五箇所を束縛され【五繋】、ただ憂い恐れるだけである。それ故、怖

146　転教　『大品般若経』において、釈尊が須菩提に命令して、菩薩のために仏の教え＝般若波羅蜜を、方向を転じて（須菩提という声聞が声聞にではなく、菩薩に対して）教えること。

147　久しい時間がたっている【久】　底本の「又」を、『全集本』によって「久」に改める。

148　肇師（僧肇）は、「秦では浄命乞食、破煩悩、能持戒、怖魔などという。天竺の一つの名に、この四つの意義を含んでいる。秦には翻訳するものがないので、［天竺の］もともとの名称を残す」という【肇師云秦言浄命乞食破煩悩能持戒怖魔等天竺一名含此四義秦無以翻故存本称】『注維摩詰経』巻第一、「肇曰わく、比丘は、秦言には或いは浄乞食と名づけ、或いは破煩悩と名づけ、或いは浄持戒と名づけ、或いは能怖魔と名づく。天竺の一名に、此の四義を該ぬ。秦言は、一名もて以て之れを訳すこと無きが故に、義の名を存す」（大正三八、三二八中四～七）を参照。「浄命」は、八正道のうちの正命のことで、清浄な生活の意。邪命は、その反意語。「秦」は、鳩摩羅什や僧肇が活躍した後秦（三八四～四一七）のこと。「怖魔」は、魔を恐れさせること。言い換えれば、魔が比丘を恐れることをいう。「本称」は、もとの呼び名の意。ここでは、梵語の「比丘」（bhikṣu の音写語）をいう。

149　什師（鳩摩羅什）は、「最初、妻子の家を出て……天魔は彼（仏）が［凡夫の］境を超出することを恐れるのである」という【什師云始出妻子家応以乞食自資清浄活命終出三界家必須破煩悩持戒自守具此二義天魔怖其出境也】　出典未詳。

150　『釈論』（『大智度論』）には、「怖魔・破悪・乞士」とある【釈論云怖魔破悪乞士】　『大智度論』巻第三、「是の如く清浄に乞食活命するが故に、乞士と名づく。復た次に、比を破と名づけ、丘を煩悩と名づく。能く煩悩を破するが故に、比丘と名づく。復た次に、出家人を比丘と名づく。譬えば胡・漢・羌・虜に、各おの名字有るが如し。復た次に、戒を受くるの時、自ら言わく、我れ某甲比丘は、形寿を尽くすまで戒を持するが故に、比丘と名づく。復た次に、比を怖と名づけ、丘を能と名づく。能く魔王、及び魔の人民を怖《おそ》る。当に出家剃頭し、染衣を著し、戒を受くべし」（大正二五、八〇上一～七）を参照。

魔と名づける。出家の人は、必ず身口の七悪（身業に関する殺生・偸盗・邪婬の三悪と、口業に関する妄語・両舌・悪口・綺語の四悪）を破るので、破悪という。そもそも在家には、三種の道理に合うこと【如法】がある。第一に農耕【田】、第二に商い、第三に［王に］仕えることである。それで身命を養う。出家人には、仏はこれらを許可しない。ただ乞［食］によって自ら救うと、身は安らかで道は存在し、施主【檀越】に幸福と利益を与える。三つの意義がたがいを成立させることは、比丘の意義である。『涅槃［経］』・『宝梁［経］』[151]にいずれも破悪を取りあげて比丘と名づけることについては、詳しくは説かないのである。

今、この三つの意義は初［心］と後［心］に通じるはずであることを明らかにする。最初に出家するときに関しては、白四羯磨する場合、無作戒（言動に表われない防非止悪）の力がすべての対象界【境】に広く行き渡って、無作の悪をくつがえす。最初に禅定を修行して、定共戒《じょうぐかい》[152]を生じ、意地（第六意識）［の煩悩］を防ぎ制伏して、貪りと怒りが起こらない。最初に観察する智慧を修めて、［真実の道共戒に］相似した道共戒《どうぐかい》[153]を生じ、煩悩を制伏することができる。初心も破悪と呼ぶ。どうして後心[154]だけであろうか。怖魔[155]とは、最初に剃髪して戒を受けて、魔に心配させ、［禅］定を修めて煩悩を制伏しようとし、智慧を修めて煩悩を破ろうとする。初心も魔を恐れさせる。どうして後心だけであろうか。乞士とは、最初に邪な生活を離れて、乞［食］によって自ら生活し、禅［定］を修める場合は対象界【境】を経歴して［禅］定を求め、智慧を修める場合は理を対象として無漏［の智慧］を求める。いずれも乞士である。まして［道と］相応するのに、乞士でないであろうか。この意義を備えるので、共通に比丘と名づける。経典編纂者【経家】によれば、すべて後心の比丘をたたえるだけである。これはいずれも三蔵［教］の意味である。［外の］縁（条件）を経歴して真［無漏の慧］を求めることを乞士と名づけ、理を遮る惑を破ることを破悪と名づけ、この行を修めて［煩悩魔・陰魔・死魔・

天子魔の］四魔を恐れさせる場合は、通教の意義である。三諦を経歴して理を求めることを乞士と名づけ、通［惑］（見思惑）・別惑（塵沙惑・無明惑）を除くことを破悪と名づけ、八魔・十魔[156]を恐れさせる場合は、別［教］の意義である。生死に即して実相の味を求めることを乞士と名づけ、煩悩はそのまま菩提であることを破悪と名づけ、魔界はそのまま仏界である場合は、円教の意義である。もしまだ迹を払い除かなければ、ただ前の［蔵教・通教の］二つの意義を明らかにするだけである。もし本をあらわしたならば、後の［円教の］意味を備えるのである。

7a

151 『宝梁［経］』【宝梁】　道襲訳『宝梁経』（『大宝積経』巻第百十三・百十四所収。大正一一、六三八下～六四八上）のこと。

152 定共戒　色界の四禅に入っている間だけ得られる戒。有漏戒である。

153 道共戒　無漏定に入って無漏心が生じている間だけ得られる戒。

154 後心　直前に出る「初心」の対語であり、具体的な位は、場合によるが、ここでは比丘の位についての話であるから、阿羅漢の直前の位を指すと思われる。

155 魔　底本の「麼」を、甲本・『全集本』によって「魔」に改める。

156 八魔・十魔【八魔十魔】「八魔」は、四魔に、無常・無楽・無我・無浄を加えたもの（『南本涅槃経』巻第二十、高貴徳王菩薩品、大正一二、七四〇中二九を参照）。「十魔」は、陰魔・煩悩魔・業魔・心魔・死魔・天魔・失善根魔・三昧魔・善知識魔・不知菩提正法魔のこと（『六十巻華厳経』巻第四十二、離世間品、大正九、六六三上六～一一を参照）。

本迹［釈］とは、本としては涅槃の山頂に登り、無明と癡愛の父母[157]、結業（煩悩によって起こす業）の妻子と別れ、分段［の生死］・変易［の生死］の家を出て、長い時間をかけて［見一処住地惑・欲愛住地惑・色愛住地惑・有愛住地惑・無明住地惑の］五住［地惑］を除く。どの悪を破らないであろうか。真の法の喜びを獲得することは、乳粥【乳糜】を食べ、まったく必要なものがないようなものである。中道の道共［戒］の尸波羅蜜（戒波羅蜜）、摂衆生戒（饒益衆生戒）の度（波羅蜜[158]）を保持し、魔界は降伏され、そのまま仏界の［真］如となり、［仏界の真如に］乗ることができ、本地の功徳は、はるか昔に成就した。衆生を成熟させる【調】ために、迹（外に現われた姿）は、［乳味・酪味・生蘇味・熟蘇味・醍醐味の］五味の比丘を示し、衆生を次々と引き導く。たとえば前に解釈した通りである。

観心［釈］とは、一念の心を観察すると、大空のように清浄である。二辺（二つの極端）の桎梏に妨げられず、平等な偉大な智慧であり、留まることもなく執著することもないことを、出家と名づける。中観によって自らを助け、法身の智慧の生命【慧命】を活かすことを、乞士と名づける。五住の煩悩はとりもなおさず菩提であると観察することは、破悪と名づける。すべての極端という倒錯が中道でないものはないことは、とりもなおさず怖魔である……。

5.11152112111124　衆の字を釈す

「衆」（1c20/A8·3/70·3）とは、天竺では僧伽《そうぎゃ》（サンガ）という。ここでは和合衆と翻訳する。一人は和合と名づけない。四人以上を、やっと和合と名づける。事は和合して別の衆がなく、法は和合して別の理がない。仏は常に千二百五十人[159]と一緒である。［優楼頻螺迦葉・伽耶迦葉・那提迦葉の］三迦葉に千人［の弟子］がおり、身子・目連に二百五十［人の弟子］がいる。さらに、「耶舎に五十［人の仲間］がいる」とある。『雑阿含［経］』［巻第］四十五には、「五百の比丘のなかに、九十人は［宿命明・天眼明・漏尽明の］三明、九十人は

157 無明と癡愛の父母【無明癡愛父母】『法華玄義』巻第六、「愛心の眷属とは、無明を父と為し、癡愛を母と為し、煩悩の子孫を出生す」（大正三三、七五七下二九〜七五八上一）を参照。「癡愛」は、愚癡と貪愛のこと。

158 摂衆生戒（饒益衆生戒）の度（波羅蜜）「摂衆生戒」は、一切衆生を包容して救済する戒で、饒益衆生戒ともいう。「度」は、波羅蜜（pāramitā）の漢訳。

159 千二百五十人 次下の本文にあるように、三迦葉の弟子の千人と身子・目連の弟子二百五十人を合わせた数。原始経典には、弟子の総数として、しばしば千二百五十人と出る。

倶《く》解脱[160]、その他はただ慧解脱だけである」とある。[161]『釈論』(『大智度論』)に四種の僧を明らかにする。[162]清浄な生活【浄命】によらないものを破戒僧と名づけ、教え【法】と律を理解しないものを愚癡僧と名づけ、［四念処・煖・頂・忍・世第一法の］五方便[163]を慚愧僧と名づけ、苦法忍[164]以上のものを真実僧と名づける。この［『法華経』の］なか［の僧］は［破戒僧・愚癡僧・慚愧僧の］三種ではなく、ただ真実僧である。

もし四教によるならば、この僧は偏・円の五味の座を経歴して、同聞の人となる。今ちょうど円教における真実を証拠立てること【証信】である。

本迹釈とは、本は実相の理と和合し、さらに法界の衆生の機縁[165]と和合する。そして、迹は半字の事理の僧となり、五味を経歴して、さまざまな衆生を引き導く……。

観［心］の解釈とは、最初に中観を学び、相似の観に入るけれども、まだ真を生じない以上、第一義天[166]に対して慚《は》じ、聖人たちに対して愧《は》じる。とりもなおさず有羞僧(慚愧僧)である。観察の智慧がもし生じるならば、真実僧である。もしこれに相違するならば、前の二僧である。観行によらないものを、破戒僧と名づける。観察の様相を理解しないものを、愚癡僧と名づける。

160　倶解脱　阿羅漢であって滅尽定を得たもの。心解脱ともいう。阿羅漢であるが、滅尽定を得ていないものを、慧解脱という。

161　『雑阿含［経］』［巻第］四十五には、「五百の比丘のなかに、九十人は［宿命明・天眼明・漏尽明の］三明、九十人は倶解脱、その他はただ慧解脱だけである」とある【雑阿含四十五云五百比丘中九十人三明九十人倶解脱余但慧解脱】『雑阿含経』巻第四十五、「仏は舎利弗に告ぐらく、此の五百の比丘の中、九十の比丘は三明を得、九十の比丘は倶解脱を得、余の者は慧解脱なり」（大正二、三三〇中二四～二六）を参照。「三明」は、宿命明・天眼明・漏尽明のこと。宿命明は過去世の因縁を知る智慧、天眼明は未来世の果報を知る智慧、漏尽明は現在世の煩悩を断ち切って得る智慧のこと。過去、未来、現在の三世に通達した智慧を意味する。

162 『釈論』（『大智度論』）に四種の僧を明らかにする【釈論明四種僧】『大智度論』巻第三には、「是の僧に四種あり。有羞僧、無羞僧、唖羊僧、実僧なり」（大正二五、八〇上一四～一五）とあるが、本文の四種僧は、破戒僧・愚癡僧・慚愧僧・真実僧とされている。

163 五方便 『文句記』巻第一、「五方便とは、四念処、及び四善根なり。五停は正観の法に非ざるが故なり」（大正三四、一六七中二七～二八）を参照。四念処を一とし、煖・頂・忍・世第一法の四善根を四とし、合わせて五とする。見道以後の聖者位に入る前なので、方便位といわれる。

164 苦法忍 苦法智忍ともいう。前注111を参照。

165 機縁 「機」は、仏・菩薩の応現・教化を発動させ、かつそれを受け止める衆生の側の構え・あり方の意で、「縁」は、衆生の有する仏、あるいは仏法との因縁、関係の意である。機と縁は類義語なので、「機縁」と熟する。

166 第一義天 さまざまな意味があるので、ここでの意味は確定しにくいが、『南本涅槃経』巻第十六、梵行品に「我れは曾て第一義天有りと聞く。謂わく、諸仏菩薩は常にして変易せず。常住を以ての故に、不生・不老・不病・不死なり」（大正一二、七一三中二九～下二）とあり、同じく巻第二十には、第一義天と同義と推定される「義天」について、「義天とは、十住の菩薩摩訶薩等なり。何の義を以ての故に、十住菩薩を、名づけて義天と為すや。能善《よ》く諸法の義を解するを以ての故なり。云何なるをか義と為す。一切法は是れ空の義なるを見るが故なり」（同前、七三七下二七～七三八上一）とある。後者によれば、十住の菩薩を指し、前者によれば、仏・菩薩を指すようである。

5.11152121113　総結

同類のものを取りあげる意義は終わった。

5.11152112112　数を明かす

第二に数を明らかにするとは、とりもなおさず「一万二千人」である。

7b 本迹［釈］とは、本は一万二千の菩薩であり、迹は一万二千の声聞である。観［心釈］とは、［六根と六境の］十二入を観察すると、一入に［地獄・餓鬼・畜生・阿修羅・人・天・声聞・縁覚・菩薩・仏の］十法界を備える。一界にさらに十界がある。一々の界にそれぞれ［如是相・如是性・如是体・如是力・如是作・如是因・如是縁・如是果・如是報・如是本末究竟等の］十如是がある。とりもなおさず一千である。一入が一千である以上、十二入はとりもなおさず一万二千の法門である。

5.11152112113　位を明かす

第三に位を明らかにするとは、すべて阿羅漢である。『阿《あ》颰《はつ》経』には「応真」といい、『［太子］瑞応［本紀経］』には「真人」という。[167]すべて無生によって羅漢を解釈するのである。古い翻訳によると、無著・不生・応供といい、あるいは翻訳がないという。名称に三つの意義を含む。無明の糠が取り除かれて、後の世の田に生死の果報を受けないので、不生という。［八十八の見惑と十の思惑の］九十八使の煩悩が消滅するので、殺賊（無著）と名づける。智［徳］・断［徳］の功徳を備えて、人天の福田となることができるので、応供という。この三つの意義を含んで、阿羅漢を解釈するのである。あるいは、最初に無生を学ぶとき、生はまだ無生でなく、最初に魔を恐れさせるけれども、魔はまだ大いには恐れない。最初に乞士であるけれども、まだ明らかに応供ではない。今、無生［法］忍を獲得して、煩悩の賊を破り尽くすことは、良い田である。果を因に対応させて羅漢の三つの意義を解釈する。もし成就を論じるならば、果の三つの意義を取るべきである。もし最初［の修行］に通じるならば、また因の三つの意義を取る。

このように解釈することは、すべて三蔵［教］・通［教］の意味にすぎない。別［教］・円［教］に関しては、その意義はそうではない。ただ賊を殺すだけではなく、また不賊も殺す。不賊とは、涅槃のことである。また［賊を殺すことと不賊を殺すことを］破る必要がある。それ故、殺賊の意義である。生を生ぜず、また不生を生じない。無漏は不生なのである。ただ応供であるだけではなく、また供応でもある。[168] 一切衆生［に利益を与えること］は供応である。すべて［別教の］初地・［円教の］初住の徳をたたえるのである。

167　『阿颰経』には「応真」といい、『［太子］瑞応［本紀経］』には「真人」という【阿颰経云応真瑞応云真人】『仏開解梵志阿颰経』（大正一、二六〇下一五）、『太子瑞応本起経』（大正三、四七五上二六）を参照。ただし、「応真」・「真人」はいずれも漢訳経典に頻出する。

168　供応　阿羅漢の一義である応供は、「応《まさ》に供《そな》うべき」尊い存在という意味であるが、この語順を入れ替えて「供応」という語を作ったものである。『文句記』巻第一下、「彼の応ずる所に供うるを、名づけて供応と為す」（大正三四、一六八上二一～二三）、柏庭善月『仁王護国般若波羅蜜経疏神宝記』巻第二、「慈悲の徳を以て、彼の求むる所に応ずるは、即ち供応の義なり」（大正三三、二九二下二）、『講義』、「応ずる所の衆生に随って益を与うるを謂う」などとある。

本迹［釈］とは、本は不受三昧[169]を得て、二辺（二つの極端）について執著するものがないので、不生と名づける。五住の惑を断ち切るので、殺賊と名づける。［十界のうち、仏界を除く］九道に幸福を与え、衆生に利益を与えることができるので、応供がある。本の意義である。方便によって衆生を救済し、五味を経歴して、次々に不生となることは、迹である。さらにまた、本は法身であり、迹は自己の利益（応供）を示す。本は般若であり、迹は不生を示す。本は解脱であり、迹は殺賊を示す……。

観心［釈］とは、空観は般若、仮観は解脱、中観は法身である。さらにまた、観心とは、従仮入空観にも三つの意義がある。ないし中道観は無明の賊を殺し、二乗の心を生ぜず、この人を供養することは、世尊を供養するようなものである。『［大］方等［陀羅尼経］』には、「仏や文殊に供養することは、方等を修行する者に施
7c して、一食によって身体を満腹にすることに及ばない」とある。[170]下の文には、「仏を非難し讃歎する罪と福は軽く、『［法華］経』を持つ者を誹謗し讃歎する罪と福は重い」とある。[171]なぜならば、仏には食べたいという想念がなく、長い間［利・衰・毀・誉・称・譏・苦・楽の］八風を離れているので、損害や利益を受けない。『［法華］経』を持つ者に施すことは、肉体を全うし、［過去世の業の］報いとしての命を継続させ、法身を生じ、智慧の命を増大させる。それ故、利益がある。これを非難すれば、憂い悩み退き悔いる。もし好機を失えば、救うことはできない。それ故、大いに損害を受ける……。

5.1115212114　徳を歎ず

第四に徳をたたえる文に五句があり、上の三徳をたたえる。『法華論』には、「初めの句（諸法已尽）は総体性であり、後の句は個別性である」とある。[172]さまざまな句はすべて羅漢をたたえる句である。「諸漏已尽無復

煩悩」(1c20-21/A8·4-5/70·4-5)という、この二句は、上の殺賊をたたえる。「漏」とは、三つの漏である。『成〔実〕論』には、「道を失うので、漏と名づける」とある。[173]『律』には、「愚かな人は業を作って、さまざまな漏

169 不受三昧　『大品般若経』巻第三に、「是の如き菩薩摩訶薩は、般若波羅蜜を行ぜんと欲して、応に諸法の性空を観ずべし。是の如く心に行処無きを観ず。是れ菩薩摩訶薩の不受三昧の広大の用と名づく」(大正八、二三六上一~四)とあるのを参照。

170 『〔大〕方等〔陀羅尼経〕』には、「仏や文殊に供養することは、方等を修行する者に施して、一食によって身体を満腹にすることに及ばない」とある【方等云供仏及文殊不如施行方等者一食充軀】『大方等陀羅尼経』巻第二、「仏は舎利弗に告ぐらく、若《たと》い一人有りて頭・目・身・体・妻・子・婦・児・象・馬・七珍を持って、以て我れに供養するも、人有りて能く一たび此の経巻を礼拝する者に如《し》かず。若い復た人有りて四天下を持って、以て珍宝を積み、梵天に至りて、以て我れに供うるも、人有りて彼の経を受持する者に一食を与えて軀に充《み》てんに如《し》かず」(大正二一、六四九上一六~二〇)を参照。

171 下の文には、「仏を非難し讃歎する罪と福は軽く、『〔法華〕経』を持つ者を誹謗し讃歎する罪と福は重い」とある【下文云毀讃仏罪福軽毀讃持経者罪福重】　仏と持経者を誹謗する罪の軽重に関しては『法華経』法師品、「若《たと》い悪人有りて不善心を以て、一劫の中に於いて、仏前に現われて、常に仏を毀罵《きめ》するも、其の罪は尚お軽し。若し人は一悪言を以て、在家・出家の法華経を読誦する者を毀呰《きし》せば、其の罪は甚だ重し」(大正九、三〇下二九~三一上三)を参照。

172 『法華論』には、「初めの句(諸法已尽)は総体性であり、後の句は個別性である」とある【法華論云初句総後句別】『法華論』、「総別門とは、皆な是れ羅漢等の十六句なり。初句は総、余句は別なるが故なり」(大正二六、一一中七~八)を参照。

173 『成〔実〕論』には、「道を失うので、漏と名づける」とある【成論云失道故名漏】　出典未詳。

の門を開く」とある。[174]『[阿]毘曇[論]』には、「生死に漏れ落ちる」とある。[175]『論』と『律』の言葉は相違しているけれども、ともに漏の意義を明らかにしている。ほんとうに害し欺くこと【賊誑】によって、理の宝を失い、貧しく孤独で、さまざまな悪業を作り、生死の苦しみを招く。法身を滅ぼし、智慧の命を失い、重宝を喪失する。すべて賊の意義である。不生の意義によって徳をたたえると思ってはならない。「煩悩」(1c21/A8·5/70·5)とは、九十八使である。流《る》・扼《やく》・纏《てん》・蓋《がい》[176]などは、修行者を悩ませる【逼悩】。煩悩は[業を]潤す主体であり、漏業(煩悩に汚された行為)は潤す対象である。主体・対象【能所】が消滅する以上、ちょうど殺賊の意義である。どうして不生をたたえることとすることができようか。「逮得己利」(1c21/A8·5/70·5)の一句は、応供をたたえる。三界の因果をすべて他と名づけ、智[徳]・断[徳]の功徳[177]をすべて自己の利と名づける。自己の利が備わるので、応供を成立させる。「尽諸有結心得自在」(1c21-22/A8·5-6/70·5-6)の二句は、不生をたたえる。「諸有」は、二十五有[178]という生まれる場所である。「結」は、二十五有を生ずる原因である。因が尽き果が滅ぶのは、不生をたたえることが明らかである。殺賊をたたえるとするべきではない。羅漢はただ結が尽きることに応じ、まだ有が尽きることに応じない。有が尽きるとは、因のなかに果を説く。さらにまた、[有が]尽きることは、遠い昔ではないことにあるのである。「心得自在」とは、禅定が備わることを心自在と名づけ、智慧が備わることを慧自在と名づける。慧自在は、まだ必ずしも心自在でなく、心自在は必ず慧自在である。今、心自在というのは、とりもなおさず禅定と智慧が備わった倶解脱の人である。倶解脱の人(滅尽定を得た阿羅漢)の生は、必ず尽きる。不生の徳をたたえることを確かにわかる。もし『法華論』によるならば、上上起門[179]と呼ぶ。後によって前を解釈するのである。『[法華]論』には、「さまざまな漏が尽きるので羅漢と名づけ、心に自在を得るので有結(生存の束縛)が尽きると名づける」とある。[180]このように次々と上を解釈するのである。

174『律』には、「愚かな人は業を作って、さまざまな漏の門を開く」とある【癡人造業開諸漏門】『十誦律』巻第一、「是れ愚癡の人は、諸の漏の門を開く」（大正二三、一下一三〜一四）を参照。

175『[阿]毘曇[論]』には、「生死に漏れ落ちる」とある【毘曇云漏落生死】出典未詳。

176流・扼・纏・蓋【流扼纏蓋】すべて煩悩の異名である。「流」は流れ出る汚れ、「扼」は車のくびきのように束縛するもの、「纏」はまとわりつくもの、「蓋」は覆うもの。

177智[徳]・断[徳]の功徳【智断功徳】智徳は智慧によって真理を悟ること、断徳は煩悩を断ち切ること。それぞれ菩提と涅槃に相当する。

178二十五有　衆生の輪廻する三界六道を二十五種に分類したもの。四洲（東弗婆提・南閻浮提・西瞿耶尼・北鬱単越）・四悪趣（地獄・餓鬼・畜生・阿修羅）・六欲天（四王天・忉利天・夜摩天・兜率天・化楽天・他化自在天）・色界の七天（初禅天・大梵天・二禅天・三禅天・四禅天・浄居天・無想天）・無色界の四天（空処天・識処天・無所有処天・非想非非想処天）のこと。

179上上起門　『法華論』に「声聞の功徳成就とは、彼の十六句は三門もて義を摂することを示現すること、応に知るべし。何等か三門なる。一には上上起門、二には総別相門、三には摂取事門なり」（大正二六、一中二六〜二八）とある。『私記』によれば、上下互いに釈す、つまり下の句によって上の句を解釈したり、上の句によって下の句を解釈したりすること。

180『[法華]論』には、「さまざまな漏が尽きるので羅漢と名づけ、心に自在を得るので有結（生存の束縛）が尽きると名づける」とある【論云以諸漏尽故名羅漢以心得自在故名有結尽】『法華論』、「上上起門とは、謂わく、諸漏は已に尽くるが故に、名づけて阿羅漢と為す。心に自在を得るを以ての故に、名づけて諸漏は已に尽くと為す」（同前、一中二九〜下一）を参照。

8a

本迹［釈］とは、不生不生を大涅槃と名づける。煩悩の漏の流れについて、その根源は長い間尽き、ふたたび二乗と凡夫地に堕落しないのは、本の不生である。法身の智［徳］・断［徳］、実相の功徳を、本の自己の利と名づけ、王三昧を得て、二十五有を破り、我性（仏性）をあらわし出して、八自在の我[181]を備えることを、本の殺賊と名づけ、迹は二乗の功徳を示すだけである。

観心［釈］とは、中道正観である。空・仮の二つの極端に脱落しなければ、二つの極端の煩悩は滅するのである。心性を観察することができることを、上定と名づける。衣［の裏］の珠[182]の秘密の蔵は、自己の利である。正面から中道を観察すると、結賊は断ち切られる。結がないので、有も断ち切られる。二つの極端は心を束縛することができないので、自在と名づける。煩悩があるけれども、煩悩がないようなものである。煩悩を断ち切らないけれども、涅槃に入ることは、その意義である。

5.11152112115　名を列す

5.111521121151　総釈

第五に名を列挙する。かいつまんで二十一人の尊者を取りあげる。仏の弟子たちは、すべて多くの修行を備えているけれども、その完全な能力を隠して、それぞれ一つの徳にしたがって名を標示するのは、［特殊な徳を］偏愛する者を引き導こうとするからである。『増一阿含［経］』には、「憍陳如比丘はすべて上座で有名な者、有徳で偉大な人物とともにしたがいにしたがい、舎利弗は智慧が深く鋭い者とともにしたがいにしたがい、目連は神通大力のある者とともにしたがいにしたがう」とある。[183]すべて一法をつかさどり、さまざまな［特殊な徳を］偏愛する者を引き導く意味である。もし名を解釈しようとすれば、その行を知る必要があり、徳にしたたがって名を立てるのに、すべて通じないことがないのである。一人ひとりの羅漢について、例にならって四つの解釈をしよう……。

5.1115211121152　別して二十一羅漢を釈す

5.11152112115201　憍陳如を釈す

「憍陳如」(1c22/A10·1/70·7)は、姓である。ここでは火器と翻訳する。婆羅門の種姓である。その先祖は火に仕えた。これ以降、家系に名づけた。火に二つの意義がある。照らすことである。焼くことである。照らすならば闇は生ぜず、焼くならば物は生じない。これは不生を姓とする。阿若とは、名である。ここでは已知と翻訳する。あるいは無知という。無知とは、知るものがないのではない。かえって無を知るだけである。もし二諦によるならば、真[諦]を知る。無生智を名とするのである。『無量寿[経]』・『文殊問[般若経]』・『阿

181　八自在の我　大我は八種の自在なるあり方、力を持っているとされる。『南本涅槃経』巻第二十一、光明遍照高貴徳王菩薩品、「八自在有れば、則ち名づけて我と為す。何等をか八と為す。……是の如き大我を、大涅槃と名づく。是の義を以ての故に、大涅槃と名づく」(大正一二、七四六下一～七四七上六)を参照。

182　衣[の裏]の珠【衣珠】『法華経』五百弟子受記品の衣裏珠の譬喩に出る、衣の裏に縫いつけられた無価の宝珠のこと。

183　『増一阿含[経]』には、「憍陳如比丘はすべて上座で有名な者、有徳で偉大な人物とともにたがいにしたがい、舎利弗は智慧が深く鋭い者とともにたがいにしたがい、目連は神通大力のある者とともにたがいにしたがう」とある【増一阿含云憍陳如比丘皆共上座名者有徳大人相随舎利弗共智慧深利者相随目連共神通大力者相随】出典未詳。

毘曇［毘］婆沙［論］』は、すべて了本際・知本際と呼ぶ。もし四諦によるならば、滅［諦］を知る。ところが、さまざまな経は多くの場合、無知と名づけ、あるいは得道と翻訳する。『増一阿含［経］』には、「私の仏法のなかで、心が広く憐れみ深く博識であり、最初に法味を受ける者は、拘隣如《くりんにょ》比丘が第一である」とある。[184]それ故、阿若《あにゃ》を名とする。［彼の］願いとは、仏は昔、飢餓の世において、赤目の大魚に変身し、息を止め喘《あえ》がないで、死の様相を示した。木工の五人はまず斧によって魚の肉を切った。仏はそのとき誓って、「未来世において、まずこれらの人を救済しよう」といった。まず彼らに無生を与えることを願った。それ故、阿若
8b
といった。さらにまた、迦葉仏のとき、九人は道を学び、五人はまだ果を得ず、釈迦の法のなかで最も早く悟ろうと誓った。本願に引かれ、先に無生を得るので、阿若と名づける。行とは、智慧が生じ惑が消滅する智［徳］・断［徳］[185]の行である。そもそも大いなる夜にいつまでも寝て、人が目覚めることができることはない。日光がまだ出ないとき、明星は先に現われる。憍陳如比丘は、最初に無生智を得る。たとえば明星が多くの明るいものの始めにあるようなものである。すべての人の智慧の明るさは、陳如より先立つものがないので、阿若と名づける。最も早く闇を破るのは、明星を超えるものはない。陳如も同様である。すべての人の闇が消滅するのは、陳如より先立つものがないので、阿若と名づける。先立つとは、［悉達多］太子が国を捨て［父の］王を捨て、山に入って道を学ぶことである。父の王は［太子を］心配して、五人を派遣し、追いかけてそば近くに仕えさせた。いわゆる拘隣《くりん》である。頞鞞《あんび》[186]であり、湿鞞《しっぴ》ともいい、阿説示《あせつじ》ともいい、馬星《めしょう》ともいう。跋提《ばつだい》であり、摩訶男《まかなん》ともいう。十力迦葉である。拘利《くり》太子である。二人は母の親族で、三人は父の親族である。二人は欲を浄とし、三人は苦行を浄とした。太子は熱心に苦行を行じた。二人はすぐにこれを捨てて去った。三人はやはりそばでお仕えした。太子は苦行を捨て、逆に飲食、蘇油、暖かな湯【煖水】を受けたところ、三

人はさらに［太子を］捨てて去った。太子は覚りを得て、まず五人のために四諦を説いた。最初に二人を教えたところ、拘隣は法を見る目が清浄となり【法眼浄】、四人はまだそうならなかった。三人が乞食して、六人が一緒に食べた。次に三人を教えたところ、三人は法を見る目が清浄となり、二人が乞食して、六人が一緒に食べた。第三に説法したとき、拘隣ら五人、八万の諸天は、塵（煩悩）を遠ざけ垢（煩悩）を離れ、五人は無生を得た。仏は三度質問した。「法を知ったか」と。すぐに三度、「知[187]りました」と答えた。地の神は唱え、空

184 『増一阿含［経］』には、「私の仏法のなかで、心が広く憐れみ深く博識であり、最初に法味を受ける者は、拘隣如比丘が第一である」とある【我仏法中寛仁博識初受法味者拘隣如比丘第一】『増一阿含経』巻第三、弟子品、「我が声聞の中の第一比丘は、寛仁博識にして、善能く勧化し、聖衆を将養し、威儀を失わず。所謂る阿若拘隣比丘是れなり」（大正二、五五七上一八～二〇）を参照。「拘隣如」は、Ājñātakauṇḍinya の音訳。五比丘の一人で、最初に悟りを得た人。阿若憍陳如とも音写する。

185 智［徳］・断［徳］【智断】 直前の「智生ず」が智、「惑滅す」が断に相当する。

186 頞鞞 釈尊の初転法輪の対告衆である五比丘の名は資料によって異なる。たとえば、パーリの律蔵・大品では、Aññātakoṇḍañña（サンスクリット語ではĀjñātakauṇḍinya。以下同じ）、Assaji（Aśvajit）、Bhaddiya（Bhadrika）、Vaṣpa（Vāśpa）、Mahānāma（Mahānāmau）である。『文句』では、拘隣（Ājñātakauṇḍinya）、頞鞞（Aśvajit の音写語。湿鞞、阿説示とも音写する。馬星は意訳）、跋提（Bhadrika の音訳。摩訶男［Mahānāman の音訳］は、同一人物とされている）、十力迦葉（Daśabala Kāśyapa。十力は意訳、迦葉は音写語）、拘利太子である。ただし、拘利太子は摩訶男と同一とする説もある。

187 知 底本の「如」を、甲本・『全集本』によって「知」に改める。

の神は伝え、ないし梵天の世界【梵世】はみな知ったという。拘隣は最も先であった。最初に仏の覚りの様相を見、最初に法の鼓を聞き、最初に覚りの香を嗅ぎ、最初に甘露をなめ、最初に法の流れに入り、最初に真諦に登り、閻浮提において覚りを得、すべての人、すべての天、すべての羅漢のなかで一番前にあった。それ故、『十二遊経』には、「仏は成道して第一年に五人を救済し、第二年に三人の迦葉［兄弟］を救済し、第五年に身子（舎利弗）・目連を救済した」とある。[188]阿若は前にあることが明らかであることを知るべきである。これは因縁釈である。

　三蔵教とは、目の不自由な人は無生の智慧をたとえ、鏡は無生の境をたとえる。［五］陰・［十二］入・［十八］界である。頭などの六部分（頭・胴・両手・両足）は、現在の因をたとえるのである。像は未来の果をたとえるのである。もし眼を開いて鏡を取るならば、姿形が［鏡に］対し像が生じる。愚かであるので断絶し
8c
ない。もし眼を閉じて目の不自由な人のようであるならば、見るものがない。［頭・胴・両手・両足の］六部分を見ないのは因の不生、鏡の像を見ないのは果の不生である。それ故、『阿含経』には、「もし色があって、色は浄であるというならば、浄は生であって、不生ではない。もし受・想・行・識があって、識は浄であるというならば、浄は生であって、不生ではない。もし受があって、受は楽であるというならば、楽は生であって、不生ではない。ないし色があって、色は楽であるならば、楽は生であって、不生ではない。もし想・行があって、行は我であると誤って考えるならば、我は生であって、不生ではない。ないし色があって、色は我であるならば、我は生であって、不生ではない。もし識があって、識は常であると誤って考えるならば、常は生であって、不生ではない。ないし色があって、色は常であるならば、常は生であって、不生ではない。たとえば鏡を手にとって顔を見ると、顔は生であって、不生ではないようなものである。もし五陰があるというなら

ば、すべて生であって、不生ではない。もし色は浄ではなく、ないし識は常ではないと知ることができ、さらに色は無常・苦・空・不浄であり、ないし識は無常・苦・無我・不浄であると知ることができれば、不生であって生ではない。目の不自由な人が鏡を手に執ると、像が生じるのを見ないようなものである。以上は不生であって生ではない。不生を知る以上、どうしてまたそのなかで、我は色であると誤って考え、我は色と相違し、我は色のなかにあり、色は我のなかにあり、ないし識も同様であると誤って考えるのか。このように観察することは、現在の因、未来の果である。すべて生ではない。目の不自由な人が鏡に対して姿形の像を見ない

188　『十二遊経』には、「仏は成道して第一年に五人を救済し、第二年に三人の迦葉［兄弟］を救済し、第五年に身子（舎利弗）・目連を救済した」とある【十二遊経云仏成道第一年度五人第二年度三迦葉第五年度身子目連】『仏説十二遊経』、「仏は二十九を以て出家し、三十五を以て得道し、四月八日従り七月十五日に至るまで、樹下に坐して一年と為る。二年に、鹿野園の中に於いて、阿若拘隣等の為めに説法す……五年より去りて、未だ舎衛に至らざる時、舎利弗は婆羅門と作り、百二十五の弟子有りて、一樹下に坐す……目連は……二人は合して二百五十人有り」（大正四、一四六下二九～一四七上一四）を参照。

ようなものである」とある。[189] 以上を［五］陰を観察する無生観智と名づけるのである。［十二］入・［十八］界を観察するならば、総じて海というのは、深く広いけれども、また此岸と彼岸があるのは、思うに小さな水である。もし眼が色を見てから心ひかれ【愛念】、執著し【染著】、貪り願い【貪楽】、身・口・意の業を起こすならば、大きな海である。すべての世間の天・人・修羅を沈没させる。眼は大海であり、色は波濤であることを知るべきである。この色に愛著するので、水が巡り流れる【洄澓】。そのなかで不善（悪）の覚（心の粗い働き）を起こすことは、悪の魚龍である。妬みの害を起こすことは、男の羅刹である。欲望【染愛】を起こすことは、女の鬼である。[190] 身・口・意［の業］を起こすことは塩水【鹹】を飲んで自ら没することである。以上を眼・色は知ることがないけれども、無明の愛を生ずるとする。愛が生ずるので、行と名づける。行が生じるので、業と名づける。業が識を束縛して中陰（中有＝人が死んで次の生を受けるまでの中間的な存在）に入ることは、識が生じることである。受ける胞胎（胞衣＝胎児を包んでいる膜と胎盤）、五疱《ごほう》[191]がまだ成立しないことは、名色が生じることである。五疱が成立したことは、六入が生じることと名づける。六入がまだ苦楽を区別することができないことは、触が生じると名づける。苦楽を区別することを、受が生じると名づける。［六］塵（六境）に対して執著を起こすことを、愛が生じると名づける。四方に走り求めることを、取が生じると名づける。身・口・意［の業］を作ることを、有が生じると名づける。未来の五陰を受けるはずであることを、生生と名
9a
づける。未来の［五］陰が変化することを、老が生じると名づける。未来の［五］陰が破壊されることを、死が生じると名づける。心のなかで、内に熱することを、憂いが生じると名づける。声を出して大いに叫ぶことを、悲しみが生じると名づける。身心がやつれ心臓がどきどきすること【顛悸】を、苦しみ・悩みが生じると名づける。以上を、眼によって色を見るとき、すぐに三世の十二因縁の大きな苦しみの集まりが生じることが

189 『阿含経』には、「もし色があって、色は浄であるというならば……目の不自由な人が鏡に対して姿形の像を見ないようなものである」とある【阿含経云若謂有色色是浄浄即生非不生若謂有受想行識識是浄浄即生非不生若謂有受受是楽楽即生非不生乃至色色是楽楽是生非不生若計有想行行是我我是生非不生乃至色色是我我是生非不生若計有識識是常常是生非不生乃至色色是常常是生非不生譬如執鏡見面面是生非不生若謂有五陰悉是生非不生若能知色非浄乃至識非常又能知色無常苦空不浄乃至識無常苦無我不浄者是為不生非是生如盲執鏡不見像生是為不生非是生既知不生寧復於中計我是色計我異色我在色中色在我中乃至識亦如是如是観者現因来果倶皆不生如盲対鏡不見形像】『雑阿含経』巻第十、「阿難よ、生法は是れ我なりと計す。不生に非ず。阿難よ、云何んが生法に於いて是れ我なりと計し、不生に非ずや。色は生じ、生は是れ我にして、不生に非ず。受・想・行・識は生じ、生は是れ我にして、不生に非ず。譬えば士夫は手に明鏡、及び浄水鏡を執り、自ら面の生ずるを見、生ずるが故に見、不生に非ず。是の故に、阿難よ、色は生じ、生ずるが故に、是れ我なりと計し、不生に非ず。是の如き受・想・行・識は生じ、生ずるが故に、是れ我なりと計し、不生に非ず。云何ん。阿難よ、色は是れ常なるや。無常と為すや。答えて曰う。無常なり。又た問う。無常とは、是れ苦なるや。答えて曰う。是れ苦なり。又た問う。若し無常、苦ならば、是れ変易の法なり。聖弟子は中に於いて復た我異なり、我相在るや。答えて曰う。不《いな》なり。是の如き受・想・行・識は是れ常と為すや、無常と為すや。答えて曰う。無常なり。若し無常ならば、是れ苦なるや。答えて曰う。是れ苦なり」（大正二、六六上八～一九）を参照。

190 総じて海というのは、深く広いけれども……欲望【染愛】を起こすことは、女の鬼である【凡言海者雖復深広亦有此彼岸蓋小水耳若眼見色已愛念染著貪楽起身口意業者是為大海沈没一切世間天人修羅当知眼是大海色是濤波愛此色故是洄澓於中起不善覚是悪魚龍起妬害是男羅刹起染愛是女鬼】『雑阿含経』巻第八（大正二、五四中二三～下一二）を参照。

191 五疱 『文句』巻第四下、「七七は肉摶に於いて五疱を生ず。頭・手・脚等なり。八七は又た五疱皰あり。一頭・両膊・両腕なり」（大正三四、五六上二四～二五）を参照すると、頭・両足・両手のもとになるものの意か。「疱」は、まるくふくれたもの。

あって、不生ではないと名づける。耳・鼻・舌・身・意、眼界、ないし法界も同様である。以上を、[十二]入・[十八]界は生であって、不生でないとする。不生とはどのようなものか。眼が色を観察するとき、苦の種子を種えず、苦の芽を生ぜず、臭い汁を漏らさず、蛆や蠅を集めない。もし種子が生じなければ、芽は生ぜず、臭い汁は生ぜず、蛆や蠅は生じない。それ故、不生と名づける。苦の種子とはどのようなものか。眼が色を見るとき、貪り・怒り・覚（心の粗い働き）を生ずることが苦の種子である。五欲の法を心に思うことが苦の芽を生ずることである。六根が六塵を対象とすることを臭い汗が流れ出ると名づける。六塵において善悪が競い生じることを蛆や蠅と名づける。もし眼・色が無常・苦・空・無我であることを知るならば、貪り・怒りは生ぜず、心の思い【念欲】は生ぜず、境を対象とすることが生ぜず、善悪の行が生じない。以上が不生である。耳・鼻・舌・身・意も同様である。眼界、ないし法界も同様である。阿若は最初にこの三蔵[教]の不生智を得たので、阿若憍陳如と名づける。

通教の無生の観は、たとえば幻術師【幻人】が幻の鏡を手に執る場合、幻の[身体の]六部分（頭・胴・両手・両足）によって幻の鏡に臨み、幻の像を観察するようなものである。像は鏡から生じるのでもなく、[鏡の]表面から生じるのでもなく、鏡と表面が合わさって生じるのでもなく、鏡と表面から離れて生じるのでもない。四句から生じない以上、内・外・[内と外の]中間ではない。常住でもなく、また滅する場所もない。東西南北の方向に向かっても到達しない。性はもと無生であり、生を滅して[はじめて]無生であるのではなく、性はもと無滅であり、滅を滅して[はじめて]無滅であるのではない。無生であり無滅である。それ故、無生という。受・想・行・識も同様である。さらにまた、幻色を観察すると幻の鏡の像のようなものであり、受を観察すると泡のようなものであり、想を観察すると炎のようなものであり、行を観察すると[幹と思われるところを切っても葉ばかりで木質部がない」芭蕉のようなものであり、識を観察すると幻のようなものである。幻は幻の物から生ぜず、幻術師から生ぜず、［幻の］物と［幻術］師と合わせて生じるのでもなく、［幻の］物と［幻術］師から離れて生じるのでもない。四句によって幻の生を求めると、生のよって来るものはない。四方に幻の滅を求めると、滅の去る場所もない。性はもと無生であり、生を滅して［はじめて］無生であるのではなく、性はもと無滅であり、滅を滅して［はじめて］無滅であるのではない。無生であり無滅である。それ故、無生という。［六］根・［六］塵という村落は、煩悩の賊【結賊】が留まるところであることを観察す
9b ると、[192] もとから一々が実体あるものではない。妄想があるので生じる。業の力という仕掛け【機関】を、かりに無人の聚落【空聚】とする。無明の本質【体性】はもともとない。妄想の因縁が和合してある。有はもともと無である。因縁によってさまざまなものを成立させる。煩悩・業・苦は、回転する火の輪【旋火輪】のよう［に実体がないの］である。それらがもともと無であることを観察することは、すべて上に説いた通りである。これは通［教］の意味である……。

妙法蓮華経文句巻第一上

192 ［六］塵という村落は、煩悩の賊【結賊】が留まるところであることを観察すると【観根塵村落結賊所止】『金光明経』巻第一、空品、「六入の村落は、結賊の止まる所なり。一切は自住にして、各相《たが》いに知らず」（大正一六、三四〇上一四～一五）を参照。

妙法蓮華経文句　巻第一下

天台智者大師が説く

別［教］の無生を観察する智慧【観無生智】とは、鏡は法界をたとえ、眼は観察する智慧をたとえる。青・黄・赤・白・小・大・長・短は、十法界をたとえる。青は地獄の因果をたとえ、黄は餓鬼の因果をたとえ、赤は畜生の因果をたとえ、白は人天の因果をたとえ、小さな色像（姿）は二乗の因果をたとえ、大きな色像は通［教］の菩薩の因果をたとえ、短かい色像は別［教］の菩薩の因果をたとえ、長い色像は仏の因果をたとえる。すべて鏡について区別するのに誤謬はない。もし自分で正しくしようとすれば、九［界］の因果を生じないようにさせ、［仏界という］一［界］の因果を生じさせなさい。他者を正しくしようとすれば、他者の九［界］の因果を生じないようにさせ、［仏界という］一［界］の因果を生じさせなさい。法界によって菩提の行を実践し、順序よく［蔵教の］析・［通教の］体の観察する智慧を用い、［見一処住地惑・欲愛住地惑・色愛住地惑・有愛住地惑の］四住［地惑］の生を断ち切って生じないようにさせる。次に恒［河］沙の仏法によって、客塵[1]の煩悩を断ち切り、無知［惑＝塵沙惑］を生じないようにさせる。後に実相の智慧によって、無明［惑］を断ち切り、［無明惑の］根本を生じないようにさせる。もし四住がなければ、分段［の生死］は生じない。もし無知［惑］がなければ、方便［有余土］は生じない。もし無明［惑］がなければ、実報［無障礙土］は生じない。生も生ぜず、不生も生じないので、不生と名づける。以上を別教の無生智と名づけるのである。

円教の無生を観察する智慧【観無生智】に焦点をあわせれば、鏡の丸さ【団円】を観察し、背面を観察せず、姿・［鏡に映る］像【形像】を観察しない。背面でなければ暗さでなく、表面でなければ明るさではない。種々の姿形【形容】を取らず、種々の［鏡に映る］像[2]を取らず、ただ丸さ【団円】を観察するのに、果て【際畔】がなく、始終がなく、明闇がなく、同一・相違の区別がないのは、円観（円教の観察）をたとえる。十法界の姿形【相貌】を取らず、善悪［の区別］がなく、邪正［の区別］がなく、小大など［の区別］がなく、
9c ［区別が］すべて消滅する。ただ諸法の実相、法性の仏法を対象とする。色であれ、香であれ、実相でないものはない。煩悩・業を観察すると、生は無生である。生・不生がないので、無生という。［五］陰・［十二］入・［十八］界の苦は、とりもなおさず法身である。あらわれるので法身と名づけるのではない。障（さまたげるもの）は、法身である。貪り・怒り・愚かさ【貪恚癡】は、般若である。明らかにするので般若と名づけるのではない。照らすべきものがなく、性は自然と明了である。業行の束縛は、すべて解脱と名づける。束縛を断ち切って解脱を得るのではない。束縛するべき本体もなく、束縛する主体もないので、解脱と呼ぶ。解脱は業の不生、般若は煩悩の不生、法身は苦の不生である。この三つの不生は一つの不生であり、この一つの不生は三つの不生である。三でもなく一でもないので、不生という。まして変易［の生死］の煩悩・業・苦は不生

1　客塵　煩悩のこと。煩悩は心の本性に関係がなく浮動的であるから、主人に対する客、虚空に浮遊する塵にたとえて、客塵という。

2　［鏡に映る］像【繋像】『講録』には三説を紹介している。第一に鏡を支える道具という意味、第二に影像の意味、第三に『金光明経文句記』巻第三下の「繋像《ぎょうぞう》と言うは、土木を累《かさ》ねて仏像を為《つく》るなり」（大正三九、一一八下二五～二六）を引用している。『講録』は、直前の「形容」と対比させて、第二の「影像」の意味を妥当としている。

でないであろうか。これは円［教］の無生を観察する智慧【無生観智】である……。

本迹［釈］とは、憍陳如は、もともと不生であり、はじめて不生であるのではない。乳を引き導いて酪としようとするので、迹は初教（三蔵教）の不生となる。酪を引き導いて生蘇とするので、迹は通［教］の不生となる。生［蘇］を引き導いて熟［蘇］とするので、迹は別［教］の不生となる。熟［蘇］を引き導いて醍醐とするので、迹は円［教］の不生となる。そして、その本地は、阿字門[3]に留まる。その意味は、すべての法は最初、不生であるので、もし阿字門を聞くならば、すべての意義はみな生でもなく不生でもないと理解する。迹を垂れて教化して【引化】、生・不生となることができる。衆生がもし円［教］の不生に合致することができれば、阿若と同じである。本でもなく迹でもなく、生でもなく不生でもない。重大な事柄の理由【大事因縁】は、ここで終わる。それ故、下の文に、「富楼那《ふるな》の種々の変化の事柄を、私がもし詳しく説き、衆生がこれを聞くならば、心に疑惑を懐くであろう」とあるの[4]は、その意義である。『阿含［経］』には、「阿難は傘蓋《さんがい》・灯を持って仏の後にしたがい、大梵王は傘蓋・灯を持って［阿若憍］陳如の後にしたがう」とある。[5] これはすべて迹を示して、本をあらわそうとするのである。

観心［釈］の不生とは、三観に焦点をあわせる。不生は知ることができるであろう。煩わしくあらためて説かないのである。

5.111152112115202　摩訶迦葉を釈す

「摩訶迦葉」[6]（1c22/A10·1/70·7）は、ここでは大亀氏《だいきし》と翻訳する。その先祖は道を学んだとき、霊妙な亀が仙《せん》

3 阿字門 「阿」は、梵語の最初の文字aの音写語。これは、初＝本（根本の意）、不生の意義を有する。

4 下の文に、「富楼那の種々の変化の事柄を、私がもし詳しく説き、衆生がこれを聞くならば、心に疑惑を懐くであろう」とある【下文云富楼那種種変化事我若具足説衆生聞是者心則懐疑惑】『法華経』五百弟子受記品、「若し我れは具足して種種の現化の事を説き、衆生は是れを聞かば、心に則ち疑惑を懐かん」（大正九、二八上二一～二二）を参照。

5 『阿含［経］』には、「阿難は傘蓋・灯を持って仏の後にしたがい、大梵王は傘蓋・灯を持って［阿若憍］陳如の後にしたがう」とある【阿含云阿難持傘蓋灯随仏後大梵王持傘蓋灯随陳如後】『雑阿含経』巻第三十一、「尊者阿難は即ち教を受け、傘蓋を以て灯を覆い、仏の後に随いて行き、一処に至り、世尊は微笑す。尊者阿難は仏に白して言わく、世尊は無因縁を以て笑わず。審《つまび》らかならず、世尊は今日何の因、何の縁もて微笑を発するや。仏は阿難に告ぐらく、是の如し。是の如し。如来は無因縁を以て笑わず。汝は今、傘蓋を持って灯を覆い、我れに随いて行く。我れは梵天を見るに、亦復た是の如く、傘蓋を持って灯を覆い、拘隣比丘の後に随いて行く」（大正二、二二〇中一八～二五）を参照。

6 摩訶迦葉 Mahākāśyapa の音写語。頭陀第一と称される。

図《と》[7]を背負って応現した。徳にしたがってその親族に名づけたので、亀氏といった。真諦三蔵[8]は、光波《こうは》[9]と翻訳した。古の仙人は、身が光炎のように踊りあがり、他の光を映し出して、現われないようにさせることができるので、光波という。また飲光《おんこう》ともいう。迦葉の身の光も同様に物を映し出すことができる。名は畢鉢羅《ひっぱら》、あるいは畢鉢波羅延《ひっぱはらえん》、あるいは梯毘梨《ていびり》である。畢鉢羅は、樹木である。父母が樹神に祈って、この子を求めて得た。樹によってこれに名づけた。［また、］跋耆子《ばつぎし》[10]はこの聚落に生まれたので、人々はそのように名づけた。そ
10a
の家はとても富裕であった。『増一阿含［経］』には、「羅閲祇《らえつぎ》（ラージャグリハ）のとても富裕な長者を迦毘羅《かびら》と名づけ、妻を檀那と名づけ、子を畢鉢羅と名づけ、子の妻を婆陀《ばだ》と名づけた。その家［の財産］は瓶沙《びんしゃ》（ビンビサーラ）王に千倍勝れている。十六大国において、隣に並んで連なるものはない」とある。[11]『付法蔵［因縁伝］』には、「毘婆尸仏《びばしぶつ》[12]が涅槃に入った後、金色の塔像は損壊した【缺壊】。そのとき、ある貧しい女が、金の宝珠を求め得て、職人を雇って金属の薄い膜[13]とした。金の職人【金師】は歓喜して、仏［像］にうまく手を加えて輝かせた【治瑩】後に、誓いを立てて夫婦となった。九十一劫、人間世界や神々の世界に生まれて、身は常に金色であり、心は常に楽を受けた。最後に摩竭提国《まかつだいこく》[14]の尼拘律陀《にくりつだ》婆羅門の家に身を寄せて生まれた。王よりも勝れているので罪されることを恐れて、一つの耕作のための鋤【耕犂】を減らして、ただ九百九十九頭の

7　仙図　仙人の図の意。『文句記』は、中国の河図《かと》のようなものと述べている。河図は、黄河から出た竜馬の背に示された図のことで、易の八卦のもとになったものといわれる。

8　真諦三蔵　真諦（四九九～五六九）のこと。主に唯識系の経論を翻訳した。

9　光波　『文句』は、吉蔵『法華義疏』巻第一、「十八部論疏云、具足応云迦葉波。迦葉此云光、波此云飲。合而言之、故云飲光（『十八部論疏』に云わく、「具足すれば、応に迦葉波と云うべし。迦葉は此に光と云い、波は此に飲と云う。合して之れを言うが故に、飲光と云う」）」（大正三四、四五九中五～六）を参照したが、誤解したものである。『十八部論疏』は真諦作と伝えられるが、現存しない。Kāśyapa の音写語としての迦葉波は、迦葉が光の意で、波が飲の意なので、飲光と意訳される。すでに、『国訳一切経・和漢撰述部・経疏部二・妙法蓮華経文句』（通36頁）、平井俊榮『法華文句の成立に関する研究』（春秋社、一九八五年）五三七頁に指摘がある。

10　跋耆子　Vṛjjiputra の音写語・意訳の合成語。人名。ヴァイシャーリーに住むヴリジ（跋耆）族の人の意。ここでは、ヴリジは聚落の名とされ、その出身者であるので、跋耆子と名づけられたとされる。

11　『増一阿含［経］』には、「羅閲祇（ラージャグリハ）のとても富裕な長者……隣に並んで連なるものはない」とある【増一阿含云羅閲祇大富長者名迦毘羅婦名檀那子名畢鉢羅子婦名婆陀其家千倍勝瓶沙王十六大国無以為隣】『増一阿含経』巻第二十、声聞品、「其の婦は語りて言わく、長者よ、頗《は》た此の羅閲城内の大梵志を迦毘羅と名づけ、饒財多宝《にょうざいたほう》にして、称計す可からず、九百九十九頭の耕牛の田作有りと聞くや。長者は報《こた》えて言わく、我れは躬《みずか》ら此の梵志の身を見る。其の婦は報えて言わく、長者よ、頗た彼の梵志の息を、名づけて比波羅耶檀那《ひばらやだんな》と曰い、身は金色と作り、婦を婆陀と名づけ、女の中の殊勝なる者は、紫磨金《しまこん》を設挙して前に在り、猶お黒を白に比すと聞くや」（大正二、六四七中二三～二九）を参照。「羅閲祇」は、Rājagṛha の音写語で王舎と訳す。中インドのマガダ国の首都。「瓶沙」は、Bimbisāra の音写語。マガダ国の王。「十六大国」は、釈尊当時のインドの十六の大国をいう。ヴァイシャーリー、コーサラ、シュラーヴァスティー、マガダなど。

12　毘婆尸仏　「毘婆尸」は、Vipaśyin の音写語。過去七仏の第一の仏の名。

13　金属の薄い膜【薄】　底本の「蒲」を、『全集本』によって「薄」に改める。

14　摩竭提国　「摩竭提」は、Maghada の音写語。摩掲陀、摩竭陀、摩伽陀などとも音写する。マガダ国は中インドの大国の名。

牛のための金の鋤を用いた」とある。[15] さらにまた、『経』には、「その家にフェルト【氈】がある。最下の品も、百千両金の価値がある。釘で［フェルトを］地に打ち、［地に］七尺入れるけれども、フェルトは破られないで、もとのままで異ならない。六十庫の銭と粟（穀物）【金粟】がある。一庫に三百四十斛《こく》を受け容れる」とある。[16]「庫」は、倉の類である。さらにまた、『経』には、「麦飯を［辟］支仏に供養すると、怛越《たんのつ》（鬱単越）・忉利《とうり》[17]でそれぞれ千回楽を受け、身に三十相がある。すぐに金色を論ずると、剡浮那陀金《えんぶなだこん》[18]は、濁水の底にあっても、光は水上に通り抜け、闇にあれば、闇は消滅する。迦葉の身の光は、この金より勝れ、身の光は一由《ゆ》旬《じゅん》を照らす」とある。[19] 二相を欠くとは、［眉間］白毫［相］（眉間に白い右回りの細い巻き毛があること）と肉髻［相］（仏の頭頂の肉が隆起していること）がないはずである。それ故、諸天が［仏典の］結集を願ったとき、「長老【耆年】の欲望・怒り・慢心は除かれて、その身体はたとえば紫金（紫色を帯びた、最高の質の金）の柱のようであり、上から下まできちんと整っており、慎み深く威厳があり【端厳】、たぐいなく神妙である。目は蓮

15 『付法蔵［因縁伝］』には、「毘婆戸仏が涅槃に入った後……ただ九百九十九頭の牛のための金の鋤を用いた」とある【付法蔵言毘婆戸仏滅後塔像金色缺壊時有貧女匃得金珠倩匠為薄金師歓喜治瑩仏畢立誓為夫婦九十一劫人中天上身恒金色心恒受楽最後託摩竭提国尼拘律陀婆羅門家生畏勝王得罪滅一耕犁但用九百九十九双牛金犁】『付法蔵因縁伝』巻第一、「過去久遠、毘婆戸仏は、衆生を化し已りて、般涅槃に入る……時に彼の塔の中に、如来の像有りて、面上の金色に、少処缺壊す。時に貧女有りて、遊行乞匃《こつがい》し、一金珠を得て、内に歓喜を懐く。薄を為《つく》らんと意欲し、像の面上を補う。迦葉は爾の時、鍛金師と為る。女は即ち持ち往きて倩《やと》いて修造せしむ。是の時、金師は其れを福と為すと聞いて、歓喜して之れを治し、瑩飾すること既に訖わる。像の面を補うを用て、因りて共に願いて曰わく、願わくは我れら二人は常に夫妻と為り、身は

真の金色にして、恒に勝楽を受けんことを。是の因縁を以て、九十一劫、身は真金の色にして、人天の中に生じ、快楽無極なり。最後に第七梵天に託生す。時に摩竭国に、婆羅門有りて、尼倶律陀と名づく。過去世に於いて、久しく勝業を修す。高才博達、智慧深遠なり。多饒財宝、巨富無量なり。金銀・琉璃・珂貝・璧玉・牛羊・田宅・奴婢・車乗、摩竭王に比するに、千倍、勝れたりと為す。時に瓶沙王は、金犁千具なり。彼の婆羅門は、王と斉しければ、諸の罪咎《ざいぐ》を招くを恐れ、乃ち其の一を少《か》き、唯だ九百九十九の具有るのみ」（大正五〇、二九七中一九～下五）を参照。

16 『経』には、「その家にフェルト【氎】がある……一庫に三百四十斛を受け容れる」とある【経云其家有氎最下品者直百千両金以釘釘入地七尺氎不穿破如本不異六十庫金粟一庫容三百四十斛】『付法蔵因縁伝』巻第一、「其の家に氎有り。最下の者は、直《あた》い百千両金なり。釘を以て之れに釘《くぎう》ち、地に入ること七尺なるも、氎は穿破せず、本の如く異ならず。福徳の力を以て、財富は是の如し」（大正五〇、二九七下五～七）を参照。「斛」は、容量の単位。一斛は十斗で、隋代では約五十九リットル。

17 怛越（鬱単越）・忉利【怛越忉利】「怛越」は、鬱単越（Uttara-kuru）のこと。須弥山の周囲にある四洲のうち、北に位置する大陸。「忉利」は、Trāyastriṃśa の音写語で、三十三天の意。欲界の六欲天の第二で、帝釈天を中心に、四方に八天ずつあるので、合計、三十三天となる。

18 剡浮那陀金 閻浮那陀金《えんぶなだこん》ともいう。Jambū-nada-suvarṇa の音写語・意訳の合成語。閻浮樹の森林を流れる河底から採取される最高質の砂金。

19 『経』には、「麦飯を［辟］支仏に供養すると……身の光は一由旬を照らす」とある【経云以麦飯供養支仏怛越忉利各千反受楽身有三十相直論金色剡浮那陀金在濁水底光徹水上在闇闇滅迦葉身光勝於此金身光照一由旬】『仏本行集経』巻第四十六に、貧人（迦葉の前身とされる）が辟支仏に稗飯を供養した話が出る（大正三、八六八中三～下六）が、表現の相違する箇所が多い。「由旬」は、yojana の音写語。インドの距離の単位。七マイル、または九マイルといわれる。

華のように明らかで清浄である」とたたえた。[20] この家業を捨てた。さらにまた、金色の妻を娶り、たがいに横になっても欲望がなく、［妻を］捨てて出家した。身に値のつけられないほど貴重な宝衣を着て、裁ちて大衣を作り、四つに畳んで仏に献呈して座席とした。[21] このような三捨[22]は、世に並ぶものがない。以上を捨大とする。跋者《ばっぎ》という聚落において、仏に出会って宝衣を献呈した。仏は糞掃[23]の大衣を授けた。この衣は偉大な聖人の大衣である。さらにまた、大[24]いにかさばって重い【麁重】。それ故、迦葉は、「私は仏の衣を受け、［それを］師と思い、［舎利］塔と思って、まだ頭を［大衣の上に］のせて寝たことがない。ましてうつぶせになって寝たことはなおさらない。このような大衣は、大いに私の修行を進める」といった。それ故、受大[25]という。

仏弟子のなかに、迦葉と名づける者は多い。十力［迦葉］、三［兄弟の］迦葉などのようである。いずれも大人物である。同名の者たちのなかで、最も年長であるので、大迦葉と記す。跋者の聚落において、最初に仏に従って、すぐれた【増上】戒定慧を聞いて、すぐに無漏［の智慧］を得、乞食の法を受けて、十二頭陀[26]を
10b 実践して、ますます老いても［頭陀行を］捨てなかった。後に仏は、「あなたは高齢である。乞食を捨て、サンガ【衆】に身を寄せて食を受けるべきである。かさばって重い【麁重】糞掃衣（ぼろ切れを綴り合わせて作った衣）を捨て、汚く濁った色をした【壊色】居士［が布施した］軽い衣を受けるべきである」と語った。迦

20　諸天が［仏典の］結集を願ったとき、「長老【耆年】の欲望・怒り・慢心は除かれて……目は蓮華のように明らかで清浄である」とたたえた【諸天請結集時讃言耆年欲恚慢已除其形譬如紫金柱上下端厳妙無比目明清浄如蓮花】『大智度論』巻第二、「爾の時、諸天は摩訶迦葉の足を礼し、偈を説いて言わく、耆年の欲・恚・慢は已に除こり、其の形は譬えば紫金柱の如く、上下は端厳にして、妙なること無比にして、目は明らかに清浄なること蓮華の如し」（大正二五、六七中一二～一四）を参照。

21　身に値のつけられないほど貴重な宝衣を着て、裁ちて大衣を作り、四つに畳んで仏に献呈して座席とした【身披無価宝衣裁為僧伽梨四畳奉仏為座】『雑阿含経』巻第四十一、「我れは百千の価直の衣を以て、僧伽梨《そうぎゃり》を割截《かっさい》し、四摂して座と為す」（大正二、三〇三中二二～二三）を参照。「僧伽梨」（saṃghāṭi の音写語）は、僧が所有を許された三衣の一つで、大衣のこと。

22　三捨　家業を捨て、妻を捨て、無価宝衣を捨てたことを指す。

23　糞掃　pāṃsu の音写語。塵の意。塵埃の山から集めたぼろの意。このぼろを縫い合わせて僧衣を作る。これを糞掃衣（pāṃsu-kūla）という。

24　大　底本の「不」を、『全集本』によって「大」に改める。

25　受大　本文に出るが、摩訶迦葉に七大（捨大・受大・行大・印可大・位大・結集大・持法大）といわれる徳がある。智顗説・湛然略『維摩経略疏』巻第四、「言う所の大とは、或いは智大・徳大・心大に因るが故に、大迦葉と称す」（大正三八、六一五下二八～二九）に対する道暹『維摩経疏記鈔』巻第四に、「『或いは智大に因る』等とは、法花疏に准ずるに、七大の義を具す。一に捨大なり。家業を捨つるを謂う。金色の婦は身に無価の宝衣を披《き》て、裁《た》ちて僧伽梨と為す。四つに畳《たた》みて仏に奉《ぶ》す。二に受大なり。仏の大衣を受くるを謂う。三に行大なり。頭陀は逾《いよ》いよ老うるも捨てず等を謂う。四に印可大なり。吾れに四神・三昧等有るを謂う。五に信大なり。千二百、四大弟子の中の大なるを謂う。五山の寺主にして、閻浮提の知事の上座と作る。六に結集大なり。三蔵・四阿含等を集むるを謂う。七に住持大なり。頭陀は四衆の依止《えし》と為り、仏法を荷負《かふ》し、久しく住することを得しむ等を謂う。今の文は三大なり。初め、及び僧事は、即ち位大なり。次は即ち行大なり。第三に心の慈悲に因るは、即ち印可大なり」（『新纂大日本続蔵経』一九、三八八上一～九）とある。「位大」と「信大」が通じ、「住持大」と「持法大」が通じる。

26　十二頭陀　頭陀は dhūta の音写語。抖擻《とそう》と訳す。ふるい落とすの意。衣食住に関する十二種の生活規則で、これによって煩悩の垢を払い除く。糞掃衣・但三衣・常乞食・不作余食・一坐食・一揣食・空閑処・塚間坐・樹下坐・露地坐・随坐・常坐不臥をいう。

葉は仏に、「仏がこの世に出現しなければ、私は辟支仏となって、死ぬまで頭陀を実践したであろう。私は今、習ったことを放り投げ、他のものを学ぼうとはけっしてしない。さらにまた、未来世のために灯火【明】となろう。未来世において、『上座迦葉は仏にたたえられた。私もまた難行苦行を学ぼう』といわれるであろう」と申し上げた。仏は、「すばらしい」といった。[27] 以上が行大である。『増一阿含［経］』に、「仏法のなかで十二頭陀を行じて難行苦行するのは、大迦葉が第一である」とある。[28] 頭陀は長い時間行なってきたので、口ひげと髪は長く衣服は破れていた。仏のもとにやって来たとき、比丘たちは［迦葉に対して］おごりの心を生じたので、仏は仏の半座に一緒に座るように命じたが、迦葉は承知しなかった。[29] 仏は、「私に四禅があり、禅定によって心を静め、始めから終わりまで消耗損失【耗損】がない。迦葉も同様である。私に大慈があり、仁によってすべてを覆う。あなたも同様である。本質【体性】も慈である。私に大悲があり、衆生を救済する。あなたも同様である。私に四神三昧がある。第一に無形、第二に無量意、第三に清浄積、第四に不退転である。あなたも同様である。私に［神足通・天眼通・天耳通・他心通・宿命通・漏尽通の］六［神］通がある。あな

27　仏は、「あなたは高齢である……仏は、「すばらしい」といった【仏語汝年高可捨乞食帰衆受食可捨麁重糞掃衣受壊色居士軽衣迦葉白仏仏不出世我当為辟支仏終身行頭陀我今不敢放所習更学余者又為当来世作明未来世言上座迦葉為仏所歎我亦当学難行苦行仏言善哉】『雑阿含経』巻第四十一、「爾の時、世尊は摩訶迦葉に告げて言わく、汝は今已に老い、年耆《ねんぎ》根熟なり。糞掃衣は重く、我が衣は軽好なり。汝は今、僧中に住し、居士の壊色《えじき》の軽衣を著《き》る可し。迦葉は仏に白して言わく、世尊よ、我れは已に長夜に阿練若《あれんにゃ》を習い、阿練若・糞掃衣・乞食を讃歎す。仏は迦葉に告ぐらく、汝は幾種の義を観じ、阿練若を習い、阿練若・糞掃衣・乞食を讃歎し、糞掃衣、乞食の法を讃歎するや。迦葉は仏に白して言わく、世尊

よ、我れは二種の義を観じ、現法に安楽住の義を得、復た未来の衆生の為めに而も大明と作らん。未来世の衆生は当に是の如く念ずべし。過去の上座は六神通あり、出家して日久しく、梵行は純熟し、世尊の歎ずる所と為り、智慧梵行者の奉事する所なり。彼れは長夜に於いて、阿練若を習い、阿練若・糞掃衣・乞食を讃歎し、糞掃衣、乞食の法を讃歎す。諸の聞く者有らば、浄心に随喜し、長夜に皆な安楽饒益《にょうやく》を得。仏は迦葉に告ぐらく、善き哉、善き哉。迦葉よ、汝は則ち長夜に饒益する所多く、衆生を安楽にし、世間を哀愍し、天人を安楽にす」（大正二、三〇一下一〇～二四）を参照。「壊色」は、kaṣāya の漢訳。青・黄・赤・白・黒の正色ではない中間色のことで、僧衣はこの壊色でなければならなかった。

28 『増一阿含［経］』に、「仏法のなかで十二頭陀を行じて難行苦行するのは、大迦葉が第一である」とある【増一阿含仏法中行十二頭陀難行苦行大迦葉第一】『増一阿含経』巻第三、弟子品、「十二頭陀、難得の行は、所謂る大迦葉比丘是れなり」（同前、五五七中八～九）を参照。

29 頭陀は長い時間行なっているので、口ひげと髪は長く衣服は破れていた……迦葉は承知しなかった【頭陀既久鬚髪長衣服弊来詣仏所諸比丘起慢仏命令就仏半坐共坐迦葉不肯】『雑阿含経』巻第四十一、「爾の時、尊者摩訶迦葉は、久しく舎衛国の阿練若床の坐処に住し、長き鬚髪《しゅほつ》にして、弊《やぶ》れたる納衣《のうえ》を著《き》、仏所に来詣《らいけい》す。爾の時、世尊は無数の大衆に囲繞《いにょう》せられて説法す。時に諸の比丘は、摩訶迦葉の遠き従り而も来たるを見る。見已りて、尊者摩訶迦葉の所に於いて、軽慢心を起こして言わく、此れは何等の比丘なるや。衣服は麁陋《そろう》にして、儀容有ること無くして来たり、衣服は佯佯《ようよう》として来たる。爾の時、世尊は諸の比丘の心の念ずる所を知りて、摩訶迦葉に告ぐらく、善来。迦葉よ、此の半座に於いて、我れは今、竟《つい》に誰れか先に出家するや、汝なるや、我れなるやを知る。彼の諸の比丘は、心に恐怖を生じ、身の毛は皆な竪《よだ》ち、並びに相い謂いて言わく、奇なるかな。尊者よ、彼の尊者摩訶迦葉は、大徳大力ありて、大師の弟子にして、請うるに半座を以てす。爾の時、尊者摩訶迦葉は、合掌して仏に白して言わく、世尊よ、仏は是れ我が師なり。我れは是れ弟子なり。仏は迦葉に告ぐらく、是の如し。是の如し。我れは大師と為す。汝は是れ弟子なり。汝は今且《しばら》く坐し、其の安んずる所に随え。尊者摩訶迦葉は仏足に稽首し、退いて一面に坐す」（大正二、三〇二上二～一五）を参照。

たも同様である。私に四定がある。第一に禅定、第二に智定、第三に慧定、第四に戒定である。あなたも同様である」という。[30]『増一阿含［経］』には、「一人の婆羅門が仏に、『昨日、ある婆羅門が私の家に来た。どのような人か』と申し上げた。仏は迦葉を指した。さらに、［婆羅門は、］『これ（迦葉）は沙門であり、婆羅門ではないのか』と質問した。仏は、『沙門の法・律、婆羅門の法・律を、私はすべて知っている。迦葉も同様である。迦葉の功徳は、私と相違しない。［迦葉は］どうして座らないのか』といった。比丘たちは、仏が［迦葉について］たたえる内容を聞いて、心は驚き毛が立った」とある。[31]仏は過去の【本】因縁を引用する。「昔、聖王がいて、文陀竭《もんだかつ》（釈尊の前身）と名乗った。才能がすばらしく人並みすぐれていた。天帝（帝釈天。迦葉の前身）は［王の］徳を敬って、千の馬車を派遣し、宮殿の門【闕】に至って王を迎えた。天帝は出てそばでお仕えし、王とともに座った。たがいに楽しんでから、王を送って宮殿に帰した。昔、迦葉は生死の座によって、

30　仏は、「私に四禅があり……第四に戒定である。あなたも同様である」という【仏言吾有四禅禅定息心従始至終無有耗損迦葉亦然吾有大慈仁覆一切汝亦如此体性亦慈吾有大悲済度衆生汝亦如是吾有四神三昧一無形二無量意三清浄積四不退転汝亦如是吾有六通汝亦如是吾有四定一禅定二智定三慧定四戒定汝亦如是】『中本起経』巻下、大迦葉始来品、「世尊は又た曰わく、吾れは四禅の禅定を以て心を息《やす》め、始め従り終わりに至るまで、損耗有ること無し。迦葉比丘も亦た四禅有りて、禅に因りて定意を得。吾れは大慈を以て一切を仁愛す。迦葉の体性も亦た慈あること此の如し。吾れは大悲を以て衆生を済度す。迦葉比丘の大悲も此の如し。吾れは四禅（元本・明本には「神」に作る）三昧を以て自ら娯楽するに、昼夜有ること無し。何等をか四と為す。一には無形三昧、二には無量意三昧、三には清浄積三昧、四には不退転三昧なり。迦葉比丘も亦た是の三昧有り。吾れは本と六通を楽《ねが》い、今已に六通を得たり。迦葉比丘も亦た六通を得。何等をか六と為す。

一には四神足念、二には悉ごとく一切人の意を知り、三には耳は徹して聴き、四には衆生の本を見、五には衆生の趣く所の行を知り、六には諸漏は皆な尽く。今は已に無畏にして、三界に独り尊く、吾れは四定を以て、法御を表彰す。何等をか四と為す。一には解定、二には智定、三には慧定、四には戒定なり。名色は皆な滅し、梵迹は独り存し、憂憙の想無く、生死の根は断つ。迦葉比丘も亦復た是の如し」（大正四、一六一上二六〜中一一）を参照。「四神三昧」は、『文句記』（大正三四、一七二中二三〜二六を参照）によれば、四神足定（欲・勤・心・観の神足）のことであり、これによって無形・無量意・清浄積・不退転の四用があると述べている。また、『私志記』巻第五には、「変化無方なるが故に無形と名づけ、能く遍く一切を知るを無量意と名づけ、無漏の功徳円満なるが故に清浄積にして、能く有漏を化して無漏を得しむるが故に不退転なり」（『新纂大日本続蔵経』二九、二五四下一九〜二一）とある。

31　『増一阿含［経］』には、「一人の婆羅門が……比丘たちは、仏が［迦葉について］たたえる内容を聞いて、心は驚き毛が立った」とある**【増一阿含云一婆羅門白仏昨有婆羅門至我家何者是仏指迦葉又問此沙門非婆羅門仏言沙門法律婆羅門法律我皆知迦葉亦爾迦葉功徳与我不異何故不坐諸比丘聞仏所讃心驚毛竪】**『増一阿含経』巻第九、慚愧品、「時に、婆羅門は世尊に白して曰わく、向《さき》に婆羅門有りて、来たりて我が家に至る。今、為《は》た所《いずこ》に在るや。爾の時、尊者大迦葉は世尊を去ること遠からず、結跏趺坐して、身を正し意を正し、妙法を思惟す。爾の時、世尊は遙かに大迦葉を指示して曰わく、此れは是れ尊長婆羅門なり。婆羅門は曰わく、云何ん。瞿曇よ、沙門は即ち是れ婆羅門なるや。沙門と婆羅門は、豈に異ならざるや。世尊は告げて曰わく、沙門と言わんと欲せば、即ち我が身是れなり。然る所以は、我れは即ち是れ沙門なり。諸有《あらゆ》る奉持《ぶじ》する沙門の戒律を、我れは皆な已に得たり。今、如《も》し婆羅門を論ぜんと欲せば、亦た我が身是れなり。然る所以は、我れは即ち是れ婆羅門なり。諸の過去の婆羅門の持する所の法行は、吾れは已に悉ごとく知れり。沙門を論ぜんと欲せば、即ち大迦葉是れなり。然る所以は、諸有る沙門の律は、迦葉比丘は皆悉《み》な包攬すればなり。婆羅門を論ぜんと欲せば、亦た是れ迦葉比丘なり。然る所以は、諸有る婆羅門の奉持する禁戒は、迦葉比丘は皆悉《み》な了知すればなり」（大正二、五八九下一〜一五）を参照。

私にともに座るように命令した。私は今成仏して、正法の座によって、その（迦葉の）過去の功績に報いる。［迦葉が］仏に相い対して座るとき、神々はみな仏の師であると思った」とある。[32]さらにまた、迦葉は、阿難とともに比丘尼のために法を説いた。一人の比丘尼が不愉快に思って、「［迦葉が阿難の前で説法することは、］針を商う子どもが、針師の前で針を売る［ようなものである］」といった。迦葉は阿難に、「この比丘尼はあなたを針師とし、私を針を商う子どもとした」と語った。迦葉は尼に、「仏は『月喩経』を説き、『日々成長して、
10c
常に新しく学ぶような者は、ただ大迦葉だけである』といった。あなたは［それを］聞いたか。大勢の者のなかで、［仏が私（迦葉）に］半座を分け与えたことを、あなたは聞いたか。大勢の者のなかで、［私が］仏の広大なる功徳と同じであるとたたえたことを、あなたは聞いたか。どうしてこの人（迦葉）が針を商う子どもであろうか」と語った。[33]このようなことは、仏に許可【印可】されることの大である。

32　「昔、聖王がいて、文陀竭（釈尊の前身）と名乗った……神々はみな仏の師であると思った」とある【昔有聖王号文陀竭高才絶倫天帝欽徳遣千馬車造闕迎王天帝出候与王同坐相娯楽已送王還宮昔迦葉以生死座命吾同坐吾今成仏以正法座報其往勲対仏坐時天人咸謂仏師】『中本起経』巻下、大迦葉始来品、「世尊は又た曰わく、過去久遠、時に聖王有りて、文陀竭と名づく。高行は世に暉《かがや》き、功勲もて感動す。忉利天帝は、其の異徳を欽《うやま》い、即ち車馬を遣し、闕に詣りて王を迎う。王は天車に乗り、忽然として虚に升り、天帝は出て迎え、王と共に坐し、娯楽し歓を尽くして、王を送りて宮に還《かえ》す。仏は比丘に告ぐらく、爾の時の天帝とは、大迦葉是れなり。文陀竭王とは、則ち是れ吾が身なり。往昔、天帝は生死の畏座を以て、吾れをして並坐せしむ。吾れは今、無上正真の法御の座を以て、昔の功徳に報ゆ」（大正四、一六一中一一～一八）を参照。

33　迦葉は、阿難とともに比丘尼のために法を説いた……どうしてこの人（迦葉）が針を商う子どもであろうか」と語った

【迦葉共阿難為比丘尼説法有一比丘尼不喜云販針児在針師前売針迦葉語阿難言此比丘尼以汝為針師我為販針児迦葉語尼言仏説月喩経日日増長常如新学者唯大迦葉汝聞不於大衆中分半座汝聞不於大衆中讃同仏広大功徳汝聞不云何此人是販針児】

『雑阿含経』巻第四十一「尊者摩訶迦葉は、諸の比丘尼の為めに、種種説法し、示教照喜《じきょうしょうき》す。示教照喜し已りて、時に偸《ちゅう》羅難陀《らなんだ》比丘尼は喜悦せずして、是の如き悪言を説く。云何んが阿梨《あり》摩訶迦葉は、阿梨阿難、鞞提訶牟尼《びだいかむに》の前に於いて、比丘尼の為めに説法するや。譬えば針を販《あきな》う児は、針師の家に於いて売るが如し。阿梨摩訶迦葉も亦復た是の如し。阿梨阿難、鞞提訶牟尼の前に於いて、諸の比丘尼の為めに説法す。尊者摩訶迦葉は、偸羅難陀比丘尼の心喜悦せずして口に悪言を説くを聞く。聞き已りて、尊者阿難に語らく、汝看よ。是の偸羅難陀比丘尼は、心喜悦せずして、口に悪言を説く。云何んが、阿難よ、我れは是れ針を販う児、汝は是れ針師にして、汝の前に於いて売るや。尊者阿難は、尊者摩訶迦葉に語るらく、且く止めよ。当に忍ぶべし。此の愚癡の老嫗《ろうう》は、智慧は薄少にして、曾て修習せざるが故なり。阿難よ、汝は豈に世尊・如来・応・等正覚に知見せられ、大衆の中に於いて『月譬経』を説き、教誡、教授するを聞かざる（底本の「豈」を、宋・元・明の三本によって「豈不」に改める）や。比丘よ、当に月は住を譬うるが如く、常に新学の如くなるべし。是の如く広説するを説と為す。阿難よ、月は住を譬うるが如く、常に新学の如くなるや。阿難は答えて言わく、不なり。尊者摩訶迦葉よ。阿難よ、汝は世尊・如来・応・等正覚に知られ見られ、説いて、比丘よ、当に月は住を譬うるが如く、常に新学の如くすべきは、其れ唯だ摩訶迦葉比丘なるのみと言うを聞くや。阿難は答えて言わく、是の如し。尊者摩訶迦葉よ。阿難よ、汝は曾て世尊・如来・応・等正覚に知る所、見る所と為り、無量大衆の中に於いて、汝は来たりて坐せよと請うや。又復た、世尊は己が広大の徳と同じきを以て汝を称歎して、阿難は欲、悪不善の法を離れ、乃ち漏尽通に至ると称歎するや。答えて言わく、不なり。尊者摩訶迦葉よ。是の如し。阿難よ、世尊・如来・応・等正覚は、無量の大衆の中に於いて、口《くち》自《ずか》ら説いて言わく、善来、摩訶迦葉よ、汝に半座するを請う。復た大衆の中に於いて、己が広大の功徳と同じきを以て、欲、悪不善の法を離れ、乃ち漏尽通に至ると、摩訶迦葉を称歎するや。阿難は答えて言わく、是の如し。尊者摩訶迦葉よ」（大正二、三〇二中一二～下一一）を参照。

位大とは、大勢の者のなかで大となり、千二百五十［人の声聞］のなかで大となり、五百［人の阿羅漢］のなかで大となり、［迦葉、賓頭盧《びんずる》、羅云《らうん》、軍屠鉢漢《ぐんとはつかん》の］四大弟子[34]のなかで大となり、［王舎城の周囲の］五山の寺主となり、閻浮提の僧団の庶務を司るもの【知事】の上座となる。それ故、位大という。仏が火葬された後、火葬の場所【灰場】に四本の貝多羅樹《ばいたらじゅ》が生じた。[35]これは迦葉が三［阿］僧祇劫[36]の法を集めて、［経蔵・律蔵・論蔵の］三蔵・［『長阿含経』・『中阿含経』・『増一阿含経』・『雑阿含経』の］四つの『阿含［経］』としたことを表わす。僧肇の『［長阿含経］序』には、「根本【宗極】は名称【称謂】を絶し、賢人・聖人はこれによって沈黙する。奥深い趣旨【玄旨】も言葉でなければ伝わらず、釈迦はこれによって教えをもたらす。身・口を引き締めるには、禁律によって防ぐ。善悪を明らかにするには、契経（スートラ）によって導く。奥深く微《かす》かで捉えがたいもの【幽微】を説明するには、諸法の様相【法相】によって論じる」とある。[37]これは戒・定・慧の三蔵[38]を明らかにする。『増一［阿含経］』は人天の因果を明らかにし、『長［阿含経］』は邪見を破り、『中［阿含経］』は深い意義を明らかにし、『雑［阿含経］』は禅定を明らかにすることは、[39]すべて大迦葉の功績である。もし個別に［結］集を論ずるならば、阿難は修多羅を誦出し、優波離は毘尼（律）を誦出し、迦葉は阿毘曇を誦出する。それ故、結集大というのである。如来が逝去して後、法を迦葉に付嘱する。すべての者のために依り所となることができることは、あたかも如来のようなものである。なぜならば、もし頭陀をする苦行の人が

34　四大弟子　『文句記』巻第二によれば、迦葉、賓頭盧、羅云、軍屠鉢漢の四人を指す（大正三四、一七二下一三～一四）を参照。

35　仏が火葬された後、火葬の場所【灰場】に四本の貝多羅樹が生じた【仏焼身後灰場生四鉢多羅樹】『般泥洹経』巻下、「其の夜を終うるに至りて、仏は積んで焼き尽くし、自然に四樹を生ず。蘇禅尼樹《そぜんにじゅ》、迦維屠樹《かいとじゅ》、阿世鞮樹《あせだいじゅ》、尼拘類樹《にくるいじゅ》なり」（大正一、一九〇上一七～一八）を参照。樹木の名は異なる。「鉢多羅樹」については、『講録』には、『私志記』を引用して、「貝多樹」を意味するとある。貝多樹は、貝多羅（pattra の音写語）樹（ターラ樹）のこと。

36　三〔阿〕僧祇劫【三僧祇劫】菩薩が発心してから成仏するまでの時間の長さをいう。「僧祇」は、阿僧祇のことで、インドの巨大な数の単位。asaṃkhya, asaṃkheya の音写語。無数、無央数と訳す。「劫」は、kalpa の音写語で、インドの最も長い時間の単位。

37　僧肇の『〔長阿含経〕序』には、……諸法の様相【法相】によって論じる」とある【僧肇序云宗極絶於称謂賢聖以之沖黙玄旨非言不伝釈迦以之致教約身口防之以禁律明善悪則導之以契経演幽微辨之以法相】僧肇『長阿含経序』（『出三蔵記集』巻第九所収）、「夫れ宗極は称謂《しょうい》を絶し、賢聖は之れを以て沖黙《ちゅうもく》す。玄旨は言に非ざれば伝わらず。釈迦、教を致す所以は、是《ここ》を以て如来は出世すればなり。大教に三有り。身・口を約するには、則ち之れを防ぐに、禁律を以てす。善悪を明かすには、則ち之れを導くに、契経《かいきょう》を以てす。幽微を演《の》ぶるには、則ち之れを辯ずるに、法相を以てす」（大正五五、六三中二〇～二三）を参照。

38　戒・定・慧の三蔵【戒定慧三蔵】「三蔵」は経蔵・律蔵・論蔵のことであるが、経蔵は定学、律蔵は戒学、論蔵は慧学に相当する。

39　『増一〔阿含経〕』は人天の因果を明らかにし、『長〔阿含経〕』は邪見を破り、『中〔阿含経〕』は深い意義を明らかにし、『雑〔阿含経〕』は禅定を明らかにする【増一明人天因果長破邪見中明深義雑明禅定】『大方便仏報恩経』巻第六、「諸天・世人の為めに随時に説法し、集めて『増一』と為す。是れ勧化人の習う所なり。利根の衆生の為めに諸の深義を説くを、『中阿含』と名づく。是れ学問する者の習う所なり。種種の随禅の法を説くは、是れ『雑阿含』なり。坐禅の人は習う。諸の外道を破るは、是れ『長阿含』なり」（大正三、一五五上八～一一）を参照。

いるならば、私の法は存在し、もしこの人がいなければ、私の法は存在しない。迦葉は仏法を担う【荷負】ことができ、長い間留まることができるようにさせる。［迦葉は］未来の仏のもとに至り、法を付嘱し衣を授け終わり、そうして後、入滅する。それ故、持法大という。そして、迦葉は［この世から］隠れようとして、秘密に天に上り、仏髪を敬礼し、諸天のために法を説いて、「善を行なえば天に生じ、悪を行なえば［地獄の］淵に入る。［色・声・香・味・触の五境に対する］五欲が無常であることは、花の上の露が太陽［の光］に出合うと、消失するようなものである」という。[40]そこで［迦葉は］別れ去る。諸天は泣き、嘆いて、「村の人々【里巷】は貧しくてわびしく【窮酸】、苦労と災難があって【苦厄】、疲れやせ弱っており【羸劣】、貧しく孤独で、彼（迦葉）は常に憐れむ。今、［迦葉が］捨てて滅度するならば、だれが保護するであろうか」という[41]……。

教に焦点をあわせて【約教】抖擻（頭陀[42]）を明らかにするならば、十二種の過失を払い捨てる【抖擻】。その意味は、良い衣は、求めるときは苦しみ、得るときは恐怖が多く、失うときは深い悩みを生ずる。糞掃衣は、水・火・盗・賊・王の難の五つの恐怖がない。もし多く畜えるならば、裁縫して修繕したり、洗濯したり、担う[43]のに、その労動も多いので、ただ三衣[44]だけである。僧団の食事に関しては、僧団の庶務を行ない助ける【営佐】ので、乞食する。もし残った食事、小食（正午前に取る軽食）を受けるならば、乱れ騒いで【擾動】、［食事
11a の許される適当な］時を失うので、一日一回の食事【坐食】とする。多く食べると消化するのが難しく、眠気が生じて懈《おこた》り怠け、少なく食べると飢えて食べ物が気にかかり[45]力が乏しくなるので、量を調節した食[46]とする。

40 迦葉は［この世から］隠れようとして……消失するようなものである」という【迦葉将隠密上天礼仏髪為諸天説法云為善生天為悪入淵五欲無常如花上露見陽則晞】『付法蔵因縁伝』巻第一、「摩訶迦葉は帝釈に告げて曰わく、我れは涅槃せんと欲するに、如来の髪を礼するが故に、此に来至《らいし》す。釈提桓因は是の語を聞き已りて、心に惆悵《ちゅうちょう》を懐き、悲泣懊悩して、自ら仏髪を取り、敬《つつ》しんで迦葉に授く。迦葉は受け已りて、至心に礼敬す。牛頭《ごず》栴檀《せんだん》、以《もっ》て供養す。供養し已《お》訖《わ》りて、諸天子に語るらく、五欲は無常にして、久しく保つ可からず。花上の露は陽を見れば、則ち晞《かわ》くが如し」（大正五〇、三〇〇中二四～二九）を参照。

41 諸天は泣き、嘆いて、「村の人々【里巷】は……だれが保護するであろうか」という【諸天泣歎曰里巷窮酸苦厄羸劣貧窮孤露彼恒矜愍今捨滅度誰復覆護】『阿育王伝』巻第四、「里巷は窮酸、苦厄羸劣なり。貧賤の者をば、彼れは恒に悲愍し、為めに利益を作す。今、彼の諸の苦厄の衆は、覆護を失う」（同前、一一五上四～五）、『付法蔵因縁伝』巻第一、「巷里は窮酸、苦厄羸劣なり。貧露孤寒にして、彼れは恒に矜愍す。今、之れを捨てて去る。誰れか当に覆護すべき」（同前、三〇〇下二一～二二）を参照。

42 抖擻（頭陀）【抖擻】dhūta の訳語。頭陀は音写語。前注26を参照。

43 裁縫して修繕したり、洗濯したり、担う【縫治浣負】「縫治」は、裁縫修繕すること。「浣」は、洗濯すること。「負」は、担負の意で、衣服を担うこと（身につける場合を含む）の意と取る。

44 三衣 僧伽梨（saṃghāṭī、大衣、九条衣）、鬱多羅僧（uttara-āsaṅga、上衣、七条衣）、安陀会（antar-vāsa、中衣、五条衣）のこと。僧侶が所有を許された三種の衣。

45 飢えて食べ物が気にかかり【饑縣】「饑」は、飢餓の意。「縣」は、甲本には「懸」に作る。よく分からないが、食物が気にかかる意と取る。

46 量を調節した食【節量食】「節量食」は、一揣食《たんじき》ともいう。揣食は、丸くした食事のこと。一度の食事に一つの揣食を食べ、その後二度と増加しない。

器が多ければ、洗ったり持ったりするのに妨げが多いので、一鉢食である。漿（米のとぎ汁）を用いると疲れるので、漿を飲まない。房舎は執著を生ずるので、［寝る場所は］樹下である。樹下にもさらに執著するので、［寝る場所は］墓場の中【塚間】である。墓場の中【冢間】は、憂いや悲しみが［睡眠を］妨げるので、［寝る場所は］露地である。もし横臥するならば、努力を消し懈り怠けることを増すので、常に座る。二つは衣の法、六つは食の法、四つは住処の法である。ひとまず乞食に焦点をあわせて抖擻（頭陀）を明らかにするならば、［食を］乞うことについて、獲得しやすければ喜びを生じ、獲得しにくければ怒りを生じ、良［い食］を獲得すれば愛着し、悪［い食］を獲得すれば憂える。憂いと喜びは色（いろ形あるもの）によって起こる。つまり色陰である。この憂いと喜びを受けるのは、受陰である。憂いと喜びの想念【相】を取るのは、想陰である。憂いと喜びは、とりもなおさず行陰である。憂いと喜びを区別して認識するのは、識陰である。憂いと喜びは、意［入］・法［入］の二入・［意根界・法境界・意識界の］三界である。［十八］界・［十二］入・［五］陰は、苦諦である。私は乞食することができ（我見）、我があるとかないとか誤って考え（辺見）、乞［食］を道（正しい修行道）とし（戒取見）、乞［食］を真実とし（見取見）、このように適切であるとし【諦当】（邪見）、ほめられれば喜び（貪欲）、非難されれば怒る（瞋恚）。私は［何でも］できると思い（慢）、呵責されれば疑い（疑）、理解しないことを愚かさ【癡】（愚癡）とする。これが十使[47]である。三界の四諦を経歴して、八十八使を集諦と名づける。[48]もし乞食のなかの四［顚］倒[49]を知るならば、相似した相続が［無常を］覆うので常と思い込み、[50]心に適合することを楽と思い込み、［心が］動転してなすことが［無我を］覆うので我と思い込み、薄い皮によって［身体の不浄を］覆うので浄と思い込む。四つの覆い[51]を知るならば、四［顚］倒はない。熱心に［已生と未生の］二悪を遮って［已生と未生の］二善を生じ、［色界の］四定・［五］根（信根・精進根・念根・定根・慧根）・［五］力（信力・精進力・念力・定力・慧力）・［七］覚［支］（択法・精進・喜・軽安・捨・定・念）・［八正］道（正見・正思・正語・正業・正命・正精進・正念・正定）を修める。これが道諦である。乞食において我を誤って考えなければ、愚かさ【癡】は消滅する。愚かさ【癡】が消滅するので、愛著【愛】は消滅する。愛著が消滅するので、怒り【瞋】は消滅する。怒りが消滅するので、自分で高ぶらなければ、慢は消滅する。慢

47　十使　使は、煩悩の異名。貪欲・瞋恚・愚癡・慢・疑・我見（身見）・辺見・邪見・見取見・戒取見。前五項を五鈍使、後五項を五利使という。

48　三界の四諦を経歴して、八十八使を集諦と名づける【歴三界四諦即八十八名使名集諦】　三界の見惑は八十八使あるとされる。欲界の苦諦に関して十使、集諦・滅諦に関してそれぞれ七使（十使から我見・辺見・戒取見を除く）、道諦に関して八使（十使から我見・辺見を除く）があり、計三十二使となる。色界の四諦の一々に関して八使あり、計二十八使となる。無色界の四諦の一々に関しても八使あり、計二十八使ある。欲界の三十二使、色界の二十八使、無色界の二十八使を合計して八十八使となる。

49　四［顚］倒【四倒】　無常・苦・無我・不浄である存在を、常・楽・我・浄であるとする誤った見解。

50　相似した相続が［無常を］覆うので常と思い込み【相似相続覆故謂常】　『文句記』には、「念念生滅するを、迷いて相続すと謂う。凡夫は了せず、妄りに謂いて常と為す」（大正三四、一七三上一～二）とある。真実には念念生滅して無常であるのに、真実の無常を覆って相続＝常と思い込むことを指摘したものである。

51　四つの覆い【四覆】　『講義』にあるように、「適意謂楽」に「覆故」を補って「適意覆故謂楽」（意に適うことは［苦を］覆うが故に楽と謂う）と改めれば、本文に四つの覆があることになる。迷いによって無常・苦・無我・不浄という真理を覆うこと。

が消滅するので、呵責されても、疑いがない。我がないので、我見は消滅する。我見が消滅するので、辺見は消滅する。道であると執著しなければ、戒取［見］は消滅する。誤って真実と考えないので、見取［見］は消滅する。邪《よこしま》な執著をしないので、邪見は消滅する。この十［使］が消滅するので、八十八［使］は消滅する。八十八［使］が消滅するので、子縛（煩悩が我を束縛すること）は消滅する。子縛が消滅するので、果縛（煩悩の果報である生死の苦果が我を束縛すること）は消滅する。果縛が消滅するので、二十五有（四洲・四悪趣・六欲天・色界七天・無色四天）は消滅する。以上が滅諦である。もし乞食において四真諦を見なければ、このために長い間、生死の大いなる苦の海に流転する。もし四諦を見ることができれば、生死を断ち切ることができる。生死がなくなったからには、まったくさまざまな有（二十五有）を受けない。以上が乞食のなかの抖擻（頭陀）の観察する智慧である。衣の法・住処の法も同様である。以上が三蔵［教］の頭陀である。

11b
通教の抖擻（頭陀）とは、真（空）を対象として寂（涅槃）を証得することは、住処である。空慧（空を認識する智慧）を食とし、空心（空を観察する心）によってさまざまな修行をすることを衣とする。常に性空（本性が空であること）であって、性空でないときはない。空慧によって抖擻（頭陀）を行なうとき、すべて幻や作り出したもの【化】のようなものであり、妄想やさまざまな悪は寂滅であって生ぜず、心・心数（心作用）[52]の法は働かないからである。不可得であるからである。さまざまな相応のなかでは、空相応が最も第一である。[53]さまざまな苦行のなかでは、空行が第一である。さまざまな抖擻のなかでは、空慧の抖擻が最も第一である。簡略に説き終わった。

別教の抖擻とは、法身によることを住処とし、般若の智慧を食とする。すべての行によって［身を］荘厳し［羞恥、寒暑、虫の害などを］遮る［ことを食とする］。遮ることは黒業の悪を抖擻し、般若は煩悩の悪を抖擻し、法身は生死の苦の悪を抖擻す。前に分段［の生死］の煩悩・業・苦を抖擻し、次に変易［の生死］の煩悩・業・苦を抖擻する。以上が中道正観の頭陀（抖擻）である。二乗の修行する苦行を超越する……。

円教の抖擻とは、住処は衣、食である。ただ一法であるけれども、区別して三と説く。一つの抖擻はすべての抖擻であり、すべての抖擻は一つの抖擻である。一でもなく、すべてでもない。すべての抖擻について、実相でないことはない。諸仏が修行する内容は如来行である。菩薩たちが修行する清浄さを超越する……。

本迹［釈］とは、本は如来と同じく畢竟空の理に座り、同じく広大な法身を獲得し、同じく無礙の智慧を獲得し、同じく無量の功徳を獲得し、内に法に対する愛著【法愛】を捨て、外に汚染【垢染】がない。内外ともに抖擻して、もともと清浄である。乳味を引き導いて［酪味に向かおうとして］事のなかで抖擻し、次に酪味を引き導いて［生蘇味に向かおうとして］空のなかで抖擻し、次に生蘇を引き導いて［熟蘇味に向かおうとして］別［教］のなかで抖擻し、次に熟蘇を引き導いて［醍醐味に向かおうとして］円［教］のなかで抖擻する。

観心［釈］とは、即空は対象の特徴を実体化して執著すること【取相】（見思惑）を抖擻し、即仮は塵沙［惑］を抖擻し、即中は無明［惑］を抖擻し、一心のなかで五住［地惑］を抖擻する……。

52　心・心数（心作用）【心心数】「心」は、心の働きの主体となる識である心王をいう。「心数」は、心王に従属的な心の作用をいう。新訳では心所、心所有法という。

53　さまざまな相応のなかでは、空相応が最も第一である【諸相応中空相応最為第一】『大智度論』巻第三十七、「衆生は不可得なるが故に、衆生は離るるが故に、為めに般若波羅蜜を行ず。舎利弗よ、菩薩摩訶薩は、諸の相応の中にて、最第一の相応と為す。所謂る空相応なり」（大正二五、三三五上一〇～一三）を参照。

5.111521121115203　三迦葉を釈す

三迦葉は、迦葉は前に解釈した通りである。「優楼頻蠡《うるびんら》」[54]（1c22-23/A10·2/70·8）は、また優楼毘《うるび》、優為《うい》とも翻訳する。ここでは木瓜林《もっかりん》（バラ科の落葉低木）と翻訳する。「那提《なだい》」[55]（1c23/A10·2/70·8-9）は、ここでは河と翻訳する。また江とも翻訳する。「伽耶《がや》」[56]（1c23/A10·2/70·8）は、また竭夷《かつい》ともいい、また象とも翻訳する。ここでは城と翻訳する。家は王舎城の南、七由旬のところにある。毘婆尸仏《びばしぶつ》のとき、一緒に刹柱（旗を立てる柱[57]）を樹立し、これによって兄弟となった。兄は瓶沙王《びんしゃおう》の師となり、五百の弟子がいた。二人の弟にはそれぞれ二百五十［の弟子］がおり、兄の法を行じた。仏は十種の［神］変を現じた。龍の毒を身に受けず、龍の火に焼かれず、恒［河］の水に溺れず、［東方・南方・西方の］三方において果実を取り[58]、北において米穀【粳糧】を取り、忉利［天で］甘露［を取り］[59]、嫌われることを知って隠れ去り、慕われることを知って現われ出て、火は消滅して燃えず、斧は上に挙げても下ろさない。詳しくは『［太子］瑞応［本起経］』に出る。[60]［長兄 11c の迦葉は釈尊の］多くの［神］変を見るけれども、邪な執著はまだ改まらないので、「瞿曇は神妙であるけれども、私の道が真であることに及ばない」という。[61]仏はすぐに、「あなたは羅漢ではなく、また道を獲得してもいない」と語る。[62]［長兄の迦葉は］にわかに悟り、師と［その］弟子はすべて［仏に］帰伏した。二人の弟はその様子を見て、またしたがって仏に帰依した。以上が千人の比丘である。

約教［釈］とは、『増一阿含［経］』に、「優留毘《うるび》は、［比丘・比丘尼・優婆塞・優婆夷の］四衆を助け守り【将護】、［飲食・衣服・臥具・湯薬の］四事（僧侶の必需品）を与え、乏しいことのないようにさせること

54 優楼頻蠡 Urvela の音写語。優留毘とも音写する。三迦葉の長兄。

55 那提 Nadī の音写語。三迦葉の次兄。

56 伽耶 Gayā の音写語。迦耶とも音写する。三迦葉の末弟。

57 刹柱（旗を立てる柱） 刹竿ともいう。「刹」は、標幟、旗竿の意。対応するサンスクリット語には諸説がある（yaṣṭi, chatra）。『文句記』には、「田域」を意味するとあるから、刹を kṣetra（国土の意）の音写語と解釈している。

58 ［東方・南方・西方の］三方において果実を取り【三方取果】 東方で閻逼果《えんひつか》、南方で呵梨勒果《かりろくか》、西方で阿摩勒果《あまろくか》を取ること。『太子瑞応本起経』巻下（大正三、四八一下五～四八二上三）を参照。

59 忉利［天で］甘露［を取り］【忉利甘露】 甲本には「忉利取甘露」とあるが、この前後はすべて四字句であるので、底本を採用する。ただし、甲本によって、忉利天で甘露を取る意味と理解してよい。忉利は、Trāyastriṃśa の音写語。三十三（天）と訳す。欲界の六欲天（四王天・忉利天・夜摩天・兜率天・化楽天・他化自在天）の第二で、帝釈天を中心に、四方に八天ずつあるので、合計、三十三天となる。甘露は、amṛta の訳語。不死、天酒の意。神々の飲料としてのソーマ酒を指し、これを飲むと不死を得るとされた。

60 詳しくは『［太子］瑞応［本起経］』に出る【広出瑞応】 『太子瑞応本起経』巻下（同前、四八〇下二〇～四八二下一）を参照。

61 「瞿曇は神妙であるけれども、私の道が真であることに及ばない」という【瞿曇雖神不如我道真】 『太子瑞応本起経』巻下、「迦葉は復た念ず、是の大沙門は神なりと雖も、故《もと》より我が道の真なるに如《し》かざるなり」（同前、四八二中二〇～二一）を参照。

62 仏はすぐに、「あなたは羅漢ではなく、また道を獲得してもいない」と語る【仏即語云汝非羅漢亦不得道】 『太子瑞応本起経』巻下、「仏は迦葉に語るらく、汝は羅漢に非ず、亦た道の真なるを知らず」（同前、四八二下二）を参照。

が、最もすぐれている。那提比丘は、心が静まって、さまざまな結（煩悩）を制伏し【降伏】、精進することが、最もすぐれている。伽耶比丘は、諸法を観察理解して、すべて執著することがなく、巧みに教化することが、最もすぐれている」とある通りである。[63] 以上は略教の意味である。もし転換して生蘇に入るならば、小［乗］を恥じて大［乗］を慕うべきであることは、例にならって理解できるであろう。もし転換して熟蘇に入るならば、［家］業を委ね[64]教を理解するべきである。もし転換して醍醐に入るならば、この『［法華］経』において記別を得て成仏するようなものである。

本迹［釈］とは、［法身・般若・解脱の］三徳に留まる。林は般若、城は法身、水は解脱である。[65] 以上が秘密の本の蔵《くら》である。そして、迹は林・城・水によって、衆生を救済するのである。

観心［釈］とは、正面から心性を観察すると、中道が動揺しないことは、城が敵を防ぐようなものである。動揺しないけれども動揺することは、水がさまざまな極端【諸辺】の倒錯【顚倒】を浄化するようなものである。［樹木の］枯・栄をどちらも照らすことは、林がこんもりと茂る【蓊鬱】ようなものである。［法身・般若・解脱の］三つの法がたがいに助けることは、とりもなおさずともに同じ木に連なっている【連枝】兄弟である。

5.1115212115204　舎利弗を釈す

「舎利弗[66]」（1c23-24/A10・3/70・9）は、詳しくいえば、舎利弗羅というべきである。ここ（中国）では身子《しんじ》と翻訳する。さらにまた、舎利を珠と翻訳する。その母は女人のなかで聡明である。聡明さの特徴は、眼球【眼珠】にある。珠が生じるものなので、珠子《しゅし》（丸い粒）である。さらにまた、身と翻訳する。この女性は良い身体を持っている。身が生ずるものなので、身子という。当時の人々は、子によって母を示し、このように名づけた。父は［子の］ために名を付けて、優波提舎《うばだいしゃ》[67]と名づけた。あるいは優波替《うばたい》である。ここでは論義と翻訳する。義理を論じて妻を得たので、論にもとづいて子に名づけ、父の徳を掲げたのである。『釈論』（『大智度論』）には、「私は提舎《だいしゃ》という名である。私を追いかけて名を付け、優波提舎と名づけた。優波は、ここでは逐《ちく》

63 『増一阿含［経］』に、「優留毘は、［比丘・比丘尼・優婆塞・優婆夷の］四衆を助け守り【将護】……巧みに教化することが、最もすぐれている」とある通りである【如増一阿含云優留毘能将護四衆供給四事令無所乏最為第一那提比丘心意寂然降伏諸結精進最第一伽耶比丘観了諸法都無所著善能教化為最第一】『増一阿含経』巻第三、弟子品、「聖衆を将養し、四事もて供養するは、所謂る優留毘迦葉比丘是れなり。心意は寂然として、諸結を降伏するは、所謂る江迦葉比丘是れなり。諸法を観了し、都《すべ》て著する所無きは、所謂る象迦葉比丘是れなり」（大正二、五五七上二七〜中一）を参照。

64 ［家］業を委ね【委業】『法華経』信解品の長者窮子の譬喩に基づく表現で、父親が窮子に家業を委ねること。教判では、熟蘇味、『大品般若経』を指す。

65 林は般若、城は法身、水は解脱である【林即般若城即法身水即解脱】「林」は木瓜林と翻訳される優楼頻蠡《うるびんら》迦葉、「城」は伽耶迦葉、「水」は河、江と翻訳される那提迦葉を指す。

66 舎利弗 Śāriputra の音写語。舎利弗羅とも音写する。身子と訳す。声聞のなかで智慧第一と称される。

67 優波提舎 Upatiṣya（パーリ語では、Upatissa）の音写語。優波替とも音写する。ここでは、舎利弗の名として紹介されている（後には、父の名として出る）。『普曜経』巻第八、「時に舎利弗の本の字は優波替にして、遙かに之れを見るに、心中欣然たり」（大正三、五三三下一三〜一四）を参照。なお、本文には「此翻論義」とあるので、同じく優波提舎と音写されることがある upadeśa（論義）と理解しているようである。

（追いかけること）という。提舎は、星の名である」とある。[68] さらにまた、「舎」は父を掲げ、「利」は母を掲げる。父母をどちらもあらわすので、舎利弗という。「弗」は、子である。姓は拘栗陀《くりつだ》で、婆羅門の種姓である。[69]『増一［阿含経］』には、「私の仏法のなかで、智慧は窮まりがなく、さまざまな疑いを解決【決了】する者は、舎利弗が第一である」とある。[70] 昔、『生経』には、「過去に舅《おじ》と甥《おい》がいて、ともに織師（機織りの職人）であった。王の宝の蔵を知り、そこで土に穴をあけてこれを盗み、大いにすぐれた宝を獲得した。宝の蔵の守衛【宝監】は王に申し上げた。王は、『公開しないように。その盗人はすぐに戻って来るであろう。ひそかに待ちかまえてこれを捕らえなさい』といった。甥はそこで舅を逆さまにして［足から蔵］に入らせて、［舅は］捕ら
12a
えられた。甥は人に知られると思い、すぐに舅の頭を斬った。王は［舅の］屍を四辻【四交道】に置き、その親戚（甥）を誘い出すように命令した。後に商人【賈客】の群集がごたごたして騒がしい【猥閙】ことによって、甥は二つの車に薪《たきぎ》を載せて運び、これ（屍）を覆った。王はさらに機会をねらって逮捕しようとした。さらにまた、［甥は］子どもたちの遊びの踊りに乗じて、火を投じてこれ（屍）を焼いた。さらにまた、［甥は］酒を置きに行った。［王の家来の］捜査する者は大いに酔った。［甥は］酒瓶に骨を盛って去った。王は［甥が］狡猾であることを気にかけて、女を用意して細心に用心し【厳防】、水辺に居させた。まずその女に、『来る者を捕らえて叫べ』と戒めた。彼（甥）は株を水に浮かべ、防ぐ者（捜査する者）は人と思ったが、これをよく見ると、なんと株であった。［このようなことが］連日続き、［捜査する者が油断して］不備となった。これによって、［甥は］やって来て女と交わることができた。女はその衣を取ると、彼（甥）は死人（舅）の手を与えて去った。女は大いに叫び、これをよく見ると、なんと死［人］の手であった。この［ことがあって女は］妊娠し、端正な男を生んだ。王は乳母に［男の子を］抱かせて［町に］出かけさせ、あやす者がいれば、これ

を捕らえさせようとした。［男の子は］毎日飢え渇き、餅を煮るかまどのもとに至った。餅作りの職人は餅を与えてあやした。王はさらに［乳母に男の子を抱いて町に］出かけさせた。そこで、［甥は］水で薄めていない濃厚な酒【醇酒】を売った。捜査する人は大いに酔った。［甥は］子を抱き去った。脱出して他国を通り過ぎようとした。他国はその謀《はかりごと》を賢いと思い、大臣の娘を彼（甥）に嫁がせようとしたところ、取り入れなかった。そこで、彼（甥）に子と名づけた。本国の王の娘を招こうとしたところ、［本国の王は］これを許したけれども、前の盗人ではないかと疑った。彼（甥）は、五百騎の馬に類似した鞍を付け、［馬に乗る人に］類似した衣服を着させた者とともに、妻（本国の王の娘）を迎えに行った。そのとき、本［国の］王はこれを見て、

68　『釈論』（『大智度論』）には、「私は提舎という名である。私を追いかけて名を付け、優波提舎と名づけた。優波は、ここでは逐（追いかけること）という。提舎は、星の名である」とある【釈論云我名提舎逐我作字字優波提舎】『大智度論』巻第十一、「我れを提舎と名づく。我が名字を逐《お》いて、字《な》づけて憂波提舎と為す（憂波は、秦には逐と言う。提舎は、星の名なり）」（大正二五、一三七下一七～一八）を参照。

69　姓は拘栗陀で、婆羅門の種姓である【姓拘栗陀婆羅門種】『過去現在因果経』巻第八、「時に王舎城の中に二の婆羅門有り。……一に拘栗を姓とし、優波室沙《うばしつしゃ》と名づく。母を舎利と名づくるが故に、世を挙げて喚びて舎利弗と為す」（大正三、六五二上一二～一五）を参照。

70　『増一［阿含経］』には、「私の仏法のなかで、智慧は窮まりがなく、さまざまな疑いを解決【決了】する者は、舎利弗が第一である」とある【増一云我仏法中智慧無窮決了諸疑者舎利弗第一】『増一阿含経』巻第三、弟子品、「智慧は無窮にして、諸疑を決了するは、所謂る舎利弗比丘是れなり」（大正二、五五七中五～六）を参照。

前の盗人ではないかと問い、その計略【姦詐】をたたえ、娘を彼に嫁がせた。［この］甥とは、舎利弗のことである。[71] 舅とは、調達のことである」とある……[72]。お腹の子【胎者】の父を優波提舎と名づける。［優波提舎の］学問は［多くの］典籍に通じ、鉄［を薄く延ばした板金］でその（優波提舎の）腹を包み、[73] 頭に火の冠を戴いた。王舎［城］を独歩し、論議を仕掛ける鼓を打った。国師の陀羅《だら》は、自分で古めかしい【陳故】と知り、あわせて［二頭の牛の争いの］様子を占う【則相】と、不吉であった。議論に敗れて【義屈】封禄を奪われ、娘を彼（優波提舎）に嫁がせた。妻は夢のなかで、ある人が身に甲冑を着け、手に金剛杵《こんごうしょ》[74]を取って、すべての山を砕き、後に一つの山のそばに立っているのを見た。夢から目覚めたとき、体が重いので、その夫に質問した。夫は、「あなたが妊娠した者は、すべての論師を破るけれども、ただ一人にだけ勝てない。［その者の］弟子となるべきである」といった。舅を拘絺羅《くちら》と名づけた。[75] 議論すると、［舅の拘絺羅は］常に姉に勝った。［しかし、姉は］智慧ある人を懐妊したので、議論すると弟に勝った。弟は自ら「これは姉の力ではない。必ず智慧ある人を懐妊して、母の口に寄せて語るのであろう」と思った。［母の］胎にあるときでさえそうなのであるから、まして生まれてからはなおさらである。［弟の拘絺羅は］家を委ねて、さらに広く遊学した。爪を剪《き》る時間はなく、当時の人々は、長爪梵志《ちょうそうぼんじ》と呼んだ……[76]。難陀《なんだ》・跋難陀《ばつなんだ》の二龍は、王舎城を守護し、適当な時に雨を降らせ、国に飢饉の年はなかった。王や臣民は、毎年、大会を設け、三つの高座を置いた。王、太子、論
12b 師［の高座］である。身子（舎利弗）は、八歳の年に自分で集会所に行った。［舎利弗は］他の人に三つの座に

71　甥とは、舎利弗のことである【甥者舎利弗是】『文句』と相違して、『生経』巻第二によれば、甥は釈迦の前身で、「女

の父王とは、舎利弗是れなり」（大正三、七九上二五）とあるように、舎利弗の前身はこの物語に出る国王とされる。

72 昔、『生経』には、「過去に舅《おじ》と甥《おい》がいて……、舅とは、調達のことである」とある【昔者生経云過去舅甥倶為織師知王宝蔵因穿土盗之大獲珍宝宝監白王王云勿揚彼盗尋来伺而執之甥因令舅倒入被執甥恐人識即級舅頭王令以屍置四交道引取其親後因賈客群集猥閙甥載両車薪覆之王又伺取又因童児舞戯投火焼之又行置酒伺者大酔酒瓶盛骨而去王憂狡猾出女厳防在水辺先誡其女来者執喚其浮株於水防者謂人視之乃株連日不備因是得来通女女執其衣其即授死人手而去女大喚視之乃死手耳因是有身生男端正王令乳母抱出有鳴者執之連日飢渇至煮餅爐下餅師与餅而鳴王更令出因酤醇酒伺人大酔抱児而去出過他国他国賢其謀以大臣女妻之不用因字之為児聘本国王女許之疑是前盗其人以五百騎鞍馬衣服一種相似往迎婦時本王見之問是前盗歎其姦詐以女婦之甥者舎利弗是舅者調達是】『生経』巻第二（同前、七八中七～七九上二六）を参照。

73 鉄「を薄く延ばした板金」でその（優波提舎の）腹を包み【鉄鍱其腹】舎利弗の父は、あまりにも多くの経書を学んだので、それによって腹が破裂するのを防ぐために、板金を腹にまいたといわれる。

74 金剛杵 vajra の訳。古代インドの武器。

75 舅を拘絺羅と名づけた【舅名拘絺羅】舎利弗の母の弟なので、舎利弗から見て「舅」（母の兄弟）といい、長爪梵志を指す。

76 お腹の子【胎者】の父を優波提舎と名づける……当時の人々は、長爪梵志と呼んだ【胎者父名優波提舎学通典籍鉄鍱其腹頭戴火冠独歩王舎打論議鼓国師陀羅自知陳故兼則相不祥義屈奪封以女妻之妻夢見人身被甲冑手執金剛杵砕一切山後立一山辺夢覚体重以問其夫夫云汝所懐者破一切論師唯不勝一人当為弟子舅名拘絺羅論常勝姉既懐智人論則勝弟弟自念言此非姉力必懐智人寄辯母口在胎尚爾何況出生耶委家更広遊学不暇剪爪時人呼為長爪梵志】『大智度論』巻第十一（大正二五、一三七中三～下一五）を参照。「長爪」は、Dirghanakha の訳語。もと外道であるが、釈尊に論破されて弟子となった。『大智度論』巻第一（同前、六一中一八～下六）によれば、爪を切らずに、十八種の経を読破することを誓ったので、長い爪をしていたとされる。爪の長い理由については、諸説がある。

ついて質問したところ、その人は［舎利弗に］詳しくこれに答えた。［舎利弗は］すぐに多くの人々を飛び超えて、論議をするための腰掛け【論床】に登った。多くの学者【群儒】はみな恥じて、議論しようとしなかった。この子供（舎利弗）に勝っても、十分に名誉をあらわすことができないし、もし負ければ、大きな屈辱である。みな侍者を派遣し、言葉を伝えてこれ（舎利弗）に質問したところ、答えは質問以上に優れたものであった。すべて［学者の］さまざまな旗は地に落ち、［舎利弗と］勇気を出してはり合う者はいなかった。王や臣民は、限りなくお祝いを述べた。国が太平になろうとするとき、智慧ある人が世に出現した、と。十六歳になって、閻浮［提］の典籍を究め尽くし、習わない事柄はなかった。古今の事情に通暁し【博古覧今】、深遠なものを明らかにした【演暢幽奥】。十六大国において、議論するのに、匹敵する者がおらず、五天竺（天竺を東西南北中の五方に分けたもの）の地において最も優れていた。［その後、舎利弗は］沙然《しゃねん》梵志に師事した。梵志の道術（医術や占いなどの術）については、身子はみな獲得した。［身子の］師（沙然）に二百五十人の弟子がいた。すべて身子に託して、これを成長させた。沙然は死に臨み、うれしそうに笑った。身子は理由を質問した。［沙然は］、「世俗には［真理を見る］眼がなく、恩愛に親しまれる。私は、金地国（舎衛国の南の国）の王が死に、夫人が火聚に［身を］投じて、ともに一つの場所に生まれることを願ったのを見た」と答えた。［このように］言ってから死んだ。後に金地［国］の商人を見て、これに質問したところ、果たしてその通りであった。身子は、「私はまだ師の術を究め尽くしておらず、［師は私に］この法を授けなかった。私がふさわしい人でなかったのか、［それとも］師は秘密にしたのであろうか」と後悔した。自らまだ到達していないことを知って、さらに勝れた法を求めたけれども、師事すべき先生はいなかった。この一法を得なかったけれども、その他の法にはみな通じた。外道の人々のなかで、最も優れていた。道路で頞鞞《あんぴ》の威儀が従容としている

【庠序】のを見て、師の法について質問した。頞頼は、「諸法は縁から生じる。このために因縁を説く。この法は縁によって消滅するようになる。私の師はこのように説く」と答えた。一度聞いて、すぐに須陀洹果《しゅだおんか》を得た。[77]〔舎利弗は〕仏のもとにやって来て、七日でくまなく仏法の深い海をよく理解した。さらにまた、「十五日の後、

77　難陀・跋難陀の二龍は、王舎城を守護し……一度聞いて、すぐに須陀洹果を得た【難陀跋難陀二龍護王舎城雨沢以時国無饑年王及臣民歳設大会置三高座王太子論師身子以八歳之年身到会所問人三座人具答之即越衆登論床群儒皆耻不肯論議勝此小児無足顕誉脱其不如屈辱大矣皆遣侍者伝語問之答過問表尽堕諸幢無敢当者王及臣民称慶無極国将太平智人出世及年十六究尽閻浮典籍無事不閑博古覧今演暢幽奥十六大国論議無双五天竺地最為第一師事沙然梵志梵志道術身子皆得師有二百五十弟子悉附身子而成就之沙然臨死欣然而笑身子問故答世俗無眼為恩愛所親我見金地国王死夫人投火聚願同生一処言已命終後見金地商人問之果然身子追悔我未尽師術而不授此法為我非其人師秘乎自知未達更求勝法而無師可事雖不逮此一法余法皆通於外道衆中最為第一於道見頞頼威儀庠序因問師法頞頼答云諸法従縁生是故説因縁是法縁及尽我師如是説一聞即得須陀洹果】『大智度論』巻第十一（大正二五、一三六上一五～下六）、『出曜経』巻第十二、信品（大正四、六七四下一五～二五）を参照。「難陀跋難陀二龍」は、兄弟の龍王。難陀は、Nanda の音写語。跋難陀は、Upananda の音写語。「沙然梵志」は、六師外道の一人、Sañjaya-Vairaṭīputra のこと。懐疑論、不可知論を説いたといわれる。「梵志」は、清浄な修行を営む仏教以外の宗教者一般を広く指す。婆羅門を指す場合もある。「頞頼」は、Aśvajit の音写語。馬勝などと訳す。舎利弗が釈尊の弟子となるきっかけを作った。釈尊の最初の弟子である五比丘の一人。「須陀洹果」の「須陀洹」は、srota āpanna の音写語。預流《よる》と訳す。声聞の四果（須陀洹果・斯陀含果・阿那含果・阿羅漢果）の第一。三界の見惑を破って、この果を得る。

阿羅漢を得て、羅云《らうん》（羅睺羅）の和尚となり、憍梵《きょうぼん》［波提《はだい》］に対して師となるであろう」とある。[78] 声聞衆のなかでは、右面の弟子である。[79] 調達《じょうだつ》（提婆達多）はサンガを破って、五百の比丘を引き連れて去った。身子は行って五百人を教化して帰らせた。労度差《ろうどしゃ》と［神通の］力くらべをしたところ、度差は花の池となったので、身子は象となり、花を抜き池を踏んだ。度差は夜叉《やしゃ》という鬼となったので、身子は毘沙門王《びしゃもんおう》となり、種々な仕方ですべて勝利し、度差は降伏した。[80]『中阿含［経］』には、「身子は四衆（比丘・比丘尼・優婆塞・優婆夷）が［それから］生まれる母であり、目連は［四衆が］養う母である」とある……。[81]『中阿含［経］』［巻］第二には、「生まれた場所で安居《あんご》する比丘は、満慈子《まんじし》を、[82]『欲望が少なく満足することを知り【少欲知足】、精進して静かに暮らし、ひたすら正しい思念を持って、智慧は無漏（煩悩の汚れがないこと）である』とたたえた。激励して【勧
12c
発】、またこれらの法を説いた。そのとき、身子は聞いて、『私はいつこの人を見ることができるのか。この人はいつ仏のもとに至るのか』と心に思った。他の人は示して、『顔の色が白く、[83] 鼻が高く、鸚鵡《おうむ》の嘴《くちばし》を持つことが、その［人の］姿の特徴である』といった。後に安陀林《あんだりん》、ここでは勝林《しょうりん》というところで会った。身子

78 「十五日の後、阿羅漢を得て、羅云（羅睺羅）の和尚となり、憍梵［波提］に対して師となるであろう」とある【又云十五日後得阿羅漢為羅云和尚憍梵作師】「羅云」は、Rāhula の音写語。羅睺羅とも音写する。釈尊の実子。密行第一と言われる。「憍梵」は、憍梵波提（Gavāṃpati）のこと。牛司《ごし》、牛王《ごおう》、牛跡《ごしゃく》などと訳す。舎利弗が羅睺羅の和尚（和上）であることについては、『四分律』巻第三十四、「舎利弗に告げて言わく、汝、此の羅睺羅童子を度するに、当に是の如く度すべし」（大正二二、八〇九下一二～一三）を参照。舎利弗が憍梵波提の師であることについては、『大智度論』巻第二、「舎利弗は是れ第二の仏にして、好き弟子有り、憍梵波提と字《な》づく」（同前、六八中一九～二〇）を参照。

79 **声聞衆のなかでは、右面の弟子である【声聞衆中右面弟子】** 舎利弗は釈尊の右面の弟子と言われ、目犍連は左面の弟子と言われる。『大智度論』巻第四十、「舎利弗は是れ仏の右面の弟子、目揵連は是れ仏の左面の弟子なり」（同前、三五四下一四～一五）を参照。

80 **労度差と［神通の］力くらべをしたところ、度差は花の池となったので、身子は象となり、花を抜き池を踏んだ。度差は夜叉という鬼となったので、身子は毘沙門王となり、種種な仕方ですべて勝利し、度差は降伏した【労度差捔力度差為花池身子為象抜花蹋池度差為夜叉鬼身子為毘沙門王種種皆勝度差降伏】** 『賢愚経』巻第十（大正四、四二〇中一四～下二一）に出る。「労度差」は六師外道の弟子で、舎利弗と神通力を争い敗れた。「夜叉」は、yakṣa の音写語。薬叉とも音写する。威徳、勇健《ゆうこん》、捷疾《しょうしつ》などと訳す。天龍八部衆の一つで、威勢があって人々を害する鬼神の類。「毘沙門王」の「毘沙門」は、Vaiśravaṇa の音写語。四天王のなかの北方の多聞天のこと。

81 **『中阿含［経］』には、「身子は四衆（比丘・比丘尼・優婆塞・優婆夷）が［それから］生まれる母であり、目連は［四衆が］養う母である」とある【中阿含云身子是四衆所生母目連是所養母】** 出典未詳。『私志記』巻第五、「有るが云わく、身子、其れが為めに説法し、正解生ずることを得るを以ての故に、是れ『所生』なり。目連は神力もて仏所に引き帰し、其れをして成就せしむるが故に、『所養』の如し。此れは是れ一義なり。既に四衆と言うが故に、一切に通ず」（『新纂大日本続蔵経』二九、二六三上二二～二四）を参照。

82 **満慈子** Pūrṇamaitrāyaṇīputra の訳語。満願子とも訳す。Pūrṇa を満と訳し、maitrāyaṇī を願、慈などと訳す。putra は子と訳す。富楼那弥多羅尼子は音写語と意訳の合成語である。釈尊の十大弟子の一人で、説法第一といわれる。

83 **顔の色が白く【白晳】** 底本の「哲」を、『全集本』によって「晳」に改める。

は、『賢者は瞿曇《くどん》のもとで梵行を修めるのか』と質問した。『その通りである』と答えた。さらに、『戒浄[84]（戒律儀）のために梵行（性的純潔を守る修行）を修めるのか』と質問した。『そうではない』と答えた。『心浄・見浄・度疑浄・知道非道浄・道迹知見浄・道迹智断浄のために梵行を修めるのか』と質問した。『そうではない』と答えた。さらに、『前にそのとおりであるといい、今はそうではないという。この意義はどのようなものか』と質問した。『無余涅槃のために梵行を修める』と答えた。さらに、『戒浄のために、無余涅槃を設けるのか』と質問した。『そうではない』と答えた。ないし『道迹智断浄のために、無余涅槃を設けるのか』と質問した。『そうではない』と答えた。さらに、『この意義はどのようであるか』と質問した。『もし戒浄によって無余［涅槃］を設けるならば、これは有余［涅槃］を無余［涅槃］と呼ぶことになる。ないし道迹智断浄によって無余［涅槃］を設けるならば、また有余［涅槃］を無余［涅槃］と呼ぶことになる。もしこの七［つの浄］を離れるならば、凡夫の人は般涅槃すべきである。凡夫は七［つの浄］を離れるからである。離れないので、戒浄から心浄、ないし道迹智断浄までに至る。あなたよ、私が比喩を説くのを聞きなさい。たとえば波斯《はし》匿王《のくおう》が、コーサラ【拘薩羅】からシャーケータ[85]に至ろうとするようなものである。中間に七つの車を置く。最初［の車］を捨てて二［番目の車］に乗り、ないし六［番目の車］を捨てて七［番目の車］に乗る。シャーケータの人は、〈最初の車に乗るのか〉と質問した。〈そうではない〉と答えた。ないし〈第七［番目の］車に乗るのか〉と質問した。〈そうではない〉と答えた。〈この七［番目］の車を離れるのか〉と質問した。〈そうではない〉と答えた。この比喩の問いは理解できるであろう』と答えた。身子は、『賢者よ、何と名づけるのか。梵行の人はどのようにあなたを呼ぶのか』と質問した。『私の父を満と名づけ、私の母を慈と名づける。梵行の人は私を満慈子（満と慈の子）と呼ぶ』と答えた。身子は、『すばらしい。賢者満慈子は、如来の弟子となり、智慧と辯才があって聡明であり、確固として穏やかであり【決定安隠】、恐怖がなく、大いなる辯才を獲得し、甘露の旗を獲得し、甘露について自ら証得する。あなたに出会う者は、大いなる利益を獲得するであろう。梵行の人たちは、衣を［頭上に］まとって押し頂く【頂戴】[86]べきである』と感嘆した。満慈子は、『賢者は何と名づけるのか。梵行の人は［あなたを］どのように呼ぶのか』と質問した。『私の父を優波提舎と名づけ、私の母を舎利と名づける。それ故、私を舎利子（舎利の子）と呼ぶ』と答えた。満慈子は、『今、世尊と等しい弟子（舎利弗）と議論したけれども［そのような立派な方とは］知らなかったし、第二の世尊（舎利弗）と議論したけれども［そのような立派な方とは］知らなかったし、法将（舎利弗）と議論したけれども［そのような立派な方とは］知らなかったし、法輪を転じ、さらに転ずる弟子（舎利弗）と議論したけれども［そのような立派な方とは］知らなかった。もし私が尊者を知っていたならば、一句も答えることができなかったでしょう。深い議論はなおさらである。すばらしい。すばらしい。如来の弟子となり、ないし衣を［頭上に］

13a

84　戒浄　本文に出る他の浄を含めて七浄といわれる。名称、意味などについて異説があるが、たとえば、『成実論』巻第二（大正三二、二五三上二五～二九）によれば、戒浄は戒律儀、心浄は禅定を得ること、見浄は身見を断ずること、度疑浄は疑結（疑の煩悩）を断ずること、道非道知見浄（本文の「知道非道浄」に対応）は戒取を断ずること、行知見浄（本文の「道迹知見浄」に対応）は思惟道、行断知見浄（本文の「道迹智断浄」に対応）は無学道とそれぞれ規定される。

85　シャーケータ【娑鶏帝】 Sāketa、Sāketa の音写語。底本の「婆鶏帝」を、文意により「娑鶏帝」に改める。コーサラ国の都市の名。

86　押し頂く【頂戴】　底本の「頂載」を、『全集本』によって「頂戴」に改める。

まとって押し頂こう』と感嘆した」とある……[87]。仏が一句を説けば、身子は一句を根本として、七日七夜の間、師子吼し、さらに異なる句、異なる味を出して、窮まることがないようにさせる。まして仏が多く説く場合、身子の智慧と辯才は、どうして消滅させることができようか。『中阿含〔経〕』[88]〔巻〕第二十には、「仏は阿耨達池《あのくだっち》[89]におられた。龍王は、『この大勢の者は舎利弗を見たことがない。どうか仏はこれを召されますように』といった。仏は目連に命令して、祇洹《ぎおん》[90]に行って身子がちょうど五納衣《のうえ》[91]を縫っているのを呼ばせた。〔身子は目連に〕、『あなたはただ前を行き、私は後に行きましょう』と答えた。目連は、『私は仏の使者である。どうして前を行くのか』という。目連は手で衣を撫でると、衣はすぐにできた。身子は、『目連は私をからかって試した【弄試】。私もこれ（目連）を試そう』と心に思った。すぐに衣の帯【縄】を地に投げ捨てた。『あなたはこれを持ち上げることができるか』と〔質問した〕。目連は、『身子は私をからかって試した【弄試】』と心に思った。すぐに力を出して持ち上げようとしたけれども、上げられなかった。身子はそのとき縄を閻浮樹に繋《か》けたところ、〔目連の神通力によって〕一天下は動揺した〔が、帯は動かなかった〕。二〔天下〕、三〔天下〕、四〔天下〕に繋けたところ、四天下も動いた〔が、帯は動かなかった〕[92]。さらにまた、小千〔世界〕・中千〔世界〕・大千〔世界〕に繋けたところ、同様に動いた〔が、帯は動かなかった〕。さらにまた、他方の仏の

87　『中阿含〔経〕』〔巻〕第二には、「生まれた場所で安居する比丘は……衣を〔頭上に〕まとって押し頂こう』と感嘆した」とある【中阿含第二云生処安居比丘称歎満慈子少欲知足精進閑居一心正念智慧無漏勧発亦称説此等法時身子聞念我何時得見此人此人何時到仏所他示云白皙隆鼻鸚鵡嘴者是其形相後於安陀林此云勝林相見身子問賢者於瞿曇所修梵行耶答如是又問

為戒浄修梵行耶答不也為心浄見浄度疑浄知道非道浄道迹知見浄道迹智断浄修梵行耶答不也又問向言如是今言不也此義云何答為無余涅槃故修梵行又問以戒浄故設無余涅槃答不也乃至道迹智断浄故設無余涅槃答不也又問此義云何答若以戒浄設無余者此以有余称無余乃至道迹智断浄設無余者亦是有余称無余若離此七者凡夫人当般涅槃凡夫離七故以不離故従戒浄至心浄乃至道迹智断浄仁者聴我説喩如波斯匿王欲従拘薩羅至婆雞帝中間布七車捨初乗二乃至捨六乗七婆雞帝人問為乗初車答不也乃至乗第七車答不也問離此七車答不也此喩問可知身子問賢名何等梵行人云何称汝答我父名満我母名慈梵行人称我為満慈子身子称嗟善哉賢者満慈子為如来弟子智辯聡明決定安隠無畏逮大辯才得甘露幢於甘露自作証値汝者得大饒益諸梵行人応縈衣頂載満慈子問賢者何名梵行人云何称答我父字優波提舎我母名舎利故称我為舎利子満慈子嗟曰今与世尊等弟子共論而不知与第二世尊共論而不知与法将共論而不知与転法輪復転弟子共論而不知若我知尊者不能答一句況復深論善哉善哉為如来弟子乃至縈衣頂戴】『中阿含経』巻第二、七法品（大正一、四三〇上一四～四三一下八）を参照。

88　**中**　底本の「申」を、『全集本』によって「中」に改める。

89　**阿耨達池**　閻浮提の中心にある池。阿耨達は、Anavatapta の音写語。無熱と訳す。

90　**祇洹**　Jetavana の訳語。祇園ともいう。祇陀（Jeta）太子の林苑（vana）のこと。シュラーヴァスティー（舎衛城）にあった。須達（Sudatta）長者がこの園に祇洹精舎を建てて、仏教教団に寄進した。

91　**五納衣**　納衣は衲衣とも書く。ぼろ布を綴り合わせて作った衣。その衣は五色を備えている（つまり雑色）ので、五納衣という。

92　**四天下も動いた［が、帯は動かなかった］【四天下亦不立】**　「不立」は、安立しないということなので、動くの意味になると思われる。出典の『増一阿含経』（後注94を参照）の記述によれば、舎利弗が目連の神通力を試すために、自分の帯を地に置いて、これを持ち上げるように言ったが、目連は一天下（閻浮提）を動かすことができたが、この帯を動かすことはできなかったというものである。同様に、四天下（須弥山の周囲の四洲、東弗婆提・南閻浮提・西瞿耶尼・北鬱単越のこと）、大千世界までも動かすことができたが、この帯を動かすことはできなかったという意味である。

座席の脚に繋けたところ、十方の仏の世界は、すべてどっしりと落ち着いて【鎮鎮】動揺しなかった。目連は自分で『私は神［通］力第一であるが、今、［帯を］動かすことができない。神［通］力を失ったのではないかしら』と心に思った。そこで［目連は舎利弗に前に］行くように促し、『あなたが前を行きなさい』と答えた。目連は仏のもとに戻ったところ、身子が仏の前にいるのを見た。龍王は地が動くのを見て、仏に質問した。仏は、『二人の力である』と答えた。龍王と五百の比丘は、目連に対して軽んじる心を生じた。仏は、『舎利弗は四神力において自在であることができ、目連も自在である。そして、［彼らが］追い抜くことができないものは、仏力だけである』といった。［仏は］目連に、『あなたの神［通］力を示しなさい』と語った。目連は、鉢絡《はちろ》[93]によって五百の比丘を盛り、持ち上げて梵宮に付けた。一足は須弥［山］を踏み、一足は梵宮に至る。身は向こうにあって偈を説いたところ、［三千］大千国に満ちた。五百［の比丘］は心から帰伏した[94]」と……。

約教［釈］とは、三蔵［教］の智慧に関しては、とりもなおさず無学の十智[95]である。煩悩【結】を断ち切って真［無漏慧］を証得し、仏を助けて教化を宣揚する。『釈論』（『大智度論』）［巻第］四十に、右面の大将と呼ぶことは[96]、その意義である。

通教の智慧とは、『般若［経］』のなかに自ら摩訶薩とする理由を説く通りである。その意味は、我見・衆生見・仏見・菩提見・転法輪見[97]、このような見を破るので、摩訶薩と名づける。賢人・聖人たちは、自ら自己の法を説くことは、今現在の人に、みだりに説く内容があるようなものではない。身子（舎利弗）はただ生死の
13b 見を破るだけではなく、また仏見、菩提・法輪・涅槃などの見も破ることを知るべきである。この慧は初教（三蔵教）と相違するのである。

別教の智慧とは、五味に焦点をあわせて説明するべきである。もし元初からただ乳・酪を聞いて、その他の

味を聞かず、発心修行して、ただ乳・酪を修行するならば、これは初教（三蔵教）の智慧である。もしただ酪を聞いて、酪は乳によらず、善悪の本性は、本性がもともと空であり、善を修めて悪を破り、色を滅して空を取ることによらず、ただ即空を修めることは、通教の智慧である。もし元初から醍醐を聞くことができ、醍醐のために、牛［の乳を］搾って乳を求め、乳を煮詰めて酪とし、酪を生蘇に転換し、生［蘇］を熟蘇に転換して、はじめて醍醐を得る。このような行を修めることは、とりもなおさず別教の智慧である。

93　鉢絡　鉢嚢と同義。食器を入れる袋。「絡」は、糸をからませて編んだ物で、本文の後には「絡嚢」と出る。

94　『中阿含［経］』［巻］第二十には、「仏は阿耨達池におられた……五百［の比丘］は心から帰伏した」【中阿含第二十云仏在阿耨達池龍王云此衆不見舎利弗願仏召之仏命目連往祇洹呼身子正縫五納衣答云汝但前去我在後来目連云我為仏使人云何前去目連以手摩衣衣即成身子念目連弄試我我亦試之即以衣縄擲地汝能挙此耶目連念身子弄試我即尽力挙不起身子于時以縄繫閻浮樹一天下動繫二三四四天下亦不立又繫小千中千大千亦不立又繫他方仏座脚十方仏世界皆鎮鎮不動目連自念我神力第一今不能動将不失神力因催促令去答汝前去目連還仏所已見身子在仏前龍王見地動問仏仏答二人之力龍王及五百比丘於目連生軽心仏言舎利弗於四神力得自在目連亦自在而不能抜者仏力耳語目連云現汝神力目連以鉢絡盛五百比丘挙著梵宮一足蹋須弥一足至梵宮身在彼方而説偈満大千国五百心伏】　これは『中阿含経』ではなく、『増一阿含経』巻第二十九（大正二、七〇八下二八～七一〇上二五）に出る。

95　十智　世俗智・法智・類智・苦智・集智・滅智・道智・他心智・尽智・無生智のこと。

96　『釈論』（『大智度論』）［巻第］四十に、右面の大将と呼ぶことは【釈論四十称為右面大将】　前注79を参照。

97　我見・衆生見・仏見・菩提見・転法輪見【我見衆生見仏見菩提見転法輪見】　我・衆生・仏・菩提・転法輪を実体視する誤った見解を意味する。

もし元初から、ただ牛が忍草[98]を食べて、すぐに醍醐を出し、もし［その醍醐を］服すことができれば、多くの病はすべて除かれ、すべての薬はみなそのなかに入ると聞いて、この修行をするならば、とりもなおさず円教の智慧である。

本迹［釈］とは、本は実相に留まる。智度（般若波羅蜜）を母とし、境から智慧を生ずる。境はとりもなおさず身であり、智慧はとりもなおさず子である。衆生を憐れんで、迹は五味の身子となる。煩悩の悪血を転換して、善乳を成立させようとして、外道の智慧を示し、大論師となる。乳を煮詰めて酪としようとして、三蔵の智慧を示して、第二の世尊となる。酪を引いて生蘇としようとして、大［乗］について口ごもり小［乗］を現じて、浄名に屈せられる[99]。生蘇を引いて熟蘇としようとして、梵行をともにする人々を慰め利益を与え、『般若［経］』において教えを理解する。熟蘇を引いて醍醐としようとして、『法華［経］』において最初に悟る。これはすべて迹のなかの外に対する現われ[100]である。そして、本地を内に対して秘密にすること【内秘】は、実際には久しい時間が経過している。

観心［釈］とは、一心三観に、一切の智慧を収め取り【摂得】、心は空であると観察するので、酪の智慧を収め取る。心は仮であると観察するので、［生蘇と熟蘇の］二つの蘇の智慧と世間の智慧を収め取る。心は中［道］であると観察するので、醍醐の智慧を収め取る。以上を観心のなかの一慧は一切慧であり、一切慧は一慧であり、一慧でもなく一切慧でもないと名づける……。

5.11152112115205　大目揵連を釈す

「大目揵連[101]」（1c24/A10·3/70·9）は、姓である。讃誦と翻訳する。『文殊［師利］問経』には、莱茯根《さいふくこん》と翻訳する。[102] 真諦は、「勿伽羅《こつがら》は、ここでは胡豆《こず》と翻訳する」という。[103] この物[104]は古い仙人の特に好んだものである。

98 忍草　忍辱草のこと。ヒマーラヤ山にある草で、牛がこれを食すと醍醐を得るといわれる。『南本涅槃経』巻第二十五（大正一二、七七〇中一三～一四）を参照。

99 浄名に屈せられる【受浄名之屈】『維摩経』において、舎利弗が維摩詰から厳しく論破されたことを指す。「浄名」は、Vimalakīrti の訳語。維摩詰と音写する。

100 外に対する現われ【外現】方便として外に対して声聞の姿を現わすこと。『法華経』五百弟子受記品、「内に菩薩行を秘し、外に是れ声聞なりと現ず」（大正九、二八上一七）に基づく。本文の次下に出る「内秘」は、本地としての菩薩を隠していること。

101 大目揵連 Mahāmaudgalyāyana の音写語。神通第一と称される。

102 『文殊［師利］問経』には、莱茯根と翻訳する【文殊問経翻莱茯根】『文殊師利問経』巻上、「大目揵連〔此には羅茯根と言う。其の父は好んで此の物を噉《くら》う。因りて以て名と為す〕」（大正一四、四九二下二～三）を参照。「莱茯根」の「茯」は、菔の音通と思われる。莱菔根は、大根のこと。

103 真諦は、「勿伽羅は、ここでは胡豆と翻訳する」という【真諦云勿伽羅此翻胡豆】吉蔵『法華義疏』巻第一、「真諦三蔵の云わく、応に勿伽羅と云うべし。勿伽とは、此に胡豆と言う。即ち緑色の豆なり。羅は、此に受と云う。合して言を為さば、応に受胡豆と言うべし。蓋し是れ其の姓なり。上古に仙人有り、勿伽羅と名づく。一切の物を食わず、唯だ此の豆のみを食うが故に、受胡豆と名づく。其れ是れ仙人の種なるが故に、以て名と為すなり」（大正三四、四五九下一〇～一四）を参照。「胡豆」は、エンドウ豆のこと。

104 この物【此物】底本の「二物」を、『私記』と文意によって、「此物」に改める。

13c よって族の名とした。『釈論』（『大智度論』）に「吉占師《きちせんし》の子」という。[105]［吉占師は目揵連の］父である。拘律陀と名づけた。拘律陀は、樹木の名前である。樹神に祈って、子どもを得た。［それに］よって名づけた。さらに目伽略兮度《もくがりやくけいど》である。『未来因果経』に、「大目連羅夜那《らやな》」という。[106]同名の者が多いので、大をつけるのである。『釈論』（『大智度論』）には、「舎利弗は才知が豊かで尊敬され、目連は勇ましくてさっぱりとしていて【豪爽】重んじられる。［舎利弗と目連の］智慧と学問【智芸】はほとんど同じで、道徳的行為【徳行】はたがいに同じである」とある。[107]『増一阿含［経］』には、「私の弟子のなかで、神通によって軽く［空中に］あがり、十方［の世界］に飛んで行く者は、大目連が第一である」とある。[108]『釈論』（『大智度論』）［巻第］四十一において、左面の弟子と呼ぶ。[109]外道の師弟五百人は、まじないによって山を移動させようとした。一ヶ月が経って、傾斜[110]して動いた。目連は、「この山がもし移動すれば、損害が多いであろう」と思った。すぐに山頂の大空において結跏趺坐したところ、山はかえって動かなかった。外道はたがいに、「私の法によって山が動けば、遠からず、きっと移動するはずである。どうしてしっかりとして揺るぎなく、かえって最初のままであるのか。きっと沙門がそうしたのであろう」といった。自分で力の弱いことを知って、仏道に帰依した。無数の人を、正法によって出家させたのである。[111]難陀・跋難陀の［龍の］兄弟は、須弥［山］のほとりの海に住んでいた。仏は常に空を飛んで、忉利宮《とうりぐう》に上る。この龍は、「どうして禿人[112]が、私の上を通過するのか」と怒り恨んだ。後に仏が天に上ろうとすると、この龍は黒い雲、暗い霧を吐き出し、［日・月・星の］三つの光を覆い隠した。比丘たちはみなこれを降伏させようとしたが、仏は許可しなかった。目連は、「私はこの龍を降伏させることができる」といった。龍は［自分の］身で須弥［山］を七周巡り、尾は海水を跳ね上げ、頭は山頂を枕とした。目連はその二倍の身を現わし、山を十四周巡り、尾は海の外に出て、頭は梵宮（梵天の宮殿）を枕と

した。この龍は激しく怒って、金剛の砂を降らした。目連は砂を、しなやかで柔らかく愛すべき宝花に変化さ

105 『釈論』(『大智度論』)に「吉占師の子」という【釈論云吉占師子】『大智度論』巻第十一、「是の時、告(宋本・元本・宮本には吉に作る)占師の子を、拘律陀と名づく。姓は大目揵連なり」(大正二五、一三六中三~四)を参照。

106 『未来因果経』に、「大目連羅夜那」という【未来因果経云大目連羅夜那】『過去現在因果経』の誤り。同経、巻第四に、「二に目揵連を姓とし、目揵羅夜那と名づく」(大正三、六五二上一五~一六)とある。

107 『釈論』(『大智度論』)には、「舎利弗は才知が豊かで尊敬され……道徳的行為【徳行】はたがいに同じである」とある【釈論云舎利弗才明見貴目連豪爽取重智芸相比徳行互同】『大智度論』巻第十一、「舎利弗は才明重んじられ、目揵連は豪爽にして最も貴し。此の二人は、才智は相い比し、徳行は互いに同じ」(大正二五、一三六中五~六)を参照。

108 『増一阿含[経]』には、「私の弟子のなかで、神通によって軽く[空中に]あがり、十方[の世界]に飛んで行く者は、大目連が第一である」とある【増一阿含云我弟子中神通軽挙飛到十方者大目連第一】『増一阿含経』巻第三、弟子品、「神足もて軽挙し、十方に飛到するは、所謂る大目揵連比丘是れなり」(大正二、五五七中六~七)を参照。

109 『釈論』(『大智度論』)[巻第]四十一において、左面の弟子と呼ぶ【釈論四十一称左面弟子】『大智度論』巻第四十の文である。前注79を参照。

110 傾斜して【簸峨】『文句記』には、「傾側の貌なり」(大正三四、一七五上一四)と注釈している。傾斜の意である。

111 外道の師弟五百人は……正法によって出家させたのである【外道師徒五百用呪移山經一月日簸峨已動目連念言此山若移多所損害即於山頂虚空中結跏山還不動外道相謂我法山動計日必移云何安固還若於初必是沙門使爾自知力弱帰心仏道令無量人正法出家也】類似の物語が『経律異相』巻第十四、「目連以神力降化梵志十五」(大正五三、七四下八~七五上二)に出る。

112 禿人 剃髪した人のことであるが、蔑称の場合もある。ここでは、仏を侮辱した言い方である。

せた。［龍は］まだ怒りがやまなかった。目連は小身に変化して、龍の身のうちに入り、眼から入って耳から出、耳から入って鼻から出、その身をかみ切った【鑽齧】。［龍は］苦痛を受け、その心はやっと服従した。目連は大・小の身を収めて、沙門の姿を示した。この二龍を率いて、仏のもとにやって来た。[113] 調達（提婆達多）は五百人の比丘を引きつれて、自分の弟子とした。目連はこれを嫌に思い、［調達が］大いに熟睡し、雷鳴のように大いびきをし、音の出る屁【下風】を出させた。瞿伽離《くぎゃり》は脚で彼を踏んだが、なお目覚めなかった。身子（舎利弗）は法を説いて五百人の心を転向させ、目連は［五百人の比丘を］手でささげて率い帰り、僧団は和合することができた。『雑阿含［経］』［巻第］二十九に、「仏は舎衛において、十五日に戒を説こうとしたが、仏は沈黙して説かなかった。阿難は四回お願いした。仏は、『［聴］衆が清浄でないので、私は今、もう戒を説かない。あなたは上座のあるいは律を持つ者、または戒を誦する者に唱えさせてもよい』といった。目連はすぐに禅定に入り、だれが清浄でないかを観察すると、馬師《めし》・満宿《まんしゅく》[114]の二人の比丘を見た。すぐに手で捉え、14a 門から引き出して［門を］閉じた。さらに仏に［戒を］説くようにお願いした。仏は、『私に二言はない。今、もう自分では戒を説かない』といった。目連は、『［聴］衆が清浄でないので、私も維那《いな》[115]とならない』といった」とある。[116] 耆域《ぎいき》は、ここでは固活《こかつ》と翻訳する。[117]［耆域は］忉利天に生まれた。目連の弟子が病気にかかった。［目連］は通［力］に乗じて［耆域のもとに］行って質問しようとした。諸天が園に出て遊戯するのに出会った。耆域は車に乗ったままで下りず、ただ掌を合わせるだけであった。目連はこれ（耆域の車）を止めた。［耆］域はすぐに、「諸天は楽を受けることが急であり【忽遽】、［目連に］会うのに暇がない。尊者は何を求めようとしているのか」といった。［目連は］詳しく来意を説いた。［耆域は］、「断食を要点とする」と答えた。目連はこれ（耆域の車）を放してやると、車はやっと進むことができた。[118] 帝釈は修羅と戦って勝ち、得勝堂を

113　難陀・跋難陀の［龍の］兄弟は……この二龍を率いて、仏のもとにやって来た【難陀跋難陀兄弟居須弥辺海仏常飛空上忉利宮是龍瞋恨云何禿人従我上過後時仏欲上天是龍吐黒雲闇霧隠翳三光諸比丘咸欲降之仏不聴目連云我能降是龍龍以身遶須弥七匝尾挑海水頭枕山頂目連倍現其身遶山十四匝尾出海外頭枕梵宮是龍瞋盛雨金剛砂目連変砂為宝花軽軟可愛猶瞋不已目連化為細身入龍身内従眼入耳出耳入鼻出鑽齧其身即受苦痛其心乃伏目連摂巨細身示沙門像将是二龍来至仏所】　この物語は、『増一阿含経』巻第二十八（大正二、七〇三中二四～七〇四中一〇）に出る。

114　馬師・満宿【馬師満宿】「馬師」は、Aśvajit の訳語。最初の五比丘の一人。「満宿」は、Punarvasu の訳語。馬師と満宿の非行は処々に説かれている。

115　維那　karma-dāna の音写語。羯摩陀那《かつまだな》の那と、綱維《こうい》（統制の意）の維を合わせた語。僧衆の事務を司る人。

116　『雑阿含［経］』［巻第］二十九に、「仏は舎衛において……私も維那とならない』といった」とある【雑阿含二十九仏在舎衛十五日説戒仏黙然不言阿難四請仏言衆不清浄吾今不復説戒汝可令上座若持律者誦戒者唱目連尋入定観誰不清浄見馬師満宿二比丘即手執牽出閉門更請仏説仏言吾無二言今不復自説戒目連云衆不清浄我亦不復為維那也】　本文にある『雑阿含経』ではなく、『増一阿含経』巻第四十四、十不善品（大正二、七八六上二六～七八七下一）を参照。

117　耆域は、ここでは固活と翻訳する【耆域此翻固活】『寂志果経』、「時に童子の医王有り、名づけて耆域と曰う〔晋に固活と言う〕」（大正一、二七一上一三）を参照。「耆域」は、Jīvaka の音写語。耆婆とも音写する。名医として有名。

118　目連の弟子が病気にかかった……車はやっと進むことができた【目連弟子病乗通往問値諸天出園遊戯耆域乗車不下但合掌而已目連駐之域即云諸天受楽怱遽不暇相看尊者欲何所求具説来意答云断食為要目連放之車乃得前】『薩婆多毘尼毘婆沙』巻第一（大正二三、五〇九中一三～二四）を参照。

造った。[119]七宝でできた高殿【楼観】は、飾り立てられてすばらしかった。梁・柱の部分【支節】は、いずれも一本の細い糸【綖】を容《い》れ、たがいにくっつかないけれども、たがいを支えることができた。天の福の妙なる力は、このようにできる。目連が飛んで行くと、帝釈は目連を率いて［得勝］堂を見せた。天女たちは、みな目連に対して恥ずかしがって、みな隠れ逃げて出て来なかった。目連は、「帝釈は楽しみに執著して、道の根本を修めていない」と思った。すぐに神通力を使って【変化】得勝堂を焼くと、光り輝いて崩壊した。よって、帝釈のために、広く無常を説いた。帝釈は歓喜した。後に堂はきちんとして、灰や煙になった様子はなかった。さらにまた、糸をからませて編んだ袋【絡嚢】に五百の羅漢を入れることについては、前に説いた通りである。[120]如来の清らかな声[121]は深遠であり、遠くで聞いても、仏のそばで聞くのと相違がない。目連は仏の声が遠くまで達することを知ろうとして、とても遠くに離れたが、やはり近くで聞くようなものであった。それ故、神通力を用い、西方のガンジス河の砂粒ほど多い国土を飛び過ぎていって、師子のような釈尊[122]の声を聞くと、もとの通りで相違しなかった。どこまでも離れていき、神通力は尽き、身体は疲れた。ちょうど他方の大衆が一緒に食事をしているのに出合った。よって、鉢の縁で休んでそぞろ歩きをした【経行】。そちらの人々は驚き怪しんだ、「この人間の頭を持った虫は、どこから来たのか」と。そちらの仏は、「これは東方の無数の仏土［を過ぎたところ］に釈尊という名の仏がいる。神足［通］第一の弟子が、［釈尊の］声を尋ねて、とうとうここまで来た。虫ではないのである」といった。[123]『涅槃［経］』には、「仏は侍者を求めている。心は阿難にある。［その明白なことは、］東から昇った太陽が西壁[124]を照らすようなものである」とある[125]……。

119 帝釈は修羅と戦って勝ち、得勝堂を造った【帝釈与脩羅戦勝造得勝堂】『長阿含経』巻第二十一、『世記経』戦闘品（大正一、一四二下二一～二八）を参照。「帝釈」は、Śakro devānām indraḥ の音写語・意訳の合成語。釈迦提婆因提、釈提桓《しゃくだいかん》因《にん》などと音写する。天帝釈ともいう。神々の王、シャクラの意。「得勝堂」は、帝釈天が阿修羅との戦いに勝利し、毘首羯《びしゅかつ》摩《ま》（Viśvakarman）に作らせた勝れた御殿。

120 糸をからませて編んだ袋【絡嚢】に五百の羅漢を入れることについては、前に説いた通りである【絡嚢盛五百羅漢如前説】前注93を参照。

121 清らかな声【梵声】梵音ともいい、本来は大梵天王の出す清浄な音声の意であるが、仏も同様な音声を持つことから、仏の説法の音声を意味する。

122 師子のような釈尊【釈師子】釈尊を百獣の王、師子＝ライオンにたとえたもの。

123 如来の清らかな声は深遠であり……虫ではないのである」といった【如来梵声深遠遠聴如仏辺不異目連欲知仏声遠近極去遠遠猶如近聞仍用神力飛過西方恒河沙土聞釈師子声如本不異去去不已神力尽身疲正値他方大衆共食仍息鉢縁上経行彼人驚怪此人頭虫従何処来彼仏言此是東方無量仏土有仏名釈尊神足第一弟子尋声極此非虫也】『大宝積経』巻第十（大正一一、五六下一〇～二九）、『大智度論』巻第十（大正二五、一二七下二一～二八）を参照。

124 壁　底本の「璧」を、『全集本』によって「壁」に改める。

125 『涅槃［経］』には、「仏は侍者を求めている。心は阿難にある。［その明白なことは、］東から昇った太陽が西壁を照らすようなものである」とある【涅槃云仏求侍者心在阿難如東日照西壁】『南本涅槃経』巻第三十六、憍陳如品、「爾の時、目連は大衆の中に在りて、是の思惟を作す。如来は今者《いま》、五百の比丘の給使を受けず。『仏意は為《は》た誰れをして作さしめんと欲するや』と。是れを思惟し已りて、即便《すなわ》ち定に入り、如来の心は阿難に在るを観見す。日の初めて出でて、光は西壁を照らすが如し」（大正一二、八四九中一七～二一）を参照。

教に焦点をあわせて神通を論じるならば、四禅によって十四種の変化[126]がある。観・練・熏・修[127]、十一切［処］の無漏の事禅[128]によって、十八種の変化[129]を示した。これは初教（三蔵教）のなかの神通である。空によって智慧を起こし、空慧の心によってさまざまな神通を修めることは、通教のなかの神通である。次第に三諦によって神通を習得し、次々に深く入り[130]、二乗に超過することは、別教の神通である。実相によって得た神通は、
14b
二相によらないで、諸仏の国土を見る。真［身］から応［身］を起こし、真際[131]を動かさないで、十法界に広く行きわたる。これは円教の神通である……。昔、辟支仏を助けて、頭を剃り、袈裟を洗い、染め、縫い、神通

126　十四種の変化【十四変化】　四禅を修行して神足通を得る。「変化」とは、初禅から四禅の根本禅（根本定）を修行して、神足通を得、これを拠り所として、欲界と色界との種々の事柄を変化させること。その場合、自地と自地より下の地の事を変化させるので、合計十四種の変化がある。つまり、初禅天に二種変化（初禅初禅化・初禅欲界化）、二禅天に三種変化（二禅二禅化・二禅初禅化・二禅欲界化）、三禅天に四種変化（三禅三禅化・三禅二禅化・三禅初禅化・三禅欲界化）、四禅天に五種変化（四禅四禅化・四禅三禅化・四禅二禅化・四禅初禅化・四禅欲界化）がある。『法界次第初門』巻中之上（大正四六、六七八上～中）を参照。

127　観・練・熏・修【観練熏修】　禅を世間禅・出世間禅・出世間上上禅の三種に分類するなかの出世間禅を、四段階に分けたもの。「観」禅は、対象を明らかに観照する禅で、九想・八背捨・八勝処・十一切処を指す。「練」禅は、観禅を鍛錬する禅で、九次第定を指す。「熏」禅は、前の禅を繰り返し行ない熏習させる禅で、師子奮迅三昧を指す。「修」禅は、前の禅を最高度に高める禅で、超越三昧を指す。頂禅ともいう。

128　十一切［処］の無漏の事禅【十一切無漏事禅】「十一切」は、十一切処のことで、万物を一つの対象に総合して観察する十種の禅観。十種の対象とは、青・黄・赤・白・地・水・火・風・空・識である。無漏は、煩悩＝漏の汚れを離れたの

意。「事禅」は、具体的な事象を対象とする禅をいう。

129 十八種の変化【十八変】『文句記』（大正三四、一七五下二六～一七六上二）には、右脇から水や火を出したりする十八種の神通を指す説と、『瑜伽師地論』に出る震動などの十八種の神変を指す説の二説を紹介している。前者については、『止観輔行伝弘決』巻第十の二、「一に右脅より水を出だす。二に左脅より火を出だす。三に左より水を出だす。四に右より火を出だす。身の上下より水火を出だすを四と為す。前と并《あわ》せて八と為す。九に水を履むこと地の如し。十に地を履むこと水の如し。十一に空中従り没して復た地に現ず。十二に地より没して空中に現ず。空中の行・住・坐・臥を四と為す。十七に或いは大身を現じて虚空の中に満つ。十八に大は復た小と現ず」（大正四六、四四二上二九～中六）を参照。後者については、『瑜伽師地論』巻第三十七、「一には振動す。二には熾然《しねん》たり。三には流布す。四には示現す。五には転変す。六には往来す。七には巻く。八には舒《の》ぶ。九には衆像、身に入る。十には同類往き趣く。十一には顕わる。十二には隠る。十三には所作自在なり。十四には他の神通を制す。十五には能く辯才を施す。十六には能く憶念を施す。十七には能く安楽を施す。十八には大光明を放つ」（大正三〇、四九一下六～一二）を参照。

130 入　底本の「人」を、甲本によって「入」に改める。

131 真際　実際と同義で、bhūta-koṭi の訳語。真実、究極の境界の意。現象世界の真実のあり方を意味する。『肇論』不真空論、「真際を動ぜずして、諸法の立処と為る。真を離れて立処あるに非ず、立処は即ち真なり」（大正四五、一五三上三～四）に基づく。

を得ようという願いを起こした[132]……。

本迹［釈］とは、本は真際《しんざい》・［首］楞厳定[133]に留まる。一念において広く十方に応じ、種々の仕方で示現して、仏事をなす【施作】ことができる。慈悲のゆえに、迹は五味の神通を示し、導いて究極に入らせる……。

観心［釈］とは、一心を観察すると、たちまち一切心がある。一切心を観察すると、たちまち諸心がない。心に有無［の対立］がなく、実相に通じることは、神通の観［心釈］である。

5.11152112115206　摩訶迦栴延を釈す

「摩訶迦栴延」[134]（1c24/A10·3-4/70·9-10）は、ここでは文飾《もんじき》と翻訳する。また肩乗《けんじょう》ともいう。ある人は、「字が誤っている。扇縄《せんじょう》というべきである」という[135]。また好肩《こうけん》ともいう。また柯羅《から》とも名づける。柯羅は、ここでは思勝《ししょう》と翻訳する。みな姓に従って名としている。『増一阿含［経］』には、「巧みに意義を区別して、道の教えを詳しく説明する者は、迦栴延が最も第一である」とある[136]。『長阿含［経］』に、「ある外道は断見[137]に執らわれて、他の世はないという。全部で十段の問答がある。外道は、『他の世がない』という。『今の日月は、天であるか、人であるか。この世であるか、他の世であるか。もし他の世がなければ、明日はない』と答える。さらに、『私は人が死ぬのを見ると、［その死んだ人は］戻って来ない。どうしてその苦を受けると説くのか。それ故、他の世がないとわかる』と質問する。『罪人が止められるようなものである。どうして帰ることができようか』と答える。さらに、『もし天に生まれれば、なぜ帰らないのか。それ故、他の世がないとわかる』と質問する。『人が便所に落ちても、出ることができるようなものである。どうして進んでさらに便所に入るのか。さらにまた、天上の一日は、ここの百年に相当する。かしこに生まれて十五日間【三五日】、まだ帰りたいと思う心を持つ暇がない。たとい帰る者がいても、あなたは死んでしまった【化】。どうしてこれを知ることができようか』と答える。さらに、『私は鑊《なべ》で罪人を煮、きつくその上に蓋《ふた》をする。この様子をさぐると、魂

132 昔、辟支仏を助けて、頭を剃り、袈裟を洗い、染め、縫い、神通を得ようという願いを起こした【往昔曾助辟支仏剃頭浣染縫袈裟発願得神通】『仏五百弟子自説本起経』巻第一、摩訶目揵連品、「吾れは仙の為めに閑居《げんご》し、林樹の間に処す。彼しこ於《よ》り人有りて来たり、我れに沙門と作ることを求む。吾れは其の鬚髪《しゅほつ》を除き、為めに其の衣服を浣《あら》い、之れを縫いて之れを染め、心中自ら歓喜す。彼れは退いて一面に在りて結跏趺坐すれば、則ち辟支仏を得、便ち虚空を飛ぶ。我れは時に即ち願を興す、『身をして神足を得しめ、吾れをして是の如き大力・大神足を得しめんことを』と」（大正四、一九〇下一六～二三）を参照。

133 [首] 楞厳定【楞厳定】「首楞厳」は、śūraṃgama の音写語。健相、健行、一切事竟などと訳す。三昧の名。『私志記』巻第五には、「真際」が性徳の上定で、「首楞厳」は修徳で、性と修とを合したものであると指摘している（『新纂大日本続蔵経』二九、二六七下九～一一）。

134 摩訶迦梅延 Mahākātyāyana の音写語。論義第一と称される。

135 ある人は、「字が誤っている。扇縄というべきである」という【人云字謬応言扇縄】吉蔵『法華義疏』巻第一、「迦旃延とは、旧に翻じて肩乗と為す。此の両字は誤りなり。応に扇縄と云うべし」（大正三四、四五九下一四～一五）を指す。

136 『増一阿含［経］』には、「巧みに意義を区別して、道の教えを詳しく説明する者は、迦梅延が最も第一である」とある【増一阿含云善分別義敷演道教者迦梅延最第一】『増一阿含経』巻第三、弟子品、「善く義を分別し、道教を敷演するは、所謂る大迦旃延比丘是れなり」（大正二、五五七中一四～一五）を参照。

137 断見 世界と我が断滅するとする誤った見解。常見は、逆に、世界と我が永遠に存続するとする誤った見解。

【神】が出るのを見ない。それ故、他の世がないとわかる』と質問する。『あなたは昼に眠るとき、傍らにいる人が、そばであなたの魂が出るのを見るのか』と答える。さらに、『私は死人の皮を剥ぎ肉を切り骨を砕いて魂を求めても［求めることが］できない。それ故、他の世がないとわかる』と質問する。『子どもが薪を割って、一つひとつ裂いて、火を求めるようなものである。どうして得ることができようか』と答える。さらに、『私は死人の重さを計量すると、さらに重い。もし魂が去るならば、軽くなるはずである。もし魂が去ることがなければ、他の世はない』と質問する。『火と鉄が合わさると鉄は軽くなり、鉄が火を失えば重くなるように、人は生まれて魂があれば軽く、死んで魂を失えば重い』と答える。さらに、『私は死に臨む人を見て、か
14c
えって魂を求めてもできない。それ故、他の世がないとわかる』と質問する。『人はかえって貝の声を求めるようなものである。どうして声を得ようか』と答える。さらに、『あなたは種々の仕方で破るけれども、私はこれにとても長く執著していて、捨てることができない』と質問する。『人のひずちばえ[138]を取るようなものである。最初に麻を見て麻を取り、次に麻を捨てて麻の皮を取り、次に麻の皮を捨てて縷《る》を取り、次に縷を捨てて布を取り、次に布を捨てて絹を取り、次に絹を捨てて銀を取り、次に銀を捨てて金を取り、劣ったものを捨てて勝れたものを取る。どうして捨てることができないのか』と答える。さらに、『ただ私だけがこのように説くのではなく、多くの人もこのように説く。どうして私を誤っている【非】というのか』と質問する。『二人の商人は鬼に出会う。鬼は人の姿となって、〈前の道路には米が豊かで草が十分にある。これを［頭に］載せてどうするのか〉という。一人の商人はすぐに［米や草を］捨てた。［そこで、］前の路は人も牛もみな飢えてしまい、かくて鬼に食われた。一人の商人は、〈もし新しい米や草を得れば、古い米や草を捨てることができる〉という。人も牛もみな鬼に食われなかった。多くの人の妄説は、鬼のごまかしの言葉のようである。あ

なたが私の言葉を受け入れないのは、古い米や草を捨てるようなものである。今、新しいものを得る以上、どうして古いものを捨てないのか』と答える。さらに、『私は捨てることができない。私に［捨てることを］勧めるならば、怒るであろう』と質問する。『あなたは豚を養う人が、路上で糞に出合い、頭で差し上げて持ち帰るようなものである。道路で雨に出合い、［糞の］汁が降って頭を汚した。傍らの人が捨てさせようとすると、逆にいっそう他人を怒り、〈あなたは豚を養わないので、私に捨てさせる〉と思い込み、逆に［捨てることを］勧める者を怒る』と答える。このように一つひとつ分析して破り【析破】、広くさまざまな意義を説明する。外道はすぐに服従して、ほめたたえて、『尊者は前に日月について説いて、私は理解した。智慧の辯才を聞こうとするので、一つひとつ質問した【執難】ところ、すばらしく、見事に説いた』といった」とある通

138　ひずちばえ【穭】　自生の稲。『長阿含経』巻第七、『弊宿経』の原文では、底本は「侶」に作り、宋本は「梠」に作り、元本・明本は「穭」に作る。「穭」が正しいと思われる。

りである。[139]迦栴延が巧みに意義を論じる様相も同様である。『律』のなかには、「巧みに教化して戒に帰依させ、屠者《としゃ》[140]に夜の戒を受けさせ、婬者に昼の戒を受けさせる。後に報いを受けるとき、それぞれ昼夜に、以前の楽しい相を見るであろう」とある……。[141]さらにまた、世典婆羅門は、五百人の釈迦族に、「［誰か］私と議論することができるか」と語る。五百人の釈迦族は、「瞿蜜釈《くみつしゃく》[142]（釈尊）がいる。国中に智慧がなく［教えを］聞くことがなく、言葉は醜く拙い。周利槃特《しゅりはんどく》[143]がいる。出家のなかでも、低下な者である。あなたはこの二人と議論して勝つことができれば、私はあなたに能という名を与えよう」という。世典は、「この二人に勝っても、尊敬されるに値しない。もし及ばなければ、とても屈辱的である」と考えた。後に、道路で槃特に出会った。［世典は、］「名前は何であるか」と質問した。［周利槃特は、］「あなたは道理【義】を質問するべきである。どうしてわざわざ名を質問するのか」と答えた。さらに、［世典は、］「あなたは私と道理を論じるか」と質問した。［周利槃特は、］「私は梵王と論じることができる。ましてあなたのような盲目で目のない者はなおさらである」と答えた。さらに、［世典は、］「盲人は目がなく、目がないのは盲人である。［これは］どうして煩瑣重複でないであろうか」と質問した。

15a　周利［槃特］は十八種の変化をなした。すぐに、［世典は、］「この人はただ飛行し変化することができるだけで、けっして道理を理解しない」といった。迦旃延は、天耳によって遠くから聞き、[144]すぐに［周利］槃特を隠して、彼（周利槃特）の身を示し、空から降りて、［世典に、］「あなたは何という名か」と質問した。［世典

139　『長阿含［経］』に、「ある外道は断見に執らわれて……すばらしく、見事に説いた』といった」とある通りである【如長

阿含云有外道執断見謂無他世凡有十番問答外道言無有他世答言今之日月為天為人為此世他世耶若無他世則無明日又問我見人死不還云何説其受苦故知無他世答云如罪人被駐寧得帰不又問若生天何故不帰故知無他世答云如人堕廁得出寧肯更入廁不又天上一日当此百年生彼三五日未遑帰心設有帰者而汝已化寧得知之又問我鑊煮罪人密蓋其上伺之不見神出故知無他世答云汝昼眠時傍人在辺見汝神出不又問我剝死人皮臠肉砕骨求神不得故知無他世答云如小児析薪寸寸分裂求火寧有可得不又問我秤死人更重若神去応軽若無神去則無他世答云如火与鉄合鉄則軽鉄失火則重人生有神則軽死失神則重又問我見臨死人反転求神不得故知無他世答云如人反転求於貝声寧得声耶又問汝雖種種破我執此甚久而不能捨答云如人採穭初見麻取麻次捨麻取麻皮次捨麻皮取縷次捨縷取布次捨布取絹次捨絹取銀次捨銀取金捨劣取勝云何不能捨又問非但我如是説諸人亦如是説云何謂我為非答云両商人逢鬼鬼為人像語言前路豊米足草載之何為一商人便棄前路人牛皆飢遂為鬼所噉一商人云若得新米草可棄故米草人牛皆不為鬼所食諸人妄説如鬼誑言汝不納我言如棄故米草今既得新何不棄故又問我不能捨勧我則瞋答曰汝如養猪人路上遇糞頭擎将還在路逢雨汁下汚頭傍人令棄倒更瞋他謂汝不養猪故令我棄反瞋勧者如是番番析破広演諸義外道便伏而讃歎言尊者前説日月而我已解欲聞智辯故番番執難善哉妙説】『長阿含経』巻第七、「弊宿経」（大正一、四二下一～四六下六）を参照。

140 屠者　底本の「屠」を、甲本によって「屠者」に改める。

141 『律』のなかには、「巧みに教化して戒に帰依させ、屠者に夜の戒を受けさせ、婬者に昼の戒を受けさせる。後に報いを受けるとき、それぞれ昼夜に、以前の楽しい相を見るであろう」とある【律中云善能教化帰戒令屠者受夜戒婬者受昼戒後受報時各於昼夜見前楽相】出典未詳。

142 瞿蜜釈　『増一阿含経』の原文の底本によれば、「瞿曇（宋・元・明の三本には「曇」を「蜜」に作る）釈種如来至真等正覚」（大正二、五八五下一二）とある。釈尊を指す。

143 周利槃特　Kṣullapanthaka、Cūḍapanthaka の音写語。小路と訳す。愚者として有名であるが、阿羅漢となる。

144 迦旃延は、天耳によって遠くから聞き【迦旃延天耳遙聞】『増一阿含経』の原文によれば、迦旃延ではなく、舎利弗が周利槃特の身を隠し、自分が周利槃特の姿を取って、世典婆羅門と対論する。

は、〕「男丈夫という名である」と答えた。さらに、〔迦旃延は、〕「男は丈夫であり、丈夫は男である。〔これは〕どうして煩瑣重複でないであろうか」と質問した。世典は、「止めましょう、止めましょう。この雑多な議論を置いて、深い道理を論じるべきである」と答え、「法によらないで涅槃を得るのか」と質問した。〔迦旃延は、〕「五陰の法によらないで、涅槃を得ることができる」と答えた。さらに、〔世典は、〕「五陰は何によって生じるのか」と質問した。〔迦旃延は、〕「愛によって生じる」と答えた。さらに、〔世典は、〕「どのように愛を断ち切るのか」と質問した。〔迦旃延は、〕「八正道によるならば、すぐに愛を断ち切ることができる」と答えた。世典〔婆羅門〕はこれを聞いて、塵（煩悩）から遠ざかり垢（煩悩）を離れた[145]。みなこのような例である。

教に焦点をあわせて道理を論じるならば、無常・苦・空・無我によって、断〔見〕・常見などを破ることは、初めの教（蔵教）によって道理を論じることである。空・無所有・不可得によって、断〔見〕・常〔見〕・愛〔煩悩〕・見〔煩悩〕を破ることは、通教によって道理を論じることである。それ故、天女は、「私に〔実体として〕得るものがないので、このように議論する」という[146]。総持・四〔無礙〕辯[147]によって、〔衆生の〕機を観察し仮を照らし、薬を病に投じて、断〔見〕・常見を破ることは、別教によって道理を論じる様相である。実相が究極的に有でもなく無でもないことによって、断〔見〕・常見を破ることは、円教によって道理を論じることである。

本迹に焦点をあわせれば、本は福徳・智慧の二種の荘厳に留まり、質問することができ、答えることができる。衆生を憐れもうとするために、迹は五味の道理を論じる師となるだけである。

観心〔釈〕とは、観察する智は境を磨き【研】、境は智を生ずる。智と境とが循環する【往復】ことは、観心によって道理を論じることである。

5.11152112115207　阿㝹楼駄を釈す

「阿㝹楼駄《あぬるだ》」[148]（1c24/A10·4/70·10）は、阿那律《あなりつ》ともいう。阿泥盧豆《あにろず》でもある。すべて梵語の音の長音と促音［の

145　世典婆羅門は、五百人の釈迦族に……塵（煩悩）から遠ざかり垢（煩悩）を離れた【世典婆羅門語五百釈能与我論不五百釈言有瞿蜜釈国中無黠無聞言語醜拙有周利槃特於出家中亦為下者汝能与此二人論勝者我与汝能名世典思惟勝此二人無足可尚脱不如者甚為屈辱後時於路遇槃特問何名答汝当問義何労問名又問汝能与我論義耶答我能与梵王論況汝盲無目者乎又問盲即無目無目即盲豈非煩重周利作十八変即云此人但能飛変更不解義迦旃延天耳遙聞即隠槃特示身如彼従空而下問汝字何等答字男丈夫又問男即丈夫丈夫即男豈非煩重世典答止止置此雑論可論深義問頗不依法得涅槃耶答不依五陰法能得涅槃又問五陰依何生答因愛生又問云何断愛答依八正道即能断愛世典聞此遠塵離垢】『増一阿含経』巻第七（大正二、五八五下五〜五八六中九）を参照。

146　天女は、「私に［実体として］得るものがないので、このように議論する」という【天女云我無所得故辯如此】『維摩経』観衆生品が出典として考えられるが、このままの引用はない。

147　総持・四［無礙］辯【総持四辯】「総持」は、すぐれた記憶力の意。dhāraṇī（陀羅尼）の漢訳。「四辯」は、四無礙辯（法無礙辯・義無礙辯・辞無礙辯・楽説無礙辯）のこと。

148　阿㝹楼駄 Aniruddha の音写語。本文にあるように、阿那律、阿泥盧豆とも音写する。天眼第一と称される。

差[149]」にすぎない。ここでは無貧《むひん》と翻訳する。また如意《にょい》[150]、また無獦《むりょう》[151]という名である。昔、飢餓の世で、辟支仏に稗飯を送り与えたところ、九十一劫の充足した果報を獲得した。[152]それ故、無貧と名づける。［瞿曇という］姓について［言うと］、劫初《こっしょ》に大水があり風が吹いて組み立てて【結構】、世界を成立させた。光音天《こうおんてん》[153]は命が尽きて、突然生まれて[154]人となる。身に光があり、飛行する。歓喜を食べ物とし、男女の尊卑はない。大勢の者が一緒にそのなかに生まれるので、衆生と呼ぶ。自然の地味[155]は、味は醍醐のようで、色は生蘇のようで、甘いことは蜜のようなものである。多く食べると光を失い、憔悴して飛ぶことができなくなる。少し食べると、まだ光沢がある。すぐに勝ち負けがあり、とうとうたがいに争い【是非】、地味を失うようになる。自然の地皮《ちひ》を食べ、たがいに軽んじあなどる。皮を失い地膚《ちふ》を食べ、いっそうさまざまな悪を生ずる。［地］膚を失い自然の粳米《うるちまい》を食べる。米を食べると、男女の根が生じ、とうとう夫婦となる。恥ずかしく思うので宿舎を作り、多
15b
く貯蓄し米を取る。後に米にぬか【糠糩】が生じ、刈り取って生ぜず、枯れた株が現われる。たがいに盗み奪って、とうとう一人の平等で能力のある者を立て[156]、田畑の主として、争いを治める。これが民衆の主【民主】である。民衆の主に珍宝という名の子がいた。珍宝に好味という名の子がいた。はじめ民衆の主が開始

149　長音と促音［の差］【奢切】「奢」は賒に通じる。賒は、掛け売りが原義で、緩慢の意である。「切」は、その反意語で、差し迫っているの意。ここでは、長くのびる（奢）音と縮まる（切）音（促音）の意。

150　ここでは無貧と翻訳する。また如意【此翻無貧亦如意】吉蔵『法華義疏』巻第一、「阿菟楼駄《あぬるだ》とは、翻じて如意と為す。亦た無貧と云う」（大正三四、四五九下二二～二三）を参照。

151 無猟　『仏五百弟子自説本起経』（大正四、一九八下一）を参照。

152 昔、飢餓の世で……果報を獲得した【昔於飢世贈辟支仏稗飯獲九十一劫果報充足】『賢愚経』巻第十二、波婆離品、「是の如く我れは少麋を以て辟支仏に施すこと九十一劫にして、福利は未だ滅ぜず、復た斯の徳を縁じて、仏を見て苦を度す」（大正四、四三五下八〜一〇）を参照。

153 光音天　光を音声（言葉）とする天の意。色界第二禅天の第三の天。

154 突然生まれて【化生】　母胎・卵・水などの依り所を持たずに、突然生まれること。天・極楽浄土・地獄などに生まれる場合は、化生する。

155 地味　大地の栄養分。「地皮」は、きのこ状のもの。「地膚」は、蔓状のもの。「粳米」は、うるち米。「糠檜」については、「糠」も「檜」もぬかを指す。これらの語の詳しい注は、『現代語訳「阿含経典」長阿含経』第六巻（平河出版社、二〇〇五年）五〇九〜五一三頁を参照。

156 平等で能力のある者【平能者】　典拠の『長阿含経』巻第二十二、『世起経』には、「平等主」（大正一、一四八下二三）とある。

されて後、金輪が次々と継承され、善思《ぜんし》に至った。[157]懿摩《いま》から浄飯《じょうぼん》までの四世[158]は、鉄輪［王］である。合わせて八万四千二百十人の王がいた。『十二遊経』には、「はるか遠い昔に【久遠劫】王がいた。早く父母を失い、国を弟に与えて、一人の婆羅門に仕えた。婆羅門は、『あなたは王の衣を脱いで、瞿曇《くどん》の姓を付けるべきである』といった。そこでこれに従った。当時の人々は小瞿曇と名づけた。甘蔗園に住んだ。賊（小瞿曇）は他人の物を盗んで、園を通り過ぎようとした。［人々は］賊を逮捕しようとして跡を尋ね、小瞿曇を捉えた。木で［身を］貫きこれを射たところ、血は流れて地を汚した。大瞿曇は悲しみ哀れんで、血の流れた土を収めて園に帰った。［その土を］器に盛り、左右に置き、祈った。この瞿曇（小瞿曇）にもし誠心があるならば、天神は血を人に変化させるであろう。十ケ月を経過して、左［の血の流れた土］は男となり、右［の血の流れた土］は女となった。これから瞿曇を姓とした。瞿曇は、ここでは純淑《じゅんしゅく》という。また舎夷《しゃい》と名づける。舎夷とは、貴い姓である。仁賢劫《にんげんごう》[159]の初め、宝如来が出世したとき、瞿曇の識神《しきしん》（輪廻の主体）は、はじめて母胎に宿った【託生】」とある。[160]もしこの意味を求めるならば、民衆の主から、瞿曇を姓としてきた。懿摩王に従う四人の子がいた。第一に面光《めんこう》、第二に象食《ぞうじき》、第三に路指《ろし》、第四に荘厳《しょうごん》である。［四人の子は］猜疑されて雪山の北の直樹《じきじゅ》林《りん》のなかに移った。国の人で［四人の子を］愛し従う者は市のように多く、大勢が集まって強国となった。父王は、「私の子には能力がある」とたたえた。四人の子は、これによって［瞿曇を］姓とした。[161]さらにまた、その地に釈迦樹がとても茂るので、ここでは直林と翻訳する。林に国を立てる以上、林を姓とする。外国の語は多く［の意味］を含む。釈迦も直［という意味］であり、また能［という意味］である。今、浄飯が継承したものについていえば、荘厳王の後を継承した。荘厳はとりもなおさず烏頭《うず》であり、烏頭は烏頭羅《うずら》を生んだ。

157　光音天は命が尽きて……金輪が次々と継承され、善思に至った【光音天命尽化生為人身有光飛而行歓喜為食無男女尊卑衆共生中呼為衆生自然地味味如醍醐色如生蘇甜如蜜多食失光憔悴不能飛少食者猶光沢便有勝負遂相是非致失地味食自然地皮転相軽慢失皮食地膚転生諸悪失膚食自然粳米食米則男女根生遂為夫婦羞故造舎多儲取米後米生糠稽刈已不生枯株現更相盗奪遂立一平能者為田主理諍訟是為民主民主有子名珍宝珍宝有子名好味始自民主草創之後金輪相継迄至善思】『長阿含経』巻第二十二、『世起経』（同前、一四五上二五～一四九上一六）を参照。また、『釈迦譜』（大正五〇、二上一九～中二三）には、珍宝・好味・善思などの王名が出る。

158　懿摩から浄飯までの四世【従懿摩至浄飯四世】「懿摩」は、Ikṣvāku の訳語。甘蔗王のこと。「浄飯」は、Śuddhodana の訳語。釈尊の父。懿摩から浄飯に至る王の系譜には種々の説がある。たとえば、『釈迦譜』（同前、二下一七～二一）には、懿摩王・烏婆羅王《うばらおう》・涙婆羅王《れいばらおう》、尼求羅王《にぐらおう》・師子頰王《ししきょうおう》・浄飯王の系譜が説かれる。釈迦族の系譜についての種々の説については、『現代語訳「阿含経典」長阿含経』第六巻（前掲同書）五二〇～五二五頁を参照。

159　仁賢劫　一般には、たんに賢劫という。過去の住劫を荘厳劫といい、未来の住劫を星宿劫というのに対して、現在の住劫を賢劫という。

160　『十二遊経』には、「はるか遠い昔に……はじめて母胎に宿った【託生】」とある【十二遊経云久遠劫有王早失父母以国付弟事一婆羅門婆羅門言汝当解王衣体瞿曇姓因而従之時人号為小瞿曇住甘蔗園賊盗他物従園過捕賊尋迹執小瞿曇木貫射之血流汚地大瞿曇悲哀收血土還園器盛置左右呪之此瞿曇若誠心天神変血為人逕十月左為男右為女従是姓瞿曇瞿曇此言純淑亦名舎夷舎夷者貴姓也仁賢劫初当宝如来出世時瞿曇識神始託生】『十二遊経』（大正四、一四六上六～中六）を参照。

161　懿摩王に従う四人の子がいた……四人の子は、これによって「瞿曇を」姓とした【従懿摩王四子一面光二象食三路指四荘厳被猜徙雪山北直樹林中国人楽従者如市欝為彊国父王歎曰我子有能四子因此為姓】『長阿含経』巻第十三、『阿摩昼経』（大正一、八二下二二～八三上七）を参照。

烏頭羅は尼求羅《にぐら》を生んだ。尼求羅は尸休羅《しくら》を生んだ。尸休羅は師子頬《ししきょう》[162]を生んだ[163]。師子頬は四飯[164]（浄飯・白飯《びゃくぼん》・斛飯《こくぼん》・甘露飯《かんろぼん》）を生んだ。斛飯に二人の子がいた[165]。長子を摩訶男《まかなん》[166]と名づけ、末子【季】は阿那律《あなりつ》である。まさに浄飯王の甥【姪児】である。斛飯王の次男（阿那律）は、世尊の父方のいとこ【堂弟】、阿難のいとこ【従兄】、羅云（羅睺羅）の大おじ（斛飯王）の息子[167]である。取るに足りない【聊爾】人ではないのである。それ故、周公は、「私は文王の子、武王の弟、成王の叔父であり、天下において、身分の低い者ではないのである。ところが、［来客に応対するために］髪を洗うとき、三たび髪を握り（洗髪を止め）、食事をする【餐】とき、三たび［口に入れた食べ物を］吐いた（食事を中止した）」とため息をついた[168]。賢者を敬うときでさえそのようにす
15c
るのであるから、まして他の［より勝れた］人に対してはなおさらそうするべきである。『賢愚《げんぐ》経』には、「弗《ふつ》沙仏《しゃぶつ》の末法の時代は、飢饉であった。利吒《りた》という名の［辟］支仏がいた。乞食をするのに、鉢は空《から》であり、得ることがなかった。一人の貧しい人（阿那律の前身）がいた。［貧しい人は利吒を］見て哀れみ悲しんで【悲悼】、『勝れた才能の人【勝士】は稗を受けることができますか』と［利吒に］申し上げ、すぐに［自分が］食べるものを差し上げた。［利吒は］食べてから十八種の神通変化【十八変】を示した。後に［貧しい人が］あらためて稗を採ると、兎が跳びはねて彼（貧しい人）の背に抱きつき、死人に変化した。脱却させてくれる伴もおらず、暗くなるのを待って家に帰った。［死人］を地に捨てると、すぐに黄金の人【金人】となった。指を抜くと、［指が］従って生じ、脚を使用するとさらに［脚が］出てきて、これを取るのに尽きることがなかった。悪人・悪王は、やって来てこれを奪おうとしたが、ただ死体を見るだけであった。ところが彼（貧しい人）が見るものは、もっぱら金の宝であった。九十一劫の間、果報は充足した。それ故、無貧と名乗った。彼（無貧）が生まれて以後、家業は豊かで日夜に繁盛した。父母はこれを試そうとして、空の器皿に蓋をして、［子

どもに」送ってやり、［子どもが］蓋を開けて見ると、百味が備わっていた。そして、彼の門の下には、毎日、常に一万二千人がいた。六千人は借金をし、六千人は借金を返済した。出家して以後、至るところで、人は

162 師子頬　Simhahanu の訳語。浄飯王の父。

163 生んだ【生】　底本の「即」は、『私志記』巻第六、「応に『生師子頬』と云うべし。恐らくは『即』の字は誤りなり」（『新纂大日本続蔵経』二九、二七二上二一）によって、「生」に改める。

164 四　底本の「三」を、『私志記』巻第六、「又た応に『生四飯』と云うべし。而して『三』と云うは、亦た恐らくは誤るなり」（同前、二七二上二一〜二二）によって、「四」に改める。

165 斛飯　Drotodana の訳語。師子頬王の子で、浄飯王の弟。提婆達多と阿難の父と言われることもあるが、『文句』本文では、摩訶男・阿那律の父とされる。

166 摩訶男　Mahānāman の音写語。大名と訳す。釈尊の最初の弟子の五比丘の一人。

167 大おじ（斛飯王）の息子【従叔】　底本の「叔」を、『私志記』巻第六、「羅云の従叔なり。文は従の字を略す」（同前、二七二中六）によって、「従叔」に改める。

168 周公は、「私は文王の子……三たび［口に入れた食べ物を］吐いた（食事を中止した）」とため息をついた【周公歎曰我是文王之子武王之弟成王之叔於天下非賤人也而沐三握餐三吐】『史記』巻第三十三、「魯周公世家」、「周公は伯禽《はくきん》を戒めて曰わく、我れは文王の子、武王の弟、成王の叔父なり。我れは天下に於いて亦た賤しからず。然るに、我れは一沐するに三たび髪を捉え、一飯するに三たび哺を吐く」を参照。

［彼を］見て歓喜した。必要なものを手に入れようとすると、自分の家のようで相違はなかった」とある。[169]阿那律は精進して、七日七夜、まつげが交わらなかった（眠らなかった）【眼睫不交】。眠りは眼の食べ物である。[170]阿那律は七日間眠らない以上、眼は睛《ひとみ》を失った。肉眼を失ったので、仏は天眼を求めさせた。［阿那律は］対象【縁】に思いをいたし、［地・水・火・風の］四大［元素によって作られた］清浄な物質【浄色】が、頭の上半分から生じて、[171]障《ついたて》の内外を突き通し、明るくても暗くてもいずれでも見た。［阿那律は］梵王に対して、「私は釈迦［仏の領域］の［三千］大千世界を、掌の果実を見るように［容易に］見る」といった。[172]『増一［阿含経］』には、「私の仏法のなかで、天眼によって突き通して見る者は、阿那律比丘が第一である」とある。[173]［阿］那律は肉眼を失ったので、仏と比丘たちはいつも［阿那律の］ために裁縫した。仏は舎衛［城］の拘薩羅《くさつら》の洞窟[174]にいた。仏は八百人の比丘と集まり、阿那律のために三衣を作った。仏は自分で［布を］広げ伸ばし【舒張】、比丘たちの［布を］裁断する者、縫う者がいて、一日ですぐに完成した。仏は出家者が衣を受ける行為が共通である【進止共倶】ことを詳しく説き、無数の人は覚りを得た。

約教［釈］とは、禅定によって、天眼を生ずることは、凡夫・外道である。無漏の事禅によって、天眼を

169
『賢愚経』には、「弗沙仏の末法の時代は……自分の家のようで相違はなかった」とある【賢愚経云弗沙仏末法時世饑饉有支仏名利吒行乞空鉢無獲有一貧人見而悲悼白言勝士能受稗不即以所噉奉之食已作十八変後更採稗有兔跳抱其背変為死人無伴得脱待闇還家委地即成金人抜指随生用脚更出取之無尽悪人悪王欲来奪之但見死尸而其所覩純是金宝九十一劫果報充足故号無貧其生已後家業豊溢日夜増益父母欲試之蓋空器皿往送発看百味具足而其門下日日常有一万二千人六千取債六千還直出家已後随所至処人見歓喜欲有所須如己家無異】出典未詳。『賢愚経』巻第十二に、阿那律の過去世の因縁が説かれ、こ

こと関連する記述が少し見られる。「我れは彼の世に於いて、少なき稗糜《ひえがゆ》を以て、辟支仏に施し、自ら求め願うに因りて、是れ縁《よ》り以来九十一劫、天人の中に生じ、乏少《ぼうしょう》する所無し」（大正四、四三五中二三～二五）を参照。

170 眠りは眼の食べ物である【眠是眼食】『増一阿含経』巻第三十一、「眼とは、眠を以て食と為す」（大正二、七一九上一六）を参照。また、阿那律が失明して天眼を得た物語も、同処（同前、七一八下一七～七一九中一九）を参照。

171 頭の上半分から生じて【半頭而発】『大智度論』巻第二十四には、「復た次に天眼を得る人の中に最第一なる者は、阿泥盧豆なり。色界の四大造色の半頭《はんず》清浄なるは是れ天眼なり。仏の天眼は、四大造色の遍頭《へんず》清浄なり。是れ差別と為す」（大正二五、二四〇中二八～下一）とある。『維摩経文疏』巻第十四によれば、「那律は、是れに因りて苦行修禅して、四大清浄造色の半頭の天眼を得。頭上より半は皆な色を見ることを得て、三千大千世界を観ること、菴摩勒果《あんまろくか》の如し。三蔵の如来は、全頭の天眼を得。一頭皆な浄色を発し、徹見して無礙なり」（『新纂大日本続蔵経』一八、五七〇上二三～中二）とある。『翻訳名義集』巻第六（大正五四、一一六一下一五～一一六二上四）や『私記』に、「半頭」についての諸説が紹介されている。

172 梵王に対して、「私は釈迦［仏の領域］の［三千］大千世界を、掌の果実を見るように［容易に］見る」といった【対梵王曰吾見釈迦大千世界如観掌果】『維摩経』巻上、弟子品、「吾れは此の釈迦牟尼の仏土の三千大千世界を見ること、掌中の菴摩勒果を観るが如し」（大正一四、五四一上二八～二九）を参照。

173 『増一［阿含経］』には、「私の仏法のなかで、天眼によって突き通して見る者は、阿那律比丘が第一である」とある【増一云我仏法中天眼徹視者阿那律比丘第一】『増一阿含経』巻第三、弟子品、「天眼第一は、十方の域を見る。所謂る阿那律比丘是れなり」（大正二、五五七中九～一〇）を参照。

174 舎衛［城］の拘薩羅の洞窟【舎衛拘薩羅窟】「舎衛」は、Śrāvastī の音写語。中インドのコーサラ国の城市。「拘薩羅」は、Kosalā の音写語。

生ずることは、三蔵［教］の意義である。体法の無漏の智慧によってさまざまな行を生じ、さまざまな行によって天眼を生ずることは、通教の意味である。散善（散心でなす善）によって肉眼を生じ、禅定によって天眼を生じ、真（空）によって慧眼を生じ、俗（仮）によって法眼を生じ、中［道］によって仏眼を生ずることは、別教の意味である。実相によって天眼を生じ、天眼はそのまま仏眼であることは、円教の意味である。さらにまた、散善によって肉眼を修め（身につけること）、禅定によって天眼を修めることは、三蔵［教］の意味である。空によって肉眼・天眼を修めることは、通［教］の意味である。順序よく【次第】［肉眼・天眼・慧
16a
眼・法眼・仏眼の］五眼を修めることは、別［教］の意味である。順序を超えて【不次第】五眼を修めることは、円［教］の意味である。

本迹［釈］とは、本は実相の真実の天眼に留まり、二つの［対立的な］様相によって諸仏の国を見ない。迹は頭の上半分の【半頭】天眼を示す。

観心［釈］とは、因縁によって生じる善心を観察することは、肉眼である。因縁によって生じる心の空を観察することは、天眼である。因縁によって生じる心の仮を観察することは、法眼である。［因縁によって生じる心が］そのまま中［道］であることは、仏眼である……。

5.111521121115208　劫賓那を釈す

「劫賓那《こうひんな》」[175]（1c24-25/A10·4/70·10）とは、ここでは房宿《ぼうしゅく》［秀と発音する］[176]と翻訳する。父母は房星《ぼうしょう》[177]に祈って子を孕んだので、房星を生まれた身に名づけたのである。この比丘は出家したばかりで、まだ仏を見ず、やっと仏のもとに向かった夜、雨に遭遇して、陶師の部屋を借りて宿泊し、草を敷物とした。晩にさらに一人の

比丘がまた宿泊し、後に続いて来た。前の比丘は、すぐに草を前に推《お》して与え、地面に座った。［後に来た比丘は］夜[178]に、「どこに行かれるのですか」と質問した。「仏を求めています」と答えた。後に来た比丘は、［前の比丘の］ために法を説いた。言葉は『阿含［経］』にある。[179]調べて選び取る【検取】ことができる。疑いがすっきりと解決して【豁然】覚りを得た。後の比丘は、とりもなおさず仏であった。仏とともに部屋に宿［夙と発音する］り、法身を見ることができた。覚りを得た場所にしたがって名づけたので、劫賓那という。毘沙《びしゃ》門《もん》は、傘蓋《さんがい》を持って劫賓那にしたがう。[180]毘沙門は［星］宿の主である。主がお仕えする【侍奉】以上、星宿も

175 劫賓那　Kalpina の音写語。房宿と訳す。星宿を知ること第一と称される。

176 秀と発音する【音秀】　秀と発音するときは、「宿」は星宿の意で、夙と発音するときは、「宿」は宿舎、泊まるの意。

177 房星　二十八宿の一つである房宿のこと。東方青龍の第四星（さそり座π星）。

178 夜【中夜】　夜間を三分したなかの中間の部分で、夜の九時から午前一時まで。

179 言葉は『阿含［経］』にある【辞在阿含】　『中阿含経』巻第四十二（大正一、六九〇上二〇～六九二中二〇）を参照。

180 毘沙門は、傘蓋を持って劫賓那にしたがう【毘沙門持蓋随賓那後】　『雑阿含経』巻第三十一、「毘沙門天王も亦た傘蓋覆灯を持って、摩訶劫賓那の後に随いて行く」（大正二、二二〇下一～二）を参照。「毘沙門」は、Vaiśravaṇa の音写語。四天王のなかの一つで、北方を守護する神。多聞天のこと。

同様である。この比丘は、巧みに星宿を占い、明らかに画像【図像】を知る。理解にしたがって名づけられて、劫賓那と名づける。『増一阿含［経］』には、「私の仏法のなかで、巧みに星宿日月を知る者は、劫賓那比丘が第一である」とある。[181]

約教［釈］とは、根・塵（六根と六塵［六境］）の家【舎】を分析して破り【析破】、仏とともに真諦の部屋【房】に住むことは、三蔵［教］の意味である。根・塵に体達（分析を経ないで全体的に理解すること）して、如来とともに真諦の部屋に宿泊することは、通教の意味である。十法界の根・塵の家【房舎】を区別して、すべて仏を見ることができることは、別教の意味である。一つの根・塵の家【房舎】について、一切の房舎を見、一切の仏を見ることは、円教の意味である。

本迹に焦点をあわせるとは、本は如来とともに実相に住む。迹はさまざまな家【房宿】を示すだけである。観心［釈］とは、五陰の家【舎】の析空・即空を観察することは、化［身］仏とともに宿ることである。五陰の家【舎】の即仮を観察することは、報［身］仏とともに宿ることである。五陰の家【舎】の即中を観察することは、法［身］仏とともに宿ることである……。

妙法蓮華経文句巻第一下

181『増一阿含［経］』には、「私の仏法のなかで、巧みに星宿日月を知る者は、劫賓那比丘が第一である」とある【増一阿含云我仏法中善知星宿日月者劫賓那比丘第一】『増一阿含経』巻第三、弟子品には、「我が声聞の中の第一比丘、星宿を暁《ぎょう》了《りょう》し、預め吉凶を知るは、所謂る那伽波羅《なかばら》比丘是れなり」（大正二、五五八下七～八）とあり、劫賓那ではなく、那伽波羅（龍守）とある。

16
b

妙法蓮華経文句　巻第二上

天台智者大師が説く

5.11152112115209　憍梵波提を釈す

「憍梵波提《きょうぼんはだい》[1]」（1c25/A10·4-5/70·10-71·1）は、ここでは牛呞《ごじ》と翻訳する。『無量寿［経］』には牛王と呼んでいる。[2]『増一［阿含経］』には、「牛跡《ごしゃく》」とある。[3]昔、五百世にわたって牛王となった。[4]牛は食事をして後、いつも反芻[5]を行なう。その他の報いはまだ消滅せず、くちゃくちゃと【呞呞】常に咀嚼《そしゃく》する。当時の人々は、牛呞と呼んだ。昔、五百の雁がいたが、一羽の雁は常に花の果実を得て、雁の王に差し上げた。仏は一夏、阿耆達王《あぎだつおう》[6]の招待を受けた。五百人の比丘はみな馬の食糧の麦を食ったけれども、憍梵は一人で天上の尸利沙園《しりしゃおん》[7]にいて、天王の供養を受けた。『増一［阿含経］』には、「天上にいることを願って、人間世界を願わないことは、牛跡比丘が第一である」とある。[8]「天上にいることを願う」とは、願望【楽欲】にしたがう世界悉檀である。雁の王に差し上げた福のもたらしたものは、為人［悉檀］である。［足が牛に似ていたために生じる］人の笑いを避けることは、対治［悉檀］である。天が笑わないことは、第一義［悉檀］である……。さらにまた、「人はただ［牛に似た］姿形だけを観察して、徳があることを知らない。もし羅漢を笑うならば、罪を得る。人の笑いを避けるので、常に天上に住む。天は徳があることを知って、その姿形を笑わないので、天に住むのである」とある。[9]仏が滅度（涅槃に入ること）した後、迦葉は千人の大［阿］羅漢を集め、下座の僧を派遣して、憍梵

1 憍梵波提 Gavāṃpati の音写語。解律第一と称される。

2 『無量寿［経］』には牛王と呼んでいる【無量寿称牛王】 『無量寿経』、「尊者牛王」（大正一二、二六五下一〇）を参照。

3 『増一［阿含経］』には、「牛跡」とある【増一云牛跡】 『増一阿含経』巻第三、弟子品、「楽天上に居し、人中に処せざるは、所謂る牛跡比丘是れなり」（大正二、五五七上二五～二六）を参照。

4 昔、五百世にわたって牛王となった【昔五百世曾為牛王】 『法華義記』巻第一、「憍梵波提とは、外国の名なり。此の間には牛呞比丘と言う。……此の人は昔日、五百世に常に牛王と作る。是の故に『無量寿経』に、『尊者牛王』と言うは、即ち其の人なり」（大正三三、五七九上二二～二八）、『法華義疏』巻第一、「憍梵婆提とは、此には牛呞と云う。『無量寿経』に云わく、『尊者牛王は、過去世に曾て比丘と作る。他の粟田の辺に於いて、一茎の粟を摘み、其の生熟して、数粒地に堕するを観る。五百世に牛と作り之れを償う」（大正三四、四五九下二九～四六〇上三）を参照。また、『大智度論』巻第三十八、「舎利弗の大弟子の牛足比丘の如きは、五百世、牛の中に生ず。末後に人身を得て、足は猶お牛に似て、阿羅漢道を得」（大正二五、三三七上四～六）を参照。

5 反芻【虚哨】 いったん飲み下したものを吐き出して再び食うこと。『首楞厳義疏注経』巻第四、「呞とは、牛は凡そ食して後、常に虚哨を事とす。時人は称して牛呞と為すなり」（大正三九、八八八下八～九）を参照。

6 阿耆達王 「阿耆達」は、Agnidatta の音写語。仏に三ヶ月、馬麦を食わせたこと（仏の十難の一）で有名。

7 尸利沙園 「尸利沙」は、siriṣa の音写語。吉祥、合昏樹と訳す。樹木の名。

8 『増一［阿含経］』には、「天上にいることを願って、人間世界を願わないことは、牛跡比丘が第一である」とある【増一云楽在天上不楽人間者牛跡比丘第一】 前注3を参照。

9 「人はただ［牛に似た］姿形だけを観察して……天に住むのである」とある【云人但観形不知有徳若笑羅漢即得罪避人笑故常居天上天知有徳不笑其形故居天也】 出典未詳。

を呼び出した。[10] 憍梵は、［派遣された僧に］仏と和尚（舎利弗）について質問した。［その僧は、］「みな滅度した」と答えた。［憍梵は、］「仏が出現すれば私も出現し、仏が留まれば私も留まり、仏が滅度すれば私も滅度する」といった。［憍梵は神通力によって身より水を出し、］四つ［に別れた水］の流れは大迦葉のもとに流れ注いだ。［その］水［のなかの声］は偈を次のように説いた……、「大象が去る以上、象の子はしたがう（ともに去ること）。世尊と和尚（舎利弗）が滅度する以上、私が今ここにいても、また何をするのか」と。[11] これも第一義［悉檀］である。

約教［釈］とは、天の園に留まることは善を示すことであり、牛の咀嚼があることは悪を示すことであり、三蔵［教］の意味である。咀嚼する牛の身によって覚りを得ることは、これは悪が悪でないことを示すことである。天の園に住んで咀嚼することは、善が善でないことを示すことである。［以上は］通教の意味である。［三］界の内外の善悪を示すことは、別教の意味である。善悪の実相を示すことは、円教の意味である。

本迹［釈］とは、本は［正等覚無畏・漏《ろ》永尽《ようじん》無畏・説障法無畏・説出道無畏の］四無所畏に留まることは、牛の王のような聖主（仏）が第一義天に安住するようなものである。[12] 迹は牛呞［の姿］を示して、天上に住むことを願うのである。

観心［釈］とは、心性の中道の理を観察することは、ゆっくりと平らに歩み、その速いことは風のようであり、[13] 牛の王の観察である。

16c

5.11152112115210　離婆多を釈す

「離婆多《りばた》」[14]（1c25/A10·5/71·1）は、また離越《りおつ》という。ここでは星宿《しょうしゅく》と翻訳する。あるいは室宿《しつしゅく》[15]であり、あるいは仮和合《けわごう》（かりに調和したもの）である。『文殊［師利］問経』には常作声《じょうさしょう》と呼んでいる。[16] 父母は星辰《せいしん》にしたがって子を求めた。それ（子）を授かったので、星にちなんで名を付けた。出家することができたけれども、

10 呼び出した【召】 底本の「追」を、甲本によって「召」に改める。

11 仏が滅度（涅槃に入ること）した後、迦葉は……私が今ここにいても、また何をするのか」と【仏滅度後迦葉集千大羅漢遣下座僧使召憍梵憍梵問仏及和尚答言皆滅即言仏出我出仏住我住仏滅我滅四道流注大迦葉所水説偈云云大象既去象子随世尊和尚既滅度我今在此復何為】『大智度論』巻第二（大正二五、六八中二二～六九上六）を参照。

12 四無所畏に留まることは、牛の王のような聖主（仏）が第一義天に安住するようなものである【住四無所畏安住聖主如牛王第一義天】 この漢文には乱れがあるように思われる。『私志記』巻第六の解釈、「四無畏に住することは、彼の丈夫の牛王、聖主、天中王、即ち第一義に安住するが如きなり」（『新纂大日本続蔵経』二九、二七四下一一～一二）に基づいて翻訳する。

13 ゆっくりと平らに歩み、その速いことは風のようであり【安歩平正其疾如風】 「安歩」は、ゆっくり歩むこと。「平正」は、歩き方が平らであること。『法華経』譬喩品に、大白牛車について、「行歩平正にして、其の疾《と》きこと風の如し」（大正九、一二下二三）と描写している。

14 離婆多 Revata の音写語。座禅第一と称される。

15 室宿 二十八宿の一。北方玄武の第六星（ペガスス座α星）。

16 『文殊［師利］問経』には常作声と呼んでいる【文殊問経称常作声】 『文殊師利問経』巻上、「離婆多〔此には常作声と言う〕」（大正一四、四九二下三～四）を参照。

やはりもともとの名前にしたがった。仮和合については、ある人は『釈論』（『大智度論』）を引用する。[17]［離婆多が］だれもいないあずまや【空亭】のなかに宿泊し、二匹の鬼が屍を争っているのを見、彼らに［その屍がどちらの鬼のものかについての］判定【分判】を告げた。たとい［その判定が］理に基づいても、理を曲げても、いずれも［自分が殺害されるという］害を免れない。それ故、真実にしたがって答えた。大鬼は彼（離婆多）の手足を抜き、小鬼は屍［の手足］を取って［離婆多の手足を］補い、［屍を］食べ終わって、口を拭って去って行った。彼（離婆多）は煩い悩むことによって、［鬼に食われ、屍によって補われた自分の身は］だれの身であるか判断がつかなかった。それ故、仮和合という。常作声とは［以下に述べる意味である］。彼はこの事柄を疑った。もし私の本身であるとすると、［自分の］眼で［自分の身体が］抜き去られるのを見た。もし他人の身とすると、また［私の身体は］私にしたがって歩いたり止まったりする。疑惑して決断できず【猶豫】、人に出会って、「あなたは私の身を見ますか」と質問した。それ故、常作声という。僧たちは、「この人は救済しやすい」といい、「あなたの身はもともと他人（父母）の遺体（遺した身体）であり、自己の所有ではないのである」と語った。［離婆多は］すぐに覚りを得たのである……。[18]『増一［阿含経］』には、「座禅入定し

17　仮和合については、ある人は『釈論』（『大智度論』）を引用する【仮和合者有人引釈論】　吉蔵『法華義疏』巻第一、「離婆多とは、此に仮和合と云う。『釈論』の二鬼、人を食う事の如し」（大正三四、四六〇上七～八）を参照。「二鬼」については、後注18を参照。

18　だれもいないあずまや【空亭】のなかに宿泊し、……［離婆多は］すぐに覚りを得たのである【空亭中宿見二鬼争屍告其分判設依理枉理倶不免害故随実而答大鬼抜其手足小鬼取屍補之食竟拭口而去其因煩悩不測誰身故言仮和合常作声者其疑

此事若我本身眼見抜去若是他身復随我行住疑惑猶予逢人即問汝見我身不故言常作声衆僧云此人易度語云汝身本是他遺体非己有也即得道也】『大智度論』巻第十二、「復た次に有る時、他身に於いて我を生ず。有る一人の如きは、使を受けて遠く行き、独り空舎に宿す。夜中に鬼有りて、一の死人を担《かつ》ぎ来たって其の前に著《お》く。復た一鬼有りて逐《お》い来たり、前の鬼を瞋り罵る、是の死人は是れ我が物なり。汝は何を以て担ぎ来たる、と。先の鬼の言わく、是れ我が物にして、我れは自ら持ち来たる、と。後の鬼の言わく、是の死人は実に我れ担ぎ来たる、と。二鬼は各おの一手を捉えて之れを争う。前の鬼の言わく、此に人有り、問う可し、と。後の鬼は即ち問うらく、是の死人は誰れか担ぎ来たる、と。是の人は思惟すらく、此の二鬼は力大にして、若し実語せば、亦た当に死すべし。若し妄語せば、亦た当に死すべし。倶に死を免れず。何為《なんす》れぞ妄語せん、と。語りて言わく、前の鬼は担ぎ来たる、と。後の鬼は大いに瞋り、人の手を捉えて、抜出して地に著き、前の鬼は死人の一臂を取りて、之れを拊《つ》けて即ち著《お》く。是の如く両臂・両脚・頭・脇、身を挙げて皆な易《か》ゆ。是に於いて二鬼は共に易うる所の人身を食し、口を拭いて去る。其の人は思惟すらく、我が父（底本の「人」を、異本によって「父」に改める）母の生ずる身は、眼見するに二鬼は食し尽くす。今、我が此の身は、尽ごとく是れ他の肉なり。我れは今、定んで身有るや、為《は》た身無きや。若し以て有と為さば、尽ごとく是れ他の身なり。若し以て無と為さば、今現に身有り、と。是の如く思惟し、其の心は迷悶すること、譬えば狂人の如し。明朝、路を尋ねて去り、前の国土に到り、仏塔の衆僧有るを見て、余事を論ぜず、但だ、己身は為た有なるや、為た無なるやを問う。諸の比丘の問うらく、汝は是れ何人なるや、と。答えて言わく、我れも亦た自ら是れ人なるや、人に非ざるやを知らず、と。即ち衆僧の為めに広く上の事を説く。諸の比丘の言わく、此の人は自ら無我なるを知りて、得度す可きこと易し、と。而して之れに語りて言わく、汝の身は本従《もと》り已来、恒に自ら無我にして、今に適《はじ》まるに非ざるなり。但だ四大和合するを以ての故に、計して我が身と為す。汝が本身の如きは、今と異なること無し、と。諸の比丘は之れを度し道を為し、諸の煩悩を断じ、即ち阿羅漢を得」（同前、一四八下四～二七）を参照。

て、心が乱れないのは、離越比丘が第一である」とある。[19]

約教［釈］とは、五陰を析破《しゃくは》（分析して破ること）して、私の所有でないということは、三蔵［教］の意味である。五陰を体達（分析を経ないで全体的に理解すること）して、もともと私の所有ではないことは、通［教］の意味である。十法界の五陰を区別すると、みな自己の所有でないことは、別［教］の意味である。五陰を理解すると、私の所有でもなく、他者の所有でもなく、［五］陰の実相を見ることは、円［教］の意味である。

本迹［釈］とは、本は日星宿三昧[20]に留まり、迹はこの名を示す。

観心［釈］とは、心を観察して仏を念じて【観心念仏】、十方の仏が多いことを見ることは、夜に星を観察するようなものである……。

5.11152112115211　畢陵伽婆蹉を釈す

「畢陵伽婆蹉《ひつりょうがばしゃ》」[21]（1c25/A10·5/71·1）は、ここでは余習《よじゅう》と翻訳する。五百世にわたって婆羅門となった。残余の習気《じっけ》【余気】はやはり高かった。[22]恒河《ごうが》（ガンジス河）を通り過ぎようとして、「ちょっ、こおんな【小婢】よ、流れを止めよ」［と畢陵伽婆蹉はいった］。恒河の神はこのために［恒河を］二つの流れにした。神は仏のもとに行って訴えた。仏は［畢陵伽婆蹉に］懺悔させた【懺謝】。［畢陵伽婆蹉は］すぐに手を合わせて、「こおんなよ、怒るな」［といった］。大衆はこれを笑った。懺悔したけれども、さらに［畢陵伽婆蹉は恒河の神を］ののしった、と。仏は、「過去の習慣【本習】はこのようである。実際には高慢な心はない」といった。[23]『増一［阿含経］』には、「樹下においてしきりに座［禅］して、風雨を避けないことは、婆蹉比丘が第一である」とある。[24]

19 『増一［阿含経］』には、「座禅入定して、心が乱れないのは、離越比丘が第一である」とある【増一云坐禅入定心不倒乱者離越比丘第一】『増一阿含経』巻第三、弟子品、「坐禅入定して、心錯乱せざるは、所謂る離曰《りおち》比丘是れなり」（大正二、五五七中一〇～一一）を参照。

20 日星宿三昧 『法華経』妙荘厳王本事品（大正九、五九下一〇）に出る。

21 畢陵伽婆蹉 Pilinda-vatsa の音写語。余習と訳す。高慢の余習があるといわれる。

22 高かった【高】 習気については、高いよりも深いなどの形容語が適当であると思うが、畢陵伽婆蹉の習気は高慢であったので、このように表現したのかもしれない。

23 五百世にわたって婆羅門となった……実際には高慢な心はない」といった【五百世為婆羅門余気猶高過恒水咄小婢駐流恒神為之両派神往訴仏仏令懺謝即合手小婢莫瞋大衆笑之懺而更罵仏言本習如此実無高心】 畢陵伽婆蹉の過去世に関する故事については、『大智度論』巻第二（大正二五、七一上一七～二八）を参照。

24 『増一［阿含経］』には、「樹下においてしきりに座［禅］して、風雨を避けないことは、婆蹉比丘が第一である」とある【増一云樹下苦坐不避風雨者婆蹉比丘第一】『増一阿含経』巻第三、弟子品、「苦身露坐して、風雨を避けざるは、所謂る婆嗟比丘是れなり」（大正二、五五七下四～五）を参照。

約教［釈］とは、慢《まん》（おごり）を消滅させて慢がないことは、三蔵［教］の意味である。慢そのままが無慢であることは、通［教］の意味である。十法界の高下を区別することは、別［教］の意味である。八自在我[25]に仏法を備えることは、円［教］の意味である。

本迹［釈］とは、本は常・楽・我・浄、八自在我に留まり、すばらしい【微妙】清らかな声【梵声】である。迹は慢心によって悪口することを示すだけである。

観心［釈］とは、粗悪な言葉【麁言】、穏やかな言葉【軟語】は、いずれも第一義に帰着すると観察する……。

5.1115211215212　薄拘羅を釈す

17a 「薄拘羅《ばくら》[26]」（1c25-26/A10·6/71·2）とは、ここでは善容と翻訳する。あるいは偉形《いぎょう》（りっぱな姿）、あるいは大肥《だいひ》盛《じょう》（とても肥えている）、あるいは腝嚢《にゅのう》、あるいは楞鄧《りょうとう》、売性《めしょう》[27]である。しかしながら、容貌が端正であるので、善容というのである。百六十歳で、病もなく若死にすることもなく、五つの不死の報い[28]がある。継母【後母】が強火で煎るたらい【熬槃】、釜のなか、水のなかに置いても、魚が食べても、刀で切っても、いずれも死なない。昔、不殺［生］戒を持ったので、九十一劫の間、若死にしなかった。昔、僧に一つの訶梨勒果[29]を施したので、身に常に病がなかった。一つの戒（不殺生戒）を持ち、四つの戒（不偸盗・不婬・不妄語・不飲酒）によって荘厳し、堅く持って犯さず、火や水をも避けない。他の人は五戒を持つけれども、破り犯すことが多い[30]……。身は静寂を願って、常に静かな場所に住み、大勢の者のなかを願わず、眼に玄黄（天の黒色と地の黄色）などの色を願わず、耳に世間の声を聞くことを願わず、鼻に世間の香りを嗅がず、舌に人のために一、二句の言葉も説かず、意は常に禅定にあって散乱しない。ないし舎利塔も静けさを願う。阿育王は、阿羅漢たちの塔を礼拝した。次にその塔のもとに到着して偈を説いて、「自分で無明を錬磨するけれども、世間にとっては利益が少ない。二十枚の貝殻の貨幣【貝子】を供える」といった。『増一［阿含経］』には、「一銭を施す」とある。ところが、貝殻の貨幣【貝子】は塔から飛び出て来て王の足に付着した。臣下たちは［薄拘羅の塔が一銭さえ必

25 八自在我　大我は八種の自在なるあり方、力を持っているとされる。『文句』巻第一上の前注181を参照。

26 薄拘羅　Dvākula の音写語。精進無病第一と称される（『愛育王経』巻第二、大正五〇、一三八下五～六）。

27 あるいは豚嚢、あるいは楞鄧、あるいは売性【或豚嚢或楞鄧売性】難解であるが、『講録』には、「豚嚢」、「楞鄧」については、「其の形高大なり」という意味としている。「売性」は、薄拘羅が過去世に薬を販売していたことと関係するらしい。

28 五つの不死の報い【五不死報】『法華義疏』巻第一に、「薄拘羅とは、此に善容と云う。一の不殺戒を持して五の不死の報を得。一に釜に煮るも死せず。二に盤に熬《い》るも焦げず。三に水に溺れず。四に魚腹に爛《ただ》れず。五に刀刃に傷つけられず」（大正三四、四六〇上一四～一六）と出る。

29 訶梨勒　haritakī の音写語。呵梨勒とも音写する。果樹の名。

30 百六十歳で、病もなく若死にすることもなく……破り犯すことが多い【年一百六十歳無病無夭有五不死報後母置熬槃釜中水中魚食刀破皆不死昔持不殺戒故九十一劫命不中夭昔施僧一訶梨勒果故身常無病能持一戒四戒荘厳堅持不犯不避火水余人雖持五戒多毀犯也】『付法蔵因縁伝』巻第三（大正五〇、三〇八上二一～中一三）、『仏五百弟子自説本起経』（大正四、一九四中一七～下一一）を参照。

要としないことに］驚き怪しんだ。［薄拘羅は］静かで欲が少なく、ないし彼の塔にやはりこの力がある。[31] それ故、『増一［阿含経］』には、「寿命はきわめて長く、ついに若死にしなかった。常に静かに住むことを願って、大勢の者のなかにいないことは、薄拘羅が第一である」とある。[32]

約教［釈］とは、騒がしいこと【喧】そのままが真（空）であることは、三蔵［教］の寂静《じゃくじょう》である。騒がしいこと【喧】を消滅させて真（空）に入ることは、通［教］の寂静である。二辺（二つの極端）を離れて中［道］に入ることは、別［教］の寂静である。辺（極端）そのままが中［道］であることは、円［教］の寂静である。

本［迹釈］とは、本は大寂滅定に留まる。長寿は常、病がないことは楽、若死にしないことは我、寂静は浄である。この四徳の本に落ち着いている。迹は六根の寂静を示すだけである。

観心［釈］とは、心性の中道、即空・即仮・即中であることは、常楽我浄の観察である。

5.11152112115213　摩訶拘絺羅を釈す

「摩訶拘絺羅《まかくちら》」[33]（1c26/A10·6/71·2）は、ここでは大膝《だいしつ》と翻訳する。舎利弗の舅《おじ》である。従来は［姉と］議論すると、姉に勝ったが、姉が［舎利弗を］孕んで議論すると、勝てなくなった。孕む者（舎利弗）が智慧があることを知った。［姉の］議論にこと寄せてさえそうなのであるから、まして母胎を出たらなおさらである……。［摩訶拘絺羅は］家を捨てて南天竺に行き、十八経[34]を読もうとした。当時の人はこれを笑って、「幾世にわたっても［十八経を］理解することは難しい。一生に願うものではない」といった。ため息をついて、「家においては姉に敗れ、道に出ては他人に軽蔑された。休まず［書を］読むことを誓おう」といった。爪を切る時間もなかった。当時の人は長爪梵志《ちょうそうぼんじ》と呼んだ。学習が終わって家に戻り、甥の所在を質問した。ある人は、「仏の弟子となった」といった。〔長爪梵志は〕すぐに大いにおごり高ぶって、「私の甥は八歳で、名声は五〔天〕竺
17b
にとどろいた。その沙門は、どのような道術があって私の姉の子を誘ったのか」といった。ただちに仏のもとに行った。ずいぶんと長い間思惟したが、一法も心に入れることができず、仏に、「一切の法について認め【忍】ない。認めることは確立する【安】という意義である。これは、『一切法について、私はすべて破ることができ、確立することができないようにさせる』ということである。それ故、一切法について認めないとい

31　阿育王は、阿羅漢たちの塔を礼拝した……彼の塔にやはりこの力がある【阿育王礼諸羅漢塔次至其塔而説偈言雖自練無明於世少利益供二十貝子増一云施一銭而貝子従塔飛出来著王足諸臣驚怪閑静少欲乃至其塔猶有是力故】『阿育王経』巻第二（大正五〇、一三八下三～一六）を参照。「増一云」とあるのは、『雑阿含経』（大正二、一六八上二二～中三）の誤りである。

32　『増一〔阿含経〕』には、「寿命はきわめて長く、ついに若死にしなかった。常に静かに住むことを願って、大勢の者のなかにいないことは、薄拘羅が第一である」とある【増一云寿命極長終不中夭常楽閑居不処衆中薄拘羅第一】『増一阿含経』巻第三、弟子品、「我が声聞の中の第一の比丘は、寿命は極めて長く、終に中夭《ちゅうよう》せざるは、所謂る婆拘羅《ばくら》比丘是れなり。常に閑居《げんご》を楽《ねが》い、衆の中に処せざるは、所謂る婆拘羅比丘是れなり」（大正二、五五七下一六～一八）を参照。

33　摩訶拘絺羅　Mahākauṣṭhila の音写語。

34　十八経　バラモン教の聖典で、四種のヴェーダ、六論、八論である。六論の名称は、式叉論・毘伽羅論・柯刺波論・竪底沙論・闡陀論・尼鹿多論であり、八論の名称は、肩亡婆論・那邪毘薩多論・伊底呵婆論・僧佉論・課伽論・陀菟論・楗闥婆論・阿輸論である。吉蔵『百論疏』巻上之下（大正四二、二五一上～中）を参照。

う」と語った。仏は、「〔あなたは〕あなた〔自身〕の見解については、認めるのか。これは二つの議論の敗北【負処】に堕す。もし自分の見解について認めるならば、前に一切は認めないといった〔ことと矛盾する〕。もし自分の見解について認めなければ、〔認めない自分の見解によって〕仏に勝つことはない」と質問した。〔長爪梵志は〕すぐに頭を垂れて清浄な法眼を得た。身子は仏を扇ぎ、舅の議論を聞いて、阿羅漢果を得た。[35]『増一〔阿含経〕』には、「〔法無礙辯・義無礙辯・辞無礙辯・楽説無礙辯の〕四種の辯才を得て、どんな詰難にも答えることのできるものは、拘絺羅が第一である」とある。[36] 南方の天王毘留匐叉《びるふくしゃ》[37]は、常にやって来て随侍した。

約教〔釈〕とは、外には四ヴェーダ【韋陀】に通じ、内には三蔵に通じることは、三蔵〔教〕の四辯なり。私に〔実体として〕得るものがなく、〔四〕辯がまさにこのようであることは、通教の〔四〕辯である。〔四辯の〕名前であれ、意義であれ、十法界に普遍的であることは、別教の〔四〕辯である。実相によって、一切に普遍的な〔四〕辯は、円教の〔四〕辯である。

本迹[38]〔釈〕とは、本は口密・口輪（口業）の不思議な教化、大禅定・大智慧に留まり、迹は大滕であることを示すのである。

観心〔釈〕とは、心の即空は禅定、即仮は智慧であることを観察して、その心を飾る……。

5.11152112115214　難陀を釈す

「難陀《なんだ》[39]」（1c26/A10·6/71·2）は、放牛《ほうご》難陀ともいう。ここでは善歓喜と翻訳する。また欣楽《ごんらく》とも翻訳する。浄飯王は、十万の釈迦族【釈】に迫って出家させた。〔難陀〕はその一人である。ある師は、「律のなかの跋《ばつ》難陀[40]である」という。

約教［釈］とは、事に歓喜があり、理に歓喜がないことは、三蔵［教］の意味である。事の歓喜そのままが理の歓喜であることは、通教の意味である。歓喜地（別教の十地の第一）は、別教［の意味］である。歓喜住[41]は、

35　従来は［姉と］議論すると……舅の議論を聞いて、阿羅漢果を得た【由来論勝姉姉孕論則不勝知所懐者智寄辯尚爾何況出胎云云即棄家往南天竺読十八経時人笑之累世難通一生非冀喟然歎曰在家為姉所勝出路為他所軽誓読不休無暇剪爪時人呼為長爪梵志学訖還家問甥所在人云為仏弟子即大憍慢我甥八歳声震五竺彼沙門者有何道術誘我姉子径往仏所思惟良久不得一法入心語仏言一切法不忍忍即安義此言一切法我皆能破使不得安故言一切法不忍仏問汝見是忍不此堕両負処若我見忍前已云一切不忍若我見不忍無以勝仏即低頭得法眼浄身子扇仏聞舅論得阿羅漢果】『大智度論』巻第一（大正二五、六一下一八～六二上二四）を参照。

36　『増一［阿含経］』には、「［法無礙辯・義無礙辯・辞無礙辯・楽説無礙辯の］四種の辯才を得て、どんな詰難にも答えることのできるものは、拘絺羅が第一である」とある【増一云得四辯才触難能答拘絺羅第一】『増一阿含経』巻第三、弟子品、「四辯才を得て、難に触れて答対するは、所謂る摩訶拘絺羅比丘是れなり」（大正二、五五七中二四～二五）を参照。

37　南方の天王毘留匐叉【南方天王毘留匐叉】四天王のなかで南方を守護する神は、増長天である。したがって、「毘留匐叉」は、Viruḍhaka の音訳のはずであるが、このような音写語は未見。毘留勒叉の誤りか。

38　本迹　底本の「本」を、甲本によって「本迹」に改める。

39　難陀　Nanda の音写語。

40　跋難陀　Upananda の音写語。

41　歓喜住　『文句記』の趣旨によれば、十住のなかに歓喜住はないが、別教の歓喜地（十地の第一地）に対応するものとして円教の歓喜住を設定したとされる。別教の十地は円教の十住に対応する。

円教の意味である。

本迹[42]［釈］とは、本は実際（真実の究極）に留まり、喜でもなく、不喜でもない。迹は歓喜と名づける。

観心［釈］とは、心を観察すると、［心は］理と似ており相応する。それ故、歓喜観と名づけるのである。

5.11152112115215　孫陀羅難陀を釈す

「孫陀羅《そんだら》難陀[43]」（1c26/A10·6-7/71·2-3）について。孫陀羅は、ここでは好愛と翻訳する。また端正である。難陀は前の通りである。種姓《しゅしょう》については、［阿］那律のなかで説いた通りである。四月九日に生まれた。仏より四本の指の分、背が低い。容貌姿態はとくに勝れており【容儀挺特】、世間と相違している。もし大勢の者のなかに入るならば、［難陀を］知らない者がいて、仏が来たと見なす。『弥沙塞律《みしゃそくりつ》』には、「摩竭《まかつ》[44]（マガダ）に裸《ら》形《ぎょう》外道（ジャイナ教徒）がいて、とても聡明であった。国の人は智慧ある者、［真理を］見る者と呼んだ。身子（舎利弗）と議論して［舎利弗に言い返すことができず］口を閉ざし【結舌】、善心が生じて仏法において出家しようとした。難陀の容貌が美しく立派である【姝偉】のを見て、『［身体が］短小の比丘（舎利弗）でさえ、智慧は測りがたい。まして堂々たる者（難陀）はなおさらである』とたたえた。難陀はすぐに［裸形外道を］得度出家させた」とある。[45]［難陀の］婦人は孫陀利《そんだり》[46]であり、きわめて美しかった。食事をして休息するに
17c
も、たがいに離れなかった。仏は阿難と道で乞食を行じ、その門に到着した。［難陀は］ちょうど婦人とともに高殿で食事をしようとしていた。［難陀は］すぐに起ち上がって仏を迎えた。婦人は、「あなた［難陀］が帰るのを待って、はじめて一緒に食事しましょう」といった。［難陀は］仏に、「転輪王[47]の跡継ぎ【種】（釈尊のこと）が、［乞食をして］どうして自分を辱《はずかし》めるのですか」と申し上げた。［難陀は］仏鉢を持って［仏に］飯

を取ってあげた。仏は尼倶類園《にくるいおん》に戻り、阿難に、「難陀に食べ物を送らせなさい」と語った。阿難は、仏の趣旨を述べ、彼（難陀）に飯を送って仏に差し上げさせた。仏が［難陀の］頭を剃らせようとすると、［難陀は］拳を握って剃る者に、「刀を持って閻浮提の王の頂に臨んではならない」と語った。仏は［難陀に剃髪を］迫り、［難陀は］やむを得ず、やっと頭を剃った。明くる日、仏は五百人の比丘と［食事の］招待に応じるとき、［難陀に］居残って寺を守るように求めた。［難陀は］逃れ去ろうとした。仏は部屋に鍵をかけて地面を掃除させた。南に鍵をかければ北が開き、ここを掃除すれば、かしこが汚れた。また仏が帰って来ることを恐れ、す

42　本迹　底本の「本」を、甲本によって「本迹」に改める。

43　孫陀羅難陀　Sundarananda の音写語。釈尊の異母弟と言われる。

44　摩竭　Maghada の音写語。摩竭提、摩掲陀、摩竭陀、摩伽陀なども音写する。マガダ国は中インドの大国の名。

45　『弥沙塞律』には、「摩竭（マガダ）に……難陀はすぐに［裸形外道を］得度出家させた」とある【弥沙塞律云摩竭有裸形外道大聡明国人号為智者見者共身子論議結舌善心生欲於仏法出家見難陀色貌姝偉歎云短小比丘智慧難概況堂堂者乎難陀即度出家】「弥沙塞律」は、『弥沙塞部和醯《わけい》五分律』、つまり漢訳五大広律の一つ。弥沙塞部は、Mahīśāsaka（人名）の音写語で、化地部と訳す。「和醯」は、意味不明。この箇所は、『弥沙塞部和醯五分律』巻第十七（大正二二、一一四上二九～中二六）を参照。『弥沙塞部和醯五分律』では、この話は孫陀羅難陀ではなく、跋難陀の話となっている。この話の後は、裸形外道が舎利弗ではなく、跋難陀について出家したが、跋難陀が裸形外道の質問に答えることができず、裸形外道は仏法を軽んじて、ふたたび外道に戻ったとなっている。

46　孫陀利　Sundarī の音写語。孫陀羅難陀の妻の名。

47　転輪王　cakravartin-rāja の訳語。転輪聖王ともいう。世界を統一する理想的帝王。

ぐに逃げ走って帰って行った。道路で仏に出会い、身を隠して樹のかげに隠れた。樹ははるかに空に昇るように茂っていた。仏は［難陀を］見て、すぐに呼び寄せ、連れ帰った。［仏は、］「なぜ去ったのか」と質問した。［難陀は、］「昨日、婦人と別かれましたが、［婦人は私が］戻るのを待ってはじめて食事をします。婦人を思って［逃げ］去っただけです」と答えた。仏は［難陀を］連れて天堂・地獄を歩き回った……。それ故、婦人の名前（孫陀利）を［難陀の名前に］掲げた。

約教［釈］とは、俗諦に法喜があり、真諦に喜がないのは、三蔵教である。俗の喜そのままが真の喜であることは、通教である。通［教］の法喜にしたがって、俗の法喜、中［道］の法喜があることは、別教である。通［教］の喜そのままが一切の法喜を備えることは、円教である。

本迹［釈］、観心［釈］は前の通りである……。

5.11152112115216　富楼那を釈す

「富楼那《ふるな》」[48]（1c26-27/A10·7/71·3）は、満願と翻訳する。弥多羅《みたら》は、慈と翻訳する。尼は女性である。父は水の満ちた江において、梵天に祈って子を求めた。ちょうど江が満ちるのに出合い、さらに七宝の器で、そのなかに宝をいっぱい盛ったものが、母の懐中に入るの夢みて、母は子を孕んだ。父の願いは実現した【獲満】。さまざまな願いを成就することにしたがうので、満願という。母は弥多羅尼と名づける。ここでは慈行と翻訳する。さらにまた、知識という。四種のヴェーダ【韋陀】に、この［慈行という］品がある。その母はこれを読誦するので、これを名とした。尼とは、女性である。通じて女性を尼と呼び、通じて男を那と呼ぶ。慈の生んだものであるので、慈子という。『増一［阿含経］』には、「私の父を満と名づけ、私の母を慈と名づける。梵行人たちは、私を満慈子（満と慈の子）と呼ぶ」とある。[49] これは父母の二つの縁にしたがって名づけられたので、満慈子という。この人は巧みに内外の経書を知って、知らないものはなかった。知が満たされていることにしたがうので、また満と名づける。『増一［阿含経］』には、「巧みに詳しく説き、道理を区別することは、満願子が最も第一である」とある。[50]［『法華経』の］下の文には、「説法の人のなかで、最も第一である」とある。[51]「第一」とは、満字を説くのである。［富楼那が］本国に戻って利益を与えようとしたが、仏は、「その国は劣

48 富楼那 Pūrṇamaitrāyaniputra の音写語・意訳の合成語である富楼那弥多羅尼子の一部。満願子と訳す。説法第一と称される。

49 『増一［阿含経］』には、「私の父を満と名づけ、私の母を慈と名づける。梵行人たちは、私を満慈子（満と慈の子）と呼ぶ」とある【増一云我父名満我母名慈諸梵行人呼我為満慈子】 引用文は、『増一阿含経』巻第三十三、等法品、「満願子の言わく、我れは今名づけて満願子と為す。母の姓は弥多那尼なり」（大正二、七三五上二〇～二一）よりも、『中阿含経』巻第二、七法品、「尊者満慈子は答えて曰わく、賢者よ、我れは満と号するなり。我が母を慈と名づく。故に諸の梵行人は、我れを称して満慈子と為す」（大正一、四三二中一二～一四）に近い。

50 『増一［阿含経］』には、「巧みに詳しく説き、道理を区別することは、満願子が最も第一である」とある【増一云善能広説分別義理満願子最第一】 『増一阿含経』巻第三、弟子品、「能く広く説法し、義理を分別するは、所謂る満願子比丘是れなり」（大正二、五五七下一八～一九）を参照。

51 ［『法華経』の］下の文には、「説法の人のなかで、最も第一である」とある【下文云於説法人中最為第一】 『法華経』五百弟子受記品、「汝等は是の富楼那弥多羅尼子を見るや。我れは常に其れは説法人の中に於いて最も第一と為すと称す」（大正九、二七中二六～二八）を参照。

18a 悪である【弊悪】。あなたはどのようにするのか」といった。［富楼那は、］「私は忍耐を修めるべきである。もし私を非難侮辱【毀辱】すれば、私は拳で殴打されないことを自分で幸いと思うべきである。拳で殴打されるときは、木や杖で打たれないことを自分で幸いと思う。木や杖で打たれるときは、刀で切られないことを自分で幸いと思う。刀で切られるときは、［死んで］五陰という毒の器を離れることを自分で幸いと思う」と答えた。以上が忍耐を行ずることが満（完全）であることである。それ故、満と名づける。[52]『七車喩経』には、「［富楼那は］大智舎利弗に［次のように］ほめたたえられる。『すべての梵行の人は、みな衣を［頭上に］まとって、あなた（富楼那）を押しいただくべきである。もしあなたを見れば、大いなる利益を得るであろう』と」と説いている。[53] 以上はたたえることが満ちる（完全となること）ことであるので、満と名づける。

約教［釈］とは、析法（法を分析して空に入ること）に熱心であり【殷勤】、なすべきことをなし遂げたことは、三蔵［教］の願が満ちることである。即空に体達（分析を経ないで全体的に理解すること）して、空法について証得することは、通教の願が満ちることである。法眼が備わることは、別教の願が満ちることである。秘密蔵に留まることは、円教の願が満ちることである。

本迹［釈］とは、本は願が長い間満ちる。迹は説法第一となり、衆生の［善］知識であることを示すのである。

観心［釈］とは、『［摩訶］止観』のなかの人・行・理などが善知識であると観察することのようなものである。[54]

5.111521121115217　須菩提を釈す

「須菩提《しゅぼだい》」[55]（1c27/A10·8/71·4）は、ここでは空生《くうしょう》と翻訳する。生まれたとき、家中の倉庫、細長い箱【筐篋】、飲食物を盛る器【器皿】は、すべて空《から》となった。占い者に質問したところ、占い者は［須菩提の将来を］吉といった。空に基づいて生まれたので、名を空生といった。依報[56]である飲食物を盛る器【器皿】が空《から》になるという瑞兆【瑞空】にしたがって、［正］報（須菩提）に名づけた。依［報］・正［報］はともに吉であるので、空生というのである。常に空行を修めるので、善業という。もし供養するならば、現在の報い【現

52　仏は、「その国は劣悪である【弊悪】……以上が忍耐を行ずることが満（完全）であることである。それ故、満と名づける【仏言彼国弊悪汝云何答我当修忍若毀辱我我當自幸不得拳欧拳欧時自幸不得木杖木杖時自幸不得刀刃刀刃時自幸離五陰毒器是為行忍満故名満】『雑阿含経』巻第十三（大正二、八九中二〇～下一四）を参照。

53　『七車喩経』には、「［富楼那は］大智舎利弗に［次のように］ほめたたえられる……大いなる利益を得るであろう』と」と説いている【七車喩経中説為大智舎利弗所称歎一切梵行人皆当縈衣頂戴於汝若見汝者得大利益】『中阿含経』巻第二、七法品、「尊者舎梨子は歎じて曰わく、『善き哉、善き哉……諸の梵行人は、応当《まさ》に衣を頂上に縈《まと》い、賢者満慈子を戴き、為めに大利を得べし。我れは今亦た大利を得、随時に往き見、随時に礼拝す」（大正一、四三一中一四～二三）を参照。

54　『［摩訶］止観』のなかの人・行・理などが善知識であると観察することのようなものである【如止観中人行理等善知識観也】『摩訶止観』巻第四下に、「観心の知識とは、『大品』に云わく、『仏・菩薩・羅漢は是れ善知識なり。六波羅蜜・三十七品は是れ善知識なり。法性・実際は是れ善知識なり』と」（大正四六、四三中六～八）とある。『講義』によれば、「人」は諸仏・菩薩を指し、「行」は三十七［道］品を指し、「理」は法性・実際を指す。

55　須菩提　Subūti の音写語。解空第一と称される。

56　依報　主体である衆生を正報といい、正報の住する環境世界を依報という。いずれも過去の業の報いとして成立したものなので、報という。

報】を得るので、善吉という。常に願って、閑静な林、石窟の静寂な場所に仮に留まり【遊止】、修める行為は、空を根本とし、常に空定に入って、無諍三昧《むじょうざんまい》[57]に留まり、喜んで空法を説く。言葉で述べる【宣辯】ものがあれば、みな空を説明し、衆生を守り、妨げを生じさせない。歩むことを嫌うと立ち止まり、立ち止まることを嫌うと歩む。［あるとき、］仏が忉利［天］から降ると、全土【率土】［の者たちが］集まり【輻湊】、先を争って頭を［仏の］足につける敬礼をした【頂礼】。［そのとき、須菩提は］石室にきちんと座って、諸法の空を思った。「色は仏でなく、ないし識は仏でなく、眼は仏でなく、ないし意は仏でない」と。［須菩提は］からっと開けて【豁然】覚りを得た。仏は蓮華比丘尼[58]に、「あなたが先に［仏に］敬礼したのではなく、あなたは色身に敬礼した。須菩提は先に法身を見た」と告げた。[59]

約教［釈］とは、自分で色を消滅させて、［蔵教の］空智が生じることがある。色を体得【体】して［通教の］空智が生じる。有智から空智を生じ、空智から俗智[60]（仮智）を生じ、俗智（仮智）から［別教の］中智を生ずる。空が生じると智があるのは、円［教］の空智が生じることである。まさに今は、円［教］の空智が生じるのである。

本迹[61]［釈］とは、本は実相法身に留まる。迹は空を見て生じることを示すのである。

観心［釈］とは、［法身は］内・外・中間になく、自然に存在するのではない。以上が観心の法身である。

18b

5.1115212115218　阿難を釈す

「阿難《あなん》」（1c27/A10·8/71·4）は、ここでは歓喜《かんぎ》という。あるいは無染《むぜん》という。浄飯王《じょうぼんのう》は、［悉達多《しつだった》］太子が金《こん》輪《りん》［王］[62]となって、その国家[63]において覇者となることを願ったが、［太子が］突然国を捨て［浄飯］王を捨てたので、憂い悩み、ほとんど絶命しそうになった。魔はやって来て、「あなたの子は死んだ」と彼（王）を欺いた。王は大声をあげて泣き、「阿夷《あい》[64]の［予言の］言葉が偽りである以上、［成仏するべき三十二相の］めでた

57　無諍三昧　他人と争わない三昧。『大品般若経』巻第三、「爾の時、慧命《えみょう》舎利弗は須菩提を讃じて言わく、……無諍三昧を得る中で、汝は最第一なり」（大正八、二三四上八〜一二）を参照。

58　蓮華比丘尼　蓮華色比丘尼ともいう。蓮華色は、Utpalavarṇā の音写語。提婆達多の非法を責めたために、殴り殺されたといわれる。

59　常に願って、閑静な林……須菩提は先に法身を見た」と告げた【常楽遊止閑林石窟寂静之処所修行業以空為本常入空定住無諍三昧喜説空法有所宣辯皆分別空将護衆生不令起礙嫌行即住嫌住即行仏忉利下率土輻湊争前頂礼端坐石室念諸法空色非仏乃至識非仏眼非仏乃至意非仏豁然悟道仏告蓮華比丘尼非汝前礼汝礼色身須菩提前見法身】『大智度論』巻第十一（大正二五、一三七上二一〜一八）を参照。

60　俗智　ここでは、有智、空智、俗智、中智と次第に生じるとされているので、俗智は仮智に対応するものと思われる。

61　本迹　底本の「本」を、甲本によって「本迹」に改める。

62　金輪［王］【金輪】　転輪聖王に、鉄輪王・銅輪王・銀輪王・金輪王の四種類があり、須弥山の周囲の四洲のうち、それぞれ一洲、二洲、三洲、四洲を支配する。

63　国家【宗社】　宗廟（祖先の位牌を祭るみたまや）と社稷（国の守り神としての土地の神＝社と、五穀の神＝稷）の意から転じて、国家の意となる。

64　阿夷　Asita の音訳。阿私陀、阿私多などとも音写する。釈尊の誕生のとき、仏になるか、または転輪聖王になるであろうと占った。

き相【瑞相】にもその証拠【験】はないであろう」といった。またある神がやって来て、「あなたの子は成仏した」といった。王は疑ってまだ決められなかった。瞬時に使者は、「昨夜、天地は大いに動き、太子は成仏した」と報告した。王は大いに歓喜した。白飯王《びゃくぼんのう》[65]は、「子が生まれた」と申し上げた。国中が喜んだ。そこで、歓喜と名づけた。以上が父母が名を付けたことである。阿難はきちんとしていて【端正】、人は見てみな喜ぶ。仏は覆肩衣《ふげんえ》[66]を着させた[67]。一人の女性がいて、子どもを引き連れて井戸に着いた。阿難を見、じっと注視してまばたきしなかった。気づかないで井戸のつるべの縄【綆】をその子どもの首に繋《つな》いだ。『中阿含［経］』には、「［比丘・比丘尼・優婆塞・優婆夷の］四衆がもし阿難の説くことを聞くならば、［聞く人が］多かれ、少なかれ、すべて歓喜した」とある[68]。［阿難が］質問しようとするとき、まず咳払いをすると、大衆はみな歓喜する。四衆は彼が沈黙して歩み、立ち止まり、座り、横になり【行住坐臥】、指図して【指撝】取りはからい、行動する【進止動転】のを見て、みな歓喜する。阿難は四月八日、仏が成道した日に生まれた。仏に二十五年間侍った。このことを推しはかると、仏の年は五十五歳で、阿難の年は二十五歳である。仏はあるとき侍者【侍】を求めたところ、五百人が［侍者］になろうと願った。前に説いた通りである[69]。大勢の者は阿難に勧めた。阿難は従い、五百人はみな歓喜した。目連は阿難の三願[70]を高くあげた。仏は、「［阿難は］前もってそしり嫌われることを知って古い衣食を受けないように求め、自分に利益を与えようとして出入りするのに時間の制限がないように求める」といい、仏は［それを］許可した。仏は、「阿難は過去の侍者より優れている。過去の侍者は、［仏が教えを］説くことを聞いてはじめて理解した。今、仏がまだ言葉を発していないのに、阿難は如来の［説法の］意味を理解した。これを必要とするか、これを必要としないかを、すべて知ることができる。それ故、法を阿難に付嘱する」という。如来は歓喜し、四天王はそれぞれ仏に鉢を差し上げた。仏は重ね

てこれを上から押さえつけ【按】、合わせて一つの鉢とした。［鉢の］四つのふち【四縁】はそっくりそのまま

65 白飯王　「白飯」は、Śuklodana の訳語。師子頬王の子で、浄飯王の弟。『文句』では、阿難の父とされるが、『文句』の参照している『大智度論』では、阿難は、提婆達多とともに斛飯王《こくぼんのう》の子とされている（大正二五、八四上一〇～一三を参照）。

66 覆肩衣　肩を覆う衣のことで、比丘尼の着用するものであるが、阿難の美しさに女性が欲心を抱くので、釈尊がとくに阿難に覆肩衣を着用することを許した。

67 浄飯王は、［悉達多］太子が金輪［王］となって……覆肩衣を着させた【浄飯王冀太子為金輪覇其宗社忽棄国捐王憂悩殆絶魔来誑之汝子已死王哭云阿夷語既虚瑞相亦無験復有天来云汝子成仏王疑未決須臾信報昨夜天地大動太子成仏王大歓喜白飯王奏云生児挙国欣欣因名歓喜是為父母作字阿難端正人見皆悦仏使著覆肩衣】『大智度論』巻第三（大正二五、八三下三～八四上一六）を参照。

68 『中阿含［経］』には、「［比丘・比丘尼・優婆塞・優婆夷の］四衆がもし阿難の説くことを聞くならば、［聞く人が］多かれ、少なかれ、すべて歓喜した」とある【中阿含云四衆若聞阿難所説若多若少無不歓喜】出典未詳。

69 仏はあるとき侍者【侍】を求めたところ、五百人が［侍者］になろうと願った。前に説いた通りである【仏時求侍五百請為如前説】『文句』巻第一下の前注125を参照。類似の説は、『中阿含経』巻第八（大正一、四七二中一～一九）にも見られる。「如前説」とは、『文句』巻第一下（大正三四、一四上二一～二三）を指す。

70 阿難の三願【阿難三願】『南本涅槃経』巻第三十六、「一には、如来は設《たと》い故《ふる》き衣を以て我れに賜うも、我れは受けざることを聴《ゆる》せ。二には、如来は設い檀越の別請を受くるも、我れは往かざることを聴せ。三には、我れは出入するに時節有ること無きを聴せ」（大正一二、八四九下八～一〇）を参照。『中阿含経』巻第八（大正一、四七二下六～八）にも出るが、内容は少し相違する。

備わっていて、この鉢はとても重かった。阿難は喜び、担い保って怠ることがなかった。[71]『中阿含［経］』［巻］第七には、「阿難は仏に二十五年間侍り、聞いた八万【八十千】揵度は、[72]すべて残りなく暗唱した。一句でさえ重ねて質問せず、記憶力【念力】があり喜んだ」とある。[73]阿難は仏にしたがって、天・人・龍宮に入って、天・人・龍女を見たけれども、心に執著することがなかった。まだ残余の思惑を消滅させなかったけれども、染まらなかった。すべての天・人・龍神は、喜ばないことはなかった。仏は涅槃に入った後、師子の床にいた。迦葉、大衆は、「［阿難の］顔は清らかな満月のようであり、眼は青蓮華のようである。仏法の大海の水は、阿難の心に流入する」[74]とたたえた。［阿難は］自ら座って涅槃に入ることを誓った。留まれば、離車（リッチャ
18c ヴィ族）が怨みを持つことを恐れ、進めば［阿］闍［世］王が怨みを持つことを恐れた。ガンジス河【恒河】のなかで、風奮迅三昧に入り、身を分けて四つの部分とした。一つは天に与え、一つは龍に与え、一つは毘舎離（ヴァイシャーリー）［の人々］に［与え］、一つは阿闍世［に与えた］。[75]阿育王は阿難の塔を礼拝し、千万両の金を差し上げ、偈によって、「法身（教えの集まり）を保持し、法灯のために法に住する。思いは仏智の海に盛られるので、すぐれた供養を設ける。多くの聞いた内容を記憶して、口からすばらしい言葉を出す。世尊に讃歎され、神々や人々に愛される」とたたえた。[76]『増一［阿含経］』には、「時を知り物を明らかにして、あらゆるものについて疑いなく、記憶するものは忘れず、多く聞き広く理解して、押しいただくことができることは、阿難が第一である」とある。[77]

約教［釈］とは、歓喜阿難は三蔵［教］である。賢《げん》阿難は通［教］である。典蔵《てんぞう》阿難は別［教］である。海

71 如来は歓喜し、四天王はそれぞれ仏に鉢を差し上げた……担い保って怠ることがなかった【如来歓喜四天王各奉仏鉢仏累而按之合成一鉢四縁宛然而此鉢大重阿難歓喜荷持無倦】『太子瑞応本起経』巻下（大正三、四七九中一～七）を参照。

72 揵度 skandhaka の音写語。法聚、品、篇、章などと訳す。

73 『中阿含［経］』［巻］第七には、「阿難は仏に二十五年間侍り、聞いた八万【八十千】揵度は、すべて残りなく暗唱した。一句でさえ重ねて質問せず、記憶力【念力】があり喜んだ」とある【中阿含第七云阿難侍仏二十五年所聞八十千揵度皆誦不遺不重問一句念力歓喜】『中阿含経』巻第八、「諸賢よ、我れは仏に奉事《ぶじ》してより来《このかた》、二十五年なり……諸賢よ、我れは如来従り八万の法聚を受け、初めより再問せず、其の一句を除く」（大正一、四七三上二二～二九）を参照。

74 「顔は清らかな満月のようであり、眼は青蓮華のようである。仏法の大海の水は、阿難の心に流入する」【面如浄満月眼若青蓮華仏法大海水流入阿難心】『大智度論』巻第三（大正二五、八四上一八～一九）に出る。

75 自ら座って涅槃に入ることを誓った……一つは阿闍世［に与えた］【自誓坐入涅槃住恐離車有怨進恐闍王有怨於恒河中入風奮迅三昧分身為四分一与天一与龍一毘舎離一阿闍世】『阿育王伝』巻第四（大正五〇、一一六中四～一〇）、『付法蔵因縁伝』巻第二（同前、三〇三中四～一〇）を参照。

76 阿育王は阿難の塔を礼拝し……世尊に讃歎され、神々や人々に愛される」とたたえた【阿育王礼阿難塔奉千万両金偈歎白能摂持法身法灯故法住念盛仏智海故設上供養念持多所聞口出微妙語世尊所讃歎天人之所愛】『阿育王経』巻第二（大正五〇、一〇四下四～一三）を参照。

77 『増一［阿含経］』には、「時を知り物を明らかにして、あらゆるものについて疑いなく、記憶するものは忘れず、多く聞き広く理解して、押しいただくことができることは、阿難が第一である」とある【増一云知時明物所至無疑所憶不忘多聞広達堪任奉持阿難第一】『増一阿含経』巻第三、弟子品、「我が声聞の中の第一比丘、時を知り物を明らめ、至る所にて疑い無く、憶する所は忘れず、多く聞き広く遠（「達」の誤りかもしれない）く、奉上するに堪任するは、所謂る阿難比丘是れなり」（大正二、五五八上二五～二七）を参照。

阿難は円［教］である。

本迹［釈］とは、本は歓喜でもなく、不歓喜でもないものに留まり、法身は虚空（大空）のようで、智慧は雲雨のようであり、持つことができ受けることができる。[78] 迹は歓喜となるのである。

観心［釈］は、相似［即］の即空・即仮・即中と相応する。観心の歓喜である。ないし真観（究竟即の次元の三観）と相応する……。

5.11152122115219　羅睺羅を釈す

「羅睺羅《らごら》[79]」（1c27/A10-8/71-4）は、ここでは覆障《ふしょう》（覆い妨げること）という。［羅睺羅は］昔、鼠の穴を塞いだ。そのうえ、婆羅門を六日の間見なかった。このいわれによるので、わざわざ覆障という。［悉達多］太子（釈尊）は出家を求めたけれども、父の王は許可しなかった。繰り返し［求め］て【殷勤】止めなかった。王は、「もしあなたに子が生まれれば、あなたが出家するのを許可する」といった。［釈迦］菩薩は指で妃の腹を指し、「これから六年後に、あなたは男を生むであろう」と［いった］。［羅睺羅は母］胎に六年いたので、覆障という。真諦三蔵は、「羅睺［羅］は、もと修羅と名づける。手で日月を遮ることができる。これを翻訳するならば、[80] 障月というべきである」という。仏は、「私の法は月のようである。この子は私を遮って出家させない。いく世にもわたって私を遮るが、私はいく世にもわたって捨てることができる」という。それ故、覆障という。仏が出家して後、耶輸《やしゅ》［陀羅《だら》］は妊娠した。釈迦族の人たちはみな、「何によってこれ（子）を妊娠したのか」と怒った。刑を決めようとし、殺そうとし、悪いうわさは道路に満ちた。宝女劬毘羅《ほうにょくびら》[81]は、これ（耶輸陀羅に不倫のないこと）を証明し、少し解決した。［耶輸陀羅は］火の坑で焚かれることによって、大誓願を生じた、「私がもし誤ったことをしたならば、子と母はともに滅びるであろう。もし真実の［釈尊の］遺した身体【遺体】（子供）であるならば、天は証明するであろう」と。そこで、子を抱いて［火の］坑《あな》に［身を］投

78 法身は虚空（大空）のようで、智慧は雲雨のようであり、持つことができ受けることができる【法身如虚空智慧如雲雨能持能受】『合部金光明経』巻第三、陀羅尼最浄地品、「法身は虚空の如く、智慧は大雲の如く、能く遍満して一切を覆《おお》わしむるが故に、是の故に第十を法雲地と名づく」（大正一六、三七四下四～五）を参照。

79 羅睺羅 Rāhula の音写語。羅云とも音写する。釈尊の実子。密行第一と称される。

80 これを翻訳するならば【翻此】 底本の「翻此」は、「此れを翻ぜば」と訓読する。甲本には「此翻」に作り、この場合は「此に翻ぜば」（ここで翻訳すると）と読む。

81 宝女劬毘羅 「宝女」は、玉女ともいい、転輪聖王の七宝の一つ。「劬毘羅」は、Gopikā の音写語。『大智度論』巻第十七では、「劬毘耶」という。『大智度論』巻第十七には、「復た次に『羅睺羅母本生経』の中に説くが如し。釈迦文菩薩に二《ふた》りの夫人有り。一に劬毘耶と名づけ、二に耶輸陀羅と名づく。耶輸陀羅は、羅睺羅の母なり。劬毘耶は是れ宝女なるが故に、子を孕まず。耶輸陀羅は、菩薩の出家の夜を以て、自ら妊身《はら》むを覚ゆ。菩薩は出家して六年苦行す。耶輸陀羅も亦た六年懐妊して産まず。諸釈は之れを詰《なじ》る。『菩薩は出家するに、何に由りて此れ有るや』と。耶輸陀羅の言わく、『我れに他罪無し。我が懐《はら》む所の子は、実に是れ太子の体胤《たいいん》なり』と。諸釈の言わく、『何を以て久しくして産まざるや』と。答えて言わく、『我が知る所に非ず』と。諸釈は集まり議して、王に聞《もん》すらく、『如法に治罪せんと欲す』と。劬毘耶は王に白すらく、『願わくは之れを寛恕《ゆる》されんことを。我れは常に耶輸陀羅と共に住す。我れは其の証と為り、其の無罪を知る。其の子の生まるるを待ちて、父に似たるやいなやを知りて、之れを治するも晩《おそ》きこと無からん』と。王は即ち寛《ゆる》し置く」（大正二五、一八二中一二～一三）とある。

げた。坑は池に変化して、蓮華によって体を差し上げた。王と国の人々は、［ここに至って］はじめてもう疑わなかった。後に仏は国に戻った。耶輪［陀羅］は、羅睺［羅］が歓喜丸《かんぎがん》[82]を仏に差し上げるようにさせた。羅《ら》云《うん》（羅睺羅）は、幼稚な年齢であったので、大勢の者たちのなかで、道路で［歓喜丸を］持って仏に差し上げた。耶輪［陀羅］は、これによって［自分に対する］非難を止めた。非難は、子を持ったことによる。それ故、覆障という。［羅睺羅の］祖父の王（浄飯王）は歓喜した。その父を失ったけれども、その子を獲得した。孫が金輪［聖王］となるならば、私はまた何を恨むであろうか。彼が成長することを思いめぐらし、神聖な宝物が
19a もたらされることを願ったけれども、仏は［羅睺羅を］出家させることを求めた。父王は許可しなかった。耶輪［陀羅］は［羅睺羅を］引き連れて高殿に登った。目連は空を飛んで来て［羅睺羅を］手に入れた。仏は教化して【度】出家させ、舎利弗に任せて弟子とした。出家したからには、王位もまた失うので、覆障という。羅睺［羅］は沙弥[83]の年なので、好んで多く嘘をついた。国王・大臣・婆羅門・居士がやって来て仏にお会いすることを求めると、羅云（羅睺羅）は、「不在です」と答えた。無数の人を仏に会うことができないようにさせた。これを他者を遮るとする。この嘘によって、仏は責め呵《しか》った。［仏は］往来するとき、羅云（羅睺羅）に足を洗わせた。丸く平らな器【澡盆】を足で跳ね上げて、三度覆《くつがえ》し、三度上に向かせた。そうして後、地に覆して、水を注ぐように命令した。羅睺［羅］は、「盆は覆っており、水を注いでも入りません」といった。仏は、「あなたは覆った盆のようである。仏法のなかにおいて、法水は確立しなかった。今、真実の言葉を語って、嘘をついてはならない」といった[84]。後に、道を修行することが真心を込めても実現しなかった。それで仏に質問した。仏は、「あなたは他人のために五陰を説いたか、まだか」といった。「まだです」と答えた。［仏は、］「他者のために［五陰を］説くべきである」［といった］。説き終わってからさらに、「あなたは十二入を

説いたか、まだか。十八界を説いたか、まだか。説法は覚りを得る門である。もし覚りを得ようとすれば、他者のために法を説くべきである」と質問した。そこで、広く法を説き終わった。そうして後、覚りを得た。これを覆障とする。覚りを得たからには、見［煩悩］・愛［煩悩］[85]はすべて除かれ、三界に生まれることはなくなった。それ故、覆障という。三界に生まれることがなくなれば、［三界に生まれようとする］願いが［三界へと］引っぱることはできない。それ故、覆障という。仏は四人の偉大な羅漢[86]に、「滅度（涅槃）してはならない。私の法が消滅するのを待ちなさい」と命令した。これによって［三界に］留まって【住持】、今、まだ無余涅槃に入ることができない。それ故、覆障という……。

82　歓喜丸　mahoṭikā の訳語。歓喜団とも訳す。さまざまな材料を混ぜて作る餅菓子の一種。

83　沙弥　śrāmaṇera の音写語。比丘となる前の年少（十戒を受ける七歳以上、二十歳未満）の出家者。

84　羅睺［羅］は沙弥の年なので……嘘をついてはならない」といった【羅睺以沙弥之年喜多妄語国王大臣婆羅門居士来求見仏羅云答云不在令無量人不得見仏是為障他由是妄語仏即訶責行還使羅云洗足脚挑澡盆三覆三仰然後覆地命令注水羅睺云盆覆注水不立仏言汝如覆盆於仏法中法水不立今当実語勿妄語也】『大智度論』巻第十三（大正二五、一五八上一二〜一九）を参照。

85　見［煩悩］・愛［煩悩］【見愛】「見」は見煩悩、見惑のことで、我見・邪見などの知的な煩悩を指す。「愛」は、愛煩悩、思惑（修惑）のことで、貪欲・瞋恚などの情的な煩悩を指す。

86　四人の偉大な羅漢【四大羅漢】『文句記』巻第二、「四大弟子とは、迦葉、賓頭盧《びんずる》、羅云《らうん》、軍屠鉢漢《ぐんとはつかん》なり」（大正三四、一七二下一三〜一四）を参照。

約教［釈］とは、析法の道諦が四住［地惑］（見一処住地惑・欲愛住地惑・色愛住地惑・有愛住地惑）を妨げることは、三蔵［教］の意味である。体法の道諦が四住［地惑］を妨げることは、通教である。次第の三智が五住［地惑］（見一処住地惑・欲愛住地惑・色愛住地惑・有愛住地惑・無明住地惑）を妨げることは、別教である。一心三智[87]が五住［地惑］を妨げることは、円教である。

本迹［釈］とは、本は中道に留まって、［涅槃の辺と生死の辺の］二辺（二つの極端）を妨げ通じさせない【障塞】。八種の障は涅槃の辺を妨げ、一種の障は生死の辺を妨げる。一種は生死を妨げるのでもなく、涅槃を妨げるのでもなく、無余を妨げるのである。[88]

観心［釈］は、前を例として理解できるであろう……。

5.1115212116　結

第六に「如是等衆所知識」（1c28/A10·8-9/71·4-5）を結論づける。あるいは、「知はただ識にすぎない」という。あるいは、「名を聞くことを知とし、形（身体）を見ることを識とする。［あるいは、］形を見ることを知とし、心を見ることを識とする」という。

本迹[89]［釈］とは、本は衆生のために、満字の知識となる。迹は半字の知識となる……。

観行の知識は、『止観』の通りである。[90]

5.1115211212　少知識衆

多知識衆（多く知られている者たち）［の説明］が終わった。

5.1115212121　位を釈す

次に少知識衆（あまり知られていない者たち）を列挙するとは、また［有］学・無学の二千人が一緒であった。ただ位を取りあげて数を明らかにするけれども、徳を讃歎しない。これを少識衆と呼ぶだけである。聖人と凡夫とは交りを絶つけれども、また多識（多く知られていること）・少識（あまり知られていないこと）を区別せず、とくに高いものを願い遠いものを慕う者には、多識によってこれを引き導き、名を隠し徳を隠して謙遜【退譲】する者には、少識によってこれを引き導き、衆生にしたがう。それ故、若干［の差異］がある。［知られることの］多少の迹によって、その本を失うことはできない。

19b

87　一心三智　一切智・道種智・一切種智の三種の智を同時に一心に証得すること。

88　八種の障は涅槃の辺を妨げ、一種の障は生死の辺を妨げる。一種は生死を妨げるのでもなく、涅槃を妨げるのでもなく、無余を妨げるのである【八種障障涅槃辺一種障障生死辺一種非障生死非障涅槃障無余也】『文句記』によれば、『文句』本文には、羅睺羅＝覆障に関して、十障が説かれている。はじめの八障が涅槃の辺を妨げるのに対して、「一種の障は生死の辺を妨げる」は第九障「三界に生まれることがなくなれば、［三界に生まれるようとする］願いが［三界に］引っぱることはできない」を指し、「一種は生死を妨げるのでもなく、涅槃を妨げるのでもなく、無余を妨げるのである」は第十障「今、まだ無余涅槃に入ることができない」を指す。

89　本迹　底本の「本」を、甲本によって「本迹」に改める。

90　『止観』の通りである【如止観】『摩訶止観』巻第四下（大正四六、四三中六〜下一〇）を参照。

「学無学」（1c28/A10·9-10/71·6）とは、三蔵［教］のなかの十八種の有学の人、九種の無学の人[91]である。通教は、五つの地をみな学と名づけ、第六地を無学と名づける。さらにまた、通教は、第九地を学と名づけ、仏地を無学とする。別［教］・円［教］のなかには、あるいは功用・無功用[92]にしたがい、あるいは具足・未具足[93]にしたがい、学・無学を明らかにする。『阿含［経］』には、「外道は仏に、『羅漢はさらに学ぶのか』と質問する。仏は、『羅漢は悪法をなさないで、善法に留まる。その無学を学ぶことは、学と名づける』という」とある。[94]もしそうであれば、有学の人も無学と呼ぶのか。有学の人はその断ち切ったものに限っては、もう断ち切らない。とりもなおさず無学である。これを四句とする。五方便[95]にしたがえば、有学でもなく、無学でもない。つまり五句（学、無学、無学の学、学の無学、非学非無学）である。［蔵教・通教・別教・円教の］四教に焦点をあわせると、引きくらべてまたそうであるはずである。四［教］それぞれに五［句］があって、二十句がある。

本迹［釈］とは、本は法身の大士[96]であり、満字の有学・無学の位にいる。衆生は半字の有学・無学の人によって、双樹[97]を荘厳するべきである。

観［心釈］とは、正面から中道を観察して、二辺の中間を対象としないことは、とりもなおさず無学である。このように観察することができることは、有学と名づける。

5.11152112122　数を釈す

もし観門にしたがって数を明らかにするならば、色・心を観察すると、十法界・十如を備えている。［十］

91 十八種の有学の人、九種の無学の人【十八種学人九種無学人】 有学に十八種、無学（阿羅漢）に九種を立てる。経論によって名称が異なるが、たとえば、『中阿含経』巻第三十には、「世尊は告げて曰わく、居士よ、世の中に凡そ二種の福田の人有り。云何んが二と為す。一には学人、二には無学人なり。学人に十八有り。無学人に九有り。居士よ、云何んが十八の学人なる。信行、法行、信解脱、見到、身証、家家、一種、向須陀洹、得須陀洹、向斯陀含、得斯陀含、向阿那含、得阿那含、中般涅槃、生般涅槃、行般涅槃、無行般涅槃、上流色究竟なり。是れ十八学人と謂う。居士よ、云何んが九無学人なる。思法、昇進法、不動法、退法、不退法、護法護則不退・不護則退、実住法、慧解脱、倶解脱なり。是れ九無学人と謂う」（大正一、六一六上一〇～一九）とある。

92 功用・無功用【功用無功用】 別教の初地以前、円教の初住以前を功用地といい、別教の初地以上、円教の初住以上を無功用地という。「功用」は作為的な努力を加えることをいい、作為的な努力を加えず自然のままであることを「無功用」という。

93 具足・未具足【具足未具足】 『文句記』巻第二中に、「次に具・不具は、等覚・妙覚なり」（大正三四、一七九中一九）とある。「具足」が妙覚で、「未具足」が等覚であろう。

94 『阿含［経］』には、「外道は仏に、『羅漢はさらに学ぶのか』と質問する。仏は、『羅漢は悪法をなさないで、善法に留まる。その無学を学ぶことは、学と名づける』という」とある【阿含云外道問仏羅漢更学不仏言羅漢不作悪法住於善法学其無学即名為学】 出典未詳。

95 五方便 『講義』によれば、別相念処・総相念処（外凡の五停心・別相念処・総相念処の三賢のなかの二）を合わせて一と数え、内凡の煖・頂・忍・世第一法の四善根を四と数えて、五方便とする。

96 法身の大士【法身大士】 法身菩薩ともいう。天台家では、別教の初地、円教の初住以上の菩薩を指す。

97 双樹 娑羅樹の林のこと。釈尊はクシナガラの郊外の娑羅樹が四方それぞれに二株ずつ並んで生えている中間で涅槃に入ったとされる。娑羅双樹、娑羅林などとも呼ばれる。

界・［十］如についてたがいに論じると、［十界が互具して百界となり、その百界に十如を備えて千如となり、十如が互具して百如となり、その百如に十界を備えて千界となるので、千如と千界で］二千を備える。迹を取りあげるので、本法を高く掲げる。迹はとりもなおさず本の迹である。

5.111521122　比丘尼衆

5.1115211221　古釈を引く

次に尼衆を列挙すると、旧［説］では、これ（尼衆）を前と同様に［多く知られている者たちと、あまり知られていない者たちの］二衆とする。[98]

5.1115211222　今師の破

今は用いない。もし前と同様に多識（多く知られている者）・少識（あまり知られていない者）の二衆とするならば、また［そのような］文もなく、意義についても不可である。ただ［摩訶波闍波提《まかはじゃはだい》と耶輸陀羅という］二人の衆主（聴衆の中心者）を取りあげる。どうして無理に大［名聞］・小［名聞］、多［知識］・少［知識］と名づける必要があろうか。

5.1115211223　正しく解釈す

5.11152112231　波闍波提を明かす

まず「波闍波提[99]」（1c29/A10·10/71·7）を列挙する。ここでは大愛道と翻訳する。また憍曇弥《きょうどんみ》[100]ともいう。ここでは衆主と翻訳する。尼とは、天竺の女性の通称である。[101]

本は智度（般若波羅蜜）の法門に留まる。迹は千仏の母となり、指導者【導師】を生み育てる。

観［心］釈とは、中観が広大であることを大と名づけ、対象に制約されない［絶対平等な仏の］慈悲【無縁慈】を愛と名づけ、中［道の］理が障害なく通じること【虚通】を道と名づける。大は自行、愛は化他である。愛によって生を受け、慈によって有に渉る（現実世界に踏み込むこと）ように、道は自行・化他に通じるのである。

19c
「六千」（1c29-2a1/A10·11/71·7-8）とは、数である。観門とは、六根清浄に千の功徳を備えることを観察する。眼に八百［の功徳］があり、耳に千二百［の功徳］があるけれども、多いもの（千二百）を少ないもの（八百）

98 旧［説］では、これ（尼衆）を前と同様に［多く知られている者たちと、あまり知られていない者たちの］二衆とする【旧以此例前為二衆】『法華義記』巻第一、「又た言わく、尼衆にも亦た二種有り。初めに名聞有り、後は是れ小名聞有り」（大正三三、五七九下一六～一七）を参照。

99 波闍波提　Mahāprajāpatī の音写語である摩訶波闍波提の一部。釈尊の母、摩耶の妹で、摩耶の死後、浄飯王の後妻となった。釈尊にとっては、叔母、義母にあたる。女性のなかで最初に比丘尼となった人である。

100 憍曇弥　Gautamī の音写語。瞿曇弥《くどんみ》とも音写する。釈尊の姓、瞿曇（Gautama）の女性形。

101 尼とは、天竺の女性の通称である【尼者天竺女人通名】比丘（bhikṣu）と比丘尼（bhikṣuṇī）のうち、比丘の部分は男女とも共通であるので、尼によって女性であることを示す。

に加えると、数がちょうど六千になる。[102]［これは］本の法門を表わす。また観行（観察修行）の意味である。

5.11152112232　耶輪陀羅を明かす

「羅睺羅母耶輪陀羅《やしゅだら》」（2a1/A10·11-12/71·8）とは、子によって母を高く掲げる。ここでは花色と翻訳する。また名聞ともいう。あるいは、「翻訳がない」という。穏やかで慎み深く、[103]徳は［悉達多］太子と等しい。そうではあるが、在家では菩薩の妻として神々や人々に知られた。出家しては尼衆の中心となって、位は無学（阿羅漢）に留まった。どうして名声がない衆であろうか。『十二遊経』に、三人の夫人を出す。第一に瞿夷《くい》、第二に耶輪《やしゅ》、第三に鹿野《ろくや》である。[104]『未曾有［経］』、及び『［太子］瑞応［本起経］』[105]には、いずれも羅睺は瞿夷の子であるという。『涅槃［経］』[106]や『法華［経］』には、すべて耶輪の子であるという。二つの意義はどのように通じさせるのか。あるいはそれらの経（『未曾有経』、『太子瑞応本起経』）は祖母【大母】を取りあげ、ここでは生みの母【所生】を取りあげたかもしれない。『釈論』（『大智度論』）に「瞿毘陀《くびだ》は宝女であり、妊娠しない」とある[107]のは、瞿夷のことである。ここでは明女《みょうにょ》と翻訳する。それ故、きっと耶輪の子であるとわかる。

本迹［釈］とは、妻は［夫と］等しい。どうして博地（底下の凡夫）で太子の妻となることがあろうか。それ故、本は静かに安定したすばらしい法喜【寂定微妙法喜】に留まるとわかる。迹は仏の妻となる。『悲花［経］』には、「宝蔵仏のもとで妻となることを誓願しただけである」とある。[108]

102　六根清浄に千の功徳を備えることを観察する。眼に八百［の功徳］があり、耳に千二百［の功徳］があるけれども、多いもの（千二百）を少ないもの（八百）に加えると、数がちょうど六千になる【観六根清浄具千功徳雖眼有八百耳千二百以多足少数満六千】『法華経』法師功徳品、「若し善男子・善女人は、是の法華経を受持し、若しは読み、若しは誦し、若しは解説し、若しは書写せば、是の人は当に八百の眼の功徳、千二百の耳の功徳、八百の鼻の功徳、千二百の舌の功徳、八百の身の功徳、千二百の意の功徳を得べし。是の功徳を以て六根を荘厳し、皆な清浄ならしむ」（大正九、四七下三～八）を参照。眼・鼻・身はそれぞれ八百の功徳で、耳・舌・意はそれぞれ千二百の功徳を持つので、平均すると一根に千功徳があり、六根で六千の功徳となる。

103 穏やかで慎み深く【温良恭倹】『論語』学而篇に出る。「温良」は、穏やかで素直なこと。「恭倹」は、他人に対して恭《うやうや》しく、自分に対して慎《つつま》しくすること。

104 『十二遊経』に、三人の夫人を出す。第一に瞿夷、第二に耶輸、第三に鹿野である【十二遊経出三夫人第一瞿夷二耶輸三鹿野】『十二遊経』（大正四、一四六下二三～二六）を参照。ここには、瞿夷、耶惟檀《やいだん》、鹿野の三夫人の名が出る。耶惟檀が耶輸陀羅に相当する。

105 『未曾有［経］』、及び『［太子］瑞応［本起経］』【未曾有及瑞応】『未曾有経』には、羅睺羅の母は耶輸陀羅とある（「因りて復た羅睺羅の母、耶輸陀羅を慰喩し、恩愛を割きて羅睺羅を放たしむ」［大正一七、五七五中二四～二五］）。『太子瑞応本起経』巻上には、釈尊の夫人の名は瞿夷であり、瞿夷に子が生まれると説かれる（大正三、四七五上一〇～二〇を参照）。

106 『涅槃［経］』【涅槃】『南本涅槃経』巻第四、四相品、「何に縁《よ》りて復た耶輸陀羅を納《い》れて羅睺羅を生ずるや」（大正一二、六二八上一三～一四）を参照。

107 『釈論』（『大智度論』）に「瞿毘陀は宝女であり、妊娠しない」とある【釈論瞿毘陀是宝女不孕】前注81を参照。『文句記』巻第二、「宝女と言うは、是れ天種にして孕まず。仏は出家せざれば、当に輪王と為るべし。天は宝女を送りて、以て侍者と為す」（大正三四、一七八下七～九）を参照。

108 『悲花［経］』には、「宝蔵仏のもとで妻となることを誓願しただけである」とある【悲花云宝蔵仏所誓願為妻耳】出典未詳。

空を観察する無漏の法喜は、鹿野によって妻を表わす。仮を観察する道種智の法喜は、耶輪によって妻を表わす。中［道］を観察する法喜は、瞿夷によって妻を表わす。

5.11152113　合して本迹・観心を明かす

5.111521131　来意を明かす

上にはそれぞれの分斉【当分】において本迹［釈］・観心［釈］を明らかにした。今あらためてまとめて論じよう。巧妙な手段[109]を示し、観行（観察修行）の精細さ【精微】を明らかにする。

5.111521132　正しく釈す

そもそも首楞厳［三昧］によって種々の仕方で現われ[110]、根性（能力・性質）に適合して【称適】、すべてなさないことはない。今ひとまず近く［今世の釈尊について］論じよう。迹（具体的な姿形）を王宮に託し、魂【神】を皇后【聖后】に降した。［そのとき、］法身の菩薩は、すべて仏が教化を行なうことを補助し、［菩薩の］姿形【影】を他の家に散り散りとなって示した。もし三十二種の瑞相を備えた［仏の］黄金の姿が誕生するならば[111]、大士（菩薩）たちはそれぞれ生まれてくる。あるいは［須菩提が生まれるときは］部屋を空《から》にし、［富楼那が生まれるときは］宝を降らせ、［舎利弗が生まれるときは］辯舌にこと寄せ夢に託した[112]。もし皇太子[113]が国を捨て王［の位］を捨て、城［壁］を飛び超えて道を学ぶならば、大士たちはすべて［外道の］師に従って学業を受け、才知と技芸のどちらにも通じ、彼ら（外道のグループの人々）の尊敬すべき師【宗匠】となった。もし法輪が最初に開かれれば、甘露の門は開かれる[114]。大士たちの［仏との］教化の関係性【化縁】がまだ成

熟していなかったので、ともに［仏の教化を］受けないことを示した。［摩訶迦葉が仏と］対等の立場で応対

109 巧妙な手段【善権曲巧】「善権」は、善巧方便と同義。「善」は、巧みの意。「権」は、臨時の便法の意。「曲巧」は、巧妙であること。

110 そもそも首楞厳［三昧］によって種々の仕方で現われ【夫首楞厳種種示現】『大集経』巻第二十、「爾の時、心は首楞厳定に遊び、微妙なる八十種好を示現す」（大正一三、一三八中一六）を参照。

111 もし三十二種の瑞相を備えた［仏の］黄金の姿が誕生するならば【若三十二瑞金姿誕応】「三十二瑞」は、釈尊が誕生するときに生じた三十二種類の瑞相。たとえば、『普曜経』巻第二（大正三、四九二下二六～四九三中九）を参照。「金姿」は、金色の美しい姿の意で、仏を指す。『文句記』巻第二中に「金姿とは、金色の美容なり」（大正三四、一八〇下一九～二〇）とある。「誕応」は、仏の誕生を意味する。

112 あるいは［須菩提が生まれるときは］部屋を空《から》にし、［富楼那が生まれるときは］宝を降らせ、［舎利弗が生まれるときは］辯舌にこと寄せ夢に托した【或空室雨宝寄辯通夢】「空室」は、須菩提の生まれた時の様子を指す。『文句』巻第二上、「生ずる時、家中の倉庫、筐篋《きょうきょう》、器皿《きべい》は、一切皆な空なり」（同前、一八上一二）を参照。「雨宝」は、富楼那の生まれた時の様子を指す。『文句』巻第二上、「又た七宝の器の、中に宝を盛満せるもの、母の懐に入るを夢み、母は子を懐《はら》む」（同前、一七下一八～一九）を参照。「寄辯通夢」は、舎利弗の生まれた時の様子を指す。『文句』巻第一下、「妻は夢に人身に甲冑を被《こうむ》り、……辯を母の口に寄するならん」（同前、一二上二〇～二五）を参照。

113 皇太子 底本の「皇皇太子」を、『講録』によって「皇太子」に改める。

114 開かれる【開闡】底本の「開聞」を、『文句記』によって「開闡」に改める。

20a

し、[115]［摩訶迦葉自らが］「私の道は真実である」と尊び、能化（教化する主体者である仏）・所化（教化の対象である摩訶迦葉）は［牛の］乳のようにまったく生《なま》［の状態］であった。もし教化する［衆生の機］縁が成熟すれば、白糸【素獨】は染め易く、池の花は早く開くように、［衆生は］凡夫を改めて聖人となり、乳を転換して酪とする。［弟子のなかで］尊ばれる者【師宗】は仏の指導的な【上首】弟子となり、あるいは［舎利弗は］智慧、［目連は］神通、［迦旃延は］辯才、［須菩提は］三昧において、それぞれ第一である。ともに法王（仏）を補助して、まだ救済されていない者をあらためて救済し、成熟している者を重ねて成熟させる。方等［経］の説法］の座席において、菩薩の不可思議な功徳を聞き、小［乗］を恥ずかしく思い、大［乗］を慕う。小［乗］を恥ずかしく思うことは、ああと叫んで【嗚呼】、如来の無量の知見を失ってしまったことを自ら責めることである。[116]大［乗］を慕うことは、どのように仏の無上の智慧を得るべきかを知らないことである。［これは］酪を転換して生蘇とするようなものである。次に『般若［経］』の摩訶衍門（大乗の法門）を聞く。最初に色心を経歴して、［一切］種智（一切を知る仏の智慧）に終わるまで、小［乗］・大［乗］を含み挟む。［宝物を］出し入れして取引をし、[117]あるいは［三乗に］共通な教え【共】（通教）、あるいは［菩薩だけのための］特別な教え【別】（別教）、あるいは偏った教え【偏】（蔵教・通教・別教）、あるいは完全な教え【円】（円教）［を説いて］、命令を奉じて［庫蔵を］管理する【領知】けれども、［一度の食事さえ］願い取る【希取】ことがなかった。[118]まだ頓に［下劣な心を］捨てないけれども、［窮子の心が］ようやくのびのびとゆったりとした。[119]［これは］生蘇を転換して熟蘇とするようなものである。次に『法華［経］』を聞く。［父と子のそれぞれの］生まれつきの性質【天性】を融合させて父子を確定し、記別を授け、大乗を付与し、三［乗］を廃止して一［乗］に帰着させる。他の四味（乳味・酪味・生蘇味・熟蘇味）が同一の醍醐になるようなものである。一人だけに滅度

（涅槃）を得させず、すべて如来の滅度によってこれを滅度させる。[120] 法王（仏）・法臣（弟子）は、重大な事柄によって世に出現して、巧みに方便を用いる。最初に半字の法によって、二十五有（輪廻の世界）の茂った古い

115 ［摩訶迦葉が仏と］対等の立場で応対し【分庭抗礼】『荘子』漁夫篇に出る表現で、宮殿の庭で、主客が対等の礼で会見することを意味する。摩訶迦葉が釈尊と半座を分かって並び座した事実を指す。

116 ああと叫んで【嗚呼】、如来の無量の知見を失ってしまったことを自ら責めることである【嗚呼自責失於如来無量知見】『法華経』で、舎利弗が自分を責める箇所に基づく。『法華経』譬喩品、「我れは昔、仏従り是の如き法を聞き、諸の菩薩の授記作仏するを見しかども、我れ等は斯の事に予《あずか》らず、甚《はなは》だ自ら如来の無量の知見を失えることを感傷しき」（大正九、一〇下二～四）、同、「嗚呼《うこ》しつつく深く自《みずか》ら責めき。云何んが而も自ら欺ける」（同前、一〇下二三）を参照。「嗚呼」は、叫ぶこと。

117 ［宝物を］出し入れして取引をし【出内取与】『法華経』信解品、「宝物を羅列し、出内取与す」（同前、一六下一六）を参照。

118 命令を奉じて［庫蔵を］管理する【領知】けれども、［一度の食事さえ］願い取ることがなかった【奉命領知而無希取】『法華経』信解品、「爾の時、窮子は即ち教勅を受け、衆物、金、銀、珍宝、及び諸の庫蔵を領知すれども、一餐を悕取するの意無し」（同前、一七中四～六）を参照。「領知」は、管理するの意。「希取」は、願い取るの意。

119 ［窮子の心が］ようやくのびのびとゆったりとした【已漸通泰】『法華経』信解品、「復た少時を経て、父は子の意漸く已に通泰し、大志を成就し、自ら先の心を鄙《いや》しむを知る」（同前、一七中七～八）を参照。

120 一人だけに滅度（涅槃）を得させず、すべて如来の滅度によってこれを滅度させる【一人独得滅度皆以如来滅度而滅度之】『文句』巻第一上の前注46を参照。

草【繁芿】を破り、四枯の双樹[121]（四本の枯れた沙羅双樹）を成立させて、衆生に利益を与える。次に半［字］・満［字］の法によって、二乗の独善（自分だけの救済を願うこと）を破って、菩薩の広大さを成立させ、四栄の双樹（四本の栄えた沙羅双樹）を成立させ、聖人（二乗）に利益を与える。最後に［『法華経』は］常住の満字によって、［半字と満字という］前後にある二辺を破り、非枯非栄の仏の秘密蔵を成立させて、究極的に利益を与える。主（仏）・将（弟子）の仕事は修了し、大いなる誓いの願いは満たされる。それ故、身子（舎利弗）・目連は、『法華［経］』において教化を止める【息化】。［『涅槃経』において］聖人の上主（仏）は生命を贖《あがな》い取る【贖命】ことは、まもなく生じる。文には、「私の過去の誓願に関しては、今、もう実現した」とあり、[122]「如来はまもなく涅槃に入るであろう」とある。[123]滅（涅槃）を唱える言葉は、これから生じる。二万の［日月］灯明［仏］、迦葉仏[124]などは、すべて『法華［経］』において究極に達する【究竟】。今、師弟はいずれもこの『［法華］経』において迹（具体的な姿形）を払い捨てる【発迹】ことによって、［弟子は］内に菩薩道を隠し、外に声聞であることを現わし、[125]「私（釈尊）は本当に成仏してから、無量億劫経過した[126]」［と述べた］。これによって推し量ると、偉大な阿羅漢たちは、法身地から影（具体的な姿形）を垂れ【俯】、［仏は衆生の機］縁にしたがって、迹は万水に向かう【臨】。［有］学・無学となり、男となり女となり、出家者の姿【道】を示したり、在家者の姿【俗】を示したりする。首楞厳［三昧］の力は、現われないことはない。巧みな手段【方便善権】

121　四枯の双樹【四枯双樹】「四枯」は、後出の「四栄」に対する。四枯四栄は、釈尊が涅槃に入るとき、東西南北の四方に娑羅の双樹があり、それぞれの方角の双樹のうち、一本が枯れ、一本が栄えたので、四枯四栄という。

122 文には、「私の過去の誓願に関しては、今、もう実現した」とあり【文云如我本誓願今者已満足】『法華経』方便品、「我が昔の願う所の如きは、今者《いま》已に満足す。一切衆生を化して、皆な仏道に入らしむ」（同前、八中六～七）を参照。

123 「如来はまもなく涅槃に入るであろう」とある【如来不久当入涅槃】『法華経』見宝塔品、「如来は久しからずして、当に涅槃に入るべし。仏は此の妙法華経を以て付嘱して在ること有らしめんと欲す」（同前、三三下一四～一五）を参照。

124 二万の［日月］灯明［仏］、迦葉仏【二万灯明迦葉仏】「二万灯明」は、『法華経』序品に出る日月灯明如来のこと。同名の仏が二万仏いたとされる。「迦葉仏」は、過去七仏の第六の仏（釈尊が第七の仏とされる）。日月灯明仏も迦葉仏も、『法華経』を説いた後に涅槃に入ったので、『涅槃経』を説かなかった。そこで、本文で、「法華において究竟す」と述べられる。なお、『法華玄義』にも類似の文が見られる。『法華玄義』巻第十上、「復た醍醐と言うは、是れ衆味の後なり。『涅槃』に称して醍醐と為す，此の経に大王の饍と名づく。故に知んぬ、二経は倶に是れ醍醐なり。又た、灯明仏は『法華経』を説き竟わりて、即ち中夜に於いて、涅槃に入ると唱う。彼の仏の一化は、初めに『華厳』を説き、後に『法華』を説く。迦葉仏の時も亦復た是の如し。悉ごとく『涅槃』を明かさず。皆な『法華』を以て、後教・後味と為す」（大正三三、八〇八上一九～二四）を参照。また、これは『涅槃経』に根拠がある。『南本涅槃経』巻第十六、梵行品、「善男子よ、大涅槃経は、常にして変易せず。云何んが難じて言わく、『迦葉仏の時、是の経有るや』と。善男子よ、迦葉仏の時、所有《あらゆ》る衆生は貪欲微薄にして、智慧は滋多なり。諸の菩薩摩訶薩等は調柔にして化し易く、大威徳有り、総持して忘れざること、大象王の如し。世界は清浄にして、一切衆生は悉ごとく、如来は終に畢竟して涅槃に入らず、常住不変なりと知る。是の典有りと雖も、演説するを須いず。善男子よ、今世の衆生は、諸の煩悩多く、愚癡にして忘るるを憙び、智慧有ること無く、諸の疑網多く、信根立たず。世界は不浄にして、一切衆生は咸ごとく謂わく、如来は無常遷変し、畢竟して大般涅槃に入る。是の故に如来は是の典を演説す」（大正一二、七一五中八～一八）を参照。

125 内に菩薩道を隠し、外に声聞であることを現わし【内秘菩薩道外現作声聞】『文句』巻第一上の前注43を参照。

126 「私は本当に成仏してから、無量億劫経過した」［と述べた］【我実成仏已来無量億劫】『文句』巻第一上の前注41を参照。

は、この通りである……。

まとめて観を明らかにするとは、上の師弟の教化を施すこと【施化】、法身の行為は、もし観の方便を講じなければ、修行者にとって利益がない。貧しい人が宝を数えるようなものであり、目の不自由な人が灯火を手に取るようなものである。ところが、心作用【心数】はとても多い。ひとまず善数《ぜんじゅ》[127]（善の心作用）に焦点をあわせる。弟子は多いけれども、ただ十人（十大弟子）だけを取りあげるようなものである。十の善数とは、信・［精］進・念・定・慧・喜・猗《い》[128]・捨・覚・戒である。この十の［善］数は心王を助け、悪を改めて善
20b
に従い、凡夫を改めて聖人とし、一切の法門を実現することができる。ただ十心だけを根本とする。十弟子が仏の教化を実践することを助け、ともに衆生を成熟させて、仏法を確立するようなものである。信数（信の心作用）は、［阿］那律の天眼第一に対応する。眼は五根の一番目である。さまざまな方角は東を一番とするようなものである。信はさまざまな心作用において、最初に仏法に入るのである。進数（精進の心作用）は、［摩訶］迦葉の頭陀第一に対応する。頭陀行を熱心に実践する【抖擻勤苦】ことは、進数に対応するのである。念数（記憶して忘れない心作用）は、［優《う》］波離《ばり》の持律第一に対応する。念力は強固であれば、記憶して忘れないのである。定数《じょうしゅ》（禅定の心作用）は、目連の神通第一に対応する。慧数（智慧の心作用）は、身子の智慧第一に対応する。すべて理解できるであろう。喜数（喜びの心作用）は、阿難の多聞第一に対応する。［教えを］多く聞いて認識する楽がある。楽は喜数である。猗数《いしゅ》（軽快安穏な心作用）は、［摩訶迦］旃延に対応する。議論の本質は、捉えがたい道理を究め尽くし【窮微尽理】、邪なことを除き正しいことをあらわすことである。猗が悪を離れて善を獲得し、苦から解放されて楽に入るようなものである。捨数（執著を離れた平等な心作用）は、善吉《ぜんきつ》（須菩提）の解空《げくう》第一に対応する。もし空平等に留まるならば、捨数と相応する。覚数（覚りの心作

用）は、富楼那《ふるな》の説法第一に対応する。覚は言葉の根本である。根本が確立すれば、雄弁な説法には限界がない。戒数（戒の心作用）は、羅云《らうん》（羅睺羅）の持戒第一に対応する。理解できるであろう。十の［善］数は、心王を助けて、観行（観察の修行）を成就することができる。一瞬の心において、深く善法に入り、三宝が備わる。［心］王は仏宝である。［心］数（心作用）は僧宝である。対象とする実際（究極の根拠）に［心］王もなく［心］数もないことは法宝である。もし実際に入るならば、［心］王・［心］数の功績、作用は十分である。さらにまた、共通に大地［法］の十の［善］数が心王といっしょに生起することを取る。善に入り悪に入り、く

127　善数　『文句記』は、この十善数を十大善地法の旧訳と解釈している。説一切有部では、五位七十五法（色法十一、心法一、心所有法四十六、心不相応行法十四、無為法三）を立てる。このうち、心所有法四十六は、さらに六位（遍大地法十、大善地法十、大煩悩地法六、大不善地法二、小煩悩地法十、不定地法八）に分けられ、そのなかの十大善地法を十善数と解釈している。『文句記』には、十大地法の一々と十善数を対応させている。具体的な対応関係は、信＝信、勤＝進、捨＝捨、慚＝猗、愧＝覚、無貪＝定、無瞋＝慧、不害＝戒、軽安＝喜、不放逸＝念である（前項が十大地法で、後項が十善数である）。しかし、『私記』は『文句記』の解釈を否定して、十善数は十大地法ではなく、三十七道品の実体（中心）の十（慧・勤・定・信・念・喜・捨・軽安・戒・尋）であると解釈している。これは、『阿毘達磨倶舎論』巻第二十五、分別賢聖品、「此の実事は唯だ十なるのみ。慧・勤・定・信・念・喜・捨・軽安、及び戒・尋を謂いて体と為す」（大正二九、一三二中一〇～一一）に基づく。

128　猗　prasrabdhi の訳語。新訳では、軽安と訳す。身心を軽快安穏にさせる心の働き。

まなく一切に通じる。その意味は、想・欲・触・慧・念・思・解脱・憶・定・受である。[129] 想は富楼那に対応する。想は仮名（設定された概念）を得る。その人は巧みに仮名に精通し、雄弁は滞ることがない。欲は［摩訶］迦葉に対応する。［摩訶］迦葉に世間の欲はないけれども、無為を欲する。触は［摩訶迦］旃延に対応する。触は［根と境の］二つの事柄に入り、たがいに関わる。［摩訶迦］旃延は巧みに議論し、論難往復を窮めることができる。慧は身子（舎利弗）である。理解できるであろう。念は［優］波離に対応する。念は持律の上（級）である。思は羅云（羅睺羅）に対応する。思は行陰（五陰の一つで意志作用）である。この人は実行[130]の持戒である。解脱は善吉（須菩提）に対応する。［解］脱は累（煩悩）がないことに名づける。この人は空を理解し、有より解脱を得た。憶は［阿］那律に対応する。憶は働きかけて【動発】境（対象）を取り、天眼を修得することが容易である。三摩提《さんまだい》定数[131]は目連に対応する。理解できるであろう。受は阿難に対応する。［教えを］多く聞いて理解保持して誤謬がないのである。十人はそれぞれ多くの徳を備えている。［徳に関して］特定のもの【専門】を引き導くために、仏道を述べ示し、衆生の望みにしたがう。慧を望む者は身子を師とし、ないし［教えを］多く聞くことを望む者は阿難を師とする。いっしょに法王（仏）を助け、それぞれ一つの持
20c ち場を掌管する。今の観心も同様である。一々の心のなかで、すべて［心］王・［心］数を備える。観を成就しようとするために、［心］王と［心］数はたがいに助けて、覚りを取る。あるときは想数において道に入り、あるときは欲数において道に入る。［煩悩を攻める］都合のよいものにしたがって、心王・心数はいっしょにこれ（煩悩）を攻める。塵労（塵のように汚し、疲れさせるもの＝煩悩）のさまざまな心を教化して救い取り【化取】、仏の仕事をする。この観をなしてもまだ悟らなければ、観行は乳のようである。もし無漏［慧］を生ずれば、観行は酪のようである。もし塵沙［惑］を破れば、生［蘇］・熟蘇のようである。もし無明［惑］を破

れば、観は醍醐のようである。醐醍のときになって、［心］王・［心］数はすべて終わる。心・心数の法[132]は働かないので、般若波羅蜜を修行すると名づける。『普賢観［経］』に、「心を観察すると、心はなく、法は法に留まらない。私の心はもともと空であり、罪・福［を受ける］中心的実体はない」とある[133]のは、とりもなおさず心［王］もなく［心］数もないことであり、正観と名づける。この心数の塵労を、もし消滅させなければ、観は終わらない。それ故、『経』に、「衆生が救済されなければ、私は正覚を成就しない」という[134]のは、この意味である……。

129 想・欲・触・慧・念・思・解脱・憶・定・受である【想欲触慧念思解脱憶定受】 十遍大地法を取りあげたものである。

130 実行 『私志記』巻第六は、実行を密行の誤写と推定している（『新纂大日本続蔵経』二九、二九三中九～一〇）。密行とは、精密に戒を保持すること。

131 三摩提定数 「三摩提」は、samādhi の音訳。三摩地《さんまじ》とも音写する。定の異名。「定数」は、定という心数（心作用）の意。

132 心・心数の法【心心数法】 底本の「心心法数」を、甲本によって「心心数法」に改める。

133 『普賢観［経］』に、「心を観察すると、心はなく、法は法に留まらない。私の心はもともと空であり、罪・福［を受ける］中心的実体はない」とある【普賢観云観心無心法不住法我心自空罪福無主】 『普賢観経』、「心を観ずるに心無く、顚倒の想従り起こる。此の如き想心は妄想従り起こる。空中の風に依止処無きが如し。是の如き法相は、不生、不滅なり。何者か是れ罪なるや。何者か是れ福なるや。我が心は自ら空にして、罪福に主無し。一切法は是の如く無住、無壊なり。是の如き懺悔は、心を観ずるに心無く、法は法の中に住せず、諸法は解脱し、滅諦寂静なり」（大正九、三九二下二四～二八）を参照。

134 『経』に、「衆生が救済されなければ、私は正覚を成就しない」という【経言衆生不度我不成正覚】 出典未詳。

5.1115212　菩薩衆

5.11152121　牒章

第二に菩薩衆を列挙するとは、

5.11152122　論の問答を引きて、別して所以を列す

『釈論』（『大智度論』）には、「菩薩は出家・在家の四衆（比丘・比丘尼・優婆塞・優婆夷）に包摂される。なぜ別々に列挙するのか。答える。菩薩は四衆のなかに含まれることがあり、四衆は菩薩のなかに含まれないことがある。それ（四衆）が発心して成仏しないからである」とある。[135] 今、別々に列挙する。ともに発心成仏することを求める者を列挙して、菩薩衆と名づける。

5.11152123　科分経文

文を六［段］とする。第一に気質の同類のもの【気類】、第二におおよその数【大数】、第三に階位、第四に徳を讃歎し、第五に名を列挙し、第六に文を結ぶ。

5.11152124　解釈

5.111521241　気類

第一に気質の同類のもの【気類】とは、とりもなおさず「菩薩摩訶薩」（2a2/A10・12-13/71・10）である。もし

詳しく［文字を］保存すると、菩提薩埵・摩訶薩埵というべきである。什師（鳩摩羅什）は煩瑣なことを嫌って、提・埵の二字を省略した。菩提は、ここでは道という。薩埵は、ここでは心という。摩訶は、ここでは大という。これらの人々は、すべて広い大道を求める。さらにまた、衆生を成熟させるので、道心・大道心の気質の同類のものである。

菩薩には多くの種類がある。偏（蔵教）・通［教］・別［教］・円［教］のことである。『釈論』（『大智度論』）に迦旃延子《かせんねんし》が六度（六波羅蜜）の極限であり【斉限】完全である【満】ことを明らかにすることを引用する場

135 『釈論』（『大智度論』）には、「菩薩は出家・在家の四衆……それ（四衆）が発心して成仏しないからである」とある【釈論云菩薩為出家在家四衆摂何故別列答有菩薩堕四衆中有四衆不堕菩薩中為其不発心作仏】『大智度論』巻第四、「諸菩薩に二種あり。若しは出家、若しは在家なり。在家の菩薩は、総じて説くに優婆塞、優婆夷の中に在り。出家の菩薩は、総じて比丘、比丘尼の中に在り。今、何を以ての故に別に説くや。答えて曰わく、総じて四衆の中に在りと雖も、応当に別に説くべし。何を以ての故に。是の菩薩は必ず四衆の中に堕するも、四衆の菩薩の中に堕せざるもの有ればなり」（大正二五、八五上二三～二八）を参照。

136 菩提薩埵・摩訶薩埵【菩提薩埵摩訶薩埵】「菩提薩埵」は、bodhisattva の音写語。菩薩とも音写する。道心などと訳す。「摩訶薩埵」は、mahāsattva の音写語。大士と訳す。

合[137]、これは血の衆生を調えて乳としようとすることである。『大品［般若経］』に、菩薩が発心して薩婆若《さつばにゃ》（一切智）と相応すると明らかにすることに関しては[138]、これは乳を調えて酪に入れようとすることである。『大品［般若経］』に、菩薩が発心して神通を自在に活用し【遊戯神通】、仏国土を浄化することを明らかにすることに関しては[139]、さらにまた、『浄名［経］』のなかに不思議解脱を得る者がいずれも身を変化させて座に登るけれども、また屈服させられ呵《しか》られることに関しては[140]、これは酪を調えて生［蘇］・熟蘇としようとすることである。『大品［般若経］』に、菩薩が発心して、すぐに道樹（菩提樹）に座り、正しい覚りを完成し、法輪を転じ、
21a 衆生を救済することを明らかにすることに関しては[141]、これは蘇を調えて醍醐とすることである。それ故、下の

137 『釈論』（『大智度論』）に迦旃延子が六度（六波羅蜜）の極限であり【斉限】完全である【満】ことを明らかにすることを引用する場合【如釈論引迦旃延子明六度斉限而満者】　出典未詳。『私志記』巻第六には、「迦旃延子は、即ち『発智論』の主の名なり。彼の『論』に広く此の菩薩、六度の行相を修し、及び満の時節を明かす。『大論』は後に在りて衍門を以て之れを斥けんと欲するが故に、先に具さに之れを引くなり」（『新纂大日本続蔵経』二九、二九六上二〇～二二）とある。

138 『大品［般若経］』に、菩薩が発心して薩婆若（一切智）と相応すると明らかにすることに関しては【若大品明有菩薩発心与薩婆若相応者】　ぴったりした出典は未詳であるが、『大品般若経』巻第一、習応品、「菩薩摩訶薩は般若波羅蜜を行じ、薩婆若は過去世と合せず。何を以ての故に。過去世は見る可からず。何に況んや薩婆若は過去世と合せんや。薩婆若は未来世と合せず。何を以ての故に。未来世は見る可からず。何に況んや薩婆若は未来世と合せんや。薩婆若は現在世と合せず。何を以ての故に。現在世は見る可からず。何に況んや薩婆若は現在世と合せんや。舎利弗よ、菩薩摩訶薩は、是の如く習応す。是れ般若波羅蜜と相応すと名づく」（大正八、二二三中二一～二九）を参照。

139 『大品［般若経］』に、菩薩が発心して神通を自在に活用し【遊戯神通】、仏国土を浄化することを明らかにすることに関しては**【若大品明有菩薩発心遊戯神通浄仏国土】**『大品般若経』巻第十六、「菩薩摩訶薩有りて初発意従り以来、薩婆若心を遠離せず」（同前、三三六下一八～一九）、同巻第四、乗乗品、「若し菩薩摩訶薩は初発意従り以来、菩薩の神通を具足し、衆生を成就し……仏国土を浄め、衆生を成就し、初めに仏国の想無く、亦た衆生の想無し」（同前、二四七中二一～二六）、同、巻第二十四、善達品、「又た、須陀洹・斯陀含・阿那含・阿羅漢・辟支仏・菩薩摩訶薩を幻作し、初発意従り檀那波羅蜜・尸羅《しら》波羅蜜・羼提《せんだい》波羅蜜・毘梨耶《びりや》波羅蜜・禅那波羅蜜・般若波羅蜜を行じ、初地を行じ、乃至、十地を行じ、菩薩位に入りて神通に遊戯し、衆生を成就し、仏国土を浄め、諸禅解脱三昧に遊戯し、仏十力・四無所畏・四無礙智・十八不共法・大慈大悲を行じ、仏身の三十二相・八十随形好《ずいぎょうこう》を具足して、以て衆人に示す」（同前、四〇〇中一〇～一七）を参照。

140 『浄名［経］』のなかに不思議解脱を得る者がいずれも身を変化させて座に登るけれども、また屈服させられ呵られることに関しては**【如浄名中得不思議解脱者皆能変身登座而復受屈被訶】**『維摩経』巻中、「其の神通を得る菩薩は、即ち自ら形を変じ、四万二千由旬の為めに師子座に坐す。諸の新発意の菩薩、及び大弟子は皆な昇ること能わず」（大正一四、五四六中一二～一五）を参照。また、声聞・菩薩が維摩に屈服、呵責される記事に基づく。「訶」は「呵」に通じる。

141 『大品［般若経］』に、菩薩が発心して、すぐに道樹（菩提樹）に座り、正しい覚りを完成し、法輪を転じ、衆生を救済することを明らかにすることに関しては**【若大品明有菩薩発心即坐道樹成正覚転法輪度衆生者】**『大品般若経』巻第一、習応品、「菩薩摩訶薩は初発意従り六波羅蜜を行じ、乃至、道場に坐し、其の中間に於いて常に諸の声聞、辟支仏の為めに福田と作る」（大正八、二二二中二〇～二二）を参照。

文には、「菩薩はこの法を聞いて、疑いの網はすべて除かれた」とある。[142] さらにまた、「もし菩薩が法華を聞かなければ、巧みには菩薩道を行ずるのではない。もしこの経を聞くならば、すぐに巧みに菩薩道を行ずる」とある。[143] さらにまた、『涅槃［経］』には、「菩薩は涅槃を聞かなければ、常に［満たされないので］願望がある。もし涅槃を聞くならば、［すでに満たされているので］願望はすべて止む」とある。[144] それ故、かいつまんで［蔵教・通教・別教・円教の］四種［の菩薩］がいるのである。

本迹［釈］とは、本地は推量することが難しい。あるいは等覚[145]におり、あるいは法王（仏）に等しい。善財[146]が法界に入って文殊を見ると、姿形【色像】は果てしがなく、法門は深遠であるようなものである。本は諸仏の隣りに位置し、迹は釈迦を助けて菩薩となる。普現色身三昧[147]の力によって姿形【影】を散らばらせ姿【容】を垂れる。口輪《くりん》の不可思議な教化[148]によって、［衆生の］都合にしたがって広く説く。心で知ることができるが、言葉で論じることはできないのである。［これは］迹が［乳味・酪味・生蘇味・熟蘇味の］四味を引き導いて一実に帰着させる理由である。たとえば金槌と砧《きぬた》[149]によってさまざまな混じりけのないもの[150]を器とするようなも

142　下の文には、「菩薩はこの法を聞いて、疑いの網はすべて除かれた」とある【下文云菩薩聞是法疑網皆已除】『法華経』方便品、「菩薩は是の法を聞いて、疑網は皆な已に除こる。千二百の羅漢は、悉ごとく亦た当に作仏すべし」（大正九、一〇上二〇～二一）を参照。

143　「もし菩薩が法華を聞かなければ、巧みには菩薩道を行ずるのではない。もしこの経を聞くならば、すぐに巧みに菩薩道を行ずる」とある【云若菩薩不聞法華非善行菩薩道若聞此経即善行菩薩道】『法華経』、法師品、「薬王よ、多く人有って在家・出家にて菩薩道を行ぜんに、若し是の法華経を見・聞・読・誦・書・持・供養することを得ること能わずば、当に知るべ

し、是の人は未だ善くは菩薩道を行ぜず。若し是の経典を聞くことを得ること有らば、乃ち能《よ》善く菩薩の道を行ず」（同前、三一下三〜六）を参照。

144 『涅槃［経］』には、「菩薩は涅槃を聞かなければ、常に［満たされないので］願望がある。もし涅槃を聞くならば、［すでに満たされているので］願望はすべて止む」とある【涅槃云菩薩不聞涅槃常有希望若聞涅槃希望都息】『南本涅槃経』巻第三、名字功徳品、「譬えば農夫は、春月下種するに、常に悕望《けもう》有るが如し。既に菓実を収むれば、衆望は都《すべ》て息む。善男子よ、一切衆生は亦復た是の如し。余経を修学するに、常に滋味を悕《ねが》う。若し是の大般涅槃を聞くことを得ば、諸経の所有《あらゆ》る滋味を悕望すること、悉皆《こと》ごとく永く断ず」（大正一二、六二五上七〜一〇）を参照。

145 等覚　天台家の菩薩の五十二位（十信・十住・十行・十廻向・十地・等覚・妙覚）の第五十一位の菩薩を指す。妙覚は仏のことなので、等覚の菩薩は、菩薩としては最高位。

146 善財　善財童子のこと。善財童子が文殊菩薩に出会って発心し、多数の善知識（『六十巻華厳経』入法界品では、文殊師利菩薩を加えて五十五人）を訪問し、最後に普賢菩薩に出会って、法界に証入することを説く。

147 普現色身三昧　あらゆる身体を現わし示す三昧のこと。現一切色身三昧とも訳す。普現色身は、sarvarūpa-saṃdarśana の訳語。

148 口輪の不可思議な教化【口輪不可思議化】　不可思議な説法による教化の意。仏の身口意にわたるすぐれた教化を転輪聖王の輪宝にたとえて、身輪・口輪・意輪という。身輪は神通輪、神変輪ともいい、口輪は説法輪ともいい、意輪は他心輪、憶念輪、記心輪ともいう。

149 金槌と砧【鎚碪】「鎚」は、かなづち。「碪」は、砧と通じ、きぬた（金属をきたえるたたき台）。『文句記』巻第二中には、化主と輔者（補助する者）をたとえると解釈する（大正三四、一八二下一三〜一四）。

150 混じりけのないもの【淳樸】　底本の「淳璞」を、『文句記』によって「淳樸」に改める。「淳樸」は、混じりけがなく、飾りけがないこと。

のである。醍醐を成就してしまえば、［釈尊の］一代の教化【一期化】は止む。ところが、その本地は、究極的に成就する。どうして今日始めて大乗に入るであろうか。また寂滅道場において高山が先に照らされるのでもない。[151]頓［の教え］にしろ、漸［の教え］にしろ、すべて迹の行為にすぎない。

観［心］によって解釈するとは、中道の観心は、二諦をどちらも照らすことを大と名づける。通じて菩提の果に至ることを道と名づける。［見一処住地惑・欲愛住地惑・色愛住地惑・有愛住地惑、無明住地惑の］五住［地惑］の塵労（煩悩）を破ることを、衆生を救済する【成】と名づける……。

5.111521242　大数

「八万人」（2a2/A10·13/71·10）とは、数である。他の『経』が［聴］衆を集めることはとても多い。この『［法華］経』はどうして少ないのか。あるいはそのおおよその数を語っている。あるいは王が秘密の事柄を論じる場合、全国【率土】でともに相談することができないことにたとえる……。

観心に焦点をあわせ［て解釈す］るとは、一の善心を観察すると、十法界を備える。十界はたがいに［備えると］百法界となり、千の性・相などを備える。十善は、［一］万［の］法であり、八正道に焦点をあわせると、八万の法門である……。

5.111521243　階位

「皆於阿耨三菩提不退転」（2a2-3/A10·13-14/71·10-11）とは、位を明らかにするのである。「阿耨」は、ここでは無上道という。境妙のなかに説く通りである。[152]位は、位妙のなかに説く通りである。[153]「不退転」（2a3/

A10·14/71·11）とは、位・行・念に焦点をあわせて、不退［転］を論じる。[154]
［蔵教・通教・別教・円教の］四種に区別するべきである。三悪道に生じないことは、位不退である。辺地に生ぜず、さまざまな感覚機能が完全に備わり、女性に生まれないことは、行不退である。常に過去の生活【宿命】を知ることは、念不退である。これを備えることを阿鞞跋致地《あびばっちじ》[155]（不退転の境地）と名づける。［以上は］三蔵［教］の意義である。六心（六住）以前の軽い毛のような[156]菩薩に関しては、信根がまだ確立していないの
21b
で、その位はやはり退転する。七心以上、初地から六地までは、退転して凡夫・二乗とならないことを、位不

151 寂滅道場において高山が先に照らされる【寂滅道場高山先照】 寂滅道場を説法場所とする『華厳経』を指す。「高山先照」は、『華厳経』の三照の譬喩（『華厳経』巻第三十四、宝王如来性起品、大正九、六一六中一四～一六）に基づく。天台家では、『華厳経』の本文の趣意を離れて、太陽が高山、幽谷、平地を順に照らすことを読み取り、釈尊の説法の順序を決める根拠としている。

152 境妙のなかに説く通りである【如境妙中説】『法華玄義』の迹門の十妙のなかの境妙を指す。

153 位妙のなかに説く通りである【如位妙中説】『法華玄義』の迹門の十妙のなかの位妙を指す。

154 位・行・念に焦点をあわせて、不退［転］を論じる【約位行念論不退】 位不退・行不退・念不退を三不退という。位不退はすでに得た位から退転しないこと。行不退はすでに修した行から退転しないこと。念不退は正念から退転しないこと。

155 阿鞞跋致地 「阿鞞跋致」は、avaivartika, avinivartanīya の音写語。阿惟越致《あゆいおっち》とも音写する。不退転と訳す。「地」は、bhūmi の訳語。境地の意。

156 軽い毛のような【軽毛】 風に吹かれる軽毛のように進退が不安定であることをたとえる。

退と名づける。正使《しょうし》（煩悩の本体）は尽きたけれども、まだくまなく万行を修行することができないので、その行はやはり退転する。七地に至ることを、行不退と名づける。ところが、やはり二乗の念を起こすので、念の退転がある。八地に至って、［化］道（他を教化する道）と［空］観（空の理を観察すること）とが並び行なわれて【道観双流】、法の流れの水に入ることを、念不退と名づける。これを阿鞞跋致地と名づける。これこそ三乗に共通な十地の意義である。地［論］師は、[157]「十住は証不退、十行は位不退、十廻向は行不退、十地は念不退である」といっている。これは別教の意義であり、この『［法華］経』に合致せず、今、用いないものである。『［菩薩］瓔珞［本業経］』には、「初地に三観が目の前に現われ、心がすべて寂滅して、自然に［薩婆若海に］流入する」とある。[158]これもまた別教の不退転である。今、また用いない。『華厳［経］』において、初住に如来の一身・無量身を得て、三不退を備えると明らかにすることに関しては、[159]これは円教の不退転である。これは唯一真実の事柄[160]である。今、これを用いて位を判定するのである。

本迹［釈］とは、本地は寂滅であり、十地でさえないのであるから、まして初住であろうか。初住の不退転でさえないのであるから、まして別［教］・通［教］であろうか。別［教］・通［教］の位は、他の『経』の聴衆の列挙を解釈するのに適当である。円教の位は、まさに今の『［法華］経』にある。さまざまな経論の師は、迹を知らない以上、どうして本を知ることができようか。たたえる対象が誤っている以上、非難はそのなか（たたえる対象）にある。かえって増［の謗］・減［の謗］の二つの謗を成立させる。[161]どうして徳をたたえるというのか。

観心［釈］とは、三観は三不退である。さらにまた、一心三観は、一心の三不退である……。

157 **地［論］師【地師】**『十地経論』を拠り所とする学派を地論宗といい、それに所属する僧を地論師という。

158 **『［菩薩］瓔珞［本業経］』には、「初地に三観が目の前に現われ、心がすべて寂滅して、自然に［薩婆若海に］流入する」とある【瓔珞云初地三観現前心心寂滅自然流入】**『菩薩瓔珞本業経』巻上、賢聖学観品、「二種の法身は変易《へんにゃく》して生を受け、三観は現前して、常に其の心を修し、百法明門に入る。所謂る十信あり。一信に十あるが故に、百法明門あり。十三の故《ふる》き煩悩は、畢竟して受けず、心心寂滅して、法流水の中、自然に薩婆若海に入る」（大正二四、一〇一四下二三〜二七）を参照。

159 **『華厳［経］』において、初住に如来の一身・無量身を得て、三不退を備えると明らかにすることに関しては【若華厳明初住得如来一身無量身具三不退】**『六十華厳経』巻第九、初発心菩薩功徳品に、「此の初発心の菩薩は即ち是れ仏なるが故に、悉ごとく三世の諸の如来と等しく、亦た三世の仏の境界と等しく、悉ごとく三世の仏の正法と等しく、如来の一身・無量身、三世諸仏の平等なる智慧を得」（大正九、四五二下四〜七）と出る。「具三不退」については、『文句記』巻第二中には、七信を位不退と名づけ、八信以上を行不退と名づけ、初住以上を念不退と名づけると指摘し、初住に三徳（法身・般若・解脱）を備えるので、三不退を備えると解釈している（大正三四、一八三上一八〜二一を参照）。

160 **唯一真実の事柄【一実事】**『講義』に、「此の経の最実事の位に会同す」とあるように、『法華経』薬草喩品の「今、汝等の為めに、最実事を説く」（大正九、二〇中二二）の「最実事」を踏まえた表現で、円教の位を意味する。

161 **増［の謗］・減［の謗］の二つの謗を成立させる【成増減両謗】**『文句記』巻第二中によれば、『法華経』には蔵教・通教・別教の三教が説かれていないのに、三教を増やそうとするのが増の謗で、円（円教）を抑えて偏（蔵教・通教・別教）を成ずるのが減の謗とされる（大正三四、一八三中一四〜一六を参照）。

5.11152124４　歎徳

旧［説］には、「『皆得陀羅尼』以下は、はじめて徳をたたえる」とある。[162]今、不退転を取りあげる場合、二つの意味を備える。上（「皆於阿耨多羅三藐三菩提不退」）を成立させることは位を明らかにすることに所属し、後（「楽説辯才」）を起こすことは徳をたたえることに所属する。旧［説］には、「徳をたたえることは、十二句として、四つの意味に分ける。最初の［皆得陀羅尼・楽説辯才・転不退転法輪の］三句は現［在の］徳をたたえ、次の［供養無量百千諸仏・於諸仏所殖衆徳本・常為諸仏之所称歎の］三句は過去の行【往行】をたたえ、次の［以慈修身・善入仏慧・通達大智・到於彼岸の］四句は内の体をたたえ、後の［名称普聞無量世界・能度無数百千衆生の］二句は外の名をたたえる。［現在の徳、過去の行、内の体、外の名の］四つの意味は同じでないけれども、徳は最初に位置する。それ故、徳をたたえると呼ぶ。現［在の］徳をたたえるのに、さらに二つある。最初の［皆得陀羅尼の］一句は自行をたたえ、後の［楽説辯才・転不退転法輪の］二句は化他をたたえる。行をたたえることを三つとする。最初の［供養無量百千諸仏の］句は行の根本をたたえる。根本は諸仏にしたがって般若を獲得する。次の［於諸仏所殖衆徳本の］句は過去の行【本行】をたたえる。行は福徳である。福徳がある以上、智慧を助けることができる。次の［常為諸仏之所称歎の］句は仏にたたえられる。体にさらに三つがある。最初の慈悲（以慈修身の句）は応身をたたえ、中間の［善入仏慧・通達大智の］二句は心の智慧である報身をたたえ、後の［到於彼岸の］一句は法身をたたえる。名をたたえることを二つとする。最初の［名称普聞無量世界の］句は名声が広く行き渡ることをたたえ、次の［能度無数百千衆生の］句は衆生を救済することができることをたたえる」とある。[163]この分文（科文）は、きわめて美点[164]があるけれども、その根本中心【宗体】を厳しく調べて議論する【覈論】と、結局【殊】、向かう所【趣向】がない。もし通教をた

21c たえれば、通教には三身がない。さらにまた、仏の智慧に入るのでなければ、名声は広く行きわたらず、種々の意義は成就しない。もし別教をたたえれば、別教の初地は、二乗を超過する。どうして七地においてあらためて声聞・［辟］支仏の念を起こすであろうか。もし円教をたたえれば、七地以下に不退転の徳がないというべきではない。前進も後退も【進退】適当ではない。ついに誰をたたえると知るであろうか。以上は用いないものである。

今、十三句について、横と縦を設けて文を解釈する。第一に縦に十地に焦点をあわせる意義の便利さ【義便】である。第二に横に初住に焦点をあわせる意義の便利さである。「不退転」とは、前を成立させることはとりもなおさず位を明らかにすることであり、後を起こすことはとりもなおさず徳をたたえて初地に対応させ

162 旧［説］には、「『皆得陀羅尼』以下は、はじめて徳をたたえる」とある【旧云皆得陀羅尼去始是歎徳】『法華義記』巻第一、「『皆得陀羅尼』、此の下は是れ第四に徳を歎ずる段なり」（大正三三、五八〇中一五～一六）を参照。

163 旧［説］には、「徳をたたえることは、十二句として……次の［能度無数百千衆生の］句は衆生を救済することができることをたたえる」とある【旧云歎徳作十二句分為四意初三句歎現徳次三句歎往行次四句歎内体後両句歎外名四意不同而徳居於初故称歎徳歎現又両初一句歎自行後二句歎化他歎行為三初句歎行本本従諸仏得般若次句歎本行行福徳也既有福徳能資於慧次句為仏所歎体又三初慈悲歎応身中間両句歎心慧報身後一句歎法身歎名為二初句歎名普聞次句歎能度衆生】『法華義記』巻第一（大正三三、五八〇中一五～二〇）を参照。また、『法華義疏』巻第一（大正三四、四六二上九～一一）を参照。

164 美点【眉眼】一般には、端緒、てがかりの意であるが、『私志記』は、眉と眼は美貌の二つの中心なので、『法華義記』の科文を一応ほめた言葉と解釈している（『新纂大日本続蔵経』二九、三〇〇下一〇～一一を参照）。

ることである。初地を歓喜と名づける。その二辺（二つの極端）に落ちないで、中道に入って、「位不退・行不退・念不退の」三不退を獲得することを喜ぶ。それ故、最初の歓喜地をたたえることがわかるのである。

「皆得陀羅尼」（2a3/A10·14-15/71·11-12）は、二地をたたえる。二地を離垢《りく》と名づけ、また離達《りたつ》[165]とも名づける。さまざまな悪を離れ遮り、多くの善を保ち到達する。「陀羅尼」の意義である。それ故、離垢地をたたえることがわかるのである。

「楽説辯才」（2a3-4/A10·15/71·12）は、三地をたたえる。三地を明地と名づける。内に智が明らかであるならば、外に［楽］説辯［才］がある。智を知ろうとすれば、説法にある。説法に種々なものがある。願って説法すること【楽説】はもっとも優れているからである。それ故、第三の明地をたたえることがわかるのである。

「転不退転法輪」（2a4/A12·1/71·12）は、四地をたたえる。四地は焔［地］と名づける。焔は闇を破ることができる。さらにまた、灯心【炷】を燃やす。法輪を転じて、自分で自己の惑を害することは、灯心【炷】を燃やすようなものである。他者の迷いを破ることは、闇を除くようなものである。それ故、第四の焔地をたたえることがわかるのである。

「供養百千諸仏」（2a4-5/A12·1-2/72·1）は、五地をたたえる。五地を難勝地と名づける。この地は深い禅定を得、神通力を用いても、勝つことが難しく及ぶことが難しい。一瞬の間に、くまなく十方に到達して、諸仏を供養する。それ故、第五地をたたえることがわかるのである。

「於諸仏所植衆徳本」（2a5/A12·2/72·1-2）は、六地をたたえる。六地を現前と名づける。禅を得ることに基づいて、諸仏を供養することができる。福は［一切］種智を助け、［一切］種智は目の前に現れる。智は徳の根本である。種子を地に植えるようなものである。それ故、第六地をたたえることがわかるのである。

「常為諸仏之所称歎」(2a5-6/A12·2-3/72·2) は、第七の遠行地をたたえる。この地の［空智と仮智の］二智の方便[166]は、すべてのものを超過し、広く利益を修め、仏の心に合致する。それ故、第七地をたたえることがわかる。

「以慈修身」(2a6/A12·3/72·2-3)、は第八の不動地をたたえる。正智は不動であり、三界を出ず、ただ慈を身に滲透させ、[167]応現して［地獄・餓鬼・畜生・人・天の］五道に入る。口に滲透して法を説き、心に滲透して方便を設ける。『正法華［経］』には、［身・口・意の］三業すべてに滲透する［とある］[168]。それ故、第八地をたたえることがわかるのである。

22a 「善入仏慧」(2a6/A12·3-4/72·3) は、第九地をたたえる。九地を善慧と名づける。深く実際（真実の究極）に入り、不思議に【妙】本源に達する。この名前と意義【名義】はもっとも合致する。それ故、第九地をたたえることがわかる。

「通達大智」(2a6/A12·4/72·3) は、第十地をたたえる。十地を法雲と名づける。法身は大空《おおぞら》【虚空】のよう

165　離達　あるものから離れ、あるものに達すること。『文句』本文に、「諸悪を離遮し、衆善を達持す」とあるように、離遮と達持を合成して作った語。達持は、後に「持達」（大正三四、二二上一五）と出る。

166　二智の方便【二智方便】おそらく三智のうち、空智と仮智の二種の智を中智に対して方便と規定していると思われる。

167　滲透させ【薫】底本の「董」を、甲本によって「薫」に改める。この後の数行に出る三箇所も同じ。

168　『正法華［経］』には、［身・口・意の］三業すべてに滲透する［とある］【正法華具薫三業】現行の『正法華経』には、この文はない。『私記』は、「一家の引く所の正経は、多く現本に異なる。応に異本有るべし」と解釈している。

であり、禅定は大雲のようであり、智慧は大雨のようである。しっかりと仏法に入ることを慧と名づけ、巧みに仏法を用いることを智と名づける。たがいに取りあげるだけである。「到於彼岸」(2a6-7/A12・4/72・4) は、十地の内徳をたたえる。三諦の彼岸に到達し、因のなかにおいて果を説く。さらにまた、到達することは時間的に遠くないのである。「名称普聞」(2a7/A12・5/72・4) は、十地の外徳をたたえる。内徳は深く広いことによって、名声が広く行き渡るようにさせる。内外がたがいに合致する。もし等覚の位を開くならば、この［「到於彼岸」と「名称普聞」の］二句になぞらえる。「能度百千衆生」(2a7-8/A12・5-6/72・5) とは、［十地以外の］その他の地［の菩薩］があるいは一界から九界に至る人を救済する場合、「能度」と名づけない。十地は前よりも優れているので、「能度」と呼ぶ。

諸地はすべて多くの功徳を備えている。まさに今、［特定の徳の］出入りがあって解釈することに[169]ついては、人の心は異なったものを好むので、十地の名の便利さに基づくので、さらに［十地という］縦の意義は理解しやすいので、この一つのあり方によって文を解釈するだけである。

次に横にたたえると、ただちに初住に焦点をあわせてこれを説く。他の一々の位は、これを例として理解できるであろう。初発心住は、一つの発［心］が一切の発［心］であり、二辺（二つの極端）を超過し、凡夫を改め聖人（二乗）を超え、中道に入る。その心は静まりかえっており【寂滅】、一瞬一瞬に薩婆若（一切智）の海に流れ入る。それ故、「得不退転」という。初住に対象の特徴を実体化して執著すること【取相】（見思惑）・無知（塵沙惑）・無明［惑］などの妨げるもの【障】を遮り離れ、般若・解脱・法身などの徳を保持し達成する【持達】。それ故、「得陀羅尼」という。十信の相似の理解【似解】（相似即＝十信の位）でさえ妙音を三千［大千世］界にくまなく満ちるようにすることができる。まして初住の真実の理解の口密の功徳はなおさらである。それ故、「楽説辯才」という。初住において身を百の世界に分けて成仏することができる。その真実のありかを論じると、無量無辺［の世界］である。成仏し、説法教化することができるので、「能転不退法輪」という。初住において不思議の神［通］力を得て、くまなく法界の諸仏にお仕えする【承事】ことができる。それ故、「供養百千諸仏」という。初住において実相の根本を得る。［それ故、］「能植衆徳」［という］。初住において仏の知見を開き、自己の［証得した］法と諸仏とが同じであると知見する。それ故、「為仏之所称歎」である。初住の、対象に制約されない［絶対平等な仏の］慈悲【無縁慈】は、くまなく姿形【色身】を現わし、くまなく法界に応じる。それ故、「以慈修身」という。初住において秘密の蔵に入る。それ故、「善入仏慧」という。初住の一心三智は、妨げることのできるものがない。それ故、「通達大智」という。初住の事理は、部分的に究極的となる。それ故、「到於彼岸」という。初住の円徳は、真実であり名前とたがいに合致する。それ故、「名称普聞諸仏世界」という。初住は十法界の［衆生の］ために拠り所となって、［衆生を］安らかに確立し救済守護することができる。それ故、「能度百千衆生」という。初住にさらに無量無辺不可思議の種々の功徳がある。かいつまんで十三句についていうだけである。二住から等覚に至るまでも同様である。それ故、

22b

169 ［特定の徳の］出入りがあって解釈すること【出没釈】 十地の各地は多くの徳を備えているけれども、『文句』は、たとえば「楽説辯才」を三地、「転不退法輪」を四地に対応させている。これは、各地の徳を特化させて解釈していることになる。このことを、ある徳を取り出して、その他の徳を没して解釈すると表現している。

『大品［般若経］』には、「最初の阿字門[170]に四十一字の功徳を備える。最後の荼《だ》[171]にもさまざまな字の功徳を備える。中間も同様である。字は等しく、語は等しく、功徳も等しい」とある。[172]

質問する。このなかでは断惑の徳をたたえる。三蔵［教の菩薩］は惑を断ち切らないので、たたえられないことがあるが、声聞でさえたたえられるのであるから、迹として通［教の菩薩］・別［教の菩薩］となる場合、どうして［彼らの］徳をたたえないのか。

答える。［本ばかりでなく］通じて迹をたたえると、まさにこの意義（蔵教・通教・別教の菩薩をたたえるという意義）がある。今の『［法華］経』は正面から円［教］の人（菩薩）を明らかにするので、［蔵教・通教・別教の菩薩という］方便をたたえないだけである。

質問する。どうして諸句の功徳はすべて初住をたたえるのか。

答える。他の位も同様である。どうしてただ初住だけであろうか。旧［説］には、「八地にさまざまな功徳がある」とある。[173]それで［功徳は初住に限定されないことを］疑わないのである。今、円［教］において初住をたたえれば、どのような徳を包摂しないであろうか。初住でさえそうなのであるから、まして［初住より］後の位はなおさらである。『法華論』には、「上支・下支門は、総体的様相・個別的様相であることを知るべきである。最初の『得不退転』の一句は総体的である。この不退に、十種の表現【示現】がある。聞法不退転は『陀羅尼』、楽説不退転は『楽説辯才』、説不退転は『転不退法輪』、依善知識不退転は『供養百千諸仏植衆徳本』、断疑不退転は『為諸仏称歎』、入事不退転は『以慈修身』、入一切智如実境不退転は『善入仏慧』、依我空法空不退転は『通達大智』、入如実境不退転は『到於彼岸』、応作所作不退転は『度百千衆生』である。それ

170 阿字門　悉曇四十二字門の最初の文字が「阿」である。「阿字門」については、『文句』巻第一下の注10を参照。「荼」はdhaの音写語。悉曇四十二字門の最後の文字なので、字母の究極と解釈される。悉曇四十二字門は、四十二字陀羅尼門ともいい、一々の梵字について、一切法空の意義を明らかにしたもの。「語等」、「字等」については、『大智度論』巻第四十八に「字等・語等とは、是れ陀羅尼は諸字に於いて、平等にして愛憎有ること無し……等とは、畢竟空涅槃と同等なり。菩薩は此の陀羅尼を以て、一切諸法に於いて、通達無礙なり。是れを字等・語等と名づく」（大正二五、四〇八中一～七）とある。

171 荼　底本の「茶」は、「荼」の誤りなので改める。

172 『大品［般若経］』には、「最初の阿字門に四十一字の功徳を備える。最後の荼にもさまざまな字の功徳を備える。中間も同様である。字は等しく、語は等しく、功徳も等しい」とある**【大品云初阿字門具四十一字功徳後荼亦具諸字功徳中間亦爾字等語等功徳亦等】**『大品般若経』巻第五、広乗品、「復た次に須菩提よ、菩薩摩訶薩の摩訶衍は、所謂る字等、語等、諸字入門なり。何等をか字等、語等、諸字入門と為すや。阿字門は、一切法初不生なるが故なり……荼字門は、諸法の辺竟処に入るが故に、不終不生にして、荼を過ぎて字の説く可き無し」（大正八、二五六上六～中一一）を参照。

173 旧［説］には、「八地にさまざまな功徳がある」とある**【旧云八地有諸功徳】**『法華義記』巻第一、「但だ八地以上は是れ衆徳にして、七地以還《いげん》は是れ衆徳の本なり」（大正三三、五八一上一～二）を参照。

故、最初の総体的な句（「得不退転」）は上支、次のさまざまな個別的な句は下支である」とある。[174]『記』（『法華文句』[175]）のなかに横に初住の徳をたたえることは、この意味と同じである。『［法華］論』には、「第二には［菩薩のさまざまな功徳の］事柄を摂取（包摂すること）する門について、菩薩たちはどのような清浄地のなかに留まるのか、どのような方便によるのか、どのような境界であるのか、どのようななすべきことをなすべきであるのかということを示すからである」とある。[176]もしこの意義にしたがうならば、縦に菩薩の徳をたたえることをなしても、妨げはない。

観心によって徳をたたえることを解釈するとは、「不退転」は前に説いた通りである。「陀羅尼」とは、空観は旋陀羅尼[177]、仮観は百千［万億］旋陀羅尼、中観は法音方便陀羅尼である。さらにまた、空観によって心を観察すると、ただ［心という］名字だけあるのは、聞持陀羅尼である。仮観によって心を観察すると、無量の心、
22c 心・心作用の法がすべて法門であるのは、行持陀羅尼である。中観によって心を観察すると、心が実相であるのは、義持陀羅尼である。仮観によって心を観察すると、十法界の法を備えるのは、法無礙辯である。中観に

174
『法華論』には、「上支・下支門は……次のさまざまな個別的な句は下支である」とある【法華論云上支下支門総相別相応知初得不退転一句是総此不退有十種示現聞法不退転即是陀羅尼楽説不退転即是楽説辯才説不退転即是転不退法輪依善知識不退転即是供養百千諸仏植衆徳本断疑不退転即是為諸仏称歎入事不退転即是以慈修身入一切智如実境不退転即是善入仏慧依我空法空不退転即是通達大智入如実境不退転即是到於彼岸応作所作不退転即是度百千衆生故初総句即是上支次諸別句即是下支】『法華論』巻上、「上支下支門とは、所謂る総相、別相なり。此の義は、応に知るべし。『皆な阿耨多羅三藐三菩提に於いて退転せず』とは是れ総相、余は是れ別相なり。彼の不退転に、十種の示現あり。此の義は、応に知るべし。

何等をか十と為す。一には聞法に住する不退転にして、『経』に『皆な陀羅尼を得』というが故の如し。二には楽説の不退転にして、『経』に『大辯才楽説』というが故の如し。三には説の不退転にして、『経』に『不退転の法輪を転ず』というが故の如し。四には善知識に依止する不退転にして、身心業は、色身に依って摂取するを以ての故なり。『経』に「無量百千の諸仏を供養す」というが故。『諸仏の所にして諸の善根を種ゆ』というが故の如し。五には一切の疑いを断ずる不退転にして、『経』に『常に諸仏の称歎する所と為る』というが故の如し。六には何等・何等の事の為めに説法して彼彼の法に入る不退転にして、『経』に『大慈悲を以て身心を修す』というが故の如し。七には一切智如実境界に入る不退転にして、『経』に『善く仏慧に入る』というが故の如し。八には我空・法空に依る不退転にして、『経』に『大智に通達す』というが故の如し。九には如実の境界に入る不退転にして、『経』に『彼岸に到る』というが故の如し。十には応に作すべき所を作す不退転にして、『経』に『能く無数百千の衆生を度す』というが故の如し」（大正二六、二上二八～中一五）を参照。

175 『記』（『法華文句』）【記】『講義』には、「論を引くに対して前の疏の文を指して、記と云う」とある。つまり、『法華論』の引用に対して、引用の直前の『文句』の注釈を「記」と表現している。

176 『［法華］論』には、「第二には［菩薩のさまざまな功徳の］事柄を……どのようななすべきことをなすべきであるのかということを示すからである」とある【論云二者摂取事門者示現諸菩薩住何等清浄地中因何等方便何等境界何等応作所作故】『法華論』巻上、「摂取事門とは、諸菩薩、何等の清浄地の中に住し、何等の方便を以て、何等の境界の中に於いて、応に作すべき所を作すを示現するが故なり」（同前、二中一六～一七）を参照。

177 **旋陀羅尼** 『法華経』普賢菩薩勧発品（大正九、六一中七～八）に出る三種陀羅尼、つまり旋陀羅尼・百千万億施陀羅尼・法音方便陀羅尼の第一を指す。旋陀羅尼は、旋、つまり教えを転じることのできる陀羅尼＝記憶力の意。百千万億施陀羅尼は、膨大な回数、教えを転じることのできる陀羅尼。法音方便陀羅尼は、対応するサンスクリット語（sarva-ruta-kauśalya' āvartāṃ ca nāma dhāraṇīṃ）が、薬王菩薩本事品の「解一切衆生語言陀羅尼」（同前、五三中二七～二八）の対応サンスクリット語（sarva-ruta-kauśalya-dhāraṇī）と類似している。つまり、あらゆる方言に通じる能力を意味する。

よって心を観察すると、十法界がすべて実相に入るのは、義無礙辯である。空観によって心を観察すると、十法界にただ名前、言葉だけあるのは、辞無礙辯である。一心を観察すると三心であり、三心は一心であり、一界・一切界について、障礙がなく［教えを］展開する【旋転無礙】ことは、楽説無礙辯である。空観は位不退の法輪を転じ、仮観は行不退の法輪を転じ、中観は念不退の法輪を転じる。「供養仏」とは、ただ仏の言葉にしたがうだけである。今、仏の教えにしたがって、［空観・仮観・中観の］三つの観心を修行するのは、仏を供養することである。五住［地惑］を破り解脱を得るために、法を供養する。三諦の理が和合するのは、僧を供養することである。さらにまた、多くの修行の心が観察する智慧【観智】の心を助けるのは、仏を供養することである。観察する智慧の心が境界を開き生ずるのは、法を供養することである。境智の心が和合するのは、僧を供養することである。実相の心は観察する智慧の心の根本であり、観察する智慧の心は多くの修行の心の根本である。［実相の］根本を得ると、［功徳を］植えること【種植】が確立する。それ故、「植衆徳本」という。[178]観察する智慧の心は境界に深い次元で合致し【冥】、境界は観察する智慧に印をつける。智に照らす対象があり、常に境と合致する。「為仏所歎」である。空観は法を対象とする慈悲[179]に滲透され、仮観は衆生を対象とする慈悲に滲透され、中観は対象に制約されない［絶対平等な仏の］慈悲【無縁慈】に滲透される。空観は通［教］の仏慧に入り、仮観は別［教］の仏慧に入り、中観は円［教］の仏慧に入る。空観は一切智の彼岸に到達し、仮観は道種智の彼岸に到達し、中観は一切種智の彼岸に到達する。空観は真諦を聞き、仮観は俗諦を聞き、中観はくまなく中道第一義諦を聞き、またくまなく三諦を聞く。空観は四住［地惑］の百千（十万）の衆生を救済し、仮観は塵沙［惑］の百千の衆生を救済し、中観は無明［惑］の百千の衆生を救済する。一心三観に無量の徳がある。たたえても、尽くすことができない。ただかいつまんで説くだけである。

5.111521245　列名

5.1115212451　総じて文を消する大意を明かす

第五に名を列挙するとは、偉大な人物【大士】の偉大な名【大名】は、あるいは法門にしたがい、あるいは修行によって得た徳【行徳】にしたがい、あるいは本願にしたがう。一つの名であるけれども、無量の意義を備える。今、経に基づき観察に基づいて、十八の菩薩の名を解釈する【銷】。

5.1115212452　別釈

「文殊師利《もんじゅしり》」[180] (2a8/A12·6-7/72·6) は、ここでは妙徳という。『大［般涅槃］経』には、「明瞭に仏性を見るこ

178　「植衆徳本」という【言植衆徳本】『法華経』序品、「無量百千の諸仏を供養して、諸仏の所に於いて、衆徳の本を殖え、常に諸仏の称歎する所と為る」(同前、二上四～六) を参照。

179　法を対象とする慈悲【法縁慈】　諸法無我を悟って起こす慈悲で、阿羅漢、初地以上の菩薩の慈悲である。「衆生縁慈」は、衆生を対象として起こす慈悲で、凡夫の慈悲である。「無縁慈」は、仏の慈悲である。

180　文殊師利　Mañjuśrī の音写語。妙徳、妙吉祥などと訳す。

23a とは、ちょうど妙徳などのようである」といい、[181]『［諸法］無行経』には、「満殊尸利《まんじゅしり》」といい、[182]『［文殊師利］普超［三昧経］』には、「濡首《にゅうしゅ》」といい、[183]『思益《しやく》［梵天所問経］』には、「諸法を説くけれども、法相をも生起させず、非法相をも生起させないので、妙徳と名づける」という。[184]『悲花［経］』には、「願わくは、私が菩薩の道を修行し、教化する衆生は、すべて十方において、まず正しい覚りを完成し、私の天眼がすべてこれを見るようにさせることを。私の国土［の衆生］は、すべて一生［補処《ふしょ》］の菩薩（次生において成仏して、仏の処を補う菩薩）であり、すべて私にしたがって覚りを求める心を生ずるように激励しよう。私が菩薩の道を修行することには限界がない」とある。[185]宝蔵仏は、「あなたが功徳を作ることは、とても深くとても深く、妙なる国土を取ることを願う。今、わざわざあなたを文殊師利と名づける」という。[186]北方の歓喜世界において成仏し、歓《かん》喜蔵摩尼宝積仏《ぎぞうまにほうしゃくぶつ》と名づける。今、まだ現に存在する。名前を聞けば、四つの重罪[187]を消滅させる。[188]菩薩の姿と

181 『大［般涅槃］経』には、「明瞭に仏性を見ることは、ちょうど妙徳などのようである」といい【大経云了了見仏性猶如妙徳等】『南本涅槃経』巻第十八、梵行品、「復た諸の衆生は、永く諸の煩悩を破し、了了に仏性を見ること、猶お妙徳等の如きを願う」（大正一二、七二八中二二～二三）を参照。

182 『［諸法］無行経』には、「満殊尸利」といい【無行経云満殊尸利】出典未詳。

183 『［文殊師利］普超［三昧経］』には、「濡首」といい【普超云濡首】『文殊師利普超三昧経』巻中、無吾我品に、「濡首」（大正一五、四一五中八）などとあるように、『文殊師利普超三昧経』には頻出する。

184 『思益［梵天所問経］』には、「諸法を説くけれども、法相をも生起させず、非法相をも生起させないので、妙徳と名づける」という【思益云雖説諸法而不起法相不起非法相故名妙徳】『思益梵天所問経』巻第三、談論品、「文殊師利法王子の言

わく、若し菩薩は諸法を説くと雖も、法相を起こさず、非法相を起こさずば、是れ菩薩と名づく」（大正一五、四九上一八〜二〇）を参照。

185 『悲花［経］』には、「願わくは、私が菩薩の道を修行し……私が菩薩の道を修行することには限界がない」とある【悲花云願我行菩薩道所化衆生皆於十方先成正覚令我天眼悉皆見之我之国土皆一生菩薩悉令従我勧発道心我行菩薩道無有斉限】『悲華経』巻第三、諸菩薩本授記品、「我れは菩薩道を行ずる時、願わくは我が化する所の十方の無量無辺の諸仏世界の所有《あらゆ》る衆生は、阿耨多羅三藐三菩提心を発し、安らかに阿耨多羅三藐三菩提心に止まり、安らかに六波羅蜜に止まる者を化するを勧めんことを。願わくは先ず我れをして悉ごとく十方の一一の方面、恒河沙の如き仏刹、微塵数等の諸仏世界に於いて成仏説法せしめ、我れをして爾の時、清浄の天眼を以て悉ごとく遍く之れを見せしめんことを。願わくは我れは菩薩為りし時、能く是の如き無量の仏事を作し、我れは来世に於いて菩薩道を行じ、斉限有ること無く、我が教化する所の諸の衆生等は、其の心をして浄きこと猶お梵天の如からしめんことを。是の如き衆生の我が界に生ずる者は、爾して乃ち当に阿耨多羅三藐三菩提を成じ、是れ等の清浄を以て仏刹を荘厳すべし」（大正三、一八七上七〜一八）を参照。

186 宝蔵仏は、「あなたが功徳を作ることは、とても深くとても深く、妙なる国土を取ることを願う。今、わざわざあなたを文殊師利と名づける」という【宝蔵仏言汝作功徳甚深甚深願取妙土今故号汝名文殊師利】『悲華経』巻第三、諸菩薩本授記品、「衆生の為めの故に、自ら是の如き尊重の願を発し、妙なる国土を取る。是れを以ての故に、今、汝を号して文殊師利と為す」（同前、一八八上二七〜二九）を参照。

187 四つの重罪【四重罪】 四波羅夷罪のこと。殺生・偸盗・邪婬・妄語の四重罪（教団追放の処罰を受ける）。

188 北方の歓喜世界において成仏し、歓喜蔵摩尼宝積仏と名づける。今、まだ現に存在する。名前を聞けば、四つの重罪を消滅させる【在北方歓喜世界作仏号歓喜蔵摩尼宝積仏今猶現在聞名滅四重罪】『央掘摩羅経』巻第四、「北方、此を去ること四十二恒河沙の刹を過ぎ、国有りて常喜と名づけ、仏を歓喜蔵摩尼宝積如来・応供・等正覚と名づけ、世に在りて教化す」（大正二、五四三中一〇〜一二）を参照。

なり、釈迦に対して影や響きのように現われて教化を助ける【影響釈迦】だけである。心性の理を観察すると、［法身・般若・解脱の］三徳は秘密であり、縦でもなく横でもない。[189] それ故、妙徳と名づける。

「観世音[190]」（2a8/A12·7/72·6-7）とは、天竺では婆《ば》婁《ろ》吉《き》低《てい》税《ぜい》という。『思益［梵天所問経］』には、「もし衆生が見るならば、すぐに確定的に【畢定】菩提を得、名前を唱えるならば、多くの苦を免れることができるであろう」とある。[191] それ故、観音と名づける。『悲花［経］』には、「もし衆生が苦を受けても、私の名前を唱え、私を心に思うならば、私の天耳・天眼に見られ聞かれるであろう。［衆生が］苦を免れることができなければ、［私は］正しい覚りを取らないようにしよう」とある。[192] 宝蔵仏は、「あなたはすべての衆生を観察して、大悲心を生ずる。今、あなたを観世音と名づけよう」という。[193] この下の文[194]において、自分で名前を解釈する……。

妙法蓮華経文句巻第二上

189　［法身・般若・解脱の］三徳は秘密であり、縦でもなく横でもない【三徳秘密不縦不横】　大涅槃の法身・般若・解脱の三徳を、悉曇文字の伊字の三点のように、縦にも横にも一列に並ばず、三角形をなしているさまにたとえ、三徳の一体不離の関係を表わす。

190　観世音　*Avalokiteśvara* の訳語。観自在とも訳す。

191　『思益［梵天所問経］』には、「もし衆生が見るならば、すぐに確定的に【畢定】菩提を得、名前を唱えるならば、多くの苦を免れることができるであろう」とある【思益云若衆生見者即時畢定得於菩提称名者得免衆苦】　『思益梵天所問経』巻第三、談論品、「若し菩薩ありて、衆生は見ば、即時に阿耨多羅三藐三菩提を畢定す。又た其の名を称せば、衆苦を免るることを得るを、是れ菩薩と名づく」（大正一五、四八下一～三）を参照。

192 『悲花［経］』には、「もし衆生が苦を受けても……正しい覚りを取らないようにしよう」とある【悲花云若有衆生受苦称我名者念我者為我天耳天眼所見聞不得免苦不取正覚】『悲華経』巻第三、諸菩薩本授記品、「願わくは我れは菩薩道を行ずる時、若し衆生有りて諸苦悩、恐怖等の事を受け、正法を退失し、大闇処に堕し、孤窮を憂愁し、救護有ること無く、依無く舎無くば、若し能く我れを念じ、我が名字を称せば、若其《も》し我が天耳の聞く所、天眼の見る所と為らば、是の衆生等は若し斯の苦悩を免るることを得ずば、我れは終に阿耨多羅三藐三菩提を成ぜざらんことを」（大正三、一八五下二〇～二五）を参照。

193 宝蔵仏は、「あなたはすべての衆生を観察して、大悲心を生ずる。今、あなたを観世音と名づけよう」という【宝蔵仏云汝観一切衆生生大悲心今当字汝為観世音】『悲華経』巻第三、諸菩薩本授記品、「汝は天人、及び三悪道の一切の衆生を観じ、大悲心を生じ、衆生の諸の苦悩を断ぜんと欲するが故に、衆生の諸の煩悩を断ぜんと欲するが故に、衆生をして安楽に住せしめんと欲するが故に、善男子よ、今当に汝を字《な》づけて観世音と為すべし」（同前、一八六上九～一二）を参照。

194 この下の文【此下文】『文句』の観世音菩薩普門品の釈を指す。

妙法蓮華経文句　巻第二下

天台智者大師が説く

観心釈とは、三智を観と名づけ、三諦を世と名づけ、三観は言葉の根本であるので、音と名づける。

「得大勢《とくだいせい》」[1]（2a9/A12·7/72·7）とは、『思益［梵天所問経］』には、「私が歩む場所では、三千大千世界や魔の宮殿を震動させる」とある。[2]それ故、大勢至と名づける。『悲花［経］』には、「どうか私の世界が観世音［菩薩］のように、等しく相違がないようにと願う」とある。[3]宝蔵仏は、「あなたが［三千］大千世界を取ろうと願うことに基づくので、今、あなたを大勢至と名づけよう」という。[4]観心釈とは、［体真止・方便随縁止・息二辺分別止の］三止[5]を足とし、三諦の地に［足を］投じて、十法界を動かし、すべての見［煩
23b 悩］・愛［煩悩］の留まる場所は、すべて動揺する【傾動】……。

「不休息《ふくそく》」[6]（2a9/A12·8/72·8）とは、『思益［梵天所問経］』には、「恒河沙劫《ごうがしゃこう》を一昼夜とし、この三十日を一ヶ月とし、十二ヶ月を一年とする。百千万億劫[7]を過ぎて、一仏に出会うことができる。このように恒河沙の仏に出会って、さまざまな梵行を修行して、功徳を修習する。そうして後に記別を受けても、心は休まない」とある。[8]それ故、不休息と名づける。

1　得大勢　Mahāsthāmaprāpta の訳語。勢至、大勢至とも訳す。

2　『思益［梵天所問経］』には、「私が歩む場所では、三千大千世界や魔の宮殿を震動させる」とある【思益云我投足之処震動三千大千世界及魔宮殿】『思益梵天所問経』巻第三、談論品、「若し菩薩の投足する所の処にて、三千大千世界、及び魔の宮殿を震動せば、是れ菩薩と名づく」（大正一五、四八下三～四）を参照。

3　『悲花［経］』には、「どうか私の世界が観世音［菩薩］のように、等しく相違がないようにと願う」とある【悲花云願我世界如観世音等無有異】『悲華経』巻第三、諸菩薩本授記品、「不浄穢悪の世界を願わず、我が国土、及び菩提樹をして、観世音の有する所の世界の種種の荘厳宝菩提樹の如くならしめ、及び阿耨多羅三藐三菩提を成ぜん」（大正三、一八六中二六～二八）を参照。

4　宝蔵仏は、「あなたが［三千］大千世界を取ろうと願うことに基づくので、今、あなたを大勢至と名づけよう」という【宝蔵仏言由汝願取大千世界故今当字汝為大勢至】『悲華経』巻第三、諸菩薩本授記品、「汝は大世界を取らんと願うに由るが故に、因りて汝を字《な》づけて得大勢と為す」（同前、一八六下一一～一二）を参照。

5　三止　諸法の空を体得して妄想が止息する体真止、空は空に非ずと知り、薬病を分別し、心を俗諦に安んじさせる方便随縁止、俗と空との二辺の分別を止息させる息二辺分別止である。

6　不休息　*Aniksipta-dhura* の訳語。

7　万　底本の「億」を、甲本によって「万」に改める。

8　『思益［梵天所問経］』には、「恒河沙劫を一昼夜とし……そうして後に記別を受けても、心は休まない」とある【思益云恒河沙劫為一日夜是三十日為月十二月為歳過百千万億劫得値一仏如是値恒河沙仏行諸梵行修習功徳然後受記心不休息】『思益梵天所問経』巻第三、談論品、「若し恒河沙等の劫を一日一夜と為さば、是の三十日を以て一月と為し、十二月を歳と為す。是の歳数を以て、若し百千万億劫を過ぎて一仏と値うことを得ば、是の如く恒河沙等の仏の所に於いて、諸の梵行を行じ、功徳を修集し、然る後に阿耨多羅三藐三菩提の記を受け、心に休息せず、疲倦有ること無し。是れ菩薩と名づく」（大正一五、四八下五～九）を参照。

観心［釈］とは、空を観察して空に留まらず、仮に出て仮に留まらず、中［道］に入って中［道］に留まらず、二諦をどちらも照らすことを、不休息と名づける。

「宝掌《ほうしょう》」[9]（2a10/A12·8-9/72·8）とは、『［文殊師利］普超［三昧経］』には、「上徳の鎧を着て、ないし仏［の智慧］も打ち砕く【沮敗】ことができない。大乗を捨てさせるのに、もし夢のなかで二乗を志さず、常に真実の心とさまざまな神通の智慧の心[10]によって、人のために講説する【講宣】ならば、貴重な宝石について心に貪り惜しむ【貪惜】ことはない」とある。[11]それ故、宝掌と名づける。

観心［釈］とは、不思議の三諦を宝と名づけ、一心三観を掌と名づける。この観察の掌で、この諦の宝を取り、自分に利益を与え他者に利益を与えるので、宝掌という。

「薬王[12]」（2a10/A12·9/72·8-9）とは、『悲花［経］』には、「どうか賢劫《げんごう》[13]の一千四仏が最初に覚りを完成するときには、私がすべて供養し、諸仏が涅槃に入るときには、私がすべて塔を建立し、劫が尽きる苦悩のときには、私がすべて［衆生を］救済守護し、戦争や疫病が流行する【刀兵疾疫】ときには、偉大な医王となり、そうして後に成仏しますようにと願う。宝蔵仏は、『今、あなたを火浄《かじょう》薬王と名づけよう。後に成仏するならば、楼《ろう》至《し》如来である』といった」とある。[14]

観心釈……。

ここ以下は、七菩薩[15]を解釈することを欠いている。

「跋陀婆羅《ばっだばら》[16]」（2a12/A12·12/72·11-12）とは、ここでは善守という。賢守《げんしゅ》ともいう。『思益［梵天所問経］』には、

9　宝掌　Ratna-pāṇi の訳語。

10　神通の智慧の心【通慧心】『文句記』巻第二中には、「実従り通を起こす。通は是れ慧性なるが故に、通慧と云う」（大正三四、一八五上一四～一五）とある。

11　『〔文殊師利〕普超〔三昧経〕』には、「上徳の鎧を着……貴重な宝石について心に貪り惜しむ【貪惜】ことはない」とある【普超云被上徳鎧乃至仏無能沮敗令釈大乗若於夢中不志二乗常以実心諸通慧心為人講宣於珍宝心無所貪惜故名宝掌】『文殊支利普超三昧経』巻上、正士品、「宝掌菩薩の曰わく、『仁者《にんじゃ》よ、当に知るべし、上徳の鎧を被《き》、乃ち仏慧に至るも、能く沮《そ》敗《はい》して大乗を釈《す》てしむること無し。若し夢の中に於いて、二乗の声聞・縁覚を志さず、常に宝〔宋・元・明の三本と宮本には「実」に作る〕心、諸の通慧の心を以て、人の為めに講宣せば、珍宝に於いて、心に貪惜《とんじゃく》する所無く、愛悋《あいりん》する所無く、衆に大乗の誓いもて徳の鎧を被るを勧め、彼の学ぶ所の乗は、乗の不増不減有ること無きに非ず、其の心は是の如く歆慕《きんぼ》する所無ければ、則ち大乗の諸の通慧に応ず」（大正一五、四〇七上一九～二四）を参照。

12　薬王　Bhaiṣajyarāja の訳語。

13　賢劫　現在の一大劫（成・住・壊・空の四劫）を意味する。ちなみに最も近い過去の一大劫を荘厳劫、未来の一大劫を星宿《しょうしゅく》劫と名づける。

14　『悲花〔経〕』には、「どうか賢劫の一千四仏が最初に覚りを完成するときには……楼至如来である』といった」とある【悲花云願賢劫一千四仏初成道我皆供養諸仏入滅我皆起塔劫尽苦悩我皆救護刀兵疾疫作大医王然後作仏宝蔵仏言今当字汝為火浄薬王在後作仏即楼至如来】『悲華経』巻第六、諸菩薩本授記品（大正三、二〇二下四～二〇三中二一）を参照。

15　七菩薩　勇施菩薩・宝月菩薩・月光菩薩・満月菩薩・大力菩薩・無量力菩薩・越三界菩薩を指す。

16　跋陀婆羅　Bhadrapāla の音写語。在家の菩薩として有名。

「もし衆生が名を聞くならば、きっと正しい覚り【三菩提】を得る」とある。[17] それ故、善守と名づける。

観［心の］解釈【観解】とは、中道正観は、さまざまな善のなかで、最上級であるので、善守という。

「弥勒[18]」（2a13）とは、ここでは慈氏という。『思益［梵天所問経］』には、「もし衆生が見るならば、慈心三昧を得る」とある。[19] それ故、慈氏と名づける。『賢愚《げんぐ》［経］』には、「国王は、象使いが象を調教するのを見て、慈心が生じた。これにしたがって慈氏と名づけることができた」とある。[20]『悲花［経］』には、「刀［劫］・火劫において、衆生を守護しようと発願する」とある。[21]

今、観［心の］解釈【観解】とは、中道正観は、とりもなおさず対象に制約されない［絶対平等な仏の］偉大な慈悲【無縁大慈】である。慈という善根の力は、さまざまな心作用をすべて同体（一切衆生と我が身とが同体一身であること）の大慈の法のなかに入れ、さまざまな不善（悪）を離れさせる。それ故、慈氏と呼ぶ。さらにまた、「慈はまさに姓である。名は阿逸多《あいった》[22]である。ここでは無勝と翻訳する」とある。[23] 下の文に[24]……。

ここ以下は、宝積[25]を解釈することを欠いている。

17　『思益［梵天所問経］』には、「もし衆生が名を聞くならば、きっと正しい覚り【三菩提】を得る」とある【思益云若衆生聞名者畢定得三菩提】『思益梵天所問経』巻第二、談論品、「跋陀婆羅居士の言わく、『若し菩薩ありて、衆生は、其の名を聞かば、阿耨多羅三藐三菩提を畢定す。是れ菩薩と名づく』と」（大正一五、四九上八～一〇）を参照。

18　弥勒　Maitreya の音写語。一生補処の菩薩。

19　『思益［梵天所問経］』には、「もし衆生が見るならば、慈心三昧を得る」とある【思益云若衆生見者即得慈心三昧】『思益梵天所問経』巻第二、談論品、「弥勒菩薩の言わく、『若し菩薩ありて、衆生は見ば、即ち慈心三昧を得。是れ菩薩と名づく』

と」（同前、四九上一七～一八）を参照。

20　『賢愚［経］』には、「国王は、象使いが象を調教するのを見て、慈心が生じた。これにしたがって慈氏と名づけることができた」とある【賢愚云国王見象師調象即慈心生。従是得名慈氏】『賢愚経』巻第十二、波婆離品、「爾の時、大王曇摩留支とは、今の弥勒是れなり。始めて彼の世に於いて、此の慈心を発す。此れ自り以来、常に弥勒と字《な》づく」（大正四、四三六中二七～二九）を参照。象師と王の物語は、『賢愚経』巻第三、貧女難陀品、「王は是れを聞き已りて、悚然《しょうねん》として踊躍し、即ち起ちて宮に入り、香湯に洗浴し、更に新衣を著し、高閣の上に上りて、四向作礼し、一切衆生に於いて、大悲心を起こし、焼香して誓願す」（同前、三七二下二九～三七三上二）を参照。

21　『悲花［経］』には、「刀［劫］・火劫において、衆生を守護しようと発願する」とある【悲華云発願於刀火劫中擁護衆生】出典未詳。

22　阿逸多　Ajita の音写語。弥勒の名。

23　さらにまた、「慈はまさに姓である。名は阿逸多である。ここでは無勝と翻訳する」とある【又云慈乃姓也名阿逸多此翻無勝】経典の出典は未詳。ただ、『維摩経文疏』巻第十六に、次のような記述がある。「弥勒は、此に慈氏と翻ず。過去に王と為り曇摩流支《どんまるし》と名づく。国人を慈育すれば、国人は称して慈氏と為す。爾《そ》れ自《よ》り今に至るまで、常に慈氏と名づく。有るが言わく、其の母は本《も》と仁慈少なし。有身を覚えてより来、慈仁あり。昔、生出するに非ず。因りて慈氏と名づく。此れを以て推するに、慈氏は姓に非ざるなり。其の姓とは、阿逸多を姓とす。此に翻じて無勝と云うなり。亦た有る人は言わく、阿逸多は是れ名なり。既に親《まのあた》り経論翻訳を見ざれば、亦た定んで執す可からざるなり」（『新纂大日本続蔵経』一八、五八五上二二～中四）を参照。

24　下の文に【下文】『法華経』従地涌出品、「爾の時、釈迦牟尼仏は弥勒菩薩に告ぐらく、善き哉、善き哉。阿逸多よ、乃ち能く仏に是の如き大事を問えり」（大正九、四一上一四～一五）を指す。

25　宝積　Ratnākara の訳語。

23c

「導師[26]」とは、『思益［梵天所問経］』には、「邪道に落ちる衆生に対して、大悲心を生じ、正しい道に入らせ、恩や報いを求めない」とある。[27]それ故、導師と名づける。観［心の］解釈【観解】とは、三観の妙智は、すべての修行を導き、二辺に落ちず、すべて正しい観察に入るので、導師と名づける。

まだ解釈しないものについては、後に追って注釈するのを待ちなさい……。

5.111521246　結句

六に「如是」（2a13/A12·13/73·2）の下は、句を結ぶのである。

5.1115213　雑衆

5.11152131　教に約して総釈す

第三に雑衆《ぞうしゅ》（雑多な聴衆）を列挙するとは、旧［説］には「凡夫衆」とあるが、[28]このなかには聖［衆］がいる。旧［説］には「俗衆」とあるが、このなかには道［衆］（出家者の聴衆）がいる。旧［説］には「天人衆」とあるが、このなかには龍鬼がいる。すべて都合が良くない。今、雑衆と呼ぶと、意味は広く兼ねている。その意味は、［餓鬼・畜生・阿修羅・人・天の］五道・［欲界・色界の］二界・［天・龍・夜叉・乾闥婆・阿修羅・迦楼羅・緊那羅・摩睺羅迦の］八種[29]である。このために、雑という。『［大］方等［陀羅尼］経』にはまた地獄も列挙する。[30]『中陰経』にもまた無色［界の衆生］を教化する。[31]これはすべて［衆生の］機にしたがって適宜に現われる。例にならって【一例】重ねて質問してはならない。もはやその順序を確定することはできない。

26 導師　Susārthavāha の訳語。

27 『思益［梵天所問経］』には、「邪道に落ちる衆生に対して、大悲心を生じ、正しい道に入らせ、恩や報いを求めない」とある【思益云於堕邪道衆生生大悲心令入正道不求恩報】『思益梵天所問経』巻第三、談論品、「導師菩薩の言わく、『若し菩薩は邪道に堕す衆生に於いて大悲心を生じ、正道に入らしめて恩報を求めずば、是れ菩薩と名づく』と」（大正一五、四八下一〇～一一）を参照。

28 旧［説］には「凡夫衆」とある【旧云凡夫衆】『法華義記』巻第一、「此の下より『退坐一面』に竟わるまでは、是れ第三に凡夫衆を列す」（大正三三、五八一上二六～二七）を参照。「俗衆」、「天人衆」の出典は未詳。

29 八種【八番】一般的には天龍八部衆（天・龍・夜叉・乾闥婆・阿修羅・迦楼羅・緊那羅・摩睺羅迦）を指すが、『文句記』には、「欲天、色天、龍、乾、緊、修、迦、人」（大正三四、一八五下一七）とある。

30 『［大］方等［陀羅尼］経』にはまた地獄も列挙する【方等経亦列地獄】『大方等陀羅尼経』巻第一、「爾の時、婆薮（宋・元・明の三本には「藪」に作る）は地獄従り出で、九十二億の諸の罪人輩を将《ひき》い、光を尋ねて娑婆世界に来詣《らいけい》す」（大正二一、六四三上二九～中一）を参照。

31 『中陰経』にもまた無色［界の衆生］を教化する【中陰経亦化無色】『中陰経』巻下、「爾の時、世尊は即ち神力を以て中陰の衆生を摂し、非想非非想識天に至る。爾の時、世尊は復た神力を以て彼《かしこ》に到り、非想非非想識界に至り、施設《せせつ》して七宝の高座を荘厳するに、皆な化仏有り」（大正一二、一〇六六下八～一〇）を参照。文中の「非想非非想識天」は、無色界に属する。

旧［説］には、「人は国土の主である。さまざまな客人に譲って前に置く」とある。[32]『無量義経』はただこの『［法華］経』と席について同じであり、国王・国臣・国士・国女を明らかにして、客人と主人がたがいに譲る【賓主相譲】ことを論じない。経家（経典編纂者）から出たもので、おそらく文に列挙しているのであろう。[33]あるいは別の意味があるかもしれない。まだ詳しく明らかにできない。

今、この文を見ると、八段がある。まず帝釈を掲げ、次に四［天］王を列挙し、前に龍、後に鳥［が出て］、鬼神は重ねて出る。この意義のために、雑衆と呼ぶ。その順序をいうことはできない。さらにまた、雑衆とは、このなかに得道・未得道の者がいて雑《ま》ざり、果報と姿・服装が雑ざるので、雑という。そのなかで二乗道を得る者は、無漏智と無明煩悩とが雑ざるので、雑という。そのなかに菩薩道を得る者は、漚和《おうわ》[34]（方便）と多くの機とが雑るので、雑という。そのなかで仏道を得る者は、一法に一切法を備えるので、雑という。雑の意義はこのようである。どうして凡夫の世俗的な姿【形俗】によってこれを判定することができるであろうか。また五道・人天などによってこれを判定することはできない。それ故、雑というのである。これは約教釈である……。

5.11152132　四意に約して別釈す

5.111521321　欲界天

5.1115213211　帝釈天

「釈提桓因《しゃくだいかんにん》」（2a15/A14·1/73·3）は、因陀羅《いんだら》[35]である。あるいは旃提羅《せんだら》という。ここでは能作と翻訳する。忉利《とうり》天《てん》（三十三天）の主となる。忉利は、ここでは三十三と翻訳する。［東南西北の］四面にそれぞれ八城がある。

喜見城《きけんじょう》にしたがうと、合わせて三十三がある。ともに須弥《しゅみ》［山］の頂にいる。須弥［山］は、ここでは安明《あんみょう》と翻訳する。四宝によって成就され[36]、高さ広さ（縦横）が三百三十六万里である。これは［六］欲天の主である。それ故、前に列挙する。『雑阿含［経］』［巻第］四十には、「一人の比丘がいて仏に、『なぜ釈提桓因と名づけるのか』と質問する。『もと人間であったとき、急な布施【頓施】を行ない、主となることができたので、釈提桓因と名づける』と答える。『なぜ富蘭陀羅《ふらんだら》[37]と名づけるのか』と［質問する］。『人間であったとき、しばし

32 旧［説］には、「人は国土の主である。さまざまな客人に譲って前に置く」とある【旧云人是土主譲諸客在前】『法華義記』巻第一、「但だ如来は人中に在りて説法す。阿闍世王は、即ち是れ王舎城の主なり。主人に客に譲るの義有り。是の故に先に前の五衆を列して後、又た人衆を列す」（大正三三、五八一中三～五）を参照。

33 おそらく文に列挙しているのであろう【趣列在文】「趣」の意味はよく分からない。『私志記』巻第七に、「既に同じく是れ一処の時会《じえ》なれども、事此の如きは、此れは自ら結集の処より出で、趣爾なるのみ。人王の自ら作るに非ず。何ぞ相譲の意を論ぜんや」（『新纂大日本続蔵経』二九、三一二上五～七）とあり、「趣爾」については、「的定せざるの詞なり」（同前、三一二下一）と注している。これによれば、「趣」を「趣爾」と解し、不確定の意と解釈している。

34 漚和 upāya の音写語。方便と訳す。

35 因陀羅 Śakro devānāṃ indraḥ（釈提桓因と音写する。天帝釈と訳す）の一部 indraḥ の音写語。「旃提羅」も同じ。

36 四宝によって成就され【四宝所成】四宝については、諸説あるが、たとえば、『長阿含経』世記経・三災品「何の因縁を以て須弥山有るや。乱風起こること有りて、此の水沫を吹き、須弥山を造る。高さ六十万八千由旬、縦広八万四千由旬にして、四宝に成ぜらる。金、銀、水精、琉璃なり」（大正一、一三九上一二～一五）を参照。

37 富蘭陀羅 Puraṃ-dara の音訳。要塞の破壊者の意。

ば布施を行なった【数数行施】からである』と［答える］。『なぜ摩伽羅《まがら》[38]と名づけるのか』と［質問する］。『も
24a ともと人間であったときの名であるからである』と［答える］。『なぜ娑婆羅《しゃばら》[39]と名づけるのか』と［質問する］。『もともと人間であったとき、この衣を布施したからである』と［答える］。『なぜ憍尸迦《きょうしか》[40]と名づけるのか』と［質問する］。『もともと人間であったときの姓であるからである』と［答える］。『なぜ舎脂鉢低《しゃしはったい》[41]と名づけるのか』と［質問する］。『舎脂は妻であり、鉢低は夫である』と［答える］。『なぜ千眼と名づけるのか』と［質問する］。『もともと人間であったとき、聡明であり、あるとき、座において、千種の意義を思い、観察し考え計る【称量】ので、千眼[42]と名づける』と［答える］。『なぜ因提利《いんだいり》[43]と名づけるのか』と［質問する］。『三十二天の主となるからである』と［答える］」とある。[44]『［菩薩］瓔珞［経］』［巻］第三には、「天帝《てんたい》を拘翼《くよく》[45]と名づける」とある。[46]

教門（約教釈）とは、『阿含［経］』のなかの帝釈は、阿那含《あなごん》[47]である。『般若［経］』には、十方で般若について疑問を提示する者は、すべて釈提桓因と名づけることを明らかにする。別［教］・円［教］のなかに、釈提桓因は首楞厳三昧《しゅりょうごんざんまい》を得ると明らかにするが、内証（内面の証得）は同じではない。賢劫《げんごう》の二千二十四劫を過ぎ

38　摩伽羅　Maghavā の音写語。惜しみなく与える者の意。

39　娑婆羅　『雑阿含経』には、「娑婆婆」に作る。「婆娑婆」ともいう。Vāsava の音写語。Vasu 神群の長の意。

40　憍尸迦　Kauśika の音写語。インドラ神の名。

41　舎脂鉢低　Śacīpati の音写語。Śacī の配偶者の意。つまり、帝釈天を指す。Śacī は、毘摩質多羅（Vimalacitra）の娘で、帝釈天に嫁す。

42　千眼　Sahasra-cakṣu、Sahasra-nayana の訳語。

43　因提利　Indra の音写語。

44　『雑阿含［経］』［巻第］四十には、「一人の比丘がいて仏に……三十二天の主となるからである」と［答える］」とある【雑阿含四十云有一比丘問仏何故名釈提桓因答本為人時行於頓施堪能作主故名釈提桓因何故名富蘭陀羅為人時数数行施故何故名摩伽婆本為人時名故何故名娑婆羅本為人時此衣布施故何故名憍尸迦本為人時姓故何故名舎脂鉢低舎脂是婦鉢低是夫何故名千眼本為人時聡明於一時坐思千種義観察称量故名千眼何故名因提利為三十二天主】『雑阿含経』巻第四十（大正二、二九〇下二一～二九一上二〇）を参照。

45　拘翼　Kauśiya、Kauśika の音写語。憍尸迦とも音写する。

46　『［菩薩］瓔珞［経］』［巻］第三には、「天帝を拘翼と名づける」とある【瓔珞第三云天帝名拘翼】『菩薩瓔珞経』巻第二、「我れは是れ天帝釈にして、名づけて拘翼と曰う」（大正一六、一三中一一～一三）を参照。

47　阿那含　anāgāmin の音写語。不還《ふげん》と訳す。阿那含果は、声聞の四果の第三で、欲界の思惑の九品をすべて断じ、色界・無色界には生まれるが、欲界には再び生まれない。

て成仏し、[48] 無著《むじゃく》世尊と名づける……。

本迹［釈］とは、十住・［十］行・［十廻］向は三十であり、十地を一とし、等覚を二とし、妙覚を主とする。ともに第一義天に住み、ともに実相の甘露を服用することは本であり、須弥［山］の頂に住むのは迹である。

観心の解［釈］とは、自分で十善を行じ、他に随喜するように勧める。この三十善は、すべて空、すべて仮、すべて中［道］である。とりもなおさず三十三の観門[49]である。

5.1115213212　三光天子

「名月《みょうげつ》」[50]（2a16/A14·2/73·4）等の三天子（名月天子、普光天子、宝光天子）は、内臣（帝釈天の側近の臣下）であり、卿相《けいしょう》（帝釈天を助ける大臣）のようである。あるいは、「［日、月、星の］三光《さんこう》天子にすぎない」とある。

名月は、宝吉祥、月天子であり、大勢至《だいせいし》［菩薩］が応じ現われたもの【応作】である。「普香」[51]は、明星天子であり、虚空蔵[52]［菩薩］が応じ現われたものである。「宝光」[53]（2a16/A14·3/73·5）は、宝意、日天子であり、観世音［菩薩］が応じ現われたものである。これは本迹釈である。

観［心］の解［釈］とは、三観は三智[54]、三智は三光である。三諦から三智を生ずる。諦は天、智は子である……。

5.1115213213　護世四王

「四大天王」（2a16-17/A14·3/73·5）とは、帝釈の外臣であり、武将のようなものである。四つの宝山に住む。

48　賢劫の二千二十四劫を過ぎて成仏し【過賢劫二千二十四劫作仏】『法華経三大部補注』巻第五には、「文句の中に『二千二十四劫』と云うは、恐らくは誤りなり。只だ応に『二十四』と云うべきのみ」（『新纂大日本続蔵経』二八、二二一中九～一〇）とある。『私記』にも同様な指摘がある。『菩薩瓔珞経』巻第九、無著品、「汝、今天帝釈は、功徳衆行至り、乃ち無数の世従り、徳を積みて光明尊なり。今、天帝身と為り、大小劫数を経、三十六成敗するも、本の要誓を捨てず。千仏の兄弟は過ぎて、復た賢劫《げんごう》の名無し。中間に永く曠絶《こうぜつ》し、二十四中劫なり。後に乃ち仏有りて出で、十力・無所畏なり。清浄の徳あり普尊にして、刹土《せつど》を普忍と名づく。彼の仏は極めて長寿にして、在世の寿七劫にして、教化は已に周く訖《お》わり、永く寂して滅度を取る。法を世に遺して化し、亦復た七劫を経て、漸漸に法は没尽《もつじん》し、三尊の名を聞かず。中間に復た迥《はる》かに絶し、当に復た五劫を経べし。汝は彼の刹土に於いて、当に如来の位を紹《つ》ぐべし。我れは今、汝に決を授く。本無如来の印、号して無著尊と名づく。三界に最も第一なり。独歩して等侶《とうりょ》無く、説法して窮尽《ぐうじん》無く、当に阿僧祇無量の衆生類を化すべし」（大正一六、八二中二三～下一一）を参照。

49　三十三の観門【三十三観門】『講義』には、「三十善は所観、空仮中は能観なり。合して三十三と為す」とある。「三十善」は、十住・十行・十廻向それぞれの十善を合わせたものと推定される。

50　名月　*Candra* の訳語。

51　普香　*Samantagandha* の訳語。

52　虚空蔵　*Ākāśagarbha* の訳語。菩薩の名。

53　宝光　*Ratnaprabha* の訳語。

54　三　底本の「二」を、甲本によって「三」に改める。

高さは須弥の半分であり、広さは二十四万里である。東は提頭頼吒《だいずらいた》[55]、ここでは持国といい、また安民ともいう。黄金山に住んで、二匹の鬼を支配する。揵闥婆《けんだつば》[56]、富単那《ふたんな》[57]である。南は毘留勒叉《びるろくしゃ》、ここでは増長《ぞうじょう》という。また免離《めんり》ともいう。琉璃山《るりせん》に住んで、二匹の鬼を支配する。薜荔多《へいれいた》[58]、鳩槃荼《くはんだ》[59]である。西は毘留博叉《びるはくしゃ》、ここでは非好報といい、また悪眼ともいい、また雑語ともいう。白銀山《びゃくごんせん》に住んで、二匹の鬼を支配する。毒龍・毘舎闍《びしゃじゃ》[60]である。北は毘沙門《びしゃもん》、ここでは種種聞《しゅじゅもん》といい、また多聞《たもん》ともいう。水精山に住んで、二匹の鬼を支配する。羅刹《らせつ》、夜叉《やしゃ》である。［このように、四天王は］それぞれ二匹の鬼を支配し、人を悩ませないので、護世《ごせ》と呼ぶ。

24b 本迹［釈］とは、本は常・楽・我・浄の四王となり、仏法を守護保持し、外の人に、その枝葉を取って刃物で切り【斫截】破壊することをさせない。常王は東方の常・無常の双樹を守護し、楽王は南方の楽・無楽の双樹を守護し、我王は西方の我・無我の双樹を守護し、浄王は北方の浄・不浄の双樹を守護する。枝・幹は常をたとえ、華は我をたとえ、果は楽をたとえ、茂る葉は浄をたとえる。この華・果を守護し、常に一切衆生に利益を与えることができるので、迹は四王となり、世を守護するのである。

観［心］の解［釈］とは、四諦を観察する智は、四王である。一諦の下に、愛［惑］・見［惑］の二惑を除く。とりもなおさず八つの愛［惑］・見［惑］[61]を制御【護】することである。

5.1115213214　焔摩・兜率

次に、忉利［天］の上に、焔摩《えんま》[62]［天］がある。ここでは善時と翻訳する。『大［智度］論』には「妙善」とある[63]。忉利［天］から三百三十六万里離れている。善時［天］の上に、兜率陀《とそつだ》[64]［天］がある。ここでは妙足と翻訳する。焔摩［天］から離れていることは、大地が遠いようなものである。そして、列挙しないものにつ

いては、省略しただけである。なぜならば、下天[65]（四天王、忉利天の地居天《じごてん》）は鈍であり、上天（夜摩・兜率・化

55 提頭頼吒　Dhṛtarāṣṭra の音写語。四天王の一。東方の持国天のこと。「毘留勒叉」は、Virūḍhaka の音写語。南方の増長天のこと。「毘留博叉」は、Virūpākṣa の音写語。西方の広目天のこと。「毘沙門」は、Vaiśravaṇa の音写語。北方の多聞天（毘沙門天）のこと。

56 揵闥婆　gandharva の音写語。乾闥婆とも音写する。食香《じきこう》と訳す。もと神々の飲料であるソーマ酒を守護する神で、仏教に取り入れられ、緊那羅とともに帝釈天に音楽で仕えるとされる。

57 富単那　pūtana の音写語。鬼の一種。

58 薜茘多　preta の音写語。餓鬼と訳す。

59 鳩槃荼　kumbhāṇḍa の音写語。鬼の一種。

60 毘舎闍　piśāca の音写語。食肉鬼。

61 八つの愛［惑］・見［惑］【八愛見】　四諦の一々に愛惑と見惑の二惑があるので、合わせて四つの愛惑と四つの見惑があることになる。これを「八愛見」と表現している。

62 焔摩　yama の音写語。夜摩とも音写する。六欲天の第三。

63 『大［智度］論』には「妙善」とある【大論云妙善】　『大智度論』巻第五十四、「須夜磨《しゅやま》は、夜摩天王の名なり。秦には妙善と言う」（大正二五、四四三中一六）を参照。

64 兜率陀　Tuṣita の音写語。兜率とも音写する。六欲天の第四。

65 下天　六欲天のうち、四天王、忉利天のこと。須弥山に住むから地居天という。「上天」は、空居天（空中に存在する天）のこと。六欲天のうち、夜摩・兜率・化楽・他化自在の四天と色界の諸天をいう。

楽・他化自在の空居天《くうごてん》）は楽に執著するが、［彼らでさえ『法華経』の集会を］知って集まって来る。まして［楽に］執著せず、鈍でないものが［『法華経』の集会に集まって］来ないであろうか。

5.1115213215　自在

5.1115213216　大自在

「自在[66]」（2a17/A14·4/73·6）は、第五［天の化楽天］である。「大自在[67]」（2a17/A14·4-5/73·6-7）は、第六［天の他化自在天］である。［自在天は］自ら五欲（五官の対象である色・声・香・味・触）を作りだし【化】、他者が五欲を作り出す……。ある人は、「色界の頂、大自在［天[68]］である」という。これは飛び超えてそこに至るべきではない。

本迹［釈］とは、この二つの天の本［地］は自在［定］・自在王［定］などの定[69]に留まる。迹は二つの天となるだけである。

観心［釈］とは、入空は自在［天］の観察、入中は大自在［天］の観察である……。

5.111521322　色界天

次に、色界の天を列挙する。「娑婆[70]」（2a18/A14·6/73·8）は、ここでは忍と翻訳する。その国土の衆生は、十悪に安んじ、［輪廻から］脱出することを承知しない。人にしたがって国土に名づけるので、忍と呼ぶ。『悲花経』には、「どうして娑婆と名づけるのか。これらの衆生は、三毒やさまざまな煩悩を忍耐受容するので、忍土と名づける」とある。[71]また雑とも名づける。九道を雑《まじ》えていっしょに住むからである……。「梵[72]」（2a19/

A14·6/73·8-9）とは、ここでは離欲と翻訳する。下地（欲界）に繋《つな》がれているものを除いて、色界に上昇するので、離欲と名づけ、また高浄とも呼ぶ。「尸棄《しき》[73]」（2a19/A14·6/73·8）とは、ここでは頂髻《ちょうけい》と翻訳する。さらに

66　自在　Īśvara の訳語。六欲天の第五、化楽天に相当する。

67　大自在　Maheśvara の訳語。摩醯首羅《まけいしゅら》と音写する。六欲天の第六、他化自在天に相当する。

68　色界の頂、大自在［天］**【色界頂大自在】**『大般涅槃経疏』巻第二、「次に大自在天は、即ち魔醯首羅にして、色界の頂に居《こ》し、大千界に主たり」（大正三八、五一下一二～一三）を参照。

69　自在［定］・自在王［定］などの定**【自在自在王等定】**　二十五有の化楽天・他化自在天を破る三昧を、それぞれ自在定、自在王定という。『私志記』巻第七、「次に本迹の中の『此両定』の名は、即ち二十五三昧の中に能く此の二有を破するの定なり」（『新纂大日本続蔵経』二九、三二五中一一～一二）を参照。

70　娑婆　sahā の音写語。忍土、堪忍土、忍界などと訳す。

71　『悲花経』には、「どうして娑婆と名づけるのか。これらの衆生は、三毒やさまざまな煩悩を忍耐受容するので、忍土と名づける」とある**【悲花経云云何名娑婆是諸衆生忍受三毒及諸煩悩名故名忍土】**『悲華経』巻第五、諸菩薩本授記品、「此の仏の世界を、当に娑婆と名づくべし。何の因縁の故に、名づけて娑婆と曰うや。是の諸の衆生は、三毒、及び諸の煩悩を忍受す。是の故に彼の界を、名づけて忍土と曰う」（大正三、一九九下二一～二三）を参照。

72　梵　Brahmā の訳語。バラモン教において、宇宙の最高原理であるブラフマン（Brahman）を神格化したもの。仏教においては、色界の初禅天をいう。ここに、梵衆天、梵輔天《ぼんほてん》、大梵天の三天がある。

73　尸棄　Śikhin の音写語。

また、外国に火を樹提《じゅだい》戸棄[74]と呼ぶ。この王はもともと火光定（身より光を出す禅定）を修行して、欲界の惑を破り、徳にしたがって名づけられた。ところが、『［法華］経』には梵王と掲げ、また戸棄を取りあげているので、二人［の別の天］のようである。『釈論』（『大智度論』）に基づくと、ちょうど戸棄を王とする[75]。今の『［法華］経』は、位を取りあげ、名を示す。おそらく一人に対して名づけただけであろう。禅（初禅と二禅）の中間[76]に留まり、内には覚観《かくかん》[77]があり、外には言葉で説くことがあり、支配して【主領】王となることができる。ただ禅を修行するだけであれば梵［王の］民となり、四無量心[78]をさらに修行すれば［梵］王となるのである。初禅に梵衆・梵輔・大梵[79]がいる。今、［梵］王を取りあげて多くのもの【諸】を包摂するのである。「光明[80]」とは、
24c 二禅である。ここには少光［天］・無量光［天］・光音［天][81]がいる。三禅に少浄［天］・無量浄［天］・遍浄［天][82]がいる。四禅に密身［天][83]、また無罣礙《むけいげ》［天］、無量密［天］、また受福［天］、密果［天］、また広果［天］、無想密［天］、また無想［天］がいる。さらにまた、五那含《なごん》がいる。不煩《ふぼん》［天］・不熱［天］・善見［天］・善現［天］・色究竟［天］である。また大自在［天］である。つまり摩醯首羅［天］である。経文は省略して、くわしくは提示しない。ただ「等」（2a19/A14·7/73·9）とは、これらの天を「等」とするのである。例のように教門（約教釈）・本迹［釈］・観心［釈］がある。自分で考えなさい。

74　樹提戸棄　「樹提」は、jyotisの音写語。炬火《こか》、たいまつの光の意。『南本涅槃経』巻第二十八、師子吼菩薩品、「是の児は猛火の中に生じ、火を樹提と名づくれば、応に樹提と名づくべし」（大正一二、七八九上二七～二八）を参照。

75 『釈論』（『大智度論』）に基づくと、ちょうど尸棄を王とする【依釈論正以尸棄為王】『大智度論』巻第五十四、「此の間の一梵天王を尸棄と名づく」（大正二五、四四三中一九）を参照。

76 **中間** 『講義』には、初禅天には覚観があり、二禅天には覚観がなく、梵王の得る禅定は覚がなく観があるので、中間というと解釈している。

77 **覚観** 推し量る心の粗い働きを「覚」といい、細かな働きを「観」という。いずれも禅定の妨げとなる。新訳では、それぞれ尋、伺と訳す。

78 **四無量心** 慈・悲・喜・捨の心を無量に起こし、無量の衆生を救済すること。

79 **梵衆・梵輔・大梵【梵衆梵輔大梵】** 色界の初禅天の梵天に、梵衆天（Brahma-kāyika）、梵輔天（Brahma-purohita）、大梵天（Mahā-brahman）の三天がある。

80 **光明** Jyotiṣprabha の訳語。光明大梵のことで、色界の二禅天のこと。

81 **少光［天］・無量光［天］・光音［天］【少光無量光光音】** 色界の二禅天に住む少光天（Parīttābhāḥ devāḥ）、無量光天（Apramāṇābhāḥ devāḥ）、光音天（Ābhāsvarāḥ devāḥ）のこと。

82 **少浄［天］・無量浄［天］・遍浄［天］【少浄無量浄遍浄】** 色界の三禅天に住む少浄天（Parīttaśubhāḥ devāḥ）、無量浄天（Apramāṇaśubhāḥ devāḥ）、遍浄天（Śubhakṛtsnāḥ devāḥ）のこと。

83 **密身［天］** 無雲天（Anabhrakāḥ devāḥ）のこと。「無挂礙」は、無雲天の別名。「無量密」は、福生天（Puṇyaprasavāḥ devāḥ）のこと。「受福」はその別名。「密果」は広果天（Bṛhatphalāḥ devāḥ）のこと。「無想密」は、無想天（Āsaṃjñikāḥ devāḥ）のこと。「無想」はその別名。「五那含」は、五種の阿那含（anāgāmin の音写語。不還と訳す）果のことである。「不煩」は、無煩天（Abṛhāḥ devāḥ）のこと。「不熱」は、無熱天（Atapāḥ devāḥ）のこと。「善見」は、善見天（Sudarśanāḥ devāḥ）のこと。「善現」は、善現天（Sudṛśāḥ devāḥ）のこと。「色究竟」は、色究竟天（Akaniṣṭhāḥ devāḥ）のこと。

5.111521323　八龍王

次に八龍を列挙するとは、「難陀」[84]（2a20/A14·8/73·11）は歓喜と名づけ、「跋」[85]（2a21/A14·9/73·11）は善と名づける。兄弟は常に摩竭提《まかつだい》（マガダ国）を守護し、適当な時に雨を降らし、国に飢饉の年がない。瓶沙王《びんしゃおう》は、毎年集会を開き、万民は聞いてみな歓喜する。［龍の難陀は］これにしたがって名づけられた。［またこの龍は］目連によって降伏させられた者である[86]。海中に住む。

本迹の解［釈］とは、本は歓喜地に留まり、迹は海に居る。

観［心の］解［釈］とは、三観は中道であり、法の喜びを生ずるのである。

「娑伽羅《しゃがら》」[87]（2a21/A14·9/73·12）は、海に住むのにしたがって名づけられた。『華厳［経］』にたたえられるものである[88]。旧［説］には、「国に基づいて名づけられる」とある[89]。

本は智度（般若波羅蜜）の大海に留まり、迹は大海【滄溟】に落ち着く。

「和修吉《わしゅきつ》」[90]（2a21/A14·10/73·12）は、ここでは多頭《たず》という。また宝称ともいう。水のなかに居る。

本は普現色身三昧に留まり、迹は多くの頭を示すのである。

観［心釈］とは、入仮の観に、無数の法門を区別するのである……。

「徳叉迦《とくしゃか》」[91]（2a22/A14·10/74·1）は、ここでは現毒という。また多舌ともいい、あるいは両舌ともいう。

本は楽説無礙辯の法門に留まり、迹は多くの舌を示す。

「阿那婆達多《あなばだった》」[92]（2a22/A14·10-11/74·1）は、池にしたがって名づけられた。ここでは無熱という。無熱池とは、『長阿含［経］』［巻第］十八には、「雪山の頂上に阿耨達池《あのくだっち》という名の池がある。そのなかに五本の柱［を持つ］建物がある。池にしたがって名づけられた龍王は、常にその［建物の］なかに居る。閻浮提《えんぶだい》の龍たちには三つの心配がある。第一に熱風である。熱い砂が身に著いて、皮や肉、骨髄を焼き、それを苦悩とする。第二に悪風が突然生じて、その宮殿を吹き払い、宝石で装飾された衣などを失い、龍の身は自然と露出し、それを苦悩とする。第三に龍たちが遊び楽しむとき、金翅鳥《こんじちょう》93が宮殿に入って、生まれたばかりの龍の子供をつかみ

84　難陀　Nanda の音写語。

85　跋　Upananda の音写語、跋難陀の一部。

86　目連によって降伏させられた者である【目連所降者也】『文句』巻第一下（大正三四、一三下一一～一二）を参照。

87　娑伽羅　Sāgara の音写語。

88　『華厳［経］』にたたえられるものである【華厳所称】出典未詳。ただし、『六十巻華厳経』巻第二十七、十地品、「譬えば娑伽羅龍王の澍《そそ》ぐ所の大雨は、唯だ大海を除いて、余は受くること能わざるが如し」（大正九、五七三上一二～一三）を参照。

89　旧［説］には、「国に基づいて名づけられる」とある【旧云因国得名】『法華義記』巻第一、「娑伽羅とは、国に因りて名を得るなり」（大正三三、五八一下一三～一四）を参照。

90　和修吉　Vāski の音写語。

91　徳叉迦　Takṣaka の音写語。

92　阿那婆達多　Anavatapta の音写語。

93　金翅鳥　garuḍa の訳語。迦楼羅と音写する。想像上の鳥。金色の翼をもつインドの架空の大鳥で、龍を常食とする。翼の広さは三百三十六万里あるといわれる。これは毒蛇を食べる孔雀をモデルとして想像された鳥類である。天龍八部衆の一つ。

取って【搏撮】これを食う。恐怖してひどく悩む【熱悩】。この池には三つの心配はない。もし［金翅］鳥が［その池に］行こうと決心するならば、すぐに死んでしまうので、無熱悩池と名づけるのである」とある。[94]

本は清涼の常・楽・我・浄に留まり、迹は［清］涼池に落ち着く。

観［心釈］とは、三観の妙慧は、五住［地煩悩］のような人を煩わせ殺すようなもの【煩唼】を浄化して、［分段の生死と不思議変易の生死の］二つの［生］死の熱い砂を免れる……。

「摩那斯《まなし》[95]」(2a22/A14·11/74·2) は、ここでは大身という。あるいは大意、大力などともいう。修羅は海［の
25a 水］を押しのけて【排】、水を張って［帝釈天の住む］喜見城《きけんじょう》[96]を覆う。この龍は［修羅の］身に巻きついて、海水を止める。

本は無辺身の法門に留まり、迹は大きな身体【大体】となる。

観［心釈］とは、中道正観は、その本性が広大である【広博】……。

「漚鉢羅《おうはつら》[97]」(2a23/A14·11-12/74·2) は、ここでは濃い青色【黛色】の蓮華池《れんげち》という。龍は［その池に］依って居住する。［この龍は］池にしたがって名づけられた。

本は法華三昧に留まり、迹はこの池に居る。

観［心釈］とは、三観はとりもなおさず因を修行することであり、因は蓮華のことである。『正法念［処］経』には、「龍は諸天のために境域を保持する。修羅は兵を興して、進んで龍と闘う」とある。[98] それ故、天に管理されるとわかるのである。

5.111521324　緊那羅

次に「四緊那羅《きんなら》99」（2a24/A16・1/74・4）を列挙する。また真陀羅《しんだら》ともいう。ここでは疑神《ぎしん》という。人に似ているけれども、一本の角があるので、人非人と呼ぶ。天帝（帝釈天）の［仏］法の音楽の神である。十宝山《じっぽうせん》100に居

94　『長阿含［経］』［巻第］十八には、「雪山の頂上に阿褥達池という名の池がある……無熱悩池と名づけるのである」とある【長阿含十八云雪山頂有池名阿耨達池中有五柱堂従池為名龍王常処其中閻浮提諸龍有三患一熱風熱沙著身焼皮肉及骨髄以為苦悩二悪風暴起吹其宮殿失宝飾衣等龍身自現以為苦悩三諸龍娯楽時金翅鳥入宮搏撮始生龍子食之怖懼熱悩此池無三患若鳥起心欲往即便命終故名無熱悩池也】『長阿含経』巻第十八、閻浮提州品（大正一、一一六下四～一一七上一三）を参照。

95　摩那斯　Manasvin の音写語。

96　喜見城　忉利天（三十三天）の帝釈天の住む城の名。須弥山の頂上にある。善見城ともいう。

97　漚鉢羅　Utpalaka の音写語。

98　『正法念［処］経』には、「龍は諸天のために境域を保持する。修羅は兵を興して、進んで龍と闘う」とある【正法念経云龍為諸天保境修羅興兵前与龍闘】『正法念処経』巻第十九、畜生品、「時に婆修吉《ばしゅきつ》、徳叉迦大龍王等は、阿修羅の声を聞いて、大瞋恚を生じ、身より電光赫焔大明《でんこうかくえんだいみょう》を出だし、大熾電を雨らし、無量百千億の龍は海中従り出で、阿修羅と共に大闘諍《とうじょう》を興す」（大正一七、一一三中七～一〇）を参照。

99　緊那羅　kiṃnara の音写語。人非人と訳す。もと美しい声を持ち、よく歌舞をなす天の楽神で、仏教では、乾闥婆とともに帝釈天に音楽で仕えるとされる。

100　十宝山　『六十巻華厳経』巻第二十七、十地品、「仏子よ、是の菩薩の十地は、仏智に因るが故に、而も差別有り。大地に因るに十大山王有るが如し。何等をか十と為す。謂う所は、雪山王・香山王・軻梨羅山王・仙聖山王・由乾陀山王・馬耳山王・尼民陀羅山王・斫迦羅山王・宿慧山王・須彌山王なり」（大正九、五七四下二四～二九）を参照。

る。身体に異なる様相【異相】がある。つまり、［天に］昇って音楽を演奏する。仏がそのとき法を説けば、諸天は般遮于瑟《はんじゃうしち》にあわせて歌い、[101] 法門を頌する。旧［説］には、「法緊は四諦を演奏し、妙緊は十二因縁を演奏し、大緊は六度を演奏し、持緊はまとめて前の三つを演奏する」とある。[102] 今、［蔵教・通教・別教・円教の］四教の法門を演奏するというのである。

本は不可思議に留まり、滅［尽］定[103]から起たないで、静かに座禅し【安禅】合掌し、千万の偈によって法王たちをほめたたえる。迹は弦楽器と管楽器【弦管】にこと寄せて、十力[104]を歌う。

観［心釈］とは、音声は即空・即仮・即中であることを観察し、三諦にしたがうことは、仏をほめたたえることである。

5.111521325　乾闥婆

「四乾闥婆《けんだつば》[105]」(2a26/A16·4/74·8) は、ここでは嗅香《くこう》(香を嗅ぐこと) という。香を食べ物とする。また香陰 (香を放つ身体) ともいう。その身体から香を出す。これは天帝［釈］(帝釈天) の民間の音楽[106]の神である。「楽[107]」(2a26/A16·4/74·8) とは、旗ほこを逆さにして行なう巧みな技[108]である。「楽音」(2a27/A16·5/74·9) とは、弦［楽器］や管［楽器］を演奏するの[109]である。「美」(2a27/A16·5/74·9) とは、旗ほこを逆さにして行なう［巧みな技］【幢倒】のなかの優れた等級【勝品】の者である。「美音」(2a27/A16·6/74·9) とは、弦［楽器］や管［楽

101　般遮于瑟にあわせて歌い【弦歌般遮于瑟】「弦歌」は、弦楽器にあわせて歌うこと。「般遮于瑟」は、Pañcavārṣika の

音写語で、五年会（五年に一度設ける大会）のことであるが、『私記』は、ここの文脈に合わせて「楽の名」という解釈を採用している。楽神「般遮翼《はんじゃよく》」（Pañcaśikha）の奏でる歌の名と解釈しているようである。

102 **旧［説］**には、「法緊は四諦を演奏し、妙緊は十二因縁を演奏し、大緊は六度を演奏し、持緊はまとめて前の三つを演奏する」とある【旧云法緊奏四諦妙緊奏十二因縁大緊奏六度持緊総奏前三】『法華義記』巻第一、「初めに法緊那羅と言うとは、此の神は絲竹《しちく》の中より四諦の法を顕出《けんしゅつ》す。妙法緊那羅とは、此の神は絲竹の内より十二因縁の法を奏するなり。大法緊那羅とは、此の神は絲竹の内より六度の法を顕出するなり。持法緊那羅とは、応に総持の法と言うべし、経文は略す。此の神は絲竹の中より并せて三乗の法輪を説くなり」（大正三三、五八一下二三～二八）を参照。

103 **滅［尽］定【滅定】** 滅受想定ともいう。nirodha-samāpatti の訳語。心と心の作用をすべて滅した無心の禅定で、これを修して、無色界の最高である非想非非想処に生まれるとされる。

104 **十力** 仏の持つ十種の智慧の力のこと。処非処智力・業異熟智力・静慮解脱等持等至智力・根上下智力・種種勝解智力・種種界智力・遍趣行智力・宿住随念智力・死生智力・漏尽智力。

105 **乾闥婆** gandharva の音訳。食香《じきこう》と訳す。もと神々の飲料であるソーマ酒を守護する神で、仏教に取り入れられ、緊那羅とともに帝釈天に音楽で仕えるとされる。

106 **民間の音楽【俗楽】** 雅楽に対して、民間の音楽、外来の音楽、散楽（古代の舞楽雑伎）を広く指す。

107 **楽** Manojña の訳語。「楽音」は、Manojñasvara の訳語。「美」は、Madhura の訳語。「美音」は、Madhurasvara の訳語。

108 **旗ほこを逆さにして行なう巧みな技【幢倒伎】**『文句記』巻第二下には、「幢は縁幢を謂う。即ち竿木《かんもく》なり。倒は擲倒《じゃくとう》等と謂うなり」（大正三四、一八七上一三～一四）と注釈している。また、「伎」は、巧みな技や術。つまり、竹や木の棒を逆立ちさせたり、自由に操る技の意と思われる。

109 **演奏する【鼓節】** 本来は、「鼓や鉦《どら》を鳴らして節とし、軍隊を進めたり止めたりすること」であるが、ここでは演奏するの意と思われる。

器を演奏する者」のなかの優れた者である。

5.111521326　阿修羅

「阿修羅[110]」（2a28-29/A16·7/74·11）とは、ここでは無酒という。四天下において花を採り、大海に［花を入れて］発酵させて酒を造ろうとした【醞】が、魚・龍の行為の力で、その味は変化しなかったので、怒りねたみ［酒を］断つことを誓った。それ故、無酒神という。また不端ともいう。[111] 弥天《みてん》の安師（道安）は、［阿修羅のこ とを］「質諒《ぜつりょう》」といった。[112] 質諒は、まっすぐな信【直信】である。この神は媚びへつらう【諂曲】ので、名前と合致しない。二種［の説］がある。鬼道に包摂される者は、大海のほとりに住む。畜生道に包摂される者は、大海の底に住む。「婆稚《ばち》[113]」（2a29/A16·7/74·11）とは、ここでは被縛という。あるいは「［頭、両手、両足の］五箇所が束縛される」といい、あるいは「五つの悪い物[114]が頸にかけられ、脱することができない」というので、被縛という。また有縛ともいう。帝釈に束縛される。

本は［頭、両手、両足の］五箇所を束縛することによって魔や外道をつなぐことができ、迹はこの姿となるだけである。『正法華［経］』には、「最勝」とある。[115]

観［心釈］とは、三観の智によって［見一処住地惑・欲愛住地惑・色愛住地惑・有愛住地惑・無明住地惑の］五住［地］惑を束縛し、実際（真実の根拠）のなかに入る。

25b

「佉羅騫駄《からけんだ》[116]」（2a29/A16·8/74·12）は、ここでは広肩胛《こうけんこう》といい、また悪陰《あくおん》ともいう。海水から涌き出る者である。『正本』（『正法華経』）には、「宝錦」とある。[117]

本は権実二智に留まる。慈悲によって衆生を担うからである。迹は広肩胛となる。

観〔心釈〕とは、三観は五住〔地惑〕の生死の大海を勢いをつけて覆す【鼓覆】のである。

110 阿修羅　asura の音写語。もと善神であったが、後に悪神とされ、インドラ神（帝釈天）と争うものとされた。仏教では、六道の一として、須弥山の下の海底や海辺に住む鬼神とされる。

111 また不端ともいう【亦云不端】『文句』巻第四、「又た、修羅を端正と名づく。彼れは端正ならざるが故に、阿修羅と言う」（大正三四、六〇中二七～二八）を参照。

112 弥天の安師（道安）は［阿修羅のことを］「質諒」といった【弥天安師云質諒】「弥天安師」は、釈道安（三一二～三八五）のこと。弥天道安ともいわれる。「弥天」は、満天の意。『法華義疏』巻第一、「釈道安の『道行経』に、『胡音には須羅《しゅら》と云い、此には質諒と云う。其れ多く諂曲《てんごく》なるを以ての故に、為めに此の名を立て、其れをして質直誠信《じょうしん》ならしむるなり』と。諒は即ち信なり」（同前、四六五下一～三）を参照。

113 婆稚　Balin の音写語。

114 五つの悪い物【五悪物】『私志記』巻第七、「今、五悪物と云うは、即ち五屍なり。有るが云わく、死人・死蛇・死狗・死猪、及び諸の梟骨《しゅうこつ》の五を謂うなり」（『新纂大日本続蔵経』二九、三二一上一五～一六）を参照。

115 『正法華［経］』には、「最勝」とある【正法華云最勝】『正法華経』巻第一、光瑞品、「四阿須倫王の最勝阿須倫、欲錦阿須倫、燕居阿須倫、吸気阿須倫は、無央数百千の阿須倫、人民と倶に、仏所に来詣し、前《すす》んで稽首し畢《お》わりて、退いて一面に坐す」（大正九、六三中一七～一九）を参照。

116 佉羅騫駄　Kharaskandha の音写語。

117 『正本』（『正法華経』）には、「宝錦」とある【正本云宝錦】現行の『正法華経』には、「欲錦」とある。前注115を参照。

「毘摩質多《びましった》」[118]（2b1/A16·8·9/74·12）は、ここでは浄心といい、また種種疑ともいう。海水を波立てて音を出すので、毘摩質多と名づける。つまり、舎脂《しゃし》（帝釈天の妻）の父である。『観仏三昧［海経］』には、「光音天は、この地に生じた。地が欲望を持たせたので、［光音天は］海に入って不浄（精子）を洗い流した。［それが風に吹かれて］泥のなかに落ちて卵に変化した。八千年が経って一人の女が生まれた。［この女の頭は］千頭に一［頭］が足りず（九百九十九頭である）、二十四本の手があった。この女が水のなかで戯れたところ、水の精気【水精】が［女の］身に入って、八千年が経って一人の男を生んだ。二十四の頭があり、千手に一［手］が足りなかった。［この男が波立てる］海水の波の音［にちなんで］、毘摩質多と名づけた。［毘摩質多は］乾闥婆《けんだつば》の娘を求めて、［娘の］舎脂を儲けた。帝釈の行為の力【業力】は、その父（舎脂の父である毘摩質多阿修羅王）に［帝釈の］七宝の宮殿に住まわせ、［帝釈は舎脂を］妻として迎え入れた。［しかし、］後にその父［毘摩質多阿修羅王］に［帝釈に多くの女性がいると］讒言《ざんげん》［する者があり］、［毘摩質多阿修羅王は］とうとう［帝釈天と］兵を交え、脚によって海水を波立てて、自ら喜見［城］を攻めた。帝釈は般若の呪力によって、［毘摩質多阿修羅王は帝釈に］害をなすことができなかった」とある。[119]『正本』（『正法華経』）には、「燕居《えんご》」とある。[120]

本は色心がもともと清浄である。迹はこの名を名乗る。

観［心釈］とは、正面から中道を観察することは、とりもなおさず清浄な心【浄心】である。

「羅睺羅《らごら》」[121]（2b1/A16·9/75·1）は、ここでは障持（覆うことと捉えること）という。日月を覆い捉える【障持】者である。畜生の種族[122]であり、身長は八万四千由旬、口の広さは千由旬である。[123]宝珠によって身を飾る。［羅

118 **毘摩質多**　Vemacitrin の音写語。

119 **『観仏三昧［海経］』には、「光音天は、この地に生じた……害をなすことができなかった」とある【観仏三昧云光音天生此地地使有欲入海洗不浄堕泥変為卵八千歳生一女千頭少一二十四手此女戯于水水精入身八千歳生一男二十四頭千手少一海水波音名為毘摩質多索乾闥婆女生舎脂帝釈業力令其父居七宝殿納為妻後譏其父遂交兵脚波海水手攻喜見帝釈以般若呪力不能為害】**　『観仏三昧海経』巻第一、六譬品、「地劫の成ずる時、光音の諸天は世間を飛行し、水に在りて澡浴す。澡浴するを以ての故に、四大の精気は即ち身の中に入る。身に触楽あるが故に、精は水中に流れ、八風は吹き去りて、淤泥《おでい》の中に堕し、自然に卵を成ず……是の時、帝釈は善法堂に坐し、衆《もろ》ろの名香を焼き、大誓願を発す。『般若波羅蜜は是れ大明呪、是れ無上呪、無等等呪にして、審実不虚なり。我れは此の法を持って、当に仏道を成じ、阿修羅をして自然に退散せしむべし』と。是の語を作す時、虚空の中に於いて四刀輪有り、帝釈の功徳あるが故に、自然にして下り、阿修羅の上に当たる時、阿修羅の耳・鼻・手・足は一時に尽ごとく落ち、大海水をして赤なること絳《あか》き汁の如くならしむ。時に、阿修羅は即便《すなわ》ち驚怖して、遁走するに処無く、藕絲《ぐうし》の孔に入る」（大正一五、六四六下一五～六四七中一〇）を参照。なお、本文の「この地に生じた【生此地】」について、『私記』は「至此地」に作るべきであると指摘している。

120 **『正本』（『正法華経』）には、「燕居」とある【正本云燕居】**　前注115を参照。

121 **羅睺羅**　『法華経』には「羅睺」に作る。Rāhu の音写語。ただし、『大智度論』巻第十、「是の阿修羅王を毘摩質多、婆梨、羅睺羅と名づけ、是の如き等を阿修羅王と名づく」（大正二五、一三五中八～一〇）とあるように、「羅睺羅」に作る場合もある。もちろん、釈尊の実子の羅睺羅とは無関係である。

122 **畜生の種族【畜生種】**　阿修羅には、鬼道の所属のものと畜生の所属のものとがあり、羅睺［羅］阿修羅は後者であることについては、『正法念処経』巻第十八、畜生品（大正一七、一〇七上一二～一七）を参照。

123 **身長は八万四千由旬、口の広さは千由旬である【身長八万四千由旬口広千由旬】**　『増一阿含経』巻第三、阿須倫品、「阿須倫の形の広長は八万四千由延《ゆえん》、口の縦広は千由旬なり」（大正二、五六〇下八～九）を参照。

睺羅が］天女・天園林を観察する場合、もし四天下の人が父母に孝養し、沙門に供養しているならば、諸天（羅睺羅）は威力を持って、上空から刀を降らせる。もしそうでなければ、諸天（羅睺羅）は宮殿に入って出てこない。さらにまた、太陽が光を放ってその（羅睺羅の）眼を照らすと、［羅睺羅は］見ることができない。［羅睺羅が］掌をあげて太陽を遮ると、世間の人はみな「日蝕は奇怪で危険である【怪険】」といって、種々に邪な説をとなえる。月を覆う場合も同様である。ある場合は［羅睺羅が］大声を出すと、世間の人は「天の獣が吼えて危険であり【険乱】、王は衰えるであろう」といって、種々に邪な説をとなえる。[124]［羅睺羅は］日月を恐怖させるとき、ますますその身を大きくして、声を出して日月を呵責する。日月は光を失って、仏に訴えに来た。仏は羅睺［羅］に告げた。「日月を呑み込んではならない」と。羅睺［羅］の四肢【支節】は震えて【戦動】、身から白い汗を流し、すぐに日月を放した。[125] 日月の力、衆生の力、仏の力は、多くの因縁のために、害を与えることはできない。昔、婆羅門がおり、聡明で広く施した。四千の車に食物を載せ、広々とした野原【曠野】で施した。一つの仏塔があり、悪人に焼かれたが、［その婆羅門は］すぐに四千の車に水を載せ、火を滅し塔を救った。［その婆羅門は］歓喜して願いを発した。「願わくは大きな身を得て、欲界において第一となることを」と。正しい信がない以上、闘争を好み戦いを愛す。喜んで施したので、光明城に生まれ、羅睺羅[126]となった。修羅の主である。『正本』（『正法華経』）には、「吸気」とある。[127]

本［迹釈］・観［心釈］は……。

25c

5.111521327　迦楼羅

次に、「四迦楼羅《かるら》[128]」（2b2/A16·11/75·3）を列挙する。ここでは金翅《こんじ》という。鳥の羽【翅翮】は金色である。四天下の大樹の上に住む。二つの翼がたがいに三百三十六万里離れている。ある人は、「『荘子』には鵬と呼ぶ。鵬が行けば、多くの鳥はこれを助ける。また鳳皇（鳳凰）とも呼ぶ」という。個人的に考えると、鳳は新生の草【生草】を踏まず、竹の実を食い、アブラギリ【乳桐】に住む。金翅［鳥］は龍を食う。［金翅鳥が］どうして［鳳凰と］同類であろうか。「大威徳[129]」とは、威は多くのものたち【群輩】よりも優れている。さらにま

124 宝珠によって身を飾る……種々に邪な説をとなえる【宝珠厳身観天女天園林若四天下人孝養父母供養沙門者諸天有威力上空雨刀若不爾諸天入宮不出又日放光照其眼不能得見挙手掌障日世人咸言日蝕怪険種種邪説掩月亦如是或作大声世人言天獣吼険乱王衰種種邪説】『正法念処経』巻第十八、畜生品（大正一七、一〇七中八～一〇八上九）を参照。

125 日月を恐怖させるとき……すぐに日月を放した【怖日月時倍大其身気呵日月日月失光来訴仏仏告羅睺莫呑日月羅睺支節戦動身流白汗即放日月】『大智度論』巻第十、「仏は羅睺羅の与《た》めに而も偈を説いて言わく、『月は能く闇を照らして清涼なり。是の虚空の中に大灯明あり、其の色は白浄にして千光有り。汝は月を呑む莫れ。疾く放ち去れ』と。是の時、羅睺羅は、怖懅《ふきょ》して汗を流し、即ち疾く月を放つ」（大正二五、一三五中一四～一七）を参照。

126 羅睺羅　前注121を参照。

127 『正本』（『正法華経』）には、「吸気」とある【正本云吸気】前注115を参照。

128 迦楼羅　前注93を参照。

129 大威徳　Mahātejas の音写語。

た、威は龍たちを包摂するのである。『正本』（『正法華経』）には、「具足」[130]という。「大身」[131]（2b3/A16・12/75・4）とは、多くのものたち【群輩】よりも大きい。「大満」[132]とは、龍は常に自分の心を満たすのである。「如意」[133]（2b4/A16・13/75・5）とは、首にこの珠（如意珠）があるのである。『正本』（『正法華経』）には、「不可動」[134]という。迦楼鳥《かるちょう》には神力（不思議な力）がある。雄は天子に変化し、雌は天女に変化する。自己の住処を作り出して、宝石の宮殿がある。また百味［のご馳走］があるけれども、報いとして龍を食う必要がある。胎［生の迦楼鳥］は胎［生の龍］を食うことができ、［卵生・湿生・化生の］三［種の生の龍を］食うことができない。卵［生の迦楼鳥］は［胎生・卵生の］二［種の生の龍］を食うことができ、湿［生の迦楼鳥］は［胎生・卵生・湿生の］三［種の龍］を食うことができ、化［生の迦楼鳥］は［胎生・卵生・湿生・化生の］四［種の龍］を食うことができる。[135]『観仏三昧［海］経』には、「正しい発音は迦楼である。ある日、山の東で一頭の龍王と五百頭の小龍を食った。［東方以外の］三方も同様である。一巡りしてまた始める。寿命が八千年で、臨終のときに勢いを失う。龍の子を食おう【噉】とすると、龍の母がこれ（迦楼）を食う[136]ので、［迦楼は龍の子を］食うことができない。［迦楼は］すぐに怒って金剛山[137]から海を通過して、地輪[138]を穿って通過するが、風輪を通過することはできない。風［輪］がこれ［迦楼］をはじき飛ばす。古い穴から湧き出て、金剛山に到る。このように七回繰り返して、［迦楼は］山頂に帰って死ぬ。［迦楼の］肉は裂け火が起こって、宝山を焼こうとする。難陀［龍王］は、雨を降らしてこれを消滅させる。肉は爛れ、心［臓］が風輪を突き動かすことがまた七回繰り返され、山上に落ちて、［心臓が］如意珠となる。龍はこれを得れば、すぐに王となる。人王も同様にこの

130 「具足」【具足】『正法華経』巻第一、光瑞品、「四金翅鳥王、大身王・大具足王・得神足王・不可動王は、倶に仏所に来詣し、稽首し畢《お》わりて、退いて一面に住す」（大正九、六三中二〇～二一）を参照。

131 大身 Mahākāya の訳語。

132 大満 Mahāpūrṇa の訳語。

133 如意 Mahārddhiprāpta の訳語。

134 「不可動」【不可動】 前注130を参照。

135 胎［生の迦楼鳥］は胎［生の龍］を食うことができ……四［種の龍］を食うことができる【胎能噉胎不能噉三卵能噉二湿能噉三化能噉四】 衆生の生じ方を四種に分類した胎生・卵生・湿生・化生の迦楼羅（金翅鳥）についていう。『長阿含経』巻第十九、「四種の金翅鳥有り。何等をか四と為す。一には卵生、二には胎生、三には湿生、四には化生なり」（大正一、一二七中一～二）を参照。胎生の迦楼鳥は胎生の龍を食い、卵生の迦楼鳥は胎生・卵生の龍を食い、湿生の迦楼鳥は胎生・卵生・湿生の龍を食い、化生の迦楼鳥は四生の龍を食うという意味である。

136 食う【章嘐】『文句記』巻第二下には、「章嘐」を「嗽嘐」と記し、その意味を「啗嘐」と解釈している（大正三四、一八七下二八～二九）。つまり、物を食うの意。

137 金剛山 鉄囲山のこと。須弥山の周囲にある九山八海の最も外側にある鉄でできた山のこと。

138 地輪 大地の下にある三つの層（地輪・水輪・風輪）のうちの一つ。地輪の上に、九山八海があるとされる。

珠を感得する者である」とある。[139]

5.111521328　人

次に人を列挙するとは、「韋提希《いだいけ》」[140]（2b5/A16·14/75·7）は母である。思惟と翻訳する。頻婆娑羅《びんばしゃら》[141]は、ここでは模実《もじつ》と翻訳する。父である。「阿闍世《あじゃせ》」[142]（2b5/A16·14/75·7）とは、未生怨《みしょうおん》である。あるいは婆留支《ばるし》[143]と呼ぶ。ここでは無指《むし》という。宮中の女官【内人】は守護し、善見と呼ぶ。

善見の名は、本である。無指の名称は、迹を表わす。『大［般涅槃］経』には、「阿闍は不生と名づける。世とは怨と名づける。仏性を生じないので、煩悩の怨が生じる。煩悩の怨が生じるので、仏性を見ない。煩悩を生じなければ、すぐに仏性を見る。さらにまた、阿闍とは、不生と名づける。世は世法と名づける。世の［利・衰・毀・誉・称・譏・苦・楽の］八法に汚されないので、わざわざ阿闍世と名づける」とある。[144]これは本の意義である。『［文殊師利］普超［三昧］経』には、「阿闍世は、文殊に従って懺悔し、柔順忍《にゅうじゅんにん》[145]を得、死ん
26a で賓吒羅《ひんたら》[146]地獄に入った。入るとすぐに出て、上方の仏土に生まれて、無生［法］忍を得た。弥勒が出現する

139　『観仏三昧［海］経』には、「正しい発音は迦楼である……人王も同様にこの珠を感得する者である」とある【観仏三昧経云正音迦楼一日山東噉一龍王五百小龍三方亦爾周而復始寿八千年臨終失勢欲噉龍子龍母章嗲之不得食即嗔従金剛山透海穿地輪過不能過風輪風弾之従故孔湧到金剛山如是七返還山頂命終肉裂火起将焼宝山難陀雨雨滅之肉爛心衝風輪亦七返堕山上成如意珠龍得之即為王人王亦感此珠者也】『観仏三昧海経』巻第一、六譬品、「閻浮提の中、及び四天下に、金翅鳥有り、名の正音は迦楼羅王なり。諸鳥の中に於いて、快く自在なるを得。此の鳥は業報として、応に諸龍を食うべし……爾の時、

難陀龍王は、此の山を焼くことを懼《おそ》れ、即ち大いに雨を降らせ、澍《そそ》ぐこと車軸の如し。鳥肉は散尽し、惟《た》だ心在ること有り、其の心は直下すること、前の如く七返す。然して後、還《ま》た金剛山頂に住す。難陀龍王は、此の鳥の心を取りて、以て明珠と為す。転輪王は得て如意珠と為す」（大正一五、六四六中二一～一七）を参照。

140 **韋提希**　Vaidehī の音写語。阿闍世の母。

141 **頻婆娑羅**　Bimbisāra の音写語。マガダ国の王。

142 **阿闍世**　Ajātaśatru の音写語。マガダ国のビンビサーラ王とヴァイデーヒーの子。

143 **婆留支**　Balaruci の音写語。アジャータシャトルの異名。

144 **『大［般涅槃］経』には、「阿闍は不生と名づける……わざわざ阿闍世と名づける」とある【大経云阿闍名不生世者名怨以不生仏性故則煩悩怨生煩悩怨生故不見仏性不生煩悩即見仏性又阿闍者名不生世名世法以世八法所不汚故故名阿闍世】**
『南本涅槃経』巻第十八、梵行品、「阿闍と言うとは、名づけて不生と為す。世とは怨と名づく。仏性を生ぜざるを以ての故に、則ち煩悩の怨は生ず。煩悩の怨は生ずるが故に、仏性を見ず。煩悩を生ぜざるを以ての故に、則ち仏性を見る。仏性を見るを以ての故に、則ち大般涅槃に安住することを得るは、是れ不生と名づく。是の故に阿闍世と為す。善男子よ、阿闍とは、不生と名づく。不生とは、涅槃と名づく。世は、世法と名づく。為とは、不汚と名づく。世の八法の汚さざる所なるを以ての故に、無量無辺阿僧祇劫、涅槃に入らず。是の故に、我れは言いて阿闍世は無量億劫、涅槃に入らずと為す」（大正一二、七二三下二四～七二四上三）を参照。

145 **柔順忍**　心が柔順で悟ること。無生法忍（すべての存在が不生不滅であることを悟ること）より低い位とされる。

146 **賓吒羅**　出典の『文殊師利普超三昧経』巻下（大正一五、四二五下五）には、「賓跎羅」とあり、「集欲」と注している。

とき、再びこの界に来て、不動菩薩と名づける。後に成仏して浄界如来と名づけるであろう」とある。[147]その迹がそうである以上、本はどうして思い測ることができようか。『法華［経］』を説くとき、清浄な衆に参与し、『涅槃［経］』のときになって、逆罪[148]の者（阿闍世）を導く。迦葉が『法華［経］』において記別を受けるが、『涅槃［経］』において付属の任に当たることができない[149]ことと、どうして相違するであろうか。迹にも迷いその本にも惑ってはならないのである。

観［心］の解［釈］とは、貪愛の母、無明の父、これを傷つけるので、逆と呼ぶ。逆は順である。［仏］道でないものを実践して仏道に精通する。[150]

5.11152133　問答料簡

質問する。仏は人のなかで法を説くのに、人間の［聴］衆を列挙することがどうして少ないのか。

答える。文は簡略で［詳しくは］掲載しないが、人は本当には少なくない。文には「及諸小王転輪聖王」（2b15/A18-12-13/76-10-11）等という。『無量義［経］』のなかで、四輪王・国王・国臣・国民・士女を列挙する。[151]その［聴］衆は広大である。

質問する。天・人・龍・鬼は、すべて仏を見て法を聞く。地獄の一道、無色［界］の一界は、どうして列挙しないのか。

答える。この意義について、今論じよう。そもそもさまざまな道の浮沈は戒を保持するか破壊するかにより、

147　『［文殊師利］普超［三昧］経』には、「阿闍世は、文殊に従って懺悔し……後に成仏して浄界如来と名づけるであろう」とある【普超経云阿闍世従文殊懺悔得柔順忍命終入賓吒羅地獄即入即出生上方仏土得無生忍弥勒出時復来此界名不動菩薩後当作仏号浄界如来】『文殊師利普超三昧経』巻第三、心本浄品（大正一五、四二五下五～四二六上九）を参照。

148　逆罪　極悪の行為で、五つを数える。父を殺す、母を殺す、阿羅漢を殺す、仏の身より血を出す、和合僧を破るである。『南本涅槃経』巻第十八、梵行品、「若し彼の王の心は是れ決定せば、王の逆罪は云何んが壊《え》す可き。定相無きを以て、其の罪は壊す可し。是の故に我れは阿闍世王の為めに、決定心を作す」（大正一二、七二六上八～一〇）を参照。

149　『涅槃［経］』において付属の任に当たることができない【於涅槃不堪付嘱】『南本涅槃経』巻第三、長寿品、「若し法宝を以て阿難、及び諸比丘に付嘱せば、久しく住することを得ず。何を以ての故に。一切声聞、及び大迦葉は悉ごとく当に無常なるべし。彼の老人、他の、物を寄するを受くるが如し。是の故に応に無上の仏法を以て諸菩薩に付すべし」（同前、六一九上二〇～二三）を参照。

150　［仏］道でないものを実践して仏道に精通する【行於非道通達仏道】『維摩経』巻中、仏道品、「若し菩薩は非道を行ぜば、是れ仏道に通達すと為す」（大正一四、五四九上一～二）を参照。

151　『無量義［経］』のなかで、四輪王・国王・国臣・国民・士女を列挙する【無量義中列四輪王国王国臣国民士女】『無量義経』徳行品、「菩薩摩訶薩は八万人あり。天・龍・夜叉・乾闥婆・阿修羅・迦楼羅・緊那羅・摩睺羅伽あり。諸の比丘・比丘尼・優婆塞・優婆夷も倶なりき。大転輪王、小転輪王、金輪、銀輪、諸の転輪王、国王、王子、国臣、国民、国士、国女、国の大長者は、各おの眷属百千万数に而も自ら囲遶《いにょう》せられ、仏の所に来詣して、頭面に足を礼し、遶《めぐ》ること百千匝《そう》して、香を焼き華を散じ、種種に供養し、仏を供養し已って、退いて一面に坐す」（大正九、三八四上二六～中四）を参照。

仏を見るか仏を見ないかは乗（教え）［を聞くこと］に緩（怠慢）・急（熱心）があることによる。[152] ところが、戒を保持することに粗雑であることと微細であること【麁細】があるので、報いに優劣がある。乗を保持することに小大があるので、仏を見ることに権実がある。ひとまずかいつまんで戒・乗を判定すると、それぞれ三品（三等級）とする。『涅槃［経］』の一句[153]に基づいて、四句に展開してこれを解釈すると、その意義ははっきりと示される。第一に戒・乗がともに急、第二に戒は緩で乗は急、第三に戒は急で乗は緩、第四に戒・乗がともに緩である。もし通じて戒・乗を論じるならば、すべての善法、すべての観察の智慧は、いずれも戒と呼ぶことができる。またいずれも乗である。人天五乗[154]は、とりもなおさずその意義である。道共［戒］（無漏定に入って無漏心が生じている間だけ得られる戒）などの戒は、すべて共通の意味である。今、個別性について判定する。三帰・五戒・十善・八斎[155]、出家の律儀［戒］[156]、ないし定共［戒］（色界の四禅に入っている間だけ得られる有漏戒）は、身・口［の悪］を防ぎ、悪道の果を遮り、人天の報いを得るので、これを戒と名づける。もし経を聞いて理解を生じ、観察の智慧によって四諦・十二［因］縁・六度（六波羅蜜）・生滅・無生滅などを深く探究し【推尋】、智慧によって煩悩を破り、三界から運び出すことができれば、これを乗と名づける。それ故、『大品［般若経］』に、「有相の善は、［三界から］動かず出ない。無相の善は、［三界から］動くことも出ることもできる」とあるのは[157]、この意義である。もし戒・乗がともに急であり、下品の戒（三帰・五戒）を保持して戒が急であるならば、報いは人［界］のなかにある。小乗を保持して乗が急であるならば、人［界］のなかの身によって、三蔵教のときに、仏を見、法を聞く。中乗を保持して乗が急であるならば、人としての報いの身に
26b よって、通教の大乗、ないし方便を帯びるさまざまな大乗経のときに、仏を見、法を聞く。上乗を保持して乗が急であるならば、人としての報いの身によって、『華厳［経］』・『法華［経］』などの教えや諸教のなかの円

152 乗（教え）［を聞くこと］に緩（怠慢）・急（熱心）があることによる【由乗有緩急】 乗は教えの意。教えを聞くことに、緩＝てぬるくて怠慢なことと、急＝ひたすらで熱心なことがある。これを乗の緩急という。同じく戒を保持することにも緩急がある。乗と戒の緩急を組み合わせると、乗戒倶急・乗急戒緩・乗緩戒急・乗戒倶緩の四句がある。

153 『涅槃［経］』の一句【涅槃一句】 『南本涅槃経』巻第六、四依品、「乗に於いて緩なる者は、乃ち名づけて緩と為し、戒に於いて緩なる者は、名づけて緩と為さず」（大正一二、六四一中一七～一八）を参照。

154 人天五乗 「五乗」は、人乗・天乗・声聞乗・縁覚乗・菩薩乗の五種の教え。「人天」は、五乗の最初の二つを別に出しただけである。

155 三帰・五戒・十善・八斎【三帰五戒十善八斎】 「三帰」は、三宝（仏・法・僧）に帰依すること。「五戒」は、不殺生・不偸盗・不邪婬・不妄語・不飲酒を守ること。「十善」は、『文句』巻第一上の注113を参照。「八斎」は、八斎戒、八戒斎、八関斎のこと。在家信者が一昼夜だけ守る戒。在家の五戒とアクセサリーを身につけず歌舞を見ないこと、高くて大きなベッドに寝ないこと、昼をすぎて食事をとらないことを加えた八項目を守ること。これを月に六日間（八日、十四日、十五日、二十三日、二十九日、三十日）守る。

156 律儀［戒］【律儀】 「律儀」は、saṃvara の訳語で、もと抑制の意であり、身・口・意の悪行を防止する働きのあるものを意味する。律儀戒は受戒の作法によって得られるもの。有漏戒である。

157 『大品［般若経］』に、「有相の善は、［三界から］動かず出ない。無相の善は、［三界から］動くことも出ることもできる」とある【大品云有相之善不動不出無相之善能動能出】 『大品般若経』巻第七、無生品、「世間の中に於いて動ぜず出でず。是れ世間の檀那波羅蜜と名づく。……世間の中に於いて能く動き能く出ず。是の故に出世間の檀那波羅蜜と名づく」（大正八、二七二中一八～一九）を参照。

［教］において、仏を見、法を聞く。前もって列挙して同聞衆とする者のことである。もし中品の戒（十善・八斎）を保持して急であるならば、報いは欲界の天にある。小乗を保持して乗が急であるならば、欲界の天の身によって、三蔵［教］のときに、仏を見、法を聞く。その他は上に説いた通りである。もし上品の戒を保持して急であり、そのうえ禅定を修行するならば、報いは色・無色天などにある。小乗を保持して乗が急であるならば、色・無色天の身によって、三蔵［教］のなかで、仏を見、法を聞く。その他は上に説いた通りである。第一句を解釈した。もし戒緩・乗急であるならば、三品の戒はいずれも緩であるので、報いは三途に堕ちる。小乗を保持して乗が急であるならば、三途の身によって、三蔵［教］のなかで、仏を見、法を聞く。その他は上に説いた通りである。第二句を解釈した。もし戒急・乗緩であるならば、［下品の戒、中品の戒、上品の戒の］三戒は急であるので、欲界の人天や色・無色天の身を受け、［小乗・中乗・上乗の］三乗は緩であるので、仏は出世して三乗を説くけれども、楽しい報いに愛著し、五欲に溺れ乱れて、仏を見ず、法を聞かない。［舎衛国の九億の家のなかで、釈尊を見聞しない］舎衛［国］の三億[158]の家や［その他の地域の釈尊を］見たり聞いたりしない者たち、楽に執著する三界のさまざまな天などのことである。第三句を解釈した。もし戒・乗がともに緩であるならば、三途（三悪道）の報いを受けて、仏を見ず、法を聞かないのである。第四句を解釈した。

この文に地獄を列挙しないのは、その戒は緩であり、苦が重く報いが隔たっており、上乗もさらに緩であり、『法華［経］』において、仏を見、法を聞くことができないからである。他の経に［地獄の衆生を］列挙することがあるのは、他の乗（小乗・中乗）が急であるからにすぎない。

さらにまた、無色天を列挙しないのは、上戒が急であるので、天の身を受け禅定の味に執著するからである。上乗は緩であるので、『法華［経］』において、仏を見、法を聞くことができない。他の経に［無色界の天を］

列挙することがあるのは、他の乗（小乗・中乗）が急であるからにすぎない。もしこの意味を理解して、一々天龍八部を考えれば、すべて過去の因縁【本縁】の緩急を知る。［会座に］来るか、来ないかの意義は、すべて理解できるであろう。詳しく解釈することは、『浄名疏』の通りである。[159]

さらにまた、権者が実［者］を導くことを知るならば、[160]本迹の意義はいっそう明らかである。

これによって自己の観［心の修］行を考えると、三世の因果ははっきりと【朗然】知ることができる。

158　舎衛［国］の三億【舎衛三億】　舎衛城の人口九億（仏典の「億」は、十万、百万、千万などの意味があるが、ここでは十万が妥当であろう）のうち、三分の一は釈尊を見聞したことがなかった故事に基づく。『大智度論』巻第九、「舎衛城の中に九億家あり。三億家は眼もて仏を見、三億家は耳もて仏有りと聞けども、眼もて見ず、三億家は聞かず見ず」（大正二五、一二五下五〜七）を参照。

159　『浄名疏』の通りである【如浄名疏】　『維摩経』巻中、問疾品の「不来の相にして来たり、不見の相にして見る」（大正一四、五四四中一三〜一四）に対する注釈、『維摩経文疏』巻第十九（『新纂大日本続蔵経』一八、六一五下一七〜六一六上一三）を参照。

160　権者が実［者］を導く【権者引実】　「権者」は、本地を隠して衆生救済のために仮に現われた姿の者をいう。「権」は、仮の意。「実」は、実者のことで、外相と内実が一致している者をいう。つまり、境界の低い者がそのまま内実に合致した外相である餓鬼、畜生などの姿を取っている者をいう。

5.111522　結

「各礼仏足」(2b6/A16·15/75·9)とは、まとめて聴衆が集合すること【衆集】を結論づけるのである。

5.112　別序

5.1121　総解

5.11211　科分経文

「爾時世尊」(2b7/A18·1/75·10)以下、品を終わるまでを、別序(個別的な導入部)と名づける。文を五［段］とする。第一に［聴］衆が集まり、第二に瑞相を現わし、第三に疑いの思いを持ち【疑念】、第四に質問を発し、第五に質問に答える。

5.11212　光宅の解を破す

光宅［寺法雲］に、［五序(上記の五段)の順序について］逆順の生起がある。[161]［聴］衆が集まることによるので、瑞相を現わし、ないし質問によるので答える。答えは質問により、ないし瑞相は［聴］衆が集まることによる。これはまさに順番が逆になって【翻覆】依存して生起し【縁起】、かぎが鎖のように連結されて【鉤鎖】連なっている。正説(中心的な教説)に対して序となる【序於正意】ことは、ついにまだはっきりと示されない。ただ因縁［釈］という一つの解釈でさえなお明らかでないのであるから、まして第二(約教釈)、第三(本迹釈)、第四(観心釈)の［経文を明らかにする］縁由がついに趣くところがないのはなおさらである。

26c

5.11213 今師の正釈

今明らかにする。五序は、正［説］のなかの［人一・理一・行一・教一の］四一[162]に対して序である。［聴］衆を集めることは人一を述べ【叙】、瑞相を現わすことは理一を述べ、疑いの思いを持つことは行一を述べ、質問に答えることは教一を述べる。これは因縁釈である。

約教［釈］とは、この序は正［説］に対して序である。三蔵［教］でもなく、通［教］でもなく、別［教］でもなく、かえって円［教］の正［説］に対して序であるだけである。

本迹に焦点をあわせて［解釈］するとは、もし序によって寿量［品］のなかの本地の四一に対して序であるならば、この意義は自然と知ることができるので、けっして記さない。

観心［釈］は理解できるであろう……。

161　光宅［寺法雲］に、［五序（上記の五段）の順序について］逆順の生起がある【光宅逆順生起】五序の順序について、第一序が第二序を生ずるなどの順序（順の生起）と、第五序は第四序によってあるなどの順序（逆の生起）との二義のあることを、法雲は指摘している。『法華義記』巻第一（大正三三、五七五下九～一九）を参照。

162　四一　人一・理一・行一・教一をいう。『法華経』の一乗思想を、人＝修行者、理＝真理、行＝修行、教＝教法のそれぞれが一つであるという視点から明らかにしたものである。

5.1122　別釈

5.11221　衆集序

5.112211　衆集威儀を釈す

［聴］衆が集まることについて、さらに二［段］がある。最初に［聴］衆が集まる威儀、次に［聴］衆が集まって供養することである。『法華論』は、これを威儀如法住と名づける。[163]

5.1122111　四衆を釈す

「四衆」(2b7/A18･1/75･10)とは、旧［説］には、「出家・在家にそれぞれ二つがある。合わせて四衆とする」とある。[164]これはそれぞれ限られていて、意味が普遍的でない。今、一つの衆に焦点をあわせて、あらためて四［衆］に展開する。発起衆・当機衆・影響衆・結縁衆のことである。

発起［衆］とは、臨機応変の策があり【権謀】、智慧によってよく検討して【智鑒】、［衆生の］機を知り時を知り、［仏・菩薩の応現を］たたき持ち上げ[165]発動させ、成就し【成辦】利益を与える。大象が樹木を倒して、象の子に［枝葉を食べて］満足することができるようにさせるようなものである。[166]その意味は、［聴衆を］集めるように働きかけ、瑞相を生じさせ、ないし問答などを生じさせる。すべて発起衆と名づける。

当機［衆］[167]とは、過去において徳本[168]を植え、縁が合い時が熟して、腫れ物【癰】がつぶれそうになるように、座から起たないで、聞いてすぐに覚りを得る。これを当機衆と名づける。

影響《ようごう》［衆］[169]とは、過去【古往】の諸仏、法身の菩薩が、その円満究極であること【円極】を隠して、法王（仏）を正し助ける【匡輔】。多くの星が月の周りを回るようなものである。行為【為作】はないけれども、大きな利益がある。これを影響衆と名づける。

結縁［衆］とは、力については引き導き発動させる【引導撃動】能力がなく、徳については衆生【物】を制

163 『法華論』は、これを威儀如法住と名づける【法華論目此為威儀如法住】『法華論』、巻上、「威儀如法住成就」（大正二六、一中一四）を参照。

164 旧［説］には、「出家・在家にそれぞれ二つがある。合わせて四衆とする」とある【旧云出家在家各二合為四衆】『法華義記』巻第一、「前の二つの白団花は在家の二衆を譬え、後の二つの赤団花は出家の二衆を譬う」（大正三三、五八三上三～四）を参照。

165 たたき持ち上げ【撃揚】「撃」は強くたたくこと。「揚」は高く持ち上げること。『文句記』巻第二下には、「撃揚の言は、義、発起に当たる」（大正三四、一九〇上五～六）とある。仏に働きかけて、説法を発動させることと解釈している。また、撃発揚動と解釈し、「仏の大悲を扣《たた》くが故に撃と名づけ、聖旨を諮啓するが故に揚と名づけ、未だ聞かざる所を聞かしむるが故に発動と名づく」（同前、一九〇上一三～一四）などと述べている。

166 大象が樹木を倒して、象の子に［枝葉を食べて］満足することができるようにさせるようなものである【如大象躄樹使象子得飽】『大智度論』巻第九、「譬えば大象の能く大樹を劈《さ》き（宋・元・明の三本、宮本には「躄」に作る）きて、諸の小象をして枝葉を食することを得しむるが如し」（大正二五、一二七中一〇～一一）を参照。

167 当機［衆］【当機】仏の説法の会座に列席するものの中で、説法を聞いて、その場で理解し利益を得るものを当機衆という。

168 徳本 kuśala-mūla の訳語。善根とも訳す。

169 影響［衆］【影響】影響とも記す。釈尊の教化を讃歎し、扶助するために、法身の菩薩が影や響きのように現れたものを影響衆という。

伏する威厳のある【鎮厳[170]】働きでないけれども、過去の根が浅く、［器が］ひっくり返って欠けて漏れ、穢れていて【覆漏汚雑】、［聞慧・思慧・修慧の］三慧[171]は生ぜず、現世において仏を見、法を聞くけれども、四悉檀の利益がなく、ただ未来の救済の因縁となるだけである。これを結縁衆と名づける。

比丘衆がそうである以上、他の［比丘尼・優婆塞・優婆夷の］三衆も同様である。合わせて十六衆[172]である。比べれば、大通智勝仏[173]の時のようである。［十六人の］王子が反復して説くこと[174]は、その時の発起衆である。法を聞いて覚りを得ることは、その時の当機衆である。法を聞いてまだ救済されないけれども、幾世にもわたってたがいに出会って、今、声聞地に留まることのあるものは、その時の結縁衆である。その仏の世の時でさえ四四、十六衆がいた。今の仏（釈尊）の道も同じである。どうして［十六衆が］ないことがあろうか。これは円教の十六衆である。［蔵教・通教・別教の］三教に焦点をあわせることも、これを例として理解できるであろう。

本迹は理解できるであろう。

27a 観心［釈］は、境（観察の対象）をきわめ観察して、名字［即］・観行［即の］位のなかにあるのは、結縁衆となる。相似［即の］位[175]に入るのは、当機衆となる。分真［即の］位[176]に入るのは、発起［衆］・影響衆となる……。

5.1122112　囲遶を釈す

「囲遶」(2b7/A18·1/75·10)とは、仏が最初に世間に出現して、人がまだ法を知らず、浄居天《じょうごてん》[177]が下って人の姿に変化し、［仏のもとに］着いてから、右回りに巡り、巡ってから敬礼し、敬礼してから［自分の場所に］退き、座って法を聞く。天が［仏を］尊敬することに基づいて、人々は［それを］模範【楷】とする。これは因縁の解釈である。

「囲遶」とは、歩み巡る【行旋】という礼儀にかなった振る舞い【威儀】である。［蔵教・通教・別教の有門・空門・亦有亦空門・非有非空門の］四門の［大乗の］機が動いてともに円理を見ることを表わす。円

170 威厳のある【鎮厳】『文句記』巻第二下には、「鎮は鎮重を謂う。即ち内徳なり。厳は荘厳を謂う。即ち外儀なり」（大正三四、一九〇下六～七）とある。「鎮重」は、威厳のあること。

171 三慧　聞慧・思慧・修慧のこと。法門を聴聞することによって得られる智慧を聞慧といい、思惟によって得られる智慧を思慧といい、実践修行によって得られる智慧を修慧という。

172 十六衆　比丘・比丘尼・優婆塞・優婆夷の四衆のそれぞれに発起衆・当機衆・影響衆・結縁衆の四衆があるので、十六衆となる。

173 大通智勝仏「大通智勝」は、Mahābhijñānābhibhu の訳語。『法華経』化城喩品に説かれる仏。三千塵点劫以前の仏で、釈尊は大通智勝仏が出家以前に儲けた十六人の子どもの一人と説かれる。

174 反復して説くこと【覆講】　ここでは、『法華経』化城喩品に説かれる物語で、大通智勝仏が『法華経』を説いて禅定に入ったので、十六人の王子が仏の代わりに『法華経』を講義したことを指す。このとき、釈尊（十六王子の一人）と声聞の縁が結ばれたのである。

175 相似［即の］位　円教の六即（理即・名字即・観行即・相似即・分真即・究竟即）の位のなかの相似即の位のこと。真無漏智に類似した智慧が生じるので、相似即という。

176 分真［即の］位　円教の六即の位のなかの分真即（分証即）の位のこと。分真とは、部分的、段階的に真理を証得すること。

177 浄居天　色界第四禅の無煩天・無熱天・善現天・善見天・色究竟天の五天を、聖人が住む清浄な場所なので浄居天という。

［教］を偏［教］（蔵教・通教・別教）に対すると、［過去と］同じように四［教］の意義がある。つまり、教門の解釈（約教釈）である。

さらにまた、仏身はあまねく巡り【周匝】、［仏の］相好《そうごう》[178]は荘厳される。［東西南北の］四方向を巡り仰ぎ見て【四旋瞻仰】、念仏に専心する禅定【念仏定】を増大させることは、観心の解釈である。

もし仏の色身を観察して、法身を見ることができれば、本迹の解釈である。

5.112212　衆集供養を釈す

「供養」（2b7/A18·1/75·10）とは、通じて［身・口・意の］三業はすべて供養である。個別に論じると、へりくだってかしこまり【卑謹】、慎み深く敬礼すること【虔礼】を「恭敬」（2b7/A18·1/75·10-11）と名づけ、固く念じて【至念】専心注意する【専注】ことを「尊重」（2b7/A18·2/75·11）と名づけ、言葉を発してほめる【称美】ことを「讃歎」（2b7/A18·2/75·11）と名づけ、その依報（環境である国土）を施すことを「供養」と名づける。ここの文は簡略であり、詳しく明らかにするならば、『無量義経』に詳しく説く通りであるはずである。「天厨・天香・天鉢器等」[179]は、とりもなおさず「供養」である。「大荘厳菩薩や八万の大士は、合掌したり叉手する（片手を握って、別の片手でそれを覆うこと）[180]」とは、とりもなおさず「恭敬」である。「一心に仰ぎ見る」[181]は、とりもなおさず「尊重」である。七言の偈[182]を説くことは、とりもなおさず「讃歎」である。今、［『法華経』の聴］衆が集まることを論じるのに、その（『無量義経』の）文を指すことは、その経（『無量義経』）の［聴］衆の集い、説法は終わったけれども、整然として【儼然】散らばらない。すぐにその座席で、やはり『法華［経］』を説く。それ故、三業の供養に相違がありえないことがわかる。その（『無量義経』の）詳細さによってこの

（『法華経』の）簡略さを解釈することは、意義において差し障りはない。

5.11222　現相序

5.112221　総釈

「為諸菩薩説大乗経」（2b7-8/A18・2/75・11-12）以下、「以仏舎利起七宝塔」（2b24/A20・8-9/77・11）までは、現相序[183]である。瑤師[184]は、七つの瑞相を明らかにする。この国土に六つ［の瑞相］を開き、他の国土はまとめて一つ

178　相好　仏の備える三十二相と八十種好とをいう。「相」は、lakṣaṇa の訳語で、大きな特徴の意。「好」は、anuvyañjana の訳語で、小さな特徴の意。

179　「天厨・天香・天鉢器等」【天厨・天香・天鉢器等】『無量義経』徳行品、「天厨、天鉢器、天の百味は充満盈溢《よういつ》して、色を見、香を聞《か》ぎ、自然に飽足す」（大正九、三八四下二四～二五）を参照。

180　「大荘厳菩薩や八万の大士は、合掌したり叉手する（片手を握って、別の片手でそれを覆うこと）」【大荘厳菩薩及八万大士合掌叉手】『無量義経』に出る。たとえば、徳行品、「其の菩薩を、名づけて文殊師利法王子と曰い、……大荘厳菩薩、是の如き等の菩薩摩訶薩八万人倶なり」（同前、三八四中四～一四）、同、「即ち前《すす》みて䠒跪《こき》し、合掌し、一心に倶共《とも》に、同《どう》声《しょう》にして偈を説き、讃じて言う」（同前、三八四下二七～二八）を参照。

181　「一心に仰ぎ見る」【一心瞻仰】『法華経』序品、「一心観仏」（同前、二中一六）を参照。

182　七言の偈【七言偈】『無量義経』徳行品の七言の偈を指す（同前、三八四下二九～三八五中二一）。

183　現相序　現瑞序ともいう。現瑞、現相は、瑞相を現わすこと。

184　瑤師　法瑤のこと。『文句』巻第一上の注21を参照。

［の瑞相］（放光瑞）である。光宅［寺法雲］によれば、ここ【此】とかしこ【彼】にそれぞれ六つの瑞［相］
がある。ここの六つ［の瑞相］とは、動けば法を説き人を救済し、静かであれば禅定に入って理を観察する。
動静を一双とする。上方の天は［曼陀羅華・摩訶曼陀羅華・曼殊沙華・摩訶曼殊沙華の］四種の花を降らし、
下方の大地は六種に震動する。上下を一双とする。大衆は［心の］内で歓喜を懐き、如来は外に対して光明
を放つ。内外を一双とする。[185]今考える。［経］文の始末【起尽】を尋ねると、光宅［寺法雲の説］の通りであ
る。もし名前とその意義の簡便さを取るならば、［瑞相が］表わし知らせる意味[186]はいずれもまだあらわれてい
ない。今明らかにする。智慧・禅定、因・果、感・応を三双とする。智慧は一を指して多と説き、禅定ははっ
きりと［無量］義処［三昧］を対象とする。[187]因は四種の天の花[188]であり、果は六箇所で大地が震動することであ
る。[189]感は大乗の機が生じ、応は円［教の仏の眉間白］毫［相］[190]によってこれ（大乗の機）を照らすことである。
この六つ（上記の六双）をすべて瑞相と呼ぶのは、文に、「今の相はもとの瑞相のようである」とあるからであ
27b る。[191]瑞はただ相（特徴）にすぎない。人の迷いの心【人情】によって分別して、密かに知らせること【密報】
を瑞とし、不思議なこと【奇異】を相とする。相は何を知らせるのか。妙理は奥深く【玄賾】、これを説くこ
とはきわめて難しい。人の迷いの心【人情】は卑俗低級で【悠悠】、［妙理を］尊重することができない。まず
不思議な相【異相】によって普通の心【常情】を驚かせて変える【駭変】。普通の心【常情】は変化し、つつ
しんで渇望すること【欽渇】を生ずるので、不思議なこと【異】によって相を解釈し、知らせること【報】に
よって瑞を解釈する。かいつまんで六つの瑞［相］が十妙を表わし知らせること【表報】を明らかにすること
は、感応妙において説いた。[192]今あらためて言おう。説法瑞は、説法妙・智妙を表わし知らせ、入定瑞は行妙を
表わし知らせ、雨花瑞《うけずい》は位妙を表わし知らせ、地動瑞は境妙・乗妙（三法妙）を表わし知らせ、衆喜瑞は眷属

妙・利益妙を表わし知らせ、放光瑞は感応妙・神通妙を表わし知らせる。このために、六種［の瑞相］はともに現相序と名づける。

185 光宅［寺法雲］によれば……内外を一双とする【光宅此彼各六瑞此六者動則説法度人静則入定観理動静為一双上天雨四花下地六種動上下為一双大衆内懐歓喜如来外放光明内外為一双】『法華義記』巻第一（大正三三、五八二中一一～二〇）を参照。

186 ［瑞相が］表わし知らせる【表報】『文句記』巻第二下には、「表報と言うは、瑞は是れ能表なり。表は即ち報なり」（大正三四、一九一中二四）とある。瑞相が表わし知らせるの意。

187 ［無量］義処［三昧］を対象とする【縁義処】『法華経』序品で、釈尊が入る「無量義処三昧」を踏まえた表現である。無量義処（ananta-nirdeśa-pratiṣṭāna、無限の教説の基礎）を対象とするの意。

188 四種の天の花【四位天花】曼陀羅華（māndārava、天妙華・適意華・悦意華・白団華などと訳す）・摩訶曼陀羅華・曼珠沙華（mañjūṣaka、如意華・檻華・柔軟華・赤団華などと訳す）・摩訶曼珠沙華の四種の花のこと。いずれも天上の花である。

189 六箇所で大地が震動することである【六処地動】『法華経』序品、「普仏世界は六種に震動す」（大正九、二中一二）を踏まえた表現である。上下と東西南北との六種の方向に震動することをいったものと思われる。

190 円［教の仏の眉間白］毫［相］【円毫】『講録』には、円仏の白毫と注釈している。「毫」は、長く伸びた細い毛。眉間白毫相は、仏の備える三十二相の一つで、眉間にある白く長い右回りの細い巻き毛を指す。

191 文に、「今の相はもとの瑞相のようである」とあるからである【文云今相如本瑞】『法華経』序品、「今の相は本《もと》の瑞の如し。是れ諸仏の方便なり。今、仏は光明を放ち、助けて実相の義を発す」（同前、五中一八～一九）を参照。

192 感応妙において説いた【感応妙中已説】『法華玄義』の迹門の十妙のなかの感応妙を指す。

5.112222　別釈

5.1122221　此土六瑞を明かす

5.11222211　説法

5.112222111　所説の法体を明かす

「説大乗教」(2b8/A18・2/75・11-12)とは、『[菩薩]善戒経』に七大がある。第一に法大であり、十二部[経]の毘仏略《びぶつりゃく》[193]のことである。第二に心大であり、菩提を求めることである。第三に解大であり、菩薩蔵を理解することである。第四に浄大であり、見道[194]の清浄な心【浄心】のことである……。第五に荘厳大であり、福徳・智慧のことである。第六に時大であり、三[阿]僧祇の間、[苦]行を行ずることである。[195]第七に具足大であり、相好によって自分で荘厳して菩提を得ることである。[前の]六つは因の大であり、第七[の具足大]は果の大である。大の因と大の果が合わさって大乗経となるのである。[196]今、十妙の意義によって経を荘厳する【揀】ことについては、理解することができるはずである。

5.1122221112　体上の名を列す

5.11222211121　古を破す

生師(道生)は、「無相の空理は、大乗の根本である。三[乗]に閉じ込められて久しいので、突然三[乗]がないと説くならば、信じることができない。それ故、無相を説いて、『法華[経]』の序とする」といっている。[197]観師(道場寺慧観)の考えも同じである。もしそうであるならば、『般若[経]』、『浄名[経]』は、いずれも序であるはずである。[『法華経』の序となるのは、]どうして『無量義［経］』だけであろうか。彼（慧観）は、「このように五時［の教え］を経由するので、後の教えは生起することができる」と解釈する。さらに質問する。もしそうであれば、『無量義［経］』とさまざまな経とは、すべて普通に［前の経が後の経を］生起

193 十二部［経］の毘仏略【十二部毘仏略】「十二部」は、仏の説法を内容・形式のうえから十二種に分類した十二部経。修多羅（sūtra、経）・祇夜（geya、重頌、応頌）・和伽羅那（vyākaraṇa、授記）・伽陀（gāthā、孤起頌、諷頌）・優陀那（udāna、自説）・尼陀那（nidāna、因縁）・阿波陀那（avadāna、譬喩）・伊帝目多伽（itivṛttaka、本事）・闍陀伽（jātaka、本生）・毘仏略（vaipulya、方広）・阿浮陀達磨（adbhutadharma、未曾有）・優波提舎（upadeśa、論議）のこと。

194 見道　声聞については、見道以前を賢といい、見道以後を聖という。菩薩については、十住・十行・十廻向を賢といい、十地を聖という。ここは大乗についての議論であるので、後者の例に該当する。つまり、初地以上の菩薩を指す。

195［苦］行を行ずることである【行行】一般的には、行に慧行と行行の二種があり、慧行は正行で、行行は助行とされる。ただし、ここでは、『菩薩善戒経』巻第七、功徳品に、「六には時大なり。時大とは、菩薩摩訶薩は阿耨多羅三藐三菩提の為めの故に、三阿僧祇劫、苦行を修行す」（大正三〇、一〇〇〇上三～五）を参照すると、苦行を修行することを意味するようである。

196『［菩薩］善戒経』に七大がある……合わさって大乗経となるのである【善戒経有七大一法大謂十二部毘仏略也二心大謂求於菩提也三解大謂解菩薩蔵也四浄大謂見道浄心云云五荘厳大謂福徳智慧也六時大謂三僧祇行行也七具足大謂以相好自厳得菩提也六是因大七是果大因大果合為大乗経也】『菩薩善戒経』巻第七（同前、九九九下二四～一〇〇〇上八）を参照。

197 生師（道生）は、「無相の空理は……『法華［経］』の序とする」といっている【生師云無相空理大乗之本封三来久頓説無三不能取信故説無相為法華序】道生『妙法蓮花経疏』に、この引用文は見られない。

させ、別序には関係しない。基師（慧基[198]）は、「空理は形がないので、無量という」といっている。［『無量義経』が『法華経』の］序であるという意味は前と同じである。欠点【難】も同様である。印師（僧印[199]）は、「無相の善に成仏の意義があるので、無量という」という。さらに、「その経（『無量義経』）は三［乗］があることと三［乗］がないこととには相違があるとは説かない。『大品［般若経］』は、『法華［経］』が指すものではない。指すものは秦地（中国）に来なかった」という。今考える。この経（『無量義経』）は宋の元嘉三年[200]、慧表比丘[201]が南海郡の朝亭寺[202]において曇摩耶舎[203]に出会って、この本を受けた。武当山に帰り、永明三年[204]、はじめて世に伝わった。経が［中国に］来た以上、どうして天竺に送り返すことができようか。光宅［寺法雲］は、「『無量義［経］』は、万善が同じく［成仏という一果に］帰着して[205]、仏の覚りを完成することができるとする。『法華［経］』は正面から二［乗］もなく、三［乗］もなく、三［乗］を破って一［乗］を与えることを明らかにする
27c ことを［『無量義経』との］相違とする。それ故、［『無量義経』を『法華経』の］序とする」という[206]。もし万善が同じく［成仏という一果に］帰着するというならば、二［乗］や三［乗］はどうして同じく［成仏という一果に］帰着しないであろうか。二［乗］や三［乗］がもし［成仏という一果に］帰着するならば、序［説］と正［説］は相違しない。もし二［乗］を破り三［乗］を破るというならば、どうして万［善］を破らないであろうか。二［乗］を破り三［乗］を破るならば、二［乗］もなく三［乗］もない。万［善］を破る以上、序はない。経（『無量義経』と『法華経』）にたがいに取りあげる意味（『無量義経』に万善が同じく成仏という一果に帰着することを説くことと、『法華経』に二乗や三乗を破ることを説くこととが相互に入れ替わること）を取って［二経の］相違とするならば、［結局、二経の間には］相違が成立しないのである。［二経の］相違の意味があらわれないので、序の意義も成就しないのである。劉虬の注には、「無相を根本とする。無相の一法は、計量ができ

198 基師（慧基） 会稽の法華寺に住んだ慧基（四一二〜四九六）のこと。『法華疏』三巻を著わしたとされるが、現存しない。

199 印師（僧印） 『文句』巻第一上の注24を参照。

200 宋の元嘉三年【宋元嘉三年】 「元嘉三年」は、四二三年に当たる。劉虬『無量義経序』（『出三蔵記集』巻第九所収）によれば、「斉建元三年」（大正五五、六八中四）の誤りである。斉建元三年は、四八一年である。

201 慧表比丘 武当山の比丘慧表は、『無量義経』を弘通したとされる。

202 亭 底本の「廷」を、劉虬『無量義経序』によって改める。大正五五、六八中五を参照。

203 曇摩耶舎 Dharmagatayaśas の音写語である曇摩伽陀耶舎のこと。『無量義経』を漢訳したといわれる。

204 永明三年 四八五年。

205 万善が同じく［成仏という一果に］帰着して【万善同帰】 「万善」は、どんな小さな善をも含むすべての善をいう。『法華経』は、どんな微小な善でも最終的には同じく成仏という果に帰着すること（小善成仏）を明かすので、万善同帰教と呼ばれた。

206 光宅［寺法雲］は、「『無量義［経］』は……明らかにすることを［『無量義経』との］相違とする。それ故、［『無量義経』を『法華経』の］序とする」という【光宅云無量義以万善同帰能成仏道法華正明無二無三破三与帰一為異故即為序】 『法華義記』巻第一、「一家解して言わく、此の経は、無量の万善同じく帰して皆な仏道を成ずるの義を明かすが故に、『無量義経』と名づくるなり。但だ『法華』に明かす所は、正しく無二無三、会三帰一と言う。然るに、『無量義経』は直ちに万善成仏を明かし、無二無三、破三帰一と言わざれば、『法華』と異なること有り。是の故に『法華』のために遊序と作ることを得」（大正三三、五八二中二六〜下一）を参照。

ないほど多くの意義を含む【含義不貲】」とある。[207] もし計量できないほど多くの意義を含むならば、とりもなおさず有相である。どうして無相と思うのか。さまざまな師［の説］を尋ねると、それぞれ一種だけである。もし有相の善に成仏の意義があるというならば、これは三蔵［教］の意味にすぎない。もし無相の善に成仏の意義があるというならば、これは通教の意味にすぎない。もし計量できないほど多くの法を含むというならば、これは別教の意味にすぎない。いずれも他の経に明らかにするものは、すべて『法華［経］』に対して序となる意味ではないだけである。

5.112222122　今正しく解す

『法華論』に十七種［の名］を列挙することに関しては、[208] すべて『法華［経］』の別名である。「無量義」とは、『法華［経］』の一つの名である。今、『［法華］論』の意味を述べると、仏はただちにこの名（無量義）を説いて、この禅定（無量義処三昧）に入るので、［『無量義経』が『法華経』の］序となることができる。『大品［般若経］』・『金光明［経］』・『涅槃［経］』が、すべてまず［それぞれの経典の序品において、それぞれの経典の］名を唱えることは、序［品］にとって妨げがない。今の『［法華］経』は、文殊［菩薩］が古仏（日月灯明仏）を引いて、また無量義と名づける。さらにまた、「大乗経で妙法蓮華という名のものを説くであろう」とある。[209] これも序［品］のなかで名を唱えることであり、『［法華］論』の意味と同じである。今、その経（『無量義経』）の解釈を考える。「無量義とは、一法から生じる。その一法とは、無相のことである。相がなく相でないことを実相と名づける。この実相から無量の法を生ずる。二法・三道・四果のことである」とある。[210] 今、この文を解釈するならば、「無相」とは、生死の相がないことである。「不相」とは、涅槃の相でないこと

207　劉虬の注には、「無相を根本とする。無相の一法は、計量ができないほど多くの意義を含む**【含義不貲】**」とある**【劉虬注云無相為本無相一法含義不貲】**　吉蔵『法華統略』にも、類似の引用文が見られる。劉虬の『注法華経』（現存しない）から「劉公は無相の一法を以て、多義を含む」（菅野博史校注『法華統略』上、二六五頁、大蔵出版）を引用している。劉虬（四三八～四九五）は南斉の隠士で、『注法華経』、『注無量義経』を著わしたとされるが、現存しない。『注法華経』の逸文については、拙著『中国法華思想の研究』（春秋社、一九九四年）一一七～一四〇頁を参照。

208　『法華論』に十七種［の名］を列挙することに関しては**【若法華論列一七種】**　『法華論』巻上（大正二六、二下一三～三上二〇）に、『法華経』の十七種の異名が出る。無量義経、最勝修多羅、大方広経、教菩薩法、仏所護念、一切諸仏秘密法、一切諸仏之蔵、一切諸仏秘密処、能生一切諸仏経、一切諸仏之道場、一切諸仏所転法輪、一切諸仏堅固舎利、一切諸仏大巧方便経、説一乗経、第一義住、妙法蓮華経、最上法門である。

209　「大乗経で妙法蓮華という名のものを説くであろう」とある**【云当説大乗経名妙法蓮華】**　『法華経』序品、「今日如来は、当に大乗経の妙法蓮華、教菩薩法、仏所護念と名づくるを説くべし」（大正九、四中一七～一八）を参照。

210　「無量義とは、一法から生じる。その一法とは、無相のことである。相がなく相でないことを実相と名づける。この実相から無量の法を生ずる。二法・三道・四果のことである」とある**【無量義者従一法生其一法者所謂無相無相不相名為実相従此実相生無量法所謂二法三道四果】**　『無量義経』説法品、「無量義とは、一法従り生ず。其の一法とは、即ち無相なり。是の如き無相は、相無く相ならず、相ならずして相無きを、名づけて実相と為す」（同前、三八五下二四～二六）、同、「其の法性なる者も亦復た是の如く塵労を洗除すること、等しくして差別無けれども、三法・四果・二道は不一なり」（同前、三八六中七～八）を参照。

である。涅槃もない。それ故、「相でなく相がない【不相無相】」という。[211] 中道を指して「実相」とするのであ
る。「二法」は、頓・漸である。「頓」は『華厳［経］』の頓のなかの一切法のことである。「漸」は三蔵［教］、
方等［経］、『般若［経］』の一切法のことである。「三道」は、三乗である。「四果」は、［阿］羅漢・［辟］支
仏・菩薩・仏である。これらの諸法を「無量」と名づける。実相を「義処」（理論の基礎）とする。一つの義処
から無量の法を出すことは、無量の法が一つの義処に入るために序となることができることである。たとえば
計算の専門家【算師】のようなものである。一算から諸算を下し、諸算を払って一算に帰着する。[212] 下すことに
よるので払う。下すことは、払うことの序となる。一から多くのもの【諸】を派生し、多くのもの【諸】を収
めて一に帰着させる。開くことを合わせることの序とすることも、また同様である。このように解釈するこ
28a とは、その経論（『法華論』）に相違せず、またこの『［法華］経』と合致する……。次に『無量義［経］』の讃
嘆する偈頌には、法身は百非によって明らかに否定し、[213] 応現して丈六（一丈六尺の肉身の仏）の紫金（紫色を帯
びた、最高品質の金）の輝きとなることを明らかにする。[214]『普賢観［経］』に常・楽・我・浄の四波羅蜜の留まる
場所を明らかにする。[215] 前後の二文（『無量義経』と『普賢観経』の文）は、いずれも常住を明らかにする。どうし
て中間（『法華経』）の［如来の］寿命の量が無常であることがあろうか。他の者は非難して、「序［説］に常住
を説いたならば、正［説］は何をいうのか」という。今、これに反論する。『涅槃［経］』は、純陀［品］が序
［説］であることによって、常住の宗旨（根本思想）を開いた。正［説］は何をいうのか。他の者はさらに『浄
名［経］』は［如来身が］金剛・無為・無数であることを述べるけれども、[216] 正説に常住を明らかにしていない
ことを例として、「『法華［経］』もそうである（常住を明らかにしない）はずである」［という］。今、これに反
論する。純陀［品］の序［説］が常住であるので、『涅槃［経］』の正［説］は無常ということになるはずで

ある［。これは不都合であろう］。今、［『無量義経』という］序［説］の常住を論じるので、［『法華経』とい

211 「相でなく相がない【不相無相】」という【言不相無相】　前注210を参照。

212 一算から諸算を下し、諸算を払って一算に帰着する【従一算下諸算除諸算帰一算】　具体的な計算の仕方については、よくわからない。

213 百非によって明らかに否定し【百非洞遣】「百非」は、あらゆる否定的表現（『無量義経』では、「〜に非ず」と繰り返し出る）の意。「洞」は、明らかにの意。「遣」は、除く、否認するの意。法身は、あらゆる否定的表現によっても捉えがたいことを意味する。

214 『無量義［経］』の讃歎する偈頌には……紫金（紫色を帯びた、最高品質の金）の輝きとなることを明らかにする【無量義讃偈明法身百非洞遣応為丈六紫金輝】『無量義経』徳行品の偈、「其の身は有に非ず亦た無に非ず、因に非ず縁に非ず自他に非ず……示して丈六紫金暉と為る」（同前、三八五上四〜一二）を参照。

215 『普賢観［経］』に常・楽・我・浄の四波羅蜜の留まる場所を明らかにする【普賢観明常楽我浄四波羅蜜住処】『観普賢菩薩行法経』、「釈迦牟尼を毘盧遮那《びるしゃな》遍一切処《へんいっさいしょ》と名づく。其の仏の住処を常寂光と名づく。常波羅蜜の摂成《しょうじょう》する所の処、我波羅蜜の安立する所の処、浄波羅蜜の有相を滅する処、楽波羅蜜の身心の相に住せざる処、有無の諸法の相を見ざる処なり」（同前、三九二下一五〜一九）を参照。

216 『浄名［経］』は［如来身が］金剛・無為・無数であることを述べるけれども【浄名序金剛無為無数】『維摩経』巻上、弟子品、「如来身とは、金剛の体なり……仏身は無為にして、諸数に堕さず」（大正一四、五四二上七〜一八）を参照。「無数」は、『維摩経』の「諸数に堕さず」に対応した表現であるので、五陰などの数で表現される法を離れているという意味であろう。

う」正［説］の常住について、どうして疑うであろうか。

5.11222113　菩薩の所依を明かす

「教菩薩法」（2b8/A18·3/75·12）とは、無量義処によって、菩薩を教えるのである。義処は、真理【諦理】である。下の文に、「くまなくすべての衆生に同様にこの覚りを得させる」とある。[217] さらにまた、「もし私が衆生に出会って、仏の覚りによってすべて教える［ならば……］」とあるの[218]は、この意味である。

5.11222114　仏所護念を明かす

「仏所護念」（2b8-9/A18·3/75·12-76·1）とは、無量義処は仏が自ら証得するものである。このために如来に護念（心にかけて守ること）されるのである。下の文には、「仏は自ら大乗に身を置くのである」とある。[219] 開示しようとするけれども、衆生の能力【根】が鈍いので、「長い間この要点について沈黙して、速やかには説こうと努力しなかった」とある。[220] それ故、「護念」という。

5.11222212　入定を明かす

「仏説経已入無量義処三昧」（2b9-10/A18·4-5/76·1-2）とは、智慧と禅定はたがいに成立させる。禅定でなければ智慧でないので、まず禅定に入る必要がある。智慧でなければ禅定でない。それ故、まず法を説く。智慧そのままが禅定であり、禅定そのままが智慧である。前後の入［定］、出［定］（説法）には、隔たり妨げ【隔礙】はない。

疑う者がいう。もしまだ『無量義［経］』を説かなかったとしても、この禅定（無量義処三昧）に入ることができる。この経（『無量義経』）を説いてから、なぜ禅定（無量義処三昧）に入るのか。

解釈する。まずこの禅定に入り、後にこの経（『無量義経』）を説くならば、理解できるであろう。この経（『無量義経』）を説いた後に、あらためて［無量義処三昧に］入るのは、『法華［経］』のために序となるからにすぎない。なぜならば、もしまず開かなければ、後に合わせるべきものはないからである。［そして、］まず［正説を］開く禅定[221]（無量義処三昧）に入ることは、禅定（無量義処三昧）を合わせて［『法華経』を説く］ために序となるからである。瑞相と呼ぶのは、この意義である。もし順序を設ければ、まず無量義［処］三昧に

217 下の文に、「くまなくすべての衆生に同様にこの覚りを得させる」とある【下文普令一切衆亦同得此道】『法華経』方便品、「普く衆生をして亦た同じく此の道を得しめんと欲す」（大正九、九中五）を参照。

218 「もし私が衆生に出会って、仏の覚りによってすべて教える［ならば……］」とある【云若我遇衆生尽教以仏道】『法華経』方便品、「若し我れは衆生に遇わば、尽ごとく教うるに仏道を以てす。無智の者は錯乱し、迷惑して教えを受けず」（同前、八中八～九）を参照。

219 下の文には、「仏は自ら大乗に身を置くのである」とある【下文云仏自在大乗】『文句』巻第一上の前注133を参照。

220 「長い間この要点について沈黙して、速やかには説こうと努力しなかった」とある【久黙斯要不務速説】『法華経』薬草喩品、「如来は尊重し、智慧は深遠なり。久しく斯の要を黙し、務めて速かには説かず」（同前、一九下一一～一二）を参照。

221 ［正説を］開く禅定【開定】序として『法華経』の正説を開く禅定の意で、無量義処三昧を指すと思われる。そして、この同じ無量義処三昧から目覚めて『法華経』を説くことを「合定」といっていると思われる。

入ってから、法華三昧に入るべきである。もし明確な文がはっきりと示されるならば、説法の座にいる大衆【時衆】は知るであろう。どうして弥勒の丁寧［な質問］【殷勤】、文殊が容易に答えないこと【靳固《こんこ》】を待つであろうか。それ故、［無量義処三昧に入ることが『法華経』の説法の］序となることについて、その意義はますます明らかであるとわかる。

28b

「身心不動」（2b10/A18・5/76・2）とは、対象とする［禅定の］あり方【処】と相応するのである。身の本源は、大空のように深く静かである。心の理性（本性）は、究極的に常に静寂である。大通智勝［仏］は、身体と手足が静かで安らかで動揺しない。その心は常に静かに落ち着いており【憺怕】、まだ散り乱れることがない。身は金剛［石］のようなもので、動転することはありえない。心は大空のようなもので、区別して認識すること【分別】がない。無量義処三昧の法は、身心を保持するので、動揺しないのである。「無量」と呼ぶのは、この禅定は静寂であるけれども、常に照らして、世間を知ることができる。この一法から無量の法を出すのである。もし序の意義を設けるならば、［入定の前は］身の法体は動き運び、今は［入定して］動き運ばないようにする。［入定の前は］心の法体は区別して認識し、今は［入定して］区別して認識させないようにする。序の意義は明らかである。

質問する。瑞相はもともと普通と異なっていて不思議なこと【奇異】を論じる。説法・入定は、仏のいつもと変わらない振る舞い【儀】である。どうして瑞とすることができようか。

答える。［『無量義経』の］説法は終わったけれども、説法の座にいる大衆【時衆】は散らばらず、静かに待つ対象（聞きたい内容）がある。それ故、前の［『無量義経』の］説法に、大衆がみな集まり、後に聞くことを待つ。この事柄は特にすぐれていて、普通の説と相違する。なぜ瑞でないであろうか。［正説を］開く禅定

（無量義処三昧）【開定】に入るけれども、その意味は禅定（無量義処三昧）を合わせて『法華経』を説く」こと【合定】にある。普通の入定と相違がある。どのような意味で瑞相でないのか。そのうえ、文殊は古仏（過去仏の日月灯明仏）の六瑞（説法瑞・入定瑞・雨華瑞・地動瑞・心喜瑞・放光瑞）を引いているが、すべてこの事柄がある。もし昔、瑞相でなければ、何によって今を証拠立てようか。今と古は同様である。どうして凡夫の迷う心【凡情】によってこれを非とする（瑞相でないとすること）ことができようか。

5.11222213　雨華を明かす

「天雨四花」（2b10-11/A18·5-7/76·3-4）とは、旧［説］には、「小・大の白、小・大の赤」とある。[222]『正法華［経］』には、「意花《いけ》、大意花、浦響花《ふこうけ》、大浦響花」とある。[223]『釈論』（『大智度論』）巻第九十九には、「天花で妙

222　旧［説］説には、「小・大の白、小・大の赤」とある【旧云小大白小大赤】『法華義記』巻第一、「曼陀羅花とは、訳して小白団花《しょうびゃくだんけ》と為す。摩訶曼陀羅花とは、訳して大白団花と為す。曼殊沙花とは、訳して小赤団花と為す。摩訶曼殊沙花とは、訳して大赤団花と為すなり」（大正三三、五八二下二八～五八三上二）を参照。

223　『正法華［経］』には、「意花、大意花、浦響花、大浦響花」とある【正法華云意花大意花浦響花大浦響花】『正法華経』光瑞品、「天より意華、大意華、柔軟音華、大柔軟音華を雨らし、世尊の上に、及び大会の四部の衆に散じ、普仏国土、六反震動す」（大正九、六三中二九～下二）を参照。

であるものを、曼陀羅《まんだら》と名づける」とある。[224] さらにまた、巻第七十九に、「八百の比丘が成仏する国土では、常に五色の曼陀羅花を雨のように降らす」とある。[225] 旧［説］には、「小・大の白を雨のように降らせることは、在家の二衆（優婆塞・優婆夷）を表わし、小・大の赤は出家の二衆（比丘・比丘尼）を表わす」とある。[226] その昔から因であって、まだ果でないことを表わす。今考えると、この解釈は狭くて妥当でない。ただちに四衆を論じるならば、三蔵［教］のなかの十六衆（比丘・比丘尼・優婆塞・優婆夷の四衆のそれぞれに発起衆・当機衆・影響衆・結縁衆の四衆があるので十六衆となる）を収めることによってでさえ尽くさない。まして四十八衆（通教・別教・円教それぞれに十六衆があるので、四十八衆となる）によってもなおさら尽くさない。このために狭いとする。そもそも花の様相は、秘密にそれ（花）が因であることを知らせることである。四衆は昔から因である。どうして花が（因であることを）知らせることを待つであろうか。もしそれ（花）が果であることを知らせるならば、天は宝[227]を雨のように降らせるべきである。なぜ花を雨のように降らせるのか。それ故、妥当でないという。今いう。花を雨のように降らせること【雨花】は、その昔の因が仏因でないことを明らかにすることである。三蔵［教］のなかの因は二乗の因である。通［教］のなかの因は［三乗に］共通な因であり、別［教］のなかは菩薩の因であり、すべて仏因でない。今、天より花を雨のように降らせることは、それが仏因を獲得するべきであることを知らせる。仏因とは、［銅輪・銀輪・金輪・琉璃輪の］四輪の因である。小白は銅輪[228]・習種性[229]・開仏知見を表わすのである。大白は銀輪・性種性・十行の示仏知見を表わすのである。小赤は金輪・道種性・十廻向の悟仏知見を表わすのである。大赤は琉璃輪・聖種性・十地の入仏知見を表わすのである。四輪はすべ
28c
て同じく因であり、この因は中［道］によって生じる。それ故、天から雨のように降らす。因位であることによるので、花によってこれを表わす。ただ因には果に趣くという意義がある。それ故、「而散仏上」（2b12/

A18·7-8/76·5）という。このような因果は、誰が因を行じて果を得る【感剋】べきであろうか。［それは］ただこの集会にいる大衆【此会時衆】である。それ故、「及諸大衆」（2b12/A18·8/76·5）というのである。下の文殊

224 『釈論』（『大智度論』）巻第九十九には、「天花で妙であるものを、曼陀羅と名づける」とある【釈論九十九云天花妙者名曼陀羅】『大智度論』巻第九十九、「帝釈は其の念を知り、即ち天華の中の妙なる者を以て、曼陀羅と名づけ、三千の石もて之れに与え、足すに周事を以てす」（大正二五、七五〇上二一～二三）を参照。

225 巻第七十九に、「八百の比丘が成仏する国土では、常に五色の曼陀羅花を雨のように降らす」とある【七十九云八百比丘成仏国土常雨五色曼陀羅花】『大智度論』巻第七十九、「是の八百の比丘は、皆な是れ善知識にして、同心等を行じ、世世に共に功徳を修集するが故に、一時に作仏し、皆な同一の字なり。五色の天華もて仏を供養するが故に、世界の中、常に五色の天の曼陀羅華を雨らす」（同前、六一九上一〇～一三）を参照。

226 旧［説］には、「小・大の白を雨のように降らせることは、在家の二衆（優婆塞・優婆夷）を表わし、小・大の赤は出家の二衆（比丘・比丘尼）を表わす」とある【旧雨小大白表在家二衆小大赤表出家二衆】前注164を参照。

227 宝　底本の「実」を、甲本によって「宝」に改める。

228 銅輪　六輪を菩薩の階位に適用する。『輔行』巻第一之五、「六輪と言うとは、謂わく、鉄輪十信、銅輪十住、銀輪十行、金輪十向、瑠璃輪十地、摩尼輪等覚なり」（大正四六、一八〇上一九～二一）を参照。

229 習種性　「種性」は、gotraの訳語で、悟りを開く種となる本来的な素質をいう。これを菩薩の階位に応用して、『菩薩瓔珞本業経』巻下、賢聖学観品（大正二四、一〇一二中二五～二六）には習種性・性種性・道種性・聖種性・等覚性・妙覚性を説く。

の疑いを解決する「大法の蠡《ら》を吹く」などの四句[230]、さらに正説のなかの「開示悟入[231]」(7a24-27)、さらに大車を与えるなかの「四方に遊ぶ[232]」が逐一【節節】継続していくのは、すべて位の意義である。それ故、花は因位を表わすことがわかるのである。

質問する。四輪は別［教］の位の意義である。どうして円［教］の位を解釈することができようか。

答える。通教の名称を借りて円教の意義を明らかにすること【名通義円】でさえ失うものはない。まして別教の名称を借りて円教の意義を明らかにすること【名別義円】を用いることができないであろうか。

質問する。別［教］の意義の賢人・聖人は、円［教］にもあるか。

答える。『［法華］玄義』に説いた通りである[233]。もし［曼陀羅華・摩訶曼陀羅華・曼珠沙華・摩訶曼珠沙華の］四種の花はともに天から雨のように降るのは、四衆が同じく一因を成就するであろうことを表わすというならば、このような解釈は、三蔵［教］の意義を超出するが、まだ通［教］の意義を超出しない。もし四衆は同じく菩薩の因であるというならば、この解釈は通［教］の意義を超出するが、まだ別［教］の意義を超出しない。いずれも仏因でなく、みな『法華［経］』の意義ではないのである。『法華［経］』の意味は、前に説いた通りである。

5.1122214　地動を明かす

「普仏世界地六種動」(2b12/A18·8-9/76·5-6)とは、旧［説］に、「三乗の人の因果は、固定的な【決定】六執(三因三果に執著すること)を動揺させる」とある[234]のは、これは三蔵［教］の立場【家】の三乗の六執を破って、まだ通教の三乗の六執を破らない。通教は法に焦点をあわせれば、［声聞・縁覚・菩薩の］三人の因果は同じである。もし人に焦点をあわせれば、三人の因果は相違【異】する。この［三人の因果の］同・異は、ともに破られる。そして、旧家の破るという意味は、これ（三人の因果の同・異）を破らないのである。別教に三乗の名はないので、六執はない。旧［説］の破らないものである。今明らかにする。別［教］の立場【家】は、因の時の三法（三因）は縦と横に並ぶもの【縦横】であり、果の時の三法（三果）も同様に縦と横に並ぶもの【縦

230 「大法の蠡を吹く」などの四句【吹大法蠡等四句】『法華経』序品、「大法の雨を雨らし、大法の螺《ら》を吹き、大法の鼓を撃ち、大法の義を演ぶ」（大正九、三下一三～一四）を指す。

231 「開示悟入」【開示悟入】『文句』巻第一上の前注51を参照。

232 「四方に遊ぶ」【遊於四方】『法華経』譬喩品、「諸子は是の時、歓喜踊躍して、是の宝車に乗り、四方に遊び、嬉戯快楽し、自在無礙なり」（同前、十四下一七～一九）を参照。

233 『［法華］玄義』に説いた通りである【已如玄義】正確にどこを指すか不明であるが、『法華玄義』巻第九下（大正三三、七九六上二四～下一）に関連の記述が見られる。

234 旧［説］に、「三乗の人の因果は、固定的な【決定】六執（三因三果に執著すること）を動揺させる」とある【旧云動三乗人因果決定六執】『法華義記』巻第一、「但だ三乗の行人の人に六種の執有り、三因三果を執して決定と言う。決定不同と言うは、此れは即ち執固の心を驚動す」（大正三三、五八三上一一～一三）を参照。

横】である。[235]これは破る必要がある。

今、「地六種動」を解釈する。円［教］の立場【家】が六種（十住・十行・十廻向・十地・等覚・妙覚）に無明を破ることを表わす。無明は広く平らに広がって【磐礴】、まだ侵害破壊された【侵毀】ことがなく、はじめて破られようとする。それ故、地を震動させてこれを表わす。無明がもし転換すれば、明に変化する。それ故、普《あまね》き仏の世界は六種に震動するのである。六種は［十］住・［十］行・［十廻］向・［十］地・等［覚］・妙［覚］の六種を表わすのである。

『優婆塞清浄行経』に、「菩薩が生まれるとき、大地を震動させるのは、この生が尽きて、もう煩悩がないことを示すからである。一切衆生で覚りを得るはずの者の煩悩が消滅しそうであるので震動する」[236]とあるのは、この意義である。

本迹の解［釈］とは、文殊の疑いを解決するのに、古仏を引いて答えることに関しては、秘密にこの意味を理解すれば、とりもなおさず本を知るであろう。他の仏が昔、この瑞相を現わすと思うのではなく、私たちの世尊にもともと同様にこの瑞相があるのである。今、一回だけのことではないのである。

29a 観行（観心釈）は、六根を動かすのである。地の相が堅固であることは、六根の堅固な執著【氷執】によって、まだ大乗の道に入ったことがないようなものである。動きにくい大地を震動させて、まだ浄化していない［六］根を浄化することを表わす。東に上昇し西に沈没する【東涌西没】とは、東方は青で肝［蔵］をつかさどり、肝［蔵］は眼をつかさどる。西方は白で肺［蔵］をつかさどり、肺［蔵］は鼻をつかさどる。これは眼根の功徳が生じて、鼻根の煩悩がたがいに消滅し、鼻根の功徳が生じて、眼のなかの煩悩がたがいに消滅することを表わす。その他の方角の上昇・沈没【涌没】がその他の根の生滅を表わすことは同様である。「六動」とは、動・起・涌・震・吼・覚である。一々のなかにさらに三つがある。動・遍動・等遍動のことである。ただちに動くことを動とし、四天下が動くことを遍動とし、［三千］大千［世界］が動くことを等遍動とする。他の五［動］も同様である。合わせて十八種の動がある。これは［六根・六境・六識の］十八界を浄化することを表わすのである……。

5.1122215 大衆心喜瑞を明かす

次に大衆の心が喜ぶ瑞相を明らかにするとは、大勢のものたち【衆】が花が雨のように降ること、大地が震

235 別［教］の立場【家】は、因の時の三法（三因）は縦と横に並ぶもの【縦横】であり、果の時の三法（三果）も同様に縦と横に並ぶもの【縦横】である【別家因時三法縦横果時三法亦縦横】難解である。『講義』の解釈を紹介する。「別教に中道の理を明かせば、修性の功徳を具せざること莫し。但だ真妄を隔つるに由りて、因に在りては妄惑の覆う所と為りて、用を作すこと能わざれば、三は倶に性中に在るが故に横と成る。性の外、別に縁・了の功を用て、正因を顕発すれば、則ち縦と成る。果に至りて惑を破すれば、則ち性の三は一時に顕わる。故に横と成る。本有の徳に望みて、証理起用の前後を論ずれば、則ち縦と成る」を参照。

236 『優婆塞清浄行経』に、「菩薩が生まれるとき……煩悩が消滅しそうであるので震動する」とある【優婆塞清浄行経云菩薩生時動地示此生已尽無復煩悩一切衆生応得道者煩悩将滅故動】『優婆夷浄行法門経』巻下、瑞応品、「仏は毘舎佉《びしゃか》に告ぐらく、菩薩の生まるる時、地の大いに震動するは、菩薩、此の生尽き、復た煩悩無きを現わせばなり。一切衆生の応に道を得べき者は、煩悩将に滅せんとす。是の故に地動ず」（大正一四、九六二下一四～一六）を参照。

動することを見て、甘露が降ろうとすることを知り、大きな喜び【欣躍】が内に満ちる。大機（大乗の教えを受ける機）が生じて、優れた応現【勝応】を感じるべきであることを表わす。

質問する。喜怒は人の通常の感情である。どうして瑞相とすることができようか。

答える。天の花は眼を喜ばせ、地が震動することは心を震わせる。『大［般涅槃］経』には、「［大地が］震動するとき、衆生の心を動かすことができる」とある。[237] 花・大地は外の瑞相であり、心の喜ぶことは内の瑞相である。普通でない喜びである。昔、あったけれども、喜びによって動かされない。そして、一心に仏を観察することができることは、どうして瑞相でないことがあろうか。もし歓喜して［受・想・行・識の］心の陰[238]【陰心】を動かすというならば、人天の意義である。もし喜びが真諦、無漏の心を動かせば、蔵［教］・通［教］の意義である。もし喜びが即仮の心を動かせば、別［教］の意義である。喜びが実相の心を動かせば、円［教］の意義である。

5.11222216　仏の放光瑞を明かす

次に、仏の放光の瑞相を明らかにする。つまり、機に応じて教えを設け、惑を破って疑いを除くことを表わす。［眉間］白毫《びゃくごう》［相］に種々の功徳を備える。『観仏海三昧経』には、「仏は最初に生まれたとき、毫[239]（細い毛）の長さが五尺で、苦行のときは長さが一丈四尺になり、成仏したときは長さが一丈五尺となった。その毫のなかにおいて、ともに空であることを表わし、白い琉璃の筒のように、内外が清浄である」とある。[240] 初発心から中間の行行（助行）、種々の様相【相貌】、ないし涅槃に入るまで、すべての功徳はいずれも毫のなかに現われる。毫が二つの眉の間にあることは、中道を表わす。［これは］常住である。その様相の柔軟であることは、楽を表わす。［白毫を］縮めたり伸ばしたりすること【巻舒】が自在であることは、我を表わす。白は浄を表わす。光を放って闇を破ることは、中道の智慧を生ずることを表わす。光がこの国土、他の国土を照らすことは、自ら覚り、他者を覚らせること【自覚覚他】を表わす。

次に、二乗は二諦に精通するけれども、中道を知らないことは、二つの眉があるけれども、白毫がないようなものである。別教は三諦を知るけれども、毫のなかに一切法を備えることができない。最初から最後まで、
29b 法界のなかの事柄は、すべて毫のうちに現われることは、円教の意味を表わすと知るべきである。

次に、多くの経に放光を明らかにすることに相違がある。『大品［般若経］』には、「足の下の千輻輪相《せんぷくりんそう》から

237 『大［般涅槃］経』には、「［大地が］震動するとき、衆生の心を動かすことができる」とある【大経云動時能令衆生心動】『南本涅槃経』巻第二、哀歎品、「動ずる時、能く衆生をして心動ぜしむるを、大地動ずと名づく」（大正一二、六一五上二四～二五）を参照。

238 一心に仏を観察する【一心観仏】 前注181を参照。

239 毫 底本の「牽」を、甲本によって「毫」に改める。

240 『観仏海三昧経』には、「仏は最初に生まれたとき……内外が清浄である」とある【観仏海三昧経云仏初生時毫長五尺苦行時長一丈四尺得仏時長一丈五尺其毫中表倶空如白琉璃筒内外清浄】釈尊の成長に応じて、眉間の白毫が長くなるという記述であるが、出典は『観仏三昧海経』に散見される。巻第一（大正一五、六四九中二四、六五〇下六、六五四上四）を参照。

頂髻《ちょうけい》まで、一々の場所からそれぞれ六万億の光明を放つ」とある。そこに詳しく説く通りである。[241]『大［般涅槃］経』の顔【面門】から光を放つことと、[242]この『［法華］経』の白毫から光を放つことは、［衆生の機］縁の都合が相違するだけである。

さらにまた、光を収めることは相違する。『［阿］育王経』には、「［光を］収めるのに背から入るのは、過去の事柄を説こうとし、収めるのに前から入るのは、未来の事柄を説こうとする」とある。[243]そして、現在の事柄を説くことを見ない。個人的に考えるのには、脇から入ることは、現在の事柄を説くはずである。［さらに『［阿］育王経』には、］「足から入ることは地獄について説き、踝《くるぶし》より入ることは畜生について説き、脚の指から入ることは鬼について説き、膝から入ることは人について説き、左の掌から入ることは鉄輪王について説き、右の掌から入ることは金輪王について説き、また諸天について説き、臍から入ることは声聞について説き、口から入ることは縁覚について説き、白毫から入ることは菩薩について説き、肉髻《にくけい》から入ることは仏について説く」とある。[244]そして今の『［法華］経』に白毫の光を放つけれども、まだ光を収めることを見ないことは、［その説明を］省略したからにすぎない。

さらに、解釈する。光を放つことは現在の事柄を照らし、光を収めることは未来の事柄を明らかにする。この『［法華］経』は、正面からこの国土、他の国土の諸仏の道が同じであることを論じる。それ故、正面から光を放つことを論じる。もし諸仏の道が同じであることを理解するならば、すぐに［仏知見を］開示悟入して、自然に【任運】記別を獲得するので、光を放つことを中心的なもの【正】とし、光を収めることは二次的なもの【傍】である。それ故、［光を収めることは］省略して説かないだけである。

もし一丈六尺【丈六】の仏が光を放つならば、三蔵［教］の意義である。もし尊く優れた仏と一丈六尺の仏

とがともに光を放つならば、通［教］の意義である。もし尊く優れた仏だけが光を放つならば、別［教］の意

241 『大品［般若経］』には、「足の下の千輻輪相から頂髻まで、一々の場所からそれぞれ六万億の光明を放つ」とある。そこに詳しく説く通りである【大品従足下千輻輪相乃至頂髻一一各放六万億光明如彼広説】『大品般若経』巻第一、序品、「是の時、世尊は三昧従り安詳《あんじょう》として起ちて、天眼を以て世界を観視するに、挙身微笑し、足下の千輻相輪の中従り六百万億の光明を放ち、足の十指、両踝、両蹲、両膝、両髀、腰、脊、腹、脇、背、臍、心、胸徳字、肩、臂、手十指、項、口、四十歯、鼻両孔、両眼、両耳、白毫相、肉髻より、各各六百万億の光明を放つ」（大正八、二一七中一〇～一六）を参照。「千輻輪相」は、仏の三十二相の一つ。仏には足裏に千の車輪を持つ車輪の模様がある。「頂髻」は、頭頂の肉髻のこと。肉髻は、仏の頭頂の肉が隆起している場所をいい、仏の三十二相の一つ。

242 『大［般涅槃］経』の顔【面門】から光を放つこと【大経面門放光】『南本涅槃経』巻第一、序品、「爾の時、世尊は晨朝時に於いて、其の面門従り種種の光を放つに、其の明の雑色、青、黄、赤、白、頗梨《はり》、馬瑙《めのう》の光もて、遍く此の三千大千仏の世界を照らす」（大正一二、六〇五上一五～一七）を参照。

243 『［阿］育王経』には、「［光を］収めるのに背から入るのは、過去の事柄を説こうとし、収めるのに前から入るのは、未来の事柄を説こうとする」とある【育王経云収従背入欲記過去事収従前入欲記未来事】『阿育王経』巻第一、生因縁、「若し仏は過去の業報を記せんと欲せば、光は背従り入る。若し仏は未来の業報を記せんと欲せば、光は前従り入る」（大正五〇、一三二上八～九）を参照。

244 「足から入ることは地獄について説き……肉髻から入ることは仏について説く」とある【足入記地獄踝入記畜生脚指入記鬼膝入記人左掌入記鉄輪王右掌入記金輪王及記諸天臍入記声聞口入記縁覚白毫入記菩薩肉髻入記仏】『阿育王経』巻第一、生因縁（同前、一三二上九～一六）を参照。

義である。もし一丈六尺の仏がそのまま毘盧遮那法身[245]であり、光を放つならば、円［教］の意義である。旧［説］には、「この国土の六瑞は、膩吒天《にたてん》に至るまでである」とある。[246]今、文を尋ねると、「照東方万八千土[247]」（2b17/A18·15-16/77·1-2）以下は、とりもなおさず他の国土の六瑞の文である。思うに、さまざまに考慮すること【斟酌】は人によるにすぎない。旧［説］には、「本当は十方を照らす。東方を照らすことは、一乗の因果がさまざまな因果より優れていることを表わす。万は数の完全なもの【円】であり、果位の完全であること【満】を表わす。八千は数が欠けており、因果がまだ十分でないことを表わす」とある。[248]もし東方を照らすことの意義が十分であるならば、あらためて九つの方角を照らすことは、さらに何を表わすのか。今明らかにする。東が方角の始めであることは、十住が［菩薩の］位の始めであり、迹門の説法において、生身の菩薩[249]が明瞭に理を見、十住に入って仏知見を開くことを表わす。最初を取りあげると、すぐに中間・最後がわかる。それ故、「靡不周遍」（2b17/A18·16/77·2）とあるのは、さまざまな方角も同様であることを知るべきである。さまざまな位も同様である。

もし本門の説法にしたがうならば、四方の仏が［娑婆世界に］集まること[250]は、本門の説法において、法身の菩薩が覚り［の智慧］を増やし生［死の苦］を減らす【増道損生】［十住・十行・十廻向・十地の］四位の増大することを表わすのである。

29c 観［心］の解［釈］について、「万八千」とは、十八界に焦点をあわせて、百の法界、千の性・相を論じれば、一万八千がある。これらの境界について、仏慧はまだ開発されていない。今、開発するべきである。それ故、数によってこれを表わすだけである。文に「従阿鼻獄上至有頂」（2b18/A18·16-17/77·2-3）とあるのは、［地

245 毘盧遮那法身　「毘盧遮那」は、Vairocanaの音写語。法身仏を指す。天台教学では、毘盧遮那を法身仏とし、盧舎那を報身仏とし、釈迦牟尼を応身仏とする。

246 旧［説］には、「この国土の六瑞は、膩吒天に至るまでである」とある【旧云此土六瑞訖至膩吒天】　出典としては『法華義記』が考えられるが、明確に一致するものはない。『法華経』序品には、「爾の時、仏は眉間白毫相の光を放ち、東方万八千世界を照らし、周遍せざる靡《な》し。下、阿鼻地獄に至り、上、阿迦尼吒天に至る」（大正九、二中一六～一八）とあるが、ある旧説では、「至阿迦尼吒天」までが此土《しど》の六瑞と解釈しており、『文句』では、これと相違して、「照東方万八千世界」からすでに他土の六瑞の記述が始まっていると解釈している。「膩吒天」は、「膩吒」は、Akaniṣṭhaの音写語の一部。色究竟天、有頂天と訳す。『法華経』序品では、上述の通り、「阿迦尼吒」と音写する。

247 「照東方万八千土」【照東方万八千土】　ここは、「照東方万八千世界」（同前、二中一七）とするべきである。「照東方万八千土」（同前、二下六～七）は後出する。

248 旧［説］には、「本当は十方を照らす……因果がまだ十分でないことを表わす」とある【旧云実照十方照東方者表一乗因果是諸因果之上万是数円表果位満八千数缺表因果未足】　『法華義記』巻第一、「然るに、光は応に十方を照らすべし。今的《まさ》しく東方を明かすは、此の一方を借りて、一因一果を表わすなり。且つ又た東方は是れ諸方の上なり。『万八千世界』とは、一万は是れ極数にして、此れは密かに時衆必ず果を得、因満つるを表わすなり。『八千』とは、不足の数にして、三乗人は昔より来《このかた》、行ずる所は是れ因にして未だ足らざるを明かすなり」（大正三三、五八三上二三～二七）を参照。

249 生身の菩薩【生身菩薩】　二種菩薩の一つ。天台家では、別教の初地、円教の初住以上の菩薩を法身菩薩といい、それ以下の位の菩薩を生身菩薩という。

250 四方の仏が［娑婆世界に］集まること【四方仏集】　『法華経』見宝塔品において、釈尊の十方の分身仏が『法華経』の会座に集合することを指す。

獄・餓鬼・畜生・阿修羅・人・天の」六の法界である。さらにまた、「諸仏・菩薩・比丘などを見る」[251]は、十界が完備している【具足】。それ故、文に「靡不周遍」とあるのは、この意味である。もし文章を分ければ、この国土の第六相に所属する。もし他の国土に所属させるならば、とりもなおさず総体的な仕方で【総相】他の国土を照らす文である。

5.1122222　他土六瑞を明かす

5.11222221　略釈

次に、光が他の国土を照らす六瑞を明らかにするとは、第一に六趣（六道）を見、第二に諸仏を見ることは、とりもなおさず最高の聖人【上聖】（仏）と底下の凡夫【下凡】を一双とする。第三に仏の説法を聞き、第四に四衆が覚りを得ることを見ることは、人法の一双である。第五に菩薩の行行（助行）を見、第六に仏の涅槃を見ることは、始終の一双である。

教化することのできる衆生がいるならば、教化する主体【能化】としての仏がいる。仏がいれば、説法がある。説法すれば、弟子がいる。弟子はとりもなおさず行の始めであり、行の始めはきっと終わりをもたらすのである。

この国土の六瑞に関しては、まとめて衆生が自分で覚ること【自覚】ができるであろうことを知らせ、かしこの国土の六瑞はまとめて衆生が他者を覚らせること【覚他】ができるであろうことを知らせる。さらにまた、ここかしこの六瑞は、ここかしこの諸仏の道が同じであることを表わす。「尽見彼土六趣衆生」（2b19/A20·1/77·4）以下、「行菩薩道」（2b22-23/A20·7/77·9）までは、かしこの国土がここと同じであることをあらわしている。「復見諸仏」（2b23／A20・7／77・10）以下、「七宝塔」（2b24／A20・9／77・11）までは、この国土がかしこと同じであるべきであることをあらわす。かいつまんで説くことが終わった。

5.11222222　広釈

あらためて詳しく説くならば、「又見六趣衆生」（2b19／A20・1／77・4）からは、かしこの仏が五濁のために世に出現し、ここの仏も同様であり、［ここと かしこの］二つの国土における［仏の］世に出現する意味が同じであることをあらわすのである。「及聞諸仏所説経」（2b20／A20・2-3／77・5-6）とは、かしこの仏が最初に無相の一法から頓［説］でないのに頓［説］である［ものを説く］のは、この国土において最初に『華厳［経］』を説くことと、意味が同じであることをあらわすのである。「並見諸比丘」（2b20）以下は、かしこの仏が漸［説］でないのに漸［説］である［ものを説く］のは、この国土の仏が次に三蔵［教］を説くことと、意味が同じであることをあらわすのである。「復見諸菩薩」（2b21／A20・5／77・8）以下は、かしこの仏が三蔵［教］の後、方等［経］・『般若［経］』の多くの経を説くのは、この国土の仏の三蔵［教］の後［の教え］と、意味が同じである。「復見諸仏」（2b23／A20・7／77・10）以下、「起七宝塔」（2b24／A20・9／77・11）までは、かしこの仏が『般若［経］』の後、開権顕実し、無量の法を収めて、逆に一法に入れ、涅槃に入ることを唱えて、教化を止めて【息化】［仏］塔を建立することをあらわす。光はかしこの国土を照らして、［化導の］最初から最後まで究極的であ

251　「諸仏・菩薩・比丘などを見る」【見諸仏菩薩比丘等】『法華経』序品（大正九、二下一八～三中二六）の要約。

り、明らかに【炳然】目に見える。この国土においては一から無量を出し、頓［説］でないのに頓［説］であ
30a る［ものを説き］、漸［説］でないのに漸［説］である［ものを説く］と知るべきである。その事柄は終わった。必ず無量の法を収めて、逆に一法に入れ、開権顕実し、教化を止めて真実【真】に帰着することは、かしこの国土と同じであるはずである。

次に「種種因縁」（2b22/A20・5-6/77・8）とは、昔の善を因とし、今の教を縁とする。さらにまた、個別的に説くならば、ちょうど三蔵［教］の後、共・不共の般若[252]を明らかにすることを因とし、助道の戒・定・慧などを縁とする。三人（通教・別教・円教の菩薩）に焦点をあわせれば、種々の因縁がある。さらにまた、共・不共の人について、種々の因縁がある。「種種相貌」（2b22/A20・6/77・9）とは、共・不共にそれぞれ［有門・空門・亦有亦空門・非有非空門の］四門がある。一々の門にまた無量の相貌（特徴）がある。五百の比丘がそれぞれ［輪廻する］身の原因を説くこと[253]は、その意義である。不共の四門も同様である。それ故、因縁・相貌は、種類が無量であり、いずれもかしこことここと同じであると知る。かしこにここの様相を明らかにすると、因縁、相貌は逆に一因・一縁・一相・一貌に入る。この国土もかしこと同じであることを知るべきである。

5.11223　疑念序

「爾時弥勒作是念」（2b24-25/A20・9-10/77・12）から「今当問誰」（2b27/A20・13/78・3-4）までは、疑念（疑問に思うこと）序である。文を二つとする。第一に弥勒の疑念、第二に大衆の疑念である。弥勒に三念がある。第一に正面から六瑞を思い、第二に誰に質問するかを思い、第三に文殊を思う。［弥勒が］文殊を思うことが生じれば、第二の思いは除かれる。ただ最初の思いだけがあって、ただ一つの疑いだけを成立させるのである。

「神変」（2b25/A20・10/78・1）とは、神は内であり、変は外である。神は天心に名づける。とりもなおさず天然の内慧である。変は変動に名づける。とりもなおさず六瑞が外に現われることである。『首楞厳〔経〕』には、「仏は不二の法に留まって、神通を生ずることができる」とある。[254] 法王の法力は、超越して一切を覆う。弥勒は外に現われた変化【外変】を思い測らず、また内にある智慧【内慧】を知らないので、思いを起こすことがここまで至った（弥勒の三念のこと）。凡夫【庸人】に関しては方術に巧みな人【術者】を知らず、〔禅定に入

252 共・不共の般若【共不共般若】　般若には三乗の人が共に学ぶ共般若＝通教と、菩薩だけが学ぶ不共般若＝別教・円教がある。

253 五百の比丘がそれぞれ〔輪廻する〕身の原因を説く【五百比丘各説身因】『南本涅槃経』巻第三十二、迦葉菩薩品、「五百の比丘の舎利弗に問うが如し。大徳よ。仏は身の因を説くに、何者か是《ぜ》なるや。舎利弗の言わく、諸の大徳よ、汝等も亦た各おの正解脱を得たり。自ら応に之れを識るべし。何に縁《よ》りて方に是の如き問いを作すや。比丘有りて言わく、大徳よ、我れは未だ正解脱を獲得せざる時、意に謂わく、無明は即ち是れ身の因なり。是の観を作す時、阿羅漢果を得たり。復た有るが説いて言わく、大徳よ、我れは未だ正解脱を獲得せざる時、謂わく、愛無明は即ち是れ身の因なり。是の観を作す時、阿羅漢果を得たり。或いは有るが説いて言わく、行・識・名色・六入・触・受・愛・取・有・生・飲食・五欲は、即ち是れ身の因なり。爾の時、五百の比丘は各各自ら己れの解する所を説き已りて、共に仏の所に往き、仏足に稽首《けいしゅ》し、右遶《うにょう》三匝《さんそう》す。礼拝し畢《おわ》りて、却《しりぞ》いて一面に坐す。各おの上の如く己れの解する所の義を以て、仏に向かいて之れを説く。舎利弗は仏に白して言わく、世尊よ、是の如き諸人は、誰れか是れ正説なる、誰れか正説ならざる。仏は舎利弗に告ぐらく、善き哉、善き哉。一一の比丘は、正説に非ざること無し」（大正一二、八二〇中四～一七）を参照。

254 『首楞厳〔経〕』には、「仏は不二の法に留まって、神通を生ずることができる」とある【首楞厳云仏住不二法能作神通】『首楞厳三昧経』巻上、「仏は不二の神通に住して、化人を作す」（大正一五、六三六下一）を参照。

らない」散心の者【散人】は定心の者を知らず、凡人は聖者を知らず、卑小な聖人【小聖】は身子を知らず、身子は菩薩を知らず、菩薩は［一生］補処［の菩薩］を知らず、［一生］補処［の菩薩］は最高に尊い人【尊極】（仏）を知らない。これは最高究極の境地【極処】について、また知らないのである。さらにまた、弥勒は仏に出会い善を植えることが多い以上、どうしてぼんやりとでも【髣髴】知らないであろうか。明るさを隠し闇を示して、「仮りに知らない」といっているはずである。

大衆に二つの思いがある。第一に正面から六瑞を思い、第二に誰に質問するかを思う。もし下の偈をこれと比較すると、また三つの思いがありえる。偈には、「四衆は喜び仰いで、あなた【仁】（文殊菩薩）と私（弥勒菩薩）を見る」とある。[255]第三の思い（文殊を思うこと）がなければ、なぜあなた【仁】を見るのか。ところが、このなかに［第三の思いが］ないのは、【一生】補処［の菩薩］（弥勒菩薩）に譲って、先に居させようとするからである。旧［人］が解釈するのに、まず三つの意味がある。第一に補処、第二に三つの思いがあり、第三に質問を生ずることができる。[256]この意義のために、大衆に一つの思い（文殊を思うこと）を欠くのである。

30b 質問する。文殊・弥勒の徳の位はたがいに隣り合う。なぜ一人が質問し、もう一人が答えるのか。

答える。そもそも機に［機が］あることとないこと【在無】がある。位は等しい【斉等】けれども、賓（客）・主になることには都合の相違がある。聖人は機［の働きかけ］を受ける。質問者が答えることができないわけではないのである。さらにまた、法門に権（方便）・実（真実）がある。権の［一生］補処［の菩薩］（弥勒菩薩）は質問する必要があり、真実の者（文殊菩薩）は答える必要がある。さらにまた、迹に久（遠い）・近（近い）がある。近い者（弥勒菩薩）は質問し、遠い者（文殊菩薩）は答える。さらにまた、名に簡便さがある。弥勒を慈と名づける。慈は衆生のために質問するべきである。文殊は妙徳と名づける。徳は答えるべきである。

これは［因縁・約教・本迹・観心の］四種によって文の意味を解釈することである。

妙法蓮華経文句巻第二下

255　偈には、「四衆は喜び仰いで、あなた【仁】（文殊菩薩）と私（弥勒菩薩）を見る」とある【偈云四衆欣仰瞻仁及我】『法華経』序品、「四衆は欣仰して、仁、及び我を瞻《み》る」（大正九、三下四）を参照。

256　旧［人］が解釈するのに、まず三つの意味がある。第一に補処、第二に三つの思いがあり、第三に質問を生ずることができる【旧解先有三意一是補処二有三念三能発問】『法華義記』巻第一（大正三三、五八三中二六～五八四上一二）を参照。

妙法蓮華経文句　巻第三上

天台智者大師が説く

5.11224　発問序

5.112241　長行

「爾時弥勒欲自決疑」（2c3/A22·5-6/79·1）以下、偈が終わるまでは、とりもなおさず発問（質問を生ずること）序である。文を二［段］とする。長行、偈頌である。長行のなかに、経典編纂者【経家】は自分の疑い、他者の疑いを述べて質問を生ずる。質問のなかの、この国土、他の国土は文の通りである。

5.112242　偈頌

5.1122421　料簡

なぜ偈頌があるのか。

龍樹の『［十住］毘婆沙［論］』には、「第一に国土にしたがう。天竺に散花《さんげ》・貫花《かんげ》の説がある。この間（中国）の序文と［序文の］後の銘文のようなものである。第二に願望【楽欲】が同じでないことにしたがう。ある場合は散説（長行）を願うこともあり、ある場合は章句（偈頌）を願うこともある。[1]第三に理解を生ずることが同じでないことにしたがう。ある場合は散説について理解し、ある場合は章句について理解する。第四に［衆生の根の］利鈍にしたがう。利［根］である者は一たび聞いてすぐに悟り、鈍［根］である者は再び説い

てはじめて悟る。さらにまた、仏が真心を込めて【慇懃】重ねて説くことを表わす。さらにまた、［聴］衆が

1　ある場合は散説（長行）を願うこともあり、ある場合は章句（偈頌）を願うこともある【有楽散説或楽章句】『私志記』巻第一、「散は是れ長行の散説なり。貫は是れ偈頌・章句の説なり。文句を収束して散ぜざること、華の貫に在るが如し。故に貫と名づくるなり」（『新纂大日本続蔵経』二九、一五七中二〜四）を参照。

集まることの前後であるためなので、偈があるのである」とある。[2]

5.1122422　科文

偈に六十二行（文殊師利……為説何等）がある。文を二［段］とする。最初の五十四行（文殊師利……其華開敷）は上の質問を頌し、後の八行（仏放一光……為説何等）は答えを求める。

質問について二［段］とする。前の四行（文殊師利……得未曾有）はこの国土について質問し、後の五十行（眉間光明……其華開敷）は他の国土について質問する。

5.11224223　正しく解釈す

5.112242231　上問を頌す

5.1122422311　此土六瑞を頌す

長行には、この国土の［説法、入定、雨華、地動、衆喜、放光の］六瑞についてまとめて質問する。偈のなかには［長行に説かれない内容を新たに］増加して【長】香風・地浄[3]があるが、説法・入定はない。文を見て、満ちることと縮むことを思う[4]けれども、意義を尋ねると、そうではない。説法は［智慧によるので］慧性であ

2　龍樹の『［十住］毘婆沙［論］』には、「第一に国土にしたがう……偈があるのである」とある【龍樹毘婆沙云一随国土天竺有散花貫花之説如此間序後銘也二随楽欲不同有楽散説或楽章句三随生解不同或於散説得解或於章句得解四随利鈍利者一

聞即悟鈍者再説方悟又表仏殷勤重説又為衆集前後故有偈也】 ここの解釈は、平井俊榮『法華文句の成立に関する研究』（春秋社、一九八五年）五五六～五五八頁によれば、『十住毘婆沙論』の「人の文飾を好みて章句を荘厳する者有り。偈頌を好むもの有り。雑句を好む者有り。譬喩を好むもの有り。因縁もて解を得。好む所各おの同じからず、我れは随いて捨てず」（大正二六、二二上一九～二二）に基づいて、吉蔵が施した解釈を参照したものである。吉蔵『法華義疏』巻第二、「長行と偈とに、略して十体・五例を明かす。十体と言うは、龍樹の『十地毘婆沙』に云わく、一には国法の不同に随う。震旦に序、銘の文有るが如く、天竺に散華・貫華の説有るなり。二には好楽を異と為す。彼の『論』に云わく、或いは長行を楽うこと有り、或いは偈頌を楽うこと有り、或いは雑説して章句を荘厳するを楽う者有りて、好む所各おの同じからず。我れは随いて捨てず、と。三には悟りを取ること一に非ず。或いは長行を聞いて了せず、偈を聞いて便ち悟ること有り。或いは各おの聞いて倶に迷い、或いは合わせて聞いて方に解す。故に双べて之れを明かす。四には根に利鈍有りと示す。利根の人は一たび聞いて即ち悟り、鈍根は了せず、再び説いて方に解す。五には諸仏は正法を尊重することを表わさんと欲す。慇懃の至り、一言の中に而も覆《くりかえ》して再び説くなり。六には後人をして経に於いて信を生ぜしむ。長行を尋ねて解せず、或いは経の謬《あやま》れるを恐れ、後の偈、前に同じきを見て、方に自《みずか》ら惑うと知る。七には言辞を易奪して転勢説法せんと欲す。其れ猶お将に病人を息めんとするが故に、食味を迴変するなり。八には義味の無量なることを示すが故なり。長行に已に其の一を明かして、偈頌に復た其の二を顕わす。九には至人は内に無礙の智有り、外に無方の説有るを表わすが故に、能く巻舒《けんじょ》自在にして、散束縁に適《かな》うなり。十には衆集の前後を明かすが故に、長行と偈有り。涅槃に辨ずる所の如し」（大正三四、四七二上八～二二四）を参照。

3　**香風・地浄【香風地浄】**『法華経』序品、「栴檀の香風は、衆心を悦可《えっか》す。是の因縁を以て、地は皆な厳浄なり」（大正九、二下一一～一二）を参照。

4　**満ちることと縮むこと【盈縮】** 具体的には、偈頌において長行に説かれる説法・入定の二瑞について説かないことを「縮」といい、同じく長行に説かれない香風・地浄を偈頌において説いていることを「盈」といっている。

り、入定は［天真の理に留まるので］天心である。天心・慧性によって、動地・放光をなすことができる。末［の雨華、動地、衆喜、放光］を取りあげると、本［の説法・入定］を知ることができるので、[5]［文の上では］縮（減らすこと）ではあるが、［本当は］縮ではないのである。他者はこの意味を見ず、弥勒が［説法・入定の］二事を質問しないと思って、そのまま瑞相としない。今、逆にこれを非難する。もし弥勒が［説法・入定
30c について］質問しなければ、文殊はなぜ答えるであろうか。さらにまた質問する。どこを指して質問とするのか。今、長行の総体的な質問を指すことが、これである。もしあらためてその個別的な質問をあらわすならば、ただ「導師」（2c9/A24·1/79·10）の二字のことである。まことに説法・入定して、人を導くことができるからである。導師と呼ぶ以上、とりもなおさず説法・入定について質問するのである。このために縮でない。他者が、「風は［栴］檀の林を経由するので芳《かんば》しい。大地について、荘厳されて清潔であること【厳浄】を加える。［香風・地浄の］二事を増加する【盈長】」という。今、増やすこと【盈】でないと思う。風はもともと香りがないけれども芳しい。非常に優れている【奇特】ので、瑞相を成立させる。そもそも天花は最高にすぐれている【至妙】。どうして色（いろ形あるもの）があるけれども、香りがないであろうか。これは因が運んで果に至ることを表わす。花に香風があるようなものである。花は大地に集まる以上、大地は荘厳されて清潔である。因がもし果に趣くならば、果は荘厳されて清潔である。『金光明［経］』には、「功徳を集めて、仏身を荘厳する」とある。[6]それ故、［香風・地浄の］二事によって四花をあらわし成就する。［文の上では］増える【盈】が、［本当は］増えるのではないのである。

5.112242312　他土六瑞を頌す

5.1122423121 分科して旧を斥す

「眉間光」（2c14/A24·9/80·6）以下、次に五十行（眉間光明……其華開敷）があり、他の国土の六瑞を質問することを頌する。旧［説］には、「頌のなかに、三乗・四衆（比丘・比丘尼・優婆塞・優婆夷）について質問せず、仏の涅槃について質問しない」とある。今の教は三［乗］を廃棄する。どうしてにわかに三［乗］について質問するのか。はじめて寿量［品］を説くのに、どうして滅度（涅槃）について質問するのか。意義について便宜でないので、質問しないのである。ああ、理解しないで文を解釈し、経を抑えて迷いの心【情】にしたがっている。今明らかにしよう。頌のなかに他の国土の六瑞についてすべて質問する。文を六［段］とする。最初に三行（文殊師利・導師何故・眉間白毫・大光普照・雨曼陀羅・曼殊沙華・栴檀香風・悦可衆心・以是因縁・地皆厳浄・而此世界・六種震動）は、六趣（六道）の衆生について質問する。第二に四行（時四部衆・咸皆歓喜・身意快然・得未曾有・眉間光明・照于東方・万八千土・皆如金色・従阿鼻獄・上至有頂・諸世界中・六道衆生・生死所趣・善悪業縁・受報好醜・於此悉見）は、かしこの仏を見ることと、また説法について質問する。第三に三行（又覩諸仏・聖主師子・演説経典・微妙第一・其声清浄・出柔軟音・教諸菩薩・無数億万・梵音深妙・令人楽聞・各於世界・講説正法）は、

5　末［の雨華、動地、衆喜、放光］を取りあげると、本［の説法・入定］を知ることができる【挙末即能知本】『文句記』には、「末」は、雨華・動地・衆善・放光の四瑞をいい、「本」は説法・入定の二瑞をいう。『講録』には、「『末』は四瑞を謂う。文は略して其の二を挙ぐるなり。『本』は、智・定の二を謂うなり」とある。

6　『金光明［経］』には、「功徳を集めて、仏身を荘厳する」とある【金光明云聚集功徳荘厳仏身】『合部金光明経』巻第四、讃歎品、「本と修集する所の百千の行業は、功徳を聚集して、仏身を荘厳す」（大正一六、三七八下一〇～一一）を参照。

他の国土の四衆について質問する。次に一行半（種種因縁・以無量喩・照明仏法・開悟衆生・若人遭苦・厭老病死）は、前を結論づけ後を展開する。次に三十一行半（為説涅槃……施仏及僧）は、他の国土において菩薩行を修行することについて質問する。次に七行（如是等施……二千由旬）は、舎利を供養することについて質問する。とりもなおさず仏の涅槃について質問するのである。

5.1122423122　正しく解釈す

5.11224231221　六趣を問う

最初に三行（眉間光明・照于東方・万八千土・皆如金色・従阿鼻獄・上至有頂・諸世界中・六道衆生・生死所趣・善悪業縁・受報好醜・於此悉見）は、六趣について質問する。この頌を確かめると、上の文の光が東方を照らすことは、まとめて他の国土を照らす意味であることを知るのである。この頌は上の総体的な質問を頌する。「六趣衆生」（2c16/A24·12/80·9）は、趣く主体としての人である。「生死」（2c17/A24·13/80·10）は、趣く場所である。「善悪業縁」（2c17/A24·13/80·10）は、［六］趣の因である。「好醜」（2c17/A24·14/80·11）は、［六］趣の果である。

5.11224231222　見仏を問う

「又観諸仏」（2c18/A24·15/80·12）以下、第二に四行（又観諸仏……開悟衆生）は、かしこの仏を見ることについて質問する。上[7]はただ仏の説法を見るだけである。ここでは詳しく説法の様相を明らかにする。頓教を説いて、大［乗の］根性に与えることである。「聖主師子」（2c18/A24·15/80·12）は、この国土に盧舎那[8]の姿を現わすようなものである。「演説経法　微妙第一」（2c19/A24·16/81·1）とは、この国土において、まず高山を照らし、

『華厳［経］』の教えを述べるようなものである。「教諸菩薩」（2c20/A26·1/81·3）とは、この国土の七処などの会座に、[9]声聞の人がいないようなものである。「照明仏法　開悟衆生」（2c23/A26·5/81·7）とは、この国土に
31a おいて、はじめて仏身を見て、如来の智慧に入る[10]ようなものである。

5.11224231223　彼土の四衆を問う

「若人遭苦」（2c23/A26·6/81·8）以下、第三に三行（若人遭苦・厭老病死・為説涅槃・尽諸苦際・若人有福・曾供養仏・志求勝法・為説縁覚・若有仏子・修種種行・求無上慧・為説浄道）は、かしこの国土の四衆について質問する。とりもなおさず頓説[11]の後に、次に三蔵教を明らかにすることである。「若人遭苦」とは、声聞乗を開くことで

7　上　底本の「土」を、『全集本』によって「上」に改める。

8　盧舎那　本来、Vairocana の音写語の一部であるが、天台家では、毘盧遮那を法身仏とし、盧舎那を報身仏とし、釈迦牟尼を応身仏とする。

9　七処などの会座【七処等会】『華厳経』（六十巻）は七処八会の説法といわれる。第一寂滅道場会・第二普光法堂会・第三忉利天宮会・第四夜摩天宮会・第五兜率天宮会・第六他化天宮会・第七普光法堂重会・第八逝多園林会である。

10　はじめて仏身を見て、如来の智慧に入る【始見仏身入如来慧】『法華経』従地涌出品、「此の諸の衆生は、始めて我が身を見、我が説く所を聞き、即ち皆な信受して、如来の慧に入る。先より修習して小乗を学ぶ者を除く。是の如き人は、我れは今、亦た是の経を聞くことを得、仏慧に入らしむ」（大正九、四〇中八～一一）を参照。

11　頓説　『華厳経』の頓教の説法を指す。

ある。この偈頌に四諦をすべて明らかにすることは、文について明白である……。もし人が苦に出合って悪業を作るならば、苦は消滅させることができない。［これは］低劣な【底下】衆生のことである。もし人が苦に出合って善業を作るならば、苦は同様に消滅しない。下を厭《いと》い上に攀《よ》じ登ることは、難陀が欲望のために戒を持つなどのようなものである。もし人が苦に出合って外道の法のなかにおいて解脱を求め、誤った見解【見】を増やし過失を多くするならば、苦は同様に消滅しない。もし人が苦に出合って集（苦の生起する原因）を厭い、また依果（依報）を厭い、仏が涅槃を説くことを感得するならば、この人はさまざまな苦しみを消滅させる【尽苦際】ことができるのである。他の国土も同様にこの乗（声聞乗）を開くのである。「若人有福」（3a2/A26·8/81·10）以下の一行（若人有福・曾供養仏・志求勝法・為説縁覚）は、中乗（縁覚乗）を開くのである。もし仏を供養することが少なければ、苦に出合って悩みを招く。もし仏に供養することが多ければ、苦に出合うけれども、福がある。それ故、「声聞は三生（三度の生涯）に福を種《う》え、［辟］支仏は百劫に福を種える」とある。[12]［辟支仏を］その声聞と比較するので、「有福」と言う。「志求勝法」（3a2/A26·9/81·11）とは、声聞は苦を厭って修行し、［辟］支仏は道を求めるので修行し、縁起のすぐれた【勝妙】理を深く求めることは、とりもなおさず他の国土において中乗を開くことである。「若有仏子」（3a3/A26·10/81·12）以下は、六度（六波羅蜜）の大乗を開くのである。真の慈悲は、仏種を継承することができるので、「仏子」という。六度を修行するので、「種種行」（3a3/A26·10/81·12）という。心を向けて求める【志求】ので、「無上慧」（3a4/A26·11/82·1）という。六度のなかには六蔽[13]がない。薬のなかに病がないようなものであるので、「浄道」（3a4/A26·11/82·1）という。［しかし、この浄道は］究極的な清浄ではないのである。さらにまた、声聞は苦諦を観門とし、縁覚は集諦を［観］門とし、六度の菩薩（蔵教の菩薩）は道諦を［観］門とするので、「浄道」という。

5.1122423124　前を結して後を開く

「文殊我住」(3a4/A26・12/82・2) 以下は、第四に一行半(文殊師利・我住於此・見聞若斯・及千億事・如是衆多・今当略説)があり、前を結論づけて後を展開する。「見聞若斯」(3a5/A26・13/82・3) は、とりもなおさず前を結論

12　「声聞は三生(三度の生涯)に福を種え、[辟]支仏は百劫に福を種える」とある【云声聞三生種福支仏百劫種福】『法華玄論』巻第五に、「問う。発軫《ほっしん》に即ち二乗を学ぶ。『婆沙論』、『釈論』等に云うが如し、『縁覚は極めて遅ければ、則ち百劫と為し、極めて速ければ、則ち四世と為す。声聞は極めて遅ければ六十劫、極めて速ければ三世なり』」(大正三四、三九九中二四〜二六)とある。ここに出典として出る「婆沙論釈論」については、平井俊榮『続法華玄論の註釈的研究』(春秋社、一九九六年)五二頁、注二八、注二九によれば、『阿毘曇毘婆沙論』巻第四十三、「復た次に大方便を以て得るが故に、大悲と名づく。声聞道、六十劫に方便道を行じて得るが如きに非ず。辟支仏は百劫に方便を行ず。仏は三阿僧祇劫に於いて、百千の難行・苦行を行じて得るが故に、大悲と名づく」(大正二八、三二二上一〜四)、『大智度論』巻第二十八、「辟支仏の第一疾き者有りて四世に行じ、久しき者は乃ち百劫に至りて行ず。声聞の疾き者の如きは三世にして、久しき者は六十劫なり」(大正二五、二六六下一四〜一五)を指す。

13　六蔽　六波羅蜜を妨げる六種の悪心のことで、慳心・破戒心・瞋恚心・懈怠心・乱心・癡心をいう。『大品般若経』巻第一、序品、「菩薩摩訶薩は慳心・破戒心・瞋恚心・懈怠心・乱心・癡心を起こさざらんと欲せば、当に般若波羅蜜を学ぶべし」(大正八、二二〇中一〇〜一一)に対する『大智度論』巻第三十三の注、「是の六種の心は悪なるが故に、能く六波羅蜜門を障蔽す。……菩薩は般若波羅蜜の力を行ずるが故に、能く是の六蔽を障《さ》え、六波羅蜜を浄む。是れを以ての故に説く。若し六蔽を起こさざらんと欲せば、当に般若波羅蜜を学ぶべし」(大正二五、三〇三下二六〜三〇四中六)を参照。

づける。「如是衆多」（3a6/A26・14/82・4）は、とりもなおさず後を展開する。

5.11224231225　他土の菩薩の種々の修行を問う

「我見彼土」（3a6/A26・15/82・5）以下は、第五に三十一行半（我見彼土……求無上道）があり、他土の菩薩の種々の修行について質問する。これについて三［段］とする。最初に一行（我見彼土・恒沙菩薩・種種因縁・而求仏道）はまとめて質問し、次に十五行（或有行施……而撃法鼓）は順番に質問し、次に十五行半（又見菩薩・寂然宴黙……求無上道）はいろいろと混合させて質問する。

最初にまとめて質問することは、理解できるであろう。

「或有行施」（3a8/A26・17/82・7）以下は、第二に十五行（或有行施……而撃法鼓）があり、順番に質問する。［その］内容を六［段］とする。最初に六行（或有行施……求仏智慧）は檀（布施）について質問し、第二に二行（文殊師利・我見諸王・往詣仏所・問無上道・便捨楽土・宮殿臣妾・剃除鬚髪・而被法服）は尸［羅］（戒）について質問し、第三に一行（或見菩薩・而作比丘・独処閑静・楽誦経典）は忍（忍辱）について質問し、第四に一行（又見菩薩・勇猛精進・入於深山・思惟仏道）は進（精進）について質問し、第五に二行（又見離欲・常処空閑・深修禅定・得五神通・又見菩薩・安禅合掌・以千万偈・讃諸法王）は禅（禅定）について質問し、第六に三行（復見菩薩・智深志固・能問諸仏・聞悉受持・又見仏子・定慧具足・以無量喩・為衆講法・欣楽説法・化諸菩薩・破魔兵衆・而撃法鼓）は慧（般若）について質問する。

31b
檀について質問することについて、三つの意味がある。最初に四行（或有行施……軒飾布施）は財を捨てることについて質問し、一行（復見菩薩・身肉手足・及妻子施・求無上道）は身を捨てることについて質問し、一行

（又見菩薩・頭目身体・欣楽施与・求仏智慧）は命を捨てることについて質問する。「珍宝奴婢」（3a9/A28·2/82·9）は、身分の高い者も低い者【貴賤】もともにこの布施をすることができる。「駟馬宝車」（3a12/A28·6/83·1）は、豪強で義侠心のある【豪侠】者が施すものである。「妻子」（3a14/A28·9/83·4）等は自分以外の身（外身）、「身肉」（3a13/A28·8/83·3）等は自分の身（内身）である。「頭目」（3a15/A28·10/83·5）を捨てることは、命を捨てることである。しかしながら、法施をいわないのは、後の般若に譲るからである。さらにまた、身・命・財と生死の後際（涅槃）とが等しく何ものにも破壊されない常住を獲得することに焦点をあわせる。[14] とりもなおさず法施であるので、別には説かないのである。

「文殊師利見王」（3a16/A28·12/83·7）以下、第二に二行（文殊師利・我見諸王・往詣仏所・問無上道・便捨楽土・宮殿臣妾・剃除鬚髪・而被法服）は、戒について質問する。比丘に焦点をあわせて持戒を説くならば、在家は、布施は易しく、戒は難しい。出家は、布施は難しく、戒は易しい。それ故、比丘に焦点をあわせて戒を明らか

14 身・命・財と生死の後際（涅槃）とが等しく何ものにも破壊されない常住を獲得することに焦点をあわせる【約身命財与生死後際等得不壊常住】『勝鬘経』摂受章、「正法を摂受せんが為めに、三種分を捨つ。何等をか三と為す。身・命・財を謂う。善男子、善女人よ、身を捨つとは、生死の後際は等しく老病死を離れ、不壊常住にして、変易有ること無く、不可思議功徳の如来法身を得。命を捨つとは、生死の後際は等しく畢竟して死を離れ、無辺常住にして不可思議の功徳を得、一切の甚深の仏法に通達す。財を捨つとは、生死の後際は等しく不共の一切衆生の、無尽無滅、畢竟常住、不可思議具足の功徳を得、一切衆生の殊勝の供養を得」（大正一二、二一八下二九～二一九上八）を参照。

にする。このなかに『五王経』[15]を引用する……。

「或見菩薩」（3a18/A28・16/83・11）以下、第三に一行（或見菩薩・而作比丘・独処閑静・楽誦経典）は、忍（忍辱）について質問する。忍に三種がある。静かな林、深い谷の悪人・悪獣に対して、忍耐して怒ることがないことは、生忍[16]である。自分で節制して志を守ることは、苦行忍である。仏の覚りを求めることは、第一義忍である。さらにまた、「而作比丘」（3a19/A28・16/83・11）は、苦行忍である。「独処閑静」（3a19/A28・17/83・12）は、生忍である。「楽誦経典」（3a19/A28・17/83・12）は、第一義忍である。

「又見菩薩勇」（3a20/A30・1/84・1）以下、第四に一行（又見菩薩・勇猛精進・入於深山・思惟仏道）は、精進について質問するものである。そもそも深い山は人を恐れさせるもので、怠惰で臆病な【窳怯】者のいる場所ではない。勇ましく前進する者は、そばに物がないように、これに安んじることができ、実相を思い修めて、一瞬も休まず、進んで仏の覚りを求めるのである。

「又見離」（3a21/A30・3/84・3）以下、第五に二行（又見離欲・常処空閑・深修禅定・得五神通・又見菩薩・安禅合掌・以千万偈・讃諸法王）は、禅について質問する。前の一行（又見離欲・常処空閑・深修禅定・得五神通）は根本禅[17]を修行することについて質問し、後の一行（又見菩薩・安禅合掌・以千万偈・讃諸法王）は出世上上禅[18]を修行することについて質問する。通常、すべて根本［禅］の修行がありえるのである。「離欲」（3a21/A30・3/84・3）とは、もし欲を離れて［神足通・天眼通・天耳通・他心通・宿命通の］五［神］通を得るならば、通教の禅定である。さらにまた、根本［禅］はもともと欲を離れる。［八］背捨[19]も同様に不浄［観］などを修行して、欲を離れる。別教はいっしょに二乗の欲を離れ、中道はさらに順道法愛[20]の欲を離れる……。「深修禅定」（3a22/A30・4/84・4）

15 『五王経』【五王経】『仏説五王経』（大正一四、七九五下～七九七上）を指す。

16 生忍　衆生忍ともいい、衆生の迫害や優遇のどちらに対しても、心を動揺させず忍耐すること。

17 根本禅　根本定ともいう。下地の修惑（思惑）を断じて得られる上地の禅定をいい、色界の四禅、四無色定のそれぞれに根本定がある。定には、定に入った段階のものと、それに近づきつつある準備的段階の定とがあり、前者を根本定といい、後者を近分定という。ただし、色界の初禅については近分定とは表現せず、とくに未至定（未到定）と呼ぶ。

18 出世上上禅　世間禅・出世間禅・出世間上上禅のうちの出世間上上禅のこと。『菩薩地持経』巻第六、初方便処・禅品（大正三〇、九二一中二九～下三）に説かれる九種大禅（自性禅・一切禅・難禅・一切門禅・善人禅・一切行禅・除悩禅・此世他世楽禅・清浄禅）をいう。

19 ［八］背捨【背捨】　八解脱ともいう。背捨は、貪著の心に背き、それを捨てること。『次第禅門』巻第十（大正四六、五四〇下二〇～二五）によれば、内有色相（＝想）外観色背捨・内無色相外観色背捨・浄背捨身作証・虚空処背捨・識処背捨・不用処背捨・非有想非無想背捨・滅受想背捨。第一・第二は初禅・二禅により、第三は四禅により、第四から第七までは四無色定による。第八は滅尽定に入ること。

20 順道法愛　別教の初地、円教の初住においては、一分の中道法性を証得するけれども、まだ無明を断じていないので、中道法愛（中道という法に対する執著）があるという。これを順道法愛という。『法華玄義釋籤』巻第四、「『若断伏者用順道法愛為因』と言うは、断に従って説くが故に、初地・初住に一分の中道法性を証すれども、無明未だ尽きざるを以て、中道法愛有りて、之れを以て因と為す」（大正三三、八四二中二四～二六）を参照。なお、別教の初地、円教の初住以前の法愛を順道法愛（似道法愛）といい、別教の初地、円教の初住以上の法愛を真道法愛という場合もある。

とは、初禅の第一等級を生ずる。[21] この禅定はまだ深くなく、乃至、九等級【品】は次々と深くなっていく。さらにまた、［八］背捨・九［次第］定・八勝［処］・十一切入[22]などは、次々と深くなっていく。この禅定は自在に転変して、さまざまな通［力］を生ずることができる。凡夫はただ五通、二乗は六［通］を備える。[23] 別教の菩薩は、仏に対して謙遜し、部分的に無漏があるけれども、同様にただ五通と呼ぶのである。円教の［の菩薩］は、最初から最後まで六通を備える。「安禅万偈」（3a23/A30·5-6/84·5-6）以下、第二に一行は、［出世間上上禅を明らかにする。これは別［教］・円［教］の禅定である。［心が］静かであることと散らばっていること【静散】はたがいに妨げず、滅［尽］定から離れないで、さまざまな礼儀ある振る舞いを示す[24]ことは、［阿］修羅の琴が弾《ひ》かないのに、音色を出すようなものである。[25] 対象【縁】もなく思い【念】もないけれども、［衆
31c
生の］感があるならば［仏は］姿を現わす【形】。それ故、禅定に安んじて仏をたたえることができるのである。

「復見智深」（3a24/A30·7/84·7）以下、第六に三行（復見菩薩・智深志固・能問諸仏・聞悉受持・又見仏子・定慧具足・以無量喩・為衆講法・欣楽説法・化諸菩薩・破魔兵衆・而撃法鼓）は、般若について質問する。二段とする。最初に一行（復見菩薩・智深志固・能問諸仏・聞悉受持）は自行である。「智深」とは、智慧は理の根本を窮めるのである。「志固」（3a24/A30·7/84·7）とは、誓願が広大であることである。これは［智慧荘厳と福徳荘厳の］二種によって荘厳し、質問することができ、記憶することができるのである。「又見仏子定慧」（3a25/A30·9/84·9）以下、次に二行（又見仏子・定慧具足・以無量喩・為衆講法・欣楽説法・化諸菩薩・破魔兵衆・而

21　初禅の第一等級【初禅一品】　初禅に九品の浅深があるうちの第一等級をいう。『次第禅門』巻第五、「論に云うが如し、

仏弟子は諸禅を修する時、下中上有りて、名づけて三品と為す。此の三品を離して、一品を三と為す。故に九品の浅深の相有り。若し細かに論ぜば、則ち応に無量の品有るべし」（大正四六、五一二中三～五）を参照。

22 九［次第］定・八勝［処］・十一切入【九定八勝十一切入】「九定」は、九次第定のこと。四禅・四無色定・滅尽定をいう。「八勝」は、八勝処のこと。勝知勝見を生じる依り所なので、勝処という。欲界の色処を観じて、貪心を除く禅観。『次第禅門』巻第十（大正四六、五四三下一〇～一六）によれば、八背捨の第一・第二をそれぞれ二分して、内有色相（＝想）外観色少勝処・内有色相外観色多勝処・内無色相外観色少勝処・内無色相外観色多勝処の四つの勝処があり、さらに、八背捨の第三を四分して、青勝処・黄勝処・赤勝処・白勝処の四つがある。「十一切入」は、十一切処（万物を一つの対象に総合して観察する十種の禅観。十種の対象とは、青・黄・赤・白・地・水・火・風・空・識である）と十の項目は同じであるが、その意味は全同ではない。『次第禅門』巻第十には、「復た次に、経の中に時に説いて十一切入と為すこと有り。有る人解して言わく、『此れは猶お是れ一切処の異名なり』と。今則ち爾らず。初めの名は一色遍く十方を照らすを以て、一切処と名づく。後の心は転《うた》た善にして巧みに能く一切に於いて遍く照らす。色の中、一一互《たが》相いに入ることを得、相い妨閡《ぼうげ》せざるが故に、処に一切入の名を立つ」（同前、五四五上一九～二三）とある。

23 凡夫はただ五通、二乗は六［通］を備える【凡夫但五通二乗具六】「五通」は、神足通・天眼通・天耳通・他心通・宿命通の五種の神通力のこと。「六」は、五通に漏尽通を加えた六神通のこと。

24 滅［尽］定から離れないで、さまざまな礼儀ある振る舞いを示す【不起滅定現諸威儀】『維摩経』巻上、弟子品、「滅定を起たずして、而も諸の威儀を現ず」（大正一四、五三九下二一～二二）を参照。

25 ［阿］修羅の琴が弾《ひ》かないのに、音色を出すようなものである【如修羅琴不拊而韻】『大智度論』巻第十七、「法身の菩薩は、無量の身を変化し、衆生の為めに説法すれども、菩薩の心に分別する所無し。阿（底本の「何」を、宋・元・明の三本、宮本によって改める）修羅の琴の如し。常《つね》自に声を出だすに、意に随って作し、人の弾ずる者無し。此れも亦た散心無く、亦た摂心無し。是れ福徳の報は生ずるが故に、人の意に随って声を出だす」（大正二五、一八八下一八～二一）を参照。

撃法鼓）は、化他である。未到［地定］は智慧が多く、無色［定］は禅定が多く、［色界］四禅は［智慧と禅定が］等しい。さらにまた、［八］背捨は智慧が多く、九［次第］定は禅定が多く、十一切［処］は［智慧と禅定が］等しい【中等】。さらにまた、二乗は禅定が多く、菩薩は智慧が多く、仏は［智慧と禅定が］等しい。さらにまた、空観は禅定が多く、仮観は智慧が多く、中観は［智慧と禅定が］等しい。「無量喩」（3a26/A30·10/84·10）は、とりもなおさず種々の方便である。さまざまな教えのなかにおいて無量の比喩を引用して、それを助けとして第一義をあらわすのである。「破魔兵」（3a27/A30·12/84·12）とは、空観は四魔を破り[26]、仮観は段階的に八魔を破り、中観は円かに八魔・十魔・一切の魔を破る。「撃鼓」（3a27/A30·12/84·12）とは、初発心住にすぐに正しい覚りを完成し[27]、百仏が世界において成仏して、円かに梵輪（法輪）の法鼓を打つ。

「又見菩薩寂然宴黙」（3a28/A30·13/85·1）以下は、第三に十五行半（又見菩薩・寂然宴黙……求無上道）があり、段階的なもの【次第】を経歴せず、見る内容【見】にしたがって質問する。

　質問する。上の六度にはもともと万行を収めている。どうしてあらためて質問するという、とても煩雑であることを必要とするのか。

　答える。上に段階的なもの【次第】について質問することは、もともと漸の一つのあり方【一途】である。段階的なもの【次第】でないものは、不定の一つのあり方【一途】である。「種種相貌」（2b22/A20·6/77·9）という以上、どうしてただ二つのあり方【両途】があるだけなのに、煩瑣であるというのか。この段階的なもの【次第】・［段階を］乱すもの【雑乱】の二種の六度は、他の国土において三蔵［教］を開いて、後に方等［経］・十二部経を説き、六度の特徴を論じることになぞらえる。詳しくは、ここと同じで相違しない。雑多な質問【雑問】について、文を七つの意味とする。最初に二行（又見菩薩・寂然宴黙・天竜恭敬・不以為喜・又見菩薩・処林放光・済地獄苦・令入仏道）は、禅について質問する。さらに二つがある。前の一行（又見菩薩・寂然宴默・天竜恭敬・不以為喜）は捨禅[28]に入ることについて質問する。とりもなおさず自行である。次に、「又見菩薩放光」（3a29/A30・15/85・3）以下、第二に一行（又見菩薩・処林放光・済地獄苦・令入仏道）は、悲禅[29]に入ることについて質問する。とりもなおさず[30]化他である。菩薩は禅定に入って光を放ち、種々の仕方で利益を与える。詳

26　四魔　煩悩魔・陰魔・死魔・天子魔を指す。「八魔」は、四魔に、無常・無楽・無我・無浄を加えたもの。四魔は凡夫の魔で、八魔の後四は二乗の魔とされる。「十魔」は、菩薩の魔で、『六十巻華厳経』巻第四十二、離世間品に説かれる（大正九、六六三上六～一一）。五陰魔・煩悩魔・業魔・心魔・死魔・天魔・失善根魔・三昧魔・善知識魔・不知菩提正法魔を指す。

27　初発心住にすぐに正しい覚りを完成し【初発心住便成正覚】『六十巻華厳経』巻第八、梵行品、「初発心の時、便ち正覚を成じ、一切法の真実の性を知り、慧身を具足し、他に由りて悟らず」（同前、四四九下一四～一五）を参照。

28　捨禅　『文句記』巻第三中には、「捨禅とは、第四禅なり。亦た可なり、別・円の懐を忘るるの捨なり。彼の禅を忘るるが故に、之れを名づけて捨と為す」（大正三四、二〇一中七～九）とある。

29　悲禅　『文句記』巻第三中には、「悲禅とは、婆沙に云わく、『初禅は悲を修すること易く、二禅は喜を修すること易く、三禅は慈を修すること易く、四禅は捨を修すること易し』と。此の中の悲禅は、既に化他と云えば、豈に独り初禅のみならんや。故に婆沙の中、尚お通別有り。況んや大教をや。故に一一の禅皆な応に慈、乃至喜・捨と云うべし」（同前、二〇一中九～一二）とある。つまり、『文句記』は、四禅の一々に慈・悲・喜・捨があることを指摘している。

30　とりもなおさず【即是】　底本の「初是」を『全集本』によって「即是」に改める。

しくは、『華厳［経］』・『思益［梵天所問経］』に出る……。[31] 次に、「又見仏子未嘗」（3b1-2/A30・17/85・5）以下、第二に一行（又見仏子・未嘗睡眠・経行林中・勤求仏道）は、精進について質問する。般舟念仏[32]などの法門である。次に、「又見具戒」（3b3/A32・2/85・7）以下、第三に一行（又見具戒・威儀無欠・浄如宝珠・以求仏道）は、戒について質問する。「威儀無缺」（3b3/A32・2/85・7）は、最初の不欠戒[33]である。「浄如宝珠」（3b3/A32・3/85・8）は、第十の究竟戒[34]である。中間は理解できるであろう。十戒は『［法華］玄義』のなかに説く通りである。[35] 次に、「又見仏子住忍」（3b4/A32・4/85・9）以下、第四に一行半（又見仏子・住忍辱力・増上慢人・悪罵捶打・皆悉能忍・以求仏道）は、忍（忍辱）について質問する。生［忍］・法［忍］の二忍[36]である。次に、「又見菩薩離戯」（3b6/A32・7/85・12）以下、第五に二行（又見菩薩・離諸戯笑・及癡眷属・親近智者・一心除乱・摂念山林・億千万歳・以求仏道）は、あらためて禅について質問する。「離戯笑」（3b6/A32・7/85・12）は、掉悔《じょうげ》蓋[37]を取り除く。「離癡
32a
眷属」（3b7/A32・8/86・1）は、瞋蓋を除く。「近智者」（3b7/A32・8/86・1）は、疑蓋を除く。「一心除乱」（3b7/A32・9/86・2）は、貪蓋を取り除く。「摂念山林」（3b8/A32・9/86・2）は、睡蓋を除く。次に、「或見菩薩」（3b9/A32・11/86・4）から「飲食」（3b9/A32・11/86・4）まで、第六に五行（或見菩薩・肴膳飲食……歓喜無厭・求無上道）は、檀について質問する。二段とする。前に四行（或見菩薩・肴膳飲食……施仏及僧）は、［飲食・衣服・臥具・湯薬の］四つのものの布施を明らかにする。「如是」（3b14/A34・2/86・12）以下、第二に一行（如是等施・種種微妙・歓喜無厭・求無上道）は、しっかりと結論づける。次に、「或有菩薩説」（3b15-16/A34・4/87・2）以下は、第七に三行（或有菩薩・説寂滅法・種種教詔・無数衆生・或見菩薩・観諸法性・無有二相・猶如虚空・又見仏子・心無諸著・以此妙慧・求無上道）があり、般若について質問する。最初に一行（或有菩薩・説寂滅法・種種教詔・無数衆生）は、説くことができないけれども、般若を説く。第二に一行（或見菩薩・観諸法性・無有二相・猶如虚空）は、観察する

ことができないけれども、般若を観察する。第三に一行（又見仏子・心無諸著・以此妙慧・求無上道）は、言語に

31　詳しくは、『華厳［経］』・『思益［梵天所問経］』に出る【具出華厳思益】『六十巻華厳経』については特定できないが、多くの箇所で放光について述べる。『思益梵天所問経』巻第二、「是に於いて網明《もうみょう》は即ち仏の教えを受け、……大光明を放ち、普く十方の無量無辺阿僧祇の国を照らし、皆悉《み》な通達す」（大正一五、四三中一八～二〇）を参照。

32　般舟念仏　般舟三昧（pratyutpanna-samādhi の音写語）。諸仏現前三昧などと訳す。あらゆる仏を目の当たり見ることのできる三昧。

33　不欠戒　後注35を参照。

34　究竟戒　後注35を参照。「究竟戒」は、『大智度論』に出ないが、第十の戒なので、『大智度論』の十戒の「随定戒」に対応すると思われる。

35　十戒は『［法華］玄義』のなかに説く通りである【十戒如玄義中説】『法華玄義』巻第三下、「『大論』にも亦た十種戒を明かす。……『論』に言わく、定に随う、と」（大正三三、七一七中二三～下一）を参照。『大智度論』巻第二十二には、清浄戒・不欠戒・不破戒・不穿戒・不雑戒・自在戒・不著戒・智者所讃戒が出る（大正二五、二二五下二八～二二六上一）。また、巻第八十七には、聖戒・無欠戒・無隙戒・無瑕戒・無濁戒・無著戒・自在戒・智者所讃戒・具足戒・随定戒が出る（同前、六六七下二三～二五）。

36　生［忍］・法［忍］の二忍【生法二忍】　生忍については、前注16を参照。法忍は、無生法忍ともいい、すべての存在が不生不滅であることを悟り、心が動揺しないこと。

37　掉悔蓋　心を覆う五種の煩悩、五蓋（貪欲・瞋恚・睡眠・掉悔・疑）の一つ。掉悔は、掉（心を浮動させて落ち着かせないこと）と悔（心を沈ませ悩ませること）の意。

よる表現の手だてが断え、心の活動範囲も終わる。[38]説くことのできないものを説き、観察することのできないものを観察して、般若を論じるのである。あるいはこの三行にわたる【三番】般若によって、上の他の国土において方等［経］を説くなかの六度を見ることを成就することができる。あるいは［次の解釈も］可能である。別して他の国土において方等［経］を説き、後に『大品［般若経］』の教えを明らかにし、盛んに般若が寂滅であり、二［相］がないこと、清浄で執著しないことについて語ることになぞらえる。ここ とかしこ（この国土と他の国土）は同じである。あるいは［次の解釈も］可能である。「説寂滅法」（3b16/A34·4/87·2）は、方等のなかの意味である。「観諸法性猶如虚空」（3b17-18/A34·6-7/87·4-5）は、般若の意味である。ちょうど法を経歴して観察して、法相に二つはない。この意義はほんとうに『大品［般若経］』と合致する。もしかしこの国土において『法華［経］』を見る意味を設けるならば、「以此妙慧求無上道」（3b19/A34·9/87·7）の一行（以此妙慧・求無上道・文殊師利・又有菩薩）のことである。ただ妙慧を修める人を見て、『法華［経］』の妙慧の座席を見ない。もし座席を見るならば、ここ（この国土）はかしこ（他の国土）のようであると知る。どのような事柄を疑う必要があるのか。ただ人を見て座席を見なければ、みながそろって【闔衆】問いただすだけである。あるいは［次の解釈も］可能である。三行にわたる【三番】般若は、ここ（この国土）の般若とたがいに同じである。まだこの後に何を説こうとするのか知らない。このために問いただす。［第四の解釈と第五の解釈の］この二つの意味は、人にしたがってこれを用いるだけである。上の長行の文は狭く、ただ六つの意味（六瑞のこと）を取りあげるだけである。偈頌は広い以上、意義をあらわすと理解できる[39]……。

5.112242312226　仏の涅槃を問う

「文殊師利又有菩薩」（3b19-20／A34・10／87・8）以下は、第六に七行（文殊師利・又有菩薩……其華開敷）があり、仏滅後、舍利によって塔を起てることを明らかにするとは、上の他の国土の仏は五濁［の世］に出現し、無相の一法から漸・頓の教を開くので、二法（頓・漸）、三道（三乗）、種々の修行・種類・特徴の相違があること[40]を正面から頌する。［これは］上に見た通りである。今、他の国土の仏は完全な涅槃に入り【般涅槃】、仏子

38　言語による表現の手だてが断え、心の活動範囲も終わる【言語道断心行処滅】「心行処」は、citta-gocara の訳語。心の活動範囲の意。『大智度論』巻第二、「心の行処は滅し、言語の道は断え、諸法を過ぎて、涅槃の相動ぜざるが如し」（大正二五、七二下七～八）を参照。

39　理解できる【冷然】冷然に通じる。冷は聆に通じる。理解するさまをいう。

40　無相の一法から漸・頓の教を開くので、二法（頓・漸）、三道（三乗）、種々の修行・種類・特徴の相違がある【従無相一法開漸頓教故有二法三道種種行類相貌不同】『無量義経』説法品、「無量義とは、一法従り生ず。其の一法とは、即ち無相なり。是の如き無相は、相無く相ならず、相ならずして相無きを、名づけて実相と為す」（大正九、三八五下二四～二六）、「其の法性なる者も亦復た是の如く塵労を洗除すること、等しくして差別無けれども、三法・四果・二道は不一なり」（同前、三八六中七～八）に基づく。「二法」と「二道」、「三道」と「三法」のように、道と法とが入れ替わっているが、意味の相違はない。『文句』巻第二下には、「二道」は頓・漸、「三法」は三乗と説明される。『文句』巻第二下の前注210を参照。「行類相貌」については、『大品般若経』や『大智度論』にも多数見られ、「行、類、相貌」と三つに分けている。たとえば、『大品般若経』巻第十六、不退品には、「須菩提は仏に白して言わく、世尊よ、何等の行、何等の類、何等の相貌を以て、是れ阿惟越致の菩薩摩訶薩なりと知るや」（大正八、三三九上九～一〇）とある。

〔菩薩〕は〔仏の〕徳を慕って、舎利塔[41]を起てることを見ることは、無量〔義〕がすべて一〔法〕に帰入することを表わす。一〔法〕から無量〔義〕を出すことは、前の〔瑞〕相に表わした。無量〔義〕が一〔法〕に帰着することは、ちょうど涅槃に入ることである。どうして寿量（仏の寿命が長遠であること）を妨げることを恐れ、仏の仕事【仏事】である塔を立てることをするのか。痛ましいことである。痛ましいことである。文について六段とする。最初に一行は、総体的に仏滅後に塔を起こすことを高く掲げる。次に、「又見仏子造」（3b21/A34·12/87·10）以下、第二に一行（又見仏子・造諸塔廟・無数恒沙・厳飾国界）は、塔の数を明らかにする。次
32b
に、「宝塔高妙」（3b22/A34·14/87·12）以下、第三に一行（宝塔高妙・五千由旬・縦広正等・二千由旬）は、塔の大きさ【量】を明らかにする。次に、「一一塔」（3b23/A34·16/88·2）以下、第四に一行（一一塔廟・各千幢幡・珠交露幔・宝鈴和鳴）は、塔の様相を明らかにする。次に、「諸天龍神」（3b25/A36·1/88·4）以下、第五に一行（諸天竜神・人及非人・香華伎楽・常以供養）は、供養を明らかにする。次に、「文殊」（3b26/A36·3/88·6）以下、第六に二行（文殊師利・諸仏子等・為供舎利・厳飾塔廟・国界自然・殊特妙好・如天樹王・其華開敷）は、結論である。塔婆[42]は、ここでは方墳という。方墳は、この国土の墓【塚墓】のようなものである。『大灌頂〔経〕』に塚と翻訳する。[43]殿堂は、この国土の寺廟【霊宇】のようなものである。高層の霊気を望む台【崇台】・宮殿に登るための階段【峻階】は、甘露を受け【承露】、雲に触れるほど高い【干雲】。長く清浄な領域を表わし、心を最高の聖人（仏）【上聖】に帰着させるだけである。「樹王」（3b28/A36·6/88·9）とは、波利質多《はりしった》[44]である。中心的には舎利を供養し、付随的には仏国土を荘厳する……。

5.11224232　答を請す

「仏放」(3b29/A36·7/88·10) 以下は、第二に八行（仏放一光……為説何等）があり、［弥勒菩薩が文殊菩薩に］答えをお願いする。二［段］とする。最初の三行（仏放一光・我及衆会・見此国界・種種殊妙・諸仏神力・智慧希有・放一浄光・照無量国・我等見此・得未曾有・仏子文殊・願決衆疑）は、疑いの事柄を取りあげて願うこと【請】を述べる。後の五行（四衆欣仰……為説何等）は、伏難[45]について解釈する。最初の三行を三［段］とする。最初に一行（仏放一光・我及衆会・見此国界・種種殊妙）は、この国土の事柄を見ることを取りあげる。［この国土では］白毫を根本とするので、先に取りあげる。さまざまな事柄に及ぶので、「種種」(3c1/A36·8/88·11) という。次に、「諸仏」(3c1/A36·9/88·12) 以下、第二に一行（諸仏神力・智慧希有・放一浄光・照無量国）は、他の国

41 舎利塔【墳塔】「舎利」は、śarīra の音写語で、遺骨の意。「塔」は、stūpa の音写語。仏舎利塔のこと。『慧林音義』巻第七十三、「偸婆（或いは云わく、蘇偸婆、梵語の訛なり。正しき梵音は、窣覩波なり。此には方墳と云い、或いは墳塔と云う。即ち如来の遺身舎利の塼塔《せんとう》なり。古に、浮図《ふと》と曰うは是れなり）」（大正五四、七八四中二〇）を参照。

42 塔婆 stūpa の音写語。『法華義疏』巻第四、「第三に起塔を明かす。外国に塔婆と名づけ、或いは偸婆と名づけ、或いは数斗婆と名づく。此には方墳と云い、亦た塚と名づく」（大正三四、五〇五上七～八）を参照。

43 『大灌頂［経］』に塚と翻訳する【大灌頂翻為塚也】『灌頂塚墓因縁四方神呪経』巻第六、「若し善男子・善女人等、塚塔を起こさば、亦た四天・三十三天を感ず」（大正二一、五一三上九～一一）を参照。

44 波利質多 Pārijāta の音写語。植物の名。円生、園生、香遍、天遊、昼度などと訳す。六月頃に落葉し、深紅の花を開く。

45 伏難 心のなかの疑問を意味する。文殊がはっきりとは言わない（＝伏）が、心に抱いている疑問点（難）をいう。この「伏難」に関する解釈は、本文に後出するように、法雲などの伝統的解釈である。

土の事柄を見ることを取りあげる。［他の国土では］諸仏を根本とし、総体的に他の五つを包摂するのである。

「我等」（3c2/A36·11/89·2）以下、第三に一行（我等見此・得未曾有・仏子文殊・願決衆疑）は、答えをお願いする。

第二に伏難を解釈することについて、二［段］とする。最初の四行（四衆欣仰……此非小縁）は正面から伏難を解釈し、次に一行（文殊当知・四衆竜神・瞻察仁者・為説何等）は願うこと【請】を結論づける。伏難というのは、文殊は心のなかで疑問を持ち【搆難】、そのとき答えようとしない。その意味に三つがある。第一にこの瑞相はまれに見る新奇なもの【希奇】であり、あわただしく軽率に【倉卒軽爾】判定することはできない。第二に智慧のある人々は、海のようであり、謙遜して【謙光】高いものに譲る。第三に簡単に答えず[46]、人々のあこがれ慕うこと【渇仰】を生じさせる。それ故、伏難によって、ひそかにこれを拒絶する。弥勒は明らかに【彰灼】疑問点を解釈する。意味にも三つがある。第一に瑞相が大であるので、疑いも大である。もし解釈しなければ、憂児《うじ》[47]が心にあって、正説を聞くことを妨げる。第二に海のような［智慧のある］人々はまさに多いけれども[48]、機は仁者《にんじゃ》[49]（あなた＝文殊）にある。第三にみながそろって【闔衆】仁《きみ》（文殊）を見る。それ故、［文殊は］誠実で相手に帰順し【注誠】、懇切丁寧である【慇重】ことがわかる。したがって、言葉によって疑問点を解釈し、願って適切な時に答えさせる。最初の伏難とは、まさに願うことによって生じる。願って、「仏子文殊願決衆疑」（3c3/A36·12/89·3）という。文殊はこれによって、最初の伏難を起こす。「あなたは多くの人々が疑うというけれども、多くの人々はまだ疑ったことがない。もし疑うならば、質問するべきである。多くの人々が疑わない以上、私は何を解決するのか」と。弥勒は第一の偈（四衆欣仰・瞻仁及我・世尊何故・放斯光明）によって解釈して、「四衆欣仰　瞻仁及我」（3c4/A36·13/89·4）という。「及我」は、私に質問させようとすることである。「瞻仁」は、あなたの答えを得ようとすることである。文殊はこれによって、第二の［伏］難を起

こす。「多くの人々は同じく疑うけれども、答えることは容易ではない。仏が禅定から出ることを待って、そ
うして後に疑いを解決しよう」と。弥勒は第二の偈（仏子時答・決疑令喜・何所饒益・演斯光明）によって解釈す
る。もし疑いが心にあるならば、憂兕は安らかではない。適切な時に答えるべきである。さらに如来はいつ禅
32c 定から起ち上がるかを［文殊は］知る。それ故、「仏子時答　決疑令喜」（3c5/A36·15/89·6）という。文殊はこ
れによって第三の［伏］難を起こす。「私は仁者（あなた＝弥勒）と同じく学地（有学の位）にいる。仏の心を推
し量ろうとするならば、少しくともに考える【籌量】であろう。私だけに答えさせるのは、道理において許さ
れない」と。弥勒は第三の偈（仏坐道場・所得妙法・為欲説此・為当授記）によって解釈する。「私もちっぽけな

46 簡単に答えず【斬固前却】「斬固《きんこ》」は、固いの意。「前却」は、進退の意。『講義』には、「深く進退を計りて、容易に発せざるなり」とある。簡単に答えないの意である。

47 憂兕　「兕」は、牛に似た獣で一本の角がある。犀の一種ともいう。『文句記』巻第三中には、「牛に似て牛に非ざるが故に、疑兕と云う。今、憂懐《うえ》は決せざるが故に、憂兕と云う」（大正三四、二〇三上一三～一四）とある。憂いを兕にたとえた表現である。

48 海のような［智慧のある］人々はまさに多いけれども【衆海乃多】　本文の直前にある「智衆如海」を受けた表現なので、「海のごとき智慧ある人々は多いけれども」の意である。

49 仁者　二人称の敬称。ここでは、文殊を指す。

心で考え、二本の柱の間で迷うようなものである。[50] 妙法を説くのか、授記するのか」と。それ故、「仏坐道場所得妙法　為欲説此　為当授記」(3c6-7/A36・17-38・1/89・8-9) という。文殊はこれによって第四の［伏］難を起こす。「もしあなた（弥勒菩薩）が説くならば、とりもなおさず疑いを解消することになる。どうして煩わしく私（文殊菩薩）が答えるのか」と。弥勒は第四の偈（示諸仏土・衆宝厳浄・及見諸仏・此非小縁）によって解釈する。「どうして私がためらってなかなか決断しない【猶豫】心によって大事を判定することができようか」と。それ故、「示諸仏土　此非小縁」(3c8-9/A38・2-3/89・10-11) という。文殊の伏難が行き止まる以上、謙遜【謙光】も止む。後の一偈（文殊当知・四衆竜神・瞻察仁者・為説何等）は答えを願うことを結論づけるのである。この四つの伏難について、光宅［寺法雲］は次師《じし》[51]（慧次）に受け、次師は江北の釗師《しょうし》[52]（慧釗）に受けた。前代の賢人【先賢】の文章を超えた巧みな思いである以上、今これを用いる。

5.11225　答問序

5.112251　長行

5.1122511　開章

[53]「是時文殊師利語弥勒」(3c11/A38・6/90・2) 以下、偈を終わるまでを、答問序（質問に答える序）と名づける。長行と偈頌がある。長行の文を四［段］とする。第一に「語弥勒」以下は、推測する答え[54]と名づける。第二に「善男子我於過去」(3c14/A38・10/90・7) 以下は、簡略に見たことがあるという答え【略曾見答】と名づける。第三に「諸善男子如過去」(3c17/A40・1/90・12) 以下は、詳しく見たことがあるという答え【広曾見答】と名づける。第四に「今見此瑞与本無異」(4b16-17/A52・1-2/97・10) 以下は、明白に判定するという答え【分明判答】

と名づける。

5.1122512　生起

そもそも下によって上を測ることは、ただぼんやりと推し量る[55]ことができるだけである。昔は今と等しい

50　二本の柱の間で迷うようなものである【踟蹰両楹】「踟蹰《ちちゅう》」は、行きつ戻りつすること、迷って決めることができないこと。「両楹《りょうよう》」は、正面広間の中央にある二本の柱のこと。

51　次師（慧次）【次師】慧次（四三四～四九〇）のこと。『法華義記』巻第二の細字割注に、「然るに此の伏難は是れ光宅法師、謝寺次法師より伝え、次法師は又た江北招法師より伝う。解既に名匠の伝うる所なれば、後生の学士は実に宜しく遵奉《じゅんぶ》すべきなり」（大正三三、五八六下二三）を参照。

52　江北の釗師【江北釗師】前注51によれば、慧次は「江北招法師」より教えを受けたとあるのに基づけば、「江北釗師」は「江北招法師」を指すか。『文句記』巻第三中には、「釗師は招の音」（大正三四、二〇三上一九）とあり、「釗」と「招」の発音が同じであるとしている。

53　是「是」は全集本に「爾」に作り、『法華経』の原文（『大正新脩大蔵経』所収本）も「爾」に作る。

54　推測する答え【惟忖答】「惟忖」は、『法華経』の「我が惟忖《ゆいじゅん》するが如くならば」（大正九、三下一二）を受けた表現である。推測するの意。次下の「略曾見答」は、『法華経』の「我れは過去の諸仏に於いて、曾て此の瑞を見たり」（同前、三下一四）を受けた表現である。

55　ぼんやりと推し量る【罔像卜度】「罔像《もうぞう》」について、『文句記』には、「罔像と云うは、亦た仿像と云う可し。未だ実ならざる貌なり」（大正三四、二〇三上二一～二三）とある。ぼんやりとして明らかでない様子の意。「卜度《ぼくたく》」は、推量するの意。

【儔】と考えるが、急に決めることはできない。したがって、最初はぼんやりとほのかに知ること【髣髴】にしたがい、次に簡略に見ることを引用する。簡略に見ることはまだ行き届いていないので、あらためて詳しく見ることを引用する。多くのものによって一つのものを証拠立て、そうしてやっと明確に判定する【分判】。

5.1122513　所以を釈することを明かす

推測【惟忖】する答えは、上のこの国土の質問に答え、簡略に見たことがあるという答えは上の他の国土の質問に答え、詳しく見たことがあるという答えはこの国土、他の国土の質問のどちらにも答え、明白に判定する答[56]えはこの国土、他の国土の質問のどちらをも判定するのである。

5.1122514　広く解す

5.11225141　惟忖答

推測【惟忖】する答えを二［段］とする。最初に標章、次に正面から推測する。「惟」とは、思惟することである。「忖」とは、忖度《そんたく》する【忖量】ことである。今も昔のようであると考え【惟】、昔も今のようであると推し量る【忖】。ところが、文殊は古仏である。どうして知らないはずがあろうか。仮りの姿として【迹】考えることを示すのである。光宅［寺法雲］は、最初（「欲説大法」）と最後（「演大法義」）の二句は法説であるので、因果の広略（詳細なものと簡略なもの）を表わし、中間の三句（「雨大法雨」・「吹大法蠡」・「撃大法鼓」）は譬説である［と解釈する］。「欲説大法」（3c12-13/A38·8/90·5）は、広開三顕一、略開近顕遠である。「演大法義」（3c13-14/A38·10/90·6）は、広開三顕一、広開近顕遠である。「雨大法雨」（3c13/A38·8-9/90·5）とは、記別を獲得して成仏することをたとえる。昔は因果について固定的に執著して、成仏することができなかったのは、水が枯れて干上がる【枯涸】という意義である。今、みな成仏するのは、雨の潤いを受けるという意義である。
33a 「吹蠡」(3c13/A38・9/90・5-6) は、三乗の名を改めることである。太鼓を撃って【厳鼓】兵を戒めるのは、無明を破ることをたとえる」［という］[57]。今明らかにする。［法雲の］その法説は用いない。なぜならば、迹［門］・本［門］の二門は、きっかけとなるもの[58]がそれぞれ相違する。迹［門］のきっかけとなるもの【由籍】が生じて、弥勒は疑いを生じ、文殊は解釈する。本［門］のきっかけとなるもの【由籍】がまだ生じないので、弥勒は［本門について］何を疑うことがあろうか。文殊は［本門について］何を解釈することがあろうか。もしそのなかで［文殊が］開近顕遠の疑いを解釈したならば、後に地が裂け多くの者（地涌の菩薩）が［地から］湧き出るのに、弥勒はなぜあらためて疑うのか。［弥勒が］あらためて疑うならば、みだりに疑い、みだりに解

56 明白に判定する答え【判当答】『講義』には、「判断正当を謂う。即ち分明に判ずるの答えなり」とある。

57 光宅［寺法雲］は、最初（「欲説大法」）と最後（「演大法義」）の二句は……無明を破ることをたとえる」［という］【光宅以初後両句是法説表因果広略中間三句是譬説欲説大法是略開三顕一略開近顕遠演大法義是広開三顕一広開近顕遠雨大法雨者譬得記作仏昔因果定執不得作仏是枯涸義今皆作仏是被雨潤義吹蠡是改三乗之号厳鼓誡兵譬破無明】法雲『法華義記』巻第二（大正三三、五八七中一六～五八八上三）を参照。また、吉蔵『法華義疏』巻第二にも、「旧云」として法雲の解釈を要約して紹介している（大正三四、四七七下一五～二五）。

58 きっかけとなるもの【由籍】「由籍」は、由藉に通じる。由も藉も「～による」の意。ここでは、体言として、きっかけとなるものの意。

釈することになってしまう。後［の事柄］を解釈することが虚しい以上、前［の事柄］を解釈することも誤りである。これは大いに妨げるものがあるので、［法説を］用いないのである。今明らかにする。弥勒はただ迹［門］のなかの、ことかしこの二つの国土などの瑞相について質問する。文殊は推測する【惟忖】答えによって、迹［門］のなかの事柄について答えて、［如来］寿量［品］の本［門］のなかの事柄には関わらないのである。「欲説大法」とは、説法瑞について答える。「雨大法雨」は、雨花瑞について答える。「吹大法蠡」(3c13/A38·9/90·5-6) は、大衆の心喜瑞について答える。「撃大法鼓」(3c13/A38·9/90·6) は、地動瑞について答える。「演大法義」は、放光瑞について答える。「欲説大法」とは、昔の諸仏が無量義（無数の教え）を説いた後に、開権顕実し、無量［義］を収めて一［法］に帰着させたと考え、今の仏が説法した以上、同様に開権顕実し、無量［義］を集めて【会】、一［法］に帰着させるべきであると考える。一［法］とは、大法のことである。「雨大法雨」とは、昔の諸仏が、天から［曼陀羅華・摩訶曼陀羅華・曼珠沙華・摩訶曼珠沙華の］四種の花を降らせた後、くまなく［諸菩薩が］円因の［十］住・［十］行・［十廻］向・［十］地に入ったと考え、今の仏は花を降らせた後、［諸菩薩が］みな仏因の［十］住・［十］行・［十廻］向・［十］地を成就するであろうと考える。それ故、「雨大法雨」というのである。「吹大法蠡」とは、昔の四衆は瑞相を見て歓喜し、これまでにないすばらしい気持ち【未曾有】となることができて、妨げるもの【障】が除かれ［教えを受けるべき］機が動いて、すぐに人・教・行・理を改めると考え、今の［四］衆は喜んで、また妨げるものが除かれ［教えを受ける］機が動いて、人・教・行・理を改めるべきであると考える。改める対象が深いので、「吹大法蠡」というのである。「撃大法鼓」とは、昔は大地が震動した後、すぐに［十住・十行・十廻向・十地・等覚・妙覚の］六種に無明の賊を破ることがあったと考え、今の仏は大地が震動した後、また［十住・十行・十廻向・

十地・等覚・妙覚の］六種に無明の惑を破るべきであると考える。声によって説かれる教え【声教】はきわめて妙であるので、「撃大法鼓」という。「演大法義」とは、昔の諸仏は［眉間の］白毫から光を放って後、『法華［経］』を説いた。かしこ（他の国土）とここ（この国土）の道が同じであると考え、今の仏は光を放った後、広く［十方仏、過去仏、未来仏、現在仏、釈迦仏の］五仏の道が同じであることを明らかにすると考える。仏道である以上、「演大法義」という。このような五句（欲説大法・雨大法雨・吹大法蠡・撃大法鼓・演大法義）は、すべて昔［の六瑞］を考えて今を判定し、今を推測して昔［の六瑞］に類同させるのに、［経］文に合致し意義にしたがう。ただ入定という一つの瑞相だけが欠けているけれども、雨花・動地・放光など［の瑞相］は、みな入定［の瑞相］によるので、そうなのである（欠けている）。意味は［入定を］兼ね備える。煩わしく疑う
33b
ことはないのである。この一条［入定］を欠くので、簡略な答えと呼ぶだけである。今あらためて個別的に理解すれば、最初の一句（欲説大法）は総体的なもの【総】、後の四句（雨大法雨・吹大法蠡・撃大法鼓・演大法義）は個別的なもの【別】である。総体的なもの【総】とは、大法のことである。個別的なもの【別】とは、雨［大法雨］・吹［大法蠡］・撃［大法鼓］・演［大法義］の開・示・悟・入のことである。天は小でも大でもなく、赤でも白でもないけれども、赤や白の花を降らすようなものである。第一義に関しては、開・示・悟・入ではないが、この理を見るときは、すぐに開・示・悟・入を証得する。たとえば種子は雨に打たれて萌え開くように、今、大法の雨を聞いて、法性の種子を潤し、無明の糠《ぬか》を破り、十住の仏知見を開くのである。たとえば法《ほ》螺貝《らがい》を吹くことは、号令を改めることであると知るように、今と過去に十住を得て、今、十住において法を聞いてから、さらに改めて十行に入り、仏知見を示すのである。たとえば鼓を打つ場合、兵を戒めることであると知るように、今と過去は十行においてあり、今、十行において法を聞いてから、戒めて［十］廻向に入り、

仏知見を悟るのである。「演」は布（行きわたらせること）といい、横に広く縦に深い。まさに「演」の意義である。今と過去は十［廻］向においてあり、今、十廻向から十地に入り、仏知見に入る。根源を窮め果てを尽くし、深く広くすべてを備えるのである。昔の六瑞以後は、開・示・悟・入することを考え、今の瑞相の後もこのようであるはずであると推測する。横も縦も推測する【惟忖】答えを解釈することが終わった。

5.11225142　略曾見答

「我於過去」（3c14/A38·10/90·7）以下、第二にかいつまんで見たことを引用して答えるとは、最初は自分の智慧によって推測する。今、かいつまんで見たことによる答え[59]によれば、前より少し明白である。ここ（この国土）を取りあげて他の国土の質問に答えるのである。この国土の五瑞は、他の国土に共通ではない。ただ放光の一瑞だけがくまなく東方を照らす。かいつまんで見たことによる答えは、もっぱら放光について答える。それ故、他の国土の質問に答えることであると知るのである。今、見ることは昔のようであり、昔はただ今のようである。「欲令衆生咸得聞知」（3c16/A38·13/90·10）とは、聞［慧］・思［慧］の二慧[60]である。また信［行］・法［行］の二行[61]でもある。無量［義］を収めて一［法］に帰着させ、三乗の教理を改めて、［十住・十行・十廻向・十地・等覚・妙覚の］六番に無明を破るなどである。諸仏の道は同じく、仏の知見に開示悟入させる。それ故、「一切世間難信之法」（3c16-17/A38·14/90·10-11）というのである。

5.11225143　広曾見答

5.112251431　示意分科

「如過去」（3c17/A40·1/90·12）以下、第三に詳しく見たことを引用して答える。さらにかいつまんで［見たことによる答え］【略】より明白である。これはこの国土・他の国土の質問に詳しく答えるのである。弥勒は光に基づいて、横に東方を見て質問し、文殊は昔を引用して、縦に見て答え、横に縦に諸仏の道が同じであることをあらわすのである。文を三［段］とする。最初に一仏が同じであることを引用し、次に二万仏が同じであることを引用し、後に最後の一仏が同じであることを引用する。

5.112251432　正しく解す

33c

5.1122514321　一仏同を引く

前の一仏について、さらに三［段］とする。第一に時節を明らかにし、第二に名を高く掲げ、第三に説法である。時節については、文の通りである。「有仏号日月」（3c18-19/A40·2-3/91·1-2）は名が同じであることを高く掲げるとは、共通の名前【通号】は今の仏と同じでありえる。個別の名前【別名】はどうして同じであろうか。これは名が個別であるが意義が同じであることによって解釈をするべきである。なぜならば、「日」は智

59　かいつまんで見たことによる答え【略曾】　略曾見答（かいつまんで見たことがあるという答え）の省略的表現。「広曾」は、広曾見答（詳しく見たことがあるという答え）の省略的表現。

60　聞［慧］・思［慧］の二慧【聞思両慧】　聞慧・思慧・修慧の三慧のなかの二慧。『文句』巻第二下の前注171を参照。

61　信［行］・法［行］の二行【信法両行】　信行、法行のこと。信行は、随信行ともいい、他の教えを信じて修行すること。法行に比して鈍根とされる。法行は、随法行ともいい、自ら思惟して法のように修行すること。信行に比して利根とされる。

慧で、「月」は禅定である。禅定・智慧は自行の徳で、「灯明」は化他の徳である。能仁[62]は禅定・智慧を得意とし、自［行］・［化］他を得意とする。さらにまた、日と月と灯は［それぞれ一切智・道種智・一切種智の］三智である。今の仏にも三智がある。［衆生の機］縁にしたがって名称は別であるけれども、その意義は相違しない。それ故、名前が同じであるという。「演説法」（3c20/A40·6/91·5）以下、第三に説法が同じであるとは、昔の仏が先に頓［を説き］後に漸［を説くこと］と、今の仏が最初に頓［を説き］最後に漸［を説くこと］とは同じである。「演説正法初中後善」（3c20-21/A40·6/91·5）とは、頓教である。そもそも七善[63]という言葉は、まさに大［乗］・小［乗］に共通する。文を尋ねると、大乗の七善である。「初中後善」（3c21/A40·6/91·5）とは、頓教の序・正・流通である。時節善と名づける。「其義深遠」（3c21/A40·7/91·6）とは、頓教をいう。その意味は完全に解明されたもの【了義】の理ということであり、二乗はその根底【辺底】を測らないので、「深遠」という。以上を義善と名づける。「其語巧妙」（3c21/A40·7/91·6）とは、頓教は八音[64]によって説かれるもので、理に合致して直ちに説いて、菩薩の心を喜ばせる。つまり、頓教の文を、語善と名づける。「純一無雑」（3c21/A40·7/91·6）とは、二乗と共通ではないということである。とりもなおさず頓教の独一の善である。「具足」（3c22/A40·8/91·7）とは、三界内部・三界外部の満字の法を詳しく明らかにすることである。とりもなおさず頓教の円満善である。「清白」（3c22/A40·8/91·7）とは、二辺（二つの極端）の傷や汚れ【瑕穢】がないということである。とりもなおさず頓教の調え柔順にする善【調柔善】である。師（南岳慧思）は、「行善」といった。「梵行の相」（3c22/A40·8/91·7）とは、梵は頓教の対象に制約されない［絶対平等の仏の］【無縁】慈しみという善である。さらにまた、初・中・後善は、解釈する者［によって解釈が］同じではない。今、ひとまず一つのあり方によ［って解釈す］る。小乗に関しては戒・定・慧を三善とし、大乗は初・中・後心を三善とする。『金光明［経］』には、「前心の如来は、不可思議である。中心の如来は、種々の仕方で荘厳する。後心の如来は、破壊することができない」とある。[65]これも三善の意味である。文殊が古仏の頓教の七善を引くことは、今の仏の頓説の七善と同じであり、また他の国土の最初の頓説と同じである。［文殊が］これ［初・中・後善］によって［弥勒等に］答える理由は、上の弥勒は光を拠り所として、横に他の国土（東方の国土）の仏について質問して、「ライオンのような聖人の主【聖主師子】は経法が微妙第一であることを説明する」

62 能仁　釈迦牟尼（Śākyamuni）のこと。『修行本起経』巻上、「仏は童子に告ぐらく、汝は却後百劫に、当に作仏することを得て、釈迦文と名づくべし」（大正三、四六二中一八）の「釈迦文」の割注に「漢に能仁と言う」とある。

63 七善　ここでは、頓教の七種の美点。本文にあるように、大乗の七善として、時節善・義善・語善・独一善・円満善・調柔善・無縁慈善をあげている。

64 八音　仏の八種のすぐれた声のこと。『法界次第初門』巻下之下、「八音初門第五十九なり。一に極好、二に柔軟、三に和適、四に尊慧、五に不女、六に不誤、七に深遠、八に不竭なり」（大正四六、六九七上一五～一七）を参照。

65 『金光明［経］』には、「前心の如来は、不可思議である。中心の如来は、種々の仕方で荘厳する。後心の如来は、破壊することができない」とある【金光明云前心如来不可思議中心如来種種荘厳後心如来不可破壊】　『私記』は、『合部金光明経』巻第一、「一切の如来は、般涅槃せず。一切の諸仏は、身に破壊無し。但だ諸の衆生を成熟せんが為めの故に、方便勝智もて、涅槃を示現す。前際の如来は不可思議、後際の如来は常に破壊無く、中際の如来は種種に荘厳す。衆生の法界は、皆な利他の為めなり」（大正一六、三六二中二七～下三）を出典とする。『文句記』巻第三中には、「『前心』とは住前を謂い、『中心』とは登住を謂い、『後心』とは即ち妙覚なり。理は猶お未だ顕われざるを、『不思議』と名づく。分に定慧を証するを、名づけて『荘厳』と為す。惑の究竟して尽くるを、名づけて『不壊』と為す」（大正三四、二〇五中二一～二五）と注している。

34a といったことに報いる［ことにある］[66]。文殊は縦に昔［の事柄］を引き、これを取りあげて答える。とりもなおさず最初に仏が頓法を説くことは同じである。「為求声聞人説応四諦法」（3c22-23/A40·8-9/91·7-8）とは、古仏が頓［教を説いた］後に、漸教の法を展開したことが同じである。上に「もし人が苦に出合うならば、涅槃を説く」[67]ことについて質問した。今、古仏もこの漸［教の法］を展開することを引いて、この質問に答えるのである。「為求辟支仏説応十二因縁法」（3c23-24/A40·10-11/91·9-10）は、上の「もし人に福があるならば、勝れた法を目指し求める」[68]（3a2）という質問に答えるのである。「為諸菩薩説応六波羅蜜」（3c24-25/A40·11-12/91·10-11）は、上の「仏子は種々の行を修行する」[69]（3a3）という質問に答えるのである。みな古仏の漸教を展開することが同じであることを引くのである。広く仏を見たことを引いて、他の国土の質問に答えるのである。「令得三菩提成一切種智」（3c25-26/A40·12-13/91·11-12）とは、これは古仏が頓・漸を展開した後、すぐに真実をあらわす【顕実】説が一貫して究極的であること（『法華経』のこと）を明らかにする。これは「弥勒は他の国土の仏が完全な涅槃に入り、涅槃の後に塔を起てることを見る」[70]という質問に答えるのである。もし古仏の説法から六波羅蜜までを引くならば、今の仏の已《い》（過去の事柄）が昔と同じであることを明らかにする。[71]「令得三菩提」以下は、今の仏の当《とう》（未来の事柄）が昔と同じであることを明らかにする[72]……。

5.1122514322　二万仏同を引く

次（第二）に、二万の仏の名号・説法がみな同じであることを引く。最初に一人の仏を引いて、頓・漸の説法が同じであることをすべて取りあげる。［次に］中間に二万の仏を取りあげ、ただ頓［の教え］を説くことが同じであることを取りあげるので、「初中後善」というのである。後に、一人の仏を引いて、ただ漸［の教え」を展開することが同じであることを取りあげる。そうである理由は、たがいに取りあげるだけであるからである。前（最初の一人の仏）を指し示せば、わかるであろう。ところが、二万［仏］という前の仏を［詳し

66 「ライオンのような聖人の主【聖主師子】は経法が微妙第一であることを説明する」といった【云聖主師子演説経法微妙第一】『法華経』序品、「又た、諸仏は、聖主師子、経典の微妙第一なるを演説するを観《み》る」（大正九、二下一八～一九）を参照。

67 「もし人が苦に出合うならば、涅槃を説く」【若人遭苦為説涅槃】同、「若し人、苦に遭い、老病死を厭わば、為めに涅槃を説き、諸の苦際を尽くす」（同前、二下二三～三上一）を参照。

68 「もし人に福があるならば、勝れた法を目指し求める」【若人有福志求勝法】同、「若し人に福有りて、曽て仏を供養せば、勝法を志求《しぐ》し、為めに縁覚を説く」（同前、三上二～三）を参照。

69 「仏子は種々の行を修行する」【仏子修種種行】同、「若し仏子有りて、種種の行を修せば、無上慧を求め、為めに浄道を説く」（同前、三上三～四）を参照。

70 「弥勒は他の国土の仏が完全な涅槃に入り、涅槃の後に塔を起てることを見る」【弥勒見他土仏般涅槃涅槃後起塔】同、「文殊師利よ、又た菩薩有りて、仏滅度の後、舎利を供養す」（同前、三中一九～二〇）を参照。

71 今の仏の已（過去の事柄）が昔と同じであることを明らかにする【明今仏已与昔同】今の仏＝釈尊にとっての『法華経』以前の三乗の説法＝「已」が、日月灯明仏が三乗を説いたという「昔」と同じであることを意味する。

72 「令得三菩提」以下は、今の仏の当（未来の事柄）が昔と同じであることを明らかにする【従令得三菩提去明今仏当与昔同】「令得三菩提」は、本文にあるように、『法華経』の説法を指すので、今の仏＝釈尊にとっての『法華経』の説法という未来の事柄＝「当」が、日月灯明仏が『法華経』を説いたという「昔」と同じであることを意味する。

く」引かないのは、ちょうど名字・説法がみな同じであるからである。意義を拠り所とすれば便利である。「姓波羅堕」（3c28/A42·2/92·4）とは、ここでは捷疾《しょうしつ》（敏捷、迅速の意）と翻訳し、また利根ともいい、また満語ともいうのである。

5.11225143323　最後一仏同を引く

5.11225143231　分科示意

「其最後」（4a1-2/A42·5/92·8）以下は、第三に一人の仏が同じであることを引く。文を三［段］とする。第一に見たことのある【曾見】事柄は今の已[73]（釈尊の過去の事柄）と同じであることを明らかにする。第二に見たことのある事柄は今の今（釈尊の現在の事柄）と同じであることを明らかにする。第三に見たことのある事柄は今の当（釈尊の未来の事柄）と同じであることを明らかにする。曾は、昔の経験した【更】ものを意味する。已は、過去にしりぞく【謝】ことを意味する。曾と已とは、ともにしりぞき、ともに経験する。今、遠い昔【久遠】であるものを取って曾とし、少しく近いものを已といい、六瑞などを取って今とし、仏が禅定から出て以降を取って当とするのである。

5.11225143232　釈

第一に「其最後仏有八子」（4a1-2/A42·5-6/92·8）以下は、曾（遠い昔）と已（近い昔）とが同じである。昔の仏（日月灯明仏）は八人の子があり、今の仏（釈尊）は一人の子がある。数が等しくないけれども、いずれも［凡聖］同居の国土[74]に出現する。国土に見思［惑］があるので、ともに子があることを示す。子があることは同じく、一人と八人とは［衆生の機］縁に趣いて、別々に表わすものがある。一人の子を生むことは、総体的に一道の清浄さを表わす。八人の子を生むことは、八正道を表わす。数は異なるが、意義は同じである。今、子があるという意義が同じであることを取りあげるのである。さらにまた、昔の仏の子は、出家して大乗［を求める］心を生じた。今の仏の子（羅睺羅）は、小乗の果に留まる。これはどうして同じであろうか。昔の化導【化道】は終わって、本地をあらわすこと【顕本】は明白である。それ故、「発大乗意」（4a7）という。今、
34b まだ迹を払わず【発迹】、やはり羅漢であるというようなものである。下の文の本地を開き見ること[75]に至るまでは、菩薩であり、その意義は同じである。

「是時日月灯仏説大乗経」（4a8-9/A44・6-7/93・5）以下は、第二に曾（過去）と今（現在）とが同じであることを明らかにする。昔の仏の自分の国土の六瑞は、すべて今と同じである。次第順序は文の通りである。昔の仏の

73　今の已【今已】　今の仏＝釈尊のすでに終わった事柄を意味する。「今今」は、今の仏＝釈尊の現在の事柄を意味する。「今当」は、今の仏＝釈尊の未来の事柄を意味する。

74　［凡聖］同居の国土【同居之土】　天台教学における四土（凡聖同居土・方便有余土・実報無障礙土・常寂光土）の一つである凡聖同居土のこと。人天などの凡夫と声聞・縁覚などの聖者とが同居する国土の意。これには阿弥陀仏の極楽浄土のような同居浄土と娑婆世界のような同居穢土とがある。

75　本地を開き見ること【発本】　「発迹」と「発本」との相違について、『文句記』巻第三中は、発は開の意であり、能覆の迹を開いて所覆の本を見ることに基づいて、「除く所の辺に約して名づけて発迹と為し、見る所の辺に約して名づけて発本と為す」（大正三四、二〇六中一九～二〇）と注している。両者の指す事態は同じであるが、概念化の視点が相違するのである。

他の国土の六瑞は、総体的に今の見るものの通りであるという。そこで、昔の仏の他の国土の六瑞も今と同じであることがわかる。昔、別序（個別的な導入部）を明らかにする場合、現相［序］（現瑞序）・懐疑［序］（疑念序）の二つの序の［今と］同じものがあるけれども、集衆・発問・答問の三つの序がないことについては、理論的に推し測る【義推】と、［実は］あるはずである。説法するという以上、必ず［聴］衆を集めることがわかる。［そして、］懐疑という以上、質問があるはずであることがわかる。もし質問するならば、必ず答えるであろう。［現相序と懐疑序の］二［つの序］を例とすると、必ず［集衆・発問・答問の］三つの序が同じであることを包括することができる【兼得】のである。さらにまた、もし昔の答えを述べるならば、文殊が言葉を費やすことを待たない。答えをいわない以上、また質問を出さない。その意義は理解できるであろう。

「時有菩薩名曰妙光」（4a22-23/A46·9-10/95·1）以下は、第三に曾（過去）と当（未来）とが同じであることを明らかにする。この文を六［段］とする。第一に「時有菩薩」以下は、［説法の］きっかけとなる人が同じ[76]である。第二に「爾時日月灯明仏従三昧起」（4a23-24/A46·10-11/95·2）以下は、説法の名が同じである。第三に「六十小劫」（4a25/A46·13/95·4-5）以下は、時節が同じである。第四に「説是経已於梵魔沙門」（4a29/A48·1-2/95·9-10）以下は、滅（涅槃）を唱えることが同じである。第五に「時有菩薩名曰徳蔵」（4b2-3/A48·5/96·2）以下は、授記が同じである。第六に「便於中夜」（4b5/A48·9/96·6）以下は、［仏の］滅後に経を弘通することが同じであることを明らかにする。

今、最初に［説法の］きっかけとなる人が同じであるとは、どのようなことか。昔の仏は禅定から起ち上がり、妙光菩薩をきっかけとして【因】経を説く。今の仏は禅定から起ち上がって、身子という声聞をきっかけとして【因】経を説く。これがどうして同じであろうか。瑤師[77]は、「『因』とは因託（委託すること）である。

一乗の経を授け伝える【付伝】場合、ただ相手として告げる【対告】人だけではないのである」という。その仏の相手として告げる【対告】［人］は、どうして必ず妙光であろうか。今、身子に対して『法華経』の教えを］告げることに関しては、身子はまだ必ずしも広く伝えることができるわけではない。委託して【因託】広く伝える【宣通】ことは、妙光に及ばない。今の委託することも[78]、文殊に及ばないようなものである。今の仏が讃嘆しなければ、昔の仏【往仏】はどうして必ず讃嘆することがあろうか。文殊が、昔の仏が妙光を讃嘆することを引くことは、委託することができることを正面から明らかにするだけである。さらにまた、旧［説］が、薬王をきっかけとなる人【所因人】とするのは、またそういうこともありえる。ただ昔を引いて今を証拠立てると、少し似ていないだけである。あるいは、「文殊が疑いを解消することによって、［今の

76　［説法の］きっかけとなる人【因人】「因」は、仏の説法の対象となる、きっかけとなるの意で、ここでは、日月灯明如来が妙光菩薩をきっかけとすることによって『法華経』を説いたので、妙光菩薩が「因人」と規定される。
77　瑤師　法瑶のこと。『文句』巻第一上の前注21を参照。
78　委託すること【因委】『講義』には、「因託委任」と注しているように、「〜に委託する」の意。

仏が」禅定から起ち上がって経を説くことができる」という。[79]この対応は都合がよくない。［それ故、］今、そうではないことを明らかにする。経文自身が「妙光をきっかけとして正面から説く」という。[80]ところが、委託して［経を］弘通する【因託流通】という解釈をして、さらに薬王を取りあげて例とする。これは、なんとはっきりと【公】仏の言葉を拒絶しているではないか。どうして経を解釈することに関わるであろうか。昔は妙光をきっかけとし、今は身子をきっかけとする。ちょうどきっかけとなる人【所因人】は同じである。昔
34c の仏の八人の子は妙光を師とする。如来は禅定から起ち上がって、妙光に対して［『法華経』の教えを］告げる。さらにまた、妙光に付託する。今の仏の子の羅云（羅睺羅）も身子（舎利弗）を師とする。仏は禅定から起ち上がって、また身子に対して［『法華経』の教えを］告げる。迹門が終わって、さらに身子に付託する。今と昔は近くて等しい【孱斉】のに、さらにどうしてこれより優れているであろうか。ところが、近く身子を捨て、遠く薬王を取りあげる。疑う者は、「妙光は菩薩であり、身子は声聞である。どうして同じであろうか」という。昔の事柄はあらわれたので、菩薩であるという。今の事柄はまだ［迹を］払っていないので、声聞であるという。迹を払うこと【発迹】に及ぶと、身子は大菩薩である。同じないとすれば、何を意味するのか。昔、妙光は迹を垂れる場合、どうして必ずしも声聞とならないことがあろうか。特に文殊は巧みに説いて、巧みな手段によって［本地を］隠したり、あらわしたりするだけである。

「是時日月」（4a23/A46・10-11/95・2）以下、第二に説法の名が同じであるとは、文の通りである。上に弥勒は他の国土の最初の頓［の教え］を見、頓［の教え］の後に漸［の教え］を見、漸［の教え］の後に種々の修行を見る。修行の後に境がないけれども、後に仏の涅槃を見る。今、文殊は、仏の最初の頓［の教え］、頓［の教え］の後の漸［の教え］、後に「種々の行」というのを見たことがあり、すぐに『法華［経］』を見ると答え

る。ここかしこの六瑞の後に、『法華［経］』を説いて、『法華［経］』の後に、すぐに涅槃に入る。これは明白に必ず他の国土の質問に答えるのである。

「六十小」(4a25/A46・13/95・4-5) 以下、第三に時節が同じであるとは、下の文に、「五十小劫は、半日のようであると思う」[81]とあるようなものは、［時節が］同じである。

「日月灯明」(4a28/A48・1/95・9) 以下、第四に滅（涅槃）を唱えることが同じであるとは、昔は『法華［経］』

79　旧説が、薬王をきっかけとなる人【所因人】とするのは……禅定から起ち上がって経を説くことができる」という【旧以薬王為所因人者亦可爾但引往証今小不類耳或言因文殊釈疑得起定説経】『法華義疏』巻第二、「有る人の言わく、灯明は妙光に因りて法華を説く。釈迦は薬王に因りて法華を説く。今謂わく、爾らず。灯明は妙光に因りて説き、釈迦は文殊に因りて説く。文殊は古を引いて今を証し、時衆の疑いを釈す。如来は方《まさ》に定より起ちて説法することを得。故に、文殊に因ることを知るなり」(大正三四、四八〇上二〇～二四)を参照。また、『法華経』法師品、「爾の時、世尊は薬王菩薩に因りて、八万の大士に告ぐ」(大正九、三〇中二九)を参照。

80　経文自身が「妙光をきっかけとして正面から説く」という【経文自云因妙光正説】『法華経』序品、「是の時、日月灯明仏は三昧従り起ちて、妙光菩薩に因りて、大乗経の妙法蓮華と名づけ、菩薩を教うる法にして、仏に護念せらるるを説き、六十小劫、座より起たず」(同前、四上二三～二五)を参照。

81　下の文に、「五十小劫は、半日のようであると思う」とある【下文云五十小劫謂如半日】『法華経』従地涌出品、「是の時、釈迦牟尼仏は、黙然として坐し、及び諸の四衆も亦た皆な黙然として五十小劫なり。仏の神力の故に、諸の大衆をして半日の如しと謂《おも》わしむ」(同前、四〇上一九～二一)を参照。

を説いて、すぐに涅槃に入ると唱えた。また迦葉仏のようである[82]……。今の仏は宝塔品を説くなかで、如来はまもなく涅槃に入るであろうことを明らかにする。[83]教化【化道】はすでに十分であり、滅（涅槃）を唱えることは等しい。

「時有菩薩」(4b2/A48·5/96·2) 以下、第五に授記が同じであるとは、昔、徳蔵菩薩[84]に記別を授け、今の『［法華］経』には声聞に記別を授ける。どうして同じであろうか。昔の事柄は成就したので、菩薩に記別を授けるという。ところが、ちょうど会三帰一するので、声聞は記別を得るのである。もし昔、声聞に記別を授けると説くならば、仏（釈尊）は禅定から起ち上がって、さらに何を説くであろうか。文殊は巧みに述べるので、迹を払わないだけである。菩薩に記別を授けると説くことに関しては、さまざまな経はみなそうであるので、教えに執着する者はまだ驚かないのである……。

「仏授記已」(4b5/A48·9/96·6) 以下は、第六に経を弘通することが同じである。文を五［段］とする。第一に時節である。つまり仏の滅後である。第二にその人を提示する。つまり妙光である。第三に時間の［過去の］遠さ【久近】である。つまり八十小劫である。第四に教化する人々である。つまり八人の子と八百［の弟子］である。第五に古今を結合する【結会】。つまり求名《ぐみょう》[85]・妙徳[86]などである。教化する人について、さらに
35a 二［段］とする。最初に八人の子は修行が完成して、遠い昔に成仏した。八百［の弟子］の一人（弥勒）ははじめて［修行を］完成して、今、［一生］補処［の菩薩の位］に留まる。この八人の子・八百［の弟子］を引く理由は、近くは疑いを解消し、秘密に［如来］寿量［品］を開く。疑いを解消するとは、あるいは、弥勒は補処であるので大であり、文殊は補処でないので小であり、小は答えるべきではなく、大は質問するべきでないと思う。それ故、八百［の弟子］を取りあげる。質問があるべきである。妙光［菩薩］は昔、直接仏に対し

て、まずまた師となるので、疑いを解消することは誤りではない。秘密に［如来］寿量［品］を開くことについては［次の意味がある］。八人の子の最も小さな仏を燃灯［仏］[87]と名づける。燃灯［仏］は定光［仏］である。妙光は釈迦の九世の祖師である。孫（釈尊）は今成仏し、師祖（文殊）は弟子となる。[88]師弟は固定することはない。生は生でなく、滅は滅でないという意味を秘密にあらわそうとする。

質問する。弥勒は昔、諸仏を見て、『法華［経］』を聞いたことがある。なぜ［あらためて］問いただすのか。

82　迦葉仏のようである【如迦葉仏】『文句』巻第二上の前注124を参照。

83　今の仏は宝塔品を説くなかで、如来はまもなく涅槃に入るであろうことを明らかにする【宝塔品中明如来不久当入涅槃】『文句』巻第二上の前注123を参照。

84　徳蔵菩薩「徳蔵」は、Śrīgarbha の訳語。『法華経』序品で、日月灯明仏から授記される菩薩。

85　求名　Yaśas-kāma の訳語。名声を求める者の意で、『法華経』序品に出る弥勒の過去世の名。

86　妙徳　Mañjuśrī の訳語。文殊師利と音写する。

87　燃灯［仏］【然灯】燃灯仏のこと。「然」は燃に通じる。［最後の日月灯明仏の］八王子のなかで、最後に成仏したものの名を燃灯仏という。燃灯は、Dīpaṃkara の訳語。錠光、定光とも訳す。釈尊に授記した過去仏として有名。

88　孫（釈尊）は今成仏し、師祖（文殊）は弟子となる【孫今成仏師祖為弟子】妙光＝文殊は釈尊の九世の祖師と規定されているので、「孫」は釈尊を指し、「師祖」は文殊を指す。『法華経』序品では、孫の釈尊が成仏し、師祖の文殊が弟子となっていることを意味する。

答える。会座の人々【時衆】の機が適宜であるならば、［仏の応現を］発動させるべき[89]［であるから］である。

5.11225144　分明判答

第四に「今見此瑞」（4b16-17/A52·1/97·10）以下は、明白に判定する答えと名づける。今と昔の六瑞は同じく、推測【惟忖】は確定して誤らない以上、かいつまんで見た答え【略曾】、詳しく見た答え【広曾】はいずれも確定しているのである。「当説大乗」（4b17-18/A52·3/97·11）は、前の説法瑞を確定するのである。「名妙法蓮華」（4b18/A52·3/97·11-12）は、前の雨花瑞を確定するのである。「教菩薩法」（4b18/A52·3-4/97·12）は、前の衆喜瑞を確定するのである。「仏所護念」（4b18/A52·4/97·12）は、前の地動瑞を確定するのである。［四瑞のなかに］入定［瑞］を含んでおり、[90]すべてそのなかにある。ある人は［四瑞について、］すでに［見たことが］同じであること、未来に［見たことが］同じであろうことを説いて、今［見たことが］同じであることを説かない。[91]［しかし、］文を尋ねると、「今、この瑞相を見ると、過去【本】と異なることがない」とある。[92]これはちょうど今について語っている。どうして六瑞を呼んで已とするのか。この文を拠り所として今とするので、［已同、今同、当同の］三種の共通性[93]の解釈をするのである。

5.112252　偈頌

頌に四十五行の偈がある。上の推測すること【惟忖】・かいつまんで見た答えを頌さない。［さらに］詳しく見たなかで、ただ前後を頌して、中間を頌さないのである。最初に二行があり、詳しく見たなかの時節・名号・説法などが同じであることを頌するのである。「仏未出家」（4b25/A52·11/98·7）以下は、第二に三十九行の偈があり、最後の仏の三種の共通性を頌す。次に四行があり、確定的な答えを頌す。第二の三種の共通性のなかについて三［段］がある。最初に一行の偈があり、曾と已とが同じであることを頌す。次に第二に十五行半があり、曾と今とが同じであることを頌す。第三に次に二十二行半があり、曾と当とが同じであることを頌す。「仏説大」（4b27/A54・2/98・9）以下は、第二に今の同一性について、さらに二［段］がある。最初に十四行は、

89 ［仏の応現を］発動させる【扣発】 衆生の機が仏・菩薩の応現・教化を発動させることを「感」といい、その「感」にさらに積極的な意味を込めて、「扣」、「扣発」という表現を取っている。

90 ［四瑞のなかに］入定［瑞］を含んでおり【兼総入定】 本文には、六瑞のうち四瑞（説法瑞・雨花瑞・衆喜瑞・地動瑞）を取りあげており、その四瑞のなかに入定瑞を含んでいるという意味。『私記』には、「兼総入定」ではなく、「兼総入定放光」とすべきであると注している。

91 ある人は［四端について、］すでに［見たことが］同じであること、未来に［見たことが］同じであろうことを説いて、今［見たことが］同じであることを説かない【有人作已同当同不作今同】 法雲『法華義記』巻第二、「第一に『今、此の瑞を見るは本《ほん》と異なり無し』と言う。此れは已見の事同じきを結ぶ。第二に『是の故に惟忖す。今日、如来は当に大乗経を説くべし』従り、此の下は、当見の事応に同じかるべきを結ぶなり」（大正三三、五八七中一一～一三）を参照。

92 「今、この瑞相を見ると、過去【本】と異なることがない」とある【今見此瑞与本無異】『法華経』序品、「今、此の瑞を見るに、本《ほん》と異なり無し。是の故に惟忖す、『今日、如来は当に大乗経の、妙法蓮華と名づけ、菩薩に教うる法にして、仏に護念せらるるを説くべし』と」（大正九、四中一六～一八）を参照。

93 ［已同、今同、当同の］三種の共通性【三同】 過去の日月灯明仏と現在の釈尊の説法の間にある已同、今同、当同の三種の共通性のこと。

ことかしこの六瑞を頌す。第二に「爾時四部衆」（4c26/A56·14/101·1）以下の一行半は、四衆が疑いを持つことを頌す。最初にさらに二［段］がある。最初に四行の偈があり、この国土の六瑞が同じであることを頌す。35b ところが、「天鼓自鳴」（4c2/A54·6/99·1）を増やして出し、[94] 無問自説（質問がないのに、自分から説くこと）を表わすのである。「現諸希有事」（4c5/A54·9/99·4）とは、総体的にさまざまな瑞相を頌するのである。「此光照」（4c6/A54·10/99·5）以下、第二に十行は、他の国土の六瑞が同じであることを頌す。長行にはただ「如今所見是諸仏土」（4a19/A46·5/94·7-8）というだけである。その文は簡略であり、この頌は詳しい。文を五［段］とする。最初の三行は、［地獄・餓鬼・畜生・阿修羅・人・天の］六趣の衆生を見ることが同じであることを頌する。次に、「又見諸如来」（4c12/A54·16/99·11）以下、第二に一行二句は、仏を見ることが同じであることを頌する。次に、「世尊在」（4c15/A56·3/100·2）以下、第三に二句は、仏が頓教の七善法[95]を説くことを聞くことが同じであることを頌する。次に、「一一諸仏」（4c16/A56·4/100·3）以下、第四に三行は、声聞などの三乗を見ることとは、昔の仏が漸教の法を開くことが同じであることを頌するのである。次に、「又見諸菩薩」（4c20/A56·8/100·7）以下、第五に二行は、菩薩の種々の因縁を見ることを頌する。とりもなおさず方等［経］・『般若［経］』の教えを開くことが同じであることを頌する。最初に三行は文の通りである。第二に一行半は解釈する。「自然成仏道」（4c12/A54·16/99·11）とは、方便の道は作為的に【加心】修行する。真実の道を生ずることは、自然に【自然任運】理と合致するのである。四教に焦点をあわせることは理解できるであろう……。

質問する。真実［の道］を生ずることが自然であるならば、どうして諸仏の説法を必要とするのか。

答える。船が［川の］流れにしたがう場合、もし風に出合い棹《さお》の助けがあるならば、速やかに到達する場所があるようなものである。風は仏を見、法を聞くことをたとえ、棹は修行をたとえる。引きくらべると、七回［三界に］生まれて自然に［阿羅漢となる］初果[96]が、もし仏に出会ってさらに修行すれば、あるいは一回生まれ、二回生まれて無学（阿羅漢）に到達することができるようなものである……。「自然成仏道」は報身、「瑠璃」（4c14/A56・2/100・1）は法身であり、もともと清浄である。「金像」（4c14/A56・2/100・1）は、物に応じて形を現わす。「世尊在大衆敷演深法義」（4c15/A56・3/100・2）以下、第三に半行、これは法によって人に焦点をあわせる。法が深遠である【深玄】以上、必ず大機（大乗を受けるべき機）を運んで、頓教を開くことを知るべきである。これは上の「純一無雑」（3c21-22/A40・7/91・6）の七善の文を頌する。「一一諸仏土声聞衆」（4c16/A56・4/100・3）以下、第四に三行、これは人によって法に焦点をあわせる。人は二乗である以上、必ず三蔵［教］の説を開くことを知るのである。つまり、上の「為声聞人説応四諦」（3c22-23/A40・8-9/91・7-8）などを頌するのである。縁覚を取り出して頌することをしないけれども、［縁覚を］兼ねてそのなかに包摂する。「行施

94　増やして出し【長出】「長」は、増やすの意。ここでは、長行にもともとない内容を、偈頌で新たに出すことを「長出」という。

95　頓教の七善法【頓教七善法】前注63を参照。

96　七回［三界に］生まれて自然に［阿羅漢となる］初果【初果任運七生】声聞の四果のうち初果（預流果）は、多くとも七回、三界に生まれると、阿羅漢果を得るとされる。

忍辱等」（4c20/A56·8/100·7）は、四度（布施・忍辱・禅定・智慧波羅蜜）を「等」とするだけである。[97]この一行は、上の六度の大乗を頌するのである。さらにまた、「見菩薩深入諸禅定」（4c22/A56·10/100·9）以下、第五に二行は、上の他の国土の菩薩の種々の因縁・信解・相貌を見ることを頌するのである。省略して上の塔を立てることについて答えないのである。上には他の国土の『法華［経］』の様相を見ないので、これの次に塔を立てることを見る。今は『法華［経］』の様相を答えるので、塔を立てること、涅槃に入ること【入滅】のような事
35c 柄は、後に答えるのである。次に、「爾時四部衆」（4c26/A56·14/101·1）以下、第二に一行半は、昔の仏の四衆の疑念をさかのぼって頌する。[98]文の通りである。

「天人所奉尊」（4c29/A58·1/101·4）以下、二十二行半は、曾と今・当とが同じであることを頌する。文を六［段］とする。最初に二行二句は、きっかけとなる人が同じであることを頌する。次に、「説是法」（5a5/A58·6/101·9）以下、第二に一句は、上の説法が同じであることを頌する。次に、「満六十小劫」（5a5/A58·6/101·9）以下、第三に一行一句は、時節が同じであることを頌する。不思議な劫を延ばしたり縮めたりする智慧【延促劫智】に焦点をあわせるのである。妙光はすべて昔の仏の法を受持するのである。また身子（舎利弗）が仏の付嘱を受けるようなものである。次に、「仏説是法華」（5a8/A58·9/101·12）以下、第四に五行は、上の滅を唱えることが同じであることを頌する。とりもなおさず上の他の国土における涅槃に入る【入滅】考えに答えるのである。この文について、滅を唱えることがあり、嘱累（付嘱）がある。嘱累は『遺教［経］』のようであり、悲しみ泣くことがあるのは『涅槃［経］』のようである。慰め諭《さと》すこと【慰喩】があるのは、また『遺教［経］』のようである。[99]その得度（救済されること）しようとする者は、すべて得度し、まだ救済されない者に対しては、得度の因縁（きっかけ）となる。[100]引きくらべると、今の仏が弥勒に付嘱するよう

なものである……。次に、「是徳蔵」（5a18/A60·3/102·10）以下、第五に一行半があり、上の授記を頌する。次

97 四度（布施・忍辱・禅定・智慧波羅蜜）を「等」とするだけである【等於四度耳】『法華経』の「行施忍辱等」の直前に、「精進持浄戒」（同前、四下一九）の句があるので、「四度」は、六度のなかの布施・忍辱・禅定・智慧波羅蜜を指す。「施忍辱等」の「等」は、布施・忍辱のほかに、禅定・智慧をも含むことを意味する。

98 昔の仏の四衆の疑念をさかのぼって頌する【追頌昔仏四衆疑念】「追頌」とは、偈頌が長行を頌するという対応関係を示す場合に、通常の対応の順序でなく、さかのぼって長行の前の部分を頌する場合をいう。

99 嘱累は『遺教［経］』のようであり、悲しみ泣くことがあるのは『涅槃［経］』のようである。慰め諭すこと【慰喩】があるのは、また『遺教［経］』のようである【嘱累如遺教有悲泣如涅槃有慰喩亦如遺教】「嘱累如遺教」については、『文句記』は、『遺教経』、「我が滅後に於いて、当に波羅提木叉を尊重・珍敬すべし。闇は明に遇い、貧人は宝を得るが如し。当に知るべし、此れは則ち是れ汝の大師なり。若し我れ世に住せば、此れに異なること無きなり」（大正一二、一一一〇下二〇～二二）を取りあげている。「有悲泣如涅槃」については、『文句記』は、『南本涅槃経』巻第一、「挙身に毛竪《よだ》ち、遍体に血現わるるは、波羅奢花《はらしゃけ》の如し。涕泣、目に盈《み》ち、大苦悩を生ず」（同前、六〇五中一四～一五）を取りあげている。「有慰喩亦如遺教」については、『文句記』は、『遺教経』、「汝等比丘よ、憂悩を懐くこと勿れ。若し我れは世に住せば、一劫会するも亦た当に滅すべし。会すれども離れず、終に不可得なり。自ら利し、人を利し、法は皆な具足す。若し我れは久しく住せば、更に益《やく》する所無し」（同前、一一一二中七～九）を取りあげている。

100 その得度（救済されること）しようとする者は、すべて得度し、まだ救済されない者に対しては、得度の因縁（きっかけ）となる【其得度者悉皆得度未度者作得度因縁】『遺教経』、「応に度す可き者は、若し天上・人間に皆悉《み》な已に度し、其の未だ度せざる者は、皆な亦た已に得度の因縁と作る」（同前、一一一二中九～一〇）を参照。

に、「仏此夜」（5a21/A60･6/103･1）以下は、第六に十二行があり、上の経を弘通することを頌する。経を弘通することを、さらに五［段］とする。最初に二行があり、上の仏の滅後の時節、四衆が利益を得ることを頌する。「如薪尽火滅」（5a21/A60･6/103･1）とは、小乗の仏は果報の身を薪とし、智慧を火とする。［智］慧は報身に基づく。身が消滅すれば、智もなくなる。大乗の仏は［衆生の］機を薪とし、［仏が衆生の機縁に］適合して応現すること【逗応】を火とする。衆生の機がなくなると、応現する姿もまた消滅する。「倍加精進」（5a24/A60･9/103･4）とは、滅度（涅槃）によって救済するべき者である。次に、「是妙光」（5a25/A60･10/103･5）以下は、第二に二句があり、上の経を弘通する人を頌する。次に、「八十小劫」（5a26/A60･11/103･6）以下は、第三に二句があり、上の経を修行する時節を頌する。次に、「是諸八王」（5a27/A60･12/103･7）以下は、第四に八行があり、上の利益を与える対象の弟子を頌する。さらに二［段］とする。最初に三行はすでに成仏した弟子【已成弟子】を頌する。次に、「是妙光」（5b4/A62･3/104･1）以下、第二に五行は、未来に成仏する弟子【当成弟子】を頌する。次に、「彼仏滅」（5b14/A62･13/104･11）以下は、第五に一行があり、上の古今を結合する【結会】ことを頌する。

後の四偈は、旧［説］には、「しっかりと結論づけて衆生に仰ぎ慕わせる」とある。今、解釈すると、そうではない。上の長行に明白に判定する答えがあった。ここの文はこれを頌する。文を三［段］とする。最初に「我見灯」（5b16/A62･15/105･1）以下は、最初に一行があり、上の「当説大乗経」（4b17-18）を頌する。次に、「今相如本」（5b18/A64･2/105･3）以下、第二に二行は、上の「教菩薩法」（4b18）を頌する。次に、「諸求三乗人」（5b22/A64･6/105･7）以下、第三に一行は、上の「仏所護念」（4b18）を頌する。文について理解できるであろう。さらにまた、前に弥勒は、四つの伏難（はっきりとは言わない［＝伏］が、心に抱いている非難）を解消し、

36a

文殊にきっと答えさせる。このなかでは、文殊は四つの伏疑（はっきりとは言わない［＝伏］が、心に抱いている疑問）を断ち切り、弥勒にふたたび諮問することがないようにさせる。最初に第一の疑いは、文殊が詳しく過去仏【先仏】が『法華［経］』を説いたことを引くことによるので、弥勒はひそかに疑って質問しようとする。諸仏が［衆生の機］縁に趣く場合、人と時はそれぞれ相違する。過去仏【古仏】は『法華［経］』と名づけたけれども、今の仏（釈尊）はどうしてこのようにする（『法華経』と名づける）必要があろうか。文殊は第一の偈によって［第一の伏疑を］断ち切って、「私が［日月］灯明仏を見ると、もとの光の瑞相もこのようであった。これによって、今の仏も『法華経』を説こうとしている」（5b16-17/A62·15-64·1/105·1-2）という。これはその名を疑うという質問を断ち切るのである。弥勒はこれによってさらに、「もともと名が同じで意義が同じものがあり、もともと名が同じで意義が相違するものがある。この名は、何をあらわし［意味を］招き寄せる【顕召】のか」と疑う。文殊は第二の偈によって［第二の伏疑を］断ち切って、「今の［瑞］相はもとの瑞相のようである。諸仏の方便である。今の仏が光明を放つことも、それによって助けて実相の意義を生じさせようとするのである」（5b18-19/A64·2-3/105·3-4）という。これはその体を疑うという質問を断ち切る。弥勒はこれによってさらに、「実相は無相である。誰がこれを理解しようか」と疑う。文殊は第三の偈によって［第三の伏疑を］断ち切って、「人々は今、［次のことを］知るべきである。合掌して心を一つにして待ちなさい。仏は法の雨を降らせて、覚り【道】を求める者を満足させるべきである」（5b20-21/A64·4-5/105·5-6）という。これはその宗を疑うという質問を断ち切る。弥勒はこれによってさらに、「仏は法の雨を降らせて、ただ菩薩を潤すだけであろうか。また二乗も潤すのであろうか」と疑う。文殊は第四の偈によって［第四の伏疑を］断ち切って、「三乗を求める人たちに、もし疑いや悔いがあるならば、仏は除き断ち切って、残り無く消滅させるべきである」（5b22-23/A64･6-7/105･7-8）という。これはその用を疑うという質問を断ち切る。弥勒はこれによってさらに、「仏は法の雨を降らせて、ただ菩薩を潤すだけであろうか。また二乗も潤すのであろうか」と疑う。文殊は第四の偈によって、思い切って、「三乗を求める人たちに、もし疑いや悔いがあるならば、仏は除き断ち切って、残りなく消滅させるべきである」（5b22-23/A64･6-7/105･7-8）という。これはその用を疑うという質問を断ち切る。弥勒は連続して【聯翩】疑いを設け、文殊はしばしば【頻煩】断ち切る。事が窮まり理が尽くされる以上、すぐにこれを理解する。問答に巧みであり、［智慧荘厳と福徳荘厳の］二荘厳を備えるということができる。光宅［寺法雲］はただ釗師《しょうし》の四種の伏難を解消して、文殊に必ず答えさせることを述べることを知って、弥勒の美点をあらわすけれども、文殊が四つの伏疑を解消して、弥勒に質問しないようにさせることを見ず、妙徳（文殊）の能力を押さえつける。この意義は天台から出たものであり、他者の疏（注釈）を伝えたものではない。言葉を後世の賢者にこと寄せて、人の優れている点【長】を押さえ込んではならない。釗師以降、数百年の間[101]、『法華［経］』を講義する者は道にあふれるほど多かったが、この意味を見ることがあったか。［天台を］優れている【長】といわずして、何というのか[102]。

5.12　正宗分

方便品を釈す。

5.121　方便品題を釈す（方便品を釈す）

5.1211　略釈

5.12111　標章

これ（方便品）を解釈するのに、略［釈］（簡略な解釈）・広［釈］（詳細な解釈）がある。略［釈］を二［段］とする。まず略［釈］、次に問答による考察【料簡】[103]である。

5.12112　解釈

5.121121　正釈

5.1211211　法用に約して釈す

方とは、法である。便とは、用（作用）である。法に方（四角の意味で偏法をたとえる）・円（円法をたとえる）があり、用に差（真理とくい違うこと）・会（真理と合致すること）がある。三権（方便の三乗）は差し金【矩】、方（四角）である。一実（真実の一乗）はコンパス【規】、円である。もし智慧が差し金【矩】に到達するならば、

36b 巧みに偏の法を衆生に投合する【逗会】。もし智慧がコンパス【規】に到達するならば、巧みに円の法を衆生

101　数百年の間【数百年中】　梁南冥真寺慧釗（？～五二四～？）から灌頂まで「数百年」とあるのは奇妙なので、『国訳一切経』の脚注には、「或は左渓玄朗の挿入せしものと見ては不可か」（一一六頁）とある。

102　何というのか【何謂也】　底本は「謂也」を割注にしているが、『全集本』によって本文に作る。

103　問答による考察【料簡】　はかりえらぶ、考察検討すること。天台関係の文献においては、問答を展開しながら真実をきわめていくこと、いくつかの分析視点を設定し、その視点を通して真実をきわめていくことの二つの意味がある。ここでは前者の意。

に投合する。たとえばただ［一本の］指だけを挙げて【偏挙指】偏った場所を示すようなものである。偏の法を挙げて［偏の］智慧を示す。法によって方を解釈し、用によって便を解釈するのが適当である。もしまとめて［五本の］指を挙げて円かな場所を示すならば、秘によって方を解釈し、妙によって便を解釈するのが適当である。偏の法を挙げて方便を解釈することは、思うに、衆生の欲望にしたがうものであり、仏の本心ではない。『［法華］経』に、「さまざまな執著を離れ、三界の苦から脱出させる。このために如来は心を込めて方便をたたえる」という通りである。[104]この意義は、他経について解釈することができるが、今の［方便］品の意味ではない。

5.1211212　能詮に約して釈す

さらにまた、方便とは、門である。門は能通（通じる主体）に名づけ、所通（通じる対象）に通じる。方便・権略（権謀、謀略）は、すべて哢引（歌曲を引き出すものの意で、方便と同意）であり、真実のために門となる。真実があらわれることができるのは、その功績は方便による。あらわす主体にしたがって名づけられるので、門によって方便を解釈する。『［法華］経』に、「方便の門を開いて、真実の様相を示す」という通りである。[105]この意義は、他経について解釈することができるが、今の［方便］品の意味ではない。

5.1211213　秘妙に約して釈す

さらにまた、方とは、秘である。便とは、妙である。妙が方に到達することは、真実の秘である。内衣（下着）の裏の値のつけられないほど貴重な珠[106]に印を付けることは、王の頂上にただ一つの珠だけがあることと、[107]

二つのものもなく別のものもない。雇われ人[108]を指すと、長者の子であり、［雇われ人と長者の子には、］同様に二つのものもなく別のものもない。このような言葉は、秘であり、妙である。『［法華］経』に、「ただ私だけがこの様相を知る。十方の仏も同様である」とあり、「［これ以上語ることを］止めよう、止めよう。説く必要

104　『［法華］経』に、「さまざまな執著を離れ、三界の苦から脱出させる。このために如来は心を込めて方便をたたえる」という通りである【如経令離諸著出三界苦是故如来殷勤称歎方便】『法華経』方便品、「諸著を離れしむ」（大正九、五下三）、譬喩品、「三界の苦を出ず」（同前、一三下四）、方便品、「何が故に慇懃に方便を称歎するや」（同前、六中二）を合わせて作文したもの。

105　『［法華］経』に、「方便の門を開いて、真実の様相を示す」という通りである【如経開方便門示真実相】『法華経』法師品、「此の経は方便の門を開き、真実の相を示す」（同前、三一下一六～一七）を参照。

106　内衣（下着）の裏の値のつけられないほど貴重な珠【内衣裏無価之珠】『法華経』五百弟子受記品の衣裏繋珠の譬喩に出る「無価の宝珠を以て、其の衣の裏に繋《つな》ぐ」（同前、二九上七）を参照。

107　王の頂上にただ一つの珠だけがあること【王頂上唯有一珠】『法華経』安楽行品の髻中明珠の譬喩に出る「独り王の頂上に、此の一珠有り」（同前、三八下二八～二九）を参照。

108　雇われ人【客作人】『法華経』信解品の長者窮子の譬喩に出る「爾の時、窮子は此の遇を欣ぶと雖も、猶《な》故お自《みずか》ら客作の賤人と謂う。是れに由るが故に、二十年中に於いて、常に糞を除かしむ」（同前、一七上二六～二七）を参照。

がない。私の法は妙であって思惟することが難しい」とある通りである。[109]それ故、秘によって方を解釈し、妙によって便を解釈する。ちょうど今の［方便］品の意味である。それ故、方便品というのである。

5.121122　料簡

5.1211221　自他三語に約して料簡す

問答による考察【料簡】とは、最初の解釈（法用方便）は、体外《たいげ》の方便[110]、衆生を教化する【化物】権（方便）、随他意語である。次の解釈（能通方便）もまた体外の方便、自行・化他の権であり、また随自他意語でもある。後の解釈（秘妙方便）は同体の方便であり、自行の権、随自意語である。

5.1211222　能所に約して料簡す

最初の解釈の方便（法用方便）は、能入（入る主体）でもなく、所入（入る対象）でもない。次の解釈の方便（能通方便）は、能入であり、所入でない。最後の解釈の方便（秘妙方便）は、所入であり、能入でない。それ故、名は同じであるが、その意義は大いに異なるとわかる。世間の人は多くこの意味を見ないで、むやみに方便品を解釈する……。

5.1211223　四句に約して料簡す

質問する。方便と権とはどのようなものか。

答える。四句に分別すると、もともと方便が権を破ること、権が方便を破ること、方便が権を修し権が方便を修すること、方便は権であり権は方便であることがある。方便が権を破るとは、四種（蔵教・通教・別教・円教）はすべて秘妙の方便である。この方便は随他意の権を破るのである。権が方便を破るとは、権は同体の権であり、体外の方便を破るのである。［方便が権を修し権が方便を修すという］たがいに修すること【相修】36c とは、また理解できるであろう。［方便は権であり権は方便であるという］相即については、また理解できるであろう……。三句は、他の経について解釈することができる。［方便は権であり権は方便であるという相即の］第四句は、今の［方便］品の意味である。それ故、『正法華［経］』では善権品と名づける。[111] 権は方便であり、二つのものもなく、別のものもない。頭を低くし手を挙げること[112] はすべて仏の覚りを成就する。方便と善

109 「『［法華］経』に、「ただ私だけがこの様相を知る……思惟することが難しい」とある通りである【如経唯我知是相十方仏亦然止止不須説我法妙難思】『法華経』方便品、「唯だ我れのみ是の相を知る。十方仏も亦た然り」（同前、六上二〇～二一）、同、「止みなん、止みなん、説くを須いず。我が法は妙にして思い難し」（同前、六下一九）を参照。

110 体外の方便【体外方便】「同体方便」と対語。体外方便は、真実の体の外の方便をいう。同体方便は、方便即真実、真実即方便であり、真実の体と同一である方便をいい、「体内方便」ともいう。

111 『正法華［経］』では善権品と名づける【正法華名善権品】Upāya-kauśalya を、鳩摩羅什が「方便」品と訳した第二章を、竺法護『正法華経』は「善権」品と訳したことをいう。

112 頭を低くし手を挙げる【低頭挙手】『法華経』方便品、「或いは人有りて礼拝し、或いは復た但だ合掌し、乃至、一手を挙げ、或いは復た小《すこ》しく頭を低《た》れて、此れを以て像に供養せば、漸《ようや》く無量の仏を見る」（同前、九上一九～二一）に基づく。「低頭」は、仏像に対して頭を垂れること。「挙手」は、合掌の代わりに片手だけを挙げること。

権は、いずれも真実である。

5.1212　広釈

5.12121　古を破す

詳細な解釈【広釈】とは、まず古い解釈【旧解】の五時の権実[113]を提示する。十二年の前は無常の事柄を照らすことを権とし、無常の理を照らすことを実とする。『阿毘曇［論］[114]』を指す。今、思うのには、『釈論』（『大智度論』）に、「無常を破ることは対治の法であり、すべて［世界悉檀・為人悉檀・対治悉檀の］三悉檀に所属する」［とある］[115]。どうして真実があるであろうか。今の用いるものではない。十二年の後の『般若［経］』は仮有を照らすことを権とし、仮有はそのまま空であることを照らすことを実とする。『釈論』（『大智度論』）にまたこの意義を破って、「あれこれ心に思ったり観察したりすること【念想観】はすでに除かれ、言語で表現する手立てはすべて消滅する」［とある］[116]。仮有はそのまま空であることを照らすことは、なお観察したり心に思ったりすること【観想】にすぎない。今の用いるものではない。次に、『浄名［経］』（『維摩経』）・『思益［梵天所問経］』は、内に静か[117]に空・有の二境を照らすことを実智とし、外に現われる変化と［仏・菩薩が］現わし示す働き[118]を権智とする。今、思うには、内に照らすこと【内鑑】・外に働くこと【外用】を二とすること

113　古い解釈【旧解】の五時の権実【旧解五時権実】　法雲『法華義記』巻第二には、権実二智について、「名義を解釈す」、「体相を覈明《かくみょう》す」、「名に通別有るを明かす」、「用に興廃有るを明かす」、「五時の経を釈会《しゃくえ》するが故に、二智の不同を明かす」

の五項を設けて考察している。「旧解五時権実」は、その第五項を指す（大正三三、五九三下二七～五九四上一六を参照）。

114 五時の経は、『法華義記』によれば、有相教（小乗の経論）・『大品般若経』・『維摩経』・『涅槃経』・『法華経』を指す。

115 『阿毘曇［論］』【阿毘曇】 Abhidharma の音写語。小乗の論蔵を指す。『法華義記』には、「有相教」とある。

『釈論』（『大智度論』）に、「無常を破ることは対治の法であり、すべて［世界悉檀・為人悉檀・対治悉檀の］三悉檀に所属する」［とある］【釈論破無常是対治法皆属三悉檀】 『大智度論』巻第一、「復た次に常に著する顛倒の衆生は、諸法の相似・相続を知らず。是の如き人有らば、無常を観ぜしむ。是れ対治悉檀にして、第一義に非ず」（大正二五、六〇中一三～一五）を参照。

116 『釈論』（『大智度論』）にまたこの意義を破って、「あれこれ心に思ったり観察したりすること【念想観】はすでに除かれ、言語で表現する手立てはすべて消滅する」［とある］【釈論亦破此義念想観已除言語法皆滅】 『大智度論』巻第十八、「般若波羅蜜の実法は顛倒ならず。念想観は已に除こり、言語の法も亦た滅す」（同前、一九〇中一〇～一二）を参照。

117 静　底本の「諍」を、『全集本』によって「静」に改める。

118 外に現われる変化と［仏・菩薩が］現わし示す働き【変動応用】 「変動」は、『文句』巻第二下に、「神変とは、神は内なり。変は外なり。神は天心に名づく。即ち是れ天然の内慧なり。変は変動に名づく。即ち是れ六瑞は外に彰わる」（大正三四、三〇上一五～一六）とあるように、外に現われる変化の意。『文句記』巻第三下には、「海を納れ芥《け》に入《い》るるを、名づけて変動と為す」（同前、二一一中一二三）とある。「応用」は、仏・菩薩が現わし示す働きの意と思われる。

は、不二門[119]に入るのではない。今の用いるものではない。次に、『法華［経］』は三三［の境[120]］を照らすことを権とし、四一［の境］を照らすことを実とする。今、思うのには、三権はひたすら実に合致せず、一実は三権に関わらない。今の用いるものではない。次に、『涅槃［経］』は金剛［心[121]］の前の無常を権とし、金剛［心］の後の常住を実とする。今、思うのには、道前の真如[122]もまた常住であり、道後の如量智[123]もまた権である。この五時の権実は、今の用いるものではない。ないし半満・四宗［の教判[124]］に明らかにする権実二智もまた今の用いるものではない。またある人は、「方便は仮りのもの【権爾】であり、実は真実【審実】である」と解釈する。[125]さらにまた、「方便は権巧《ごんぎょう》、実は智慧である」［とある］。さらにまた、「方便は権仮《ごんけ》である。三車を門の外に借りる」［とある[126]］。さらにまた、「方便は権宜《ごんぎ》である。三乗を説くことが適当であるからである」［とある[127]］。さらにまた、「権は比喩の名である。たとえば秤《はかり》の錘《おもり》を前に進めると重く、後ろに退けると軽く、中間に置くと平らであるようなものである。仏智が［衆生の根縁を］照らし見【照察】、考え量ること【称量】に合致す

119 不二門　二元的な対立を越えた仏教の真理を意味する。『維摩経』入不二法門品において、文殊菩薩が不二法門に入るとはどういうことかと質問した。

120 三三［の境］【三三】　三教（声聞乗・縁覚乗・菩薩乗）、三機（声聞乗を受けるべき機・縁覚乗を受けるべき機・菩薩乗を受けるべき機）、三人（声聞・縁覚・菩薩）のことで、権智の対境。下に出る「四一」は、法雲においては、教一・理一・機一・人一を指す。智顗の四一の場合は、機一の代わりに行一が入る。

121 金剛［心］【金剛】　金剛のように堅固な菩薩の心、金剛心をいう。具体的には、第十地の菩薩が最後の煩悩を断じて成仏するときに起こす禅定を金剛喩定、金剛心という。

122 **道前の真如【道前真如】** 道＝真実の理を、まだ実証していない段階を道前という。真如は道の言い換え。まさしく実証することを道中といい、実証して以後を道後という。

123 **如量智** 如理智が、理に合致した根本無分別智を指すのに対し、根本無分別智に基づいて諸法の差別相を知る後得智を指す。

124 **半満・四宗［の教判］【半満四宗】** 「半満」は、梵語で、母韻十二字、子音三十五字のそれぞれを半字といい、母韻と子音を合わせて意味を持つ一語としたものを満字という。半満二教判に応用され、小乗を半字、大乗を満字と判定する。『法華玄義』巻第十上、「五には、菩提流支は半満教を明かす。十二年の前は皆な是れ半字教、十二年の後は皆な是れ満字教なり」（大正三三、八〇一中一〇～一一）を参照。「四宗」は、光統律師慧光（四六八～五三七）の四宗判を指す。『法華玄義』巻第十上には、因縁宗（『阿毘曇論』）、仮名宗（『成実論』）、誑相宗（『大品般若経』・三論）、常宗（『涅槃経』・『華厳経』）を四宗判として紹介している（同前、八〇一中一一～一五を参照）。

125 **またある人は、「方便は仮りのもの【権爾】であり、実は真実【審実】である」と解釈する【復有人解方便是権爾実是審実】** 吉蔵『法華玄論』巻第四には、「有る人の言わく、『権は是れ権爾《ごんに》の名、実は是れ審実を義と為す』と」（大正三四、三九三下二四～二五）とある。「権爾」は、仮の意。「爾」は、形容詞に付く助詞。「審実」は、真実の意。本文に後出する「権巧」、「権仮」、「権宜」は、「権」（臨時の便法）の意味に、巧み、仮《かり》の、適宜などの意味をそれぞれ付加したものである。

126 **さらにまた、「方便は権仮である。三車を門の外に借りる」［とある］【又方便是権仮三車於門外】** 吉蔵『法華玄論』巻第四には、「有る人の言わく、『権は是れ仮の義なり。故に三車を門外に仮る』と」（同前、三九四上二八～二九）とある。

127 **さらにまた、「方便は権宜である。三乗を説くことが適当であるからである」［とある］【又方便是権宜説三乗故】** 吉蔵『法華玄論』巻第四には、「有る人の言わく、『権は是れ宜（底本の「耳」を、別本によって「宜」に改める。平井俊榮『法華玄論の註釈的研究』［春秋社、一九八七年］四九一頁を参照）爾なり。謂わく、随宜説法すれば、之れを名づけて権と為すなり』と」（同前、三九四中一～二）とある。

る」とある。[128]このような解釈は、それぞれ一つのあり方を取りあげている。権爾・権仮は、処所（智慧の託す対象としての場所）[129]に焦点をあわせる。権宜は法門に焦点をあわせる。権巧・秤の錘は智慧の能力に焦点をあわせる。それぞれ［他を］包含せず、意義は円融微妙【融妙】ではない。これによって今の［方便］品を解釈することはできない。

さらにまた、ある人は四種の二慧を用いる。[130]最初に一は権であり、一は実である。次に、空有の二智は、空を観察して証得しなければ二乗を離れ、有にかかわって染著がなければ凡夫を超出する。次に、空有が内に静かであることを実とし、外に働く【外用】ことを権とする。次に、金剛［心］の前後の常・無常を権実とする。37a 最初の二慧は信を生じさせ、次の二慧は解を生じさせ、次の二慧は他者を教化させ、[131]最後の二慧は果である。[132]これらの二慧は、全部で三つの展開【転】がある。最初に有を俗とし、空を真とする。次に、空有を俗とし、非空非有（空でもなく有でもないこと）を真とする。次に、空有を二とし、非空非有を不二とする。二不二

128　さらにまた、「権は比喩の名である。たとえば秤の錘を前に進めると重く、後ろに退けると軽く、中間に置くと平らであるようなものである。仏智が［衆生の根縁を］照らし見【照察】、考え量ること【称量】に合致する」とある【又権是譬名譬如秤錘前之則重却之則軽処中則平合於仏智照察称量】。ここの「権」は、はかりの意であるので、比喩の名と解釈している。吉蔵『法華玄論』巻第四には、「有る人の言わく、『権は是れ譬えの名なり。秤の錘を権と名づくるが如し。此れを将《もっ》て諸物の軽重を詮量す。之れを前《すす》むれば則ち軽く、之れを却《しりぞ》くれば則ち重く、中に処《お》れば則ち平らかなり。此れは仏智の根縁を照察するに、三乗の差別有るを譬う』と」（同前、三九四上二六～二八）とある。「照察」は、照らし見るの意。「称量」は、考え量るの意。

129 **処所（智慧の託す対象としての場所）【処所】**『文句記』巻第三下には、「処所と云うは、智の託する所の処を謂う。爾と仮は、皆な暫時の言なり。故に知んぬ、還た暫時の処に約するなり」（同前、二二一下一六～一七）とある。

130 **ある人は四種の二慧を用いる【有人以四種二慧】** 吉蔵『法華玄論』巻第四には、「次に四種の二智を論ず。問う。有る人、空を照らすを実と為し、有を鑑《かんが》みるを権と為すと言うは、此れは『波若』の教の二智なり。内に静鑑するを実と為し、外に動用するを権と為すは、『浄名』の教の二智なり。一を照らすを実と為し、三を照らすを権と為すは、『法華』の二智を謂うなり。常住を照らすを実と為し、無常を鑑みるを権と為すは、『涅槃』の二智を謂うなり」（同前、三九四下二～六）とあるように、有る人の説（法雲を指す）として、『般若経』・『維摩経』・『法華経』・『涅槃経』の四種の二智を取りあげ、批判している。また、吉蔵は、『法華経』がこの四種の二智を備えていると述べている。『法華玄論』巻第四、「次に、『法華』の四種の二智の義を釈す。有る人の言わく、『法華』は但だ二種の二智有るのみ。一には三乗を照らすを権と為し、一乗を照らすを実と為す。二には近を照らすを権と為し、寿量仏の復た上の数に倍せるを照らすを実と為す。今明かす。此の経は要《かなら》ず四種の二智を具す。一には初段の中に三種の二智有り。後の開近顕遠の中に、復た一種の二智有り。故に四種を成ず」（同前、三九五下一三～一八）を参照。なお、『文句』と『法華玄論』を対照させると、『文句』の「初めに一は是れ権、一は是れ実なり」が『法華経』の二慧を指していることになる。もしそうであるならば、やや言葉足らずの印象を受ける。実際の内容は「一を照らすを実と為し、三を照らすを権と為す」とあるべきである。

131 **最初の二慧は信を生じさせ、次の二慧は解を生じさせ、次の二慧は他者を教化させ【初二慧令生信次二慧令生解次二慧令化他】**『法華玄論』巻第四、「初めの二慧は信を生ぜしめ、次の二慧は解を生ぜしむ。信解は是れ自行なり。第三に化他を明かす」（同前、三九五下二八～二九）を参照。

132 **最後の二慧は果である【後二慧是果】**『法華玄論』巻第四、「前の三種の二智は、菩薩の解行を謂う。即ち是れ因の義なり。十信に始まり、終わり等覚に至る。後の常・無常の二智は、即ち是れ果の位にして、妙覚地と称す。故に因果の二門は、要ず四種の二智を具するなり」（同前、三九六上二一～二四）を参照。

をみな俗とし、非二非不二（二でもなく不二でもないこと）を真とする。[133] 教と智も同様である。[134] なぜそうであるのか。為人悉檀であるからである。もともと人が前［の二諦］を聞いて悟らないが、後［の二諦］を聞いて悟ることがある。このために二諦は同じでない。さらにまた、如来は常に二諦を拠り所として法を説く。[135] それ故、二諦に三門[136]がある。さらにまた、仏の教えは多いけれども、三門を出ない。さらにまた、しだいに衆生を引き導くからである。凡夫は、心と身体【心形】が実（実体）であると誤って考える。思うに、実（実体）ではない。法性の空は、まさに真であるだけである。凡夫は、有を捨て空を取るので、空有はみな俗、非空非有はかえって真であると説く。あるいは二辺（二つの極端）を捨て、また中道に滞るので、第三に二辺を遠離して、中道に執著しないことは、かえって真である。これは［人乗・天乗・声聞乗・縁覚乗・菩薩乗の］五乗の人のためである。最初に凡夫を引き導いて、信を生じ、有から出させる。次に、二乗を引き導いて、中［道］に入らせる。次に、菩薩を引き導いて、中・偏をともに捨てさせる。さらにまた、中［道］を学ぶ者のためである。その意味は、［因成仮・相続仮・相待仮の］三仮[137]を世［俗］とし、三仮が空であることを真とする。これはただ最初の意味を理解するのである。次に、三仮の空有を否定することはみな俗であり、非空非有を真と

133　これらの二慧は、全部で三つの展開【転】がある……二不二をみな俗とし、非二非不二（二でもなく不二でもないこと）を真とする【此諸二慧凡有三転初以有為俗空為真次空有為俗非空非有為真次空有為二非空非有為不二二不二皆為俗非二非不二為真】『法華玄論』巻第四、「次に三種の二諦を論じ、二智の義を辨ず。摂嶺《しょうれい》相承自《よ》り、三種の二諦有り。一に有を以て世諦と為し、空を真諦と為す。次に空有を以て皆な俗とし、非空非有を真と為す。三には二不二を俗と為し、非二非不二を真と為す。二諦は既に三転有れば、諦に約して智を発するに、亦た三を具す。初めに有を照らすを俗と為し、空を照

らすを真と為す。次に空有を照らすを俗と為し、非空非有を照らすを真と為す。三には二不二を照らすを俗と為し、非二非不二を照らすを真と為す」（同前、三九六上二四～三九六中一）を参照。

134 **教と智も同様である【教智亦然】** 前注133に引用したように、「二諦は既に三転有れば、諦に約して智を発するに、亦た三を具す」（同前、三九六上二七～二八）とある。「教智」ではなく、吉蔵の文章では、「発智」とある。

135 **如来は常に二諦を拠り所として法を説く【如来常依二諦説法】**『中論』巻第四、観四諦品、「諸仏は二諦に依りて、衆生の為めに法を説く。一に世俗諦を以てし、二に第一義諦なり」（大正三〇、三二下一六～一七）に基づく。

136 三門　第一門は、有を俗となし、空を真となすこと。第二門は、空有を俗となし、非空非有を真となすこと。第三門は、空有を二となし、非空非有を不二と規定し、二不二を俗となし、非二非不二を真となすこと。

137 三仮　『成実論』仮名相品に基づいて、成実論師が考案した因成仮・相続仮・相待仮のこと。仮は、実体がないの意。因成仮は、一切の有為法が因縁によって成立したものであることをいう。相続仮は、有為法が前後相続して存在することをいう。相待仮は、大小、長短のような相対的な存在をいう。

する……。[138] 今、その（吉蔵の）解釈を明らかにすると、かえって［法雲の］五時によって、自己の意味をあらわす。かえって階段のような次第順序【漸次梯隥】の欠点【非】にすぎない。［『法華経』以外の］他の経を解釈することができるが、今の［方便品の］品の意味ではない。『［法華］経』には、「すべて衆生にみな見ることができるようにさせる」とある。[139] いつ前後の覚りが相違するのか。さらに、「正直に方便を捨てる」とある。[140] どうしてしだいに円妙に合致する【会】必要があろうか。さらにまた、最初に信を生ずること・解［を生ずること］・［他を］教化すること【化】・果などを引くことが、[141] どうして今の『［法華］経』の［開示］悟入の意に関わるであろうか。天親が十七名を列挙する通りである。[142] 第十三に「大巧方便」と名づける。[143] さらにまた、『大乗方便経』に方便の十種を明らかにする場合、第九に善巧と名づける。二乗を移して、大乗の方便波羅蜜に入らせる。[144] 今の［方便］品はまさに如来の方便であるので、一切法を包摂することは、空が色《しき》（いろ形ある

138　為人悉檀であるからである。もともと人が前［の二諦］を聞いて悟らないが……三仮の空有を否定することはみな俗であり、非空非有を真とする……【為人悉檀故自有人聞前不悟聞後即悟是故二諦不同又如来常依二諦説法故二諦有三門又仏教雖多不出三門又漸引衆生故凡夫計心形是実蓋非実也法性空乃真耳凡夫即捨有取空故説空有皆是俗非空非有乃是真或者捨二辺復滞中道故第三遠離二辺不著中道乃是真此為五乗人初引凡夫生信出有次引二乗令入中次引菩薩令中偏倶捨又為学中者謂三仮為世三仮空為真此但得初意次非三仮空有皆俗非空非有為真云云】『法華玄論』巻第四、「問う。何が故に三種の二諦を用いんや。答う。略して六義を明かす。是の故に之れを説く。一には各各為人悉檀を謂う。……二には為めに如来は常に二諦に依りて法を説くを釈す。……三には為めに仏教は同じからざるを釈す。『経』に二諦は多しと雖も、三を出でざるを辨ずるなり。……四には漸く衆生を引いて階級の方便を示さんと欲す。無始已来、此の形心、及以び外物等有りて、是

れ実有なりと謂う。……五には五乗の衆生の為めに、此の三種の二諦を説く。……第六に即世の学者は三仮の有を世諦と為し、三仮の空を真諦と為すを明かす。……非二非不二は、乃ち真と為すなり」（大正三四、三九六中一～三九六下一二）を参照。

139 『［法華］経』には、「すべて衆生にみな見ることができるようにさせる」とある【経云咸令衆生皆得観見】『法華経』序品、「今、仏、光を現ずるも亦復た是の如し。衆生をして咸《こと》ごとく一切世間の難信の法を聞知することを得しめんと欲するが故に、斯の瑞を現ず」（大正九、三下一五～一七）を参照。

140 「正直に方便を捨てる」とある【云正直捨方便】『文句』巻第一上の前注53を参照。

141 信を生ずること・解［を生ずること］・［他を］教化すること【化】・果など【生信解化果等】前注131、132を参照。

142 天親が十七名を列挙する通りである【如天親列十七名】天親『法華論』巻上（大正二六、二下一三～三上二〇）に、『法華経』の十七種の異名が出る。『文句』巻第二下の前注208を参照。

143 第十三に「大巧方便」と名づける【第十三名大巧方便】『法華論』巻上、「十三に一切諸仏大巧方便経と名づくとは、此の法門に依りて、大菩提を成じ已りて、衆生の為めに天・人・声聞・辟支仏等の諸の善法を説くが故なり」（同前、三上四～六）を参照。

144 『大乗方便経』に方便の十種を明らかにする場合、第九に善巧と名づける。二乗を移して、大乗の方便波羅蜜に入らせる【大乗方便経明方便十種第九名善巧移二乗令入大乗方便波羅蜜】『宝雲経』巻第二、「菩薩に復た十法有りて、満足方便と名づく。何等をか十と為す。善く方便迴向を解し、善く外道の諸見を迴《めぐら》し、善く五塵を迴し、善く疑悔《ぎけ》を除き、善く衆生を救《く》護《ご》し、善く衆生を知りて命を済い、善く供養を受け、善く声聞・辟支の二乗の学者を移して、大乗に入らしめ、善く示教《じきょう》利喜《りき》を知り、善く供養恭敬を知る」（大正一六、二一七上一〇～一四）を参照。

もの）を包むようなものであり、海が［川の］流れを収めるようなものであるとわかるはずである。どうして諸師の一つの枝、一つの派によって法界という大きな都を解釈することができるであろうか。

5.12122　今正しく釈す

5.121221　通釈

5.1212211　列

今、権実を明らかにする場合、まず四句を設ける。その意味は、一切法はみな権であり、一切法はみな実であり、一切法は亦《やく》権亦実（権でもあり実でもあること）であり、一切法は非権非実（権でもなく実でもないこと）である。

5.1212212　釈

5.12122121　権の句を釈す

37b
一切法は権であるとは、文には、「諸法はこのような性・相・体・力・本末［究竟］等である」とあるようなものである。[145] 少し【介爾】も言葉があるならば、みな権である。

5.12122122　実の句を釈す

一切法は実であるとは、文に、「如来は巧みに諸法を説いて、衆［生］の心【衆心】を喜ばせる【悦可】」とあるようなものである。[146]「衆［生］の心【衆心】」が実に入ることを「悦」とする。さらにまた、「諸法はも

とから常に寂滅の様相である」とある。[147] さらに、「如来の説くことは、みな一切智の境地に到達させる」とあ

145 文には、「諸法はこのような性・相・体・力・本末［究竟］等である」とあるようなものである【如文云諸法如是性相体力本末等】『法華経』方便品、「唯だ仏と仏とのみ乃《いま》し能く諸法の実相を究尽す。謂う所は、諸法の如是相、如是性、如是体、如是力、如是作、如是因、如是縁、如是果、如是報、如是本末究竟等なり」（大正九、五下一〇～一三）を参照。

146 文に、「如来は巧みに諸法を説いて、衆［生］の心【衆心】を喜ばせる【悦可】」とあるようなものである【如文如来巧説諸法悦可衆心】 前注3を参照。

147 「諸法はもとから常に寂滅の様相である」とある【諸法従本来常自寂滅相】『法華経』方便品、「我れは涅槃を説くと雖も、是れも亦た真の滅に非ず。諸法は本と従り来、常《つね》自に寂滅の相なり」（同前、八中二四～二五）を参照。

る。[148] さらに、「みな真実であり虚偽ではない」とある。[149] さらに、『大［般涅槃］経』に、「四句はみな不可説である」とある。[150]

5.12122123　亦権亦実の句を釈す

一切法は亦権亦実であるとは、文に、「その意味は、諸法のありのままの様相である」とあるようなものである。[151] 一切は亦権亦実であるとならべて明らかにする。たとえば、不浄観[152]は亦実亦虚（真実でもあり虚偽でもあること）であるようなものである……。

妙法蓮華経文句巻第三上

148　「如来の説くことは、みな一切智の境地に到達させる」とある【云如来所説皆悉到於一切智地】『法華経』薬草喩品、「一切法に於いて、智の方便を以て、之れを演説し、其の説く所の法は、皆悉な一切智地に到らしむ」（同前、一九上二三～二五）を参照。

149　「みな真実であり虚偽ではない」とある【云皆実不虚】『法華経』如来寿量品、「諸の言説する所は、皆な実にして虚ならず」（同前、四二下一二）を参照。

150　『大［般涅槃］経』に、「四句はみな不可説である」とある【大経四句皆不可説也】『南本涅槃経』巻第十九、光明遍照高貴徳王菩薩品、「不生生も不可説、生生も亦た不可説、生不生も亦た不可説、不生不生も亦た不可説、生も亦た不可説、不生も亦た不可説なり。因縁有るが故に、亦た説くことを得可し」（大正一二、七三三下九～一二）を参照。ここには四句より多い六句の不可説が列挙されているが、四句というときは、生生不可説・生不生不可説・不生生不可説・不生不生不可説を指す。

151 文に、「その意味は、諸法のありのままの様相である」とあるようなものである【如文所謂諸法如実相】 前注145を参照。

152 不浄観 五停心観（不浄観・慈悲観・数息観・因縁観・念仏観）の一つで、身体の不浄であることを観察して、貪欲を止めること。

妙法蓮華経文句　巻第三下

天台智者大師が説く

5.12122124　非権非実の句を釈す

一切法が非権非実であるとは、文には、「同一でもなく相違するのでもない」とある。[1]さらに、「また、すぐれた法、中くらいの法、劣った法、有為の法、無為の法、真実の法、真実でない法［の区別に］執《と》われてはならない」とある。[2]偽りでもなく真実でもないとは、[3]ありのままの様相【如実相】である。

5.1212213　功用を辨ず

もし一切法がすべて権（方便）であるならば、何を破らないであろうか。たとい百千種類の師の一人ひとりの師が百千種類の説をなしても、権でないことはない。如来の説くものがあっても、やはり権である。まして人師［の説］がどうして権でないことがあろうか。前に提示したものに関しては、すべて権である。もし一切法がすべて実であるならば、何を破らないであろうか。「ただこの一つの事柄だけが真実であり、他の二つは真実ではない」とある。[4]ただ一つの究極的な道であるだけである。どうして多くの究極的な道であることがあろうか。前に提示した師たちに関しては、すべて破って実に入る。どうしてその鳥の巣や獣の洞穴を保つであろうか。[5]もし一切法が亦権亦実《やくごんやくじつ》（権でもあり実でもあること）であるならば、また何を破らないであろうか。一切にはすべて権もあり、実もある。どうして自分で一つのあり方を是とし、他の異なる解釈を非とすることができようか。一々の法において、みな権と実がある。権だけであったり、実だけであったりすることはありえない。もし一切法が非権非実（権でもなく実でもないこと）であるならば、また何を破らないであろうか。どうしてまた複雑に入りまじって【紛紜】強いて建立を生じるであろうか。ただ名を列挙することでさえこのようなものである。遠くから観察し深く見ると、広々と開け【曠蕩】、高く明らかであることはこのようなものである。まして趣旨を論じることはなおさらである。

1　文には、「同一でもなく相違するのでもない」とある【文云非如非異】『法華経』如来寿量品、「如来は如実に三界の相を知見するに、生死の若しは退、若しは出有ること無く、亦た在世、及び滅度の者無く、実に非ず虚に非ず、如に非ず異に非ず、三界の三界を見るが如くならず。斯の如きの事、如来は明らかに見て、錯謬《しゃくみょう》有ること無し」（大正九、四二下一三～一六）を参照。

2　「また、すぐれた法、中くらいの法、劣った法、有為の法、無為の法、真実の法、真実でない法［の区別に］執われてはならない」とある【云亦復不行上中下法有為無為実不実法】『法華経』安楽行品、「又復た上・中・下の法、有為・無為、実・不実の法を行ぜず、亦た是れ男、是れ女と分別せず」（同前、三七下一〇～一一）を参照。

3　偽りでもなく真実でもないとは【非虚非実】　前注1を参照。

4　「ただこの一つの事柄だけが真実であり、他の二つは真実ではない」とある【唯此一事実余二則非真】『法華経』方便品、「唯だ此の一事のみ実にして、余の二は則ち真に非ず。終に小乗を以て衆生を済度せず」（同前、八上二一～二二）を参照。

5　鳥の巣や獣の洞穴【橧窟】「橧」は、鳥の巣の意。「窟」は、獣の洞穴の意であるが、『十住経』巻第一に、「是の諸の衆生は、深く我・我所に著し、五陰の橧窟於《よ》り、自《みずか》ら出ずること能わず」（大正一〇、五〇五下一二～一三）とあるように、ここでは、五陰（色陰・受陰・想陰・行陰・識陰）をたとえていると思われる。

5.121222　別釈

5.1212221　総標列章

今、有権有実の句について、さらに［事理・理教・教行・縛脱・因果・体用・漸頓・開合・通別・悉檀の］
37c
十法を開く。十法について、八番の解釈をする。第一に十の名を列挙し、第二に生起（順序次第を定めること）であり、第三に解釈し、第四に［経文を］引いて証拠立て【引証】、第五に十を結んで三種の権実とし、第六に三種の権実が三種の二諦を照らすことを説明【分別】し、第七に諸経に焦点をあわせて権実を判定し、第八に本迹に焦点をあわせて権実を判定する。

5.1212222　解釈

5.12122221　十名を列す

第一に名を列挙するとは、事理・理教・教行・縛脱（束縛と解脱）・因果・体用・漸頓・開合（展開と統合）・通別・悉檀のことである。とりもなおさず十種の名である。

5.12122222　生起

第二に生起（順序次第を定めること）については、無住という根本から一切法を立てる。[6] 無住とは、理である。一切法とは、事である。理事であるので、教がある。教によるので、行がある。行によるので、縛脱がある。脱によるので、因果を成立させる。果によるので、体があらわれて働くことができる。それ故、漸頓の教化がある。漸頓を開くことによるので、開合がある。開合があるので、通〔益〕・別〔益〕の利益がある。〔通益と別益の〕二つの利益を区別するので、〔世界悉檀・各各為人悉檀・対治悉檀・第一義悉檀の〕四悉檀がある。以上が十章の次第である……。

5.12122223 解釈

5.121222231 正しく解釈す

第三に解釈については、理は真如である。真如はもともと清浄である。仏が存在してもしなくても、常に変化しないので、理を実（真実）と名づける。事は心・意・識などが清浄・不清浄の業を起こし、変化させることが固定しないので、事を権と名づける。もし理でなければ事を立てることがなく、事でなければ理をあらわすことができない。事には理をあらわす働き【功】がある。このために心をこめて【殷勤】方便をほめたたえる。

理教については、前の理事をまとめて、みな理と名づける。たとえば真俗をともに諦と呼ぶ（真諦と俗諦）ようなものである。諸仏はこれを体得して、聖人となることができる。聖人は、いつわりがない【正実】。自己の法を、下の衆生に与えようとして、理によって教を設ける。教は権である。教でなければ理をあらわすことがなく、理をあらわすことは教による。このために、如来は方便をほめたたえる……。

6　無住という根本から一切法を立てる【従無住本立一切法】『維摩経』巻中、観衆生品、「無住の本従り、一切法を立つ」（大正一四、五四七下二二）を参照。

教行については、教によって理を求めれば、正行を生ずる。行に前進する際の浅深の相違があるので、行を権と名づけるのである。教に前進する際の浅深の相違がないので、教を実と名づけるのである。教でなければ行を立てることがなく、行でなければ教を理解する【会】ことがない。教を理解することは行による。このために、如来は方便をほめたたえる……。

縛脱（束縛と解脱）については、行為【為行】は理に相違すれば、［束］縛である。［束］縛は偽り【虚妄】であるので、権と呼ぶ。行為【為行】は理にしたがえば、解［脱］を生ずる。解［脱］は理に深い次元で合致するので、実と呼ぶ。［束］縛でなければ［解］脱を求める手立てがない。［解］脱を得ることは［束］縛による。屍によって海を渡るようなものである。[7]屍に岸まで渡る力があるので、方便をほめたたえる。

因果については、因に前進の暫時の働きがあるので、権と名づける。果は終わりを獲得し【尅】、永久に証得することがあるので、実（真実）とする。果がなければ因に対比するものはない。因がなければ果は自然と
38a
はあらわれない。［空観・仮観の］二観を方便道とし、[8]惑を断ち切って因を成就し、中道解脱の果に入ることができる。もし二観でなければ、どうして中道に合致するであろうか。果は因によって獲得するので、方便をほめたたえる。

体用については、前の方便を因とし、正観によって［初］住に入ることを果とする。住・出を体用とする。[9]体は実相であり、分別がない。用は一切法を確立し、段階【差降】は同じではない。大地は一つであるが、種々の芽を生ずるようなものである。[10]大地でなければ［芽を］生ずることがなく、［芽を］生ずることでなければ［大地を］あらわすことがない。流れを尋ねて源を得、用を推し量って体を知る。用に体をあらわす働きがあるので、方便をほめたたえる。

漸頓については、因を修行して果を証得し、体から用を起こす場合、ともに漸頓がある。今、用を起こすことを明らかにするのに、漸を権とし、頓を実とする。もししだいに【漸】引き導くのでなければ、頓に入る手立てがない。漸にしたがって実（真実）を得るので，方便をほめたたえる。

開合（展開と統合）については、［円教の］頓から［蔵教・通教・別教の三教の］漸を展開し、［三教の］漸は自然に［三教に］統合されず、また［円教の］頓に統合されないので、権と名づける。［三教の］漸が［七方便の人＝人・天・声聞・縁覚・蔵教の菩薩・通教の菩薩・別教の菩薩を］究極的なものにすれば、かえって［円教の］頓に統合されるので、名づけて実（真実）とする。展開によるので統合がある。展開に統合する力がある。展開にしたがって名づけられるので、方便をほめたたえる。

通別の益（通益・別益）については、通は半字で無常の利益であり、別は満字で常住の利益【常住之益】で

7 屍によって海を渡るようなものである【如因屍渡海】『南本涅槃経』巻第十九、光明遍照高貴徳王菩薩品、「譬えば人有りて大海水に堕し、死屍を抱持すれば、則ち度脱することを得。菩薩摩訶薩は大涅槃を修し、布施を行ずる時、亦復た是の如く、彼の死屍の如し」（大正一二、七三六中一八～二〇）を参照。

8 二観を方便道とし【以二観為方便道】『文句』巻第一上の前注69を参照。

9 住・出を体用とする【住出為体用】『講録』には、「住は所住の理体を謂い、出は出でて物機に応ずるを謂う。即ち外用なり」とある。

10 大地は一つであるが、種々の芽を生ずるようなものである【如大地一生種種芽】『六十巻華厳経』巻第五、菩薩明難品、「猶お大地の一にして、能く種種の芽を生ずるが如し」（大正九、四二八上一六）を参照。

ある。ところが、常住の利益【常益】の道が長ければ、喜んで退いてしまう。それ故、化城[11]によって引き導き救い取り【接引】、安らかで穏やかな思いを生じ、そうして後に、化［城］で休憩して【息化】、引き導いて宝所に到達させる。もし半［字］の利益がなければ、常住に合致することができない。半［字］に満［字］をあらわす働きがあるので、方便をほめたたえる。

四悉檀については、［世界悉檀・為人悉檀・対治悉檀の］三［悉檀］は世間である。このために権（方便）とする。第一義［悉檀］は出世間である。このために真実とする。世間でなければ、出世間を得ない。三悉檀によって第一義［悉檀］を得る。このために、如来は方便をほめたたえる。

5.121222232　結して方法を示す

四句[12]によって十種（事理・理教・教行・縛脱・因果・体用・漸頓・開合・通別・悉檀）の権実を解釈するべきである。三種（方便が権を破ること、権が方便を破ること、方便が権を修し、権が方便を修すること）は他経の意味であり、一種（方便即権、権即方便であること）はこの［方便］品の意味である……。

5.12122224　引証

5.121222241　引証

5.1212222411　経を引きて証す

第四に［経文を］引いて証拠立てること【引証】とは、この十義は、大［乗］・小［乗］の教えに通じ、一切法に行きわたるけれども、ひとまず今の『［法華］経』を引用する。「三界が三界を見るようなものではない」

とある。[13]「三界」とは、事である。「三界が［三界を］見るようなものではない」とは、理である。「諸法は寂滅であり、言葉で述べることができない」[14]とは、理である。「方便の力によって、五人の比丘のために説く」[15]とは、教である。「もしこの経を聞くならば、巧みに菩薩の道を修行する」[16]とは、教行を証拠立てるのである。

11　化城　『法華経』化城喩品に説かれる化城宝処の譬喩に基づく表現。化城は声聞・縁覚の涅槃を意味し、宝処（宝所）は成仏をたとえる。

12　四句　第一句は方便が権を破ること、第二句は権が方便を破ること、第三句は方便が権を修し、権が方便を修すること、第四句は方便即権、権即方便であることをそれぞれ指す。『文句』巻第三上に、「四句もて分別するに、自ら方便は権を破すること有り。権は方便を破す。方便は権を修し、権は方便を修す。方便は即ち権、権は即ち方便なり。方便は権を破すとは、四種は皆な是れ秘妙の方便なり。此の方便は随他意の権を破するなり。権は方便を破すとは、権は是れ同体の権にして、体外の方便を破するなり。相修とは、亦た解す可し。相即とは、亦た解す可し、云云。三句は、他経を釈す可し。第四句は、今の品の意なり」（大正三四、三六中二五～下二）を参照。

13　「三界が三界を見るようなものではない」とある【不如三界見於三界】　前注1を参照。

14　「諸法は寂滅であり、言葉で述べることができない」【諸法寂滅不可言宣】『法華経』方便品、「諸法は寂滅の相にして、言を以て宣《の》ぶ可からず。方便力を以ての故に、五比丘の為めに説く」（大正九、一〇上四～五）を参照。

15　「方便の力によって、五人の比丘のために説く」【方便力為五比丘説】　前注14を参照。

16　「もしこの経を聞くならば、巧みに菩薩の道を修行する」【若聞此経是善行菩薩道】『法華経』法師品、「若し是の経典を聞くことを得ること有らば、乃ち能《よ》く菩薩の道を行ず」（同前、三一下五～六）を参照。『文句』巻第二上の前注143を参照。

38b さらにまた、「あなたたちが修行する内容は、菩薩道である」とある。[17]「仏子（菩薩）は道を修行してから、来世に成仏することができるであろう」とある。[18] さらにまた、「種々の因縁によって、仏の覚りを求める」とある。[19]「ただ虚妄を離れることだけを解脱と名づけるけれども、まだ一切の解脱を得ない」とある。[20]「すべて諸仏のあらゆる道法を修行し、道場で果を成就することができる」とある……。[21]「私は仏眼によって、六道の衆生を見る」とある。[22]「はじめて私の身を見、私の説く内容を聞いて、すぐにすべて信受して、如来の智慧に入る。前から修習して小乗を学ぶ者を除く」とある……。[23] 窮子は最初逃れ、中間に雇われ人として糞を除き、後に財産を付与される。[24] 最初に化城において休息し、後に宝所に引き導く。「種々の欲望、種々の性質、特徴、記憶」などとある。[25] これは共通に［『法華経』という］一部［の経典］を引いて証拠とする。今、個別的に一品を引用する。正しい順序でないけれども、十文が完備している。「諸仏の智慧は、とても深く無量である。その智慧の門は理解することが難しく、入ることが難しい」[26] とは、一切の事理・境智などを、すべて実（真実）

17　「あなたたちが修行する内容は、菩薩道である」とある【汝等所行是菩薩道】『法華経』薬草喩品、「汝等の行ずる所は、是れ菩薩道にして、漸漸に修学して、悉ごとく当に成仏すべし」（同前、二〇中二三～二四）を参照。

18　「仏子（菩薩）は道を修行してから、来世に成仏することができるであろう」とある【仏子行道已来世得作仏】『法華経』方便品、「仏子は道を行じ已りて、来世に作仏することを得ん。我れに方便力有りて、三乗の法を開示す」（同前、八中二六～二七）を参照。

19　「種々の因縁によって、仏の覚りを求める」とある【種種因縁而求仏道】『法華経』序品、「我れは彼の土を見るに、恒沙の菩薩は、種種の因縁もて、仏道を求む」（同前、三上六～七）を参照。

20 「ただ虚妄を離れることだけを解脱と名づけるけれども、まだ一切の解脱を得ない」とある【但離虚妄名為解脱未得一切解脱】『法華経』譬喩品、「但だ虚妄を離るるを、名づけて解脱と為す。其の実、未だ一切の解脱を得ず」（同前、一五中二～三）を参照。

21 「すべて諸仏のあらゆる道法を修行し、道場で果を成就することができる」とある【尽行諸仏所有道法道場得成果】『法華経』方便品、「無量億劫に於いて、此の諸道を行じ已りて、道場に果を成ずることを得、我れは已に悉ごとく知見す」（同前、五下二一～二二）を参照。

22 「私は仏眼によって、六道の衆生を見る」とある【我以仏眼観見六道衆生】『法華経』にこのままの経文はない。『法華経』方便品、「舎利弗よ、当に知るべし、我れは仏眼を以て観じて、六道の衆生を見るに、貧窮にして福慧無し」（大正九、九中二五～二六）の箇所を指すと思われる。

23 「はじめて私の身を見、私の説く内容を聞いて、すぐにすべて信受して、如来の智慧に入る。前から修習して小乗を学ぶ者を除く」とある【始見我身聞我所説即皆信受入如来慧除先修習学小乗者】『文句』巻第三上の前注10を参照。

24 雇われ人として糞を除き、後に財産を付与される【客糞後則付財】「客糞」は、引用文中の信解品の「客作賤人」（同前、一七上二六）、「除糞」（同前、一七上二七）を縮めた表現。「付財」は、比喩の最後で、父子の名乗りをあげて、窮子が長者から財産を付与されることを指す。『文句』巻第三上の前注108を参照。

25 「種々の欲望、種々の性質、特徴、記憶」などとある【種種欲種種性相憶念】『法華経』如来寿量品、「諸の衆生に種種の性、種種の欲、種種の行、種種の憶想分別有るが故に、諸の善根を生ぜしめんと欲す。若干の因縁、譬喩、言辞、種種の説法を以て、作す所の仏事は、未だ曾て暫くも廃せず」（同前、四二下一六～一九）を参照。

26 「諸仏の智慧は、とても深く無量である。その智慧の門は理解することが難しく、入ることが難しい」【諸仏智慧甚深無量其智慧門難解難入】『法華経』方便品、「諸仏の智慧は甚深無量にして、其の智慧の門は、解し難く入り難し。一切の声聞、辟支仏の知ること能わざる所なり」（同前、五中二五～二七）を参照。

と名づける。『阿含［経］』の言葉による教えを設け【施設】、議論【詮辯】することは、すべて智慧の門である。これは理教に権実を論じることを証拠立てる。「理解することが難しく、入ることが難しく、一切の声聞・［辟］支仏が知ることができない[27]」とは、縛脱（束縛と解脱）に権実を論じることである。「その理由は何か。仏は親近したことがある[28]」から「名声がくまなく聞こえる[29]」までは、教行に権実を論じることである。「とても深遠［で、これまでになかった法を］完成した[30]」から「その趣旨は理解することが難しい[31]」までは、体用に権実を論じることである。「私が成仏してから[32]」とは、「成仏」が果である。果には必ず因がある。因果に権実を論じることである。「種々の因縁・比喩[33]」から「執著を離れさせる[34]」までは、漸頓に権実を論じることである。「その理由は何か。如来は方便・知見がすべて完備した[35]」とは、開合に権実を論じることである。「諸仏は重大な事柄によって、世に出現する。衆生が仏の知見に開示悟入するようにさせようとするためである[36]」とは、利益に権実を論じることである。「要点を取りあげていうならば、仏はすべて成就する[37]」は、［世界悉檀・為人悉檀・対治悉檀の］三悉檀の成就である。「止めましょう、止めましょう。説く必要がない[38]」は、第一義悉檀である。以上が四悉檀に権実を論じることである。「その理由は何か。仏はすべて第一希有を成就する[39]」から「諸法実相[40]」までは、理である。「その意味は、諸法のこのような様相[41]」とは、事である。以上が理事に権実を

27 「理解することが難しく、入ることが難しく、一切の声聞・［辟］支仏が知ることができない」【難解難入一切声聞支仏不能知】　前注26を参照。

28 「その理由は何か。仏は親近したことがある」【所以者何仏曾親近】　同、「諸仏の智慧は甚深無量にして、其の智慧の門は、

解し難く入り難し。一切の声聞、辟支仏の知ること能わざる所なり。所以は何ん。仏は曾て百千万億無数の諸仏に親近し、尽ごとく諸仏の無量の道法を行じ、勇猛精進にして、名称は普く聞こえ、甚深未曾有の法を成就し、宜しきに随いて説く所の意趣は、解し難し。舎利弗よ、吾れは成仏して従り已来、種種の因縁、種種の譬喩もて、広く言教を説き、無数の方便もて、衆生を引導して、諸著を離れしむ」（同前、五中二五～下三）を参照。前注26を参照。

29 「名声がくまなく聞こえる」【名称普聞】 前注28を参照。

30 「とても深遠［で、これまでになかった法を］完成した」【成就甚深】 前注28を参照。

31 「その趣旨は理解することが難しい」【意趣難解】 前注28を参照。

32 「私が成仏してから」【吾従成仏已来】 前注28を参照。

33 「種々の因縁・比喩」【種種因縁譬喩】 前注28を参照。

34 「執著を離れさせる」【令離諸著】 前注28を参照。

35 「その理由は何か。如来は方便・知見がすべて完備した」【所以者何如来方便知見皆已具足】 同、「所以は何ん。如来の方便・知見の波羅蜜は皆な已に具足せり」（同前、五下三～四）を参照。

36 「諸仏は重大な事柄によって、世に出現する。衆生が仏の知見に開示悟入するようにさせようとするためである」【諸仏為大事因縁故出現於世為令衆生開示悟入仏之知見故】 『文句』巻第一上の前注51を参照。

37 「要点を取りあげていうならば、仏はすべて成就する」【取要言之仏悉成就】 同、「要を取りて之れを言わば、無量無辺の未曾有の法は、仏は悉ごとく成就す」（同前、五下八～九）を参照。

38 「止めましょう、止めましょう。説く必要がない」【止止不須説】 『文句』巻第三上の前注109を参照。

39 「その理由は何か。仏はすべて第一希有を成就する」【所以者何仏悉成就第一希有】 『文句』巻第三上の前注145を参照。

40 「諸法実相」【諸法実相】 前注39を参照。

41 「その意味は、諸法のこのような様相」【所謂諸法如是相】 『文句』巻第三上の前注145を参照。

論じることである。この一段の長行は、［十方仏、過去仏、未来仏、現在仏、釈迦仏の］五仏の権実を明らかにする。すべての仏【仏仏】はみなそうである。

5.1212222412　論を引きて証す

ところが、『法華論』に、「諸仏智慧甚深」を解釈して、「証甚深とする甚深に五つがある。義の甚深（意義がとても深いこと）・実体の甚深・内証の甚深・依止の甚深・無上の甚深のことである。無上の甚深は、大菩提を証拠立てることを意味する。「智慧門」を名づけて、『阿含［経］』の義の甚深を説くとする」とある。[42] これは理教の権実と意味が同じである。『［法華］論』に、「仏曾親近百千仏」を解釈して、「修行の甚深」とする。[43]「勇
38c 猛精進名称普聞」を、増長功徳の甚深とする。[44] これは教行の権実と意味が同じである。『［法華］論』に、「成就甚深未曾有法」を解釈して、微妙事の甚深とする。[45]「その趣旨は理解することが難しい」などを、無上の甚

42　『法華論』に、「諸仏智慧甚深」を解釈して……『阿含［経］』の義の甚深を説くとする」とある【法華論解諸仏智慧甚深為証甚深甚深有五謂義甚深実体甚深内証甚深依止甚深無上甚深謂証大菩提也名智慧門為説阿含義甚深】　この段には『法華論』がしばしば引用されているが、内容は完全には一致しない（大正二六、五上一〇～六上一七を参照）。『法華論』巻上、「『諸仏智慧甚深無量』とは、諸の大衆をして尊重心を生じ、畢竟して如来の説を聞かんと欲せしめんが為めの故なり。『甚深』と言うは、二種の甚深の義を顕示す。応に是の如く知るべし。何等をか二と為す。一には証甚深なり。謂わく、諸仏の智慧は甚深無量なるが故なり。二には阿含甚深なり。謂わく、智慧の門は甚深無量なるが故なり。『甚深』と言うは、此れは是れ総相にして、余は別相なり。証甚深とは、五種に示現す。一には義甚深なり。謂わく、何等かの義の甚深なる

に依るが故なり。二には実体甚深なり。三には内証甚深なり。四には依止甚深なり。五には無上甚深なり。何者ぞ甚深なる。大菩提を謂う。大菩提とは、如来の証する所の阿耨多羅三藐三菩提なるが故なり。云何んが甚深なる。一切の声聞・辟支仏等の知ること能わざる所なるが故に、甚深と名づく」（同前、二六、五上一〇～二〇）を参照。引用文中の「諸仏智慧甚深」、「智慧門」については、前注26を参照。

43 『[法華]論』に、「仏曾親近百千仏」を解釈して、「修行の甚深」とする【論解仏曾親近百千仏為修行甚深】『法華論』巻上によれば、「受持読誦甚深」とすべきである。「一には受持読誦甚深なり。『経』の『已に曾て無量百千万億無数の諸仏に親近・供養す』の故なるが如し」（同前、五上二四～二五）を参照。「仏曾親近百千仏」については、前注28を参照。『法華論』巻上の「修行甚深」は、別の経文に対する解釈に該当する。「二には修行甚深なり。『経』の『百千万億那由他の仏の所にて、尽ごとく諸仏の修する所の阿耨多羅三藐三菩提の法を行ず』の故なるが如し」（同前、五上二五～二七）を参照。

44 「勇猛精進名称普聞」を、増長功徳の甚深とする【勇猛精進名称普聞為増長功徳甚深】同、「四には増長功徳心甚深なり。『経』の『名称は普く聞こゆ』の故なるが如し」（同前、五上二九～中一）を参照。「勇猛精進名称普聞」については、前注28を参照。

45 『[法華]論』に、「成就甚深未曾有法」を解釈して、微妙事の甚深とする【論解成就甚深未曾有法為微妙事甚深】同、「五には快妙事心甚深なり。『経』の『舎利弗よ、如来は畢竟して希有の法を成就す』の故なるが如し」（同前、五中一～三）を参照。『文句』と『法華論』との引用文が相違している。「成就甚深未曾有法」については、前注28を参照。

深・入の甚深とする。[46]これは体用の権実と意味が同じである。『［法華］論』に、「吾従成仏已来」を解釈して、如来の功徳成就の法を説くとする。[47]これは因果の権実と意味が同じである。『［法華］論』に、「無数方便」を解釈することは、教化の成就、説法の成就である。[48]これは漸頓の権実と意味が同じである。『［法華］論』に、「如来方便知見乃至深入無際」などを解釈することは、自身で不可思議の境を成就して、他の一切の菩薩よりも優れていることである。[49]これは利を明らかにするのである。『［法華］論』に、「能種種分別悦可衆心」などを解釈することは、言語の成就である。[50]これは益である。利益の権実と意味が同じである。『［法華］論』

46　「その趣旨は理解することが難しい」などを、無上の甚深・入の甚深とする【意趣難解等為無上甚深入甚深】同、「六には無上甚深なり。『経』の『舎利弗よ、難解の法、如来は能く知る』の故なるが如し。七には入甚深なり。入甚深とは、名字章句の意は、得難きが故なり。自ら住持するを以て、外道に同ぜず、因縁の法を説くを、名づけて甚深と為す。『経』の『舎利弗よ、難解の法とは、諸仏如来は、宜しきに随いて法を説くに、意趣は解し難し』の故なるが如し」（同前、五中三～七）を参照。「意趣難解」については、前注28を参照。

47　『［法華］論』に、「吾従成仏已来」を解釈して、如来の功徳成就の法を説くとする【論解吾成仏已来為説如来功徳成就法】『法華論』巻上には、如来が四種の功徳を成就すること（住成就・教化成就・功徳畢竟成就・説成就）が説かれているが、『文句』のここの段の記述とは、必ずしも一致しない。同、「如来は四種の功徳を成就するが故に、能く衆生を度す。何等をか四と為す。一には住成就なり。『経』の『舎利弗よ、如来は種種の方便を成就す』の故なるが如し。『種種方便』とは、謂わく、兜率天の中従り退没し、乃至、涅槃に入るを示現するが故なり。二には教化成就なり。『経』の『種種知見』の故なるが如し。『種種知見』とは、染浄の諸因を示現するが故なり。三には功徳畢竟成就なり。『経』の『種種念観』の故なるが如し。『種種念観』とは、彼の法を説くを以て、因縁を成就す。法の如く相応するが故なり。四には説成就なり。『経』の『種種言辞』の故なるが如し。『種種言辞』とは、四無礙智を以て、何等何等の名字章句に依りて、何等何等の衆生の能く受くるに随いて為めに説くが故なり」（同前、五中二〇〜二九）を参照。「吾従成仏已来」については、前注28を参照。

48 『〔法華〕論』に、「無数方便」を解釈することは、教化の成就、説法の成就である【論解無数方便者即是教化成就説法成就】『法華論』巻上には、「二には教化成就なり。『経』の『種種知見』の故なるが如し」（同前、五中二三〜二四）とあるが、『文句』における『法華経』の引用文は「無数方便」であり、『法華論』の引用文は「種種知見」であるので、一致しない。前注47を参照。「無数方便」については、前注28を参照。

49 『〔法華〕論』に、「如来方便知見乃至深入無際」などを解釈することは、自身で不可思議の境を成就して、他の一切の菩薩よりも優れていることである【論解如来方便知見乃至深入無際等是自身成就不可思議境勝余一切菩薩】同、「又復た『種種知見』とは、自身、不可思議勝妙の境界を成就して、諸の声聞・菩薩と等しきが故なり。『経』の『舎利弗よ、如来の知見方便は彼岸に到る』の故なるが如し」（同前、五下二一〜二三）を参照。『文句』における『法華経』の文（「如来方便知見乃至深入無際」）については、『法華経』方便品、「所以は何ん。如来の方便・知見波羅蜜は皆な已に具足せり。舎利弗よ、如来の知見は、広大深遠にして、無量・無礙・力・無所畏・禅定・解脱・三昧に、深く入りて際無く、一切の未曾有の法を成就す。舎利弗よ、如来は能く種種に分別し、巧みに諸法を説き、言辞柔軟にして、衆心を悦可す。舎利弗よ、要を取りて之れを言わば、無量無辺の未曾有の法は、仏は悉ごとく成就す。止みね。舎利弗よ、復た説くを須いず」（大正九、五下三〜九）を参照。前注35、前注37を参照。

50 『〔法華〕論』に、「能種種分別悦可衆心」などを解釈することは、言語の成就である【論解能種種分別悦可衆心等是言語成就】『法華論』、「三には言語成就なり。謂わく、五種の美妙の音声言語を得て説法す。『経』の『如来は能く種種に分別し、巧みに諸法を説き、言辞柔軟にして、衆心を悦可す』の故なるが如し」（大正二六、六上三〜六）を参照。「能種種分別悦可衆心」については、前注49を参照。

に、「取要言之止不須説」などを解釈することは、教化することのできる衆生の成就とする。[51] これは四悉檀に教化できることと教化できないこととを区別することと意味が同じである。『［法華］論』に、「唯仏与仏乃能究尽」を解釈することは、無量の福の成就とする。[52]「諸仏は知ることができる」は、如来の法身の体は変化しないので、覚りが自ら証得し成就することができることを意味する。[53]「衆生にしたがって、一切諸法の様相を説くことができる」などとは、[54] これは理事の権実と意味が同じである。

5.121222242　結歎

その『［法華］論』は仏の経を解釈し、今の疏（『文句』）は深い次元で［釈尊と世親の］二人の聖人に合致する。修多羅（経）・優波提舎（論）とみな合致するということができる。

5.12122225　十を結して三種の権実と為す

5.121222251　三種を結成す

第五に権実を結論づけることについては、この十種（事理・理教・教行・縛脱・因果・体用・漸頓・開合・通別・悉檀）は［蔵教・通教・別教・円教の］四教に通じる。合わせて四十の権実がある。三蔵［教］のなかの自証の十法に関しては、自行の権実と名づける。自分の十法を説いて衆生に利益を与えることを、化他の権実と名づける。化他の十をすべて合わせて権とし、自行の十をすべて合わせて実とし、自他の権実と名づける。他の［通教・別教・円教の］三教の十法をたばねて、三種の権実とすることもまた同様である。さらにまた、［蔵教・通教・別教・円教の四教の］それぞれの教【当教】において、それぞれ事理・教行・縛脱（束縛と解脱）・

因果の四種を自行の権実とし、それぞれ理教・開合の二種を化他の権実とする。それぞれ体用・漸頓・通別・悉檀の四種を自他の権実とする。その名前は同じであるけれども、その意義はそれぞれ相違するのである。個別的に結論づけるとは、［蔵教・通教・別教の］三教の通（事理・理教・教行・縛脱・因果・体用・漸頓・開合・通

51 『［法華］論』に、「取要言之止不須説」などを解釈することは、教化することのできる衆生の成就とする【論解取要言之止不須説等為可化衆生成就】同、「四には堪成就なり。所有《あらゆ》る一切の化す可き衆生は皆な如来、希有勝功徳を成就して能く説法するを知るが故なり。『経』の『舎利弗よ、仏の成就する所の第一希有難解の法』の故なるが如し」（同前、六上七～一〇）を参照。『文句』における『法華経』の文は、前注49を参照。

52 『［法華］論』に、「唯仏与仏乃能究尽」を解釈することは、無量の福の成就とする【論解唯仏与仏乃能究尽為無量福成就】同、「五には無量種成就なり。説くこと尽くす可からず。『経』の『舎利弗よ、唯だ仏と仏とのみ説法して、諸仏如来は能く彼の法の究竟の実相を知る』の故なるが如し」（同前、六上一〇～一二）を参照。『文句』における『法華経』の文は、『文句』巻第三上の前注145を参照。

53 「諸仏は知ることができる」は、如来の法身の体は変化しないので、覚りが自ら証得し成就することができることを意味する【諸仏能知謂如来法身之体不変故覚能自証成就】『法華論』、「実相と言うとは、謂わく、如来蔵の法身の体は不変の義なるが故なり。六には覚体成就なり。如来の説く所の一切諸法は、唯だ仏如来のみ自ら証得するが故なり。『経』の『舎利弗よ、唯だ仏如来のみ一切法を知る』の故なるが如し」（大正二六、六上一二～一五）を参照。『文句』における『法華経』の文は、出典未詳。

54 「衆生にしたがって、一切諸法の様相を説くことができる」など【能随順衆生説一切諸法相等】『法華経』の引用文であるはずであるが、出典未詳。ただし、『法華経』方便品、「我が此の九部法は、衆生に随順して説く」（大正九、八上六）を参照。

別・悉檀の十法に共通に自行・化他・自他の三つがあること）であれ、別（事理・教行・縛脱・因果を自行とし、理教・開合を化他とし、体用・漸頓・通別・悉檀を自他とすること）であれ、［三教のそれぞれの］当該の分斉【当分】はすべて化他の権実である［、ということである］。随他意語であるからである。円教の通であれ、別であれ、［円教という］当該の分斉はすべて自行の権実である。随自意語であるからである。［蔵教・通教・別教の］化他の三はすべて権と名づけ、［円教の］自行はすべて実と名づける。

39a

5.121222252　四句を結成す

次に四句をしっかりと結論づける。随他意語とは、［蔵教・通教・別教の］一切法が権であることである。随自意語とは、［円教の］一切法が実であることである。どちらも取るとは、一切法が亦権亦実（権でもあり実でもあること）であることである。どちらも否定するとは、一切法が非権非実（権でもなく実でもないこと）であることである。

5.12122253　三番を結成す

5.121222531　法用に約して結す

次に［法用方便・能通方便・秘妙方便の］三種に［方便］品を解釈することをしっかりと結論づけることについては、もし自行・自意ならば、この文に「道場において得る法」[55]と呼ぶ。『大［般涅槃］経』には、「道を修行して得るからである」とある。[56]『摂大乗［論］』に、「如理、如量智」と呼ぶ。[57]すべて円教の自行の権実であり、随自意語である。仏はこの不可説の法について方便によって説くことができるけれども、衆生は堪えられない。もしはじめに【発軫】ただこの法（円教）を説いて、衆生を獲得しようとするならば、［法を］得ることができないのである。それ故、「不可説不可説」というのである。またこの事柄を［横に］置く。自行の権実によって、別教の権実に共通して、ともに衆生を獲得しようとするならば、大機の利［根］である者はまっすぐに［法を］得、鈍［根］である者は曲って［法を］得、小機の利［根］・鈍［根］はともに［法を］得ない。思うに、［これは］『華厳［経］』の意味である。またこの事柄を［横に］置く。ただ三蔵［教］の権実によって衆生を獲得しようとするならば、大機の利［根］・鈍［根］の者は密かには［法を］得、顕わには［法を］得ず、小機の利［根］・鈍［根］の者はただ証得を保持するだけで、［衆生を］獲得しようとしてもまた［法を］得ない。思うに［これは］三蔵［教］の意味である。またこの事柄を［横に］置く。合わせて

55 「道場において得る法」【道場所得法】『法華経』方便品、「道場に得る所の法は、能く問いを発する者無し」（大正九、六中一七）を参照。

56 『大［般涅槃］経』には、「道を修行して得るからである」とある【大経云修道得故】『南本涅槃経』巻第十九、光明遍照高貴徳王菩薩品、「云何んが不生不生不可説なるや。不生とは、名づけて涅槃と為す。涅槃は不生なるが故に、不可説なり。何を以ての故に。道を修して得るを以ての故なり」（大正一二、七三三下一六～一八）を参照。

57 『摂大乗［論］』に、「如理、如量智」と呼ぶ【摂大乗称如理如量智】真諦訳『摂大乗論釈』巻第十四、「論に曰わく、行に由り、及び得に由り、智に由り、及び事に由る。一切の二乗に於いて、無等に我れは頂礼す。釈して曰わく、此の偈に十八不共の法を明かす。行は是れ因、得は是れ果なり。智は是れ如理、如量智なり」（大正三一、二五七下四～八）を参照。『文句』巻第三上の前注123を参照。

四種の権実によってともに衆生を獲得しようとするならば、大機の利［根］・鈍［根］の者は曲直ともに［法を］得、小機の利［根］・鈍［根］の者は、証得を保持しても、ともに［法を］得ない。思うに［これは］方等の意味である。またこの事柄を［横に］置く。三蔵［教］の権実を捨て、［通教・別教・円教の］三種の権実によってともに衆生を獲得しようとするならば、大機の利［根］・鈍［根］はともに［法を］得、小機の利［根］・鈍［根］は証得を保持して、ともに［法を］得ない。思うに［これは］『般若［経］』の意味である。またこの事柄を［横に］置く。［蔵教・通教・別教の］三種の権実を捨て、ただ円教の自行の権実によって衆生を獲得しようとするならば、大小の機の利［根］・鈍［根］はともに［法を］得る。思うに［これは］『法華［経］』の意味である。如来の智慧は、通達しないものはない。明らかに時の宜しきを照らして、用いるか、与えるか、可能か、不可能かさまざまである。[58]それ故、品を解釈して、「方とは、さまざまな方法である。便とは、巧みに用いることである。巧みに方法を用いて、衆生を獲得することがうまくいく」という。このために心を込めて方便をほめたたえる。

5.121222532　能詮に約して結す

次に如来が自ら証得する権実は、ともに説くことができない。衆生を憐れんで、自ら証得する権を説いて門とする場合、衆生にとっては便宜的でない。衆生は入ることができないので、自ら証得しても、説くことができない。

別［教］の権実を説いて門とする場合、利［根］の者は入ることができるけれども、鈍［根の］者は入らない。［鈍根の］衆生にとっては便宜的でないので、［鈍根の衆生に］別［教］の権実を同様に説くことができない。

三蔵［教］の権実を説いて門とする場合、利［根］の者は密かに入るけれども、鈍［根］の者はまた入らない。［鈍根の］衆生にとっては便宜的でないので、［鈍根の衆生に］また説くことができない。

39b ［蔵教・通教・別教の］三種の化他の権実を説いて門とする場合、利［根］の者は入ることができるけれども、鈍［根］はまた入らない。［鈍根の］衆生にとっては便宜的でないので、［鈍根の衆生には］また説くことができない。

［通教・別教の］二種の化他の権実を説いて門とする場合、利［根］の者にとっては入ることができるけれども、鈍［根］はまた入らない。［鈍根には］また説くことができず、［鈍根の］衆生にとっては便宜的でない。

［蔵教・通教・別教の］三種の化他の権実を捨て、ただ［円教の］自行の権を説く場合、利［根］の者・鈍［根］の者にとってともに入ることができる。始めから終わりまで、方便を門とする。このために、如来は方便をほめたたえる。［方便］品を解釈して、「方便は実（真実）に入る門である」とあるのは、この意味である。

58　用いるか、与えるか、可能か、不可能かさまざまである【用与可否】　用いるか、与えるか、可能か、不可能か、さまざまなケースがあるという意味と思われる。天台の文献には「用与不同」などの表現でよく出る。また、『私志記』巻第十、「『明照』等とは、正しく用を歎ずるなり。直《た》だ能く横に一切諸法を照らすのみに非ず、復た能く竪に一切時の機縁に達するなり。謂わく、五時の用うる所は同じからざるなり。故に『可不用与』と云う。用いざるに、可有り不有り。又た法を用て物に授くるに、可有り不有り。可なれば即ち之れを授け、不可なれば則ち不なり。故を以て四五は同じからず。正しく此れを以ての故に、前に是の釈を作す」（『新纂大日本続蔵経』二九、三九四上一五〜一八）を参照。『文句』の「用与可否」を、『私志記』では「可不（否に通ず）用与」と言い換えているので、用・与と可・否と読んでいると考えられる。

前の［法用方便の］一番は、如来が方便を知ることができ、方便を用いることができることを明らかにする。この［能通方便の］一種は、修行者が方便にしたがうことができることを明らかにする……。

5.121222533　秘妙に約して結す

次に如来の自証は、道を修行して得るものである。一切の方便にとって、真実である。ところが、この真実は説くことができない。これを説くことができたとしても、衆生は実（真実）と相即することができない。方便力によって、不相即を帯びて一の相即を説く場合（乳味）、利［根］の者は相即することができ、鈍［根の者］は相即することができない。

さらにまた、もっぱら一つの不相即（蔵教）を説く場合（酪味）、利［根］の者は密かに相即し、鈍［根］の者は相即しない。

さらにまた、［蔵教・通教・別教の］三つの不相即を帯びて［円教の］一つの相即を説く場合（生蘇味）、利［根］の者は相即することができ、鈍［根］の者は相即しない。

さらにまた、［通教・別教の］二つの不相即を帯びて［円教の］一つの相即を説く場合（熟蘇味）、利［根］の者は相即することができ、鈍［根］の者は相即しない。

39c

さらにまた、［蔵教・通教・別教の］三の不相即を廃してもっぱら一切の相即を説く場合（醍醐味）、利［根］・鈍［根］の者はともに相即することができ、方便において真実を見ることができる。上の［能通方便、法用方便の］二つの意味は、方便を用い方便にしたがう。この［秘妙方便の］一つの意味は、方便そのままが真実である。真実は円因であり、円因は自行の方便である。このような自行の方便は、今はじめて［真実に］

証入する。上に品を解釈して、「方便とは、とりもなおさず真実である。自行の方便にしたがって名づけられるので、方便品という」という。

5.1212226 三種の権実、三種の三諦を照らすことを分別す

第六に諦を照らすことを認識【分別】するとは、前に通［教］・別［教］の当該の分斉【当分】に権実をたばねた。今、またこの智によって照らすことに焦点をあわせると、その［権実の］意義は見やすい。もし共通に［事理・理教・教行・縛脱・因果・体用・漸頓・開合・通別・悉檀の］十種によって［円教の］自行の二智を明らかにするならば、随智の二諦を照らすのである。共通に十法を［衆生の機］縁に投合するならば、随情の二諦を照らすのである。もし［自行の権実と化他の権実の］四つをまとめて［それぞれ実と権の］二つとするならば、随情智の二諦を照らすのである。もし［円教の］当該の分斉【当分】において諦を照らすならば、事理・教行・縛脱・因果は、すべて自証であり、随智の二諦を照らすことである。理教・開合のこの二つは化他に属し、随情の二諦を照らすことである。体用・漸頓・通別・悉檀の四つは自他に通じ、随情智の二諦を照らすことである。［蔵教・通教・別教の］三教の諦を照らすことも、これに準拠して理解できるであろう。

さらにまた、三蔵［教］の［事理・理教・教行・縛脱・因果・体用・漸頓・開合・通別・悉檀の十法にそれぞれ自行・化他・自他の三つがあるので］三十種の二智は、化他の二智である。みな随情の二諦を照らす。通［教］・別［教］の六十種［の二智］に関しては、自他の二智であり、随情智の二諦を照らすのである。通教は、あるときは前の三蔵［教］とともに随情の二諦となる。円教の三十種の権実［の二智］に関しては、自行の二智であり、随智の二諦を照らす。

さらにまた、［蔵教・通教・別教の］三教の通（事理・理教・教行・縛脱・因果・体用・漸頓・開合・通別・悉檀の十法に共通に自行・化他・自他の三つがあること）であれ、別（事理・教行・縛脱・因果を自行とし、理教・開合を化他とし、体用・漸頓・通別・悉檀を自他とすること）であれ、すべて［衆生の機］縁に投合する【逗縁】。すべて化他の二智であり、随情の二諦を照らす。円教の通であれ、別であれ、すべて自行の二智であり、随智の二諦を照らす。もし三教の実をまとめて権とし、円教の権をまとめて実とするならば、自他の二智であり、随情智の二諦を照らすのである。

5.12122227　諸経に約して権実を判ず

第七にさまざまな経に焦点をあわせることについては、『華厳［経］』は、教を論じるならばただ満字であり、時を論じるならばただ乳［味］であり、法を論じるならば［円教の］一つは自行、［別教の］一つは化他であり、もし人に対するならば、ただ菩薩であり、耳と口の不自由な二乗、生身の菩薩（別教の初地以前、円教の初住以前の菩薩）もまだ自行の権と随智の実を生ずることはできない。もし今の『［法華］経』の文によるならば、「まだ人に向かってこのような事柄を説いたことがない」とある。[59]

三蔵［教］に焦点をあわせることについては、もし教を論じるならばただ半字であり、もし法を論じるならば［蔵教の］一種の化他であり、もし時を論じるならば酪［味］であり、もし今の［『法華経』の］文によるならば、「門の外に留まり、破れ垢じみた衣を着て、糞を除く器を手に取る二乗の人であるだけである」とある。[60]

方等教に焦点をあわせることについては、もし教を論じるならば半［字］に対して満［字］を論じ、もし時を論じるならば酪［味］と並べて［生］蘇［味］を明らかにし、もし法を論じるならば［蔵教・通教・別教の］三種の化他、［円教の］一種の自行があり、もし今の［『法華経』の］文によるならば、「心はたがいに理解信頼して、出入りするのに障礙はない」とある。[61]

『般若［経］』に焦点をあわせることについては、もし教を論じるならば半［字］を帯びて満［字］を論じ、もし時によるならば生［蘇味］を挟んで熟［蘇味］であり、もし法によるならば［通教・別教の］二種の化他、［円教の］一種の自行があり、もし今の［『法華経』の］文によるならば、「出したり仕舞ったりして取引をし、すべて知らせた」とある。[62]

『法華［経］』に焦点をあわせることについては、［もし］教を論じるならば半［字］を廃して満［字］を論

59 「まだ人に向かってこのような事柄を説いたことがない」とある【未曾向人説如此事】『法華経』信解品、「父は毎《つね》（底本の「母」を、文意によって「毎」に改める）に子を念ずらく、子と離別して五十余年なれども、未だ曾て人に向かいて此の如き事を説かず」（大正九、一六下五～六）を参照。

60 「門の外に留まり、破れ垢じみた衣を着て、糞を除く器を手に取る二乗の人であるだけである」とある【住立門外著弊垢衣執除糞器二乗人耳】同、「是こに於いて長者は、弊垢の衣を著《き》て、糞を除く器を執《と》る」（同前、一八上二一～二二）を参照。

61 「心はたがいに理解信頼して、出入りするのに障礙はない」とある【心相体信入出無難】同、「是れを過ぎて已後、心は相い体信し、入出に難《はばか》り無し。然るに、其の止まる所は、猶お本処に在り」（同前、一七上二七～二九）を参照。

62 「出したり仕舞ったりして取引をし、すべて知らせた」とある【出内取与皆使令知】同、「出内取与し、是の如き等の種種の厳飾有りて、威徳特尊なり」（同前、一六下一六～一七）、同、「諸物出入し、皆な知らしむ」（同前、一八上二八～二九）を参照。

じ、もし時を論じるならばもっぱら醍醐［味］であり、もし法を論じるならばただ自行だけがあり、もし今の［『法華経』の］文によるならば、開権顕実する。「これはほんとうに私の子であり、私の生んだものであり、私はほんとうに父であり、家業を付与し、授記して成仏させる」とある。[63]前の教えに説かなかったものは、今すべてこれを生ずる。「正直に方便を捨て、ただ最高の覚りを説くだけである」とある。[64]それ故、自行の権であるので、方便品という。その他のもの【自余】は、あるいは自他の二智、あるいは化他の二智である。

次に、『華厳［経］』は［文殊菩薩と普賢菩薩の］二菩薩[65]に対して、一つの自［行］（円教）・一つの［化］他（別教）を説く。二乗に対して［適宜な教えかどうかを］はかり考えなければ、［二乗は］聞かず、理解しない。三蔵［教］は二乗に対して、一つの化他（蔵教）を説く。菩薩に対して［適宜な教えかどうかを］はかり考えないので、自行（円教）がない。方等［経］は、ともに小［乗］・大［乗］に対する。二乗に対しては二つの化他（蔵教・通教）を説き、菩薩に対しては一つの自［行］（円教）・一つの［化］他（別教）を説く。『般若［経］』もまた三［乗］に対して、一つの自［行］（円教）・二つの［化］他（通教・別教）を説く。二乗に対しては一つの［化］他（通教）を説き、菩薩に対しては一つの自［行］（円教）・一つの［化］他（別教）を説く。『法華［経］』はくまなく機の成熟した者に対して、ただ一つの自［行］（円教）を明らかにし、また他のものを論じない。文には、「菩薩はこの法を聞いて、疑いの網はすべて除かれ、千二百人の阿羅漢は、すべて成仏するであろう」とある。[66]すべての衆生はみな自行の方便に入るので、方便品という……。

40a

5.1212228　本迹に約して権実を判ず

第八に本迹とは、如来の本地は遠い昔に一切の権実を証得したことを、自行と名づける。中間に迹を垂れ、また兼帯（別教を兼ね帯びて円教を説くこと）などの説を説く。今日迹を垂れ、［『華厳経』において］寂滅道場において別［教］の化他を帯びて自行（円教）を説き、次に［三蔵教において］一つの化他（蔵教）を説き、次に［方等経において］三つ［の化他］（蔵教・通教・別教）を説き、次に［『般若経』において］二つ［の化

63 「これはほんとうに私の子であり、私の生んだものであり、私はほんとうに父であり、家業を付与し、授記して成仏させる」とある【此実我子我之所生我実是父付以家業授記作仏】『法華経』信解品の長者窮子の譬喩に基づく。「此れは実に我が子、我れは実に其の父なり」（同前、一七中一三～一四）を参照。「家業」は、長者の家業のこと。

64 「正直に方便を捨て、ただ最高の覚りを説くだけである」とある【正直捨方便但説無上道】『文句』巻第一上の前注53を参照。

65 二菩薩 『法華義疏』巻第十二、「又た、『華厳経』の七処八会には、普賢、文殊は其の始めを善くす。入法界品の流通の分には、此の二菩薩は又た其の終わりを令《よ》くす。此の二人は彼の経の始終に在る所以は、世の相伝に云わく、普賢の行を究竟し、文殊の願を満足す。故に普賢は其の行の円かなるを顕わし、文殊は其の願の満つるを明かす。故に諸菩薩の中に於いて、究竟具足して『華厳』は是れ円満の法門なるを顕わす。今、『法華』を説くも、亦た文殊は其の始めを開き、普賢は其の終わりに通ずるを明かす。亦た『法華』は是れ究竟の法なるを顕わす。二経は皆な両大士を明かす所以は、『華厳』は即ち是れ『法華』なりと顕わし，直往の菩薩の為めに説き仏慧に入らしむるが故に『華厳』と名づけ、廻小入大の菩薩の為めに説き仏慧に入らしむるが故に、『法華』と名づく。人に約するに、利鈍の不同有り、時に就いて初後を異と為すが故に、両教の名字は別なるのみ。平等大慧、清浄一道を至論するに、更に異なり有ること無し。是の故に両経は皆な二菩薩を明かすなり」（大正三四、六三一上二五～中八）を参照。

66 文には、「菩薩はこの法を聞いて、疑いの網はすべて除かれ、千二百人の阿羅漢は、すべて成仏するであろう」とある【文云菩薩聞是法疑網皆已除千二百羅漢悉亦当作仏】『文句』巻第二上の前注142を参照。

他］（通教・別教）を説き、次に［『法華経』において］廃三（三乗を廃止すること）などを説くことは、みな化他の権実と名づける。

本の権をまとめて実と名づけ、迹の実をまとめて権と名づける。とりもなおさず自他の権実である。これを結ぶと、四句がある。一切実（一切が実であること）、一切権（一切が権であること）、一切亦権亦実（一切が権でもあり実でもあること）、一切非権非実（一切が権でもなく実でもないこと）である……。身子（舎利弗）の本については、一切の権実を証得することが、自行である。迹は鹿苑《ろくおん》においてただ化他だけを受け、方等［経］においては一つ（円教）を受けて三折（蔵教・通教・別教の三教を破斥すること）を受け、『般若［経］』においては二つ（通教・別教）を帯びて一つ（円教）を教え【転】、『法華［経］』に至っては、三［乗］を廃止して一［乗］を悟ることが、すべて化他の権実である。

本の権をまとめて実とし、迹の実をまとめて権とすることは、自他の権実である。また四句を備える……。もし仏が迹にしたがって説くならば、また化他の権実であり、また方便品と呼ぶ。もし引き導いて円［教の］因に入ることにしたがうならば、自行もまた方便品である。もし身子（舎利弗）の迹の権にしたがうならば、また方便品である。もし身子の迹が実に入ることにしたがうならば、また方便品である。これらの意義のために、方便品と呼ぶのである。

5.122　入文正釈

5.1221　分科示意

この品以下、分別功徳品の十九行の偈に終わるまで、あるいは［十九行の］偈の後の現在の四信の弟子の文67

が終わるまでを、正説分と名づける。もし二つの正説を設けるならば、これ以下、授学無学人記品に終わるまでは、迹門の正説である。今ひとまず近いものにしたがって迹門の正説につくと、さらに二つとする。第一にこれ以下は、[68]略開三顕一であり、第二に「告舎利弗汝已殷勤」(7a5/A86·4/118·8-9)以下は、広開三顕一である。40b 略［開三顕一］は、さらに二［段］とする。最初に「爾時世尊」(5b25/A66·2/106·2)以下は、略開三顕一である。第二に「爾時大衆」(6a28/A74·13/112·4)以下は、執著を動かして、疑いを生ずること【動執生疑】である。

略開三顕一に、長行と偈頌がある。

長行を二［段］とする。第一に言葉にこと寄せて二智をたたえ、第二に言葉を絶して二智をたたえる。もし言葉を差し置かなければ、知ることのできる者がいない。またほめたたえるけれども、言葉によって尽くすことはできない。諸仏の二智は、前に説いた通りである……。

言葉にこと寄せることを二［段］とする。第一に諸仏の権実を明らかにし、第二に釈迦の権実を明らかにする。諸仏の道は同じである。このためにともにたたえる。上においては光によって他の国土を照らす場合、弥勒は空間について【横】質問した。文殊が過去の事柄【古】を引き、大衆が時間について【豎】聞くことは、

67　四信の弟子の文【四信弟子文】『法華経』分別功徳品には、釈尊在世の四信と滅後における五品の修行が説かれる（大正九、四四下一九～四五中二二）。四信は、一念信解すること、略して言趣を解すること、広く人の為めに説くこと、深く信じ観が成ずることである。

68　これ以下【従此下】底本の「縦此下」を、『全集本』によって「従此下」に改める。

ちょうどこのことを表わす。それ故、はじめに【発軫】禅定から起ち上がって、すぐに諸仏の道が同じであることを明らかにするのである。

諸仏をたたえる文について、三［段］とする。第一にどちらもたたえ【双歎】、第二にどちらも解釈し【双釈】、第三にどちらも結論づける【双結】。

どちらもたたえること【双歎】について、まず経家（経典編纂者）は提起し、次に正面からたたえる。

5.1222　正しく釈す

5.12221　略の開三顕一

5.122211　略の開三顕一

5.1222111　長行

5.12221111　言に寄せて二智を歎ず

5.122211111　諸仏の権実二智を歎ず

5.1222111111　双歎

5.12221111111　経家提起す

「爾時」（5b25/A66·2/106·2）とは、その時に当たるのである。仏は常に禅定に入っている。なぜ［禅定から］起ち上がるというのか。これは示すものがある。昔【往古】の諸仏は、この経を説くとき、必ず前に無量義［処三昧］に入り、［その後］すぐに法華に入る。今の仏も同様である。これは世界悉檀によって哀れんで禅定から起ち上がることを示す。具体的な事柄を対象とする瞑想、直接に法を対象とする瞑想[69]は、どちらも適切である【審諦】。説けば、きっと誤りがなく、衆生に信を増大させる。これは為人悉檀によって哀れんで禅定から起ち上がることを示す。仏は静寂であるけれども、常に照らす。やはり禅定に入るのを待って、はじめて説法する。まして散心でみだりに説くものがあるであろうか。これは対治悉檀によって哀れんで禅定から起ち上がることである。禅定に入って理を対象とし、心を実相に安んじさせ、禅定を出て、他者に対して心を実相に安んじさせる。これは第一義悉檀によって哀れんで禅定から起ち上がることである。この四法に安んじるので、「安詳而起」(5b25/A66·2/106·2)というのである。「告舎利弗」(5b25/A66·2-3/106·2-3)とは、[舎利弗は]小乗のなかで智慧が第一である。それによって小智を破り大智をあらわそうとする。廃・会・開・覆に、全部で十種がある。『[法華]玄義』のなかに説く通りである。[70] これはまさに経家(経典編纂者)の提起した文で

69 具体的な事柄を対象とする瞑想、直接に法を対象とする瞑想【履歴法縁】『文句記』によれば、「履歴は、即ち事に歴て境に対す。法縁は、即ち内に真理を縁ず」(大正三四、二一九上一一～一二)とある。「履歴」は、一々外の具体的な事柄、対境を取りあげて瞑想観察すること、「法縁」は、外的な事柄、境を経由しないで直接、法＝真理を縁じて(対象として)瞑想観察することと思われる。

70 廃・会・開・覆に、全部で十種がある。『[法華]玄義』のなかに説く通りである【廃会開覆凡十種如玄義中説】『法華玄義』巻第九下、「迹門を釈して十と為す。一に破三顕一、二に廃三顕一、三に開三顕一、四に会三顕一、五に住一顕一、六に住三顕一、七に住非三非一顕一、八に覆三顕一、九に住三用一、十に住一用三なり」(大正三三、七九七中二四～二九)、同、「言う所の十とは、一に破迹顕本、二に廃迹顕本、三に開迹顕本、四に会迹顕本、五に住本顕本、六に住迹顕本、七に住非迹非本顕本、八に覆迹顕本、九に住迹用本、十に住本用迹なり」(同前、七九八中四～九)を参照。

ある。『法華論』には、「『仏は甚深三昧に入り、正しい思念を持って動揺せず、真実ありのままの智慧【如実智】によって観察し、三昧から起ち上がる』のは、如来が自在の力を得ることを現わすからであり、如来が禅定に入っているのを、驚かせ逆らうことができるものはいないからである」とある。[71]『［法華］論』は今と意義が相応する。第一義悉檀は世間を超出するので、［仏の入定を］驚かせ逆らうことができるものがいない。四悉檀には妨げるものがないので、自在であることができる……。「加趺坐」については、昔の微細な塵やガンジス河の砂粒ほど多い【微塵恒沙】諸仏や弟子たちが、すべてこの法を修行するからである。さらにまた、結跏趺坐して悪い心の粗い働き【悪覚】を起こしてさえ、他者に尊敬の心を生じさせる。まして深い境界に入る場合は、神々【天人】を喜ばせないことがあろうか。さらにまた、［結跏趺坐は］世間で受け用いる法ではなく、外道と共有しない。煩悩の魔軍を破ることができるからである。さらにまた、［声聞・縁覚・菩薩の］三
40c 種の菩提道（覚り）を生ずることができるからである。[72]個人的に考えると、これは四悉檀の意味である。

質問する。他の『経』に、「思いを前に繋《か》ける」とあるのは、どのようなことか。

答える。色の様相【色相】、生死、煩悩の境界に背いて後に置くからであり、寂滅と涅槃と所縁（真理）と

71　『法華論』には、「『仏は甚深三昧に入り……驚かせ逆らうことができるものはいないからである」とある【法華論云仏入甚深三昧正念不動如実智観従三昧而起現如来得自在力故如来入定無能驚忤故】『法華論』巻上、「『爾の時、世尊は甚深三昧に入りて、正念動ぜず、如実智を以て観じ、三昧従り安詳として起ち、起ち已りて即ち舎利弗に告ぐ』とは、如来、自在力を得るを示現するが故に、如来は定に入るを、能く驚寤すること無きが故なり」（大正二六、四下二九～五上三）を参照。

72　「加趺坐」については、昔の微細な塵やガンジス河の砂粒……三種の菩提道（覚り）を生ずることができるからである

【加趺坐者古往微塵恒沙諸仏及弟子尽行此法故又加趺起悪覚尚生他敬心況入深境界而不適悦天人耶又非世受用法不与外道共能破魔軍煩悩故又能生三種菩提道故】『私記』には、「加趺坐」について、「経に文無しと雖も、義を以て加え釈す。序品に『結跏趺坐して三昧に入る』と云うが如し」と述べている。ここの文は、『阿毘曇毘婆沙論』巻二十一、「又た世尊の言わく、身を正して結跏趺坐し、念を前に繋け、乃至広く説く。問うて曰う。一切の威儀は、尽《こと》ごとく中に行道するが如し。何が故に但だ結跏趺坐を説くのみなるや。答えて曰う。或いは説く者有り。此れは是れ旧の行ずる所の法なり。所以は何ん。過去の恒河沙の諸仏、及び仏弟子は、尽ごとく此の法を行ず。復た説く者有り。能く他人の恭敬心を生ずるが故なり。若し結跏趺坐して、悪覚を起こさば、猶お他人に恭敬《くぎょう》の心を生ず。是の故に他人の恭敬心を生ぜんと欲するが故なり。復た説く者有り。此の法は是れ世俗愛欲の法に非ざるが故なり。余の威儀とは、世俗、之れを用う。復た次に此の法は能く三種の菩提道を生ずるが故なり。声聞・辟支仏・仏の菩提なり。余の威儀を以て得ず、但だ是れを以て得るのみ。復た次に此の法は、行道する時、随順して安隠なり。余の威儀に非ざるが故なり。復た次に此の法は能く魔軍を壊す。仏世尊は結跏趺坐し、能く煩悩、及び天魔軍を破するが如し。復た次に此の法は能く天人の心に適可《かな》うが故なり。復た次に此の法は外道と共ならざるが故なり。余の威儀は外道と共なり」（大正二八、一五三上六～一九）に基づく。「加趺坐」は、趺＝足の甲を重ねる坐法。「微塵」は、目で見ることのできる最小のもの。数の多いことをたとえる。「悪覚」は、悪い思索の意。「適悦」は、喜ばせるの意。「三種菩提道」は、声聞・縁覚・仏の覚りの意。

を観察して前に置くからである[73]。四つの解釈（四悉檀）を設けるべきである……。

質問する。どのように顔面にあるのか。

答える。一般に、人は顔面について欲望を起こし、［身心の］軽く安らかであること【猗楽】を生じ、そうして後に身に広く行きわたる[74]。さらにまた、九つの場所から穢れたものを流す。顔面に七つの穴がある。不浄によって欲望を対治するので、顔面を対象として認識する[75]［その第一である］。さらにまた、六識は顔面にあり、心は多く上を対象とする。一切の賢人・聖人は、空を尊び、空と相応することを表わすので、顔面を対象として認識する［その第二である］。さらにまた、もし顔面を観察するならば、六識を区別することができる。区別しようとするので、ことさらに顔面を対象として認識する［その第三である］。さらにまた、身に［両手、両足、胴、頭の］六つの部分があり、頭面を勝れたものとする。諸法のなかで実相が第一であることを表わす。第一の法であるので、顔面を対象として認識する［その第四である］。

5.1222111112　正しく二智を歎ず

二智をどちらもたたえることについて、まず実［智］をたたえ、次に権［智］をたたえる。実［智］とは、「諸仏智慧」（5b25-26／A66·3／106·4）である。［蔵教・通教・別教の］三種の化他の権実でないので、「諸仏」という。［円教の］自行の実［智］をあらわすので、「智慧」という。この智慧の体は、一心三智である。「甚深無量」（5b26／A66·3／106·4）とは、ほめたたえる言葉である。仏の実智は如理の底に縦に徹するので「甚深」といい、法界の辺を横に窮めるので「無量」ということを明らかにする。無量甚深であり、深く高く横に広い。たとえば根が深ければ、枝が茂り、源が遠ければ流れが長いようなものである。実智がそうである以上、権智もそれに引きくらべてそうである……。「其智慧門」（5b26/A66·4/106·4）は、権智をたたえるのである。思うに、

73　色の様相【色相】、生死、煩悩の境界に背いて後に置くからであり、寂滅と涅槃と所縁（真理）とを観察して前に置くからである【背色相生死煩悩境界在後故観寂滅涅槃所縁在前故】『阿毘曇毘婆沙論』巻二十一、「云何んが念を前に繫《か》くるや。面上なるが故に、念を前に繫くと名づく。復た次に生死に背いて後に在《お》き、正観寂滅は前に在く。故に念を前に繫くと名づく。復た次に煩悩に背いて後に在く。正観涅槃は前に在く。故に念を前に繫くと名づく。復た次に色等の境界に背いて後に在く。正観の所縁は前に在く。故に念を前に繫くと名づく」（同前、一五三上二一～二五）に基づく。「色相」は、底本の「色想」を、『講録』に「想の字、和本に相に作るを是と為す」とあるのに基づいて、「色相」に改める。『阿毘曇毘婆沙論』の本文には「色等境界」に作る。「所縁」は、正観の対象となる真理のことを指すと思われる。

74　一般に、人は顔面について欲望を起こし、［身心の］軽く安らかであること【猗楽】を生じ、そうして後に身に広く行きわたる【凡人於面起欲能生猗楽然後遍身】『阿毘曇毘婆沙論』巻二十一、「復た次に面上に能く猗楽《いらく》を生ずるを以て、然る後に身に遍ず。猶お欲を受くる時、男女の根辺に楽を生じ、然る後に身に遍ずるが如し」（大正二八、一五三中八～九）に基づく。「猗楽」は、七覚支の一つ「軽安」の古訳。身心が安らかで軽やかなこと。

75　九つの場所から穢れたものを流す。顔面に七つの穴がある。不浄によって欲望を対治するので、顔面を対象として認識する【九処流穢面有七孔以不浄治欲故繫縁在面】『阿毘曇毘婆沙論』巻第二十一、「復た説く者有り。面は是れ不浄観に随順す。所以は何ん。面上に七孔有りて、不浄を流出す。此の処に多く不浄を出だすを以ての故に、行者は偏（底本の「徧」を、宋・元・明の三本によって改める）観す」（同前、一五三中四～六）に基づく。「九処」は、九孔ともいい、両眼、両耳、両鼻、口、大小便の排泄孔のこと。「七孔」は、両眼、両耳、両鼻、口のこと。

自行の道前[76]の方便である。前進する【進趣】力があるので、門と名づける。門から入って道中に到達する。道中を実［智］と呼び、道前を権［智］というのである。「難解難入」(5b26/A66･4/106･5)とは、権［智］をたたえる言葉である。計略をめぐらさないけれども理解し、無限定の偉大な作用【無方大用】がある。［人・天・声聞・縁覚・蔵教の菩薩・通教の菩薩・別教の菩薩の］七種の方便は、測ることができない。十住においてはじめて理解し、十地を［開示悟入の］入とする。［十住の］最初と［十地の］最後とを取りあげる。［十行・十廻向の］中間は、示すことが難しく、悟ることが難しいことがわかるであろう。ところが、個別的に「声聞縁覚所不能知」(5b27/A66･4-5/106･5-6)を取りあげるのは、［声聞、縁覚の］執著が重いので、個別的にこれを破るだけである。法身の本意は、もと自行の権実をこれ［声聞、縁覚］に当てはかる【擬】と、機がなく逃走するので、「不知」という。『華厳［経］』において頓《とみ》に［声聞、縁覚を］照らすと、耳、口、眼の不自由な人[77]［のよう］であるので、「不知」という。方等［経］において強くせめて非難する【弾斥】と、草庵に安んじて留まるので[78]、「不知」という。『般若［経］』において転教する（声聞にではなく、方向を転じて菩薩に教えること）と、心に一つの食事でさえ願い取る心がない[79]ので、「不知」という。今、大機は開発し、光を放ち大地を震動させると、かしことここ、現在と過去の諸仏の道は同じであるが、やはり疑惑を持つので、「不知」と41a いう。利根の菩薩は、逐一【節節】知ることができ、鈍［根の菩薩］は二乗と同じく、また知らないのである。

「門」(5b26/A66･4/106･4)とは、光宅［寺法雲］は二乗の方便を取りあげて、今の『［法華］経』の智慧の門とする[80]。これは［相手の立場を］許容することや［相手の立場を］批判する【与奪】必要がある。もしそうであれば、門を獲得する。どうして如来は破って「不知」というのか。「不知」であれば、門ではないのである。［相手の立場を］許容すること【与】とは、これは最も浅い能［通の門］（通じさせる門）であり、ずっと所［通の仏智」(通じさせる対象の仏智)を知らない……。今、解釈する。もともと方便の智慧【方便智慧】を門として、仏の智慧【仏智慧】に入ることができることがある。『[菩薩]瓔珞[本業経]』には、「[従仮入空観と従空入仮観の]二つの観察を方便道とし、中道第一義諦に入ることができる」とある通りである。また[蔵教・通教・別教の]三教にそれぞれ[有門・空門・亦有亦空門・非有非空門の]四門があることを方便として、中道

76 道前 湛然は道前・道中・道後について、『法華玄義釈籤』巻第九では次のように説明している。「初めの文に道前と言う等とは、道は自行真実の道を謂い、未だ実道に契《かな》わず、真如は纏に在るが故に、名づけて理と為す。故に地前を以て名づけて道前と為す。初地已上に、已に実理を証す。復た此の理に由りて、後の行を成ず。初証已後、究竟已前を、並びに道中と名づく。此の地の行に由りて、理は究竟して顕わる。已顕の理を、名づけて道後と為す。自行の証の後なるが故に、道後と名づく」(大正三三、八八一上七~一二)を参照。『文句記』と『法華玄義釈籤』の説明は相違している。

77 耳、口、眼の不自由な人【聾唖瞽聵】「聾《ろう》」は耳の不自由な人、「唖《あ》」は口の不自由な人、「瞽《こ》」は眼の不自由な人、「聵《がい》」は生まれながら耳の不自由な人を指す。

78 草庵に安んじて留まる【保住草庵】『法華経』信解品の長者窮子の比喩において、窮子が長者の実子であることに気づかず、あいかわらず粗末な家に住み続けたことをいう。「草庵」は、『法華経』信解品、「猶お門外に処して、草庵に止宿す」(大正九、一八上二九)を参照。

79 心に一つの食事でさえ願い取る心がない【無心悕取一飡之意】『文句』巻第二上の前注118を参照。

80 光宅[寺法雲]は二乗の方便を取りあげて、今の『[法華]経』の智慧の門とする【光宅取二乗方便為今経智慧門】『法華義記』にこのままの文は見られない。『講義』は、『法華義記』巻第二、「方便智は是れ実智が家《や》の門なり」(大正三三、五九五上七~八)を関連する文として挙げている。

に入ることができる。光宅［寺法雲］の解釈は、［蔵教の析空観と通教の体空観の］二つの観察のなかで、ただ［蔵教の析空観の］一つの観察だけであり、［三教それぞれの四門を合わせた］十二門のなかでただ［蔵教の有門の］一門だけである……。さらにまた、方便の智慧を門とし、方便智に入ることができる。三教それぞれの四門は、教に限って覚りに入る【入証】のである。もともと仏智を門として仏の智慧【仏智慧】に入ることができることがある。上に円因を方便品と呼ぶと説いた通りである。とりもなおさず自行の観智（観察する智慧）を門とすることであり、今の『［法華］経』にたたえる「其智慧門」である。円教の四門は、その一つである。もともと実を門として方便智に入ることがある。二諦をどちらも照らすことは、その意義である。このように解釈するならば、豊富で広範である【開闊】。どうして光宅［寺法雲］の細々とした一種のようであろうか。もし『［法華］論』が『阿含［経］』[81]を門とすることに基づくならば、これはさまざまな教えを開く必要がある。観に準拠すれば、知ることができるであろう……。

5.1222111112　双釈

5.12221111121　実智を釈す

「所以者何」以下については、光宅［寺法雲］は釈迦をたたえる章という。今、文の意味を推量すると、諸仏の二智をどちらも解釈するのである。「仏曾親近」（5b27-28/A66·6/106·6）から「尽行道法」（5b28/A66·7/106·7-8）までは、諸仏の実智を解釈する。ほんとうに外に仏に出会うことが多く、きわめて重要なこと【至要】を受ける【稟承】ことによるので、実智はとても深遠である。ほんとうに内に行ずることに混じりけがなく【純厚】すべて道法を行ずることによるので、実智は無量である。「無量」は横に広いことを解釈し、「甚深」は縦に高いことを解釈するのである。

5.12221111122　権智を釈す

「勇猛精進名称普聞」(5b29/A66·7-8/106·8)は、諸仏の権智を解釈する。「其智慧門難解難入」(5b26/A66·4/106·4-5)は、ほんとうに「勇猛精進」して入ることが難しい門に入ることができることによる。門に入った以上、潤いを受けることに限界がなく、衆生は優れた徳を尊敬して慕うので、「名称普聞」である。また[次の解釈も]可能である。句を分ける場合、「勇猛精進」して法門に入ることができることは、権智が深いことを解釈し、「名称普聞」は権智が広いことを解釈する。権[智に関する]文を観察すると、深い、広いという言葉はないけれども、実智を例とすると、この意義は成立する……。

5.12221111113　双結

41b
「成就甚深」(5b29/A66·8/106·8-9)以下は、諸仏の二智をどちらも結論づける。理に合致して究極的なものになるので、「成就」といい、彼岸の底に到達するので、「甚深」という。これは実智をしっかりと結論づけるのである。機に合致して適合する【適会】ので、「随宜」(5b29-5c1/A66·9/106·9)という。[人・天・声聞・縁覚・蔵教の菩薩・通教の菩薩・別教の菩薩の]七方便の知るものではないので、「難解」(5c1/A66·9/106·10)

81　『[法華]論』が『阿含[経]』を門とする【論以阿含為門】　前注42を参照。

という。これは権智をしっかりと結論づけるのである。情（迷いの心）にしたがうと、理を覆うので、「難解」という。了義（その意味が完全に解明されたもの）であるので、意味がはっきりとする。それ故、知り易いという。『摂大乗［論］』に、「了義経については文によって意義を判定し、不了義経については意義によって文を判定する」とあるのは[82]、この意義である。あるときには［次のように］解釈する。「成就甚深未曾有法」（5b29/A66·8/106·8-9）は、自行の権実［二智］を結論づけ、「随宜所説意趣難解」（5b29-5c1/A66·9/106·9-10）は、化他の権実［二智］を結論づける……。

5.122211112　釈迦の権実二智を歎ず

5.1222111121　古を叙す

「吾従成仏已来」（5c1-2/A66·10/107·1）以下は、釈迦の権実［二智］をたたえる。旧［説］には、「釈迦の権実［二智］について、それぞれたたえる。その意味は、『吾従成仏』以下は、権［智］をたたえる。『所以者何』は、権［智］を解釈する。『如来知見広大』以下は、実［智］をたたえる。『無量無礙』以下は、実［智］を解釈する。『如来能種種分別』以下は、実［智］をたたえる文を結論づける」とある。[83]旧［説］の考察【料揀】に、前後あわせて三つの意味がある。第一に合わせて諸仏の［権実］二智をたたえるとは、二智の体が同じであることを明らかにする。開いて釈迦の二智をたたえるとは、二智の働き【功用】に相違があることを明らかにする。第二に［仏・菩薩が］具体的な姿形を現わすこと【垂迹】の本［地］を明らかにするので、諸仏はまず実［智］をたたえる。本［地］をあらわす能力を明らかにするので、釈迦はまず権［智］をたたえる。第三に諸仏が自行をあらわす場合、まず実［智］を得る必要がある。釈迦が化他を明らかにする場合、まず権

［智］によって無知蒙昧の者【童蒙】を引き導く。ところが、［権智と実智が］たがいに現われ、出たり没したりすることは、体は円かで偏って存在することはできないことを明らかにしようとする。［偏って］存在すれば、趣旨を失うのである。

5.122211122 今破す

今考えると、そうではない。ただ文の順序によれば、意義について理解しやすい。詳細に議論する【曲辯】

82 『摂大乗［論］』に、「了義経については文によって意義を判定し、不了義経については意義によって文を判定する」とある【摂大乗云了義経依文判義不了義経依義判文】このままの引用文は見られないが、真諦訳『摂大乗論釈』巻第九、「第六障とは、見聞覚知に於いて、計して如実と為し、世間の戯論に於いて懃心修学し、不了義経に於いて文の如く義を判ず。此の障に由るが故に、唯識に入ることを得ず。智慧は能く此の障を除くが故に、智慧は是れ唯識に入る因なり」（大正三一、二一三上二五～二八）、同、巻第十一、「如来の説く所の正法は、了義、及び不了義を出でず。若し衆生に但だ信根のみ有りて、未だ智根有らずば、如来は其の信根を成ぜんが為めの故に、不了義の説を作す。二乗教の如し。又た憍慢の衆生を伏せんと欲するが故に、不了義の説を作す。広く説くは、十七地論の如し。聞・思・修の慧を生ぜんが為めの故に、了義経を説く。不了義経は、其の言は秘密なり。能く理の如く判ず。是の故に修し難し」（同前、二三六中二七～下三）などを参照。

83 旧［説］には、「釈迦の権実［二智］について……実［智］をたたえる文を結論づける」とある【旧云釈迦権実各歎謂吾従成仏下是歎権所以者何是釈権如来知見広大下是歎実従無量無礙下是釈実従如来能種種分別下是結歎実文】『法華義記』巻第二（大正三三、五九五中五～五九六中五）を参照。

必要はない。さらにまた、あなたが、「諸仏の道は同じである」というのに、どのように異なって理解するのか。人々が［父母に］孝養を尽くして従順であること【孝順】をしっかりとほめたたえながら、［実際には］父母を殴打するようなものである……。

5.1222111123　科分経文

釈迦の文について、また三［段］とする。最初に［権実の二智を］どちらもたたえ、次にどちらも解釈し、最後にどちらも結論づける。

5.1222111124　正しく釈す

5.12221111241　双歎

「吾従成就已来」は、実智をたたえる。もし実智が円かでなければ、仏の覚り【仏道】は成就しない。成仏という以上、一成（一人の成仏）が一切成（一切衆生の成仏）である。とりもなおさず実智をたたえるのである。「種種因縁」（5c2/A66·10/107·1-2）以下は、権智をたたえる。四十余年、［蔵教・通教・別教の］三種の化他の権実［二智］によって、衆生に［適宜な教えを］投合する【逗会】ので、「種種因縁」というのである。「譬喩」（5c2/A66·11/107·2）とは、小乗のなかでは芭蕉[84]・水粒を比喩とし、大乗のなかでは乾《けん》［闥婆《だつば》］城《じょう》[85]・鏡・幻などを比喩とする。さまざまな論書によるならば、小乗を乳にたとえ、大乗を醍醐にたとえるのである。「広演」（5c2/A66·11/107·2）とは、一法から無量の意義を出すことができるのである。「無数方便」（5c2-3/A66·11/107·2-3）とは、［人・天・声聞・縁覚・蔵教の菩薩・通教の菩薩・別教の菩薩の］七種の方便のことである。「引導衆生令離諸著」(5c3/A66·11-12/107·3)とは、散［心］の十善[86]を説いて三途[87]の執著を離れ、浄［心］
41c (定心)の十善を説いて欲界の執著を離れ、三蔵［教］を説いて見思［惑］の執著を離れ、菩薩の法を説いて涅槃の執著を離れ、仏法を説いて順道法愛(中道の法に対する執著で、初住以前で起こす)の執著を離れることである。

5.1222111242　双釈

「所以者何」(5c3/A66·12/107·4)以下は、［権実］二智をどちらも解釈するのである。「如来」(5c3/A68·1/107·4)の半句(「如来方便」という一句の前半)は、実智を解釈する。真如実相の中からやって来て仏の覚り【仏道】を成就することができるので、「如来」と名づける。実智をしっかりと解釈するのである。「方便」(5c3-4/A68·1/107·4)は、権智を解釈する。方便が巧みであることによるので、種々の因縁に習熟する。「知見波羅蜜」(5c4/A68·1/107·4)とは、権実の知見をどちらも取りあげるのである。一切種智を実知(真実の知)と名づけ、仏眼を実見と名づけ、道種智を権知(方便の知)と名づけ、法眼を権見と名づける。すべて事理の果て

84　芭蕉　植物の名。幹と思われるところを切っても、葉ばかりで木質部がないので、実体のない空の比喩として用いられる。

85　乾［闥婆］城【乾城】　実在しない虚妄なものをたとえる。乾闥婆については、『文句』巻第二下の前注105を参照。

86　散［心］の十善【散十善】　凡夫が散心(散乱した心)において行なう十善のこと。後出の「浄十善」は、定心(禅定に入った心)において行なう十善の意である。

87　三途　地獄道・餓鬼道・畜生道の三悪道のこと。途は、塗、道、趣にも言い換えられるが、いずれもgatiの漢訳で、趣くところの意。

【辺】に到達するので、すべて波羅蜜と名づける。「皆已具足」(5c4/A68·1-2/107·5)とは、権実がすべて究極的であることである。もし[権実二智を]どちらも解釈するという意味を設けなければ、どうして軽々しく「皆已」というのか。「皆已」とは、どちらも解釈するという意味があらわれているのである。

5.1222111243　双結

「如来知見広大深遠」(5c4-5/A68·2-3/107·5-6)以下は、釈迦の二智をどちらも結論づけるのである。「如来知見」は、前に説いた通りである。「広大」は横を明らかにし、「深遠」は縦を明らかにする。このような実智は、横でもなく縦でもない。言葉にこと寄せてたたえる場合、その横や縦を論じる。照らすことに限界がないことは、函《はこ》が大きければ蓋《ふた》も大きいようなものである。「無量無礙」(5c5/A68·3/107·6)以下は、権智を結論づけるのである。自行の権[智]は道前(道＝真実の理を、まだ実証していない段階)の方便であるので、さまざまな法の門に焦点をあわせる。それ故、権智を結論づけることが明らかであることがわかる。実智にさまざまなもの【若干】はないのである。光宅[寺法雲]は、これによって実智を解釈した[88]。ただ光宅[寺法雲]だけが実智を知らないだけでなく、梁代にはみなその無礙の智慧にさまざまなもの【若干】がないことを知らなかったのである……。「無量」は、仏地の四等(慈・悲・喜・捨の心を無量に起こす四無等心、四無量心)である。「無礙」は、仏地の四辯(法無礙辯・義無礙辯・辞無礙辯・楽説無礙辯の四無礙辯)である。一つの言葉、一つの意義から無量[の言葉、意義]を展開して出し【旋出】、願って説くことが行き詰まることがない。別[教]・通[教]の菩薩に比較すると、爪【甲】の上の土を、大地に比べるようなものである。「力」(5c5/A68·3/107·6)は、十力[89]である。「畏」(5c5/A68·3/107·7)は、[正等覚無畏・漏永尽無畏・説障法無畏・説出道無畏の]四無所畏でである。「禅」（5c5/A68·3/107·7）は、禅の真実の様相【実相】に達する【尽】。「定」（5c5/A68·4/107·7）は、首楞厳定である。「三昧」（5c6/A68·4/107·7）は、［三昧］王三昧（三昧のなかの王の意で、最高の三昧のこと）である。「深入無際」（5c6/A68·4/107·7-8）は、縦に深いことをしっかりと結論づける。「成就一切未曾有法」（5c6/A68·4-5/107·8）は、横に広いことをしっかりと結論づける。

5.12221112 言を絶して二智を歎ず

5.122211121 絶言歎の由を挙ぐ

5.1222111211 分科

「舍利弗如来能種種分別」（5c6-7/A68·5-6/107·9）以下は、旧［説］には前の権実［二智］をしっかりと結論

88 実智にさまざまなもの【若干】はないのである。光宅［寺法雲］は、これによって実智を解釈した【実智無若干也光宅以此釈実智】『法華義記』巻第三、「此れは二智を明かす。権実の二名有りと雖も、照らすに然も則ち体は一にして、更に異なり無きなり。是の故に『維摩経』に言わく、『十方世界に若干有るなり。其の無礙慧に若干無きなり』と」（大正三三、五九七下六～八）を参照。引用文の『維摩経』は、『維摩経』巻下、菩薩行品、「是の如く諸仏の色身を見るに、若干有るのみ。其の無礙慧に若干無きなり」（大正一四、五五四上八～九）を参照。『維摩経』の「若干」の対応梵語は、nānātva で、異なっているもの、さまざまなものの意。

89 十力 仏の持つ十種の智慧の力のこと。テキストによって、内容に相違はあるが、一応、処非処智力・業異熟智力・静慮解脱等持等至智力・根上下智力・種種勝解智力・種種界智力・遍趣行智力・宿住随念智力・死生智力・漏尽智力を指す。

づける。今、それで後を起こす。言葉を絶しよう（言葉による表現を断ち切ること）として、さらに権実［二智］を取りあげて、［言葉を］絶してたたえる【絶歎】理由【由】とする。文を二［段］とする。最初に［言葉を］絶してたたえる【絶歎】理由【由】を取りあげ、次に言葉を絶する境を指す。鄭重であることは、殷勤（慇懃。真心を込めること、繰りかえすこと）を表わすのである。

5.1222111212　釈

5.12221112121　絶歎の由を挙ぐ

「如来能善分別巧説諸法」（5c7/A68·5-6/107·9-10）とは、権［智］を取りあげるのである。「言辞柔軟悦可衆
42a 心」（5c7-8/A68·6-7/107·10）とは、実［智］を取りあげるのである。何によって知ることができるのか。上において他の国土で頓を説くことを見て、「その声は清浄であり、柔軟な音声を出す」といった。[90] 下に、身子は理解【領解】して、「仏の柔軟の音の深遠にして、甚だ微妙なるを聞く」という。[91] 前後の［序品と譬喩品の］二つの文を拠り所として、実智を取りあげることを知るのである。前のたたえる［段］のなかでは、実［智］を前にして、権［智］を後にする。今、どのような意味で権［智］を前にして、実［智］を後にするのか。前は言葉にこと寄せようとするので、実［智］にしたがって権［智］について述べ、今は言葉を絶しようとして、権［智］を巻き縮めて実［智］に帰着させる必要があることを明らかにするだけである。

5.12221112122　絶言の境を指す

「取要言之」（5c8/A68·7-8/107·11）以下は、実［智］の境（智慧の対象）を指す。「要」とは、実［智］を超

過するものはないということである。[92]「無量無辺未曾有法」（5c8-9/A68・8/107・11-12）は、権［智］の境を指す。さらにまた、要点を取りあげることは、はじめて［権智の境と実智の境を］指す端緒である。「無量無辺」は権［智の境］を指し、「未曾有法」は実［智の境］を指す。その意味は、この［権智と実智の］二法を、仏はすべて成就する、ということである。道を修めて［道を］獲得するので、これ（道）はどうして説くことができようか。もしただ一つの事柄だけを明らかにするならば、「悉」というべきではない。権実［二智］をどちらも指す以上、その意味は明らかである。

5.122211122　正しく絶言歎

5.1222111221　正しく絶言歎

「止舎[93]」（5c9/A68・9/108・1）以下は、第二に言葉を絶してたたえることである。印師（僧印）は、「止によって、

90　「その声は清浄であり、柔軟な音声を出す」といった【其声清浄出柔軟音】『法華経』序品、「其の声は清浄にして、柔軟の音を出だす。諸菩薩の無数《むしゅ》億万を教え、梵音《ぼんのん》は深妙《じんみょう》にして、人をして聞くことを楽《ねが》わしむ」（大正九、二下一九～二一）を参照。

91　「仏の柔軟の音の深遠にして、甚だ微妙なるを聞く」という【聞仏柔軟音深遠甚微妙】『法華経』譬喩品、「仏の柔軟の音は、深遠に甚だ微妙にして、清浄の法を演暢《えんちょう》するを聞いて、我が心は大いに歓喜す」（同前、一一中四～五）を参照。

92　ない【莫】　底本の「莫」を、『全集本』によって「莫」に改める。

93　舎　底本の「者」を、『講録』によって「舎」に改める。経文の「止舎利弗不須復説」の最初の二文字を指す。

その（舎利弗の）疑い［、説法を］請う心を生じさせようとするのである」という。観師[94]は、「実法は知ることが難しいので、まず抑止し、その［凡夫の］通常の心【常情】を驚かせる」という。今明らかにする。この法は深遠静寂【深寂】であり、言語で表現する手立て【言語道】は断ち切られている。体は説くことができないので、［説くことを］止めてこれをたたえる。たとい慈悲によって説いても、［相手は］聞いて理解することができず、その善根を傷つける。このために［法を説くことを］止めるのである。

5.1222111222　止歎の意を釈す

5.12221112221　分科

「所以者何」（5c9-10／A68·10／108·1-2）以下は、［言葉を］止めてたたえる【止歎】という意味を解釈する。意味を二［段］とする。第一に仏は最上の人であり、最上の法を成就し修得するので、説くことができないことにしたがう。次にとても深遠な境界は不可思議であるので、説くことができないことを明らかにする。「仏成就」（5c10／A68·10／108·2）より以下は、上人（仏）の権実［二智］は横に満ちて説くことができないことを明らかにする。「唯仏与仏」以下は、上人（仏）の権実［二智］は縦に深くて説くことができないことを明らかにする。

5.12221112222　釈

5.122211122221　仏は是れ最上の人、最上の法を成就し修得するが故に、説く可からざることを明かす

成就は不成就に対比される。ないし難解は不難解に対比される。とりもなおさず横に成就を明らかにする。

道を修めて［道を］獲得するので、とりわけ説くことができない。「唯仏与仏乃能究尽」（5c10-11/A68・11/108・3）とは、最初と中間は部分的に獲得するが、まだその源を尽くさない。十四日の月の光の働きはまだ広く行き渡らないようなものである。ただ仏と仏だけが横の果て【辺】、縦の果て【底】を究め尽くす【究竟】ことは、十五日の月の本体が円かでないものはなく、光が広く行き渡らないことがないようなものである。このように縦に深く道を修めて獲得するので、とりわけ説くことができない。

5.1222112222 甚深境界不可思議の故に、説く可からざることを明かす

5.12221112222221 古を叙す

5.122211122222211 正しく古を叙す

「諸法実相」（5c11/A68・12/108・3-4）以下は、とても深遠な境界は不可思議であるので、説くことができない。光宅［寺法雲］は、「最初の一句（所謂諸法）は、［権実］二智の章を高く掲げる。『諸法』は、権実［二智］の境を高く掲げる。三三［の境］（三教・三機・三人）であって一でないので、『諸法』という。［教、機、人の］

94　観師　「観師」は道場寺慧観を指す場合もあるが、ここでは僧印の後に取りあげられており、慧観ではないようである。灌頂の『大般涅槃経疏』巻第五には、「光宅の云わく、仏果に自ら反照する智有ること無し、と。観師は光宅を難じて云わく、仏に反照する智無ければ、亦た応に自ら作仏、不作仏を知らざるべし」（大正三八、六六上九～一一）とあり、ここでは法雲を批判しているのであるから、時代的に道場寺慧観ではありえないことになる。

三法のなかで、その教えが最もはっきりしている。教えは必ず機に投合する。やはりその［教えを修行する］
42b
人がいる。それ故、三三は権であることがわかる。『実相』とは、実智の境である。一理は虚妄ではないので、実相という。四一［の境］（教一・理一・機一・人一）のなかで一理だけを取りあげることは、理は本であるので、とりわけ真実である。そのなかに九句（如是相から如是報まで）があり、かえって上の［権智の章と実智の章の］二章を解釈するだけである。前の五句（如是相から如是作まで）は、権［智］の章を解釈する。『如是相』とは、三乗という言葉による教えは、取り集めて区別することができることである。『如是性』とは、三乗の教えの本性【性分】は、改変する【移易】ことができないことである。『如是体』とは、三乗の教え、八音（仏の八種のすぐれた声）による章・句に、それぞれ体があることである。

菩薩の教えは、六度を体とする……。『如是力』とは、三乗の教えの働きは、教え導く力であることである。『如是作』とは、三乗の教えは、（声聞・縁覚・菩薩という目の）前の人に受けさせる場合、［彼らが修行を］実践する【造作】ことがあることである。［後の四句（如是因から如是報まで）について、］実智の境を詳しく展開する【広】場合、省略して章を提示しない。実［智の］境に四一［の境］がある。［教・理・機・人の］四によってその一理を詳しく展開する【広】。『如是因』とは、境は真実の理解を生ずることを因とすることである。万善は果と対比されるのである。『如是縁』とは、境は実智を生ずることに対して縁となることである。因が対比されるあり方を『果』とする。果が生起して因に報いることを『報』とする。後の二句（如是本末と究竟等）は［権実を］どちらも結論づける。最初の句（本末）は権［智］を結論づける。『本』は相を取りあげ、『末』は作を取りあげる。次の句（究竟等）は実［智］を結論づける。『究竟』は因を結論づけ、『等』は報を結論づけるのである」という。[95]北地師[96]は、「三乗の法には、すべて相・性・果・報・本・末があるのである」という。瑤師《ようし》（法瑤）は、「『如是相性』は、これは智慧の照らす働きを解釈する。三乗が始まろうとしていることが相違することを『相』とし、必ず【必爾】三［乗］を成就することを『性』とし、発［菩提］心を『体』とし、心にしたがってもちこたえることを『力』とし、力に作ることがあることを『作』とし、修行して果を招き寄せることを『因』とする。因とは、それ自身の分斉をいう。頼りしたがうものを『縁』とする。縁とは、その外の力をいう。実現する【遂剋】ことを『果』とし、因に報いることを『報』とする。相を『本』とし、報を『末』とし、最終的に同じく一致することを『究竟等』とするのである。『如是』とは、その事柄が相違しないのである」とある。暢師《ちょうし》[97]（玄暢）はただ仏に焦点をあわせて解釈する。「『相』とは、十力にそれぞれ特徴があることである。『性』とは、［衆生の］根（能力）にしたがってそれぞれ習慣とするものがあること

95　光宅［寺法雲］は、「最初の一句（所謂諸法）は……『等』は報を結論づけるのである」という【光宅云初一句標二智章諸法標権智境三三非一故言諸法三法之中其教最顕教必逗機仍有其人故知三三是権也実相者是実智境一理非虚故言実相四一之中遍挙一理理是本故故是実也中有九句還釈上両章耳前五句釈権章如是相者三乗言教攬而可別也如是性者三乗教性分不可移易也如是体者三乗之教八音章句各各有体菩薩教以六度為体云云如是力者三乗教用訓導之力也如是作者三乗教被前人有造作也広実智境略不牒章実境有四一以四広其一理如是因者境生真解為因万善望果也如是縁者境発実智為縁以因所望処為果果起酬因為報後二句双結初句結権本即挙相末即挙作次句結実究竟即結因等即結報也】『法華義記』巻第二（大正三三、五九六中一九～五九七上一七）を参照。

96　北地師　特定できないが、河北で活躍した人を指す。

97　暢師　玄暢のこと。『文句』巻第一上の前注27を参照。

である。習慣とするものが改変しないことを、『性』という。以上は性の力の境である。『体』とは、根性（能力・性質）は同じでなく、欲しいものも相違し、その心の働きが束縛、執著する【縛著】ことをいうので、体を名とする。これは欲の力の境である。『力』とは、禅定の別名である。神通による変化【神通変動】は、禅定でなければ動かない。心を安んじ乱れを静める場合、禅定でなければ、静寂とはならない。それ故、力は禅定の境である。『作』とは、業（行為）である。つまり、業の力の境である。『因』とは、道（覚り）を因とし、［その道によって］涅槃に到達することができることである。到達する場所は、道の力の境である。『縁』とは、縁は宿命の力の境である。『果』とは、今の因が招き寄せる果が未来にあることによることである。以上は天
42c
眼の力の境である。『報』とは、今の報は、過去の因と対比することによることである。つまり、漏尽（煩悩がなくなること）の力の境である。それ故、報についていうことは、漏尽である。『本』とは相、『末』とは報である。まとめてこれに対比すると、すべて道理とそうでないことを区別する智力【処非処力】の境である」という。

5.12221112222212　今破す

これまでのさまざまな解釈は、一つのあり方でないことはない。ところが、理において通ぜず、文において真実でない。文が真実でないとは、『［法華］経』に「諸法」といっている。どの法を収めないであろうか。［そして］どうしてただ三乗だけであろうか。理が通じないとは、『［法華］経』に「実相」といっている。どこに存在しないであろうか。そして、ただ因果の体に存在するだけであろうか。もし実はただ仏に存在するだけであるならば、仏は権ではない。権はただ三乗に存在するだけであるならば、三乗には永遠に実がないこと

になる。もし三乗はただ［如是相から如是作までの］五［句］だけとするならば、権の法は十分ではない。またまったく実はなくなる。もし［如是因から如是報までの］四句はただ仏に存在するだけであるならば、仏にはまったく権がなく、実もまた十分ではない。その意義は凡夫に関係しないので、諸法の文はそのまま無用となるであろう。実相は広く行き渡らないので、実相の外に、別にさらに法があることになる。このような過失があるので、すべて用いないのである。

5.12221112222222　今正しく釈す

5.122211122222221　論を引きて釈す

『釈論』（『大智度論』）［巻第］三十一に、「一々の法にそれぞれ九種がある。第一にそれぞれ体がある。第二にそれぞれ法がある。眼・耳は同じく［地・水・火・風の］四大によって作られるけれども、眼には見る働きがあり、耳には見る作用がないようなものである。火は熱を法とするけれども、潤すことができないようなものである。第三にそれぞれ力がある。火は焼くことを力とし、水は潤すことを力とするようなものである。第四にそれぞれ因がある。第五にそれぞれ縁がある。第六にそれぞれ果がある。第七にそれぞれ性がある。第八にそれぞれ［他と通ぜず、他と区別されるという］妨げ【限礙】がある。第九にそれぞれ他と通じあう巧みな手段【開通方便】がある」と明らかにしている。[98] 達磨欝多《だつまうった》[羅《ら》][99] は、この九種によって、『法華[経]』の十如を理解する。「それぞれ法がある」とは、『法華[経]』のなかの如是作である。「それぞれ[他と通ぜず、他と区別されるという]妨げ【限礙】がある」とは、『法華[経]』のなかの如是相である。「それぞれ果がある」とは、『法華[経]』のなかの如是果・如是報である。「それぞれ他と通じあう巧みな手段【開通方便】がある」とは、『法華[経]』のなかの「如是本末究竟等」(5c13/A68・15/108・7)である。その他は名が同じであり、理解できるであろう。

5.1222111222222　正しく解す

5.12221112222221　「究尽諸法実相」の一句は、略して権実の章を標することを明かす

今、この境を明らかにする場合、二[段]とする。最初の一句(所謂諸法)は、かいつまんで権実[二智]の章を高く掲げる。文の通りである。

5.12221112222222　「所謂諸法如是相」等の十句は、広く権実の相を標することを明かす

5.122211122222221　総標列章

次の十句(如是相~如是本末究竟等)は、詳しく権実[二智]の様相を解釈する。今、四番を設けて解釈する。第一に十法界に焦点をあわせ、第二に仏法界に焦点をあわせ、第三に離合(分離=展開と統合)に焦点をあわせ、第四に位に焦点をあわせる。『[法華]経』に「諸法」とあるので、十法界によって解釈するのである。

5.122211122222222　引証

『［法華］経』に「仏所成就第一希有之法」（5c10/A68·10-11/108·2-3）とあるので、仏法界によって解釈するのである。『［法華］経』に「止止不須説我法妙難思」（6c19/A82·14/117·3）とあるので、離合によって解釈するのである。『［法華］経』に「唯仏与仏乃能究尽」とあるので、位によって解釈するのである。

98　『釈論』（『大智度論』）［巻第］三十一に、「一々の法に……第九にそれぞれ他と通じあう巧みな手段【開通方便】がある」と明らかにしている【釈論三十一明一一法各有九種一各有体二各有法如眼耳雖同四大造而眼有見用耳無見功如火以熱為法而不能潤也三各有力如火以焼為力水以潤為力四各有因五各有縁六各有果七各有性八各有限礙九各有開通方便】『大智度論』巻第三十二、「復た次に一一の法に九種有り。一には体有り。二には各各法有り。眼・耳は同じく四大もて造ると雖も、眼は独り能く見、耳に見る功無きが如し。又た、火は熱を以て法と為せども、潤すこと能わざるが如し。三には諸法に各おの力有り。火は焼くを以て力と為し、水は潤すを以て力と為すが如し。四には諸法に各自因有り。五には諸法に各自縁有り。六には諸法に各自果有り。七には諸法に各自性有り。八には諸法に各おの限礙《かくじ》有り。九には諸法に各各開通方便有り。諸法の生ずる時、体、及び余の法に、凡そ九事有り」（大正二五、二九八下六～一四）を参照。

99　達磨欝多［羅］　地論宗の法上（四九五～五八〇）のこと。『釈籤』は、『雑心論』の著者、法救としているが、『私記』は否定している。

5.122211122222223　正しく広く権実の章を釈す

5.1222111222222231　十法界に約して釈す

43a
　十法界に焦点をあわせるとは、［地獄・餓鬼・畜生・阿修羅・人・天の］六道・［声聞・縁覚・菩薩・仏の］四聖が十法であるということである。法は無量であるけれども、数は十を超え出ない。一々の界のなかで、また多くの分かれ出たもの【多派】があるけれども、十如を超え出ない。地獄界に関しては、その地（地獄）にもともと相・性・本末を備える。また畜生界の相・性・本末を備える。ないし仏法界の相・性・本末を備えて、欠けるものがない。それ故、『［阿］毘曇毘婆沙［論］』［巻］第七に、「地獄道は、他化［自在］天の法を成就する」とあるのは[100]、とりもなおさずその例である。他の九法界も同様である。一々の界にみな九界の十如があると知るべきである。もし自らの位の九界の十如を照らすならば、みな権と名づけ、その自らの位の仏界の十如を照らすならば、これを実と名づける。一のなかに無量を備え、無量のなかに一を備える。したがって、不可思議と名づける。もし六道・［声聞・縁覚・菩薩の］三聖の五如［如是相から如是作まで］を照らすならば権とし、もし仏界の四如［如是因から如是報まで］を照らすならば実とする。当該の分斉【当分】は明白である【歴歴】。これは説くことができ、示すことができる。どうして「止止」（6c19/A82·14/117·3）という絶言の歎（言葉を絶してたたえること）を待つであろうか。したがって、一のなかの無量について、［六道の］凡夫は備えるけれども、理を断ち切って情（心）が迷う。［一のなかの無量について、］二乗は備えるけれども、捨て去って解脱を求める。［一のなかの無量について、］菩薩は備えるけれども、照らすことが普遍的でないので、不了了（明瞭でないこと）と名づける。如来は明らかに見て【洞覽】、横（一のなかの無量）があり、縦（無量のなかの一）があり、［横と縦をどちらも］備え【具足】、ただ自分だけ明了であり、他の人が見ないものなので、述べ示すことができない。「止止」という、言葉を絶することは、ここにあるだけである。上の『[法華]玄義』のなかに説いた。[101] 今詳しくは記さない……。

5.12221112222222232 仏法界に約して釈す

第二に仏法界に焦点をあわせて解釈するならば、仏界は相でもなく、不相でもないけれども、「如是相」(5c11-12/A68・12/108・4)と名づける。万善という縁因[仏性]を指すので、下の文に、「多くの宝によって装飾

100 『[阿]毘曇毘婆沙[論]』[巻]第七には、「地獄道は、他化[自在]天の法を成就する」とある【毘曇毘婆沙第七云地獄道成就他化天法】『阿毘曇毘婆沙論』巻第七、「地獄の衆生は、則ち応に他化自在天の煩悩・業を成就すべし」(大正二八、四六下二一～二二)を参照。

101 上の『[法華]玄義』のなかに説いた【上玄義中已説】『法華玄義』巻第一下、「不可説不可説を、聖黙然と名づく。此の『経』に明かさく、『止みなん、止みなん。説くを須いず。我が法は妙にして思い難し。是の法は示す可からず。言辞の相は寂滅し、言を以て宣ぶ可からず。思量分別の能く解する所に非ず』と」(大正三三、六八九中一六～一九)、同、巻第二上、「仏法妙とは、『経』に『止みなん、止みなん。説くを須いず。我が法は妙にして思い難し』とあるが如し。……是れ仏法妙と名づく」(同前、六九三上一八～二三)、同、第二上、「止みなん、止みなん。説くを須いず。即ち是れ絶言なり」(同前、六九七上一四～一五)を参照。『文句』巻第三上の前注109を参照。

する」とあるのは[102]、その意義である。仏界は性でもなく、不性でもないけれども、「如是性」（5c12/A68・13/108・4-5）と名づける。智慧という了因［仏性］を指すので、下の文に、「大白牛がある」とあるのである。[103]仏界は体でもなく、不体でもないけれども、「如是体」（5c12/A68・13/108・5）と名づける。実相という正因［仏性］を指すので、下の文に、「その車は高く広い」とあるのである。[104]仏界は力でもなく、不力でもないけれども、「力」（5c12/A68・13/108・5）と名づける。菩提道心（覚りを求める心）、慈しみという善根の力などを指すので、下の文に、「さらにその上にほろがさを張る」とあるのである。[105]仏界は作でもなく、不作でもないけれども、「如是作」（5c12/A68・13-14/108・5）と名づける。自由で【任運】働きを超えた【無功用】道を指すので、下の文に、「その速いことは風のようなものである」とあるのである。[106]仏界は因でもなく、不因でもないけれども、「如是因」（5c12/A68・14/108・6）と名づける。［十住・十行・十廻向・十地・等覚の］四十一位を指すので、下の文に、「この宝乗に乗って四方に遊ぶ」とあるのである。[107]仏界は縁でもなく、不縁でもないけれども、「如是縁」（5c13/A68・14/108・6）と名づける。一切の菩提（覚り）を助ける道を指すので、下の文に、「さらに侍従が多く、
43b
これを護衛していた」とある。[108]仏界は果でもなく、不果でもないけれども、「如是果」（5c13/A68・14/108・6）と名づける。妙覚は明らかに円因の獲得するものを指すので、下の文に、「まっすぐ道場に至らせる」とあるのである。[109]仏界は報でもなく、不報でもないけれども、「如是報」（5c13/A68・15/108・6-7）と名づける。大般涅槃を指すので、下の文に、「無量の汚れのない清浄な果報を得る」とあるのである。[110]仏界は本でもなく、末でもないけれども、「本末」（5c13/A68・15/108・7）という。本は仏の相、末は仏の報であり、自行の権［智］である。仏界は等でもなく、不等でもないけれども、「究竟等」（5c13/A68・15/108・7）という。実相を指すので、標章（章題を高く掲げる段）に「実相」とあるのである。自行の実［智］である。実［智］そのままが権［智］で

102　下の文に、「多くの宝によって装飾する」とある【下文云衆宝荘校】『法華経』譬喩品、「爾の時、長者は各おの諸子に等一の大車を賜う。其の車は高広《こうこう》にして、衆宝《しゅほう》もて荘校《しょうきょう》し、周匝《しゅそう》して欄楯《らんじゅん》あり、四面に鈴を懸《か》く」（大正九、一二下一八～一九）を参照。

103　下の文に、「大白牛がある」とあるのである【下文云有大白牛也】同、「大白牛有り、肥壮多力にして、形体《ぎょうたい》は姝好《しゅこう》なり。以て宝車を駕《が》せり」（同前、一四下一四～一五）を参照。

104　下の文に、「その車は高く広い」とあるのである【下文云其車高広】前注102を参照。

105　下の文に、「さらにその上にほろがさを張る」とあるのである【下文云又於其上張設幰蓋】同、「又た其の上に於いて幰《けん》蓋《がい》を張り設く」（同前、一二下一九～二〇）を参照。

106　下の文に、「その速いことは風のようなものである」とあるのである【下文云其疾如風也】『文句』巻第二上の前注13を参照。

107　下の文に、「この宝乗に乗って、四方に遊ぶ」とあるのである【下文云乗是宝乗遊於四方也】『文句』巻第二下の前注232を参照。

108　下の文に、「さらに侍従が多く、これを護衛していた」とある【下文云又多僕従而侍衛之】同、「又た僕従《ぼくじゅう》多くして、之れを侍衛《じえ》す」（同前、一二下二三～二四）を参照。

109　下の文に、「まっすぐ道場に至らせる」とあるのである【下文直至道場】同、「此の宝乗に乗じて、直ちに道場に至らしむ」（同前、一五上一三～一四）を参照。

110　下の文に、「無量の汚れのない清浄な果報を得る」とあるのである【下文得無量無漏清浄之果報】『法華経』分別功徳品、「是の如き等の衆生は、仏寿の長遠を聞き、無量無漏の清浄の果報を得」（同前、四四中二六～二七）を参照。

あるので、「本末」という。権［智］そのままが実［智］であるので、「等」という。これは如来の自行の権実［二智］であり、最もすぐれている。無上の相、ないし無上の果・報は、横に広く縦に深くて、無上である。それ故、標章に「諸法実相」とあるのである。引きくらべて、また「諸法実性、実体、実力」というべきである。ないし「実究竟等」というべきである。ただかいつまんで一を取りあげて多くのものを覆う【挙一而蔽諸】だけである。如来はくまなく照らし、横も縦もすべて普遍的であることは、掌の果実を見るようなものである。ただ凡夫は両目が見えない人【双盲】のようなものであり、二乗は片目の見えない人【眇目】のようなものであり、菩薩は夜に見るのにぼんやりとして明らかでないために、説くことができない。「止止」［といって］言葉を絶すること、その意味はここにだけあるのである。

5.1222111222222233　離合に約して釈す

第三に離合（分離＝展開と統合）に焦点をあわせるとは、もし仏心において観察する十界の十如は、すべて無上の相である。ないし無上の果・報である。ただ一つの仏法界であり、海が万［の川］の流れをすべて収めるように、千車が一つの轍《わだち》を共有するようなものである。これは自行の権実［二智］である。もし随他意であるならば、九法界の十如の相・性等がある。とりもなおさず化他の権実［二智］である。化他にまた実［智］があるけれども、みなたばねて権［智］とする。自行にまた権［智］があるけれども、みなたばねて実［智］とする。これは自行・化他の権実［二智］である。随他［意］においては展開し、随自［意］においては統合する。横にも縦にもくまなく照らし、開合について自在である。無量を展開するけれども、無量でありながら一である。統合して一とするけれども、一でありながら無量である。無量は一であるけれども、一でもなく無量でもない。一でもなく無量でもないけれども、一でもあり無量でもある。ただ仏と仏とだけがはじめて究め尽くすことができる。[111] 凡夫は誹謗して信ぜず、二乗は迷い悶えて受けず、菩薩は塵［と虫との区別］、杌《ごつ》［と人との区別[112]］についてまだ明らかでない。この意義のために、「止止」［といって］言葉を絶する【止止絶言】……。

5.1222111222222234　位に約して釈す

5.12221112222222341　正しく十如を釈す

第四に位に焦点をあわせるとは、「如是相」とは、一切の衆生にみな実相がある。もともとある。まさに如
43c 来蔵の特徴である。「如是性」は、性徳の智慧、第一義空である。「如是体」は、中道法性の理である。以上を

111　ただ仏と仏とだけがはじめて究め尽くすことができる【唯仏与仏乃能究尽】『法華経』方便品、「唯だ仏と仏とのみ乃《いま》し能く諸法の実相を究尽す」（同前、五下一〇～一一）を参照。『文句』巻第三上の前注145を参照。

112　塵［と虫との区別］、杌［と人との区別］　塵と虫とを区別できないことについては、『南本涅槃経』巻第八、如来性品、「持戒の比丘は虫無き水を観れども、虫の相を見て、即ち是の念を作すが如し、『此の中に動く者は、為《は》た是れ虫なるや、是れ塵土なるや』と。久しく視て已まず。是れ塵なりと知ると雖も、亦た明了ならず。十住の菩薩は、己身の中に於いて、如来性を見るも、亦復た是の如く、大いには明了ならず」（大正一二、六五三上七～一〇）を参照。杌（枝葉のない木やくい）と人とを区別できないことについては、『南本涅槃経』巻第三十二、迦葉菩薩品、「譬えば有る人の、先に人・樹を見て、後時に夜行きて、遙かに杌根を見るに、便ち疑想を生ずらく、『人なるや、樹なるや』と」（同前、八一六上二〇～二二）を参照。

［法身・般若・解脱の］三徳とする。十法界に共通して、一々の位にすべてである。もしこの三徳を磨いて、十信の位に入るならば、「如是力」・「如是作」と名づける。［十住・十行・十廻向・十地・等覚の］四十一地に入るならば、「如是因」・「如是縁」と名づける。もし仏地に到達するならば、「如是果」・「如是報」と名づける。最初の三つ（如是相・如是性・如是体）を「本」と名づけ、最後の三つ（如是縁・如是果・如是報）を「末」と名づける。最初と最後は同じく三徳であるので、「究竟等」という。

5.122211122222222342　重ねて究竟等を釈す

5.1222111222222223421　三徳本末不二を釈す

最初の位の三徳は、悪に通じ善に通じ、賢人に通じ聖人に通じ、小［乗］に通じ大［乗］に通じ、開始に通じ終極に通じる。悪にあるけれども沈まず、善にあるけれども昇らず、賢人にあるけれどもへり下らず、聖人にあるけれどもおごり高ぶらず、小［乗］にあるけれども窄《すぼ》まらず、大［乗］にあるけれども寛《ひろ》くならず、開始にあるけれども新しいものではなく、終極にあるけれども古いものではない。それ故、不可思議であり、説くことができないので、「止止」［といって］言葉を絶する【止止絶言】だけである。

5.1222111222222223422　重ねて究竟等不二を釈す

次に三徳が究極的に等しい【究竟等】とは、十界の相性、権実、開合、差別、若干（さまざまなもの）である。平等大慧によって真実ありのままにこれを観察するならば、究極的にすべて等しい。もしこの境に迷うならば、六界（六道）の相・性があり、世諦と名づける。もしこの境を理解するならば、二乗の相・性があり、真諦と名づける。これは迷いでもなく、覚りでもないと理解するならば、菩薩・仏界の性・相があり、中道第一義諦である。もしこの智慧を俗諦と等しいとするならば、俗諦は迷いではない。真諦と等しいとするならば、真諦は覚りではない。覚りでもなく迷いでもなく、迷いと覚りをどちらも否定することを、ただ平等と名づけるだけである。もしどちらも照らすならば、権は実であり、実は権である。二であるけれども不二であることを、また「究竟等」と名づけるのである。さらにまた、権実不二の境については、「人・天・声聞・縁覚・蔵教の菩薩・通教の菩薩・別教の菩薩の」七種の方便は不二の智を不二の境と等しいとすることはできない。ただ諸仏だけが不二の智を不二の境と等しいとする。それ故、「究竟等」という。さらにまた、今、大乗の機が動いて、九界の性・相を明らかにせず、直ちに一切の性・相はすべて仏界の性・相に入ることを説く。昔の教えに説かなければ、昔は今と等しくないという。今の教えにこれを説くならば、昔と今とは等しいと知る。それ故、「究竟等」という。最初に惑い・解脱に焦点をあわせて等しく、次に人に焦点をあわせて等しく、後に教えに焦点をあわせて等しいとする。これを説くことはとても広い。記者（灌頂）は詳しく説く【委悉】ことができないだけである。

5.122211122222223423　不思議を釈す

もし絶言・絶思（言葉を絶すること・思惟を絶すること）について不可思議を明らかにするならば、『釈論』（『大智度論』）［巻第］七十九には、「不可思議は、決定できないことに名づける。一切の心・心作用の法を超出して、一切の言語の道を超出する。行ずることができず、到達することができないので、不可思議と名づける」と

44a ある。[113]もし比喩について不可思議を明らかにするならば、『釈論』（『大智度論』）［巻第］十四の通りである。[114]色《しき》（いろ形あるもの）を破壊することによって平等の道に趣くことができるのではない。色が相違しないことを観察すれば、はじめて大乗に等しくなることができる。明と暗とがともに合わさるようなものである。ところが、あなたは［それを］見ないで、明と暗とが相違すると思い込む。その意義を知ろうとすれば、かの月光のようなものである。さらにまた、太陽が出るとき、暗さは十方に向かって拡散せず、暗さは常に存在するが、帰着し趣く場所はない。明も同様であり、暗とともに合わさる。生死と道とは合致する。道は生死であり、仏の尽くすべきものはすでに尽くし、救済すべきものはすでに救済した。すべて不可思議である。さまざまな経・論に、この例はとても多い。もし事（具体的事柄）のなかの不可思議につくならば、『阿含経』に四つの不可思議を明らかにするようなものである。[115]衆生・世界・龍・仏［の不可思議］のことである。衆生はどこから来て、どこに向かって去るのか。何のために生じるのか、何のために死ぬのか。世界は［空間的に］有限であるのか、無限であるのか。断絶させることができるのか、できないのか。天・龍・人・鬼は、誰によって作られるのか。『阿含［経］』には、「一人の男子が王舎城の拘羞羅池《くしゃらち》のほとりにおいて、世間の［空間的な］有限・無限について思惟した。［象兵・馬兵・車兵・歩兵の］四兵（四種の軍隊）が藕絲《ぐうし》（蓮の根茎を折ったときに出る細い糸）の孔《あな》に入るのを見て、自分で狂っているのではないかと驚き、世間にこの狂いはない［はずなのに、］今見た。そこで、」仏に質問した。仏は、『狂ったのではない。修羅が諸天に追われ、退いて藕絲の孔に入って隠れたのである』といった。これはまさに世間についての思惟であり、涅槃の道でもなく、道理【義】の大いなる利益もなく、法の大いなる利益もなく、梵行の大いなる利益もない」とある[116]……。龍の雨は、龍の口・耳・眼・鼻・舌から出るのか。まことにこのようなもの【爾許】から出るのではなく、ただその（龍の）思念から出るだけ

である。善を思念し悪を思念すると、いずれの場合も雨を降らすことができる。過去の行為【前本行】によっ

て、今この力を獲得している。須弥［山］の中腹に大力という名の天がある。また雨を降らすことができる。

113　『釈論』（『大智度論』）［巻第］七十九には……、不可思議と名づける」とある【釈論七十九云不可思議名不決定出一切心心数法出一切言語道不能行不能到故名不可思議】『大智度論』巻第百、「是の法は皆な心中の憶想分別従り生じ、亦た決定す可からず。一切法の実性は、皆な心・心数の法を過ぎて、名字語言道を出《い》で、前品に説くが如し。一切諸法は平等にして、一切の賢聖は行ずること能わず、到ること能わず。是の故に不可思議なり」（大正二五、七五三上二八～中二）を参照。

114　『釈論』（『大智度論』）［巻第］十四の通りである【如釈論十四】出典未詳。

115　『阿含経』に四つの不可思議を明らかにするようなものである【如阿含経明四不可思議】『増一阿含経』巻第十八、「如来に四不可思議の事有り。小乗の能く知る所に非ず。云何んが四と為す。世不可思議、衆生不可思議、龍不可思議、仏土境界不可思議なり」（大正二、六四〇上四～七）を参照。同、巻第二十一、「爾の時、世尊は諸比丘に告ぐらく、四事有りて終に思惟す可からず。云何んが四と為す。衆生不可思義、世界不可思議、龍国不可思議、仏国境界不可思議なり。然る所以は、此の処由り滅尽涅槃に至ることを得ざればなり。云何んが衆生不可思議なる。此の衆生は為《は》た何《いず》こ従り来たり、為た何こ従り去り、復た何こ従り起こる。此れ従り終に当《は》た何こ従り生ずる。是の如きは衆生不可思議なり」（同前、六五七上一九～二五）を参照。

116　『阿含［経］』には、「一人の男子が王舎城の拘羞羅池のほとりにおいて……梵行の大いなる利益もない」とある【阿含云一士夫於王舎城拘絺羅池側思惟世間辺無辺見四兵入藕絲孔自驚我狂耶世無此狂問仏仏言非狂是修羅為諸天所逐退入藕絲孔蔵此乃世間思惟非涅槃道無義饒益無法饒益無梵行饒益】『雑阿含経』巻第十六（大正二、一〇九上八～二三）を参照。

さらにまた、『経』に、五道にそれぞれ一つの不可思議があることを提示する。[117] 地獄に断続がある。畜生は飛ぶことができる。鬼は少ないものを多いものに変化させることができる。人は火で薪を焼くことができる。天は自然に果報を実現することができる。いずれも果報の法であり、事の不可思議である……。これは因縁の事に焦点をあわせて、不可思議を解釈することである。ましてとても深遠な境界は、どうして不可思議でないであろうか。

5.1222112　偈頌

5.12221121　長行を頌す

偈に二十一行があり、二［段］とする。最初に十七行半は、長行を頌する。後の三行半は、かいつまんで開三顕一し、執著を動揺させ疑いを生じさせる。前［の段］にさらに二［段］がある。最初に四行は、言葉にこと寄せてたたえることを頌する。後に十三行半は、言葉を絶してたたえることを頌する。そもそも偈頌・長行にたがいに広略（詳細なことと簡略なこと）があるのは、意義をあらわし易くするからである。長行に［諸仏と釈尊の］二仏の権実［二智］についてそれぞれたたえることは、教化の関係性【化縁】の相違を
44b 表わすからである。［偈］頌のなかに［諸仏と釈尊の］二仏が合わせてたたえることは、［権実］二智の理が同じであることを示すからである。最初の言葉にこと寄せるなかに、さらに二［段］がある。最初の二行は、合わせて二仏の［権実］二智を頌する。後の二行は、合わせて［諸仏と釈尊の］二仏のたたえることを解釈し、たたえることを結論づけることなどを頌するのである。最初にさらに二［段］がある。今、最初の一句の「世雄」（5c15/A70·1/108·10）とは、上の「諸仏智慧」（5b25-26）を頌する。「不可量」（5c15/A70·1/108·10）

とは、上の「甚深無量」（5b26）を頌する。これは諸仏の実智を頌するのである。次の「諸天及世人・一切衆生類・無能知仏者の」三句は、上の諸仏の権智を頌する。これに三つの相違がある。第一に上には人を取りあげ、さらに法を高く掲げるので、「諸仏智慧」という。今の頌には、ただ人を頌するだけである。人によって法をほめるので、「世雄」という。第二には上には開いてたたえ、今は合わせてたたえる。法は個別的であるので、開く必要があり、人は総体的であるので、合わせる必要がある。第三には上には「一切二乗不知」（5b26-27）といい、今は「一切衆生類不知」（5c16/A70·2/108·11）という。「仏力」（5c17/A70·3/108·12）以下の後の一行は、釈迦の二智をたたえることを頌するのである。「仏」とは、「吾従成仏」（5c1）を頌するのである。正面から実智を頌する。「力無畏」（5c17/A70·3/108·12）などは、さまざまな功徳を頌する。権智を頌することである。「余法」（5c18/A70·4/109·1）とは、化他の権を指す。実智を助けるもの【余助】にすぎない。正面から上の「種種因縁」（5c2）を頌する……。「本従」（5c19/A70·5/109·2）の下、後の二行は、合わせて二仏がたたえることを解釈し、たたえることを結論づけるという意味を頌するのである。「本従無数仏　具足行諸道」（5c19/A70·5/109·2）とは、上の諸仏がたたえることを解釈する「仏曾親近百千諸仏尽行道法」（5b27-28）の文を頌するのである。「甚深微妙法」（5c20/A70·6/109·3）は、上の実をたたえることを結論づける「成就甚深未曾有法」（5b29）を頌するのである。「難見難可了」（5c20/A70·6/109·3）は、上の権をたたえることを結論づける「意趣難解」（5c1）を頌するのである。「於無量億劫　行此諸道已」（5c21/A70·7/109·4）は、上の釈迦

117　『経』に、五道にそれぞれ一つの不可思議があることを提示する【経出五道各一不可思議】　出典未詳。

を解釈する「知見波羅蜜皆已得具足」（5c4）を頌する。上の二句（於無量億劫・行此諸道已）は因の具足を取りあげ、次の一句（道場得成果）は果の具足を取りあげる。「我已悉知見」（5c22/A70・8/109・5）の一句は、上の釈迦の二智を結論づける「如来知見広大」（5c4-5）の文を頌するのである。あるときは、四偈によって、合わせて上の二仏の権実を頌する。文を六［段］とする。最初に「世雄」の一句（世雄不可量）は、総じて二仏の二智を頌する。第二に「諸天及世人」（5c15/A70・1/108・10）の三句（諸天及世人・一切衆生類・無能知仏者）は、人を選ぶことを頌する。第三に「仏力」の下の一行（仏力無所畏・解脱諸三昧・及仏諸余法・無能測量者）は、釈迦のなかで権実を解釈することを頌する。第四に「本従」の下の一行（本従無数仏・具足諸行道・甚深微妙法・難見難可量）は、諸仏が権実を解釈することを頌する。第五に「於無量」の下の半行（於無量億劫・行此諸道已）は、上の行因（因を行ずること）を頌する。第六に「道場得成」（5c22/A70・8/109・5）の下の二句（道場得成果・我已悉知見）は、上の得果（果を得ること）を頌する。「如是大果報」（5c23/A70・9/109・6）以下は、第二に十三行半があり、上の絶言（言葉を絶すること）を頌するのである。文を五［段］とする。最初に半行（如是大果報・種種性
44c 相義）の「如是大果報」は、不思議の境を頌する。ただ最初と最後を取りあげて中間は省略する。わかるであろう。「義」（5c23/A70・9/109・6）の字は、兼ねて「究竟等」（5c13）を頌するのである。「大」と「種種」（5c23/A70・9/109・6）は、『［法華］玄義』のなかに説く通りである。[118]「我及十方仏」（5c24/A70・10/109・7）の下、第二に半行（我及十方仏・乃能知是事）は、さかのぼって「取要言之、仏悉成就」（5c8-9）を頌するのである。「不可示」（5c25/A70・11/109・8）の下、第三に半行（是法不可示・言辞相寂滅）は、さかのぼって上の「止不須説」（5c9）を頌するのである。実相は方角・場所（方所）ではないので、「不可示」である。言語で表現できる手立てではないので、「言辞相寂滅」（5c25/A70・11/109・8）である。「諸余衆生類」（5c26/A70・12/109・9）以下は、第四に

不知の人を取りあげることを頌する。それ故、上の長行に、知る者がないので、止めて説かないことを明らかにする。頌のなかの十行半は、不知の人を頌出する。文を八［段］とする。最初に半偈（諸余衆生類・無有能得解）は、まとめて不入の者を選ぶ。［人・天・声聞・縁覚・蔵教の菩薩・通教の菩薩・別教の菩薩の］七方便である。「除諸」（5c27/A70·13/109·10）以下、第二に二句（除諸菩薩衆・信力堅固者）は、能入（入る主体）の者を選ぶ。円教の十信である。それ故、「信力堅固者」（5c27/A70·13/109·10）というのである。長行に究極的な仏の知を明らかにする。偈頌のなかには［十信の最初の］初信の知を明らかにする。たがいに取りあげるだけである。「諸仏子」（5c28/A70·14/109·11）以下は、第三に一行半（諸仏弟子衆・曾供養諸仏・一切漏已尽・住是最後身・如是諸人等・其力所不堪）があり、二乗の不知を選ぶ。「仮使満」（6a2/A72·2/110·2）以下は、第四に一行（仮使満世間・皆如舎利弗・尽思共度量・不能測仏智）があり、身子（舎利弗）の不知を取りあげる。「正使満」（6a4/A72·4/110·4）以下、第五に一行半（正使満十方・皆如舎利弗・及余諸弟子・亦満十方刹・尽思共度量・亦復不能知）は、さまざまな大弟子を取りあげる。「辟支仏」（6a7/A72·7/110·7）以下、第六に二行（辟支仏利智・無漏最後身・亦満十方界・其数如竹林・斯等共一心・於億無量劫・欲思仏実智・莫能知少分）は、［辟］支仏を取りあげる。「新発意」（6a11/A72·11/110·11）以下、第七に二行半（新発意菩薩・供養無数仏・了達諸義趣・又能善説法・如稲麻竹葦・充満十方刹・一心以妙智・於恒河沙劫・咸皆共思量・不能知仏智）は、発心の菩薩の不入を取りあげる。発心という言葉は通じている。あるいは［次の解釈も］可能である。六度の菩薩が三［阿］僧祇の間にまだ惑を断ち切ら

118　『［法華］玄義』のなかに説く通りである【如玄義中説】『法華玄義』巻第二上（大正三三、六九三中二五～下四）を参照。

ないことを、発心と名づける。あるいは［次の解釈も］可能である。上の人・天のなかを指すと、もともと六度を包摂することができるけれども、発心という言葉は、個別に通［教］・別［教］などの発心になぞらえるのである。「不退菩薩」（6a16/A74·1/111·4）以下は、第八に一行（不退諸菩薩・其数如恒沙・一心共思求・亦復不能知）があり、不退の菩薩も知らないことを選ぶのである。通教の不退は、三界内部の惑を断ち切る。このために、別［教の］理を知らない。別教の地前［の菩薩］も位不退・行不退などを証得することがあっても、［別教の地上の菩薩に比して］また知らないものである。

次に「又告舎利弗　無漏」（6a18/A74·3/111·6）以下、第五に一行半（又告舎利弗・無漏不思議・甚深微妙法・我今已具得・唯我知是相・十方仏亦然）は、上の理解するのが難しい法について、仏が実相の境を知ることができることを頌する。「無漏不思議」（6a18/A74·3/111·6）とは、上の要点を結んで権実の止まる境を取りあげることを頌するのである。「甚深微妙法」（6a19/A74·4/111·7）の一句は、上の「第一希有難解之法」（5c10）を頌する。「我今已具得」（6a19/A74·4/111·7）の三句（我今已具得・唯我知是相・十方仏亦然）は、上の「唯仏与仏乃能究尽」（5c10-11）を頌するのである。諸仏の道は同じく、ともにみな完全究極にする【究竟】ことを明らかにする。それ故、「唯我知是相　十方仏亦然」（6a20/A74·5/111·8）とある。「不思議」（6a18/A74·3/111·6）を解釈すると、如意珠にほんのわずかな存在【毫氂之有】がなくても、多くの宝を降らすことができるようなもので
45a ある。実相は不生であるけれども、般若を生ずることができる。「無漏不思議」の一行半を根本として、四種の解釈を生み出す。上に説いた通りである。「無漏」の半句以下は、十法界の解釈のために根本となる。十法界の十如は、さまざまな凡夫・聖人の理性（真理の本性）を包含して、漏れ失うことがないのである。三諦を包含して漏れ失うことなく、権（方便）・実（真実）の智に漏れ失うことがない。「不思議」に焦点をあわせると、

開合（展開と統合）の解釈のために根本となる。権そのままが実であり、実そのままが権である。それ故、不可思議である。「甚深微妙法」に焦点をあわせると、仏法界の解釈のために根本となる。これはわかるであろう。「唯我知是相」に焦点をあわせると、位に焦点をあわせる解釈【約位釈】のために根本となる。これもわかるであろう……。

5.1221122　開三顕一、動執生疑を明かす

「舎利弗当知　諸仏語無異」（6a21/A74·6/111·9）以下は、簡略に開三顕一し、執著を動かして疑いを生じさせる。開［三］顕［一］について二［段］とする。最初に諸仏の顕実（真実をあらわすこと）を明らかにし、次に釈迦の開三を明らかにする。たがいに一方（顕実、または開三）を明らかにするだけである。「諸仏語無異」とは、これは諸仏の教化【化道】は同じであることを論じる。次の二句（於仏所説法・当生大信力）は信を勧め、後の二句（世尊法久後・要当説真実）は正面から顕実する（真実をあらわす）。「世尊法久後　要当説真実」（6a23/A74·8/111·11）は、真をあらわす。昔の執著を動かして、今の疑いを生じさせる。「将非魔作仏」（11a21/A142·1/153·1）は、まさにこの言葉を聞くことによるのである。仏は真実ありのままの言葉によって信を勧めるならば、なぜ逆に疑うのか。［それは、］疑いに基づいて悪口をいう者を防ごうとするために、信を勧める必要があるだけである。「告諸声聞衆」（6a24/A74·9/111·12）以下は、釈迦の開三を明らかにする。［経］文を三［段］とする。最初に一行（告諸声聞衆・及求縁覚乗・我令脱苦縛・逮得涅槃者）は、正面から開三を明らかにする。二乗の非を明らかにしようとするので、「逮得涅槃者」（6a25/A74·10/112·1）という。さらにまた解釈する。「我令脱苦縛　逮得涅槃」（6a25/A74·10/112·1）は、六度（六波羅蜜）の菩薩乗になぞらえる。何によってこれを知

るのか。六度の修行をして、［地獄・餓鬼・畜生・阿修羅の］四趣の束縛を免れるけれども、まだ滅度（涅槃）に入ることができない。三僧祇百劫[119]を経過してやっと涅槃を得る。「逮」は、はるかにやっと及ぶことをいうだけである。さらにまた、六度の行は、先に他者を救済するので、「我令脱苦縛」という。後に無漏を取るので、「逮得涅槃」という。この意義によって推量すると、六度の乗であることを知るのである。さらにまた、数によって推量すると、下の句に「仏以方便力　示以三乗教」（6a26/A74·11/112·2）とある。もしこれを指さなければ、何によって三［乗］とするのか。重ねて二乗を三乗と数えるべきではないのである。次の半行（仏以方便力・示以三乗教）は、正面から三乗がすべて虚偽であると排斥する。次の二句（衆生処処著・引之令得出）は、三［乗］を確立する意味を提示する。意味は方便【権】によって引き導きさまざまな苦を離れさせるからである。真実とするのではなく、ただ方便の門であるだけである。

5.122212　執動じて疑を生じ、疑を騰げて請を致す

5.1222121　疑を叙す

「爾時大衆」（6a28/A74·13/112·4）以下は、疑いに乗じてお願いする【致請】。三［乗］は偽りで、一［乗］
は真実であると聞くことによるので、執著が動いて疑いが生じる。［経］文を二［段］とする。第一に疑いを
45b 述べ、第二に正面から解決を願う。疑いを述べるのに、さらに二［段］がある。第一に経家（経典編纂者）が
述べる。第二に正面から疑いを生ずる。まず千二百［人の阿羅漢］の疑いを述べる。次に［比丘・比丘尼・優
婆塞・優婆夷の］四衆［の疑い］を述べる。上に三乗はすべて方便であると排斥する。疑いを述べることが
ただ二乗にだけあるのは、その執著が重く疑いが深いので、かたよって［二乗だけを］取りあげるからであ

る。もし下の疑いを述べるところになると、「求仏諸菩薩　大数有八万」(6c4/A80·7/115·7) とある。同様にみな疑いがある。それ故わかる。三乗はすべて疑うけれども、二乗を取りあげるだけである。「各作是念」(6b1/A76·1/112·7) 以下は、正面から疑う。さらに二［段］とする。第一に仏の［権実の］二智を疑い、第二に自己の獲得するものを疑う。「何故殷懃称歎方便」(6b2/A76·2/112·8) 以下は、まとめて権実の二智を疑う。「而作是言、仏所得法甚深」(6b2-3/A76·3/112·9) 以下は、実智を疑う。「有所言説、意趣難知」(6b3/A76·4/112·10) 以下は、権智を疑う。「諸仏語無異。要当説真実」(6a21-23/A74·6-8/111·9-11) を聞くので、これから疑いを生ずるのである。なぜならば、仏は昔、三乗の智慧は同じく証得して相違がなく、ただ残りの習気【余習】を尽くすか尽くさないか［の相違］があるだけであると説いたからである。今突然、如来の二智は、私（二乗）の及ぶものではないと［如来の二智を］ほめたたえる。このために仏の二智を疑うのである。「仏説一解脱義。我等亦得此法」(6b4-5/A76·5-6/112·11-12) 以下、これは［二乗が］自分で獲得したものを疑う。三乗という聖人の道は、真実の［苦からの］出離【出要】である。私（二乗）はこの理を修行して、また涅槃に到達する。［しかし、］今にして、突然［三乗が］すべて方便であるという。何が真実であるか、まだわからない。それ故、「不知是義所趣」(6b5-6/A76·7/113·1) という。これは上に三［乗］を排斥して偽りとしたことから、この疑いを生ずる。

119　三僧祇百劫　菩薩が発心してから成仏するまでの時間の長さをいう。三阿僧祇劫の間、六波羅蜜を修行し、百劫の間、三十二相を得る福業を修して成仏する。「阿僧祇」については、『文句』巻第一下の前注36を参照。

5.122122　正しく請決するを明かす

「爾時舎利」（6b7/A76·7/113·2）以下は、第二に正面からお願いする。[経] 文に三請（三回のお願い）・二止（二回の制止）がある。前について三止とする。瑤師・龍師は、「最初に制止するのは、理が深く理解することが難しいからである。最初にお願いするのは、自己と他者の解決を求めるためである。次に制止するのは、驚き疑って信じないからである。次にお願いするのは、長い間 [善根を] 植えて、きっと理解するであろうからである。後に制止するのは、きっと悪口をいって、悪に堕落するであろうからである。後にお願いするのは、利根 [の人] が利益を得るであろうからである」という。今の師（天台大師智顗）はあるとき、「仏はあらかじめ [法説周・譬説周・因縁説周の] 三周[120]が利益を得ることについて、前後が一緒ではないことを知っているので、三たび抑止して、彼（舎利弗）が三たびお願いすることを待つのである」といった。最初の願いについて二 [段] とする。第一に長行、第二に偈頌である。長行を二 [段] とする。第一に疑いを述べ、第二に願いを述べる。疑いを述べることは、二智を疑うことである。願いを述べることは、自己[121]の願いと大勢の者の願いである。偈頌のなかに十一行の偈がある。[経] 文を六 [段] とする。最初の二句（慧日大聖尊・久乃説是法）は、実智を疑うことを頌する。「自説得」（6b15/A78·4/114·1）以下、第二に三行（自説得如是・力無畏三昧・禅定解脱等・不可思議法・道場所得法・無能発問者・我意難可測・亦無能問者・無問而自説・称歎所行道・智慧甚微妙・諸仏之所得）は、権智を疑うことを頌する。「無漏諸」（6b21/A78·10/114·7）以下、第三に三行（無漏諸羅漢・及求涅槃者・今皆堕疑網・仏何故説是・其求縁覚者・比丘比丘尼・諸天竜鬼神・及乾闥婆等・相視懐猶予・瞻仰両足尊・是事為云何・願仏為解説）があり、三乗・四衆に疑いがあることを明らかにする。上の句（無漏諸羅漢）は羅漢を明らかにする。後の二行（其求縁覚者・比丘比丘尼・諸天竜鬼神・及乾闥婆等・相視懐猶予・瞻仰両足尊・是事為云何・願仏為解説）は、縁覚を明らかにする。中間に「及求涅槃者」（6b21/A78·10/114·7）と呼ぶのは、六度の菩薩を明45c らかにする。何によって知ることができるのか。上には「逮得涅槃者」（6a25）といい、このなかには「及」（「及求涅槃者」の「及」）と呼ぶ。「及」とは、この菩薩は自分で涅槃を求め、さらにそれを他者に及ぼす。それ故、二乗と相違する。菩薩であることがわかる。「於諸」（6b27/A80·1/115·1）以下は、第四に一行半（於諸声聞衆・仏説我第一・我今自於智・疑惑不能了・為是究竟法・為是所行道）があり、身子（舎利弗）の疑いを明らかにする。「仏口所生」（6c1/A80·4/115·4）以下は、第五に一行（仏口所生子・合掌瞻仰待・願出微妙音・時為如実説）があり、仏子（菩薩）の疑いを明らかにする。「諸天龍」（6c3/A80·6/115·6）以下、第六に二行（諸天竜神等・其数如恒沙・求仏諸菩薩・大数有八万・又諸万億国・転輪聖王至・合掌以敬心・欲聞具足道）は、まとめて同じく疑い、お願いすることを明らかにするのである。そもそも偈頌と長行は、心で推定することができるであろう。その「長行を」頌するものではない偈頌に関しては、増やして出した偈頌である【長出】。意義にとって差し迫ったもの【急】でないものについては、くどくどしく文を書いて説明する【分擘】ことができないので、省略するだけ

120 三周　法説周・譬喩説周・宿世因縁説周のこと。『法華経』は、理論的に説く法説、三車火宅の比喩によって説く譬喩説、大通智勝仏のときの過去の因縁を説く宿世因縁説の三種の説き方によって、三乗方便・一乗真実（開三顕一）の思想を明らかにした。

121 自己【已】　底本の「已」を、「己」に改める。写本ではしばしば混用する。

【牒】お願いする。すべては文の通りである……。

「爾時仏告」（6c7/A80·10/115·10）以下は、第二の制止である。あらためて疑いを提示してである。

妙法蓮華経文句巻第三下

妙法蓮華経文句　巻第四上

天台智者大師が説く

5.12222　広の開三顕一

5.122221　章を分ちて根を示す

「爾時世尊告舎利弗、汝已殷懃三請。豈得不説」（7a5-6/A86・4-5/118・8-9）以下は、詳細に開三顕一を明らかにする。全部で七品半がある。［経］文を三［段］とする。第一に上根の人のために法によって説き、第二に中根の人のために比喩によって説き、第三に下根の人のために過去世【宿世】の因縁によって説く。また［それぞれ］理、事、行とも名づける。たとえば『大品［般若経］』のようなものは、[1]また三根のためである……。

1　たとえば『大品［般若経］』のようなものは【例如大品】『大品般若経』巻第二十一、方便品、「是の菩薩摩訶薩は是れを学び、略して般若波羅蜜を摂すれば、則ち一切法の略広の相を知る。世尊よ、是の門は、利根の菩薩摩訶薩の入る所なり。仏の言わく、鈍根の菩薩も亦た是の門に入る可し。中根の菩薩、散心の菩薩も亦た是の門に入る可し」（大正八、三七二上五～九）を参照。

5.122222　義門分別

5.1222221　正しく義門を立つ

5.12222211　名を列す

今、十種の意義によって考察する[2]【料揀】。第一に共通性があることと個別性があることがある。第二に声聞がいることと声聞がいないことがある。第三に惑に厚いものと薄いものがある。第四に根（能力）の転換と不転換がある。第五に根に悟る者と悟らない者がいる。第六に領解（仏の説法を理解すること）と不領解がある。第七に記別を得ることと記別を得ないことがある。第八に覚りに浅いものと深いものがある。第九に利益に権（方便）と実（真実）がある。第十に時を待つことと時を待たないことがある。

5.12222212　別して釈す

5.1222221201　通有り別有ることを明かす

第一に共通性・個別性を明らかにすることについては、初めの周は個別的には法説と名づけるが、共通的には三［説］を備える。「優曇花が適切な時に一度だけ現われるようなものである[3]」とは、譬説である。「もし私が衆生に出会うならば、すべて仏の覚りによって教える[4]」とは、因縁説である。中間の周は個別的には譬説と名づけ、共通的にはまた三［説］がある。「私は前に『みな菩薩を教化しようとするからである』といわなかったか」とあり[5]、さらにまた、合譬《ごうひ》[6]の「一仏乗について、区別して三［乗］を説く」とあるのは[7]、法説である。「二万億の仏のもとで、常にあなたを教化した」とあるのは[8]、因縁説である。もしこの文が法説に所属す

2　今、十種の意義によって考察する【今以十義料揀】　この十義については、吉蔵『法華玄論』巻第五に拠る部分が多い。平井俊榮『法華文句の成立に関する研究』三二一～三二三頁を参照。

3　「優曇花が適切な時に一度だけ現われるようなものである」【如優曇花時一現耳】『法華経』方便品、「是の如き妙法は、諸仏如来は時に乃ち之れを説く。優曇鉢華の時に一たび現ずるが如くなるのみ」（大正九、七上一五～一六）を参照。「優曇花」については、「優曇」は、udumbara の音写語。三千年に一度だけ開花するといわれ、稀有な現象をたとえる。

4　「もし私が衆生に出会うならば、すべて仏の覚りによって教える」【若我遇衆生尽教以仏道】『文句』巻第二下の前注218を参照。

5　「私は前に『みな菩薩を教化しようとするからである』といわなかったか」とあり【我先不言皆為化菩薩故】『法華経』譬喩品、「我れは先に、『諸仏世尊は種種の因縁、譬喩、言辞、方便を以て法を説くは、皆な阿耨多羅三藐三菩提の為めなり』と言わざりしや」（同前、一二中九～一一）を参照。

6　合譬　比喩を思想的内容に対応させること。これは、比喩の思想的意味を説明することになる。経典自身が、比喩を説いた後に、しばしばその比喩がどのような教理を意味しているかを解説するが、比喩を説くことを開譬、比喩の解説を合譬という。

7　「一仏乗について、区別して三［乗］を説く」とある【於一仏乗分別説三】『法華経』譬喩品、「当に知るべし、諸仏は方便力の故に、一仏乗に於いて、分別して三を説く」（同前、一三下一七～一八）を参照。

8　「二万億の仏のもとで、常にあなたを教化した」とある【於二万億仏所常教化汝】『法華経』譬喩品、「我れは昔、曽て二万億仏の所に於いて、無上道の為めの故に、常に汝を教化す。汝も亦た長夜《じょうや》に我れに随いて受学しき。」（同前、一一中一〇～一一）を参照。この文は譬喩品に属しているが、法説周の述成段に相当するものである。

46a るというならば、「長者は聞いてから、驚いて火宅に入り、適宜な方法によって救済する」とある[9]のを取りあげることができる。［これは］因縁説である。下の周は個別的には宿世因縁と名づけ、共通的にはまた三［説］を備える。「涅槃の時が来て、多くの者がさらに清浄となれば、仏の智慧に入らせる」とある[10]のは、法説である。「一人の指導者がいる」とある[11]のは、譬説である。ところが、三周とするのは、［個別的には］多いものにしたがい、中心的なもの【正】にしたがい、［共通的には］簡略なものにしたがい、補助的なもの【傍】にしたがう。名前を乱れさせないようにして、それぞれ一つの意味に基づくだけである。

質問する。三周は三根の人のためである。一つの周に共通して三説があるならば、一つの説に三根を備えるはずである。

答える。法説はただ上のなかの上に投合する【逗】だけではなく、さらに［上のなかの］中・下がある。中心的なもの【正】（上の上）にしたがい、補助的なもの【傍】（上の中、上の下）を省略するので、上根の人に投合するというだけである。他の二周も同様である。

5.1222221202　声聞有り声聞無きことを明かす

第二に声聞がいることと声聞がいないことを明らかにすることについて［述べる］。光宅［寺法雲］は、「きっと実行《じつぎょう》[12]の声聞がいる。もし実［行の声聞］がいないというならば、権［行の声聞］は何か［それに対して］応現する対象があるであろうか」［と解釈している］。開善［寺智蔵］は、実行の声聞がいないと解釈して、『勝鬘［経］』の「三乗の初心者【三乗初業】は、法に対して愚かではない[13]」を引用する。［三乗の初心者の前の］外凡[14]は一乗を知っている。どうして二乗がまだ小果に執着することがあるであろうか。『経』に［声聞が］いると明らかにするのは、権（方便）である。この二家（法雲と智蔵）は片方にだけ執著して、経に背き意義を失う。もし［二乗が小果に執著することが］きっとあるならば、『［法華］経』にどうして声聞の弟子がおらず、ただ菩薩たちだけを教化するというのか。もし［二乗が小果に執著することが］きっとなければ、だれが化城に入るであろうか。また開会すべき三［乗］がなければ、権［行の者］は何を引き導くのか。もし

9　「長者は聞いてから、驚いて火宅に入り、適宜な方法によって救済する」とある**【長者聞已驚入火宅方宜救済】**『法華経』譬喩品、「長者は聞き已りて、驚きて火宅に入り、方宜《ほうぎ》もて救済し、焼害無からしむ」（同前、一四中七～八）を参照。

10　「涅槃の時が来て、多くの者がさらに清浄となれば、仏の智慧に入らせる」とある**【涅槃時到衆又清浄令入仏慧】**『法華経』化城喩品、「若し如来は自《みずか》ら涅槃の時到り、衆は又た清浄にして、信解堅固にして、空法を了達し、深く禅定に入るを知らば、便ち諸菩薩、及び声聞衆を集め、為めに是の経を説く」（同前、二五下一〇～一二）を参照。

11　「一人の指導者がいる」とある**【有一導師】**『法華経』化城喩品、「一導師有り、聡慧明達《そうえみょうだつ》にして、善く険道の通塞《つうそく》の相を知り、衆人《しゅにん》を将導《しょうどう》して、此の難を過ぎんと欲す」（同前、二五下二八～二九）を参照。「導師」は、比喩のなかでは道案内人のこと。

12　**実行**　権行に対する語。権は、仮の意。本地を隠して衆生救済のために仮に現われた姿を権といい、その立場に基づく行為を権行という。「実行」の実は、外相と内実が一致していることをいい、その立場に基づく行為を実行という。

13　**『勝鬘［経］』の「三乗の初心者【三乗初業】は、法に対して愚かではない」【勝鬘三乗初業不愚於法】**『勝鬘経』顚倒真実章、「三乗の初業は、法に愚かならず。彼の義に於いて、当に覚るべく当に得べし。彼の為めの故に、世尊は四依を説く」（大正一二、二二二上二九～中一）を参照。

14　**外凡**　小乗仏教の階位では、五停心・別相念処・総相念処の三賢を外凡夫といい、煖・頂・忍・世第一法の四善根を内凡夫という。見道以上は聖位になる。

実［行の者］はおり、権［行の者］に引き導かれるというならば、また実に三蔵の仏がいて、また権の三蔵の仏に引き導かれるはずである。もし実にこの仏がなく、ただ権の仏だけがいるならば、なぜただ権の声聞だけがいて実の声聞がいないと許さないのか。この意義は例とならない。ほんとうに界内の惑を断ち切ることがあるならば、これを実［行の者］と呼ぶ。ところが、権［行の］者はこれに応じて現われる。どこに三界内部の惑を断ち切る仏がいて、権の仏がこの仏に応じて現われるであろうか。今明らかにする。［声聞の］有無については、［あるかないかの］片方だけに執著してはならない。もし長者が実智によって観察に行くことにしたがうならば、客作の人（雇われた労働者）はいない。もし窮子の能力・性質【根性】にしたがうならば、自分で労働者【作人】と思う。『法華論』に、「四種の声聞がいる。第一に決定［の声聞］、第二に上慢［の声聞］、第三に大乗から退いた［声聞］（退菩提心の声聞）、第四に応化［の声聞］である」とある。[15]前の［決定の声聞、増上慢の声聞の］二つはまだ成熟していないので、授記を与えない。後の［退菩提心の声聞、応化の声聞の］二つは記別を与える。もし今の『［法華］経』によるならば、五つ［の声聞］があるべきである。第一に長い間小［乗］を習い、今世に道が成熟して、小［乗の］教えを聞いて果を証得する。『［法華］論』に関しては、決定の声聞である。第二にもともと菩薩であり、劫を積んで道を修行し、中間に生死に対して疲れて嫌になり【疲厭】、大［乗］から退いて小［乗］を取る。『大品［般若経］』には［空の智慧がなく、六波羅蜜それぞれを実体化する］別異の善根（小乗の善根）と呼んでいる。[16]仏はひとまずその小［乗の］道を成就して、小［乗の］教えを説く。［小乗の］教えに限定して結（煩悩）を断ち切り［小乗の］果を取る。大［乗］から退くことはまだ長い時間が経っておらず、小［乗］を習ってから間もないので、道理として悟りやすいはずである。『［法

46b
華］論』に関しては、退菩提［心］の声聞である。第三にこの［決定の声聞・退菩提心の声聞の］二つによる

ので、諸仏・菩薩は内に［菩薩であることを］秘密にし、外に［声聞であることを］現わして、[17]［衆生を］成熟させ引き導いて救い取り【成就引接】、大［乗の］道に入らせる。『［法華］論』に関しては、応化の声聞である。第四にもし権［行の者］・実［行の者］の二種を見て、生死を脱出することができるならば、涅槃を喜び楽しみ【欣楽】、戒定慧を修行し、少し観察する智慧があって、まだ［相］似［即］の位に入らず、得るも

15　『法華論』に、「四種の声聞がいる……第四に応化［の声聞］である」とある【法華論有四種声聞一決定二上慢三退大四応化】「決定声聞」は、終始一貫して小乗の立場にある声聞。「増上慢声聞」は、悟っていないのに悟ったという慢心を起こす声聞（実は凡夫）。「退菩提心声聞」は、もと菩薩として大乗を修行したが、小乗に退転した声聞。これを「退大取小」と表現することもある。「応化声聞」は、仏・菩薩が仮りに声聞の姿に応化（応現）したもの。『文句』巻第一上の前注141を参照。

16　『大品［般若経］』には［空の智慧がなく、六波羅蜜それぞれを実体化する］別異の善根（小乗の善根）と呼んでいる【大品称為別異善根】「別異善根」とは、三蔵＝小乗の善根をいう。『大品般若経』巻第十六、大如品、「舎利弗よ、是の六十の菩薩は、先世に五百仏に値いて親近供養し、五百の仏の法の中に於いて、布施・持戒・忍辱・精進・禅定を行じ、般若波羅蜜無く、方便力無きが故に、別異の相を行じ、是の念を作さく、是れ布施、是れ持戒、是れ忍辱、是れ精進、是れ禅定なり。般若波羅蜜無く、方便力無きが故に、布施・持戒・忍辱・精進・禅定は、異別の相を行ず。異別の相を行ずるが故に、異相無きことを得ず。異相無きことを得ざるが故に、菩薩の位に入ることを得ず。菩薩の位に入ることを得ざるが故に、須陀洹果を得、乃至、阿羅漢果を得」（大正八、三三六中三～一一）を参照。『講義』には、「般若の空慧無く、六度に各各異相を存し、退屈の念を生ずる者を、別異の善根と云う」とある。

17　内に［菩薩であることを］秘密にし、外に［声聞であることを］現わして【内秘外現】『文句』巻第一上の前注43を参照。

のが少ないが、果を証得したと思い込む。これを「まだ［覚りを］得ていないのに得たと思い、まだ証得していないのに証得したと思う[18]」と名づける。『［法華］論』に関しては、増上慢の声聞である。第五には大乗の声聞である。仏道の声をすべての者に聞かせる。[19]もし決定・退菩提［心］の二種［の声聞］にしたがうならば、声聞がいる。もし大乗にしたがうならば、道理として灰身滅智【灰断】して、長く化城に留まることがなく、最終的に宝所に帰着する。実［行の］者がそうである以上、権［行の者］はいない。それ故、声聞はいない。もし増上慢の者がまだ位に入らないからには、実［行の者］ではない。さらにまた、応化［の声聞］ではないので、権［行の者］ではない。もしこのことを理解すれば、［声聞の］有無に関しては、理解できるであろう。どうしてしつこく争うことが必要であろうか。次に、ただ大乗の声聞について、また［声聞の］有無を論じる。もし仮りに応化［の声聞］となって、外に小［乗の］迹を現わし、内に大［乗の］徳を隠すならば、大乗の声聞がいないと思い込む。もし自行の発迹顕本にしたがうならば、大乗の声聞がいるという。今の開三顕一の正しい意味は、決定［の声聞］・大乗から退いた声聞を、大乗の声聞とならせようとするためである。自行が確立する以上、教化して声聞に応じることができる。もしこのことを理解すれば、［声聞の］有無について理解するのである。

5.1222221203　惑に厚薄有ることを明かす

第三に惑に厚いものと薄いものがあることについては、瑤師[20]は、「［上中下の］三根は果を得た後に、無生を自在に観察する【遊観】。無生の理は一つである。その観察から出るに及んで、［声聞乗・縁覚乗・菩薩乗の］三教を対象とすれば、相違する。きっと相違する三教によって、無生の一理に惑う。その意味は、教は三である以上、理はどうして一であろうかということである。さらにまた、一理によって三教に惑う。理は一である以上、教はどうして三であろうかということである。理と教の間にぐずぐずして留まり【踟躕】、得失についてあてどなくうろつく【迴遑】。理によって教に惑うことは、これに［理にしたがうという］得の意義がある。教によって理に惑うことは、これに［理に違背するという］失の意義がある。上根は理によって教に惑う情が多い。最初に法説を聞いて、［理によって教に惑う］情にしたがってすぐに悟る。下根は教によって理に惑う情が多い。法説に三乗がないということを聞いて、その［法説の］考え【計謂】に逆らうので、三度聞いて、やっと理解する。中根は二楹《よう》21（上根と下根）の間にいるので、法説において悟らず、譬説においてすぐに理解する」といっている。今思うに、ここで三根を解釈するのは、まだ必ずしもそうであるはずはない。三人

18　「まだ［覚りを］得ていないのに得ていたと思い、まだ証得していないのに証得したと思う」【未得謂得未証謂証】覚りを得ていないのに、覚りを得たと思いこむおごり高ぶったさまをいう。『法華経』方便品、「此の輩は罪根深重にして、及び増上慢にして、未だ得ざるを得たりと謂《おも》い、未だ証せざるを証せりと謂う」（同前、七上九～一〇）を参照。

19　仏道の声をすべての者に聞かせる【以仏道声令一切聞】『法華経』において、声聞が真の声聞となったことを意味する語。『法華経』信解品、「我れ等は今者《いま》、真に是れ声聞なり。仏道の声を以て、一切をして聞かしむ。我れ等は今者、真に阿羅漢なり」（同前、一八下二〇～二一）に基づく。

20　瑤師　法瑤のこと。巻第一上の前注21を参照。この法瑶の引用については、吉蔵『法華玄論』巻第五（大正三四、四〇〇中二～一一）を参照。

21　二楹　両楹と同じ。『文句』巻第三上の前注50を参照。

46c はどのような理と教［の間］にぐずぐずして留まる【踟蹰】のか。もし小乗の理教にあてどなくうろつく【迴遑】ならば、疑惑はまだなくならず、まだ［声聞の］初果、結（煩悩）を断ち切った人ではない。もし大乗の理教にあてどなくうろつく【迴遑】ならば、大乗は［小乗と］はっきりと区別されて【条然】ずっと相違している。どうして小乗とたがいに混同して、ぐずぐずして留まる【踟蹰】というのか。もし小［教］によって大［理］に惑い、大［理］によって小［教］に惑うならば、『法華経』以前はまだ方便を排斥していないので、どうして突然自在に観察し【遊観】［観察から］出たり［観察に］入ったりして、前もってぐずぐずして留まる【踟蹰】ことがあるであろうか。前もってぐずぐずして留まる【踟蹰】以上、疑いが生じ執著が動くことは、今日に始まるのではない。もし先より執著を動かして疑いを生ずるならば、開三顕一を聞いて、すぐに理解するべきである。どうして突然やはり驚き疑うことがあるであろうか。進んで［大に迷うこと］、退いて［小に迷うことは、どちらも］根拠がないので、この理解を用いない。今明らかにする。根に鋭いものと鈍いもの【利鈍】があるとは、いずれも大乗の能力・性質【根性】を論じる。惑に厚いものと薄いものがあるとは、別惑[22]に焦点をあわせていうだけである。つまり四句とする。第一に惑が軽く根（仏の教えを受ける能力）が鋭い。第二に惑が重く根が鋭い。第三に惑が軽く根は鈍い。第四に惑が重く根が鈍い。もし別惑が軽く大根（大乗を受ける能力）が鋭いならば、最初に聞いてすぐに悟る。もし惑が重く根が鋭いならば、再び聞いて、はじめて理解する。もし惑が軽く根が鈍いならば、三たび聞いて、やっと解決する。第四句は三たび聞くけれども、覚りを得ることができず、ただ結縁衆となるだけである。あるいは［次の解釈も］可能である。［上の四句のうち］最初の二句の根が鋭いことを、ともに上根とする。あるいは［次の解釈も］可能である。［上の四句のうち］中間の二句を、中・下の根とする[23]……。次に、初品の無明（四十二品の無明のなかの第一）に三種があり、初住の中道を覆うことに焦点をあわせる。最初の法説の上根の人に関しては、三種の無明は同時にすべて消滅し、仏知見を開き、菩薩の位に入って、［阿耨多羅三藐三］菩提の記別を得る。中根は第二種の無明を断ち切り、下根は第一種［の無明］を断ち切る。次に、譬説のときは、中根は第三種［の無明］を完全に断ち切り、仏知見を開き、菩薩の位に入って、記別[24]を授けることができる。下根は進んで第二種［の無明］を断ち切る。次に因縁説を聞き、下根は第三種［の無明］を完全に断ち切り、仏知見を開いて、菩薩の位に入るのである。たとえば小乗の十六心[25]がまだ満ち足りないことを、初果と名づけることはできず、十六心が満ち足りることを、須陀洹と名づけるようなものである。

22　**別惑**　見思惑は声聞・縁覚・菩薩が共通に断じる惑なので、通惑と呼ぶ。これに対して、塵沙惑・無明惑は菩薩だけが断じる惑なので、別惑と呼ぶ。

23　［上の四句のうち］中間の二句を、中・下の根とする【中間両句為中下根】『文句記』巻第四中、「第二釈の中、応に中間の二句を以て中と為すべし。文に『為中下』と云うは、或いは『下』字を剰《あま》す。或いは『下根』の字は、別して下句と為す」（大正三四、二二七中九～一〇）を参照。

24　**記別**【記莂】 vyākaraṇa の訳語。「記莂」は記別と同じ。仏が弟子に与える成仏の予言・保証のこと。

25　**十六心**　見道において四諦を現観する無漏智に、見惑を断じる無間道（無礙道）の智＝忍と、断じおわって四諦の理を証する解脱道の智がある。全部で八忍・八智の十六心がある。欲界の苦諦に関して苦法智忍・苦法智、上界（色界・無色界）の苦諦に関して苦類智忍・苦類智があり、以下同様にして、集法智忍・集法智・集類智忍・集類智、滅法智忍・滅法智・滅類智忍・滅類智、道法智忍・道法智・道類智忍・道類智がある。道類智の前の十五心が見道に属し、道類智は修道に属す。

5.122221204　転根・不転根を明かす

第四に根の転換、根の不転換を明らかにすることについては、旧［説］には、「上根は最初に法説を聞いてすぐに悟る。ところが、中根は転換して上根と同じものとなり、下根は進んで中根と同じものとなる。譬説のときは、中根は前に上［根］となったので、すぐに悟ることができ、下根は上［根］となる。次に、因縁説のときは、下根は上［根］と同じものとなるので、すぐに悟ることができる」とある。[26]もしそうであるならば、下［根］を転換して上［根］となり、因縁説のときは、すべて上［根］であり、利［根］となることは等しい。どうしてなお鈍［根の］者は因縁説を待つということができようか。もし転換して上［根］となるならば、上［根］と同じく悟る。もしまだ悟らず、やはり鈍［根］と名づけられるならば、根の転換の意義はない。たとえば、身子（舎利弗）は一たび聞いて、目連は再び聞いて、同じく初果を得るようなものである。もし二人がいずれも利［根］であるならば、優劣がない。もしなお利・鈍と呼ぶならば、根の転換の意義は成立しない。47a そもそも衆生の心【心神】は定まらない。悪縁（悪い外的条件）に遭遇すると、利［根］を鈍［根］に転換し、善縁に遭遇すると、鈍［根］を利［根］に転換する。過去世に仏に出会って法を聞き、自分で下［根］・中［根］を上［根］に転換することがあるならば、ともに法説において悟ることができる。自分で下［根］を中［根］に転換することがあるならば、譬説を聞いて理解することができる。下［根］である者は転換せず、三周を経て、やっと理解する。このような根の転換は、古い解釈と同じではない。三つの刀で木をたたき切る場合、利［刀］は一回、中［刀］は二回、鈍［刀］は三回打ち下ろすと、利・鈍［の区別］の名は失われずに残るけれども、木が断ち切られることは同じであるのにたとえる。[27]

質問する。三根は初住の位に入るけれども、やはり利・鈍があるのか。

答える。真修[28]の本体があらわれると、［利・鈍の］差異はない。

質問する。もしそうであるならば、初住以上にあらためて縁修を起こす場合、［三根に］優劣はあるのか。

答える。この同じ位の人に、もう優劣はない。真修の本体は融合している。どうして相違することがあるであろうか。

26　旧［説］には、「上根は最初に法説を聞いてすぐに悟る……下根は上［根］と同じものとなるので、すぐに悟ることができる」とある【旧云上根初聞法説即悟而中根転同上根下根進同中根若譬説時中根前已成上即能得悟下根成上次因縁説時下根已同於上故即得悟】　誰の説か特定はできないが、『法華玄論』巻第五に、「有る人の言わく、初周の法説は、上根は聞いて即ち悟り、中根は転じて上根と為り、下根は進んで中根と為る。第二周の説は、中根は上根に同じく悟ることを得。下根は転じて上根と為る」（同前、三九九下一三～一五）と、類似の説が紹介されている。

27　三つの刀で木をたたき切る場合、利［刀］は一回……木が断ち切られることは同じであるのにたとえる【譬三刀斫木利一中二鈍者三下利鈍之名不失木断之処是同】　『法華玄論』巻第五、「刀の物を斫《き》るに、一たび斫断《しゃくだん》する者を上と為し、二たび斫断する者を中と為し、三たび斫断する者を下と為すが如し。復た倶に断ずと雖も、而も利鈍の別有り。前後に悟ることを得ると雖も、亦た利鈍の殊なり有るなり」（同前、三九九下一九～二二）を参照。

28　真修　ことさらに修行しようという意志を起こさずに無心無作で行なう修行をいう。「縁修」は、真如を縁ずる（対象とするの意）有心有作＝作為的な修行をいう。

5.122221205　悟・不悟有ることを明かす

第五に［根に］悟ることと悟らないことがあることを明らかにすることについては、『経』のなかで、多くの場合、菩薩を上根とし、縁覚は中根、声聞は下根であると明らかにする。[29]もし菩薩が上根であるというならば、みな法説において悟ることができ、縁覚はみな譬説において理解することができ、声聞はみな因縁［説］において悟ることができるはずであるのか。ところが、『経』のなかでは、一応、判定して三根を提示している。覚り【悟解】に関しては、意義はまだ必ずしもそうではない。今の『［法華］経』にはただ声聞が理解することができるのを見て、［辟］支仏を見ないことは、［辟］支仏が中根であり、仏が世間に出現することに出合う以上、声聞の数に入るからである。根にしたがって悟ることができるので、特別に縁覚と掲げないだけである。それ故、身子（舎利弗）が［仏に説法を］請う偈頌には、「その縁覚を求める者、比丘、比丘尼」とある。[30]この文によると、縁覚は［比丘・比丘尼・優婆塞・優婆夷の］四衆に包摂されることがわかるのである。さらにまた、法師品には、「比丘・比丘尼・優婆塞・優婆夷の声聞を求める者、［辟］支仏を求める者」とある。[31]どうして縁覚の覚りがないであろうか。旧［説］には、「菩薩は上根であるけれども、必ずしもみな利［根］であるわけではない。多いものにしたがって上［根］とする。ところが、執著の心は転換しやすい。その域懐《いきかい》[32]を尋ねると、仏を求め、ただ三百［由旬］[33]を過ぎてから、すぐに近い果を求めることに執著する。この疑いは悟りやすい。三根の菩薩は、ともに法説において理解することができる。上［根］の者はあるときは略説にあり、中［根］の者はあるときは広説の最初にあり、下根の者は身子（舎利弗）と等しい」とある。今明らかにする。菩薩という言葉は広く行き渡っている【通】。ただ大［乗の］心を生じさえすれば、すべて菩薩である。どうしてみな利根である必要があろうか。身子に及ぶものでさえ少ない。どうして初周（法説周）の前［の箇

所］においてともに覚りを得ることができようか。もしそうであれば、［如来］寿量［品］を流通する場合、

29　『経』のなかで、多くの場合、菩薩を上根とし、縁覚は中根、声聞は下根であると明らかにする【経中多明菩薩為上根縁覚中根声聞下根】『法華玄論』巻第五、「有る人の言わく、三乗に約して上中下根を判ず。菩薩を上根と為し、縁覚を中根と為し、声聞を下根と為す」（同前、三九九下一六～一七）を参照。

30　「その縁覚を求める者、比丘、比丘尼」とある【其求縁覚者比丘比丘尼】『法華経』方便品、「其の縁覚を求むる者、比丘、比丘尼」（大正九、六中二三）を参照。

31　法師品には、「比丘・比丘尼・優婆塞・優婆夷の声聞を求める者、［辟］支仏を求める者」とある【法師品云比丘比丘尼優婆塞優婆夷求声聞者求支仏者】『法華経』法師品、「及び比丘、比丘尼、優婆塞、優婆夷、声聞を求むる者、辟支仏を求むる者、仏道を求むる者、是の如き等の類は、咸《み》な仏前に於いて、妙法華経の一偈一句を聞き、乃至一念随喜せば、我れは皆な授記を与え、当に阿耨多羅三藐三菩提を得べし」（同前、三〇下三～七）を参照。

32　域懐『文句記』巻第四中に、「域懐と言うは、域は限域を謂う。期心の分斉なり」（大正三四、二二七下一八～一九）とある。これによれば、「域」は限られた領域の意味であり、「懐」は何かを求める心のあり方を意味するようである。

33　三百［由旬］【三百】『法華経』化城喩品に説かれる化城宝処の譬喩に基づく。五百由旬のところにある宝処を目指す隊商たちを、一時的に休憩させるために、彼らの道案内人（指導者である仏をたとえる）が三百由旬のところに幻の城市（化城）を作った。これは声聞・縁覚の小乗の涅槃をたとえる。五百由旬は、仏の真実の涅槃＝成仏をたとえる。

なぜ菩薩たちで段階的に【節節】無生忍を悟ることができる者や菩提心を生ずる者がいるのか。[34] 旧［説］には、「［如来］寿量［品］において悟ることは、すべて法身［菩薩］[35]が覚り［の智慧］を増やし生［死の苦］を減ら47b す【増道損生】ことである」とある。今、そうではないという。六百八十万億那由他恒河沙の人がいて無生法忍を得る。[36] この人々ははじめてこの［無生法］忍を得る。［如来］寿量［品］の前には、まだ法身［菩薩］ではないと知るべきである。それ故わかる。菩薩が悟ることができることは、初周の最初に限局されるべきではない。

質問する。菩薩が悟ることができることは始めから終わりまで一貫しているので、二乗の悟ることができることも同様に［『法華経』の］後ろ［の品］にまで至るべきである。

答える。三周において父子の天性を定めること[37]が終わったので、みな菩薩と名づける。たとい［『法華経』の］後ろにおいて悟っても、同じく菩薩の覚りと名づけるのである。

5.1222221206　有領解・無領解を明かす

第六に領解と不領解があることを明らかにすることについては、もし三乗が同じく悟るならば、なぜただ声聞の理解だけを見て、その［縁覚と菩薩の理解の］二つはないのか。今明らかにする。仏のいないときに世間に出現するものを、独覚[38]と名づける。仏が十二因縁の法を説くことを聞くものを、縁覚と名づける。声聞の数に入って覚りを得、理解する以上、みな特別には提示しない。大意はわかるであろう。身子（舎利弗）・迦葉などは、すべて中乗（縁覚乗）の根性（能力・性質）である。それ故、声聞の理解に、縁覚を兼ねることができ、わざわざ特別に［縁覚の領解を］提示することがないのである。さらにまた、四衆のなかに、縁覚の心を

生ずる者がいる。その人（縁覚）が悟ることができるのは、［多数がいて、］一人ではないのである。信解品に、

34　なぜ菩薩たちで段階的に【節節】無生忍を悟ることができる者や菩提心を生ずる者がいるのか【何意有諸菩薩節節得悟無生忍者発菩提心者】『法華経』分別功徳品に説かれる、如来の寿命長遠を信じる十二種の功徳（大正九、四四上八～二五）を指す。

35　法身［菩薩］【法身】　天台家では、別教の初地、円教の初住以上の菩薩を法身菩薩といい、それ以下の位の菩薩を生身菩薩という。無生忍＝無生法忍を悟るのは、別教の初地、円教の初住以上の菩薩とされる。

36　六百八十万億那由他恒河沙の人がいて無生法忍を得る【有六百八十万億那由他恒河沙人得無生法忍】『法華経』分別功徳品、「我れは是の如来の寿命の長遠なるを説く時、六百八十万億那由他恒河沙の衆生は、無生法忍を得」（同前、四四上八～一〇）を参照。

37　父子の天性を定める【定父子天性】　天性は生まれつきの本性の意。定は確立すること。「天性を会す」（会は、合致させるの意）という表現もよく出る。具体的には、『法華経』信解品の長者窮子の譬喩において、離ればなれであった父と子が本来の父子の関係を再び回復することをいう。長者は窮子の実の父という天性、窮子は長者の実の子という天性を持っているが、それぞれの天性を確立すること。

38　独覚　pratyekabuddha の訳語。縁覚とも訳す。辟支仏は音写語。ここでは、無仏の世に出現して独自に悟った人を独覚といい、仏から十二因縁の教えを聞く者を縁覚というように、独覚と縁覚は区別されている。

「秘密に二人を派遣し、［窮子を］追いかけて捉え、連れ帰らせる」とあるのは[39]、とりもなおさずその意義である。菩薩が領解しないことについては、声聞の教えは成仏することを明らかにしない。今の『［法華］経』に、それ（声聞）が大［乗］に帰着する道を開くけれども、自分で理解の誤謬を恐れるので、仏に対して［声聞の］理解を述べる。菩薩はそうでないので、領解がない。さらにまた、その意味に三つがある。第一に菩薩は、本心では仏を求める。たといさまざまな執著【異執】があっても、執著は軽く、最終的に仏を取ることに帰着し、［成仏することが］できないという心配はない。今、三周の説を聞いて、ただその観察する智慧を正すので、領解を必要としない。第二に菩薩が大［乗］を悟ることについては、至る所に［経］文がある。二乗の作仏は、今の教（『法華経』）から始めて、肝腎な点を追い求めて【逐要】流伝させるので、菩薩の領解を省略する。梵文【胡文】にはあるかもしれないけれども、漢（中国）では省略して書かないだけである。第三に菩薩の階位と修行【位行】は深遠で他を絶している。初心で低位の【新小】菩薩たちは、けっして領解しない。［如来］寿量［品］を説き終わって、弥勒はすべて領解する。初め「無生法忍[40]」から終わり「一回生まれた後［に最高の完全な覚りを得るであろう[41]］」までは、領解を完備する。あらためて何を求めるのか……。

5.1222221207　得記・不得記を明かす

第七に記別を得ることと記別を得ないことについては、もしともにみな領解するならば、なぜ声聞は記別を得て、縁覚・菩薩が記別を受けることを見ないのか。これにもまた三つの意味がある。第一には昔、二乗は［二乗としての］正しい位に入って、発心することができないと明らかにする。何によって記別を得るのか。今、大［乗］を悟り、この個別的な授記[42]を喜ぶので、劫・国[43]を記すのである。菩薩は発心して仏を求め、修行が完成

47c して自然と満たされるので、急に求めることを喜ばない。仏も速やかには授［記］しない。さらにまた、［『法華経』の］前の教えは、至る所で菩薩に授記する。これは通常の説である。肝腎な点を追い求めて【逐要】伝え翻訳する。前の通りである……。第二に菩薩にまた個別的な授記がある。調達（提婆達多）・龍女は、どうして［授］記でないであろうか。さらにまた、法師品には、「声聞を求める者、辟支仏を求める者、仏道を求める者、このような類は、みな仏前で、法華経を聞く。私はみな［阿耨多羅三藐］三菩提を獲得するであろうと、授記を与える」とある。[44] これはどうしてみな［授］記でないであろうか。第三に二乗は昔からまだ［仏の］八

39 信解品に、「秘密に二人を派遣し、［窮子を］追いかけて捉え、連れ帰らせる」とある【信解品云密遣二人追捉将帰】『法華経』信解品、「爾の時、長者は将《まさ》に其の子を誘引せんと欲して、方便を設け、密かに二人の形色憔悴して威徳無き者を遣わす」（同前、一七上七～八）、同、「即ち使者に勅して、追捉して将《ひき》い来たらしむ」（同前、一八上一二）を参照。

40 「無生法忍」【無生法忍】前注36を参照。

41 「一回生まれた後［に最高の完全な覚りを得るであろう］」【余有一生在】『法華経』分別功徳品、「或いは一四天下の微塵数の菩薩は、余り一生在ること有りて、当に一切智を成ずべし」（同前、四四中二四～二五）を参照。「余有一生在」は偈文であるが、偈頌の前の長行で対応するものは、「復た一四天下微塵数の菩薩摩訶薩有りて、一生に当に阿耨多羅三藐三菩提を得べし」（同前、四四上二一～二四）である。

42 個別的な授記【別決】特定の声聞に対する個別的な授記の意。声聞全体に対する「通記」に対する語。

43 劫・国【劫国】授記の内容として、未来に成仏するときの劫の名前、国の名前などを予言する。

44 法師品には、「声聞を求める者……授記を与える」とある【法師品云求声聞者求辟支仏者求仏道者如是等類咸於仏前聞法華経我皆与授記当得三菩提】前注31を参照。

相[45]の記別を得たことがなかったので、その劫・国を記す。菩薩は前に授記されたことがあるので、重ねては明らかにしないのである。浅薄卑近な授記は、初住において得たが、菩薩の喜ぶものではない。菩薩の喜ぶものは、まさに完全究極の【円極】妙覚の遠大な授記であるだけである。それ故、［如来］寿量品のなかに、始め発心してから一たび生まれて［最高の完全な覚りを］得るまで[46]、妙なる因は満たされ、究極の果はたちどころに完全である、とある。これはまさに法身の記別を授けることである。どうして記別がないというのか。

　質問する。もし小［乗の人］が大［乗］を悟るならば、同じく法身の記別を授けるべきである。どうして［法身の記別ではなく］八相の記別を授けることができるのであろうか。

　答える。八相は応身の授記【応記】である。応身の授記【応記】を得る以上、必ず根本があることがわかる。衆生に、知り聞いてともに未来の縁を結ばせようとするので、応身の授記【応記】を与えるだけである。さらにまた、この二乗がもし［如来］寿量［品］を聞くならば、同じく生［死の苦］を減らし、法身の記別を得るのである。

5.1222221208 悟に浅深有ることを明かす

　第八に覚りに浅いものと深いものがあることを明らかにすることについては、一応は同じく無明を破り、初住に入って証得する。詳しく尋ねると、［覚りの程度に］必ず明暗【明晦】があるはずである。最初に法説を聞いて、やはり仏慧に入り、あらためて譬説を聞く。どうしてさらに明らかでないであろうか。さらに、因縁［説］を聞いて、［覚りが］道理として自然と増進する。あらためて［如来］寿量［品］を聞いて、［覚りが］いよいよ広く深くなる【優深】。法を聞く人が重ねて聞くならば、［法の理解が］前よりも優れたものになるようなものである。［教えを］一度聞くことと二度聞くこと【単複】という密度【厚薄】は、これと比較すると、理解できるであろう。

5.12222209 権実得益の不同を明かす

第九に権（方便）と実（真実）の得益（利益を獲得すること）の相違を明らかにすることについては、第一に、「実行［の者］は利益を得、権行［の者］は正面から救い導き【接引】、［仏・菩薩が］影や響きのように［姿形を現わす］ために、その利益を論じない」とある。今、そうではないことを明らかにする。もし［如来］寿量［品］に至るならば、権［行の者］・実［行の者］はすべて利益を得、覚り［の智慧］を増やすことはいよいよ高く、生［死の苦］を減らすことはいよいよ徹底し、完全なもの【円】の隣りとなり、究極的なもの【極】に接し【際】、［成仏するまでに］ただ一生があるだけである。どうして権［行の］者の利益でないであろうか。したがって最初に影や響きのように［姿形を現わし］、ともに実行［の者］を成熟させ、後に究極的な果を説くならば、自然と覚りは明らかとなる。文に、「［金の］出し入れによって利息を得ることは、他国に

45　八相　釈尊が衆生救済のために、八種の姿を示したこと。下天・託胎・降誕・出家・降魔・成道・転法輪・入涅槃のこと。
46　一たび生まれて［最高の完全な覚りを］得る【一生得】『法華経』分別功徳品、「復た一四天下の微塵数の菩薩摩訶薩は、一生して当に阿耨多羅三藐三菩提を得べし」（同前、四四上二一～二四）を参照。

まで広がる」とある。[47] 利息が他［国］にあるのは、自己の利益である。実行［の者］が利益を得ることは、権［行の者］の引き導き【権引】による。教化の功績は自己（権行の者）に帰着して、権［行の者］も利益を得る。それ故、一音によって法を演説する場合、衆生は類にしたがってそれぞれ理解することができる。[48] どうして［如来］寿量［品］を待つ必要があるであろうか……。さらにまた、「私は自分でこの真実清浄な大法を得ようとする」とあるのは、[49] とりもなおさず自己（権行の者）の利益である。

48a

5.122221210　待時・不待時を明かす

第十に時を待つことと時を待たないことを明らかにするとことについては、［『法華経』の］前に悟らず、必ず『法華［経］』を待って悟る者を、時を待つと名づける。『法華［経］』の前の教えにおいて理解した者を、時を待たないと名づける。なぜそうであるのか。仏に顕露・秘密の二説があるからである。もし顕露の説について論じると、『法華［経］』以前に、二乗はまだ大［乗の］道を悟らない。五味[50]によって［二乗の機根を］調整成熟させて【調熟】開会することは、『法華［経］』にあるべきである。それ故、「説くときがまだ来ないからである。今ちょうどそのときである。きっぱりと大乗を説こう」とある。[51] これは時を待つことである。もし秘密の教えについて論じると、まだ必ずしも五味すべてを待って、『法華［経］』においてはじめて開会するのではない。［『法華経』］以前に密かに入る者がいるから、時を待たないことと名づける。これはまさに時・不時を広く判定することである。もし三周についていうならば、また時を待つことと時を待たないことがある。迹［門］・本［門］の二門も時を待つことと時を待たないことがある。悟入することに前後［の区別］があるようになることは、この意味である。

質問する。ある種の根性（能力・性質）は秘密でもなく顕露でもなく、［秘密と顕露の］二時に包摂されない者がある。［この者は］時を失って、ずっと悟ることができないはずであるのか。

答える。他の経は、あるいはこれを、時を失うことというであろう。今の『［法華］経』はそうではない。この人は秘密・顕露の二時において悟らないけれども、［また、その人は］涅槃【滅度】［に入る］思いを生ず

47 文に、「［金の］出し入れによって利息を得ることは、他国にまで広がる」とある『法華経』信解品、「出入息利すること、乃ち他国に遍し」（同前、一六下三、一七下二〇）を参照。

48 一音によって法を演説する場合、衆生は類にしたがってそれぞれ理解することができる【一音演説法衆生随類各得解】『維摩経』巻上、仏国品、「仏は一音を以て法を演説するに、衆生は類に随いて各おの解することを得、皆な世尊は其の語を同じくすと謂う。斯れは則ち神力不共の法なり」（大正一四、五三八上二～三）を参照。

49 「私は自分でこの真実清浄な大法を得ようとする」とある【我自欲得此真浄大法】『法華経』如来神力品、「我れ等も亦た自《みずか》ら是の真浄の大法を得て、受持・読誦・解説・書写して之れを供養せんと欲す」（大正九、五一下一二～一四）を参照。

50 五味『涅槃経』（『南本涅槃経』巻第十三、聖行品、大正一二、六九〇下～六九一上）に説かれる乳味・酪味・生蘇味・熟蘇味・醍醐味の五味の比喩を指す。これは牛から乳が出て、それが順に発酵精製されていく様子を、仏がさまざまな教えを順に説く様子に重ね合わせたものである。乳味は『華厳経』、酪味は三蔵教、生蘇味は方等経、熟蘇味は『般若経』、醍醐味は『法華経』・『涅槃経』をそれぞれ指す。

51 「説くときがまだ来ないからである。今ちょうどそのときである。きっぱりと大乗を説こう」とある【云説時未至故今正是其時決定説大乗】『法華経』方便品、「未だ曾て説かざる所以は、説く時未だ至らざるが故なり。今正しく是れ其の時なり。決定して大乗を説かん」（大正九、八上四～五）を参照。

るけれども、あちらの国土【彼土】においてこの『［法華］経』を聞くことができる。[52] それ故、時を失うことがない。かえってその国土の時を待つだけである。

質問する。五千［人の増上慢］が［『法華経』の会座から］立ち去ることは、時を失うことであるはずである。

答える。これら（五千人の増上慢）は如来が涅槃【滅度】［に入った］後の弘経の人によって利益を受けるはずである。

5.1222222　雑料簡

5.12222221　請説を料簡す

質問する。身子（舎利弗）は初周において［比丘・比丘尼・優婆塞・優婆夷の］四衆の［上・中・下の］三根のために願い、譬［説］周において中・下［根］のために願う。どうして仏はそれぞれ三根の人のために、三周において法を説くというのか。

答える。この言葉は都合が悪い。願う場合はくまなく願うので、説く場合もくまなく説く。ただ上根は智慧が鋭く、法［説］を聞いて悟ることができる。中根は中間的で【処中】、譬［説］を聞いて悟ることができる。下根は下におり、［第］三［説］（因縁説）を聞いて悟ることができる。あなたは［言葉の深い］意義にしたがうべきである。どうして［表層的な］言葉にしたがうのか……。

5.12222222　三周を三世と名づくるを料簡す

質問する。宿世［因縁説］は過去の事柄である。法［説］・譬［説］は未来・現在の事柄であるのか。

答える。『経』に文はないが、理論的に推定すると、そうであるはずである。第三［説］（因縁説）を引いて第一［説］（法説）に帰着させる。第三［説］（因縁説）から第一［説］（法説）を見ると、第一［説］（法説）は未来である。事柄を取りあげて比喩とすると、譬［説］は現在である。後（因縁説）に準拠して前（法説と譬説）を見ると、質問の通りのはずである。

52 ［また、その人は］涅槃【滅度】［に入る］思いを生ずるけれども、あちらの国土【彼土】においてこの『［法華］経』を聞くことができる【雖生滅度之想而於彼土得聞是経】『法華経』化城喩品、「是の人は滅度の想を生じ、涅槃に入ると雖も、彼の土に於いて仏の智慧を求め、是の経を聞くことを得、唯だ仏乗を以て滅度を得、更に余乗無く、諸の如来の方便の説法を除く」（同前、二五下一七〜二〇）を参照。

5.1222223　五濁大乗を障うるを料簡す

質問する。旧［説］に、「五濁は大［乗］を妨げるので、四句の問答考察【料揀】がある」とある。[53] 前に説いた通りである。ある人は、断見と無明とをあわせて妨げとする。[54]『法華論』に、「煩悩がない人にも汚染・慢心【染慢】があり、一乗、法身の常住を知らない」とあるの[55]はこのことであると指すのである。もし博地（薄地ともいい、底下の凡夫のこと）においては涅槃に執著しないけれども、法を聞かなければ、無明だけが妨げるものとなる。もしそうであれば、あるいは三周において法を聞いてから無明を破るのか、あるいはまだ法を聞
48b
かないで無明を破るのか。もし法を聞いてから破れば、無明は妨げるものではない。もしまだ法を聞かないで無明を破ることができれば、すべて[56]妨げるものがない。この意義はどのようなものか。

答える。他人の確立した意義である。今、それのために会通しよう。たとえば灯が生じて暗闇が消滅すると、その［灯が生じることと暗闇が消滅することの］前後を定めることができないようなものである。前後ではないけれども、闇はきっと妨げるものである……。

5.1222224　知・不知を料簡す

質問する。『勝鬘［経］』には、「三乗の初心者【三乗初業】は、法に対して愚かではない。悟るべきであることを自分で知る」とある。[57]『優婆塞戒経』巻第十四には、「二乗は自分で覚りを得ることを知るけれども、ひとまず小乗の果を取る」とあり、さらに、巻第十三には、「これを知ることは容易で、これを実行することは

53　旧［説］に、「五濁は大［乗］を妨げるので、四句の問答考察【料揀】がある」とある【旧以五濁障大四句料揀】『法華玄論』巻第五、「問う。五濁は大乗を障《さ》うるや。答う。大乗を障うるなり。問う。若し爾らば、何が故に凡夫は五濁を具すれども大乗を聞き、羅漢は五濁無けれども聞かざるや。答う。四句を具す可し。一には障重く機弱し。凡夫の大乗を聞かざるを謂うなり。二に障重く機強し。凡夫の大乗を聞くを謂うなり。五濁を具するが故に障重く、大機有るが故に機強し。機強きが故に、五濁有りと雖も、障を為すこと能わざるなり。三に障軽く機弱し。羅漢の大乗を聞かざるを謂う。五濁無きが故に障軽く、大機無きが故に一乗を聞かざるなり。四に障軽く機強し。羅漢の一乗を聞くことを得るを謂うなり」（大正三四、四〇五上一六～二四）を参照。「五濁」は、成住壊空の四劫のなかの住劫の減劫に生じる五つの災厄。劫濁、煩悩濁、衆生濁、見濁、命濁を指す。

54　ある人は、断見と無明とをあわせて妨げとする【有人断見与無明合共為障】『法華玄論』巻第五、「別に就いて之れを明かすに、二種の惑有り。一には断見、二には無明なり。断見とは、二乗は空を証して、謂いて妙極と為す。無明とは、如来の三一権実を識らず。然るに、断見と無明は猶お是れ一体なり。但だ義に約して之れを分かつのみ。空義に保執するを、名づけて断見と為す。権実を識らざるを、名づけて無明と為す」（同前、三九九中一四～一八）を参照。

55　『法華論』に、「煩悩がない人にも汚染・慢心【染慢】があり、一乗、法身の常住を知らない」とある【法華論云無煩悩人有染慢不知一乗法身常住】『法華論』巻下、「是の如き三種の煩悩無き人に染・慢の心ありて、彼此の身の作す所の差別を見る。彼此の仏性・法身は悉ごとく平等なるを知らざるが故なり」（大正二六、八下二〇～二二）を参照。

56　すべて【都盧】底本の「都慮」を、『全集本』によって「都盧」に改める。すべての意。

57　『勝鬘［経］』には、「三乗の初心者【三乗初業】は、法に対して愚かではない。悟るべきであることを自分で知る」とある【勝鬘云三乗初業不愚於法自知当覚】前注13を参照。

難しい。一乗を知るけれども、羅漢［という小乗の覚り］を取る」とある。[58]その『［勝鬘経］』と『優婆塞戒経』の］二経はいずれも「［悟ることを］知る」という。今の『［法華］』経は、どうして三根の徒[59]がまだ［悟ることを］知らず、最初に疑い、後に悟るのか。この意義はどのようなものか。

答える。この『［法華］経』も「［悟ることを］知る」という。［経］文には、「本当に羅漢を得て、この法を信じないことは、ありえない。仏が涅槃に入った後、目の前に仏がいない場合を除く。この人は涅槃【滅度】の思いを生ずるけれども、もし他の仏に出会うならば、すぐにきっぱりと定めて理解することができるであろう」とある。[60]全部で三つの意味がある。前に［悟ることを］知ると明らかにし、次に［悟ることを］知らないと明らかにし、後に［悟ることを］知ることに帰着する【会帰】。ずっと［悟ることを］知らないのではない。さらにまた、身子（舎利弗）は、「今、仏の前で、みな疑惑に堕落する。私は今、この意義の趣く所を知らない」という。[61]さらにまた、大通［智勝］仏のとき、声聞は多くの場合、疑惑を生ずる。彼は仏を見、法を聞いてすら、疑って［悟ることを］知らないのであるから、まして［仏を］見たり［法を］聞いたりしないで、どうして突然［悟ることを］知ることができようか。もし［知ると知らないとの］二つの文に執著してたがいに矛盾するならば、ただ争いを増やすだけである。道にとってどうして利益となるであろうか。論者はただ他の事柄を論じることができるだけである。声聞が聖人（仏）となる場合、［悟ることを］知ることができることと［悟ることを］知ることができないこととは、ただ仏だけの境界であり、あなたが［悟ることを］知る[62]ものではない。今、試しにこれを融合させよう。「三乗の初心者【三乗初業】」とは、初心者【初業】を二種類とする。もし久遠の昔を初心者【初業】とするならば、「その初心者が」大［乗］を聞いたことがあるならば、法

58　『優婆塞戒経』巻第十四には、「二乗は……一乗を知るけれども、羅漢［という小乗の覚り］を取る」とある【優婆塞戒経第十四云二乗自知得菩提且取小乗果又十三云知之者易行之者難雖知一乗而得羅漢】この箇所は、灌頂が『法華玄論』を参考にし、しかも誤解して作文したものである。平井俊榮『法華文句の成立に関する研究』三三七～三三九頁を参照。『法華玄論』巻第六、「又た、『優婆塞経』十四品に説く、『自ら応に菩提を得べしと知れども、且らく小乗の果を取る』と。十三品の中に正しく明かす。『戒を受けて三道の果を得。之れを知ること甚だ易く、之れを行ずること甚だ難きを以ての故に、一乗を知ると雖も、羅漢を取証す』と」（大正三四、四〇六下五～八）を参照。「優婆塞戒経第十四云」、「十三云」は、『法華玄論』においては、曇無讖訳『優婆塞戒経』（七巻二十八品）の巻第十四、巻第十三などの巻数ではなく、第十四品（受戒品）と第十三品（摂取品）の意である。

59　徒　底本の「後」を、『講録』の「後は和本に徒に作る。……徒の字を正と為す」に従い、「徒」に改める。

60　［経］文には、「本当に羅漢を得て……すぐにきっぱりと定めて理解することができるであろう」とある【文云若実得羅漢不信此法無有是処除仏滅後現前無仏此人雖生滅度之想若遇余仏便得決了】『法華経』方便品、「若し比丘の実に阿羅漢を得たる有って、若し此の法を信ぜずば、是の処《ことわり》有ること無けん。仏の滅度の後、現前に仏無からんをば除く。所以は何ん。仏の滅度の後、是の如き等の経をば、受持し読誦し、義を解せん者、是の人は得難ければなり。若し余仏に遇わば、此の法の中に於いて、便ち決了することを得ん」（大正九、七下四～七）参照。

61　身子（舎利弗）は、「今、仏の前で、みな疑惑に堕落する。私は今、この意義の趣く所を知らない」という【身子云今於仏前皆堕疑惑我今不知是義所趣】『法華経』譬喩品、「而して今、世尊の前に於いて、未だ聞かざる所を聞き、皆な疑惑に堕す」（同前、一二中七）、同、方便品、「仏は一解脱の義を説き、我れ等も亦た此の法を得て涅槃に到れども、而して今、是の義の趣く所を知らず」（同前、六中四～六）を合わせて作文したもの。

62　知る【識】底本の「諳」を、甲本によって「識」に改める。

に対して愚かではない。もし中途で忘れ、今日、小［乗］を学び、はじめて［身の不浄、受の苦、心の無常、法の無我を観察する四］念処を修行することを取って初心者【初業】とするならば、［悟ることを］知らない。その意義はこのようである。もしこの意味を理解するならば、仮りに【権】初心者【初業】となる。これは［悟ることを］知ることができる。本当に初心者【初業】であるものは、［悟ることを］知ることができない。ある人は、「利［根］の者は［悟ることを］知ることができ、鈍［根］の者は［悟ることを］知ることができない」という。[63] これに四句があるべきである。仮りに利［根］・鈍［根］となって、ともに［悟ることを］知ることができないことを示す。仮りに利［根］・鈍［根］となって、ともに［悟ることを］知ることができることを示す。仮りに利［根］・鈍［根］となって、聞くと［悟ることを］知ることができ、聞かなければ［悟ることを］知らない。仮りに利［根］・鈍［根］となって、ともに［悟ることを］知るのでもなく［悟ることを］知らないのでもないことを示す。今はこの判定を取らない。ただ権［行の］者は内心に明瞭に長い間［悟ることを］知っており、実行の者はまだ大［乗］に入ることができない。このために、［悟ることを］知らないことを取る。意義において自然とあらわれる……。

5.1222225　縁覚を料簡す

質問する。縁覚は仏の存在しない世間に出現する。どうして三周に縁覚が存在することができようか。

48c 答える。『釈論』（『大智度論』）には、「縁覚と独覚がいる。独覚は仏の存在しない世間に出現し、縁覚は仏の存在する世間に生まれることを願う」とある。[64]『華厳［経］』には、「菩薩は兜率［天］から下るとき、光を

63 ある人は、「利［根］の者は［悟ることを］知ることができ、鈍［根］の者は［悟ることを］知ることができない」という【有人言利者能知鈍者不能知】『法華玄論』巻第六、「有る人の言わく、一切の道は、要《かなら》ず空に会することを得ば、必ずしも須らく同じく常住に帰することを知らざるべし。故に亦た知る者有り、亦た知らざる者有り。利根は則ち知り、鈍根は知らず。前の文は知者に拠り、後の文は不知に拠る」（大正三四、四〇五下一八～二〇）を参照。

64 『釈論』（『大智度論』）には、「縁覚と独覚がいる。独覚は仏の存在しない世間に出現し、縁覚は仏の存在する世間に生まれることを願う」とある【釈論云縁覚独覚独覚出無仏世縁覚願生仏世】『大智度論』巻第十八、「復た次に辟支仏に二種有り。一に独覚と名づく。二に因縁覚と名づく。因縁覚は上に説くが如し。独覚とは、是の人は今世に成道し、自覚し、他従り聞かず。是れ独覚辟支迦仏と名づく。独覚辟支迦仏に二種有り。一に本と是れ学人は人中に在りて生まる。是の時、仏無く仏法は滅す。是れ須陀洹は已に七生を満たし、応に第八生に自ら成道することを得ざるべし。是の人を仏と名づけず、阿羅漢と名づけず、名づけて小辟支迦仏と名づく。阿羅漢と異なること無し」（大正二五、一九一中五～一二）を参照。なお、この箇所の『大智度論』、『華厳経』、『涅槃経』、『中論』の引用は、『法華玄論』（大正三四、四〇〇下二四～四〇一上二）に基づく。

放ってこれを照らす。悟れば身を捨て、悟らなければこれ（辟支仏）を移す」とある。[65]『大［般涅槃］経』には、「彗星」とある。[66]『中論』には、「［辟］支仏が世間に出現するときは、仏法はすでに滅している」とある。[67]これは独覚の人である。仏の［存在する］世間に生まれることを願うとは、まず［声聞の四果のなかの］初果を得て、十四回生まれる前に仏に出会うならば、羅漢となる。仏に出会わなければ、独覚となる。[68]そもそも仏に出会う以上、また寿命を捨てず、また移されない。仏を見ることを願うので、二果・三果も同例である。さらに、部行縁覚[69]がいる。仏の存在しない世間において、師弟【師徒】は訓戒するのである。これに二種があるはずである。仏が世を去って後、文字はなく、衆生の根（能力）は鈍であるので、［辟］支仏は法を説かない。これは部行［独覚］ではないのである。部行［独覚］とは、法を説くことができるのである。さらにまた、神通力によって作り出された【変化】縁覚がおり、［それを］見るべき者に対しては、縁覚の身を現わす。今、三周の座に縁覚がいるのは、その意義は理解できるであろう。

5.122223　文に依りて正しく料簡す

5.1222231　上根の為めに法説す

5.12222311　分科

初周の法説の文を五［段］とする。第一に「殷勤三請豈得不説」（7a5-6/A86·4-5/118·9）以下、巻を終わるま

65　『華厳［経］』には、「菩薩は兜率［天］から下るとき、光を放ってこれを照らす。悟れば身を捨て、悟らなければこれ（辟支仏）

を移す」とある【華厳云菩薩下兜率放光照之覚即捨身不覚徙之】『六十巻華厳経』巻第四十二、「彼の菩薩摩訶薩は、兜率天於《よ》り、今将に命終せんとす。時に諸菩薩は即ち無量無辺の供養の具を化作し、疾《と》く彼の菩薩摩訶薩の所に往詣す。是れ第二の示現する所の事と為す。菩薩摩訶薩は命終に臨む時、右掌の中於り大光明を出だすを、浄境界と名づく。悉ごとく能く三千大千世界を厳浄す。此の世界の中に若し無漏の諸の辟支仏有りて、斯の光を覚る者は、即ち寿命を捨つ。若し覚らずば、光明の力の故に、他方の余の世界の中に徙《うつ》し置く。一切の諸魔、及び衆《おお》くの外道、有見の衆生は、悉皆《ことごと》く他方の世界に徙し置く。如来の住持して化する所の衆生を除く。是れ第三の示現する所の事と為す」（大正九、六六五下一九～二八）を参照。

66 『大［般涅槃］経』には、「彗星」とある【大経云彗星】『南本涅槃経』巻第九、月喩品、「復た次に善男子よ、譬えば黒月、彗星の夜に現ずるが如し。其の明炎は熾《さか》んにして、暫く出でて還た没す。衆生は見已りて、不祥の想を生ず」（大正一二、六五八中一一～一二）を参照。

67 『中論』には、「［辟］支仏が世間に出現するときは、仏法はすでに滅している」とある【中論云支仏出世仏法已滅】『中論』巻第三、「若し仏は出世せずば、仏法は已に滅尽す。諸の辟支仏の智は、遠離従り生ず」（大正三〇、二四上一三～一四）を参照。

68 まず「声聞の四果のなかの」初果を得て、十四回生まれる前に仏に出会うならば、羅漢となる。仏に出会わなければ、独覚となる【先得初果十四生未満値仏即成羅漢不値仏即成独覚】吉蔵の『法華玄論』に基づくが、故意か過失か、『法華玄論』の「十四生満」を「十四生未満」と変えている。『法華玄論』巻第五、「二には本乗縁覚に非ず。其の人は本と是れ声聞にして、仏法の中に於いて初果を証得す。初果の人は但だ十四生満じて仏に値えば、則ち羅漢と成る。仏に値わざれば、辟支と成る」（大正三四、四〇一上六～八）を参照。

69 部行縁覚　独覚（縁覚）に部行独覚と麟角喩独覚の二種がある。部行独覚は仲間と一緒に修行して悟るものをいい、麟角喩独覚は単独で修行して悟るものをいう。

では、ちょうど法説である。第二に第二巻の最初（譬喩品）から偈頌を終わるまでは、身子（舎利弗）の領解である。第三に「吾今於天人」（11b9/A144・4-5/154・7）以下、「仏所護念」（11b16/A144・14/155・4）に終わるまでは、仏の述成（仏が弟子の理解をそのまましっかりと祖述すること）である。第四に「汝於来世」（11b16/A146・1/155・5）から「宜応自欣慶」（12a6/A154・1/160・7）に終わるまでは、授記を与える。第五に「［爾時］四［部］衆」（12a7/A154・2/160・8）から「尽迴向仏道」（12b1/A156・13/163・1）に終わるまでは、四衆の歓喜である。最初に長行と偈頌がある。長行を三［段］とする。第一に許可、第二に［仏の］趣旨を受けること[70]、第三に正説である。許可の文を三［段］とする。第一に順許[71]、第二に誡許、第三に摽許である。

5.12222312　正しく釈す

5.122223121　正説

5.1222231211　長行

5.12222312111　許

5.122223121111　順許

「汝已三請」（7a5/A86・4-5/118・9）は、順許である。

5.122223121112　誡許

「汝今諦聴」（7a6/A86・5/118・9-10）は、誡許である。「諦聴」は聞慧、「善思」（7a6/A86・5-6/118・10）は思慧、「念之」（7a6/A86・6/118・10）は修慧である。『大［般涅槃］経』に四善法を明らかにすること[72]を、大涅槃の因とする。第一に善知識は如来である。その他は理解できるであろう。

5.122223121113　揀許

「説是語時」（7a7/A86・7/118・12）は、揀衆許（聴衆を選んで許可すること）である。五千［人の増上慢］は『法華経』の会］座にあるので、如来は三たび制止する。今、［舎利弗の願いを］許可して説こうとして、他を圧倒する不可思議な力【威神】によって離れ去らせる【遣去】ので、揀衆と名づける。［劫濁・見濁・煩悩濁・衆生濁・命濁の］五濁という妨げるもの【障】が多いことを「罪重」（7a9/A86・10/119・3）と名づけ、小［乗］に執著して大［乗］を覆うことを「根深」（7a9/A86・10/119・3）と名づけ、まだ［覚りを］得ていないのに得たと思い込むことを「上慢」（7a9/A86・10/119・3）と名づける。まだ［須陀洹果（預流果）・斯陀含果（一来

70　［仏の］趣旨を受けること【受旨】　仏の趣旨を承ること。『法華経』方便品、「舎利弗の言わく、唯だ然り。世尊よ、願わくは聞かんと楽欲す」（大正九、七上一四～一五）を指す。

71　順許　舎利弗の説法の願いを許可するのに、順許、誡許、揀許の三種がある。「順許」は、説法の願いに従って許可すること。「誡許」は、舎利弗にしっかり聞くように戒めて許可すること。「揀許」は、後に「揀衆許」と言い換えられているように、聴衆を選んで許可すること。具体的には、五千の増上慢が『法華経』の会座を立ち去ることを意味する。

72　『大［般涅槃］経』に四善法を明らかにする【大経明四善法】『南本涅槃経』巻第二十三、光明遍照高貴徳王菩薩品、「若し四法を離れて涅槃を得ば、是の処《ことわり》有ること無し。何等を四と為す。一には善友に親近し、二には専心に法を聴き、三には繫念思惟し、四には法の如く修行す」（大正一二、七五四中一六～一八）を参照。

49a

果）・阿那含果（不還果）の］三つの果を得ず、まだ無学［果］（阿羅漢果）を証得しない。「有如此失」（7a10/A86･11/119･4）とは、妨げるもの【障】・執著・慢心の三種の過失【失】のことである。「而不制止」（7a11/A86･12/119･5）とは、上で開三顕一を聞くと、言葉は簡略で意義は隠れているので、やはりまだ悪口をいわず、宝石【珠】を［友人の衣の裏に］縫い付ける[73]因縁となるのに十分であることである。［五千人の増上慢が『法華経』の会座から］去ると、利益がある。もし詳細な開三顕一を聞くならば、心に背いて悪口をいう。［五千人の増上慢が『法華経』の会座に］留まると、損害がある。このために［釈尊は五千人の増上慢の退席を］制止しないのである。「此衆無復枝葉」（7a12/A86･13-14/119･7）とは、「枝葉」は取るに足らないもので【細末】、道具として役に立たないことである。これらは方便のなかの方便に執著することである。[74]大［乗］にとって役に立つもの【器】ではない。『大品［般若経］』に、「枝葉によじ登って【攀附】、根本を捨てる。この人を賢くないとする」とある[75]のは、この意義である。「退亦佳矣」（7a13/A88･1-2/119･8-9）とは、小［乗］によって自らを覆う以上、また他者の大いなる光を妨げる。今、［五千人の増上慢が］退いて謗法の過失【僣】がなく、また他を妨げる過失がないので、「佳矣」とある。上では枝葉がまだ除かれないので、如来は三たび制止した。正しく誠実なもの【貞実】が聞こうと願うので、身子（舎利弗）は四たびお願いする。師弟は［衆生の］機をよく見るのであり、むだに物惜しみする【靳固】のではないのである。

　質問する。仏の大慈悲は、どうして神［通］力によって、彼ら（五千人の増上慢）を［『法華経』の会座に］留めながら、聞かないようにさせることを『華厳［経］』のなかの耳や口の不自由な人のように[76]しないのか。

73 宝石【珠】を［友人の衣の裏に］縫い付ける【繫珠】『法華経』五百弟子受記品の衣裏繫珠の譬喩を指す。泥酔した友人の衣の裏に無価の宝珠を縫いつけること。

74 方便のなかの方便に執著することである【執方便之方便】 方便のなかの方便である低位を、真極の位と執著すること。『文句記』巻第四下（大正三四、二三二中二～五）によれば、声聞の四果は方便であり、それより低い煖・頂などの位は方便のなかの方便とされる。

75 『大品［般若経］』に、「枝葉によじ登って【攀附】、根本を捨てる。この人を賢くないとする」とある【大品云攀附枝葉棄於根本是人為不黠】 『大品般若経』巻第十三、魔事品、「善男子・善女人よ、其の根を捨てんが為めに、而も枝葉に攀《よ》ず。当に是れ菩薩の魔事と為すことを知るべし」（大正八、三一九上一一～一三）を参照。「攀附《はんぶ》」は、木や岩をよじ登ること。

76 『華厳［経］』のなかの耳や口の不自由な人のように【華厳中聾唖】 二乗が『華厳経』の説法をまったく理解できなかったことをたとえる。『六十巻華厳経』巻第四十四、入法界品、「爾の時、諸の大声聞の舎利弗・目揵連・摩訶迦葉……是の如き等の諸の大声聞は、祇洹林に在れども、悉ごとく如来の自在、如来の荘厳、如来の境界を見ず……、是の如き等の事は皆悉《み》な見ず。亦復た不可思議の菩薩の大会を見ず。……是の因縁を以て、諸の大弟子は見ず聞かず、入らず知らず、覚えず念ぜず、遍観すること能わず、亦た意を生ぜず」（大正九、六七九中二八～下二八）を参照。

どうして強いて毒鼓［を撃つ］ようにし、[77]喜根［菩薩］が勝意［菩薩］に対してなす[78]ようにしないのか。

答える。それぞれ理由がある。『華厳［経］』の末席において、はじめて漸［教］を展開して、まだ小［乗への］執著を破らないので、［『華厳経』の会］座にいるけれども、［二乗を］隔てる。今、諸仏の法は長い時を経過して後、きっと必ず真実を説くであろう。[79]ちょうど化［城］を消滅させ［二乗の］庵を破ろうとする。[80]［二乗を］選んで捨て去る【揀遣】のがふさわしい。もし［五千人の増上慢が『法華経』の会座から］去るのか留まるのか、どちらも非難するならば、喜根［菩薩］のように強いて説くのがふさわしい。今、去るならば、利益がある。どうしてにわかに留まらせるのか。留まるならば、損害がある。どうしてにわかに立ち去らせないのか。喜根［菩薩］は慈しみのために強いて説く。如来は悲しみのために、立ち去らせる【発遣】。

質問する。五千［人の増上慢］は座にいると、利益を受けない。去る場合は、どのような利益があるのか。

答える。これ（五千人の増上慢）は当機［衆］ではなく、結縁［衆］の人にすぎない。上に説いた通りである。昔、大通［智勝］仏のとき、また無量の衆生がいて、心に疑惑を生じた。幾世にもわたって師とともに生まれて、今、救済される。この人（五千人の増上慢）も同様である。『大［般涅槃］経』を説くとき、一万五千億の

77　強いて毒鼓［を撃つ］ようにし【増状毒鼓】『南本涅槃経』巻第九、菩薩品、「譬えば人有りて雑毒薬を以て、用て大鼓に塗り、衆人の中に於いて、撃ちて声を発せしむるが如し。無心に聞かんと欲すと雖も、之れを聞いて皆な死す。唯だ一人の横死せざる者を除く」（大正一二、六六一上二〇～二二）を参照。これについて、『文句記』巻第四下は、「『毒鼓』とは、『大経』に云わく、『譬えば人有りて毒を以て鼓に塗り、大衆の中に於いて、撃ちて声を出ださしむるが如し。聞く者は皆な死す』と。『鼓』とは、平等法身なり。『毒』とは、無縁の慈悲なり。『打』とは、発起衆なり。『聞』とは、当機衆なり。『死』

とは、無明破るるなり。今世の惑破れ近く死するは、正しく当機人に当たるなり。来世の惑は破れて遠死す。此の五千等は当機に非ずと雖も、如来は何ぞ彊《し》いて其の為めに久遠の因と作ることを説かざるや。喜根等の如きは、即ち遠益の人なり。具さには『止観』第八の記の如し」（大正三四、二三一中六～一三）と注釈している。

78 喜根［菩薩］が勝意［菩薩］に対してなす【喜根勝意】『諸法無行経』巻下に説かれる二菩薩のことで、喜根菩薩は諸法実相を説き、勝意菩薩はそのような考えを誹謗して地獄に堕ちる（大正一五、七五九中四～七六一上二三）。また、この物語は『大智度論』巻第六に引用されている（大正二五、一〇七中一三～一〇八上一八）。

79 諸仏の法は長い時を経過して後、きっと必ず真実を説くであろう【諸仏法久後要当説真実】『法華経』方便品、「舎利弗よ、当に知るべし。諸仏の語に異なり無し。仏の説く所の法に於いて、当に大信力を生ずべし。世尊は法久しくして後、要《かなら》ず当に真実を説くべし」（大正九、六上二一～二三）を参照。

80 ちょうど化［城］を消滅させ［二乗の］庵を破ろうとする【正欲滅化破庵】「滅化」は、『法華経』化城喩品の化城宝処の譬喩において、二乗の涅槃をたとえる化城を滅すること。「破庵」は、二乗の住居を破ること。「庵」は、窮子が長者の実子であることに気づかず、あいかわらず住み続けた粗末な家のこと。『法華経』信解品、「猶お門外に処して、草庵に止宿す」（同前、一八上二九）を参照。『文句』巻第三下の前注78を参照。

人は、この経について信心を生じなかった。この人は未来において、また信じることができるであろう。[81] これを例とすると、［五千人の増上慢が］利益［を得ること］は遠くない未来にある。『金光明［経］』に、「そのとき、閻浮提に二種の人がいた」とある。[82] またこの例の意味である。「汝今善聴」（7a14/A88·2/119·9）は、許可を結論づけるのである。

5.12222312112　受旨

［仏の］趣旨を受けること【受旨】は、文の通りである。

5.12222312113　正しく説く

5.122223121131　総じて科文の大意を明かす

「如是妙法」（7a15/A88·4/120·1）以下は、ちょうど広説である。文を二［段］とする。第一に［十方仏・過去仏・未来仏・現在仏の］四仏を明らかにする章であり、上の諸仏の権実［二智］を詳しく展開する。第二に釈迦を明らかにする章であり、上の釈迦の権実［二智］を詳細に展開する。上の句逗《くとう》（文）が少ないものは、文を簡略にしたものである。まとめて「諸仏」（7a15/A88·4/120·1）とあるのは、人を簡略にしたものである。ただ開三と顕一とは、意義を簡略にしたものである。このなかに章句が多いのは、文を詳細に展開したものである。［十方仏・過去仏・未来仏・現在仏・釈迦仏の］五仏を明らかにするのは、人を詳細に展開したものである。六番を明らかにするのは、意義を詳細に展開したものである。六とは、第一に法の希有をたたえ、
49b 第二に説に偽りがなく、第三に方便を開き、第四に真実を示し、第五に五濁を取りあげて権を解釈し、第六に

偽りを選んで真実を重んずることである。法をたたえるとは、尊重を生じさせることである。説に偽り、誤り【虚謬】がないとは、その誹謗を止めることである。方便を開くとは、小［乗］に執著しないようにさせることである。真実を示すとは、彼ら（二乗）に大［乗］を悟らせることである。五濁を取りあげるとは、きっと三［乗］を与えることを示すことである。偽りを選ぶとは、必ず真実となることである。五［仏］章において、一々六つの意義を備えるはずであるけれども、［五仏章の］前後がたがいに提示されて完備しないのは、思うに如来は巧みに説いて、［文は］簡略であるが、［意義について］欠けることがなく、［意義に］合致するが文を煩わしくしないようにするからである。さらにまた、六つの意義の前後についても［固定したものが］存在することはない……。

81 『大［般涅槃］経』を説くとき、一万五千億の人は、この経について信心を生じなかった。この人は未来において、また信じることができるであろう【説大経時万五千億人於是経中不生信心是人於未来亦当得信】『南本涅槃経』巻第三十、師子吼菩薩品、「師子吼菩薩の言わく、世尊よ、仏の説く所の如く、一切衆生は能く是の如き大涅槃経の不可思議なる者を信ず。世尊よ、是の大衆の中に、八万五千億人有りて、是の経の中に於いて、信心を生ぜず。是の故に能く是の経を信ずる者有るを、不可思議と名づく。善男子よ、是の如き諸人は未来世に於いて、亦た当に定んで是の経典を信じ、仏性を見、阿耨多羅三藐三菩提を得べし」（大正一二、八〇三中一六〜二一）を参照。

82 『金光明［経］』に、「そのとき、閻浮提に二種の人がいた」とある【金光明中時閻浮提有二種人】『金光明経』巻第四、流水長者子品、「時に閻浮提の中に二種の人有り。一には深く大乗方等を信ず。二には毀呰《きし》して信楽《しんぎょう》を生ぜず」（大正一六、三五三上二三―二四）を参照。

5.1222231211132　文に依りて正しく解す

5.1222231211321　四仏章

5.12222312113211　分科

四仏の章を二［段］とする。最初に総じて諸仏を明らかにし、次に三世を列挙する。総［じて諸仏を明らかにする］章は六つ［の意義］を備えるべきであるが、今、ただ四つ［の意義］があるだけである。第一に法をたたえ、二に偽りがなく、第三に方便を開き、第四に真実を示す。二つの意義を欠くのは、後の文を指し示すからである。

5.12222312113212　経を釈す

5.122223121132121　諸仏章

5.1222231211321211　法の希有を歎ず

5.12222312113212111　法を釈す

法をたたえるなかでは、法・譬の両方によってたたえる。「時乃説之」（7a16/A88·5/120·1）とは、諸仏はともに五濁［の世］に出現するので、きっと前に三［乗］を展開することである。今の世尊に関しては、四十余年が経過して、はじめて真実をあらわす。長い時間［法を説くことが］稀であった【稀疎】ので、「時乃説之」という。長い間説かないのは、人が堪えられないからであり、時がまだ至らないからであり、五千［人の増上慢］がまだ去らないからである。今、人は堪えられるようになり、時は至り、五千［人の増上慢］は去り、きっぱりと定めて大乗を説くので、「時乃説之」という。

5.12222312113212112　譬を釈す

「優曇花」（7a16/A88・5/120・2）とは、ここでは霊瑞[83]という。三千年に一たび現われる。現われれば、金輪王が出現する。三乗によって調整成熟させた後、はじめて妙法を説き、法王（仏）の記別を授けることを表わす。さらにまた、酪［味］・生蘇［味］・熟蘇［味］の三味を飛び越えた【隔跨】後、やっと醍醐［味］を説く……。観心［釈］は、心は中［道］であると観察することを、瑞と名づける。この観察が一切法に通じて実相に到達することを、霊と名づける……。

5.12222312113212112　虚妄無き法を勧信す

「汝等当信」（7a17/A88・6/120・3）とは、偽りのない法を信ずるように勧めることである。この理（道理）はきわめて深く、理は昔と相違する。この言葉はきわめてすばらしく、事（具体的事柄）は昔と背反する。この行はきわめて広く行きわたり、行は昔と乖離する。この人はきわめて優れ、昔の劣ったものよりも優れている。

83　霊瑞　優曇（udumbara の音写語。優曇鉢とも音訳する。三千年に一度だけ開花するという花）の漢訳。意味は、不思議なめでたい瑞相。祥瑞のこと。『法華義記』巻第三にも、「優曇は是れ外国語にして、此の間には霊瑞華と言う」（大正三三、六〇三上四～五）とある。

かえって客作（雇われ人＝随宜方便）の［理・言（教）・行・人の］四種の麁を指すけれども、今はすべて妙である。衆生の悪口を生ずることを恐れるので、信を勧めるのである。偽りのない人は、偽りのない法を説くことを信じるのである。

5.12222312111321213　方便を開す

「随宜所説」（7a18/A88・8/120・4）以下は、方便を開くのである。［経］文を三［段］とする。展開・解釈・結論のことである。最初に仏道は三種の機の便宜にしたがって方便を説くことを明らかにするので、「随宜」という。ところが、仏の心意は真実にある。衆生は理解することができないので、「意趣難解」（7a18/A88・8/120・4-5）というのである。「所以者何」（7a18/A88・8-9/120・5）は、解釈である。今の仏（釈尊）の権（方便）の能力を取りあげて、諸仏の方便を解釈する。巧みな智慧は同じであるので、これを借りてそれを解釈する。「我以無数方便」（7a18-19/A88・9/120・5）に関しては、諸仏の開権も私（釈尊の開権）のようなものであるということである。「是法非思量」（7a20/A88・10-11/120・7）とは、ここには二つの意義がある。あるときは開権を結論づけ、あるときは正面から顕実する。結論づけるとは、仏のこころは知ることが難しく、ただ仏と仏とだけが理解することができるということである。教えを受ける者は三［乗］と思い、諸仏は一［乗］を知るだけである。

49c

5.12222312111321214　真実を示す

5.122223121113212141　分科

顕実するとは、後の文に所属する。［経］文を五［段］とする。第一に優れた人・法を高く掲げ、第二に世間に出現する意味を高く掲げ、第三に重ねて示し、第四に正面から解釈し、第五にしっかりと結論づける。

5.122223121132121142　随釈

5.1222231211321214211　勝人法を標す

人・法を高く掲げるとは、無分別の法は、ただ仏だけの知るものであることを取りあげることである。仏は無分別智によって、無分別の法を理解する。とりもなおさず顕実の法である。

5.1222231211321214212　出世の意を標す

「所以者何」（7a21／A88･12/120･9）以下、第二に世間に出現する意味を高く掲げることについては、二［段］とする。最初に総、次に［一大事因縁の］字を分ける。総とは、諸仏は真実ありのままの【如実】様相を悟り、この真実の道に乗って、世間に出現・応現し【出応】、ただ衆生にこの実相を得させることである。ただこの事柄のために世間に出現するだけである。他の事柄はなかった。諸法実相を除いて、その他はすべて魔の仕業【魔事】と名づける。［一大事因縁の］字を分けて解釈することについては、「一」は一実相である。五［乗］でもなく、三［乗］でもなく、七（五乗と通教の二乗）でもなく、九（五乗と通教の声聞・縁覚・菩薩と別教の菩薩）でもないので、「一」というのである。その性質は広く、五･三･七･九より広いので、「大」と名づける。諸仏が世間に出現する儀式であるので、「事」と名づける。衆生にこの機があって仏を動かす【感】ので、「因」と名づける。仏は機に乗って応現するので、「縁」と名づける。以上が世間に出現する本意である。今にして、三［乗］を開くのは、一［乗］のための方便【弄引】にすぎない。人が取ろうとするとき、まずこれを与えるべきであるようなものである。種々の道を説くけれども、本当は一乗のためであるとは、この意義である。

5.122223121132121423　重標

「舎利弗云何」（7a22/A88・14/120・10-11）以下、第三に重ねて高く掲げるとは、説明【分別】しようとして、あらためて重ねて提起して、解釈の端緒とすることである。さらにまた、この大事は、仏に尊重されるものである。『釈論』（『大智度論』）のなかで［次のように］明らかにするようなものである。「父の王は多く太子の名を聞こうとして、しばしばこれを説くけれども、満足する【厭足】ことはなかった」とある[84]……。

5.122223121132121424　正しく釈す

5.1222231211321214241　古を叙す

5.12222312113212142411　正しく古を叙す

5.122223121132121424111　十一師を叙し開示悟入を解す

5.12222312113212142411101　果一に約して釈す

「諸仏世尊」（7a22-23/A90・1/121・1）以下、第四に正面から解釈することについては、まずさまざまな解釈を提示する[85]。旧［説］には、「四種の一がある。果一・人一・教一・因一のことである。果一とは、最初の二句（「欲令衆生開仏知見使得清浄、故出現於世」、「欲示衆生仏之知見、故出現於世」）は説く者に基づき、後の二句（「欲令衆生悟仏知見、故出現於世」、「欲令衆生入仏知見道、故出現於世」）は［教えを］受ける者に基づく。説く者にしたがうと、一応、前の因門においてかいつまんで果の理を説き、まず仏の知見を開き、最後に後の果門において詳しく果の理をあらわし、仏の知見を示す。［教えを］受ける者に焦点をあわせると、まず因門においてかいつまんで開く場合、はじめて悟ることができ、後に果門において詳しく深く道理【理趣】に入ることができる」とある。[86]

84 『釈論』（『大智度論』）のなかで［次のように］明らかにするようなものである。「父の王は多く太子の名を聞こうとして、しばしばこれを説くけれども、満足する【厭足】ことはなかった」とある【如釈論中明父王欲多聞太子名数数説之無有厭足】『大智度論』巻第七十一、「譬えば大国の王に未だ嫡子有らざるが如し。神祇に求祷し、年を積むも応無し。時に王は出でて行くに、夫人は子男を産み、信を遣わして王に告ぐらく、『大夫人は男を産む』と。王は聞いて喜べども答えず。乃至十反す。使者は王に白《もう》さく、『向《さき》に白す所の者は、王聞かざるや』と。王は曰わく、『我れは即ち之れを聞く。久しきより来《このかた》、願満つるが故に、喜心は内に悦び、聞くを楽うこと已《や》まざるのみ』と。即ち有司に勅して、此の人に百万両金を賜う。一語は十万両なり。王は使者の言語を聞くに、語の中に利益有り。重ねて語るに非ず。知らざる者は謂いて重と為す」（大正二五、五五四中二五～下三）を参照。

85 まずさまざまな解釈を提示する【先出諸解】　この段の記述は、吉蔵『法華玄論』巻第五（大正三四、四〇二下二三～四〇三下一二）に基づく。平井俊榮『法華文句の成立に関する研究』三四一～三五三頁を参照。

86 旧［説］には、「四種の一がある……後に果門において詳しく深く道理【理趣】に入ることができる」とある【旧云四一謂果一人一教一因一果一者初両句拠説者後両句拠受者就説者一往於前因門略説果理先開仏知見卒終於後果門広顕果理示仏知見約受者先因門略開始得悟解後果門広得深入理趣】　最初の部分のみ、『法華義記』巻第三、「顕一は、広く四一を明かす。先に果一を明かし、二に人一を明かし、三に因一を明かし、四に教一を明かすなり」（大正三三、六〇三上一七～一八）と合致する。

今、この解釈を用いない。なぜならば、『[法華]経』に四句[87]を明らかにする場合、すべて「為令衆生」（7a24-27/A90・1-6/121・1-5）とある。[88]言葉の意味は、すべて前の［衆生の］機が利益を得ることを中心とする。教化の主【化主】（仏）に関わるのではない。教化される人が悟るとするべきである。どうして［四句を前後の］二句に分けて、［前の二句を］教化する主体（仏）の開示とするのか。さらにまた、［この箇所は］ちょうど因門の説法、開三顕一のときである。どうして二句を分けて提示し、［「示」の句を］果門のなかの説とすることができるのか。果門の因縁はまだ開会していない。どうして［この箇所で］前もって説くことができるのか。もしそうであれば（前もって説くことができるならば）、［序品において］六瑞が最初に生じ、仏がまだ禅定より起たない場合は、略説であるはずであるし、五千［人の増上慢］がまだ去らない場合は、広説であるはずである。［しかし、］方便品冒頭の略説と一大事因縁の広説の］二つの場所はそもそもそうでない（序品や方便品の冒頭がそれぞれ略説、広説ではないこと）以上、果門はどうしてこのようであることがあろうか。［地涌の菩薩が］下方からまだ出現せず、分身［仏］はまだ集まらないのに、どうして因門の二句を果門とすることができようか。

50a

5.12222312113212142411102　三慧に約して釈す

次に、光宅［寺法雲］は、「最初の一句は取り除くこと【開除】、開き提示すること【開出】である。昔、方便によって三［乗］を説き、五濁を除かせ、大乗を開き提示して、［仏］知見の道理を悟らせる。まず人のためにこの理を開き説くけれども、理由を説かず、あらためてこの理を示し比べあわせ【示況】、聞慧を生じさせる。聞くけれども、まだ理由を悟らないので、あらためて詳しく説明【分別】して、思慧を悟らせる。信じ悟って理解する以上、発心して仏の知見を学ばせ、修慧を得て、仏知見の道理に入らせる」といっている。[89]今

また用いない。なぜならば、あなた（法雲）は旧［説］（直前の第一師の説）に同じであるからである。命章（方

87 四句 『法華経』方便品、「衆生をして仏知見を開かしめ、清浄なることを得しめんと欲するが故に、世に出現す。衆生に仏知見を示さんと欲するが故に、世に出現す。衆生をして仏知見を悟らしめんと欲するが故に、世に出現す。衆生をして仏知見の道に入らしめんと欲するが故に、世に出現す」（大正九、七上二四～二七）を指す。

88 すべて「為令衆生」とある【皆云為令衆生】 実際には、『法華経』の現行本の第二句は、「欲示衆生仏之知見、故出現於世」（同前、七上二五）とあり、「為令衆生」とはなっていない。

89 光宅［寺法雲］は、「最初の一句は取り除くこと【開除】……仏知見の道理に入らせる」といっている【光宅云初一句是開除開出昔方便説三令除五濁開出大乗覚悟知見道理先雖為人開説此理不説所以更示況此理令生聞慧雖聞未悟所以更広分別開悟思慧既信悟得意即令発心学仏知見令得修慧入仏知見道理】 『法華義記』巻第三、「今日、大乗の機は発し、五濁も障を為すこと能わず、今日の経教に、説いて衆生は皆な当に仏を得べしと言うを聞くことを得。此れは則ち是れ『開』の義なり。説いて昔日の三乗の行ずる所の行は、皆な是れ一仏果を得るの行なりと言う。衆生は此の語を聞かば、則ち聞慧を生ず。此れは則ち是れ『示』の義なり。且つ又た三乗の人相い与《とも》に思惟籌量す。昔より来、是れ方便にして、今の一因一果は是れ真実なり。我れ等は未来に皆な応に仏を得て深く此の理を解すべし。時に則ち思慧を生ずるを、詺《な》づけて『悟』と為す。相い与に自ら未極地に居るを知り、更に諸行を習い、無漏の治道を修し、無明住地煩悩を断ず。時に即ち修慧を生ずるを、仍《よ》りて詺づけて『入仏知見道』と為すなり」（大正三三、六〇三下二一～一一）を参照。

便品[90]に、果一というので、四句はすべて果の意義とするべきである。どうして［因にある聞慧・思慧・修慧の］三慧によって文を解釈するのか。因と果は矛盾し、前後相違する。さらにまた、三慧に多くの種類がある。この『［法華］経』は正面から二乗を破り、きっぱりと定めて三蔵［教］のなかの三慧を用いない。菩薩の方便は二乗と同じであるので、思うに通［教］の意味である。さらに用いることはできない。もし別［教］の三慧とするならば、菩薩の法であり、すべて仏の法ではない。もし円［教］の三慧とするならば、円［教］の三慧はまだ[91]仏知見を開かず、『［法華］経』を解釈することはできない。もし［蔵教・通教・別教という］他の三慧とするならば、『［法華］経』から去ることいよいよ遠くなる。もし円［教］の三慧とするならば、［三慧は因にあるので］果一の意義は成立しない。すべて用いることはできない……。

5.12223121132121424111 03　四十位に約して釈す

次に、地論師は、「第五の恒［河］沙の［仏のもとで発心した人が十六分の］八分の［意義について］理解を得ることは[92]、［十住・十行・十廻向の］三十心の位であり、『開』とする。初地から六地に至り、見思［惑］が尽きて、理解がますます明瞭であるのは、『示』のようである。七地から八地に至り、空と有を並べて観察して妨げるものがない【無礙】のは、『悟』のようである。十地を『入』とする」といっている。『［大般涅槃］経』に十地を眼見（仏性を直接眼で見ること）と名づけるのを引用する[93]。今また用いない。なぜならば、この『［法華］経』は、仏知見を開くことを明らかにしている。仏は一切種智によって知り、仏は仏眼によって見る。この智・眼を開くことを、はじめて仏知見と名づける。どうして第五の恒［河］沙の［仏のもとで発心した人が十六分の］八分の［意義について］理解を生じ、やはりまだ［初］地に入らないことを取りあげて、これを開と呼ぶのか。このように開を論じるのは、仏眼を開くことではない。このような知は、一切種智の知ではない。『［法華］経』と合致しないので用いない……。

50b

5.1222312113212142411104　理慧に約して釈す

ある人は、「最初の句は理であり、後の三句は簡略な理解である。その意味は、［生苦・老苦・病苦・死苦・

90　命章（方便品）【命章】『釈籤』巻第六に、「初文に命と言うとは、召なり。起なり。故に初章を以て、名づけて命章と為す」（大正三三、八六〇上二七～二八）とあるように、「命」とは招く、起こすの意で、初章を命章という。ここでは、『法華経』の説法の実質的な始まりである方便品を指す。

91　まだ【未】　底本の「来」を、甲本、『全集本』によって「未」に改める。

92　第五の恒［河］沙の［仏のもとで発心した人が十六分の］八分の［意義について］理解を得ること【第五恒沙得八分解】『南本涅槃経』巻第六、四依品、「若し衆生有りて五恒河沙の諸の如来の所に於いて、菩提心を発し、然して後、乃ち能く悪世の中に於いて、是の法を謗ぜず、経巻を受持・読誦・書写し、広く人の為めに十六分の中の八分の義を説く」（大正一二、六三九中三～六）を参照。

93　『［大般涅槃］経』に十地を眼見（仏性を直接眼で見ること）と名づけるのを引用する【引経十地名為眼見】『南本涅槃経』巻第二十六、師子吼菩薩品、「善男子よ、復た眼見有り。諸仏如来、十住菩薩は、仏性を眼見す。復た聞見有り。一切衆生、乃至九地は、仏性を聞見す。菩薩は若し一切衆生、悉ごとく仏性有りと聞きて、心に信を生ぜずば、聞見と名づけず」（大正一二、七七二下六～九）を参照。

愛別離苦・怨憎会苦・求不得苦・五盛陰苦の］八苦・［劫濁・見濁・煩悩濁・衆生濁・命濁の］五濁は未来の果【当果】を妨げる。［これは］閉である。今の教えは五濁を除いて、仏果の知見があらわれるので、『開』と名づける。穢れた煩悩【穢累】が除かれて理があらわれることを、清浄と名づける。後の三句は、聞・思・修［の三慧］である」と解釈する。[94]これを非難することは、前と同じである。

5.1222312113212142411105　二師四味に約して釈す

ある人は、「三乗別教を『開』とし、三乗通教を『示』とし、抑揚［教］を『悟』とし、『法華［経］』を『入』とする」といっている。[95]さらにまた、人は、「三乗通［教］を『開』とし、抑揚［教］を『示』とし、『無量義［経］』を『悟』とし、『法華［経］』を『入』とする」と解釈している。[96]この二つの解釈は、三句を引き離して［『法華経』以外の］他の経に向かわせ、［入仏知見の］一句を引き離して『法華［経］』に置く。[97]引き離してこじつけて解釈し【擘裂穿鑿】、傷つけ偽る【傷害誣誷】。その過失は大きい。

94　ある人は、「最初の句は理であり……後の三句は、聞・思・修［の三慧］である」と解釈する【有人解初句是理後三句是略解謂八苦五濁障当果是閉今教除五濁仏果知見顕故名開穢累除而理顕名清浄後三句是聞思修】『法華玄論』巻第五、「有る人の言わく、初めの句は理に拠り、余の三は解に約す。凡そ衆生の作仏を知らざる所以を論ぜば、良《まこと》に五濁・八苦の其の心の用を障《さ》うるに由る。五濁の用は若し強くば、能く当果の理を障う。理の顕わるることを得ざるは、即ち是れ閉の義なり。如来は出世して此の経教を説いて、衆生は五濁の障累を開除するに、仏果の知見は即ち顕わる。故に名づけて『開』と為す。清浄と言うとは、五濁は心に在れば、当果の理は顕われず。即ち穢累の義有り。今、五濁は既に障と為すこと能わざれば、即ち当果の理は既に顕然たり。故に『清浄』と名づくるなり。後の三は解に約すとは、其れ当果の知見有りと雖も、自ら知ること能わざるを以て、今其れをして知ることを得て聞恵の解を生ぜしめんと欲す。故に『示仏知見』と名づく。復た思恵の解を得しむるを、『悟仏知見』と名づく。後に進んで修恵の解を得しむるを、『入仏知見』と名づく」(大正三四、四〇二下二七～四〇三上九)を参照。

95 ある人は、「三乗別教を『開』とし、三乗通教を『示』とし、抑揚［教］を『悟』とし、『法華［経］』を『入』とする」といっている【有人言三乗別教為開三乗通教為示抑揚為悟法華為入】『法華玄論』巻第五、「有る人の言わく、初めに三乗別教を説くを『開』と為し、次に三乗通教を説くを『示』と為し、第三に抑揚教を説くを『悟』と為し、第四に『法華』の教を説くを『入』と為す」(同前、四〇三上一四～一六)を参照。「三乗別教」などについては、慧観の頓漸五時教判に出る。漸教五時の内容は、三乗別教(阿含経)、三乗通教(『般若経』)、抑揚教(『維摩経』など)、同帰教(『法華経』)、常住教(『涅槃経』)である。三乗別教は、声聞には四諦が説かれ、縁覚には十二因縁が説かれ、菩薩には六波羅蜜が説かれるように、修行の因も、それによって得られる果もそれぞれ別である教えのこと。三乗通教は、三乗の人に共通な教えのこと。抑揚教は、声聞・小乗を抑圧し、菩薩・大乗を宣揚する教えのこと。同帰教は、三乗の人の区別なく、すべてが成仏という一果に同じく帰着する教えのこと。常住教は、仏身の常住を説く教えのこと。

96 さらにまた、人は、「三乗通［教］を『開』とし、抑揚［教］を『示』とし、『無量義［経］』を『悟』とし、『法華［経］』を『入』とする」と解釈している【又人解三乗通為開抑揚為示無量義為悟法華為入】『法華玄論』巻第五、「有る人の言わく、三乗通教は始めて大乗を説くを『開』と為し、抑揚教を『示』と為し、『無量義』を説くを『悟』と為し、『法華』を説くを『入』と為す」(同前、四〇三上一六～一七)を参照。

97 三句を引き離して［『法華経』以外の］他の経に向かわせ、［入仏知見の］一句を引き離して『法華［経］』に置く【擘三句向他経裂一句置法華】開示悟入の四句のうち、前の三句を『法華経』以外に配当し、入の一句を『法華経』に配当すること。

5.12222312113212142411106　四十位に約して釈す

ある人は、「［十住・十行・十廻向の］三十心は『開』であり、初地から六地までを『示』とし、七地から九地までを『悟』とし、十地を『入』とする」といっている。[98] この人は通［教］を補助【傍】とし、別［教］を挟んで、このような言葉を設ける。まだ『法華［経］』のすばらしさ【奇異】を見ない。どうして［『法華経』が自らを］ほめたたえることを待つのか。

5.12222312113212142411107　地前四十心に約して釈す

ある人は、『華厳［経］』・『［菩薩］瓔珞［本業経］』・『仁王［般若経］』・『摂大乗［論］』・『十七地論』・『五凡夫［論］』などにはすべて五十二位があり、［初］地の前に［十信・十住・十行・十廻向の］四十心があるのを引用している。[99] どうしてこれを用いないのか。この人は誤って『華厳［経］』を引用する。『華厳［経］』には十信を明らかにしていない。たとい諸部に［初］地の前の四十心の位を明らかにすることがあっても、すべて［惑を］断ち切る道［位］【断道】でない。なぜこれによって開仏知見を解釈するのか。すべて空論【漫語】にすぎない。

5.12222312113212142411108　四智に約して釈す

ある人は、『釈論』（『大智度論』）の「［道慧・道種慧・一切智・一切種智の］四智に総別［の相違があって も、］同時に【一時】獲得する」ことを引用して、「これによって開示悟入を解釈するべきではない。開示悟入

に、深さの相違【浅深】があるようである。さらにまた、四智は位が高く、開示は浅いもの・深いものに通じ

98 ある人は、「〔十住・十行・十廻向の〕三十心は『開』であり……十地を『入』とする」といっている【有人言三十心是開初地至六地為示七地至九地為悟十地為入】『法華玄論』巻第五、「有る人の言わく、三十心は是れ『開』にして、初地より六地に至るを『示』と為し、七地より九地に至るを『悟』と為し、十地を『入』と為すなり」（同前、四〇三上二八～中一）を参照。

99 ある人は、『華厳〔経〕』・『〔菩薩〕瓔珞〔本業経〕』……四十心があるのを引用している【有人引華厳瓔珞仁王摂大乗十七地論五凡夫等皆有五十二位地前有四十心】この説は、『法華玄論』に説かれる吉蔵自身の説である。『法華玄論』巻第五、「評して曰わく、『華厳』・『瓔珞』・『仁王』・『摂大乗論』・『十七地論』・『五凡夫論』等を尋ぬるに、皆な五十二位有り。則ち地前に四十心有り。初めは即ち是れ十信なり。十信は僧祇の行行に始めて乃ち之れを得。此の二釈は、何が故に十信を明かさずして、但だ三十心・十地を取るや。又た『大集』に分明に四十心を辨ず。三十は前の如し。次に四等・六度有り。復た十心と為す。応に取らざるべからざるなり。又た、此の『経』に正しく三根人皆な信解することを得るを明かす。信解は即ち十信なり。何が故に取らざるや」（同前、四〇三中一～八）を参照。「十七地論」は、真諦訳『十七地論』五巻で、現存しない。『瑜伽師地論』本地分に相当する。「五凡夫」は、法経等撰『衆経目録』巻第五に、「五凡夫論一巻　右一論是人造偽妄」（大正五五、一四二上一九～二〇）を参照。

ている。これは例としてはならないのである」［といっている］[100]。この人はただ『釈論』（『大智度論』）の四智が同時［に獲得されること］を見るだけで、開示が同時であることを見ない。

5.12222312113212142411109　二諦に約して釈す

ある人は、「非空非有は『開』、能空能有（空でもあり有でもあることができること）は『示』、空有が不二であることは『悟』、空有は不二であるが二であると理解することは『入』である」といっている[101]。この人は二諦に焦点をあわせて理解している。［二諦は］二乗でさえ救い出す【抜出】ことができないのであるから、どうして『法華［経］』の一［乗］の意味であろうか。

5.12222312113212142411110　三諦に約して釈す

ある人は、「三諦の理に通達することを『開』とし、三諦が明確であることを『示』とし、三諦の同一性・相違性を見ないことを『悟』とし、自在に流れにしたがうことを『入』とするのである」といっている[102]。この人は連なり行く三諦【邐迤三諦】（隔歴三諦）に焦点をあわせて理論を作る。［隔歴の三諦は］菩薩の法でさえ超え出ないのであるから、どうして仏の法であろうか。

100　ある人は、『釈論』（『大智度論』）の「［道慧・道種慧・一切智・一切種智の］四智に総別［の相違があっても、］……これは例としてはならないのである」［といっている］【有人引釈論四智総別一時而得不応用此解開示悟入似有浅深又四智位高開示通浅深此応非例】『法華玄論』巻第五、「有る人の言わく、道恵は初めに理を見ることを得ば、則ち是れ『開仏知見』なり。二には道種恵は能く諸法を分別す。『示仏知見』を謂う。三には一切智は、『悟仏知見』を謂う。四には一切種智は、『入仏知見』を謂う。智に唯だ四有るを以ての故に、亦た四位を明かすなり。評して曰わく、『釈論』の一切智・一切種智に総別有りて異と為すと雖も、一時に之れを得。道恵・種恵は、異説不同なり。然して仏智に例せば、猶お是れ実恵・方便恵も、亦た一時に得るの義有り。開示悟入は、深浅不同有るに似たるが故に、応に四智に同ずべからざるなり。又た、四智の位は高く、開示悟入は深浅に通ず。義として例に非ず」（同前、四〇三中八～一六）を参照。「釈論四智総別一時而得」については、『大智度論』巻第二十七、「問うて曰わく、一切智・一切種智に、何なる差別有らん。答えて曰わく、有る人の言わく、差別無し。或る時は一切智と言い、或る時は一切種智と言う。有る人の言わく、総相は是れ一切智、別相は是れ一切種智なり」（大正二五、二五八下二七～二五九上一）、同、「問うて曰わく、一心の中に一切智・一切種智を得て、一切の煩悩習を断ず。今、云何んが一切智を以て、具足して一切種智を得、一切種智を以て煩悩習を断ずと言うや。答えて曰わく、実に一切をば、一時に得」（同前、二六〇中一七～二〇）を参照。

101 ある人は、「非空非有は『開』……空有は不二であるが二であると理解することは『入』である」といっている【有人言非空非有是開能空能有是示空有不二是悟了空有不二而二是入】『法華玄論』巻第五、「有る人の言わく、理に約して四句もて之れを論ずれば、非空非有を中道と為すは即ち是れ『開』、非空非有なれども能く空有を生ずるは即ち是れ『示』、空有不二を知るは即ち是れ『悟』、空有は不二なれども二なるを了するは即ち『入』なり」（同前、四〇三中二三～二五）を参照。

102 ある人は、「三諦の理に通達することを『開』とし……自在に流れにしたがうことを『入』とするのである」といっている【有人言達三諦理為開三諦分明為示不見三諦一異為悟任運順流為入也】『法華玄論』巻第五、「有る人の言わく、初めに三諦の理を観ずるを『開』と為す。三諦とは、有諦・無諦・中道第一義諦なり。漸漸分明なるを『示』と為す。三諦の一異を見ざるを『悟』と為す。中道は任運に順ずるを見るを『入』と為す」（同前、四〇三中二五～二八）を参照。

5.122223121113212142412　二師を叙し知見を解す

5.1222231211132121424121　総別二智に約して釈す

ある人は、「『仏知見』とは、一切智の総体的様相【総相】を『知』とし、一切種智の個別的様相【別相】を『見』とすることである」と解釈している。[103] これもそうではない。『釈論』（『大智度論』）に、「一切智は声聞の智、道種智は菩薩の智、一切種智は仏智である」と明らかにしている。[104] これは歴別の（段階的な）一切種智であり、
50c 三智が一心のなかにあるのではない。どうして二乗の「知」と別［教の］仏の「見」によって、円［教の］仏の「知見」を解釈するのか。

5.1222231211132121424122　尽無生智に約して釈す

ある人は、「尽智の煩悩が清浄であることを『知』と名づけ、無生智の因果の患累《げんるい》（煩悩）が究極的に【畢竟】無生であることを『見』と名づける」と解釈している。[105] この人は通［教］の範疇の仏の名教を取って、究竟の仏を解釈している。すべて相応しない。上の諸師に関しては、みだりにさまざまな経のなかの言葉を取って、すべて『法華［経］』の大意を見ていない。

5.12222312111321214242　今正しく釈す

5.122223121113212142421　論を引きて釈す

5.1222231211132121424211　二乗に約して釈す

『法華論』には、「第一に無上という意義である。一切智を除いて、けっして他の事柄はない。『［法華］経』

に、『仏の知見を開いて、衆生を清浄な状態になるようにさせようとするので、この世に出現する』とある通

103 ある人は、「『仏知見』とは、一切智の総体的様相【総相】を『知』とし、一切種智の個別的様相【別相】を『見』とすることである」と解釈している【有人解仏知見者一切智総相為知一切種智別相為見】『法華玄論』巻第五、「又た、知は一切智を謂う。即ち如来の総相の智なり。見は一切種智を謂う。別相の智を謂う」（同前、四〇四上一～二）を参照。

104 『釈論』（『大智度論』）に、「一切智は声聞の智、道種智は菩薩の智、一切種智は仏智である」と明らかにしている【釈論明一切智是声聞智道種智是菩薩智一切種智是仏智】『大智度論』巻第二十七、「復た次に、後の品の中に、仏は自《みずか》ら一切智は是れ声聞・辟支仏の事なり、道智は是れ諸菩薩の事なり、一切種智は是れ仏の事なりと説く」（大正二五、二五九上二〇～二二）を参照。

105 ある人は、「尽智の煩悩が清浄であることを『知』と名づけ……無生であることを『見』と名づける」と解釈している【有人解尽智煩悩清浄名知無生智因果患累畢竟無生名見】『法華玄論』巻第五、「又た、知は即ち是れ尽智なり。二種の生死、五住の煩悩は、皆悉《み》な清浄なるが故に、名づけて尽智と為す。見とは、即ち是れ無生智なり。因果の患累は畢竟して不生なるが故に、見と名づくるなり」（大正三四、四〇四上三～六）を参照。「尽智」は、小乗の十智の第九、「無生智」は第十に相当する。尽智は、三界内のすべての煩悩を断ち切り、四諦について、苦をすでに知り、集をすでに断じ、滅をすでに証し、道をすでに修したと知る智を言う。無生智は、利根の阿羅漢だけが得る智で、苦をすでに知ったから、もはや知る必要がなく、集をすでに断じたから、もはや断じる必要がなく、滅をすでに証したから、もはや証する必要がなく、道をすでに修したから、もはや修する必要がないと知る智である。

りである。第二に同一であるという意義である。声聞・辟支仏は、仏性・法身が平等であるからである。『[法華]経』に、『衆生に仏の知見を示そうとするので、この世に出現する』[106]とある通りである。仏性・法身はけっして区別がないからである。第三に知らないという意義である。その意味は、二乗の人は究極的な唯一の仏乗を知らないからである。『[法華]経』に、『仏の知見を悟らせようとするので、この世に出現する』とある通りである。第四に不退転の境地を証得させ、今、無量の智業を与えようとするからである。『[法華]経』に、『衆生を仏の知見に入らせようとするからである』とある通りである」とある。[107]『[法華]論』の言葉は、順序立っている。最初に「開仏知見」を無上とし、次に三乗にともに仏性・法身があることを示す。仏智が無上であることを明らかにするけれども、ただ仏だけに[仏智が]あることを恐れるので、第二に三乗にともに[仏智が]あることを明らかにする。三乗はともに[仏智が]あるけれども、二乗は悟らないので、かれら(二乗)に示して知らせる。知るけれども、不退[転の境地]を得ないので、第四に不退[転の境地]を得させる。

5.122223121132121424212　菩薩に約して釈す

さらにまた、一つ[の解釈]は菩薩に焦点をあわせる。「開」は前の通りである。「示」とは、菩薩たちで疑いのある者に、真実ありのままの【如実】修行を知らせるからである。「悟」とは、まだ菩提心を生じていない者に、発心させるからである。「入」とは、菩提心を生じた者を、法に入らせるからである。[108]

106　仏性　『法華論』の原文（次注107を参照）には、「仏」に作る。その場合は、「声聞・辟支仏・仏は、法身平等なるが故なり」と訓読する。

107　『法華論』には、「第一に無上という意義である……『衆生を仏の知見に入らせようとするからである』とある通りである」とある【法華論云一無上義除一切智更無余事如経開仏知見為令衆生得清浄故出現於世二同義声聞辟支仏仏性法身平等故如経欲示衆生仏知見故出現於世仏性法身更無差別故三不知義謂二乗人不知究竟唯一仏乗故如経欲悟仏知見出現於世四為令証不退転地現与無量智業故如経欲令衆生入仏知見故】『法華論』巻下、「一大事とは、四種の義に依りて、応当《まさ》に善く知るべし。何等をか四と為す。一には無上の義なり。唯だ如来の一切智知を除きて、更に余事無し。『経』に、『仏の知見を開き、衆生をして清浄なることを知得せしめんと欲するが故に、世に出現す』というが故なるが如し。仏知見とは、如来の能く証して、以て如実に彼の深義を知るが故なり。二には同の義なり。謂わく、諸の声聞・辟支仏・仏の法身は平等なり。『経』に、『衆生に仏知見を示さんと欲するが故に、世に出現す』というが故なるが如し。法身平等とは、仏性・法身に差別無きが故なり。三には不知の義なり。謂わく、諸の声聞・辟支仏等は、彼の真実処を知ること能わざるが故なり。此に真実処を知らずと言うは、究竟して唯だ一仏乗なるを知らざるが故なり。『経』に、『衆生をして仏知見を悟らしめんと欲するが故に、世に出現す』というが故なるが如し。四には不退転地を証せしむ。無量の智業を与えんと欲することを示現するが故なり。『経』に、「衆生をして仏知見に入らしめんと欲するが故に、世に出現す」というが故なるが如し。又復《ま》た『示』とは、諸菩薩の疑心有る者の為めに、如実修行を知らしむるが故なり。又た『悟入』とは、未だ発心せざる者をして発心せしむるが故なり。已に発心せる者をして法に入らしむるが故なり。又復た『悟』とは、外道の衆生をして覚悟を生ぜしむるが故なり。又復た『入』とは、声聞の小乗の果を得たる者をして菩提に入らしむるが故なり」（大正二六、七上二〇～中八）を参照。

108　さらにまた、一つ［の解釈］は菩薩に焦点をあわせる……「入」とは、菩提心を生じた者を、法に入らせるからである【又一番約菩薩開如前示者諸菩薩有疑者令知如実修行故悟者未発菩提心令発心故入者已発菩提心令入法故】前注107を参照。

5.122223121113212142421 3 凡夫に約して釈す

第三［の解釈］は凡夫に焦点をあわせる。「開」は前の通りである。「示」とは、彼ら（二乗）に法身・仏性があることを示すからである。「悟」とは、外道の衆［生］に覚りを生じさせるからである。「入」とは、大菩提に入らせるからである。[109]

5.12222312111321214242 2 今正しく釈す

5.122223121113212142422 1 属対論文

今の師（天台大師）は四つの解釈をするが、『［法華］論』に背反しない。『［法華］論』は一々の句（開示悟入の四句のそれぞれの句）に対して解釈し、今は一句に対して四つの解釈をする。『［法華］論』は不退転の境地を証得することを明らかにし、今は［十住・十行・十廻向・十地の］四位の解釈をする。『［法華］論』は如来が真実を証得することができることを知り、今は［道慧・道種慧・一切智・一切種智の］四智の解釈をする。『［法華］論』は同一である意義を明らかにし、今は観心釈をする。『［法華］論』は究竟処（究極的な境地）を知らないことを明らかにし、今は［有門・空門・亦有亦空門・非有非空門の］四門の解釈をする……。

5.122223121113212142422 2 正しく解釈す

5.12222312111321214242221 略して古今に対す

今、顕実を解釈するのに、無量の法はすべて「一」である。『［法華］玄義』のなかの十妙に関しては、[110] 十種の「一」である。もし旧解（古い解釈）に融和するならば、ひとまず［教一・行一・人一・理一の］四一を設ける。

51a

5.1222231211321214242222 今意を用うることを明かす

もし無量の一であるならば、一色・一香［のような微細な存在］も中道でないことはない。この意義は理解できるであろう。もし十［種］の一を設けるならば、文を提示するのに、整えられて十分である【整足】。順序立っていないけれども、十種の意義は減ることはない。「所以者何。我以無数方便種種因縁、演説諸法」（7a18-19/A88・8-10/120・5-6）は、これはもともと開権の文にすぎない。「是法非思量分別之所能解」（7a20/A88・10-11/120・7）以下は、理一をあらわす。「唯有諸仏乃能知之」（7a20-21/A88・11-12/120・7-8）は、智一をあらわす。「唯以一大事」（7a21/A88・13/120・9-10）とは、少しく説明する必要がある。「一」は理、「大」は智、「事」は行である。理は智を生じ、智は行を導く。この意義の便宜を追求すると、行一をあらわす。「知見」とは、智は理を「知」り、眼は真理【諦法】を「見」ることである。真理【諦法】は無為であるので、［真理に修証の浅深の］区別【分別】はない。無為であるが、［無為の理解に明昧の］区別がある。この知見に焦点をあわせて、開示悟入を論じる。簡略なもの【略】によって詳細なもの【広】を考える【擬】と、四十位がある。位一をあら

109　第三［の解釈］は凡夫に焦点をあわせる……「入」とは、大菩提に入らせるからである【第三番約凡夫開如前示者示其有法身仏性故悟者令外道衆生覚悟故入者令入大菩提故】 前注107を参照。

110　『［法華］玄義』のなかの十妙に関しては【如玄義中十妙】『法華玄義』に説かれる迹門の十妙のこと。

わす。さらにまた、四句を結論づける文を取って一を明らかにする。「一」は法身、「大」は般若、「事」は解脱である。以上は秘密蔵であり、［法身・般若・解脱の］三法の一（同一性）をあらわす。「出現於世」（7a22/A88·13/120·10）は、感応の一をあらわす。「但教化菩薩」（7a29/A90·8/121·9）は、眷属の一をあらわす。「諸有所作」（7a29-b1/A90·9/121·9-10）は、神通の一をあらわす。「唯以仏之知見示悟衆生」（7b1/A90·9-10/121·10-11）は、利益の一をあらわす。「但以一仏乗故為衆生説法」（7b2/A90·11/121·11-12）は、説法の一をあらわす。経文がその意味内容を刻みつけて、まことに割り符を合わせるように合致する。もしかいつまんで旧［説］に融和して四一を設けるならば、［四という］数は同じであるが意義は相違する。旧［説］に果一といい、今は理一という。意義により［経］文による。意義によるとは、もし理一がなければ、多くの事柄は倒錯する【顛倒】ことになり、［そうなると］すべて魔説であり、もう仏の経ではないので、理一を必要とする、ということである。［経］文によるとは、文に「仏知見」とあることに［基づくということである］。今は知見する対象を取る。見る対象は諦であり、知る対象は境である。境諦は実相の理であるので、理一と名づける。旧［説］は因一といい、今は行一という。因という言葉はひとつ【単】であるが、意義は分かれている【別】。行一は、言葉が通じて因果を収めることができるので、行一という。人一・教一は、それ（旧説）と同じである。

5.122223121132121424222 3　正しく解釈す

5.1222231211321214242222 31　来意

今ひとまず簡略なもの【略】にしたがって説くとき、四一によって文を解釈する。

5.1222231211321214242222232　解釈

5.12222312113212142422222321　理一

5.122223121132121424222223211　正しく解釈す

5.1222231211321214242222232111　標列

まず理一を解釈する。また四つの意味とする。第一に［開示悟入（それぞれ十住、十行、十廻向、十地に対応する）の］四位に焦点をあわせ、第二に四智に焦点をあわせ、第三に四門に焦点をあわせ、第四に観心に焦点をあわせる。

5.1222231211321214242222232112　正しく釈す

5.12222312113212142422222321121　四意に約して釈す

第一に四位に焦点をあわせることについては、諦境（真理）は知見することができない。智・眼に焦点をあわせて、やっと知見することができる。［一切智・道種智の］二智と［肉眼・天眼・慧眼・法眼の］四眼は、知見することができない。ただ一切種智と仏眼だけが、知見することができる。『［法華］経』に「為令衆生開仏知見」（7a24/A90-1/121-1）とあり、仏果が自分で知り自分で見ることを論じない。もし仏果だけを語るならば、衆生を失う。もし衆生を語るならば、仏の知見がなくなる。それ故、［仏果と衆生の］一方だけを取っ
51b てはならない。［蔵教・通教・別教の］三教の修行者は、衆生であるけれども、まだ仏眼・仏智がない。それ故、実相を知見することができない。円教の四位も衆生であるけれども、さらに、部分的に仏眼・仏智を得るので、衆生の意義は成就し、知見の意義もまた成就する。それ故、この四位にこと寄せて、理一を解釈す

る。瑞相のなかの「天雨四花」(2b10-11/A18·5-7/76·3-4、4a11-13/A44·10-12/93·9-10)に関しては、万善はともに[仏果に]帰着して四位に入ることができ、四位の華に乗って、仏果に趣くことを表わすので、位に焦点をあわせて理をあらわすのである。「開」(7a24/A90·1/121·1)とは、十住である。最初に無明を破って、如来蔵を開き、実相の理を見る。なぜならば、性徳[111]の理は、通[惑](見思惑)・別[惑](塵沙惑・無明惑)の二惑によって汚染執著され、理解することが難しい。初心は円かに信じ、円かに受け、円かに制伏すること[112]ができるけれども、まだ断ち切ることができないので、「開」と名づけない。内に観察修行を加え、外に法雨の助けによって、通[惑](見思惑)・別[惑](塵沙惑・無明惑)の惑の蔵を破り、真修(無心無作で行なう修行)の性質をあらわし出し、知見は明るく開かれる。太陽が出れば暗闇が消滅し、眼に[見る]作用が生じるようなものである。それ故、「開」と名づける。縁修(有心有作で行なう修行)は惑を破るので、「使得清浄」(7a24/A90·2/121·2)と名づける。『仁王[般若経]』には、「理に入る般若は、住と名づける」とある。[113]十住の小さな白い花の位に住するのである。「示」(7a25/A90·2/121·2)とは、惑障(煩悩)が除かれる以上、知見の本体があらわれることである。本体は万徳を備え、法界の多くの徳が示されることが明白である。それ故、「示」と名づける。十行の大きな白い[花の]位である。「悟」(7a26/A90·4/121·4)とは、[惑]障(煩悩)が除かれ本体があらわれ、法界の修行が明らかとなることである。事と理は滞りなく通じあって、けっして二つの趣く所はない。[114]摂大乗師(摂論師)は、「如理智、如量智」といっている。今、[如]理と[如]量は不二であるので、「悟」と名づける。十廻向の小さく赤い[花の]位である。「入」(7a27/A90·5/121·5)とは、事と理は滞りなく通じあっている以上、自在無礙であり、自在に流れ注いで、自然に阿から茶に到達し、[115]薩《さつ》婆《ば》若《にゃ》(一切智)の海に入ることである。摂大乗師(摂論師)の「如理・如量」ということに関しては、すらすらと通じあって自在であるということである。如量の知見は多くの徳を保持することができ、如理の知見はさまざまな惑を遮ることができる。十地の大きく赤い［花の］位である。しかしながら、円道の妙位は、一位のなかにおいて、四十一地の功徳を備える。ただ開は示・悟・入などを備え、けっして異なる心ではない。ただ如理の知見には、区別される浅深の様相はない。如量の知見をあらわそうとするので、四位を区別するだけである。「発心と畢竟の二つは別ではな

111 性徳　衆生が本性として備えている先天的能力を性徳という。修行によって得られる後天的能力を修徳という。

112 円かに信じ、円かに受け、円かに制伏する【円信円受円伏】『文句記』巻第五上（大正三四、二三六中二五〜二七）によれば、円信は名字位（名字即）、円受は五品位（観行即）、円伏は六根位（相似即）をそれぞれ指す。

113 『仁王［般若経］』には、「理に入る般若は、住と名づける」とある【仁王云入理般若名為住】『仁王般若経』巻上、菩薩教化品、「理に入る般若を、名づけて住と為し、住は徳行を生ずるを、名づけて地と為す。初住の一心は徳行に足り、第一義に於いて動ぜず」（大正八、八二七中二五〜二六）を参照。

114 けっして二つの趣く所はない【更無二趣】『講録』には「唯だ一道なり」と注し、『講義』には「妙に理と法とに達して、分別する所無しと謂う」と注する。

115 阿から荼に到達し【従阿到荼】底本の「茶」を「荼」に改める。「阿」は、悉曇四十二字門の最初の文字である。「荼」は、悉曇四十二字門の最後の文字なので、字母の究極と解釈される。

い。このような二つの心のなかで、前の心（発心）が難しい」とある。[116]難易という以上、すぐに初心と畢竟心に、明暗浅深の区別があるはずであることがわかる。ちょうど月の体は最初も最後もともに円かであるけれども、月の第一日（新月）と第十五日（満月）【朔望】の相違があるようなものである。四位の知見（開示悟入の四仏知見）は、すべて明らかに実相を照らすけれども、開と入の相違を説くだけである……。

51c

5.122223121132121424222321122　四智に約して釈す

第二に四智に焦点をあわせるとは、今、円教の智慧によって四位に対応させようとすることである。『般若[経]』のなかで［通教・別教・円教の三］教に通じて解釈するようなものではない。[117]第一に道慧は、道の実性（真実の本性）を見て、実性のなかに、仏知見を開くことができるのである。第二に道種慧は、十法界のさまざまな道の種類の区別、理解と迷い【解惑】の様相を知り、一つひとつすべて仏知見を示すのである。第三に一切智は、一切法が一つの様相で寂滅していることを知る。寂滅は、仏知見を悟ることである。第四に一切種智は、一切法の一つの様相・寂滅の様相を知り、種々の行為【行】・区分け【類】・特徴【相貌[118]】をすべて知ることで、仏知見に入ることである。さらにまた、道慧の如理を「開」と名づけ、道種慧の如量を「示」と名づけ、一切智の［如］理と［如］量が不二であることを「悟」と呼び、一切種智の［如］理と［如］量をどちらも照らすことを「入」とする。これはまた浅深［の区別］がない真実の理【実理】に焦点をあわせているが、［四智の］浅深については区別をするのである。

5.122223121132121424222321123　四門に約して釈す

第三に円教の四門に焦点をあわせる。横に四句を解釈すると、空門は一空が一切空であり、「開仏知見」である。有門は一有が一切有であり、「示仏知見」である。亦空亦有（空でもあり有でもある）門は一切が亦空亦有であり、「悟仏知見」である。非空非有（空でもなく有でもない）門は一切が非空非有であり、「入仏知見」である。通じる主体【能通】は四［門］であり、通じる対象【所通】（理）は一つである。開示悟入は通じる主体【能通】の門であり、知り見る対象【所知所見】は通じる対象【所通】の理である。

116 「発心と畢竟の二つは別ではない。このような二つの心のなかで、前の心（発心）が難しい」とある【発心畢竟二不別如是二心前心難】『南本涅槃経』巻第三十四、迦葉菩薩品、「発心と畢竟との二は別ならず。是の如き二心は先心難し。自《みずか》ら未だ度することを得ざるに、先に他を度す。是の故に我れは初発心に礼す。初めに発し已りて人天の師と為り、声聞、及び縁覚を勝出す。是の如き発心は三界を過ぐ。是の故に最無上と名づくることを得」（大正一二、八三八上四～七）を参照。

117 『般若［経］』のなかで［通教・別教・円教の三］教に通じて解釈する【般若中通教釈】『文句記』巻第五上（大正三四、二三六下二九～二三七上一）によれば、『般若経』が通教・別教・円教の三教に通じていることをいう。

118 行為【行】・区分け【類】・特徴【相貌】【行類相貌】 行・類・相貌の三つで、行は行為の意、類は区分けの意、相貌は特徴の意。『大智度論』巻第七十三、「仏は本と須菩提に命じて般若波羅蜜を説かしむるが故に、須菩提は問うらく、世尊よ、阿鞞跋《あびばっ》致《ち》に何なる行・類・相貌有るや、と。問うて曰わく、是の三事に何等の異なり有るや、と。答えて曰わく、有る人の言わく、是の三事は皆な一義なり。此れを以て是れ阿鞞跋致なり、阿鞞跋致に非ずと知る、と。有る人の言わく、行の名は是れ阿鞞跋致なり。菩薩の身・口・意の業は、他人に異なる。此の行を以て阿鞞跋致の甚深の智慧を表わす。類とは、分別して諸菩薩は是れ阿鞞跋致にして、阿鞞跋致に非ずと知る。相貌とは、行・類を除いて余の種種の因縁もて、阿鞞跋致の相を知ることを得。仏は義趣を説く、と」（大正二五、五七一中一三～二一）を参照。

5.122223121132121424222321124　観心に約して釈す

第四に観心に焦点をあわせて解釈するとは、心の本性【心性】の三諦の理は不可思議であることを観察するということである。この観察が汚れなく清らかである【明浄】ことを、「開」と名づける。不可思議であるけれども、空・仮・中の心を区別することができて、［空・仮・中が］そのまま備わって乱れがないことを、「示」と名づける。空・仮・中の心は、三そのままが一であり、一そのままが三であることを、「悟」と名づける。空・仮・中の心は、空・仮・中でないけれども、等しく空・仮・中を照らすことを、「入」と名づける。以上は一心三観であり、開示悟入の相違を区別することである。四種の解釈がある理由は、理を見ることは位に基づき、位が確立するのは智に基づき、智が生じるのは門に基づき、門が通じるのは観察に基づくからである。観察があるので門が通じ、門が通じるので智が成就し、智が成就するので位が確立し、位が確立するので理を見、理を見るので、理一と名づける。

5.1222231211321214242223212　理一の義を結成す

「舎利弗是為諸仏以一大事」（7a27-28/A90·6-7/121·6）以下は、理一の意義をしっかりと結論づけるのである。昔の方便の教えも意義によって開示悟入を論じることができるけれども、仏知見でないので、権（方便）である。今は仏知見を明らかにするので、実（真実）である。実（真実）は理一である。

5.1222231211321214242222322　人一を明かす

52a 「告舎利弗如来但教化菩薩」（7a29/A90・7-8/121・8-9）以下は、人一を明らかにする。昔の方便について、三乗を教化することを意味するが、理の真実【理実】［の立場］からいうと、ただ菩薩だけを教化する。その窮子は自分が雇われた身分の低い人【客作賤人】と思い込むが、長者の見るものは、実に自己の子であるとするようなものである。とりもなおさず人一である。

5.1222312113212142422323　行一を明かす

「諸有所作常為一事」（7a29-b1/A90・9/121・9-10）以下は、光宅［寺法雲］は教一と呼んだ[119]。今、行一という。三乗の多くの修行を、「諸」と名づける。円［教］のための「諸」は、とりもなおさず一事である。この修行はどこに到達するのか。ただ仏の知見に趣くだけである。とりもなおさず行一の意味である。またこれを教一とすることができる。もし教主についていうならば、「諸有所作」は、ただ教化を「事」とするだけである。この教一は便利である。もし修行者について語るならば、なすべき事柄である。具体的な事柄をなすこと【事作】は、とりもなおさず行である。今、この便利さを取りあげて、行一と呼ぶのである。しかしながら、四句（四一のこと）にはすべて二つの意義がある。理一に関しては、もし知り見る主体【能知見】を取りあげるならば、位一が便利である。知り見る対象【所知見】は、理一が便利である。人一の句のなかで、もし教化を取りあげる

119　光宅［寺法雲］は教一と呼んだ【光宅称教一】『法華義記』巻第三には、「諸有《あらゆ》る所作は、常に一事の為めなり。是れ第三に因一を明らかにす」（大正三三、六〇三下二三～二四）とあるように、教一ではなく因一としている。

ならば、教一が便利である。もし菩薩を取りあげるならば、人一が便利である。教一の句のなかで、もし一仏乗によって衆生のために法を説くことを取りあげるならば、これは教一が便利である。もし乗せて運ぶ意義を取りあげるならば、行一が便利である。四句は共通にそうである。便利さを追求して解釈するだけである。

5.12222312113212142422324　教一を明かす

「但以一仏乗」(7b2/A90·11/121·11-12) 以下は、光宅［寺法雲］は因一とし、[120] 今、教一という。円頓の教を、一仏乗と名づける。それ故、序品には、「大乗経を説く」(2b8、4a9、4a24、4b17-18など) とある。とりもなおさず教の意義である。別教以下は、すべて有余の説と名づける。つまり、不了義であり、仏の一乗ではない。光宅［寺法雲］は、「縁覚・声聞の二［乗］はなく、［二乗と］偏行［六度］の菩薩の三［乗］はない」といっている。[121] さらにまた、ある人は、「菩薩・縁覚がいないことを『無二』(8a18/A106·3/129·8) とし、［菩薩・縁覚がおらず］声聞がいないことを『無三』(8a18/A106·3/129·8) とする」といっている。もしこの解釈をするならば、ただ三蔵［教］のさまざまな乗がなく、通［教の］乗を保存するだけである。どうして一仏乗に関わるであろうか。ある人は、「［第二の］縁覚がいないことを『無二』とし、［第三の］声聞がいないことを『無三』とする。菩薩の大乗が存在する」といっている。もしそうであるならば、ただ三蔵［教］のなかの二乗がなく、三蔵［教］のなかの菩薩はいないわけではない。これは有余を残している。どうして仏乗に関わるであろうか。どこの経論に声聞を第三としているのか。この順序がない以上、すべて妄説である。もしあなたの解釈によるならば、「無二」は［第二の］縁覚がいないことであり、「無三」は［第三の］菩薩がいないことである。第一は声聞であり、いないとされるべきではない。もしこのようであるならば、大いに倒錯している。今、「但以

52b
一仏乗」というのは、仏法の円教【円教乗】をもっぱら説くだけである。「無余乗」(7b3/A90・12/121・12)とは、別教の方便を帯びる有余の説がないことである。「無二」とは、『般若[経]』のなかの[通教・別教]の二つを帯びることがないことである。「無三」とは、方等[経]のなかの相対する対象としての[蔵教・通教・別教の]三つがないことである。このような[通教・別教の]二つ・[蔵教・通教・別教の]三つはすべてない。まして三蔵[教]のなかの三[乗]はなおさらである。

120 光宅[寺法雲]は因一とし【光宅為因一】『法華義記』巻第三には、「舎利弗よ、如来は但だ一仏乗を以ての故に、衆生の為めに説法す。此の下は是れ第四に教一を明かす」(同前、六〇三下二五〜二七)とあるように、因一ではなく教一としている。ただし、前注119にあるように、「因一」という語も使用している。

121 光宅[寺法雲]は、「縁覚・声聞の二[乗]はなく、[二乗と]偏行[六度]の菩薩の三[乗]はない」といっている【光宅云無縁覚声聞之二無偏行菩薩之三】『法華義記』巻第三、「十方仏の世に尚お二乗すら無し。何に況んや三有らんをや。此れは因一を明かす。尚お二乗すら無しと言うとは、尚お偏行六度の菩薩乗・辟支仏乗さえ無しと言う。何に況んや声聞乗有らんをや。故に知んぬ、唯だ是れ一仏乗なるのみ。即ち是れ因一の義を明かすなり」(同前、六〇四中一八〜二二)を参照。『文句』の紹介する法雲の説と、ここに引用した法雲の『法華義記』の説は内容的に相違している。『法華義記』の説は、法雲の説の後に紹介される「有人」の説と類似している。「偏行六度」は、「偏えに六度を行ず」と読んで、六波羅蜜を中心的に修行するの意。

5.122223121132121425　結成

「舎利弗一切十方諸仏法亦如是」（7b3-4/A90·12-13/122·2-3）以下は、第五にまとめて結論づける。

5.122223121132122　三世仏章

［過去仏、未来仏、現在仏の］三世の仏の章は、それぞれ教一・行一を明らかにする。後にまとめて人一・理一を論じる。文について理解できるであろう。もし当章についてもともと［教一・行一・人一・理一の］四一［の解釈］をするならば、また［それを］実現できるけれども、まとめの文【総文】の明白であるのには及ばないのである。『菩薩瓔珞経』［巻］第十三に、九世の仏を明らかにする。[122] 過去に三世の仏がいる。現在と未来も同様である。未来の三世の仏とは、古仏が慈悲によって未来に入り、種々の姿を作り、衆生を救済する者のことである。未来の現在仏とは、未来の記別を受けるべき者のことである。未来の未来仏とは、未来仏【当仏】で次々と記別を受ける者のことである。過去についても、これに準拠してわかるであろう……。現在の現在仏とは、未来の教化の主【当化主】のことである。現在の未来仏は、次に［仏の地位を］補う者のことである。現在の過去仏は、古仏で迹を［現在に］垂れる者のことである。過去の諸仏の章以下は、このなかに六つの意義を備えるべきであるが、ただ二種［の意義］を提示しているだけである。第一に方便を開き、第二に真実をあらわす。［第一の法の希有をたたえることと第二の説に偽りがないことの］二つは上（諸仏の章）を指し、［第五の五濁を取りあげて権を解釈することと第六の偽りを選んで真実を重んずることの］二つは下（釈迦の章）を指す。「以無量無数方便」（7b4-5/A92·1/122·4-5）とは、開権を明らかにするのである。「是法皆為一仏乗故」（7b6/A92·3/122·6-7）は、顕実を明らかにするのである。上の一仏乗を例とするならば、教一である。

「従諸仏聞法」（7b6-7/A92･4/122･7）は、法を聞くけれども、法は衆生に受けさせるので、人一を兼ねるのである。「究竟皆得一切種智」（7b7/A92･4-5/122･7-8）とは、［一切］種智の知る対象は理一であり、知る主体は行一である。順序正しくないけれども、四一は兼ね備わるのである。未来仏の章以下は、また二つの意義がある。上を指すことと下を指すことである。兼ねて六［つの意義］を備える……。現在仏の門以下は、ちょうど教化の主である。最初に仏が出現する意味を高く掲げる。諸仏の章のなかの「唯以一大事因縁出現於世」（7a21-22/A88･13/120･9-10）に関しては、これもまた同様である。ただ衆生に大いに利益を与え安楽にしようとするために、世間に出現するのである。次に開権、次に顕実である。文[123]に四一を備えるのである。

妙法蓮華経文句巻第四上

122　『菩薩纓珞経』［巻］第十三に、九世の仏を明らかにする【菩薩纓珞経第十三明九世仏】『菩薩瓔珞経』巻第十三、浄居天品、「天子は又た問うらく、如来は今、過去仏有りと説くに、我れは則ち疑わず。復た十方現在の諸仏を説くに、我れは亦た疑わず。云何んが世尊よ、未来世の仏有りと説くや。世尊は報《こた》えて曰わく、汝は今、我れに問う。過去の三世を問うと為すや、現在の三世を問うと為すや、未来の三世を問うと為すや」（大正一六、一〇九中二八～下三）を参照。

123　文　底本の「又」を、『全集本』によって「文」に改める。

52c

妙法蓮華経文句　巻第四下

天台智者大師が説く

5.1222231211322　釈迦章

5.12222312113221　分科

第二に釈迦の章を詳しく展開する。六つの意義のなかで法の希有《けう》をたたえることがない。最初に開権（権を開きあらわすこと）、次に顕実（真実をあらわすこと）、第三に五濁を取りあげて方便を解釈し、第四に偽りを選んで純粋に一乗を信じ、第五に偽りがない。

5.12222312113222　正しく釈す

5.122223121132221　開権

「我今亦如是」（7b18-19/A96・6/124・1）は、「我」は釈迦である。現在、三［乗］を先に説いて一［乗］を後に説く。［十方仏、過去仏、未来仏、現在仏の］四仏のように相違しないので、「亦復如是」という。「知諸衆生有種種欲」（7b19/A96・6-7/124・1-2）とは、［人乗・天乗・声聞乗・縁覚乗・仏乗の］五乗の能力・性質・欲求【根性欲】である。過去を能力【根】と名づけ、現在を欲求【欲】と名づけ、未来を性質【性】と名づける。「深心所著」（7b19/A96・7/124・2）とは、能力【根】である。「方便」（7b20/A96・8/124・4）とは、［衆生の能力の］便宜にしたがって三乗の方便の教え【権法】を展開することである。

5.122223121132222　顕実

「如此皆為得一仏乗」（7b21/A96·10/124·5）とは、顕実である。「仏乗」は教一、「一切」は行一、「種智」の知る対象は理一である。

5.1222231211322223　五濁を挙げて方便を釈す

5.12222312113222231　標意

「十方尚無二乗何況有三」（7b22-23/A98·1-2/124·6-7）以下は、第三に五濁を取りあげて開権を解釈するのである。五濁を取りあげようとして、まずその意味を高く掲げる。上に諸仏の開権顕実を説いたけれども、まだ実を隠して権を施すことを明らかにしていない。その法は清浄で静寂唯一【湛一】であり、大空のようである。［通教・別教の］二種を帯びている【帯二】［権］（『般若経』）や［蔵教・通教・別教の］三種を帯びている【帯三】権（方等経）でさえないのであるから、まして［鹿野苑の蔵教に示される声聞乗・縁覚乗・菩薩乗の］単なる三［乗］【単三】や［鹿野苑の蔵教に示される人乗・天乗・声聞乗・縁覚乗・菩薩乗の］単なる五［乗］【単五】の権があるであろうか。ただ五濁の妨げるものが重く、実を述べることができないために、単なる五［乗］・単なる三［乗］の権を与え、また［通教・別教の］二種を帯びている【帯二】［権］や［蔵教・通教・別教の］三種を帯びている【帯三】［権］を与える必要がある。それ故、「一仏乗について区別して三［乗］を説く」（7b26-27/A98·7/124·12）という。区別してあるいは［通教・別教の］二種を帯びていたり、［蔵教・通教・別教の］三種を帯びていたりする三［乗］、あるいは単なる五［乗］【単五】や単なる三［乗］の三［乗］

を説くのである。

5.12222312113222232　五濁を明かす

5.122223121132222321　分科

5.122223121132222322　正しく釈す

「五濁」(7b23/A98·3/124·7-8) とは、もともと四つの区別がある。最初に数をいい、第二に名を列挙し、第三に本体と様相【体相】[を明らかにし]、第四に解釈して結論づける。

5.1222231211322223221　唱数

5.1222231211322223222　列名

数をいい、名を列挙することは、[経] 文の通りである。

5.1222231211322223223　体相

5.12222312113222232231　正しく五濁の体相を明かす

「如是」(7b24/A98·4/124·9) とは、本体と様相【体相】を明らかにすることである。劫濁には別の本体がない。劫は長い時であり、刹那は短い時である。ただ [衆生濁・煩悩濁・見濁・命濁の] 四濁に焦点をあわせて、この仮りの名前を確立する。文に「劫濁乱時」(7b25/A98·5/124·10) とあるのは、この意義である。衆生濁も同様に別の本体がない。見 (誤った見解)・慢 (慢心) を取り集めて、果報の上に、この仮りの名前を確立する。

文に「衆生垢重」(7b25/A98·5/124·10) とあるのは、この意義である。煩悩濁は、「貪欲・瞋恚・愚痴・慢・疑の」五鈍使を指して本体とする。見濁は「有身見・辺執見・邪見・見取見・戒禁取見の」五利使を指して本体とする。命濁は色・心を継続して保持する【連持】ことを指して本体とする……。様相【相】とは、「衆生濁・煩悩濁・見濁・命濁の」四濁がますます激しくなり【増劇】、この時(劫)に集まることである。瞋恚《しんに》は
53a ますます激しくなって飢餓が生じ、愚癡はますます激しくなって疫病が生じる……。「水災・火災・風災の」三災が起こるので、煩悩はますます盛んであり、さまざまな誤った見解はますます盛んである。粗雑で劣った【麁弊】色・心、悪名・汚れた評判【穢称】があり、年齢を砕き寿命を減らす。多くの濁りが集まり【交湊】、水が荒れ狂って勢いよく流れ【奔昏】、風波の勢いが激しく[1]、魚龍がかき乱し【攪撓】、一つの頼るもの【憀頼】もないようなものである。時はこれをそのようにさせる。劫初(成劫の最初)に光音天は大地に落下して、大地に欲求があるようにさせたようなものであり、忉利天[2]が麁渋園[3]に入るならば、園に闘争心が生じたようなものである。以上を劫濁の様相と名づける。煩悩濁とは、貪りの海は流れを納めて、まだ飽き足りたことがなく、怒った禹《まむし》は毒を吸収してさまざまな世間をかき

1 勢いが激しく【鼓怒】 底本の「鼓努」を、『講義』(全集本二、八九九頁)によって「鼓怒」に改める。

2 忉利天 忉利は、Trāyastriṃśa の音写語。三十三(天)と訳す。欲界の六欲天(四王天・忉利天・夜摩天・兜率天・化楽天・他化自在天)の第二で、帝釈天を中心に、四方に八天ずつあるので、合計、三十三天となる。

3 麁渋園 忉利天に四つの園林があり、麁渋園は城の南にある。東には照明園、西には歓喜園、北には駕御園がある。

乱し、愚かで頑固な【癡闇頑嚚】様子は黒い漆や墨【漆墨】よりもひどい程度で、自らおごり高ぶり【慢高】、他人を低く見て【下視】、度を越して馬鹿にし【陵忽】、疑いの網にかかって信がなく、真実を告げることができないことである。以上が煩悩濁の様相である。見濁とは、［実体としての］人がいないのに人がいると思い込み、道があるのに道がないと思い込むことである。十六種の［外道の誤った］見解、六十二種［の外道の誤った見解］などは、ちょうど鳥獣を捕るわな【羅網】のようなものである。さらにまた、密林【稠林】のようであり、まとわりついて束縛するもの【纏縛】が屈曲して、脱出することができない。以上が見濁の様相である。衆生濁とは、色・心を取り集めて一つの主宰［者］を確立することである。たとえば鳥もちと膠《にかわ》【黐膠】がくっつかない物は何もないようなものである。六道に放浪し【流宕】、至る所で生を受ける。貧乏であるようなもの、背が低いようなもの、背が高いと名づけられるもの、裕福であると名づけられるもの［として生を受ける］。以上が衆生濁の様相である。命濁とは、［寿命の短いあり様が］朝に生まれ夕暮れに生命を落とし、昼に出て夕方に没し、波のように回転し、煙のように回転し、きわめて短い時間【瞬息】も留まることがないことである。以上が命濁の様相である。濁の様相は多くて、詳しくは説くことができない。

5.12222312113222232232　五濁の生起を明かす

［五濁の］順序【次第】とは、煩悩［濁］・見［濁］を根本とする。この二濁から衆生［濁］を成立させる。衆生［濁］から継続して保持する【連持】命［濁］がある。この四［濁］が時を経過することを、劫濁というのである。

5.1222231211322232233　料揀

問答考察【料揀】とは、質問する。五濁がもし大［乗］を妨げるならば、『華厳［経］』のなかにまだ濁を除かないで法を聞くとは、どういうことか。

答える。これは四句にわたって区別するべきである。第一に大乗の根（能力）が鋭く障（妨げるもの）が重い場合は、根が鋭いので、重い障も妨げることができない。［この根が鋭く、障が重い者が］この国土の『華厳［経］』において最初に大乗を聞く者のことである。第二に根が鋭く障が軽い場合である。第三に根が鈍く障が軽い場合は、他方の浄土において大乗を聞く者のことである。第四に根が鈍く障が重い場合は、この国土の身子（舎利弗）の同輩【流輩】で、濁を除いて、はじめて大乗を聞く者のようなものことである。

質問する。五濁は小［乗］を妨げるか。

答える。これは小乗について、四句にわたって区別するべきである。小乗の根が鋭く遮（妨げるもの）が軽い場合は、障も妨げることができない。央掘［摩羅］[4]のことである。身子（舎利弗）のことである。根が鋭く遮が重い場合は、障も妨げることができない。央掘［摩羅］のことである。根が鈍く遮が軽い場合は、また妨げとならない。［周利］槃特[5]のことである。根が鈍く遮が重い場合は、これは妨げとなり、小乗を聞かず、救われない者のことである。

53b 質問する。『華厳［経］』［の座］にいず、三蔵［教の座］にいないのに、大［乗］を聞き小乗を聞くことが

4　央掘［摩羅］【央掘】　央崛摩羅とも記す。Aṅgulimāla の音写語。指鬘と訳す。

5　［周利］槃特【槃特】　Kṣullapanthaka, Cūḍapanthaka の音写語。小路と訳す。愚者として有名であるが、阿羅漢となる。

できる者がもともといるのは、どういうことか。

答える。これは［蔵教・通教・別教・円教の］四教について、一々の教において［有門・空門・亦有亦空門・非有非空門の］四門の区別をする。根が鋭く遮が軽い者は、非空非有門を聞いて［真実に］入るのである。根が鋭く遮が重い者は、亦空亦有門（空でもあり有でもある門）を聞いて［真実に］入るのである。根が鈍く遮が軽い者は、空門を聞いて［真実に］入るのである。根が鈍く遮が重い者は、有門を聞いて［真実に］入るのである。［蔵教・通教の］二教の四門は小乗に焦点をあわせて区別し、［別教・円教の］二教の四門は大乗に焦点をあわせて区別する。詳しく推し量れば理解できるであろう……。

質問する。五濁は、一応、なぜ大［乗］を妨げて、小［乗］を妨げないのか。

答える。衆生は濁が重く、でたらめに五陰を［常・楽・我・浄の］四徳であると誤って考える。もし常・我を聞くならば、非（正しくないもの）を是（正しいもの）と執著する。旧医《くい》[6]は愚鈍であり【頑騃】、乳の長所・短所【好悪】を知らず、病気が生じる根源を知らず、薬効のある食べ物【薬餌】の許可と禁止【開遮】を知らず、理解する【知暁】ことがないので、［五］濁は［この旧医のように］大［乗］を妨げるのである。文に、「私がもし仏乗をたたえるならば、衆生は苦に没する」とあるのは[7]、この意義である。もし無常・苦・空を聞くならば、生死をいやがって涅槃を喜び、その誤った考え【邪計】の執著を破るので、五濁は小［乗］を妨げない。文に、「このように思惟するとき、十方の仏はすべて出現して、梵音によって私を慰める」とあるのは[8]、この意義である。

五濁に焦点をあわせて［世界悉檀・各各為人悉檀・対治悉檀・第一義悉檀の］四悉檀を論じるならば、劫［濁］・命［濁］は世界［悉檀］であり、衆生［濁］・見［濁］は為人［悉檀］であり、煩悩［濁］は対治［悉檀］である。［世界悉檀・各各為人悉檀・対治悉檀の］三悉檀によってその五濁を除き、後に大［乗］を説くのは、第一義悉檀である。

もし因果を論じるならば、［煩悩濁・見濁の］二つは因であり、［衆生濁・命濁・劫濁の］三つは果である。［衆生濁の］一つは人であり、［煩悩濁・見濁・命濁・劫濁の］四つは法である。[9]［煩悩濁・見濁・衆生濁・命

6　旧医『南本涅槃経』巻第二、哀歎品（大正一二、六一七下～六一八下を参照）に出る比喩に基づく。旧医が乳薬の好醜善悪を認識せず、どんな病気にもただ乳薬を用いていたのを、新しくやって来た客医が王に、乳薬は毒であるから禁止するように求めた。ところが、後に王が病にかかったとき、客医はかえって乳薬を用いることを勧めたので、王は厳しく問いただした。客医は、旧医がさまざまな病気の種類を区別せず、ただ乳薬だけを投薬していたが、乳薬は毒にも甘露にもなることを説き、今の王の病には、乳薬が効果のあることを説く。外道の常楽我浄に対して、いったんは無常・苦・無我・不浄を説いたが、『涅槃経』において、再び真実の常・楽・我・浄を説くことをたとえたものである。

7　文に、「私がもし仏乗をたたえるならば、衆生は苦に没する」とある【文云我若讚仏乗衆生没在苦】『法華経』方便品、「若し但だ仏乗のみを讃ぜば、衆生は苦に没し、是の法を信ずること能わず。法を破して信ぜざるが故に、三悪道に堕す」（大正九、九下一三～一五）を参照。

8　文に、「このように思惟するとき、十方の仏はすべて出現して、梵音によって私を慰める」とある【文云作是思惟時十方仏皆現梵音慰喩我】『法華経』方便品、「是の思惟を作す時、十方の仏は皆な現じ、梵音もて我れを慰喩す」（同前、九下一九～二〇）を参照。

9　［衆生濁の］一つは人であり、［煩悩濁・見濁・命濁・劫濁の］四つは法である【一人四法】衆生濁は人、その他は法に相当する。

濁の］四つは法、［劫濁の］一つは時である。［衆生濁・命濁の］二つは報障であり、［煩悩濁・見濁の］二つは煩悩障である。業［障］はその中間にある。[10] 衆生［濁］は因成仮、[11] 命［濁］は相続仮である。相待仮はわかるであろう。衆生［濁］は受仮、[12]［煩悩濁・見濁・命濁・劫濁の］四つは法仮である。名仮は［受仮と法仮の］二箇所に通じる。煩悩［濁］・見［濁］は凡夫にあり、他の三つ（衆生濁・命濁・劫濁）は凡夫・聖人に通じる。命［濁］は短く、劫［濁］は長く、他の三つ（煩悩濁・見濁・衆生濁）は長短に通じる。劫［濁］はただ時だけであり、命［濁］は法を帯びて時を論じる。劫［濁］は内外に通じ、命［濁］はただ内にだけある。小の三災[13]は人に害を与えるが、物に害を与えず、大の三災【三大】は物に害を与えるが、人に害を与えない。小劫はただ人にあり、大劫は色界に通じ、[14] 命［濁］は［地獄・餓鬼・畜生・人・天の］五道、［欲界・色界・無色界の］三界に通じる。劫［濁］は共通の濁【共濁】であり、［煩悩濁・見濁・衆生濁・命濁の］四つは個別的な濁【各各濁】である。小劫は劫濁、大劫は濁・不濁に通じる。［人間の寿命が］八万［歳］から十歳に至るまでを小劫とし、［人の寿命の増減を］八十反《ぺん》［繰り返す］ことを大劫とするのである。

質問する。五濁という以上、何が五清であるのか。

10　業［障］はその中間にある【業在其間】『文句記』巻第五中は、「煩悩は業を潤し、業は能く報を招くが故に、『其間』と云う」（大正三四、二四〇下二九～二四一上一）と述べている。「報障」、「煩悩障」は三障に含まれるもので、他の一つは業障である。『文句記』の説明は、業障が煩悩障と報障の間に位置するものであることを指摘したものである。

11　因成仮　『成実論』仮名相品（大正三二、三二七下二九～三二八下一三）に基づいて、成実論師によって概念化された因成仮・相続仮・相待仮の三種の仮名有の一つ。仮は、実体がないの意。「因成仮」は、一切の有為法が因縁によって成立したものであることをいう。「相続仮」は、有為法が前後相続して存在することをいう。「相待仮」は、大小、長短のような相対的な存在をいう。『大般涅槃経集解』巻第四十七の僧宗の注に、「其の体は無常なるを以ての故に、是れ相続仮なり。其れ無自性なるを以ての故に、一時の因成仮有るなり。相待もて称を得るが故に、相待仮有り」（大正三七、五二三中七～九）とある。

12 受仮　受仮・法仮・名仮の三仮は、もと『大品般若経』巻第二、三仮品（大正八、二三一上二〇～二二）に出る。「受仮」は、複数の要素が集まって全体を構成している場合、それに実体のないことをいう。五陰が和合して衆生を構成するのであるが、この衆生が受仮といわれる。「法仮」は、法（存在する者）それ自体に実体のないことをいう。「名仮」は、受仮・法仮には名があるだけで実体がないので、そのようにいう。

13 小の三災【三小】　仏教では、世界は成立・存続・破壊・空無を繰り返すという。これを成劫・住劫・壊劫・空劫の四劫という。住劫は、第一期間として、人の寿命が無量歳から漸減して十歳になる。この期間を一中劫とする。次に、第二期間として、十歳から漸増して八万歳になり（これに一小劫を要する）、再び漸減して十歳となる（これに一小劫を要する）。この期間も一中劫であるが、この増減を十八回反復するので、都合十八中劫となる。最後に、第三期間として、十歳から漸増して八万歳になる。この期間も一中劫である。したがって、この住劫は、二十中劫である。他の三劫もそれぞれ二十中劫であり、八十中劫を一大劫とする。なお、一中劫は二小劫に相当する。また、人の寿命が漸増する期間を増劫といい、漸減する期間を減劫という。小の三災は、住劫の期間において、人の寿命が十歳になるたびに発生する災害で、刀兵災・疾疫災・飢饉災をいう。「三大」は、大の三災のこと。壊劫の最後に発生する火災・水災・風災を指す。

14 小劫はただ人にあり、大劫は色界に通じ【小劫但在人大劫通色界】「小劫但在人」について、『講義』には、「正災は但だ南洲、傍災は東西二洲に通ず。北洲は都《すべ》て無し」とある。「大劫通色界」については、大の三災によって色界の三禅天まで消滅することをいう。

答える。邪正の三毒に準拠すると、邪は五濁、正は五清である。他方の浄土に邪の三毒がなければ、五濁の
53c
障は軽い。この意義はわかるであろう……。

5.122223121132224　偽を揀んで敦く一実を信ず

5.1222231211322241　分科

「若我弟子自謂」（7b27/A98·8/125·1）以下は、第四に偽りを選んで真実を重んじる。もし仏弟子であるならば、自分で信解することができる。もし信解しなければ、真の弟子ではなく、また羅漢でない。法座の大衆【時衆】に迫って【敦逼】、信受し理解させる。［経］文について二［段］とする。最初に真偽を選ぶ。第二に［五濁を］取り除いて【開除】疑いを解消する。［真偽の］選択【揀】をさらに二［段］とする。最初にもし聞かず知らなければ、真の弟子ではない。次に聞いて信受しなければ、増上慢となる。

5.1222231211322242　正しく釈す

5.12222312113222421　真偽を簡ぶ

5.122223121132224211　真の弟子に非ざるを簡ぶ

世間の弟子が、師の法にしたがい、継承して［法］灯を伝えるようなものである。もし聞かず知らなければ、したがうことのできる法はないし、何を弟子というのか。如来は昔説いて、五濁［の世において］三乗を開く。あなたはしたがって涅槃を得、聞くことができ、知ることができれば、弟子と名づける。今、五濁が除かれる以上、あなたのために一［乗］を説く。なぜ「不聞不知」（7b28/A98·9/125·2）であろうか。「不

聞」とは、教一を聞かないことである。「不知」とは、行一を知らないことである。「非真[15]」は理一でなく、「非弟子」（7b29/A98·10/125·3）は人一でないのである。

5.1222231211322224212　信ぜざるは増上慢と成ることを明かす

次に「又舎利」（7b29-c1/A98·12/125·5）以下は、第二に信じないのは増上慢となることを明らかにするとは、これはそれを重んじて信じさせることである。なぜならば、あなたは自分で［輪廻の最］後の身であると思い込むけれども、身でさえ無量であり、実に［輪廻の最］後の身ではない。あなたは自分で究極的であると思い込むけれども、やはり二百由旬を残していて、[16]本当には究極的ではない。まだ［覚りを］得ていないのに得たと思い込む。どうして増上慢でないであろうか。真の羅漢とは、濁が除かれ根が鋭く、［自分が得た覚りが］究極的でないと知って、真実の法を信じ、まだ［輪廻の最］後の身でないので、［増］上慢を起こさず、［自分が得た覚りが］究極的でないと知って、究極なものを信じるのは、理一を信じることである。増上慢がないのは、行一を成立させることである。信は教えを信じることである。以上が教一である。仏弟子であるのは、人

15　「非真」『私記』には、「非真」は経文に出ないけれども、後出の「若有比丘実得阿羅漢」（大正九、七下四）に基づいて付加したものと説明している。

16　やはり二百由旬を残していて【猶余二百由旬】『法華経』化城喩品に説かれる化城宝処の比喩に基づく。三百由旬の化城（声聞・縁覚の小乗の涅槃をたとえる）から五百由旬の宝処（仏の真実の涅槃＝成仏をたとえる）まで、まだ二百由旬の距離を残していること。

一である。

5.122223121132222422　開除して疑を釈す

「除仏滅」（7c5/A100·6/125·11）以下、第二に［五濁を］取り除いて【開除】疑いを解消するとは、まず［五濁を］取り除く【開除】ということである。仏滅後には［仏が存在しないので］増上慢とならないことを除外する。次に「所以者何仏滅」（7c5-6/A100·7/125·11-12）以下は、良い人を得ることは難しく、深い経典を理解することは難しく、また［増］上慢とならないことを明らかにする。もし仏が世間に存在して正面からこの『［法華］経』を説く場合、信ぜず受けなければ、真の羅漢でなく、増上慢となる。もし仏の滅後にはじめて羅漢を得る者が、権経（方便の経典）だけに執著して、円法を信じなくても、［仏が存在しないので］増上慢ではないことを許す【聴許】。さらにまた、仏は入滅するけれども、この『［法華］経』がまだ存在する場合、信ぜず受けないことは、［増］上慢であるはずであろうか。すぐに［五濁を］取り除く【開除】ことができる。仏が涅槃に入った【滅度】後、この『［法華］経』があるけれども、その文字と意義を理解する者、この人には出会うことは難しい。羅漢に信ぜず理解しないようにさせても、［仏が存在しないので］また増上慢ではないことを許す【聴許】。

5.122223121132224222　疑を釈す

5.1222231211322242221　今師の釈

次に疑いを解消する。もし仏の滅後に経を理解する人に出会うことが難しければ、羅漢を得る者は、永久に涅槃に入るのか。すぐに解釈して、「この人は、涅槃に入るという想念を生ずるけれども、命を捨てた後、すぐに三界外部の［方便］有余の国土に生じ、他の仏に出会って、この『［法華］経』を聞いて、すぐにきっぱりと理解する【決了】ことができるであろう」という。[17]『釈論』（『大智度論』）［巻］第九十三に畢定品を解釈して、「羅漢は過去世の身を受けるならば、身は必ず消滅するはずである。どこに留まって仏道を備えるのか。答える。羅漢は三界の漏（煩悩）の因縁が尽きて、三界にけっして生じない。三界の外に出ると、清浄な仏土があり、［そこには］煩悩の名前がない。この国土の仏のもとで、『法華経』を聞き、仏道を備える。『法華［経］』を引いて、『羅漢がもし法華［経］を聞かないで、自分で涅槃【滅度】を得たと思い込むならば、私

54a

17　解釈して、「この人は、涅槃に入るという想念を生ずるけれども……すぐにきっぱりと理解する【決了】ことができるであろう」という【釈云是人雖生滅度之想捨命已後便生界外有余之国値遇余仏得聞此経即便決了】『法華経』方便品の「若し余仏に遇わば、此の法の中に於いて、便ち決了することを得ん」（大正九、七下七）を敷衍したもの。「有余之国」は、天台教学における四土（凡聖同居土・方便有余土・実報無障礙土・常寂光土）の一つである方便有余土のこと。見思惑を断じたが、まだ塵沙惑・無明惑を断じていない二乗・菩薩の住む国土である。『文句』巻第四上の前注60を参照。

は他の国土において、次の事柄を説く、〈あなたたちはみな成仏するであろう〉と』と」という。[18]『[大智度]論』は『[法華]経』を引いて証拠とする以上、今、『[法華]経』を解釈するのに、かえって『[大智度]論』の解釈を用いる。

5.12222312113222242222　南岳を引きて釈す

南岳師（慧思）は、「『他の仏』とは、四依[19][の菩薩]である。羅漢はこれ（他の仏）に出会い、経を聞いてきっぱりと理解するであろう。さらにまた、羅漢は念仏定を修行して十方の仏がこの経を説くのを見るならば、すぐにきっぱりと理解することができるであろう。さらにまた、凡夫の修行者はねんごろに【苦到】懺悔して十方の仏が説くのを見るならば、またきっぱりと理解することができるであろう」といっている。

5.12222312113222242223　古を引きて釈す

瑤師（法瑤）は、「真実の羅漢は必ず法華[経]を知って、大[乗]を求める【志求】。利根は自分で知り、中・下根は聞いて知る必要があるので、『聞知』という。どうして仏の滅後において『法華[経]』を聞かず、あるいは聞くけれども信ぜず、他の仏に出会って、はじめて理解するべきであろうか。末法の凡夫でさえ信じることができるので、まして聖人はなおさらである。『除仏滅後』とは、凡夫を指すのである」といっている。ある人は、「凡夫はまだ法相を証得せず、見る対象は明らかでなく、執著の心は堅固ではない。それ故、信じやすい。羅漢は法相を証得し、見る対象は明白であり、執著心は堅固である。すぐに異なる説を聞いて、まだすぐに信受しないので、『不信』とある。その意義はきっとそうである。それ故、身子（舎利弗）は、

『魔が仏となって、私の心を悩み乱すのではないかしら』という。[20]もしこの意義にしたがうならば、羅漢を指して、凡夫を指さない」といっている……。これはただ異なる解釈にすぎない。この意義を用いないのである。

5.122231211322225　虚妄無きことを明かす

「舎利弗」(7c7-8/A100·10/126·3) 以下、第五に偽りがないことを明らかにするとは、衆生の誹謗する心を止

18 『釈論』(『大智度論』)［巻］第九十三に畢定品を解釈して、「羅漢は過去世の身を受けるならば……私は他の国土において、次の事柄を説く、〈あなたたちはみな成仏するであろう〉と』と」という【釈論第九十三釈畢定品云羅漢受先世身身必応滅住在何処而具足仏道答羅漢三界漏因縁尽更不復生三界出三界外有浄仏土無煩悩名於是国土仏所聞法華経具足仏道即引法華云有羅漢若不聞法華自謂得滅度我於余国為説是事汝皆作仏】『大智度論』巻第九十三、畢定品、「問うて曰わく、阿羅漢の先世の因縁もて受くる所の身は、必ず応当《まさ》に滅すべし。何処に住して仏道を具足するや。答えて曰わく、阿羅漢を得る時、三界の諸漏の因縁は尽き、更に復た三界に生ぜず。浄仏土有りて、三界を出で、乃至、煩悩の名無く、是の国土の仏の所に於いて、法華経を聞き、仏道を具足す。法華経に説くが如し、『羅漢有りて、若し法華経を聞かずして、自ら滅度を得たりと謂わば、我れは余国に於いて、為めに是の事を説く。〈汝は皆な当に作仏すべし〉と』と」(大正二五、七一四上九～一五)を参照。

19 四依　依り所とすべき四種の人。四依大士、四依菩薩ともいう。

20 身子(舎利弗)は、『魔が仏となって、私の心を悩み乱すのではないかしら』という【身子云将非魔作仏悩乱我心耶】『法華経』譬喩品、「初めに仏の説く所を聞いて、心の中に大いに驚疑す。将《は》た魔の作仏して我が心を悩乱するに非ずや」(大正九、一一上二〇～二一)を参照。

めるということである。これを三［段］とする。最初に釈迦の真実の説を信じるように勧めるので、「汝等当一心信解受持仏語」（7c8/A100·10-11/126·3-4）という。次に諸仏への信を勧めるので、「諸仏言無虚妄」（7c8-9/A100·11/126·4）という。諸仏の道は同じく、いよいよ信受を加える。後に偽りでないことをしっかりと結論づけるので、「無有余乗唯一仏乗」（7c9/A100·11-12/126·4-5）というのである。

5.1222231212　偈頌

5.12222312121　上の長行の許答を頌す

54b 第二に偈頌に、百二十一行がある。分けて二［段］とする。最初に四行一句があり、上の許答（許可して答えること）を頌する。後に百十六行三句があり、上の正答（正面から答えること）を頌する。上の許答に三［段］がある。順［許］・誡［許］・揀［衆許］（聴衆を選んで許可すること）のことである。今、順［許］を頌せず、ただ揀［衆許］・誡［許］を頌するだけである。揀衆［許］を二［段］とする。最初に三行半（比丘比丘尼・有懐増上慢・優婆塞我慢・優婆夷不信・如是四衆等・其数有五千・不自見其過・於戒有欠漏・護惜其瑕疵・是小智已出・衆中之糟糠・仏威徳故去・斯人尠福徳・不堪受是法）は上の五千の退［席］を頌し、次の二句（此衆無枝葉・唯有諸貞実）は上の聴衆が清浄となったことを頌する。次の一句（舎利弗善聴）は誡聴（戒めて聞かせること）を頌する。「上慢」、「我慢」、「不信」は、［比丘・比丘尼・優婆塞・優婆夷の］四衆に共通している。ただ出家の［比丘・比丘尼の］二衆は、多くの場合、道を修行して禅定を得、［その禅定を］聖人の果と誤って思い込み、ひたすら［増］上慢を起こす。［優婆塞・優婆夷の］世俗にある者はおごり高ぶり【矜高】、多くの場合、我慢を起こす。女性は智慧が浅く、多くの場合、よこしまなひがみ【邪僻】を生ずる。「不自見其過」（7c14/

A102·2/126·11）とは、［上慢・我慢・不信の］三つの過失によって心を覆い、欠点を隠し徳を目立たせて、自分で反省することができないことをいう。以上が羞恥心のない【無慚】人である。もし自分で過失を見るならば、羞恥心のある【有羞】僧である。「於戒有缺漏」（7c14/A102·2/126·11）とは、律儀に過失のあることを「缺」と名づけ、定共［戒］・道共［戒］に過失のあることを「漏」と名づける。道［共戒］・定［共戒］などがないので、内に悪覚（悪い心の粗い働き）を起こすことは、玉に瑕《きず》があるようなものである。律儀がないので、外に対して身・口を活動させることは、玉の瑕をあらわにするようなものである。罪を覆って自分で［罪を］得るので、「護惜」（7c15/A102·3/126·12）と名づける。「小智」（7c15/A102·3/126·12）とは、［有］学・無学の智慧を得ないけれども、世間の小智があり、でたらめに有漏（煩悩の汚れのあること）を無漏と思い込む。小のなかの小であるので、「小智」というのである。「糟糠」（7c16/A102·4/127·1）とは、無漏の禅定という潤いがないので「糟」のようであり、道理と智慧【理慧】がないので「糠」のようであることをいう。この五千［人の増上慢］などに世間禅があるのは「糟」のようであり、文字の理解があるのは「糠」のようである。文に執らわれて説き明かす内容【詮】を失うのは、糠に米がないようなものである。さらにまた、「糟糠」は、それ（五千人の増上慢）に大機がないことをたとえる。「枝葉」は、その［仏法を受ける］良い器でないことをたとえる。すべて用いることができないので、これ（五千人の増上慢）を追いやる【遣】必要がある。「舎利弗善聴」（7c19/A102·7/127·4）とは、上の誡許を頌し、戒めてしっかりと聞かせることである。

5.122223121 22　上の長行の正答を頌す

5.1222231212 21　諸仏章門を頌す

5.1222231212 211　分科示義

「諸仏所得法」（7c19/A102·7/127·4）以下、百十六行三句があり、上の正答を頌するのである。さらにまた二［段］とする。最初に「諸仏所得法」以下、七十三行一句があり、［十方仏、過去仏、未来仏、現在仏の］四仏の章の門を頌する。「今我亦如是」（9b21/A120·12/144·7）以下、四十三行半があり、上の釈迦章の門を頌する。最初について、さらに四［段］とする。最初に「諸仏所得」以下、三十四行三句は、上の諸仏の門を頌する。「過去無数劫」（8c2/A110·14/133·2）以下、第二に二十七行半があり、過去仏の門を頌する。「未来諸世尊」（9a28/A118·3/137·9）以下、第三に六行半があり、未来仏の門を頌する。「天人所供養」（9b12/A120·3/138·10）以下、第四に四行半があり、現在仏の門を頌する。

5.1222231212 212　正しく釈す

5.1222231212 2121　諸仏門を頌す

今、最初に諸仏の門を頌するなかについて、長行とは全部で三つの相違がある。第一にあそこ（長行）とこ
54c
こ（偈頌）にどちらもない。第二に前後に間隔があって提示する。第三に開合について同じでない。上には法の希有をたたえることがあるけれども、五濁がない。頌には五濁があるけれども、法をたたえることがない。上にはまず法をたたえ、次に偽りでないことを明らかにし、開権顕実する。今、まず開権顕実し、後に偽りでないことを明らかにする。上には信を勧めることと偽りでないことをあわせて説き、今は信を勧める

ことを分けて、偽りでないことを隔てるのである。個人的に考える。[21] 上には釈迦の方便によって、諸仏の権（方便）をしっかりと解釈する。偈のなかには釈迦の実によって、諸仏の顕一をしっかりと解釈する。［ここには］四つの相違がある。この最初の頌の文を五［段］とする。最初に「諸仏所得法」以下の五行三句は、諸仏の権を与える【施権】ことを頌する。第二に「我設是方便」（8a2/A104・2/128・4）以下の十三行は、諸仏の顕実を頌する。第三に「若人信帰仏」（8a28/A106・13/130・6）以下の四行半は、諸仏の章の信を勧めることを頌する。第四に「若我遇[22]衆生」（8b8/A108・7/131・3）以下の九行半は、［長行にないものを］増やして【長】五濁を頌する。第五に「我有方便」（8b27/A110・10/132・10）以下の二行（我有方便力・開示三乗法・一切諸世尊・皆説一乗道・今此諸大衆・皆応除疑惑・諸仏語無異・唯一無二乗）は、上の偽りでないことを頌する。今最初に開権を解釈するのに、［経］文を二［段］とする。最初に四行一句（諸仏所得法・無量方便力・而為衆生説・衆生心所念・種種所行道・若干諸欲性・先世善悪業・仏悉知是已・以諸縁譬喩・言辞方便力・令一切歓喜・或説修多羅・伽陀及本事・本生未曽有・亦説於因縁・譬喩並祇夜・優婆提舎経）は、正面から権を与える【施権】ことを頌する。次に一行半（諸仏所得法・無量方便力・而為衆生説・衆生心所念・種種所行道・若干諸欲性）は、権を与える【施権】意味を結論づけることを頌する。今は最初である。「諸仏所得法」とは、道を修行してさまざまな権法（方便の法）を得ることをいうのである。「無量方便力」（7c20/A102・8/127・5）以下は、上の「無数方便種種因縁演説諸法」を頌する

21　個人的に考える【私謂】　章安灌頂のコメントを意味する。
22　遇　底本の「過」を、『全集本』によって「遇」に改める。

のである。「衆生心念」（7c21/A102·9/127·6）とは、上の「随宜説法」を頌するのである。頌のなかにおいて詳しく便宜にしたがう【随宜】様相を提示する。とりもなおさず九法界の機を照らして、［人・天・声聞・縁覚・蔵教の菩薩・通教の菩薩・別教の菩薩の］七方便を説くことである。まとめて九［法界］・七［方便］をいう。固定的に判定することができないので、「若干」（7c22/A102·10/127·7）という。「欲」の便宜にしたがって世界悉檀を用いるべきであり、「性」の便宜にしたがって為人悉檀を用いるべきであり、「悪業」の便宜にしたがって対治悉檀を用いるべきである。目の当たりに望みを起こすことを「念」と名づける。法門が同じでないことを「種種」と名づける。過去に習う対象を「性」と名づける。現在、願うこと【欣楽】を「欲」と名づける。あるいは［次の解釈も］可能である。積み重ねた欲【習欲】は性［分］を成立させ、性［分］を成立させて積み重ねた欲【習欲】を生ずる……。「善悪業」（7c22/A102·10/127·7）とは、七方便は次々に善悪となることをいう……。仏は権智（方便の智慧）によってさまざまな方便の性・欲を照らす。そして後、さまざまな因縁・比喩により、その都合にしたがって九部経を説く。十二部［経］は『［法華］玄義』のなかに説く通りである。[23]「鈍根楽小法」（7c28/A102·16/128·1）とは、一行半（鈍根楽小法・貪著於生死・於諸無量仏・不行深妙道・衆苦所悩乱・為是説涅槃）は権を与える【施権】意味を結論づけることをいう。前世は根が鈍く、今世は機がなく、大［乗］を聞くことができないので、「不行深妙道」（7c29/A102·17/128·2）という。前世は貪り執著する障が重く、今世は多くの苦に悩まされ、ただ小［乗］を聞くことができるだけであるので、「為是説涅槃」（8a1/
55a A104·1/128·3）というのである。「我設是方便」（8a2/A104·2/128·4）以下、第二に十三行（我設是方便……此事為不可）は、諸仏の顕実を頌する。［経］文を四［段］とする。最初に三行（我設是方便・令得入仏慧・未曾説汝等・当得成仏道・所以未曾説・説時未至故・今正是其時・決定説大乗・我此九部法・随順衆生説・入大乗為本・以故説是経）は、理一を頌する。「令得人仏慧」（8a2/A104·2/128·4）は、上の「一大事因縁」（7a21-22）を頌するのである。「決定説大乗」（8a5/A104·5/128·7）は、総体的に「開示悟仏知見」（7a24-26）を頌するのである。「入大乗為本」（8a7/A104·7/128·9）は、上の「入仏知見」（7a27）を頌するのである。「仏子心浄」（8a8/A104·8/128·10）以下、第二に四行半（有仏子心浄・柔軟亦利根・無量諸仏所・而行深妙道・為此諸仏子・説是大乗経・我記如是人・来世成仏道・以深心念仏・修持浄戒故・此等聞得仏・大喜充遍身・仏知彼心行・故為説大乗・声聞若菩薩・聞我所説法・乃至一偈於・皆成仏無疑）は、上の「諸仏如来但教化菩薩」（7a29）を頌して、人一を明らかにする。上にはただ「教化菩薩」というだけであった。頌のなかには、詳しくさまざまな方便の人がみな真実の人【実人】となることを提示する。「有仏子心浄」は、別教の人である。この仏子のために大乗経を説く。記別を得て心が喜んで、円教の真実の人となる。「声聞若菩薩」（8a15/A104·15/129·5）とは、声聞は縁覚を兼ねることができ、あるいは菩薩は、六度［の菩薩］（蔵教の菩薩）・通教［の菩薩］などの菩薩たちを兼ねることができるということである。「皆成仏無疑」（8a16/A106·1/129·6）とは、［人・天・声聞・縁覚・蔵教の菩薩・通教の菩薩・別教の菩薩の］七種の方便が、仏子でないことはないということである。とりもなおさず人一を頌するのである。「十方仏土中」（8a17/A106·2/129·7）以下、第三に一行三句（十方仏土中・唯有一乗法・無二亦無三・除仏方便説・但以仮名字・引導於衆生・説仏智慧故）は、上の「如来但以一仏乗為衆生説法無有余乗若二若三」（7b2-3）を頌する。十方の

23　十二部［経］は『［法華］玄義』のなかに説く通りである【十二部如玄義説】『法華玄義』巻第一下（大正三三、六八八中三～六八九上六）を参照。

仏がただ一法を説くだけであるようなものは、教一である。「仮名引導」（8a19/A106・4/129・9）は、方便教である。仮りの名前である三教（蔵教・通教・別教）を提示して、仏の智慧の一教（円教）をあらわす。その文は明白である。「無有余乗」（7b3）とは、別教のなかの円入別[24]の他には教え【余】がないことをいう。「無二」（8a18/A106・3/129・8）とは、通教のなかの半（蔵教）［に通じる面］と満（別教・円教）［に通じる面］の相対する二つがないことをいう。「無三」（8a18/A106・3/129・8）とは、三蔵［教］の三［乗］がないことをいう。このような二・三は、すべて仮りの名字であり、さまざまな衆生を引き導く。今はただ一仏の円教の教え【乗】だけである。「諸仏出於世　唯此一事実」（8a20-21/A106・5-6/129・10-11）以下、第四に三行三句（諸仏出於世・唯此一事実・余二則非真・終不以小乗・済度於衆生・仏自住大乗・如其所得法・定慧力荘厳・以此度衆生・自証無上道・大乗平等法・若以小乗化・乃至於一人・我則堕慳貪・此事為不可）があり、上の「諸有所作常為一事」（7a29-7b1）の行一の文を頌するのである。「事」は、行である。「終不以小乗　済度於衆生」（8a22/A106・7/129・12）は、上の「常為一大事」（7b1）の意味を頌するのである。「仏自住大乗　以此度衆生」（8a23-24/A106・8-9/130・1-2）は、上の「唯以仏之知見示悟衆生」（7b1）を頌する。後の一行（若以小乗化・乃至於一人・我則堕慳貪・此事為不可）は、小［乗］によって救済しない意味を解釈する。「若人信帰仏」（8a28/A106・13/130・6）以下、第三に四行半（若人信帰仏・如来不欺誑・亦無貪嫉意・断諸法中悪・故仏於十方・而独無所畏・我以相厳身・光明照世間・無量衆所尊・為説実相印・舎利弗当知・我本立誓願・欲令一切衆・如我等無異・如我昔所願・今者已満足・化一切衆生・皆令入仏道）は、上の信を勧めることを頌する。上に「汝等当信仏之所説」（7a17）とある。頌のなかに二つがある。最初に二行半（若人信帰仏・如来不欺誑・亦無貪嫉意・断諸法中悪・故仏於十方・而独無所畏・我以相厳身・光明照世間・無量衆所尊・為説実相印）があり、果を取りあげて信を勧める。第二に「舎利弗」（8b4/A108・3/130・11）以下の二行（舎利弗当知・

我本立誓願・欲令一切衆・如我等無異・如我昔所願・今者已満足・化一切衆生・皆令入仏道）は、因を取りあげて信を勧める。果を取りあげるなか、最初に一行半（若人信帰仏・如来不欺誑・亦無貪嫉意・断諸法中悪・故仏於十方・而
55b
独無所畏）は内心を取りあげる。「若人信帰仏　如来不欺誑」（8a28/A106·13/130·6）とは、仏心が清浄であることを明らかにすることである。無明、物惜しみという汚れ【慳垢】［などの］多くの悪は断ち切られ、清浄な心の状態で説くので、信じることができる。「我以相厳身」（8b2/A108·1/130·9）の下の一行（我以相厳身・光明照世間・無量衆所尊・為説実相印）は、外部のもの【外色】を明らかにする。身体の姿は明白顕著であり【炳著】、光り輝く姿【光色】は正しく厳かである【端厳】。内に［道理に］暗く迷っていること【闇惑】がなく、外に光明があるので、口に欺きたぶらかすこと【欺誑】がなく、多くの者に尊ばれる。大乗の印を説くならば、信受することができる。「我本立誓願」（8b4/A108·3/130·11）以下の二行（舎利弗当知・我本立誓願・欲令一切衆・如我等無異・如我昔所願・今者已満足・化一切衆生・皆令入仏道）は、因を取りあげて信を勧める。これも二［段］とする。最初に「我本立誓」の下の一行（舎利弗当知・我本立誓願・欲令一切衆・如我等無異）は、昔の誓いを取りあげる。第二に「如我昔」（8b6/A108·5/131·1）の下の一行（如我昔所願・今者已満足・化一切衆生・皆令入仏道）は、誓願が満ちることを明らかにする。私の昔の誓願は、ただ自分で菩提を誓うだけではなく、また衆生にともに仏の智慧に入らせようとすることを誓う。今、誓いに報いるので説く。また信じることができる。今、菩提が

24　円入別　別教から円教に転入すること。円接別ともいう。別教の地前（十地以前の位）の修行者が不但中を悟る場合は、円教に引き継がれ転入すること。

満ちる以上、衆生もまた入る。あなたは自分で仏の智慧を証得する以上、また私の誓いが偽りでないことを調べて明らかにする。因を取りあげて信を勧めることをしっかりと結論づけるのである。

質問する。過去の誓願【本誓】が普遍的であり、今の衆生がやはり多い以上、誓願はどうして実現する【満】のか。

答える。仏は［過去世・現在世・未来世の］三世にわたって衆生に利益を与える。今、現在を明らかにし、誓願は実現することを論じるのである。

「若我遇衆生」(8b8/A108-7/131-3) 以下、第四に九行半（若我遇衆生……来世得作仏）は、五濁を取りあげる。釈迦上に五濁を明らかにするのは、釈迦の章の後にある。今の頌する文は、総仏門（諸仏の章）の末にある。釈迦門のなかに、さらにあらためて重ねて提示する。これは諸仏が同じく五濁［の世］に出現して、みな三［乗］を先にして一［乗］を後にすることを明らかにするのである。この文を四［段］とする。最初に一行（若我遇衆生・尽教以仏道・無智者錯乱・迷惑不受教）は、総体的に五濁が大［乗］を妨げることを明らかにする。次に六行（我知此衆生・未曾修善本・堅著於五欲・癡愛故生悩・以諸欲因縁・墜堕三悪道・輪廻六趣中・備受諸苦毒・受胎之微形・世世常増長・薄徳少福人・衆苦所逼迫・入邪見稠林・若有若無等・依止此諸見・具足六十二・深著虚妄法・堅受不可捨・我慢自矜高・諂曲心不実・於千万億劫・不聞仏名字・亦不聞正法・如是人難度）は、個別的に五濁が三［乗］を妨げることを明らかにする。第三に一行（是故舎利弗・我為設方便・説諸尽苦道・示之以涅槃）は、五濁のために方便によって小［乗］を説くことを明らかにする。第四に一行半（我雖説涅槃　是亦非真滅・諸法従本来・常自寂滅相・仏子行道已・来世得作仏）は、大［乗］のために小［乗］を説くことを明らかにする。小［乗］が五濁を対治すると、大願が生じることができる。「若我遇衆生」については、『中阿含［経］』［巻第］十二に、「成劫の最初【劫初】に光音天が下界の世間に生まれ、男女、尊卑［の区別］がなく、大勢の者はともに世に生まれるので、衆生という」とある。[25]これは最初を拠り所としている。もし多くの陰（五陰）を取り集めて仮りの名前である衆生があるならば、これは一生【一期】に果報を受けること【受報】を拠り所としている。もし至る所で生を受けるので、衆生と名づけるというならば、これは業の力によって［地獄・餓鬼・畜生・人・天の］五道に流転することを拠り所としているのでる。『正法念［処経］』には、「十種の衆生とは、長・短・方（四角）・円・三角・青・黄・赤・白・紫のことである」とある。[26]

衆生の生死が長いとは、どのようなことか。地獄にあるときは、身に思議できない苦を受け、心に無限【無

25 『中阿含［経］』［巻第］十二に、「成劫の最初【劫初】に光音天が下界の世間に生まれ、男女、尊卑［の区別］がなく、大勢の者はともに世に生まれるので、衆生という」とある【中阿含十二云劫初光音天下生世間無男女尊卑衆共生世故言衆生】『長阿含経』巻第二十二、「或いは是の時有りて、此の世は還た世間を成ず。衆生に多く光音天に生ずる者有り、自然に化生し、歓喜を食と為す。……光音天に命終して従り、此の間に来生し、皆悉《み》な化生し、歓喜を食と為す。身光は自ら照らし、神足もて空を飛び、安楽無礙にして、久しく此の間に住す。爾の時、男女、尊卑、上下有ること無し。亦た異名無し。衆は共に世に生ずるが故に、衆生と名づく」（大正一、一四五上一九〜二八）を参照。

26 『正法念［処経］』には、「十種の衆生とは、長・短・方（四角）・円・三角・青・黄・赤・白・紫のことである」とある【正法念云十種衆生謂長短方円三角青黄赤白紫】『正法念処経』巻第四、「彼の想は、十一種の色を攀縁《はんえん》す。謂う所は長・短・方・円・三角・団、及び青・黄・赤・白・紫等なり」（大正一七、一七下二〇〜二一）を参照。この段の記述は同経に基づくところが多い。

量無辺】の悪を思う。畜生にあるときは、身はたがいに【迭相】飲み喰らい【呑噉】、心はたがいに迫る【逼
悩】。［餓］鬼にあるときは、身は焼けた山のようであり、心は沸騰した大なべ【沸鑊】のようであり、邪見が
盛んで【熾盛】、ぶつかり【觝突】、愚かで恐れる【癡兇】。人にあるときは、身・口・意は常に利益を与えな
55c い【不饒益】事柄を行なって、自分を苦しめる。身・口・意は常に利益を与えない事柄を思って、自分でから
みつく【牽纏】。天にあるときは、［色・声・香・味・触・法の］六塵（六境）に耽り汚染され、勝手気ままで
【縦逸】、遊び戯れ【嬉戲】、正法を聞かないで、福の源を閉ざしふさぐ【杜塞】。以上を衆生の生死が長いと名
づける。

　衆生の生死が短いとは、どのようなことか。地獄にあるときは、一念に（一瞬）心を静寂にさせて戒を取ることができる。畜生にあるときは、一念に心を静かにして三宝に帰依することができる。餓鬼にあるときは、一念に心を静かにしてさまざまな感覚機能【諸根】を静かにすることができる。人にあるときは、六度（六波羅蜜）を修行して、父母を養い三宝を敬い、善によって身・口・意を荘厳することができる。天にあるときは、天の楽しみを捨て、戒を持ち禅を楽しみ、教化し読誦して、梵行を行なって言葉が少ない。以上を衆生の生死が短いとする。

　衆生の方（四角）の生死とは、どのようなことか。（四大洲の北方の）鬱単越《うったんのつ》に関しては、すべての物について我（アートマン）の所有物がなく、身を捨て、必ず天に上ることができる。天上からさらに天に上り、ただ善い場所に上昇する。以上を生死の四角【方楞】と名づける。

　衆生の円の生死とは、どのようなことか。ただ［地獄・餓鬼・畜生の］三途・［地獄・餓鬼・畜生・阿修羅の］四趣のなかにおいて、まるく輪を作って回転する【団欒円転】ことは、旋火煙（回転する火の煙）の回転

するようなもののことである。

三角の生死とは、どのようなことか。善業・不善業・無記などのことである。

衆生の青の生死とは、どのようなことか。常に［黒］闇地獄に入り、常に恐れる【怖怕】ことである。

衆生の黄の生死とは、どのようなことか。餓鬼が飢えてやせ衰え【饑羸】憔悴する【萎黄】ことである。

衆生の赤の生死とは、どのようなことか。畜生はたがいに喰らいあい【食噉】燃えさかる火のように真っ赤に血がながれる【流血赫然】ことである。

衆生の白の生死とは、どのようなことか。人、天のなかの白業（善業）の善道のことである。諸天が死に臨むときに関しては、他の天は、「あなたは人道に生じる」と語る。もし人が死に臨むならば、友人【知識】は、「あなたは天のなかに行く」と語る。［天道と人道の］二箇所は白の生死であると知るべきである。さらにまた、［『正法念処経』巻］第五には、「心に地獄の黒色、鬼の鴿色《こうしょく》（黒に近い青色）、畜生の黄、人の赤、天の白を描く」とある。[27]この意義はどのようなものか。

答える。上に五道の果報を説き、今、五道において業を作ることを説くので、［五道のそれぞれが］同じでないだけである……。このような衆生が、どうして仏と出会うのか。衆生は苦悩によって自らをいじめ【煎】、諸仏は大悲によって衆生を救済し、悲と苦と相対するので、［衆生が仏と］出会うという。さらにまた、仏の如と衆生の如は、一如であり二如はなく、[28]生まれつきの本性【天性】がたがいに関わるので、［衆生が仏と］出会うという。そもそも大悲は常に衆生を憐れむ。もし人・天［の法］によって教えるならば、私は暗闇のような迷いに堕ちるであろう。ただ青・黄・赤・紫・方・円・楞角《りょうかく》（物体の角）などの生死を免れるだけである。仏道を教えるのではなく、もし衆生に出会って小乗を修行させれば、私は物惜しみしてむさぼること【慳貪】に堕ちるであろう。この事柄は許されない。ただ二十五有を脱出するだけである。もし衆生に出会って通
56a ［教］・別［教］を教えるならば、私は心が偏り了見が狭いこと【偏僻】に堕ちて、仏の知見を失うであろう。
今、みな衆生に実相の神妙なる智慧を得て、すべてが仏法であり、正道でないものはないと体得させる。これはすべて仏道によって教え、生死の苦は永久に消滅する。私は常にこのように説く。ただ衆生は鈍根であり、罪が重く、誓願の通りにすることができない。過去に住無住という名の仏がいた。自分の国の衆生に同じ日、同じ時に成仏し、その日に涅槃に入らせようと誓願した。[29]さらにまた、賢劫《げんごう》の前に平等という名の仏がいた。

27 ［『正法念処経』巻］第五には、「心に地獄の黒色、鬼の鴿色（黒に近い青色）、畜生の黄、人の赤、天の白を描く」とある【第五云心画地獄黒色鬼鴿色畜生黄人赤天白】『正法念処経』巻第五、「又た諸の彩色は、白を取りて白を作り、赤を取

りて赤を作り、黄を取りて黄を作り、若し鴿色を取れば、則ち鴿色と為し、黒を取りて黒を作る。心業は画師《えし》にして、亦復た是の如し。白に縁《よ》りて白を取り、天人の中に於いて、則ち白色と成る。……心業は画師にして、赤の彩色を取り、天人の中に於いて、能く赤色を作る。……心業は画師にして、黄の彩色を取り、畜生道に於いて、能く黄色を作る。……心業は画師にして、鴿の彩色を取る。攀縁観察すれば、餓鬼道に於いて、垢の鴿色を作る。……心業は画師にして、黒の彩色を取り、地獄の中に於いて、黒色を画作す」（同前、一二三下一一～一五）を参照。

28 仏の如と衆生の如は、一如であり二如はなく**【仏如衆生如一如無二如】**「如」は、tathatā の訳語で真如とも訳す。そのようであることの意。『摩訶止観』巻第五上に、「魔事を法界と為すとは、『首楞厳』に云わく、『魔界の如と仏界の如は、一如にして二如無し』と」（大正四六、五〇上四～五）とあり、『首楞厳三昧経』巻下に、「魔界の如は、即ち是れ仏界の如なり。魔界の如と仏界の如は、二ならず別ならず。我れ等は是の如を離れず」（大正一五、六三九下一四～一六）とあるのを参照。

29 過去に住無住という名の仏がいた。自分の国の衆生に同じ日、同じ時に成仏し、その日に涅槃に入らせようと誓願した**【過去有仏号住無住発願使己国衆生同日同時成仏即日滅度】**『菩薩瓔珞経』巻第四、「過去無数阿僧祇劫に仏有り、名は住無住如来・至真等正覚・明行成為・善逝・世間解・無上士・道法御・天人師と号し、仏・世尊と号す。国土を法妙と名づく。人寿は三万歳なり。爾の時、住無住如来の寿は十万歳にして、弘誓の心を発し、己が国土の衆生をして同日、同時に尽《こと》ごとく仏道を成じ、即ち彼の日に於いて、尽ごとく滅度を取らしむ」（大正一六、三六中二七～下四）を参照。

また自分の国や十方の衆生にともに同じ日に成仏し、その日に涅槃に入らせようと誓願した。[30]「今日、仏がいて、また衆生もいる。どういうことか」とある。仏は、「止めよう。止めよう。私が前にいったことは、人の身を得た者についてだけである。［地獄・餓鬼・畜生・人・天の］五道［の衆生］を同日に成仏させようと誓願することがあるか」という。仏は、「器でない身によって、最高の覚り【無上道】を成就することはできない。まず［地獄・餓鬼・畜生の］三趣（三悪道）を教化して人・天を得させ、そうして後、やっと誓願の通りにすることができる。三［悪］趣は善道ではない。どうして成仏することができようか。人が宝聚を求めるのに、空中で求めないようなものである」という。[31]

「我知此衆生」（8b10/A108・9/131・5）以下、第二に六行（我知此衆生……如是人難度）は、個別的に五濁を明らかにする。五［段］とする。最初に二行（我知此衆生・未曾修善本・堅著於五欲・癡愛故生悩・以諸欲因縁・墜堕三悪道・輪廻六趣中・備受諸苦毒）は、衆生濁を明らかにする。「善本」（8b10/A108・9/131・5）とは、真如実相である。これ（善本＝真如実相）によって善根を種えないので、大［乗］を感受しないのである。「堅著五欲」（8b11/A108・10/131・6）とは、諸悪の根本である。癡によって愛があるので、我（アートマン）の病が生じる。「受胎之微形」（8b14/A108・13/131・9）以下、第二に一行（受胎之微形・世世常増長・薄徳少福人・衆苦所逼迫）は、個別的に命濁を明らかにする。観心釈とは、一念（一瞬）の心が生じれば、すぐに未来のために業を作るということである。業は胎である。胎である業は窮まることがなく、幾世にもわたって断絶しない。断絶しないということは、増大すること【増長】である。「受胎之微形」について、「形」は五陰である。陰を「世」（8b14/

30 賢劫の前に平等という名の仏がいた。また自分の国や十方の衆生にともに同じ日に成仏し、その日に涅槃に入らせようと誓願した【賢劫前有仏号平等亦願己国及十方衆生亦同一日成仏即日滅度】『菩薩瓔珞経』巻第四、「此の賢劫の前、過去無数阿僧祇劫、此の数を過ぎ已りて、復た無数阿僧祇劫を過ぎ、仏有りて平等如来・至真・等正覚・明行成為・善逝・世間解・無上士・道法御・天人師と号し、仏・世尊と号し、世に出現す。人寿は千歳、国土は清浄なり。一日の中、十方の無数尽虚空界の有形の類を現じ、尽ごとく同一日に皆な無上正真の道を成じ、即ち一日に於いて尽ごとく般泥洹を取る」（同前、三六下九～一五）を参照。

31 「今日、仏がいて、また衆生もいる。どういうことか」とある……空中で求めないようなものである」という【今日有仏復有衆生云何耶仏言止止我前所言得人身者耳頗有発願令五道同日成仏不仏言不可以非器之身成無上道要先化三趣令得人天然後乃可如願三趣非善道何能成仏如人求宝聚不於空中求】『菩薩瓔珞経』巻第四、「爾の時、解釈菩薩は復た仏に白して言わく、……云何んが今日復た如来、及び我れ等有らんや。一切衆生あらんや。云何んが復た天道・人道・畜生・餓鬼・地獄道有らんや。仏は解釈菩薩に告げて曰わく、止みなん、止みなん。族姓子《ぞくしょうし》よ、吾れは先に已に人身を得たる者を説き、余道を説かざるなり。爾の時、解釈菩薩は復た仏に白して言わく、世尊よ、頗《は》た菩薩摩訶薩有りて弘誓の心を発し、一日の中、五趣の衆生をして同じく已に同日に成仏せしめたるや。答えて曰わく、無きなり。何を以ての故に。衆生の性行、志趣は同じからず。豈に当に餓鬼・畜生・地獄の形を以て成仏すべけんや。此の事は然らず。何を以ての故に。終に非身を以て人中の尊と成ることを得ず。権化は示現して、仮りに遍く済う可し。仏は復た解釈菩薩に告げて曰わく、……即ち其の日に於いて先に三趣の衆生を化し、其の苦本を抜き、尽ごとく人身に復す。人道を得已りて、諸根は具足し、六情は完具し、然る後、一日の中、同じく仏道を成ず。……此の三趣道は、三善道に非ず。云何んが中に於いて仏道を成ずることを得んと欲せんや。此の事は然らず。猶お人有りて七宝を欲求して、七宝の積を捨て、反《かえ》りて空に従うが如し」（同前、三六下一六～三七上一一）を参照。

A108·13/131·9）と名づける。寿命はさまざまな［五］陰・［十二］入の世を継続して保持する。[32] 最初、薄い酪から老死に至るので、「世世増長」（8b14/A108·13/131·9）と名づける。［これは］命濁である。『受陰身経』には、「凡夫は身を受け、最初の七［日間］はまだ転換変異【転異】しない。第二の七［日間］は生じる様相があり、薄い酪のようである。第三の七［日間］は厚い酪のようである。第四の七［日間］は固まった酥【凝酥】のようである。第五の七［日間］は坏《つき》（焼く前の土器などの素地）のようである。第六の七［日間］は肉が丸まったもの【肉摶】のようなものである。第七の七［日間］は肉が丸まったもの【肉摶】から五つの丸くふくれたもの【五皰】を生ずる。頭、［両］手、［両］足などである。第八の七［日間］はさらに五つの丸くふくれたもの【五皰】である。［つまり、］一つの頭、二本の腕【両膊】、二本の手首【両腕】である。第九の七［日間］は続けて二十四の丸くふくれたもの【皰】を生ずる。四つの丸くふくれたもの【皰】は眼・耳・鼻・舌を作る。二十の丸くふくれたもの【皰】は［足と手の］二十本の指となる。第十の七［日間］は、転換して腹の様相を示す。しだいに皮・骨が分解して、さまざまな異なる様相となり、七百の筋、七千の脈を生ずる。用いる様相にしたがって、一つの風によって染める。白い様相を用いるのは、白い風が染める。ないし他の風も同様である。

56b

る。良い香のために安穏で端正である。臭い風のために安穏でないので、容貌が醜く【醜陋】、食い違って正しくない【邪戾】。後に［母］胎から出て、五穀を食べると、八万戸の虫を生ずるのである」と説いている。[33]

「入邪見稠林」（8b16/A108·15/131·11）以下、第三に一行（入邪見稠林・若有若無等・依止此諸見・具足六十二）は、見濁である。［有身見（身見）・辺執見（辺見）・邪見・見取見・戒禁取見（戒取見）の］五つの誤った見解【五見】が重なって生じて【交加】びっしり茂った林【稠林密茂】のようなものである。もし有であるならば、常見である。もし無であるならば、断見である。この二見によって、六十二［見］を生ずる。あるいは、「外道は我について誤って考えると、四句がある。色は我である。色を離れることは我である。色が大で我が小であるならば、我は色のなかに留まる。我が大で色が小であるならば、色は我のなかに留まる。［受・想・行・識の］四陰もまたそうである。以上が二十［見］である。三世にわたると六十［見］となる。根本［の二見］を

32　寿命はさまざまな［五］陰・［十二］入の世を継続して保持する【寿命連持諸陰入世】『講義』の訓読に従う。他の読み方は、「寿命は連持して、諸陰は世に入る」である。

33　『受陰身経』には、「凡夫は身を受け……八万戸の虫を生ずるのである」と説いている【受陰身経説凡夫受身初七未転異二七有生相如薄酪三七如厚酪四七如凝酥五七如坏六七如肉摶七七於肉摶生五疱頭手脚等八七又五疱一頭両膊両腕九七続生二十四疱四疱作眼耳鼻舌二十疱為二十指十七転現腹相漸漸皮骨分解作諸異相生七百筋七千脈随所須相用一風染之須白相白風染乃至余風亦如是香風故安隠端正臭風故不安隠則醜陋邪戾後出胎食五穀則生八万戸虫也】『修行道地経』巻第一、「是の如き和合を、名づけて五陰と曰う。尋《っ》いで胎に在る時、即ち二根を得。意根、身根なり。七日、中に住すれども、増減せず。又た二七日、其の胎は稍《や》や転ず。譬えば薄き酪の如し。三七日に至りて、生酪の如きに似たり。又た四七日に、精凝なること熟酪の如し。五七日に至りて、胎の精は遂に変ず。猶お生酥の如し。又た六七日、変じて息肉の如し。七七日に至りて、転じて段肉の如し。又た八七日、其の堅きこと坏の如し。九七日に至りて、変じて五皰と為る。両肘、両髀、及び其の頭項にして、中従り出ずるなり。十七日、復た五皰有り。手腕、脚腕、及び其の頭を生ず」（大正一五、一八七上九～一七）を参照。

合わせて六十二［見］となる」とある。あるいは、『大品［般若経］』のなかに説くようなものである。[34]

次に「深著虚妄」（8b18/A110·1/132·1）以下、第四に一行（深著虚妄法・堅受不可捨・我慢自矜高・諂曲心不実）は、煩悩濁を頌する。［経］文の通りである。

「於千万億」（8b20/A110·3/132·3）以下、第五に一行（於千万億劫・不聞仏名字・亦不聞正法・如是人難度）は、劫濁を頌する。長い期間、仏法がないのは、劫濁である。さらにまた、これまでの［衆生濁・煩悩濁・見濁・命濁の］四濁は、時のなかに集まるので、劫濁と名づける。「如是人難度」（8b21/A110·4/132·4）とは、五濁が妨げるので、一乗を信じなければ、救済することができないことをいうのである。観［心］釈とは、一瞬一瞬悪い思索をして【悪覚】、長い間、正しい観察の自覚がなければ、仏を見ないということである。心に八正［道］がなければ、法を聞かない。この心は救済することが難しい。「是故舎利弗」（8b22/A110·5/132·5）以下、第三に一行（是故舎利弗・我為設方便・説諸尽苦道・示之以涅槃）は、仮りに小［乗］を説く。［経］文の通りである。「我雖説涅槃」（8b24/A110·7/132·7）以下、第四に一行半（我雖説涅槃・是亦非真滅・諸法従本来・常自寂滅相・仏子行道已・来世得作仏）は、とうとう大［乗］に入らせる。もし三界の迷妄を除き尽くし、色を滅して空を取るならば、真の滅ではない。もし無明がもともと無であり常に静寂であると体得するならば、真の滅である。もともと無であり静寂であるけれども、もし道を修行しなければ、合致する【契会】のに手立てがないので、「仏子行道已　来世得作仏」（8b26/A110·9/132·9）というのである。

「我有方便力」（8b27/A110·10/132·10）以下、第五に二行（我有方便力・開示三乗法・一切諸世尊・皆説一乗道・今此諸大衆・皆応除疑惑・諸仏語無異・唯一無二乗）は、上の偽りでないこと【不虚】を頌する。上に「汝等当信仏之所説言不虚妄」（7a17）とある。信を勧めることは前に頌した以上、偽りでないこと【不虚】は、今あらためて頌する。最初の二句（我有方便力・開示三乗法）は、まず釈迦がはじめに三［乗］を開くことを明らかにする。次の二句（一切諸世尊・皆説一乗道）は、諸仏が後に真実をあらわすことを明らかにする。たがいに示すだけである。後の一行（今此諸大衆・皆応除疑惑・諸仏語無異・唯一無二乗）は、正面から偽りでないこと【不虚】を明らかにする。前に権（方便）で後に実（真実）であるのは、真実の言葉【誠言】であり偽りではない。疑いを生じてはならない。

5.1222312122122　過去仏章を頌す

「過去無数劫」（8c2/A110·14/133·2）以下、第二に二十七行半（過去無数劫……乃至以一華）は、上の過去仏の章を頌する。［経］文を二［段］とする。最初に二行（過去無数劫・無量滅度仏・百千万億種・其数不可量・如是諸世尊・種種縁譬喩・無数方便力・演説諸法相）は、開三を頌する。［経］文の通りである。「是諸世尊」（8c6/A112·1/133·6）以下、第一に二十五行半（是諸世尊等……乃至以一華）があり、顕一を頌する。上の文の顕実は、兼ねて［教一・行一・人一・理一の］四一がある。今の偈は詳しく頌する。そのなかで、さらに二［段］があ

34　『大品［般若経］』のなかに説くようなものである【如大品中所説】　『私記』には、「是れ『大論』の如去等を指すなり」とある。『大品般若経』巻第十四、仏母品、「死後に如去有るは、是れ事実にして、余は妄語なり。是の見は色に依る。死後に如去無きは、是れ事実にして、余は妄語なり。是の見は色に依る。死後に或いは如去有り、或いは如去無きは、是れ事実にして、余は妄語なり。是の見は色に依る。死後に如去有るに非ず、如去無きに非ざるは、是れ事実にして、余は妄語なり。是の見は色に依る。受・想・行・識に依るも亦た是の如し」（大正八、三二四下二五～三二五上一）を指すか。更に検討を要す。

る。最初に一行（是諸世尊等・皆説一乗法・化無量衆生・令入於仏道）は、かいつまんで上の［教一・人一・理一の］三一を頌する。「皆説一乗法」（8c6/A112・1/133・6）は、教一を頌する。「化無量衆生」（8c7/A112・2/133・7）は、人一を頌する。「令入於仏道」（8c7/A112・2/133・7）は、理一を頌し、行一を兼ねることができる。次に「又諸大聖主」（8c8/A112・3/133・8）以下、第二に二十四行半（又諸大聖主……乃至以一華）があり、［人乗・天乗・声聞乗・縁覚乗・仏乗の］五乗に焦点をあわせて詳細に顕一を頌する。［経］文について二［段］とする。最初に一行半（又諸大聖主・知一切世間・天人群生類・深心之所欲・更以異方便・助顕第一義）は、総体的に五乗に焦点をあわせて顕一する。「天人群生類」（8c9/A112・4/133・9）は、さまざまな乗（五乗）を取りあげて人一を明らかにする。「更以異方便」（8c10/A112・5/133・10）は、さまざまな行を取りあげて行一をあらわし、教一を兼ねることができる。「第一義」（8c10/A112・5/133・10）は、理一である。「異方便」以下については、正因仏性は、第一義の理であることをいう。もし完全で神妙な【円妙】正しい観察を用いるならば、これは実相の方便であり、「異」と名づけない。もし［人・天・声聞・縁覚・蔵教の菩薩・通教の菩薩・別教の菩薩の］七方便の観察により、それを助けとして第一義をあらわすならば、「異方便」と名づける。次に、「若有衆生」（8c11/A112・6/133・11）以下、第二に二十三行（若有衆生類……乃至以一華）があり、個別的に五乗に焦点をあわせて真実をあらわすとは、三［乗］である。最初に二行（若有衆生類・値諸過去仏・若聞法布施・或持戒忍辱・精進禅智等・種種修福徳・如是諸衆生・皆已成仏道）は菩薩乗を展開し、次に第二に一行（諸仏滅度已・若人善軟心・如是諸衆生・皆已成仏道）は二乗を展開し、第三に二十行（諸仏滅度已……乃至以一華）は天［乗］・人乗を展開する。今、最初に「若有衆生類」以下の二行（若有衆生類・値諸過去仏・若聞法布施・或持戒忍辱・精進禅智等・種種修福徳・如是諸人等・皆已成仏道）は、菩薩乗を展開する。もし五乗の解釈をするならば、ただ六度（蔵教）の菩薩乗にすぎない。もし七方便の解釈をするならば、通［教］・別［教］の菩薩乗を兼ねることができる。なぜならば、［蔵教・通教・別教の］三教の大乗は、みな六度を修行するけれども、心を働かせること【運心】に相違がある。［有］相の心によって六度を修行することは、三蔵［教］の菩薩である。無相は、通教［の菩薩］である。［有］相・無相でなく、段階的に六度を修行することは、別教［の菩薩］である。今、ただ六度を列挙するだけである。まだ固定的に判定して何に属するかを知らない。上の文に「更以異方便」（8c10）とあるのを探求すると、ただ六度（蔵教）の菩薩であるだけでなく、［通教・別教・円教の］三教の菩薩の方便である。昔の「聞法」（8c12/A112·7/133·12）は、すべて教一を成立させた。昔の六度の修行は、すべて行一を成立させた。「如是諸人等」（8c14/A112·9/134·2）は、すべて人一を成立させた。「皆已成仏道」（8c14/A112·9/134·2）は、すべて理一を成立させたのである。「諸仏滅度已　若人善軟心」（8c15/A112·10/134·3）以下の一行（諸仏滅度已・若人善軟心・如是諸衆生・皆已成仏道）は、声聞・縁覚を開いて、すべて一乗に入る。何によって知ることができるのか。『大品［般若経］』に、阿羅漢の心が調えられ柔軟であるとたたえる。[35] さらにまた、『浄名［経］』には、「調伏の心に留まることは、賢人・聖人の修行である」とある。[36] そこでこのことがわかる。昔の「善軟

35 『大品［般若経］』に、阿羅漢の心が調えられ柔軟であるとたたえる【大品歎阿羅漢心調柔軟】『大品般若経』巻第一、序品、「皆な是れ阿羅漢にして、諸漏は已に尽き、復た煩悩無く、心は好《よ》き解脱を得、慧は好き解脱を得、其の心は調えて柔軟なり」（大正八、二一七上八～一〇）を参照。

36 『浄名［経］』には、「調伏の心に留まることは、賢人・聖人の修行である」とある【浄名云住調伏心是賢聖行】『維摩経』巻中、文殊師利問疾品、「若し調伏心に住せば、是れ声聞の法なり」（大正一四、五四五中二五～二六）を参照。

心」（8c15/A112·10/134·3）は、すべて行一を成立させる。「諸人等」（8c14/A112·9/134·2）は人一であり、「成仏道」（8c14/A112·9/134·2）は理一である。「供養舎利」（8c17/A112·12/134·5）以下、第三に二十行（諸仏滅度已・供養舎利者……若有聞是法・皆已成仏道）は、人［乗］・天乗を開く。人［乗］・天乗であることを明らかにしないが、ただ［仏］像を作り［仏］塔を起てるのに、専心して思いを実現すること【専至】、散乱を明らかにする。それ故、天・人の業であることがわかる。地［論］師は、「童子は童真地であり[37]、二乗・凡夫の二辺（二つの極
57a
端）を欲する心がない。砂を集めて［仏］塔を作る。砂は執著がないことであり、［仏］塔は多くの修行である。［それらの修行が］積もり集まって正しい覚りの心を含む」と解釈する。彼（地論師）は、「意義が無生に合致することを、造詣が深いこと【深詣】とする」といっている。今思うに、［経］文に背反し、縦について狭い。なぜならば、初地に登れば、自然に成仏するべきである。修羅が海を渡るようなものである。どうしてすばらしい【奇】とすることができようか。今、子ども【童稚】が砂と遊び、乱れた心で歌い、かすかなもの【微】を指すと、そのまま顕著なものであるので、凡夫が海を渡るように、不可思議である。仏は明白に五乗を広く集めて、ごくわずかな善【毫善】も漏らさず、収め捕らえること【収羅】の広大な意味を捨てて、道【径】において無生を取りあげる。もし前の解釈のようであるならば、ほとんど二乗を包摂しない。まして凡夫はなおさらである。深さを論じれば、ただ［経文と］一致し、広さを定めれば、経文に背反する。

質問する。人・天の小善は、［人・天の］果報に留まるべきである。どうしてみな「已成仏道」というのか。

答える。これは［正因仏性・了因仏性・縁因仏性の］三仏性の意義を明らかにするべきである。『大［般涅槃］経』に、「また仏性がある。善根の人には［仏性が］あるけれども、闡提《せんだい》の人にはない」[38]というのは、人・天の小善である頭を低くし［片］手を挙げることである。[39] 山を作るには［土を運搬する］簣《もっこ》に始まり、大木

は毛先ほどの芽に始まる。[40] 昔は方便がまだ開きあらわされないので、［人・天の］果報に留まるという。今は方便の行を開きあらわす。つまり、縁因仏性は菩提に趣き、顕実の意義を成立させることができるのである。これについて二［段］とする。前の十九行（諸仏滅度已・供養舎利者……一称南無仏・皆已成仏道）は、天・人の小善の縁因の種子を成立させるのに焦点をあわせて、顕実を明らかにする。後の一行（於諸過去仏・現在

37　童真地　菩薩の十住の第八住を童真住という。『六十巻華厳経』巻第八、菩薩十住品、「菩薩摩訶薩に十住行あり。去・来・現在の諸仏の説く所なり。何等をか十と為す。一に初発心と名づけ、二に治地と名づけ、三に修行と名づけ、四に生貴と名づけ、五に方便具足と名づけ、六に正心と名づけ、七に不退と名づけ、八に童真と名づけ、九に法王子と名づけ、十に灌頂と名づく」（大正九、四四四下二七～四四五上一）を参照。

38　『大［般涅槃］経』に、「また仏性がある。善根の人には［仏性が］あるけれども、闡提の人にはない」という【大経言復有仏性善根人有闡提人無】　『南本涅槃経』巻第三十二、迦葉菩薩品、「或いは仏性有り。善根人に有り、一闡提に無し」（大正一二、八二一下九）を参照。「闡提」は、icchantika の音訳、一闡提の略。信不具足、断善根と訳す。成仏する因を持たないものを指す。

39　頭を低くし［片］手を挙げることである【低頭挙手】　『文句』巻第三上の前注112を参照。

40　山を作るには［土を運搬する］簣に始まり、大木は毛先ほどの芽に始まる【為山始簣合抱初毫】　『論語』子罕《しかん》、「子の曰わく、譬えば山を為《つく》るが如し。未だ一簣《いっき》を成さざるも、止むは吾が止むるなり。譬えば地を平らかにするが如し。一簣を覆すと雖も、進むは吾が往くなり」を参照。また、『老子』第六十四章、「合抱の木も、毫末より生ず」を参照。「簣」は、土を運搬する竹製のまるいかご。もっこ。「合抱」は、両手で抱きかかえるの意。ここでは大木のこと。「毫」は、細い毛の意。ほんのわずかであることをたとえる。ここでは毛先ほどの芽のこと。

或滅後・若有聞是法・皆已成仏道）は、了因の種子に焦点をあわせて、顕実を明らかにする。文を尋ねると、理解できるであろう。前の十九行を十［段］とする。最初に三行半（諸仏滅度已・供養舎利者・起万億種塔・金銀及頗黎・車𤦲与碼碯・玫瑰瑠璃珠・清浄広厳飾・荘校於諸塔・或有起石廟・栴檀及沈水・木櫁並余材・甎瓦泥土等・若於曠野中・積土成仏廟）は、［仏］塔を造ることに焦点をあわせて、天乗を明らかにする。因の時に真心で【至心】財産を出し尽くし宝を捨てれば、果の時に自然に【任運自然】楽を受けるので、天乗である。「木櫁」（8c22/A114·1/134·10）とは、長安に櫁と名づける木がある。[41] また［仏］像を造ることができる。『金光明［経］』に、「芥子とあわ【芥粟】ほどの仏舎利を小さな［仏］塔のなかに置くと、三十三天に自然の果報があった」とある[42]のは、その意義である。次に、「乃至童子」（8c24/A114·3/134·12）以下、第二に一行（乃至童子戯・聚沙為仏塔・如是諸人等・皆已成仏道）は、童子が砂と戯れて［仏］塔を作る。つまり人の業である。因の時にゆったり、のんびりと【汎汎悠然】善を行なうならば、果の時に意志を働かせ努力して求め【作意勤求】楽を得るので、人の業である。次に、「若人為仏故」（8c26/A114·5/135·2）以下、第三に四行（若人為仏故・建立諸形像・刻彫成衆相・皆已成仏道・或以七宝成・鍮鉐赤白銅・白鑞及鉛錫・鉄木及与泥・或以膠漆布・厳飾作仏像・如是諸人等・皆已成仏道・綵画作仏像・百福荘厳相・自作若使人・皆已成仏道）は、専心に【志心】［仏］像を造ることに焦点をあわせて、天の業を明らかにする。『優婆塞戒経』に、「膠《にかわ》を使用することを許さず、失意の罪を得る」とある。[43] ところが、この『［法華］経』では用いるのである。昔の師は、「外国では樹の膠を用いるだけである」という。光宅［寺法雲］は、「あるいは、ある場所では［仏］像について牛皮の膠を用いることを許可する必要がある。もし［牛皮の膠以外の］他の物があっても、［それを］用いることができないのである」という。[44] ある人は、「大豆の汁は、膠に代わるもので清潔である。ところが、牛皮は、しまいには不浄の物であり、後に不浄の果報を得るであろう。不浄銭は、〔仏〕像を造ることができない。法にかなった【如法】清浄な銭に取り替えて、〔仏〕像を造ることができる」という。『〔菩薩〕地持〔経〕』では、黄色の顔料という臭い物を用いない。[45]『戒経』
57b では半身の〔仏〕像を造ることを許さず、〔それは〕失意の罪を得る。[46] 善の様相が起こらなければ、生死のな

41 「木樒」とは、長安に樒と名づける木がある【木樒者長安有木名樒】『法華義疏』巻第四、「木樒とは、形は白檀に似て、微かに香気有り。長安にて親《みずか》ら之れを見る」（大正三四、五〇五上一二～一三）を参照。

42 『金光明〔経〕』に、「芥子とあわ【芥栗】ほどの仏舎利を小さな〔仏〕塔のなかに置くと、三十三天に自然の果報があった」とある【金光明云以仏舎利如芥栗許置小塔中三十三天已有自然果報】出典未詳。

43 『優婆塞戒経』に、「膠を使用することを許さず、失意の罪を得る」とある【優婆塞戒経不許用膠得失意罪】『優婆塞戒経』巻第三、供養三宝品、「仏像を画く時、綵の中に膠乳、鶏子を雑《まじ》えず」（大正二四、一〇五二上一二～一三）を参照。「失意罪」は、妄念によって行なった行為が本意を失っているという罪の意。『優婆塞戒経』にも頻出する。

44 光宅〔寺法雲〕は……用いることができないのである」という【光宅言或有処必須於像聴許用牛皮膠若有他物即不得用也】出典未詳。

45 『〔菩薩〕地持〔経〕』では、黄色の顔料という臭い物を用いない【地持不用雌黄臭物】『菩薩地持経』巻第七、供養習近無量品、「雌黄を以て仏の形像に塗らず」（大正三〇、九二六上二一～二三）を参照。「雌黄」は、ヒ素と硫黄とを混合して作った黄色の顔料で、これを仏像に塗ると臭気があるとされる。

46 『戒経』では半身の〔仏〕像を造ることを許さず、〔それは〕失意の罪を得る【戒経不許造半身像得失意罪】『優婆塞戒経』巻第三、供養三宝品、「応に半身の仏像を造作すべからず」（大正二四、一〇五二上一七）を参照。

かに堕落する。ところが、［仏］像を造るには、それぞれ真似る【擬】対象がある。本堂の中心の仏[47]に関しては、座っている必要がある。休息所に休む仏【消息仏】は座っているか、横に臥している。人が行動する場所に安んじる仏【行動仏】は、きっと立っているべきである。そして、弟子は塔殿（塔のある本堂）、立像の前で座ることができない。この場所はきっと仏に属するからである。在家者【白衣】の家の別の場所の坐像の前については、長い間立っていることができない。座ることを願い求める者は［座ることが］できるが、立像の前では座ることができないのである……。次に「乃至童子」（9a5/A114·13/135·10）以下、第四に一行（乃至童子戯・若艸木及筆・或以指爪甲・而画作仏像）は、人の業を明らかにする。次に「如是諸人」（9a7/A114·15/135·12）以下、第五に一行半（如是諸人等・漸漸積功徳・具足大悲心・皆已成仏道・但化諸菩薩・度脱無量衆）は、顕実（真実をあらわすこと）をしっかりと結論づける。「諸人」は、みな人一を成立させる。「漸漸積功徳　具足大悲心」（9a7-8/A114·15-16/135·12-136·1）は、行一を成立させる。「仏道」は、理一を成立させる。成仏した以上、また［教一・行一・人一・理一の］四つの一が可能である。「但化菩薩」（9a9/A116·1/136·2）は、教一である……。次に、「若人於塔廟」（9a10/A116·2/136·3）以下、第六に三行半（若人於塔廟・宝像及画像・以華香幡蓋・敬心而供養・若使人作楽・撃鼓吹角貝・簫笛琴箜篌・琵琶鐃銅鈸・如是衆妙音・尽持以供養・或以歓喜心・歌唄頌仏徳・乃至一小音・皆已成仏道）は、さまざまな塵（六塵、六境）の供養に焦点をあわせて、天の業を明らかにする。「銅鈸」（9a13/A116·5/136·6）とは、長安の人は露盤[48]を銅鈸と呼ぶ。その場所（長安）において経を翻訳するので、それ（銅鈸）によってこれ（露盤）に名づけるだけである。次に、「若人散乱」（9a17/A116·9/136·10）以下、第七に一行（若人散乱心・乃至以一華・供養於画像・漸見無数仏）は、散乱した心で［六］塵（六境）によって供養するのに焦点をあわせて、人の業を明らかにする。次に、「或有人礼（9a19/A116·11/136·12）以下、第八に一行（或有人礼拝・或復但合掌・乃至挙一手・或復小低頭）は、身業による供養に焦点をあわせて、天・人の業を明らかにする。「礼拝」（9a19/A116・11/136・12）の一句（或有人礼拝）については、五体を地に着けるのは、上礼であり、天の業である。「合掌低頭」（9a19-20/A116・11-12/136・12-137・1）は、中礼であり、人の業である。次に、「以此供養」（9a21/A116・13/137・2）以下、第九に一行半（以此供養像・漸見無量仏・自成無上道・広度無数衆・入無余涅槃・如薪尽火滅）は、しっかりと結論づける。ただ顕実して自分で仏道を成就するだけでなく、また開権をすることができ、薪が消滅して涅槃に入るのである……。次に、「若人散」（9a24/A116・16/137・5）以下、第十に一行（若人散乱心・入於塔廟中・一称南無仏・皆已成仏道）があり、口業に焦点をあわせる。上を例とするならば、天・人の業を備えるはずである。今はただ人の業を提示するだけである……。「南無」（9a25/A116・17/137・6）については、大いに意義がある。あるいは度我[49]という。度我は、衆生［の存在］を設けることができる。もし仏が諸仏に答

47　本堂の中心の仏【当堂仏】『講義』には、「殿堂の本主を謂う」とある。「消息仏」については、「休息処に安んずる仏を謂う」とあり、「行動仏」については、「行来動作の処に安んずる仏なり」とある。

48　露盤　承露盤（銅製の大きな盤で、飲むと不老長寿となる天の露を受けるもの）のことであるが、『私記』には、「通典に云わく、『銅鈸は、亦た銅盤と云う』と。今転じて露盤と為すのみ」とある。「銅鈸」は、二枚の銅板をひもで連結し、二枚を重ね合わせて音を出す楽器のこと。

49　度我「南無」（namo の音訳）の漢訳語の一つ。「度」は、救済するの意。したがって、「度我」は、私を救ってくださいという意味である。

えるならば、度我の意義は便利ではない。『五戒［相］経』には［南無を］驚怖と呼ぶ。[50]驚怖とは、正面から仏［の存在］を設けることができるのである。生死の険しさは、実に驚怖するべきである。大［乗］によって救おうとすることができない場合は、今、諸仏と同じく小［乗］によって救済する。驚怖は、仏［の存在］を設けることが許される。それ故、文に、「喜称南無仏」（9c29/A126･3/142･8）とある。「喜」とは、衆生を救う模範を得ることを喜ぶのである。『五戒［相］経』に、さらに「帰命」とあり、[51]すべて衆生［の存在］を設けるだけである。調達（提婆達多）は、臨終に南無と唱えて、まだ仏と唱えることができず、すぐに地獄に堕ちた。仏は彼に地獄から出て、辟支仏となり、名を南無というであろうと授記した。[52]外国に天の像にお仕えする
57c 者がいた。金で像の頭を作った。賊が来てこれを盗もうとし、取ろうとしたが得ることができなかった。そこで南無仏と唱えると、すぐに頭を得た。次の日、多くの者が集まって、「天の像は頭を失った。そのまま天が［像のところに］来て取り著くことがなかっただけである。［天が］取り著くならば、どうして頭を失うであろうか」といった。天は一人を下に遣わして【降】、「賊が来て頭を取ろうとして、南無仏と唱えた。諸天はみな驚き動揺した。このために［頭を取られるという］私のすきにつけこまれた。このために頭を失った」といった。多くの人は、「天は仏に及ばないのであろうか。及ばない以上、今どうして仏にお仕えしないのか。賊が南無仏と唱えてさえ天の頭を得たのであるから、まして賢者が南無仏と唱える場合はなおさらである。十方の尊い神は、けっして［仏に］かなわない【不当】。ただ精進して怠けてはならない」といった。[53]『那先［比丘］経』には、「人は死に臨んで南無仏と唱え、地獄【泥梨】を免れることができるのは、どういうことか。人が一つの石を水のなかに置くならば、石は必ず没することは疑いがなく、もし百箇の小さな石を船の上に置けば、きっと没しないようなものである。もしすぐに【直爾】死ねば、必ず地獄【泥梨】に入ることは、石を水に

置くようなものである。もし死に臨んで南無仏と唱えるならば、仏力のために、泥梨《ないり》（地獄）に入らないよう

50 『五戒［相］経』には［南無を］驚怖と呼ぶ【五戒経称驚怖】『優婆塞五戒相経』には「驚怖」という表現は出ない。

51 『五戒［相］経』に、さらに「帰命」とあり【五戒経又云帰命】『優婆塞五戒相経』には「帰命」という表現は出ない。

52 調達（提婆達多）は……名を南無というであろうと授記した【調達臨終称南無未得称仏便堕地獄仏記其従地獄出当作辟支仏字曰南無】『増一阿含経』巻第四十七（大正二、八〇二中一五～八〇六上一六）に説かれる。とくに、「仏は阿難に告ぐらく、是に於いて提婆達兜《だいばだっと》は地獄に終わる従り、善処天上に生ず。六十劫を経歴する中、三悪（底本の「悉」を、文意により「悪」に改める）趣に堕せず、天・人を往来し、最後に身を受け、当に鬚髪《しゅほつ》を剃除《たいじょ》し、三法衣を著し、信堅固を以て、出家学道し、辟支仏と成り、名づけて南無と曰うべし」（同前、八〇四下九～一三）を参照。

53 外国に天の像にお仕えする者がいた……ただ精進して怠けてはならない」といった【外国事天像者以金為像頭賊来盗之取不能得即称南無仏便得頭明日衆聚云天像失頭便是無天来著耳著者云何失頭天即降一人云賊来取頭即称南無仏諸天皆驚動是故得我便是故失頭衆人云天不如仏耶既不如者今何不事仏賊称南無仏尚得天頭況賢者称南無仏十方尊神不敢当但精進勿懈怠】『生経』巻第五、「昔者《むかし》、外国の婆羅門は、天に事《つか》え寺舎を作り、好んで天像を作り、金を以て頭を作る。時に盗賊有り、天像に登り、其の頭を挽取せんとするに、都て動かず、便ち南無仏と称す。便ち頭を得て去る。明日、婆羅門は天頭を失い、天頭は若し去らば、衆人は聚会し、天神は頭を失い、是れ神有ること無しと為す。神は一婆羅門に著く。賊人は我が頭を取らんとするに、得ること能わず、便ち南無仏と称す。諸天は皆な驚動す。是の故に我が頭を得。諸の婆羅門の言わく、天は仏に如《し》かず。皆な去りて仏に事《つか》え、復た天に事えず。賊人は南無仏と称し、天頭を得て去る。何に況んや賢者は南無仏と称せんをや。十方の尊神は、敢えて当たらず。但だ精進して懈怠することを得ること勿れ」（大正三、一〇八上二八～中八）を参照。

にさせる。船の力のために、石を没しないようにさせるのである」とある……。[54]『［菩薩処］胎経』、『［大方便仏］報恩経』には、「華林園の第三大会の九十二億の人は、釈尊の遺《のこ》した法のなかで、一たび南無仏と唱える人は、弥勒を見ることができるのである」とある。[55]次に「於諸過去仏」（9a26/A118·1/137·7）以下、第二に一行（於諸過去仏・現在或滅後・若有聞是法・皆已成仏道）があり、了因の種子を明らかにする。もし上を例とするならば、すべて相、無相、非有相非無相、至心、散心などの五乗の種子がある。[56]今、みな開きあらわして一実に入らせる……。至心に一句を聞くことは天の業であり、散心に一句を聞くことは人の業である……。

質問する。どうして過去仏の門に焦点をあわせて、詳しく五乗を明らかにするのか。

答える。三世の仏にはみな開権（権＝方便を開きあらわすこと）がある。ただ未来はまだ生起しない。現在ははじめて行なわれる。証得について意義が弱い。過去は久しい間、開権している。教化を受ける人は、みな四つの一（教一・行一・人一・理一）を成就し、いずれも十方において権を与え実をあらわす。証得の意義は、事柄が強い。これに対して虚言することは、真実によってこれを調べて明らかにするのに及ばない。それ故、過去仏において、詳しく五乗を説くのである。

54『那先［比丘］経』には、「人は死に臨んで南無仏と唱え……石を没しないようにさせるのである」とある【那先経云人臨死称南無仏得免泥梨者云何如人持一石置水石必没無疑若能持百石子置船上者必不没若直爾死必入泥梨如石置水若臨死称南無仏仏力故令不入泥梨船力故使石不没也】『那先比丘経』巻下、「王は又た那先に問うらく、卿曹《きょうそう》沙門は言わく、人は世間に在りて悪を作して百歳に至り、死せんと発する時に臨んで仏を念ぜば、死後は皆な天上に生ず。我れは是の語を信ぜず。復た言わく、一生を殺して死せば、即ち泥犁の中に入る。我れは是れを信ぜざるなり。那先は王に問うらく、如《も》し人は小石を持ちて水上に置かば、石は浮かぶや、没するや。王は言わく、其の石は没す。那先は言わく。如《も》令し百枚の大石を持ちて船上に置かば、其の船は寧ろ没するや。王は言わく、没せず。那先は言わく、船の中の百枚の大石は、船に因るが故に、没することを得ず。人は本悪有りと雖も、一時に仏を念ぜば、是れを用て泥犁の中に入らず、便ち天上に生ず。其の小石の没するは、人の悪を作すが如し。仏経を知らずして、死後に便ち泥犁に入る。王は言わく、善き哉、善き哉」（大正三二、七〇一下二一～七〇二上二）を参照。「泥犁」は、niraya の音訳。泥黎とも音訳する。地獄のこと。

55 『［菩薩処］胎経』、『［大方便仏］報恩経』には、「華林園……弥勒を見ることができるのである」とある**【胎経報恩経云華林園第三大会九十二億人者是釈尊遺法中一称南無仏人得見弥勒也】**『菩薩処胎経』巻第二には、「九十二億の人は、一たび南無仏と称す」（大正一二、一〇二六上三）とあるが、ここは一致しない。『大方便仏報恩経』にも、ここと一致する経文は見られない。『弥勒大成仏経』、「時に閻浮提の城邑聚落の小王、長者、及び諸の四姓は、皆悉《み》な龍花樹の下の花林園の中に来集す。爾の時、世尊は重ねて四諦・十二因縁を説き、九十四億の人は、阿羅漢を得。他方の諸天、及び八部衆の六十四億恒河沙の人は、阿耨多羅三藐三菩提心を発し、不退転に住す。第三の大会に、九十二億の人は、阿羅漢を得」（大正一四、四三二下七～一二）を参照。「華林園第三大会」は、弥勒菩薩が成仏して龍華樹の下の華林園で、三回説法する中の第三の説法のこと。

56 もし上を例とするならば、すべて相、無相、非有相非無相、至心、散心などの五乗の種子がある**【若例上皆有相無相非有相非無相至心散心等五乗種子】**『講義』によれば、「相」は凡夫（人・天）、「無相」は二乗（声聞・縁覚）、「非有相非無相」は三教（蔵教・通教・別教）の菩薩に相当する。「至心散心」については、『文句』にはすでに「但だ像を造り塔を起つるに、専至、散乱を明かす。故に知んぬ、是れ天・人の業なることを」（大正三四、五六下一八）とあり、人天乗に相当する。

5.122231212123　未来仏章を頌す

「未来諸世尊」（9a28/A118·3/137·9）以下、第三に六行半（未来諸世尊……導師方便説）があり、上の未来仏の章を頌する。文を二［段］とする。最初に一行半（未来諸世尊・其数無有量・是諸如来等・亦方便説法・一切諸如来・以無量方便）は開三を頌し、後に五行（度脱諸衆生……導師方便説）は顕一を頌する。「度脱諸衆生」（9b2/A118·6/137·12）とは、一行（度脱諸衆生・入仏無漏智・若有聞法者・無一不成仏）は人一を頌する。「諸仏本誓願」（9b4/A118·8/138·2）の一行（諸仏本誓願・我所行仏道・普欲令衆生・亦同得此道）は、行一を頌する。仏の行ずる道については、この道を得させようと誓う。どうして行一でないであろうか。「未来世諸仏」（9b6/A118·10/138·4）［以下］の二行（未来世諸仏・雖説百千億・無数諸法門・其実為一乗・諸仏両足尊・知法常無性・仏種
58a 縁従起・是故説一乗）は、教一を頌する。「知法常無性」（9b8/A118·12/138·6）とは、実相は常住であって自性（自己から生じるという性質）はなく、ないし無因性（原因がなく生じるという性質）がないことをいう。無性もまた無性である。以上を無性と名づける。「仏種従縁起」（9b9/A118·13/138·7）とは、中道の無性は、仏種であることをいう。この道理に迷う者は、無明を縁とするのによれば、衆生が生起することがある。この道理を理解する者は、教行を縁とするのによれば、正覚が生起することがある。仏種を生起させようとするならば、一乗の教を必要とする。これは教一を頌するのである。さらにまた、「無性」とは、正因仏性である。「仏種従縁起」とは、縁［因仏性］・了［因仏性］のことである。縁［因仏性］は了を助けるので、正種（正因仏性）が生起することができる。一が生起すれば、一切が生起する。このような（正因仏性・了因仏性・縁因仏性の）三［因仏］性を、一乗と名づけるのである。「是法住法位」（9b10/A120·1/138·8）の一行（是法住法位・世間相常住・於道場知已・導師方便説）は、理一を頌するのである。衆生と正覚（正しい覚り）は、一如であり二［如］はなく、

すべて如を出ない。みな如というもの【如法】を位とするのである。「世間相常住」(9b10/A120・1/138・8)とは、出世の正覚は如を位とし、また如を相とし、位も相も常住であるが、[一方、]世間の衆生もまた如を位とし、また如を相とすることをいう。どうして常住でないであろうか。世間の相は常住である以上、どうして理一でないであろうか。さらにまた、「世間」を解釈するならば、[五]陰・[十八]界・[十二]入である。「常住」とは、正因[仏性]である。しかしながら、この正因[仏性]は[色・受・想・行・識の五陰と、五陰が仮りに和合して成立する衆生の]六法に相即せず、縁[因仏性]・了[因仏性]は六法を離れず、正因[仏性]は常住であるので、縁[因仏性]・了[因仏性]もまた常住である。それ故、「世間相常住」というのである。「於道場知已」(9b11/A120・2/138・9)、これは果を取りあげて開権顕実をしっかりと解釈する。道場は明るく【朗然】、この道理は長い間伸びやかであるが、衆生の心【物情】の障礙が重いので、方便によって三[乗]を与える……。

5.12222312122124 現在仏章を頌す

「天人所供養」(9b12/A120・3/138・10)以下、第四に四行半があり、現在仏の章を頌する。上の文に四[段]がある。今は三[段]を頌し、後の結論を頌さない。最初の一行半(天人所供養・現在十方仏・其数如恒沙・出現於世間・安穏衆生故・亦説如是法)は、教化する意味を頌する。正面から衆生を安らかに穏やかにするためである。次に、「知第一寂滅」(9b15/A120・6/139・1)以下の一行(知第一寂滅・以方便力故・雖示種種道・其実為仏乗)は、上の顕実を頌する。「知第一寂滅」は、理一を頌する。「其実為仏乗」(9b16/A120・7/139・2)は、あるいは教一を頌し、あるいは行一を頌する。後に「知衆生諸行」(9b17/A120・8/139・3)以下の二行(知衆生諸行・深心之所念・過去所習業・欲性精進力・及諸根利鈍・以種種因縁・譬喩亦言辞・随応方便説）は、開権を頌する。［経］文の通りである。

5.12222312122　釈迦章を頌す

5.122223121221　標科

「今我亦如是」（9b21/A120·12/139·7）以下、第二に四十三行半（今我亦如是……自知当作仏）があり、釈迦の章を頌する。

5.122223121222　正しく釈す

5.1222231212221　長行に対して有無を明かす

上の文には法の希有をたたえることがない。頌のなかには六［段］を備える。

5.1222231212222　古の上を指し下に本づくの失を明かす

ただ旧［説］が釈迦の章を解釈する場合、比喩の根本を印を付けて提示し[57]、上を指して下［の火宅の比喩］に対して根本となり【本下】、文と義がたがいに加わる。注釈【疏】を探求すると目が眩《くら》み、理論【説】を聞くと心が乱れ、鈍［根］の者は迷ってしまう。

5.1222231212223　章安の上を頌し下に本づくの意を明かす

個人的に記述すると【私記】、まず撰述して前に置き、［経］文に至ってあらためて［経文を］提示する【帖】。自分で明らかにすることを願うだけである。しかしながら、釈迦の章の偈に、全部で二つの意味がある。第一に上を頌し、第二に下に対して根本となる。上根は悟っており、中根はまだ理解しないので、比喩を設けて
58b かえって上の法をたとえる必要がある。比喩はそれだけで生起せず、［先行したものを］受け継ぎ追いかける【承躡】手立てがあるので、比喩の根本というのである。

5.12222312122224　古の譬の本を出すを頌す

古い[58]［説］は五つの比喩とする。第一に長者譬、第二に思済（子どもたちを救済しようと思うこと）譬、第三に権誘（方便によって誘うこと）譬、第四に平等譬、第五に不虚（偽りでないこと）譬である。しかしながら、最初は総体的な比喩【総譬】であり、ただ長者だけではない。思済［譬］は子を救おうとするがうまくいかないという意義であるにすぎない。［この古い説は］やはり見火譬を欠いているので用いない。

瑤師（法瑤）は、「方便品のなかの『諸仏随宜所説』（7a18）から長行を終わるまでは、正面から一乗の真実

57　ただ旧［説］が釈迦の章を解釈する場合、比喩の根本を印を付けて提示し【但旧解釈迦章点出譬本】『法華義記』巻第三（大正三三、六〇八上一三～六〇九上一二）を参照。法雲は、ここの方便品の偈文が、後の譬喩品の火宅の比喩の基礎・根本となっていることを示している。

58　古い【古旧】　底本の「口旧」を、『全集本』によって「古旧」に改める。なお、ここの「古旧為五譬」から「従一乗化不得者垂迹云々」（大正三四、五九上四）までは、『法華玄論』巻第六（大正三四、四〇七上二〇～下一）に基づく。

をあらわす。全部で四章がある。第一には昔の四つの三を開きあらわして、今の四つの一を成立させる。第二に五濁のために一乗を説くことができない。第三に『若我弟子自謂』（7b27）以下は、得ない者を明らかにする。第四に『汝当一心信解』（7c8）以下は、虚妄でないことを明らかにする。始めから終わりまで【始末】言葉は相違するけれども、心によってこれを求めると、すべて真実である。下の火宅のなかには、ただ方便品のなかの三章をたとえる。『譬如』[59]（12b13）以下、『願時賜与』（12c17）に終わるまでは、第一に五濁の章をたとえる。『各賜諸子等一大車』（12c18）から『得未曾有』（13a1）に終わるまでは、第二に真実の章をたとえる。『是長者等賜諸子』（13a2）から『寧有虚妄不』（13a3）に終わるまでは、第三に虚妄でないことの章をたとえる」といっている。

玄暢師は、「六つの比喩がある。第一に［火］宅のなかの多くの災いの様相である。第二に覚者の仏だけが一乗の思いを生起する。第三に衆生は受けないので、［衆生に対して］恐ろしい事柄を説く。第四に三乗の楽を説く。第五にかえって一乗の教えを説く。第六に虚妄でないことを結論づける」といっている。

龍師（慧龍）は、「六つの比喩がある。第一に［燃えさかる］家【舎宅】の父子は、仏が三界の王として衆生を教化することをたとえるのである。第二に長者が火を見ることは、私が仏眼によって六道の衆生を見ることをたとえるのである。第三に長者が火を救うことは、仏が［成道後］三週間にわたって【三七】衆生を救済しようとして、大［乗］を用いることができないことをたとえるのである。第四に長者が方便を用い、三車によって誘うのは、仏が三乗の教えを設けることをたとえるのである。第五に長者が一つの大きな車を賜うのは、妙法［蓮］華［経］を説くことをたとえる。第六に虚妄でない比喩である」といっている。

光宅[60]［寺法雲］の十の比喩[61]については、第一に「今我亦如是」（9b21）の二行（今我亦如是・安穏衆生故・以種種法門・宣示於仏道・我以智慧力・知衆生性欲・方便説諸法・皆令得歓喜）は、総体的に上の権実を頌し、下の総体的比喩【総譬】のために根本となる。第二に「舎利弗当知」（9b25）の四行（舎利弗当知……而起大悲心）は、上の五濁を頌し、下の見火譬の根本となる。第三に「我始坐道場」（9c4）の六行半（我始坐道場……疾入於涅槃）は、大乗によって教化しようとするがうまくいかないことを明らかにして、下の救子不得（子どもを救おうとするがうまくいかないこと）譬の根本となる。第四に「尋念過去仏」（9c17）［以下］の十一行（尋念過去仏……我常如是説）は、三乗によって教化しようとするがうまくいかないことを明らかにして、下の救子得（子どもを救おうとしてうまくいくこと）譬の根本となる。第五に「我見仏子等」（10a10）［以下］の一行（舎利弗当知・我見仏子等・志求仏道者・無量千万億）は、大機が生じることを明らかにして、下の見子免難（子どもが難を免れることを見るこ
58c
と）譬の根本となる。第六に「咸以恭敬心」（10a12）［以下］の一行（咸以恭敬心・皆来至仏所・曽従諸仏聞・方便所説法）は、三乗の果を求めることを明らかにして、下の諸子索車（子ども達が車を求めること）譬の根本となる。第七に「我即作是念」（10a14）［以下］の二行一句（我即作是念・如来所以出・為説仏慧故・今正是其時・舎利弗当知・鈍根小智人・著相憍慢者・不能信是法・今我喜無畏）は、如来の歓喜を明らかにして、下の長者歓喜譬の根本

59 『譬如』【譬如】「若国邑聚落有大長者」（大正九、一二中一三～一四）の箇所を指すべきであるが、実際には偈頌の「譬如長者」（同前、一三下一九）を指している。

60 光　底本の「火」を、『全集本』によって「光」に改める。

61 光宅［寺法雲］の十の比喩【光宅十譬】『法華義記』巻第三（大正三三、六〇八中～下）を参照。

となる。第八に「於諸菩薩前」（10a18）［以下］の三句（於諸菩薩中・正直捨方便・但説無上道）は、大乗を説くことを明らかにして、下の等賜大車（平等に大車を与えること）譬の根本となる。第九に「菩薩聞是法」（10a20）［以下］の一行（菩薩聞是法・疑網皆已除・千二百羅漢・悉亦当作仏）は、衆生の歓喜を明らかにして、下の諸子得車歓喜（子どもたちが車を得て歓喜すること）譬の根本となる。第十に「汝等勿有疑」（10b4）［以下］の一行半（汝等勿有疑・我為諸法王・普告諸大衆・但以一乗道・教化諸菩薩・無声聞弟子）は、仏に偽り【虚妄】がないことを明らかにして、下の長者不虚（長者に偽りがないこと）譬の根本となるのである。

ある人はこれを評して、「もし句によって判定すれば、十九句[62]があるべきである。もし意義によって判定すれば、六つの意義がある。第一に総である。第二に火を見る。第三に一乗によって教化しようとするがうまくいかない。第四に三乗によって教化しようとしてうまくいく。第五にまた一乗を説く。第六に不虚である。その他のもの【自余】は六つの意義のうちに収め取る【摂入】」という。

さらにまた、十の比喩は法と比喩とがばらばらに散らばる【参差】。法説のなかでは、車を求めること【索車】は前にあり、父が喜ぶことは後にある。譬説のなかでは、父が喜ぶことは前にあり、車を求めること【索車】は後にある。会通（対立するものを統合すること）しようとするけれども、終に遠回りする【迂迴】ことになる。さらにまた、大［乗］と小［乗］は相違する。法説は大機が動くのを見るので喜び、譬説は小［乗の］機縁【小縁】によって難を免かれるのを見るので喜ぶ。法説は大［乗］の因を明らかにし、譬説は小［乗］の果を述べる。法説では大［乗］の障礙が尽きようとして、譬説では小［乗］の難が離れた。意義の勢い【義勢】は矛盾する【乖各】。さらにまた、有無が相違するので、法説のなかでは、上根は悟りやすいことを述べるので、車を求めること【索車】はない。譬説は中根がやはり迷うことを明らかにするので、車を求めること

【索車】がある。もし恭しく敬うことを引用して車を求めること【索車】とするならば、ことに［経］文の意味を体得しない。今はこの四つの過失はない。

しかしながら、有無に関しては、長行に五［段］がある。第一に開三、第二に顕一、第三に五濁、第四に真偽、第五に不虚である。偈にもまた五［段］がある。ただ長行に真偽があるけれども、偈にはない。偈には法をたたえることがあるけれども、長行にはない。たがいに示すだけである。次第とは、長行は前に開三し、後に顕一し、偈は先に顕一し、後に開三する、ということである。開合とは、開三と顕一とを総体的比喩【総譬】の根本とすることである。二偈（今我亦如是・安隠衆生故・以種種法門・宣示於仏道・我以智慧力・知衆生性・方便説諸法・皆令得歓喜）は統合して展開しない。次に、五濁の文を展開して【離】四つの比喩（見火・捨机・用車・等賜）の根本とし、展開するけれども統合しない。不虚を不虚譬の根本とし、統合もせず展開もしない。取捨を明らかにするならば、四段の経文を六つの比喩の根本とし、取るけれども捨てない。法をたたえることの一章は、六つの比喩でないので、捨てるけれども取らない。総別を論じるならば、最初に開三顕一は、総体的に釈迦の一生の教化の教門を述べ、五濁以下は、すべて個別的な比喩【別譬】に所属するのである。次

62　十九句　「九句」の誤りである。『私志記』巻第十三、「『十九』の言は、其れ信《まこと》に非ず。今謂わく、本は正しく応に九句有りと言うべし。『十』の字を剰《あま》す。蓋し後の伝写の誤りなるを以ての故なり」（『新纂大日本続蔵経』二九、四五七中一九～二一）を参照。そもそもここの文章の参照元の吉蔵『法華玄論』巻第六には、「若し句断を以てせば、九句有り。応に十なるべからざるなり」（大正三四、四〇七上二九）とある。平井俊榮『法華文句の成立に関する研究』三六五頁の指摘を参照。

59a

に、本迹とは、総体的に仏の教えを述べると、総体的に本迹を含む。五濁以下は、個別的に本迹を明らかにする。五濁の一章は、正面から法身の根本に身を置き、衆生の苦を見て、大悲を生ずることを明らかにする。一乗によって教化しようとするがうまくいかないことから、迹を垂れる……。

今思うのには、迹門の大意は、まさに開三顕一である。前に直ちに法説すると、上根はすぐに悟るけれども、中［根］・下［根］はまだ悟らず、あらためて比喩を設け、三［乗］・一［乗］をたとえて、理解できるようにさせる。前の法説のなかで、簡略に、［あるいは］詳細に【略広】開三顕一する以上、後の譬説のなかでもまた簡略に、［あるいは］詳細に【略広】三［乗］を許して一［乗］を与えるべきである。因縁［説］のなかでもまた三［乗］を引いて一［乗］に入らせるべきである。

もし［法瑤の］三つの比喩・［玄暢・慧龍の］六つの比喩・［法雲の］十の比喩を設けるならば、［法説周・譬説周・因縁説周の］三周の文について合致せず、［信解品の四大声聞（須菩提・迦栴延・迦葉・目揵連）の］四人の信解と乖き離れる。［それ故、これらを］用いない。

5.122223121222225　今正しく釈す

5.1222231212222251　譬の本を出す

5.12222312122222511　総別二譬の本を明かす

今明らかにする。釈迦の章を頌するなかを、大きく二［段］に分ける。最初に「今我亦如是」（9b21/A120·12/139·7）以下の二行（今我亦如是・安隠衆生故・以種種法門・宣示於仏道・我以智慧力・知衆生性欲・方便説諸法・皆令得歓喜）の偈は、かいつまんで上の権実を頌し、下の［火宅の比喩の］総譬のために根本となる。第二に「我以仏眼観見」（9b25-26/A122・1-2/139・11-12）以下、四十一行半（舎利弗当知・我以仏眼観……自知当作仏）の偈があり、詳細に上の六つの意義を頌し、下の［火宅の比喩の］別譬のために根本となる。

今、総頌（総体的に頌すること）に焦点をあわせると、六つの意味があり、総譬の六つの意義[63]のために根本となることがある。偈には、「今我亦如是」（9b21）とある。「我」は釈迦のことである。一生の教化の主である。下の有大長者（大長者がいること）譬のために根本となる。「安隠」（9b21/A120・12/139・7）とは、大涅槃の常楽の住処のことである。この場所は静寂で、五濁の障礙がないので、「安隠」と名づける。「安隠」は、不安隠に対する。不安隠は、三界の生死［輪廻］における遊行教化【行化】の場所である。五濁の障礙があることを、不安隠と名づける。下の火宅譬のために根本となる。「衆生」（9b21/A120・12/139・7）は、五道において教化を受ける人々であり、下の五百人譬のために根本となる。さらにまた、「安隠」とは、安隠の法であり、かえって不安隠の法に対する。不安隠の法は、五濁の法である。下の火起（火が生起すること）譬のために根本となる。「種種法門」（9b22/A120・13/139・8）は、種種でないものに対し、下の唯有一門（ただ一門だけがあること）譬のために根本となる。「知衆生性欲」（9b23/A120・14/139・9）とは、五道の［衆生の］根性に三乗の区別があり、下の三十子譬のために根本となる。上に向かっては略頌であり、下に向かっては総譬の根本である。本と末がたがいに継承し、［経］文と意義が十分に備わっている【整足】。比喩のなかで、あらためて上を引いて下を証

63　総譬の六つの意義【総譬六義】『文句』巻第五上、「総譬に六有り。一に長者、二に舎宅、三に一門、四に五百人、五に火起、六に三十子なり」（大正三四、六六上二三～二五）を参照。

拠立てるべきである……。

詳細に上の六つの意義を頌するなかから、文を四［段］に分け、下の別譬の根本となる。最初に「我以仏眼観」（9b25/A122･1/139･11）以下の四行（舎利弗当知・我以仏眼観・見六道衆生・貧窮無福慧・入生死険道・相続苦不断・深著於五於・如犛牛愛尾・以貪愛自蔽・盲瞑無所見・不求大勢仏・及与断苦法・深入諸邪見・以苦欲捨苦・為是衆生故・而起大悲心）は、詳細に上の五濁を頌し、下の見火譬の根本となる。第二に「我始坐道場」（9c4/A122･9/140･7）以下の十七行半（我始坐道場……我常如是説）は、詳細に上の一［乗］において三［乗］を開く
59b
ことを頌し、下の寝大施小（大乗を教えることを止めて小乗を与えること）譬のために根本となる。第三に「我見仏子等」（10a10/A126･13/143･6）以下の六行（舎利弗当知・我見仏子等……悉亦当作仏）は、詳細に上の顕実を頌し、下の等賜大車譬のために根本となる。第四に「如三世諸仏」（10a22/A128･9/144･6）以下、五行半（如三世諸仏……過於優曇華）があり、詳細に上の法の希有をたたえることを頌する。次に二行半（汝等勿有疑・我為諸法王・普告諸大衆・但以一乗道・教化諸菩薩・無声聞弟子・汝等舎利弗・声聞及菩薩・当知是妙法・諸仏之秘要）があり、正面から上の不虚（偽りでないこと）を頌する。次に六行（以五濁悪世……自知当作仏）があり、上の信を厚くすること【敦信】を頌する。この三つの意味は、合わせて下の不虚譬のために根本となる。そして正面から二行半（汝等勿有疑・我為諸法王・普告諸大衆・但以一乗道・教化諸菩薩・無声聞弟子・汝等舎利弗・声聞及菩薩・当知是妙法・諸仏之秘要）によって不虚を頌し、下の不虚譬のために根本となる。

概略は以上のようである。細かく分けてあらためて展開するならば、最初に五濁を頌するなかで、三つの意味がある。最初に半行一字（我以仏眼観見）があり、仏眼によって見ることを明らかにし、後の長者能見譬のために根本となる。次に「六道衆生」（9b26/A122･2/139･12）以下、二行三句四字（六道衆生・貧窮無福

慧・入生死険道・相続苦不断・深著於五欲・如犛牛愛尾・以貪愛自蔽・盲瞑無所見・不求大勢仏・及与断苦法・深入諸邪見・以苦欲捨苦）があり、見る対象の五濁を明らかにし、後の所見火（見る対象としての火）譬のために根本となる。次に「為是衆生」（9c3/A122・8/140・6）以下、第三に半行（為是衆生故・而起大悲心）があり、大悲を生ずることを明らかにし、後の長者驚入火宅（長者が驚いて火宅に入ること）譬のために根本となる。第二に「我始坐」（9c4/A122・9/140・7）以下、開三を頌するようなものは、あらためて二つの意味を開く。最初に六行半（我始坐道場……疾入於涅槃）があり、大乗によって教化しようとするがうまくいかないことを思い、下の「身手有力而不用之」（13b5）の寝大（大乗を教えることを止めること）譬のために根本となる。次に「尋念過去」（9c17/A124・6/141・8）以下、十一行（尋念過去仏……我常如是説）があり、諸仏と同じく三乗によって教化しようとすることを思い、後の設三車施小（三車を用意して小乗を与えること）譬のために根本となる。第三に上の顕実を頌するなかで、あらためて四つの意味を開く。最初に「舎利弗当知　我見仏子」（10a10/A126・13/143・6）以下の二行（舎利弗当知・我見仏子等・志求仏道者・無量千万億・咸以恭敬心・皆来至仏所・曾従諸仏聞・方便所説法）は、大乗の機が動くことを明らかにし、後の索車譬のために根本となる。次に「我即作」（10a14/A128・1/143・10）以下、第二に二行一句（我即作是念・如来所以出・為説仏慧故・今正是其時・舎利弗当知・鈍根小智人・著相憍慢者・不能信是法・今我喜無畏）があり、仏の歓喜を明らかにし、後の見子免難譬のために根本となる。次に「於諸菩薩」（10a18/A128・5/144・2）以下、第三に三句（於諸菩薩中・正直捨方便・但説無上道）は正面から顕実し、後の等賜一大車譬のために根本となる。次に「菩薩聞是」（10a20/A128・7/144・4）以下、第四に一行（菩薩聞是法・疑網皆已除・千二百羅漢・悉亦当作仏）は受・行・悟・入[64]を明らかにし、後の諸子得一大車歓喜（子どもたちが一つの大車を得て歓喜すること）譬のために根本となる。上の不虚を頌することは、ただ下の不虚譬のために根本となるだけである。開くことを論じないのである。

5.12222312122222512　開して三譬の本と為す

さらにまた、あるときは【一時】、大いに三譬を開く。最初に「今我亦如是」(9b21) の二行（今我亦如是・安穏衆生故・以種種法門・宣示於仏道・我以智慧力・知衆生性欲・方便説諸法・皆令得歓喜）は、統合して展開せず、下の総譬のために根本となる。第二に「我以仏眼観」(9b25) 以下は、展開して統合せず、下の別譬のために根本となる。第三に不虚譬は展開もせず統合もせず、不虚譬のために根本となる。

59c

5.12222312122222513　略広は三周に通ずるを明かす

もし上を継承し下に対して根本となるならば、簡略と詳細【略広】の二頌は、三周と信解［品］に通じる。［経］文と意義とはいずれも欠けていない。もし詳細な頌に焦点をあわせれば、あらためて四つの意味を開いて上の四つの意義を頌し、下の四つの比喩のために根本となる。これもまた三周と信解［品］に通じて、［経］文と意義とは欠けていない。もしあらためて枝分かれさせる【子派】ならば、五濁を頌する段を三［段］に開く。方便を頌する段を二［段］に開く。顕実を頌する段を四［段］に開く。不虚の段については、ただ一［段］だけである。合わせて十の意味を成立させて、下の十譬のための根本となる。この十の意味は、ただ法［説周］・譬［説周］の二周にある。信解［品］と因縁［説周］については、その文は欠けている。

5.122223121222514　結成して勧信す

それ故、三節にわたって章を開き、上を継承して下に対して根本となる。趣く所がないままにみだりに設けるのではない。

5.12222312122252　正しく長行を頌す

5.122223121222521　略して上の長行の権実を頌す

略を頌する中、最初の一行（今我亦如是・安穏衆生故・以種種法門・宣示於仏道）は上の顕実を頌し、後の一行（我以智慧力・知衆生性欲・方便説諸法・皆令得歓喜）は上の開権を頌する。この文は短いけれども、「教一・行一・人一・理一の」四つの一をすべて頌する。「今我亦如是」(9b21) は、諸仏の是に合致して、ともに一実によって衆生を教化する。これは総体的に顕実を頌するのである。「安隠」(9b21) とは、涅槃という秘密の蔵は安隠の場所【安隠処】であるということである。仏は自分でそのなかに留まり、また衆生を安らかに置いて、秘密

64　受・行・悟・入【受行悟入】　別の箇所の『文句』に対する『文句記』の注釈である『文句記』巻第五下には、「機会《かな》うは即ち『受』なり。聞くに随いて観は転ず。即ち煖法より去るを、之れを名づけて『行』と為す。若し有宗に準ぜば、時節促《みじか》しと雖も、具さに内外の凡位に歴《ふ》るを妨げず、世第一に至るを、之れを名づけて『悟』と為す。若し初果を得ば、之れを名づけて『入』と為す」（大正三四、二五一下二六～二五二上一）とある。

の蔵に入らせる。安隠の場所【安隠処】は、理一を頌する。「衆生」（9b21/A120・12/139・7）は、人一を頌する。「種種法門　入於仏道」（9b22/A120・13/139・8）は、行一を頌する。「宣示」（9b22/A120・13/139・8）は、教一である。「智慧力」（9b23/A120・14/139・9）とは、権智の力である。「知衆生性欲」（9b23/A120・14/139・9）とは、小［乗］の機を観察するということである。「方便説諸法」（9b24/A120・15/139・10）とは、正面から権を与えるということである。「皆令得歓喜」（9b24/A120・15/139・10）とは、都合にしたがって機に合致することをいう。二つの偈は簡略であるけれども、仏の一生の教化を収める。開権顕実して、事物発展の始末を探求する【原始要終】。すべて尽くすので、略頌は下の総譬のための根本となるというのである。

5.1222231212222522　広く上の長行の六義を頌す

5.12222312122225221　分科示意

第二に「我以仏眼観」（9b25/A122・1/139・11）以下の四十一行半（舎利弗当知・我以仏眼観……自知当作仏）は、詳細に上の六つの意義を頌する。旧［説］は最後の七行（汝等舎利弗……自知当作仏）が法説の流通であると考える。[65] 今は用いない。法をたたえ信を厚くすることを頌することを用いるだけである。最初に四行（舎利弗当知・我以仏眼観……而起大悲心）は、上の五濁の開三を頌する。次に第二に十七行半（我始坐道場……我常如是説）は、方便の教化を与えることを頌する。次に、第三に六行（舎利弗当知・我見仏子等……悉亦当作仏）は、上の顕実を頌する。次に第四に五行半（如三世諸仏……過於優曇華）は、上の法の希有をたたえることを頌する。釈迦の章にはないけれども、諸仏の章を指すのである。次に、第五に二行半（汝等勿有疑・我為諸法王・普告諸大衆・但以一乗道・教化諸菩薩・無声聞弟子・汝等舎利弗・声聞及菩薩・当知是妙法・諸仏之秘要）は、上の不虚を頌する。

次に、第六に六行（以五濁悪世……自知当作仏）は、上の信を厚くすることを頌する。

5.12222312122225222　正しく釈す

5.122223121222252221　五濁開三を頌す

最初に四行（舎利弗当知・我以仏眼観・見六道衆生・貧窮無福慧・入生死険道・相続苦不断・深著於五欲・如犛牛愛尾・以貪愛自蔽・盲瞑無所見・不求大勢仏・及与断苦法・深入諸邪見・以苦欲捨苦・為是衆生故・而起大悲心）は、五濁を頌する。上の文に四つがある。数を唱えること、名を列挙すること、体を提示すること、結論づけて解釈することである。今はただ数・名・体の三つを頌するだけである。上には五濁のために三つを説くという。今は五濁のために世に出現するという。世に出現する場合は、もともと大［乗］を説くべきである。障礙があって
60a やむを得ないので、前に小［乗］を説く。これもさらに三［段］とする。最初に十一字（舎利弗当知・我以仏眼観・見）は、仏に見ることのできる眼があることを明らかにする。次に第二に「六道」（9b26/A122·2/139·12）以下の二行三句四字（六道衆生・貧窮無福慧・入生死険道・相続苦不断・深著於五欲・如犛牛愛尾・以貪愛自蔽・盲瞑

65　旧［説］は最後の七行（汝等舎利弗……自知当作仏）が法説の流通であると考える【旧以最後七行是法説流通】『法華義記』巻第三、「是の故に此れ自り下に七行の偈有るは、是れ第二に略して上根人の修行して果を取ることを奨勧す」（大正三三、六一〇中二一～二二）、『法華義疏』巻第三、「又た、法説の一周も亦た別して三段を開くことを得。初めに衆を簡び、縁起と謂う。次に正説を明かす。今は是れ流通なり」（大正三四、五一一上一二～一四）を参照。

無所見・不求大勢仏・及与断苦法・深入諸邪見・以苦欲捨苦）は、見る対象としての五濁を明らかにする。次に第三に「為是衆生」（9c3/A122·8/140·6）以下、半行（為是衆生故・而起大悲心）があり、大悲を起こして救済に行くこと【応赴】を明らかにする。

最初の十一字のうちの「我以仏眼観見」（9b25-26/A122·1-2/139·11-12）については、下の文に、「長者は門の外に立つ」（14b5）とある。下を取りあげて上を証拠立てる。仏は法身の地にあって、常に静寂な仏眼によって、円かに［衆生の］多くの機を照らす。もし根（感覚機能）が鋭く濁が軽ければ、盧舎那《るしゃな》の像によって、一乗の法を説く。もし根が鈍であり濁が重ければ、首飾り【瓔珞】を脱《ぬ》ぎ、老比丘の像によって、驚いて火宅に入り、方便によって三［乗］を開く。ただ、あるとき機を考察するだけである。それ故、「我以仏眼観見」というのである。もし色法（物質的存在）を観察するならば、天眼を用いるべきである。もし機根[66]を区別するならば、法眼を用いるべきである。どうして仏眼によって見るというのか。仏眼は円かに通じるので、優れたものを取りあげて劣ったものを兼ね備える。さらにまた、［法眼・慧眼・天眼・肉眼の］四眼が仏眼に入るならば、すべて仏眼と名づける……。

「六道衆生」（9b26/A122·2/139·12）以下、第二に二行三句四字（六道衆生・貧窮無福慧・入生死険道・相続苦不断・深著於五欲・如犛牛愛尾・以貪愛自蔽・盲瞑無所見・不求大勢仏・及与断苦法・深入諸邪見・以苦欲捨苦）があり、見る対象としての五濁を明らかにする。「貧窮無福慧」（9b26/A122·2/139·12）の半行（貧窮無福慧・入生死険道）は、衆生濁を頌する。「入生死険道　相続苦不断」（9b27/A122·3/140·1）、これは命濁を頌する。「深著於五欲」（9b28/A122·4/140·2）の一行（深著於五欲・如犛牛愛尾・以貪愛自蔽・盲瞑無所見）は、煩悩濁を頌する。「不求大勢仏　及与断苦法」（9c1/A122·6/140·4）、これは劫濁を頌する。「深入諸邪見　以苦欲捨苦」（9c2/

A122·7/140·5）、これは見濁を頌する。あるいは、「五熱（頭上の太陽と四面の火の集まり）によって身を炙《あぶ》り、苦を捨てようと願って、かえって苦の報いを獲得する」とある。あるいは、「さまざまな見解は受であり、受は苦である。この苦の原因を行ない、苦を捨てようと願う。どうして［苦を捨てることが］できようか」とある。『普曜［経］』には、「五道の起源については、五戒は人となり、十善は天に生まれ、物惜しみして貪ること【慳貪】は餓鬼に堕落し、抵触してぶつかること【觝突】は畜生に堕落し、十悪は地獄に堕落する。五趣（五道）・五陰・六衰（六塵、六境）がなければ、涅槃【泥洹】である。生死に落ち着かず、涅槃【泥洹】に留まらないで、すぐに覚りの記別【決】を受ける」とある。[67]『［阿］毘曇毘婆沙［論］』［巻］第七には、「地獄のなかの人は、生まれたばかりのとき、『昔、沙門が〈貪欲は地獄の罪悪【過悪】であり、大いに恐ろしく思うようなあり方である〉と説くのを聞いた。私は昔、貪欲を断ち切らないで、今この激しい悩みを受ける』と心に思

66　機根【根機】　衆生の宗教的能力を意味する「根」と、仏・菩薩の応現・教化を発動させ、かつそれを受け止める衆生の側の構え、あり方を意味する「機」とが熟して作られたもの。

67　『普曜［経］』には、「五道の起源については……すぐに覚りの記別【決】を受ける」とある【普曜曰五道源来五戒為人十善生天慳貪堕餓鬼觝突堕畜生十悪堕地獄無五趣五陰六衰則是泥洹不処生死不住泥洹便受菩提決】『普曜経』巻第四、「五道に生（底本の「主」を宋本によって「生」に改める）ずと雖も、帰する所を知らず。従来する所無く（底本の「源」を宋本によって「無」に改める）、五戒は人と為り、十善は天に生じ、慳は餓鬼に堕し、觝突《ていとう》は畜生、十悪は地獄なり。五趣の行無く、便ち人本に帰す。五趣を慕わず、五陰・三毒・六衰無きを以て、則ち是れ泥洹なり。生死に処せず、泥洹に住せず、便ち退転せず、菩薩の決を受く」（大正三、五〇七下二一～二六）を参照。

う」とある。[68]これは貪欲が地獄の原因であることを取りあげるのである。

さらにまた、「五道にはそれぞれ自然として持っている能力【自爾法】がある。地獄は色《しき》（いろ・形あるもの）が断ち切られて、かえって継続する。畜生は大空を飛ぶことができる。餓鬼はまるめた食べ物【摶食】を与えるとき、人のなかにやって来ることができ、人のなかには勇気があってしっかりしていること【勇健】・記憶力【念力】・性的に純潔な修行【梵行】がある。勇気があってしっかりしていること【勇健】とは、果を
60b
見ないけれども、広く因を修行することができるということである。記憶力【念力】とは、大昔になしたことであっても、記憶することができるということである。性的に純潔な修行【梵行】とは、解脱分（五停心・別相念処・総相念処の三賢）と達分（煖・頂・忍・世第一法の四善根）を獲得することができ、正決定（初果）を獲得するということである。天のなかには自然に心の必要とするものにしたがって、すぐに得ることがある」とある……。[69]

地獄のなかで他化自在天の煩悩・業・善を成就するけれども、目の前には現われない【不現前行】。他化自在［天］で地獄の煩悩・業・不善（悪）を成就するけれども、目の前には現われない【不現前行】。上を取りあげ下を取りあげる。中間は知ることができるであろう。

地獄は、この場所（中国）の名前であり、胡（インド）では泥梨《ないり》と呼ぶのである。秦（中国）では無有という。喜び・楽がなく、気も味もなく、歓びがなく利益がないので、無有という。あるいは卑下といい、あるいは堕落という。中陰（人が死んで次の生を受けるまでの中間的な存在）において逆さにつるされて苦しみ【倒懸】、さまざまな根はすべて破壊されるからである。あるいは無というのは、けっして容赦することがない場所である。獄卒はさまざまな形に姿を変えて現われて【変化】［自分の姿を他人に］見させる。衆生の数には入らな

い。最初、罪人を縛って閻魔王のもとに行くのは、衆生の数に入る。もし苦を受けるときは、衆生の数に入らない。このように理解するのは、最初はすべて正しい言葉であるけれども、苦痛を受ける声に関しては、もう区別することができない。

畜生とは、身体が曲がっており【形傍】、歩行が曲がっている【行傍】ので、畜生と名づける。さらにまた、

68 『〔阿〕毘曇毘婆沙〔論〕』〔巻〕第七には……今この激しい悩みを受ける』と心に思う」とある【毘曇毘婆沙第七云地獄中人初生時念云昔聞沙門説貪欲是地獄過悪大可畏処我昔不断貪欲今受此劇悩】『阿毘曇毘婆沙論』巻第七、智品、「諸の沙門・婆羅門は、恒に是の如く説く。貪欲は是れ将来の過患にして、畏る可きの処なり。是を以て当に貪欲を断ずべし。我れ等は貪欲の因縁を断ずること能わざるを以ての故に、今、極めて劇《はげ》しき苦痛、極悩を受く」（大正二八、四五上六～八）を参照。

69 「五道にはそれぞれ自然として持っている能力……天のなかには自然に心の必要とするものにしたがって、すぐに得ることがある」とある【云五道各有自爾法地獄色断還続畜生能飛虚空餓鬼施摶食時能来到人中人中有勇健念力梵行勇健者不見果而広能修因念力者久遠所作而能憶梵行者能得解脱達分得正決定天中有自然随意所須即得】『阿毘曇毘婆沙論』巻第七、智品、「彼の餓鬼道は自爾なり。其の揣食を施せば、則ち到る。復た説く者有り。五道の生処に、各おの自爾の法有り。地獄の報色は断じて、便ち還って続くが如し。生ずる処は自爾なり。畜生の中、能く虚空を飛ぶ。餓鬼は揣食を施せば、則ち到る。人中に勇健・念力・梵行有り。勇健とは、果を見ざれども、広く能く因を修す。念力とは、久遠に作す所、久遠に説く所なれども、能く憶念す。梵行とは、能く解脱分・達分を得、善根もて正決定を得。天の中に自然随意の須うる所の物有り」（大正二八、四六上五～一二）を参照。「解脱分」は、新訳では順解脱分といい、解脱に向かう階位（三賢）を意味する。「達分」は、新訳では順決択分といい、聖道に向かう階位（四善根）を意味する。

畜生とは、遍有と名づける。くまなく五道のなかに存在する。四天・三十三天[70]にすべて存在する。そして、上天の乗る象・馬などは、善行【福業】が作り出したもの【化作】であり、衆生の数に入らないのである。さらにまた、畜生とは、盲冥（暗黒）と名づける。盲冥とは、無明が多いので、畜生と名づける。成劫《じょうこう》の最初【劫初】のとき、すべて聖人の言葉を理解する。後に飲食する物が相違し、へつらう心があり、言葉はみな変化する。あるいはまた語ることができない。

鬼とは、胡（インド）では闍梨多《じゃりた》[71]という。中国では祖父という。衆生で最初にその道（餓鬼道）に生じるものを、祖父と名づける。後に生じるものも祖父と名づける。さらにまた、物惜しみ貪りが多くて【慳貪】、この趣（生存領域）に堕落する。この趣は飢えや渇きが多いので、餓鬼と名づける。また諸天に駆使され、また飲食を願い望むので、餓鬼と名づける。

人とは、胡（インド）では摩㝹奢《まぬしゃ》[72]という。ここ（中国）では意という。昔、頂生王《ちょうしょうおう》[73]が最初に［世間を］教化して、「あらゆる行為【諸有所作】について、しっかりと思惟し、しっかりと計算し【籌量】、しっかりと記憶するべきである」と［述べた］。王の教えの通りで、あらゆる行為は、まず思索し、記憶するので、人を意と名づける。さらにまた、人は意を止めることができ、道を修行し達分（煖・頂・忍・世第一法の四善根）を獲得することができる。さらにまた、「人を慢と名づける」とある。五道のなかで慢が多い者を、人趣（人道）と呼ぶのである。

阿修羅については、修羅を天と名づける。阿は非のことである。天でないので、阿修羅と呼ぶ。さらにまた、修羅を端正と名づける。それは端正でないので、阿修羅という。修羅を酒と名づける。阿は無のことである。それに酒がないので、阿修羅というのである。

天とは、天然・自然が勝れ、楽が勝れ、身が勝れるので、天を勝と名づける。多くの事柄がすべて他の趣
60c （生存領域）に勝れ、常に光によって自身で照らすので、天と名づける。さらにまた、天とは、天然・自然である。『阿含［経］』には、「衆生は仮りの名前である。界は法である。五趣の衆生は、法界と和合する。もし衆生は悪の心を働かせるとき、悪界と一緒である。善心を働かせるとき、善界と一緒である。勝れた心を働かせるとき、勝れた界と一緒である。鄙《いや》しい心を働かせるとき、鄙しい界と一緒である。このために比丘は、この学びをなして、種々の界をしっかりと理解する【善】べきである」とある。前は因縁［釈］によって六趣を解釈し、後は観心［釈］によって六趣を解釈するようなものである。

「為是衆生故」（9c3/A122·8/140·6）以下、第三に半行（為是衆生故・而起大悲心）があり、大悲を生ずることを明らかにする。「而起大悲心」（9c3/A122·8/140·6）とは、上に見る主体を取りあげ、次に見る対象を明らかにする。今、大悲が心に滲透して、三界に応じ入り、方便を設け、引き導いて仏の智慧に趣かせることを明らか

70　四天・三十三天【四天三十三天】「四天」は、四王天のこと。欲界の六欲天の第一で、持国天、増長天、広目天、多聞天（毘沙門天）が住む。「三十三天」は、忉利天のこと。欲界の六欲天の第二。帝釈天を中心に、四方に八天ずつあるので、合計、三十三天となる。

71　閣梨多　preta の音写語。餓鬼と漢訳する。『講義』には、「閣は誤る。応に閉に作るべし」（全集本二、一〇二一頁）とある。『一切経音義』巻第九、「或いは閇（閉の異体字）梨多と言う」（大正五四、三五七上一〇）を参照。

72　摩㝹奢　manuṣya の音写語。人と漢訳する。

73　頂生王　金輪王の名。『頂生王因縁経』などに詳しく説かれる。

にするのである。

妙法蓮華経文句巻第四下

妙法蓮華経文句　巻第五上

天台智者大師が説く

5.122223121222252222　方便の化を施すを頌す

「我始坐道場」（9c4/A122·9/140·7）以下、第二に十七行半（我始坐道場……我常如是説）は、方便の教化を与えることを頌する。これについて二［段］とする。最初に六行半（我始坐道場……疾於入涅槃）があり、大乗を与えようとしてもうまくいかないと思うことを明らかにする。次に「尋念」（9c17/A124·6/141·8）以下、第二に十一行（尋念過去仏……我常如是説）は、諸仏と同じく三乗によって教化すると、便宜に合わせて［教化することが］できると思うことを明らかにする。最初に大［乗］によって教化することを思うことについて、さらに三［段］とする。最初に一行半（我始坐道場・観樹亦経行・於三七日中・思惟如是事・我所得智慧・微妙最第一）は、大［乗］によって都合を考える【擬宜】ことを明らかにする。次に「衆生」（9c7/A122·12/140·10）以下、第二に三行（衆生諸根鈍・著楽癡所盲・如斯之等類・云何而可度・爾時諸梵王・及諸天帝釈・護世四天王・及大自在天・並余諸天衆・眷属百千万・恭敬合掌礼・請我転法輪）は、衆生に機のないことを明らかにする。次に「我即」（9c13/A124·2/141·4）以下、第三に二行（我即自思惟・若但讃仏乗・衆生没在苦・不能信是法・破法不信故・墜於三悪道・我寧不説法・疾入於涅槃）は、大［乗］の教化を止めようと思うことを明らかにするのである。

「始坐道場」については、最高の真理【至理】には時［の制限］がないが、時を借りて衆生を教化する。教化する最初であるので、「始」というのである。事柄によって解釈すると、最初にこの場所で修行して覚りを得るので、「道場」という。この樹木のもとに座って正しい覚り【三菩提】を得るので、道樹（菩提樹）と名づける。樹木の恩を感得するので観察し、地の徳を思うので経行する。覚りが成就し恩恵に報いる【賽沢】とき、大法によって衆生の都合を考え【擬宜】ようとするのである。

観心釈については、「樹」（9c4/A122·9/140·7）は、十二因縁という大樹であり、深く縁起を観察し、自分で
61a
覚りを成就する。無漏法（煩悩の汚れを離れた法）の樹木によって衆生を庇護[1]しようとするので、「観樹」という。「経行」（9c4/A122·9/140·7）については、大乗の［四念処・四正勤・四如意足・五根・五力・七覚支・八正道の］三十七［道］品は、修行方法【行道法】である。自分で［三十七］道品によってすべての境地【一切地】を体験し、仏の覚りを成就することができる。この法によって衆生を教化済度【化度】しようとする。このために［座から］起ちあがって修行する。樹や大地に区別する心はない。どうして恩に報いる必要があるのか。『未曾有経』には、「ただ教化し【通化】法を伝えることを、報恩と名づけるだけである」とある。[2]

『過去［現在］因果経』には、「仏は成道して最初の一週間に、私の法はすばらしく、受けることのできる者がいないと思惟し、第二週に、衆生の上［根］・中［根］・下根を思い、第三週にだれがまず法を聞くべきであるかを思惟した。すぐにヴァーラーナシー【波羅奈】に到着して、五人のために四諦を説き、［阿若憍《あにゃきょう》］陳如《じんにょ》は清浄な法眼を得、頞鞞《あんび》・抜提《ばつだい》・十力迦葉・摩訶男拘利《まかなんくり》はまだ覚りを得ていなかった。仏は重ねて四諦を説き、［阿若憍陳如以外の］四人は清浄な法眼を得た。仏はさらに五陰は無常・苦・空・非我であると説くと、五人は阿羅漢となった。仏を仏宝とし、四諦を法宝とする。五人と仏は六人の阿羅漢であり、とりもなおさず僧宝である」とある。[3]

小雲（光宅寺法雲）の疏には、「最初の三週間のとき、法華［経］を説いた。下の文に、『宿王華智仏が七宝

の菩提樹のもとで法華経を説く』とある。今の仏（釈尊）も菩提樹において、また法華［経］を説くけれども、鈍根の衆生は持ちこたえないので、まことに諸仏と同じく三［乗の］教えの教化を展開し、後に王［舎］城において一乗を説くだけである」とある。[4]

もし智者［大師］（智顗）の心を推定するならば、まず菩提樹のもとで仏の智慧を説き、後に他の場所で仏

1　庇護【蔭蓋】　底本の「蔭益」を、『全集本』によって「蔭蓋」に改める。「蔭蓋」は、覆う意から庇護するの意となる。

2　『未曾有経』には、「ただ教化し【通化】法を伝えることを、報恩と名づけるだけである」とある【未曾有経云秖以通化伝法名報恩耳】　出典未詳。

3　『過去［現在］因果経』には、「仏は成道して最初の一週間に……五人と仏は六人の阿羅漢であり、とりもなおさず僧宝である」とある【過去因果経云仏成道初一七日思惟我法妙無能受者二七日思衆生上中下根三七日思惟誰応先聞法即至波羅柰為五人説四諦陳如得法眼浄頞鞞抜提十力迦葉摩訶男拘利未得道仏重説四諦四人得法眼浄仏又説五陰無常苦空非我五人得阿羅漢仏為仏宝四諦為法宝五人及仏是六阿羅漢即是僧宝】『過去現在因果経』巻第三（大正三、六四三上二〇～中八）を参照。「摩訶男拘利」が一人の名であることは、『中阿含経』巻第八、未曾有法品、「尊者摩訶男拘隷」（大正一、四七二上一～二）を参照。

4　小雲の疏には、「最初の三週間のとき……後に王［舎］城において一乗を説くだけである」とある【小雲疏云初三七日時已是説法華下文宿王華智仏在七宝菩提樹下説法華経当知今仏在菩提樹亦説法華而鈍根衆生不堪允同諸仏開三教化後於王城説一乗耳】　法雲『法華義記』には、この文はない。「王城」は、『法華経』の説法場所である王舎城を指す。また、『法華玄義釈籤』巻第二十には、「小雲法華疏に云わく、『三七に已に法華を説く。下の文の、宿王華智仏は七宝の菩提樹の下に在りて法華経を説くを引く。今仏も亦た爾り。』『因果経』は略《ほ》ぼ同じ」（大正三三、九五八上二四～二六）とあり、ここの『文句』を引用しているようであるが、「小雲法華疏」と述べているので、法雲の『法華義記』を想定していると考えられる。

の智慧を説くということである。たとえば、今の仏（釈尊）はまず『華厳［経］』を説き、後に『法華［経］』を説くようなものである。それ故、文に、「はじめて私の身を見、私の説くことを聞いて、如来の智慧に入った。前から修習して小乗を学んできた者を除く。今にして、また如来の智慧に入らせる」[5]とあるのは、この意義と同じである。

「五比丘」（10a5/A126·8/143·1）については、女たちは、仙人が法を説くことを聞く。悪生王は怒って、［仙人の］両腕、耳、鼻などを切り裂くと、血は乳に変化した。悪生王とは、拘鄰《くりん》（阿若憍陳如）のことである。仙人とは、仏のことである。[6]仏は甘露を得させ、最初に法音を聞かせようとすることを誓うのである。

質問する。なぜ最初に五人のために法輪を転じるのか。

答える。人々はまず［四］諦を見るからであり、人々は目の当たり見る【現見】からであり、人々は証拠となるからであり、仏が実践する具体的な行為【事業】は人々と同じであるからであり、諸天は人々のなかからすばらしい利益【善利】を得るからであり、人々のなかに［比丘・比丘尼・優婆塞・優婆夷の］四衆があるからである。

［質問する。転］輪［聖］王が世に出現すると、声は他化自在［天］に到達し、［阿若］憍陳如が覚りを得ると、声は梵天に到達し、仏が覚りを得ると、声は首陀会《しゅだえ》[7]（浄居天《じょうごてん》）に到達する。なぜそうであるのか。

61b
答える。善業、名誉業、父母や目上の人を賞賛する業【称讃父母師長業】に、上・中・下があるのでそうなのである。もし有頂［天］に耳識があるならば、仏の声も同様にそこ（有頂天）に到達する。［転］輪［聖］王は十善を行じ、善は［六］欲天（四王天・忉利天・夜摩天・兜率天・化楽天・他化自在天）に生じる。［六］欲天は自分の眷属の増加を喜ぶからである。［阿若憍］陳如は欲を離れるので、梵［天］にまで通る。仏は最も優れていて［阿迦］尼吒《あかにた》［天］《てん》8に到達する……。9もし大乗によるならば、仏が覚りを得る声はくまなく百億の［阿迦］尼吒［天］に到達する。さらにまた、十方の無量無辺の世界の［阿迦］尼吒［天］に広く行きわたる……。最初に法輪を転ずる場所、菩提樹の場所、最初に忉利［天］から下る場所、大いなる神変の場所、これらの

5 文に、「はじめて私の身を見、私の説くことを聞いて、如来の智慧に入った。前から修習して小乗を学んできた者を除く。今にして、また如来の智慧に入らせる」とある【文云始見我身聞我所説入如来慧除先修習学小乗者而今亦令入如来慧】『文句』巻第三上の前注10を参照。

6 女たちは、仙人が法を説くことを聞く……仙人とは、仏のことである【諸女聴仙人説法悪生王瞋割両臂耳鼻等血変為乳悪生王者拘鄰是仙人者仏是】『中本起経』巻上、転法輪品（大正四、一四八下一七～一四九上七）に基づく。特に、「仏は拘憐に告ぐらく、爾の時の忍辱道人とは、我が身是れなり。悪生王とは、拘憐是れなり」（同前、一四九上六～七）を参照。また、『大智度論』巻第十四（大正二五、一六六下七～一八）も参照。「悪生王」は、歌利王（kali-rāja、kaliṅga-rāja）のこと。

7 首陀会 śuddha-āvāsa の音写語。浄居天と訳す。色界第四禅に、不還果を証したものが生まれる五つの天（無煩天・無熱天・善現天・善見天・色究竟天）がある。これを五浄居天という。

8 ［阿迦］尼吒［天］【尼吒】阿迦尼吒（Akaniṣṭha の音写語）の一部。色究竟天、有頂天と訳す。

9 質問する。なぜ最初に五人のために法輪を転じるのか……仏は最も優れていて［阿迦］尼吒［天］に到達する……【問何故初為五人転法輪答人先見諦故人是現見故人為証故仏所行事業与人同故諸天従人中得善利故人中有四衆故輪王出世声至他化自在憍陳如得道声至梵天仏得道声至首陀会何故爾答善業名誉業称讃父母師長業有上中下故爾也若使有頂有耳識者仏声亦至彼輪王行十善善生欲天欲天喜我眷属増多故陳如離欲故徹梵仏最勝至尼吒云云】『阿毘曇毘婆沙論』巻第二十二（大正二八、一六〇中二五～下二六）に基づく。

四つの場所については、諸仏はみな確定している。その他の場所は確定していない。さらにまた、［初転法輪の場所は確定しているが、他の法輪を転ずる場所は確定していないので、］法輪を転ずる一つの場所を除いて、その［他の］三つの場所は確定している。

「三七日」（9c5/A122·10/140·8）とは、旧［説］には、「理・教などを思う」とある。さらにまた、「勧めること・誡《いまし》めることなどである」とある。瑤師（法瑤）は、「事柄のきわめて深遠なものについては、至聖（最高の聖人＝仏）もやはり思索してから後に実行する。第一週に仏の智慧のすばらしいことを思い、第二週に衆生の根性（能力・性質）が同じでないことを思い、第三週に法の薬が千差万別である【万品】ことを思う。すぐに偈を取りあげて、これを証拠立てよう。『私の得た智慧は、すばらしく最も第一である。衆生の感覚機能は鈍い。どのように救済することができるのか』[10]と」といっている。今明らかにする。仏は法身の境地にあって、静寂でありながら、常に［智慧によってすべてを］照らす。常に仏眼によって、余すところなく洞察する【洞覧】。どうしてはじめて道場に到達し、三週間留まって【淹留】、やっとこの事柄を思うであろうか。

「三七」というのは、表わすものがあることを明らかにするのである。仏は最初に［法説周・譬説周・因縁説周の］三周によって法を説こうとすることを表わす。それ故、「三七」という言葉を借りるだけである。最初の一週間に法説を思い、次の一週間に譬説を思い、最後の一週間に因縁説を思う。いずれも［衆生の］機がなく、［法を説くことが］できない。このために大［乗］を止めて小［乗］を与えるのである。これは円教の大乗だけについて解釈するのである。もし普通に大乗に焦点をあわせて解釈するならば、最初の一週間に思惟して円教の大乗を説こうとし、次の一週間に思惟して別教を説こうとし、最後の一週間に思惟して通教の大乗を説こうとする。いずれも［衆生の］機がなく、［法を説くことが］できない。このために大［乗］を止めて三蔵［教］の三乗を説いて、方便の教化をするのである。

観心釈については、最初に中道を観察しようとする場合、中道はすばらしく、観察することが難しく［観察することが］できない。次に即仮（諸法がそのまま仮であること）を観察しようとする場合、即仮の観察は、分別智が生じることが難しく［観察することが］できない。最後に即空（諸法がそのまま空であること）を観察しようとする場合、即空は巧度[11]であり、そのうえ［観察することが］できず、はじめて方便の析法[12]の小［乗の］観察を行なうのである。

「衆生諸根鈍」（9c7/A122·12/140·10）以下、第二に三行（衆生諸根鈍・著楽癡所盲・如斯之等類・云何而可度・爾時諸梵王・及諸天帝釈・護世四天王・及大自在天・並余諸天衆・眷属百千万・恭敬合掌礼・請我転法輪）は、［衆生に］機がないことを明らかにする。さらに三［段］とする。最初に半行（衆生諸根鈍・著楽癡所盲）は、障礙が重いことを明らかにする。次に「如斯」（9c8/A122·13/140·11）以下、第二に半行（如斯之等類・云何而可度）は、聞く任に堪えることができないことを明らかにする。「爾時梵王者」（9c9/A122·14/140·12）以下、第三に二行（爾

10 『私の得た智慧は、すばらしく最も第一である。衆生の感覚機能は鈍い。どのように救済することができるのか』【我所得智慧微妙最第一衆生諸根鈍云何而可度】『法華経』方便品、「我が得る所の智慧は微妙最第一なり。衆生の諸根は鈍にして、楽に著し癡に盲《めし》いらる。斯の如きの等類は、云何にして度す可き」（大正九、九下六～八）を参照。

11 巧度　蔵教の拙度に対して、通教の巧みな済度の方法をいう。

12 析法　蔵教の析空観は、諸法の分析を経由して、諸法の空であることを観察することであるが、このような諸法の分析をいう。

時諸梵王・及諸天帝釈・護世四天王・及大自在天・並余諸天衆・眷属百千万・恭敬合掌礼・請我転法輪）があり、梵天たちは大［乗］を説くことを請願するけれども、仏は機がないことを知り、それ故、説かないことを明らかにする。

61c 「我即自思惟」（9c13/A124・2/141・4）以下、第二に二行（我即自思惟・若但讃仏乗・衆生没在苦・不能信是法・破法不信故・墜於三悪道・我寧不説法・疾入於涅槃）があり、教化を止めようと思うことを明らかにする。さらに二［段］がある。最初に一行半（我即自思惟・若但讃仏乗・衆生没在苦・不能信是法・破法不信故・墜於三悪道）は、機がないのに強いて説く場合、聞けば損失があることを明らかにする。後に半行（我寧不説法・疾入於涅槃）は、正面から教化を止めることを明らかにする。

「尋念過去仏」（9c17/A124・6/141・8）以下、第二に十一行（尋念過去仏……我常如是説）があり、上の一仏乗について方便によって三［乗］を説くことを頌するのである。これについて二［段］とする。最初に十行（尋念過去仏……法僧差別名）は、正面から教化してうまくいく【化得】ことを明らかにする。後に一行（従久遠劫来・讃示涅槃法・生死苦永尽・我常如是説）は、疑いを解消する。前の十行について四［段］がある。最初に一行（尋念過去仏・所行方便力・我今所得道・亦応説三乗）は、三乗の擬宜[13]を明らかにする。次に「作是思」（9c19/A124・8/141・10）以下、第二に六行半（作是思惟時……我亦随順行）は、機があることを明らかにする。次に「思惟是」（10a3/A126・6/142・11）以下、第三に一行半（思惟是事已・即趣波羅奈・諸法寂滅相・不可以言宣・以方便力故・為五比丘説）は、教化を施すことを明らかにする。次に「是名」（10a6/A126・9/143・2）以下、第四に一行（是名転法輪・便有涅槃音・及以阿羅漢・法僧差別名）は、［教えを］受けて修行する【受行】ことを明らかにする。

「尋念」とは、それに大［乗の］機がないけれども、長い間捨てるべきではなく、きっと方便によってこれを導き救済する【誘済】ことを思うことである。すべてが開三（三乗を開きあらわすこと）を知らないわけではなく、引き導いて諸仏に同化させよう【引同】とするので、「尋念」というのである。「作是思惟」以下、第二に六行半（作是思惟時……我亦随順行）は、小［乗の］機があることを明らかにする。これをさらに二［段］とする。最初に四行半（作是思惟時……但為教菩薩）は、諸仏がたたえることを明らかにする。後の二行（舎利弗当知・我聞聖師子・深浄微妙音・喜称南無仏・復作如是念・我出濁悪世・如諸仏所説・我亦随順行）は、釈迦が報い答え敬い従うこと[14]を明らかにする。上（最初の四行半）は大［乗の］教化を求めるけれども、それにとって機がないので、諸仏はたたえない。今、小［乗］を説いて、広く［衆生の］根縁（能力・条件）に合致させようとするので、一貫して救済することができる。それ故、仏はたたえるのである。最初の仏がたたえることについて五［段］とする。最初の三句は、釈迦が自分で諸仏の現われるのを述べる。仏が現われるとは、仏の方便力を心に思うことによるので現われるということである。現われることは、法が［衆生の］機に合致するかをはかり考える【擬】ことによる。二つの意義があるので、仏は現われる。「善哉」（9c20/A124・9/141・11）以下、第二に一行一句（善哉釈迦文・第一之導師・得是無上法・随諸一切仏・而用方便力）は、諸仏

13　擬宜　擬は当てはかる、考えるの意。つまり、宜しいかどうか（教えを受ける衆生の宗教的能力に適宜な教えかどうか）を考えるの意。

14　報い答え敬い従う【酬順】「酬」は報い答えること、「順」は敬い従うこと。『私志記』巻第十三（『新纂大日本続蔵経』二九、四六六下一九～二〇）によれば、諸仏が讃え勧めることに答えることを「酬」といい、その勧める内容を敬い従うことを「順」というとある。

が正面から釈迦をたたえることを明らかにする。実を隠し権を設けることができるので、「善哉」とある。一［乗］のために三［乗］を与え、引き導いて仏の智慧に入らせることとは、「第一導師」（9c21）である。「得是無上法」（9c21/A124·10/141·12）とは、実智のすばらしく最高であるものを得ることである。「而用方便力」（9c22/A124·11/142·1）とは、すべての仏にしたがって、実を隠し権を用いることである。「我等亦皆得」（9c23/A124·12/142·2）以下、第三に一行（我等亦皆得・最妙第一法・為諸衆生類・分別説三乗）は、諸仏もまた実を隠し権を用いることを明らかにする。［経］文の通りである。「少智楽小法」（9c25/A124·14/142·4）以下、第四に一行（少智楽小法・不自信作仏・是故以方便・分別説諸果）は、二つの意義をどちらも解釈する。衆生は智慧が少なく、大［乗］を聞く任に堪えないためである。それ故、実を隠す。そしてまた小を願う。それ故、権を与える。「雖復説三」（9c27/A126·1/142·6）以下、第五に半行（雖復説三乗・但為教菩薩）は、二つの意義をどちらも結論づける。また三［乗］を説くけれども、最後には実をあらわすためである。「舎利弗当知」（9c28/A126·2/142·7）以下、第二に二行（舎利弗当知・我聞聖師子・深浄微妙音・喜称南無仏・復作如是念・我出濁悪世・如諸仏所説・我亦随順行）があり、釈迦が報い答え敬い従う【酬順】ことを明らかにする。諸仏がたたえることを聞く以上、答えて「南無」（9c29/A126·3/142·8）という。「南無」は、ここ（中国）では敬従（尊敬して従うこと）という。さらに二［段］がある。最初に一行（舎利弗当知・我聞聖師子・深浄微妙音・喜称南無仏）は、言葉を出して報い答え敬い従う【酬順】。後に一行（復作如是念・我出濁悪世・如諸仏所説・我亦随順行）は、衆生の機にしたがうことを思う。「思惟是事」（10a3/A126·6/142·11）以下、第三に一行半（思惟是事已・即趣波羅奈・諸法寂滅
62a 相・不可以言宣・以方便力故・為五比丘説）は、正面から教えを与えることを明らかにするのである。「諸法寂滅相　不可以言宣」（10a4/A126·7/142·12）以下は、前に中道、無性（自性＝実体がないこと）、仏種の理を説く。こ

の理は数［で表わされるもの］ではなく、そのうえ説くことはできない。今、方便によって三乗の説を説く。そのうえ、生でもなく滅でもないけれども、方便によって生滅の説を説く。そのうえ、偏真（空の一辺に偏していること）の理についてもまた示し説くのではなく、方便によるので、［有門・空門・亦有亦空門・非有非空門の］四門の説を説く。最初に五人のために無常の有門を説くのである。「是名転法輪」（10a6/A126·9/143·2）以下、第四に一行（是名転法輪・便有涅槃音・及以阿羅漢・法僧差別名）は、受・行・悟・入[15]を明らかにするのである。仏の心のなかの他者を教化する法を転じて、他者の心に渡り入る【度入】ことを、「転法輪」と名づける。［阿若憍］陳如は最初に［四］諦を見ることができ、すぐに見惑を断ち切り、部分的に滅諦を証得する。また部分的に有余涅槃を得る。涅槃という言葉は、ここから生起する。これによって無学となることができ、かくて［阿］羅漢の名がある。三乗の法を説くことができる者を、仏と名づける。説く対象の三乗は、法である。［四］諦を見る［阿］羅漢などを僧と名づける。三宝はそこで世間に現われる。

「従久遠劫来」（10a8/A126·11/143·4）以下、第二に一行（従久遠劫来・讃示涅槃法・生死苦永尽・我常如是説）は、疑いを解消する。［諸菩薩は］師を疑って、「仏は最初にまだ機を観察することができず、すぐに諸仏を思い、はじめて根性（能力・性質）を知る」という。［釈迦は］すぐに［諸菩薩たちの疑いを］解消して、「私は方便を用いることを知らないのではなく、特に引き導き同化させよう【引同】とするので、諸仏を心に思う。［諸仏を］心に思ったばかりのとき、はじめて知るのではなく、久遠劫からずっと、その人【其】が小［乗］を願

15　受・行・悟・入【受行悟入】『文句』巻第四下の前注64を参照。

うことを見て、たたえ示して、多くの苦をなくさせた。それ故、小［乗］を聞いて、すぐに解脱を得るのである」という。［諸菩薩たちは仏の］弟子を疑って、「どのように衆生は一生において短い時間だけ聞いて、すぐに［阿］羅漢を証得するのか」という。［釈迦は］すぐに［諸菩薩たちの疑いを］解消して、「久遠劫からずっと、その人【其】のためにたたえ示して、過去に習ったこと【本習】に合致するので、速やかに覚りを得る」という。

旧［説］には、「この偈は、はるかに［如来］寿量［品］の意義を指している」とある。[16] 今明らかにする。秘密の意味を論じるならば、あるいはこのようである（旧説の解釈の通りであること）はずである。顕露（あらわなこと）の意味を明らかにするならば、そうではない。なぜならば、［如来］寿量［品］を明らかにしようとするとき、弥勒でさえ知らない。どうしてこのなかの一偈がはるか遠く［如来寿量品の意義を］指すのか。今、疑いを解消することによって文を解釈する。

5.12222312122225223　上の顕実を頌するを明かす

「我見仏子等」（10a10/A126·13/143·6）以下、第三に六行（舎利弗当知・我見仏子等……千二百羅漢・悉亦当作仏）があり、上の顕実を頌する。文に［教一・行一・人一・理一の］四一を備える。最初に「我見仏子」以下の二行（舎利弗当知・我見仏子等・志求仏道者・無量千万億・咸以恭敬心・皆来至仏所・曽従諸仏聞・方便所説法）は、人一を頌する。三乗の修行者は、みな仏子である。上の文はその意味を兼ねている。「我即作是念」（10a14/A128·1/143·10）以下、第二に一行（我即作是念・如来所以出・為説仏慧故・今正是其時）は、理一を頌する。「為説仏慧」（10a15/A128·2/143·11）は、上の一切種智・仏知見［を頌するの］である。「舎利弗当知」（10a16/

A128·3/143·12）以下、第三に二行（舎利弗当知・鈍根小智人・著相憍慢者・不能信是法・今我喜無畏・於諸菩薩中・正直捨方便・但説無上道）は、教一を頌する。「但説無上道」（10a19/A128·6/144·3）は、教一である。「菩薩聞是法」（10a20/A128·7/144·4）以下、第四に一行（菩薩聞是法・疑網皆已除・千二百羅漢・悉亦当作仏）は、行一を頌する。すべてまた成仏するべきであるので、行一である。

62b あらためてこの文について四つの意味とする。最初の二行（舎利弗当知・我見仏子等・志求仏道者・無量千万億・咸以恭敬心・皆来至仏所・曽従諸仏聞・方便所説法）は、大乗の機が生じることを明らかにする。また果を求めるという。次に二行一句（我即作是念・如来所以出・為説仏慧故・今正是其時・舎利弗当知・鈍根小智人・著相憍慢者・不能信是法・今我喜無畏）は、仏の歓喜を明らかにする。衆生は大乗の利益を得るからである。次に三句（於諸菩薩中・正直捨方便・但説無上道）は、正面から顕実を明らかにする。次に一行（菩薩聞是法・疑網皆已除・千二百羅漢・悉亦当作仏）は、受・行・悟・入である。

機が生じることによるので果を求め、果を求めることは機が生じることによることを明らかにする。これに四句があるはずである。もともと障礙を除いて、機がまだ生じないことがある。［阿］羅漢たちが三蔵［教］にあるとき、小［乗］を願うので、［五］濁の障礙を除くけれども、大［乗の機］根は鈍いので、妙なる機はまだ生じないようなものである。もともと大［乗の］機が生じて、障礙がまだ除かれないことがある。『法華

16　旧［説］には、「この偈は、はるかに［如来］寿量［品］の意義を指している」とある【旧云此偈懸指寿量義】『法華義記』巻第三、「相伝に云わく、此れは則ち密かに寿量の義を明かす」（大正三三、六〇九下二五～二六）を参照。

［経］』のなかの凡夫の人たちは、まだ結（煩悩）を断ち切らないけれども、大［乗の機］根が鋭いので、機が生じるようなものである。もともと障礙はすぐに除かれ、機がすぐに生じることがある。『無量義［経］』を説くとき、二乗の果を証得し、すぐにこの座において、大［乗の］機がすぐに生じるようなものである。もともと障礙はまだ除かれず、大［乗の］機はまだ生じないことがある。とりもなおさず五千［の増上慢］などのことである。

「志求仏道」（10a11/A126·14/143·7）とは、大［乗］を求め、小［乗の］果を求めるのではない。求めることに、三つの意味がある。第一に大［乗の］機に果を感得する意義がある。機のなかにおいて求めることを論じる。第二に情（迷いの心）のなかにおいて秘密に求める。［求めることが］うまくいく【得】か、うまくいかない【不得】かは、この［第二の］意味である。第三に言葉を発して求める。とりもなおさず心を込めて【慇懃】三たびお願いすることである。昔の教えのなかに、二つの求めることがあったが、ただまだ言葉を発しなかったので、今日になって、この三つの求めることを備える。

質問する。昔、家を出て三［車］を求めた。［衆生の］機・情（心）の求めであるならば、文には、「前に許したもののようである」とある。[17] これはまさに三［車］を求めることであり、どうして一［車］を求めることに関わろうか。

答える。外に出ても［三車が］見えないのには、きっと別のあり方【異途】があるはずである。昔、三［車］を許すことによって、［三車を求めることと］異なる意味を求めるだけである。また一［車］を求めることでありえるのである。

「咸以恭敬心　皆来至我所」（10a12/A126·15/143·8）とは、第一には、「小［乗］を恥じ大［乗］を慕う。大

［乗の］機は仏を感受するので、『仏のもとに至る』とある」という。今明らかにする。ただ［衆生の］機だけが仏のもとに至るのではなく、またかえって身も至る。『無量義［経］』のなかに、［比丘・比丘尼・優婆塞・優婆夷の］四衆に囲まれ、合掌し尊敬の心で完全な道を聞こうとする、とあるようなものである。

「曾従諸仏聞　方便所説法」（10a13/A126·16/143·9）とは、このなかで、最初の味（乳味）によって調伏して、三蔵［教］の六度（六波羅蜜）、通［教］、別［教］などの三教の方便を受け行ずる【受行】ことである。これによって調整成熟【調熟】させるので、障礙が除かれ［大乗の］機が生じて大［乗］を求めるのである。

「我即作是念」（10a14/A128·1/143·10）以下の二行一句（我即作是念・如来所以出・為説仏慧故・今正是其時・舎利弗当知・鈍根小智人・著相憍慢者・不能信是法・今我喜無畏）は、障礙が除かれ、仏が喜ぶことを明らかにする。仏は智慧のために出現する。昔、障礙が重く機がなければ、すぐに仏の智慧を説くことができない。中間に障礙が除かれるけれども、さらにまだ説くことができない。今、機が生じるので、ちょうど説くときである。昔、衆生は根が鈍く智慧が少なかった。彼（昔の衆生）が法をそしり悪に堕落することを恐れるので、まだ説くときではない。今、根が鋭く志は偉大である。聞くと、きっと信解するので、仏は歓喜する。「無畏」（10a18/
62c A128·5/144·2）とは、小［乗］に執著して大［乗］をそしり、罪を起こして悪に堕落することを恐れないので、「無畏」という。

17　文には、「前に許したもののようである」とある【文云如先所許】『法華経』譬喩品、「父の先に許す所の玩好の具、羊車、鹿車、牛車を、願わくは時に賜与せんことを」（大正九、一二下一六～一七）を参照。

「於菩薩中」（10a18/A128·5/144·2）以下の三句（於諸菩薩中・正直捨方便・但説無上道）は、正面から実をあらわすのである。五乗は曲ったものであり真っ直ぐなものではなく、通［教］・別［教］は不正【偏傍】であり正ではない。今、すべてその偏り曲ったものを捨てて、ただ正直の一道を説くだけである。

「菩薩聞是法」（10a20/A128·7/144·4）以下の一行（菩薩聞是法・疑網皆已除・千二百羅漢・悉亦当作仏）は、受・行・悟・入を明らかにする。六度（蔵教）と通［教］との二［教の］菩薩は、最初に略説を聞き、古い執らわれを動揺させて新しい疑いをもたらす。今は［古い執らわれと新しい疑いが］すべて除かれた。ただ菩薩だけではなく、二乗も同様である。そして、「声聞はすべて成仏するであろう」とあるのは、昔の教は、二乗の成仏を説かなかったが、今はひとまず【行】授記する。授記はどうしてただ二乗だけであろうか。疑いを除くことは、どうしてただ菩薩だけであろうか。［二乗と菩薩とが］たがいに存在する場合は、［授記と疑いを除くことが］どちらも備わる。

質問する。菩薩はどうして疑うのか。

答える。三蔵［教］は、三［阿］僧祇［劫］にまだ惑を断ち切らず、一たび断ち切ると、すぐに真（空）に入ると説く。通教は、菩薩は正［使］を断ち切って習［気］を止め、習［気］が消滅して、すぐに成仏すると説く。最初に略説を聞くと、すべて「方便である」という。昔の真（空）、昔の成［仏］について、どこにあるかをついに知る。さらにまた、三乗はともに一道を学ぶ。どうして区別があるのか。今、『法華［経］』を聞いて、さまざまな疑いをすっかり取り除き【掃蕩】、もうきわめて軽微なもの【遺芥】もない。

5.1222312122225224　歎法希有を頌するを明かす

「如三世諸仏」（10a22/A128・9/144・6）以下、第四に五行半（如三世諸仏……過於優曇華）は、上の法の希有をたたえることを頌する。まさに下の不虚譬の根本となるのではない。これについて二［段］とする。最初の一行（如三世諸仏・説法之儀式・我今亦如是・説無分別法）は、上の「如是妙法」（7a15）を頌する。「妙法」とは、権実（方便と真実）である。「如三世」とは、諸仏が権を用いることに引き導いて同化させることである。権は衆生を引き導く儀式である。「説無分別法」（10a23/A128・10/144・7）は、引き導いて諸仏の実をあらわすことに同化させる。実については、言葉で表現する手立てが断ち切られるのに、どうして儀式を残すのか。さらにまた、権実はもともと区別がないが、鈍根で智慧が少ないために、権実を区別する。今かえって悟り入ると、一［乗］と三［乗］は二つの別のものではない。仏は三［乗］と一［乗］とに区別がないことを説くことがすぐにわかる。諸仏はすべてそうである。どうしてただ私（釈尊）だけであろうか。「諸仏興出世」（10a24/A128・11/144・8）以下の四行半（諸仏興出世……過於優曇華）は、上の「時乃説之」（7a16）を頌する。上にも［優］曇花を取りあげ、頌のなかでもまた説く。「諸仏興出世」の二句（諸仏興出世・懸遠値遇難）は、はるか遠い昔【久久懸遠】のあるとき、仏の出現することがあった。これは人（仏）の［出現が］難しいことを取りあげる。「正使出於世」（10a25/A128・12/144・9）の二句（正使出于世・説是法復難）、これは法が難しいことを取りあげる。今の仏（釈尊）が世に出現して四十余年、はじめて真実をあらわすようなものである……。「無量無数劫」（10a26/A128・13/144・10）の二句（無量無数劫・聞是法亦難）、これは法を聞くことが難しいことを取りあげる。五千の［増上慢の］仲間に関しては、梵音が耳に満ちるけれども、席を起[18]ちあがって去る。聞くことはどうして難しくないであろうか。「能聴是法者」（10a27/A128･14/144･11）の二句（能聴是法者・斯人亦復難）は、63a 信受する者が難しいことを取りあげる。［『法華経』の会座に集まった］多くの衆生[19]のなかで、ただ身子（舎利弗）だけが前に悟り、中・下［根の声聞］は聞くけれども、やはりまだ理解することができない。［優］曇花を取りあげて、上の四つの難しいことをたとえる[20]。ただ聞く者が難しいことに対応させるだけであり、その他は例によって理解できるであろう。

5.122223121222252225　不虚を頌するを明かす

「汝等勿有疑」（10b4/A130･6/145･5）以下、第五に二行半（汝等勿有疑・我為諸法王・普告諸大衆・但以一乗道・教化諸菩薩・無声聞弟子・汝等舎利弗・声聞及菩薩・当知是妙法・諸仏之秘要）は、上の不虚を頌する。さらに二［段］がある。最初に一行半（汝等勿有疑・我為諸法王・普告諸大衆・但以一乗道・教化諸菩薩・無声聞弟子）は、信じることのできる人に疑いを生じてはならないことである。次に「汝等舎利」（10b7/A130･9/145･8）以下の一行（汝等舎利弗・声聞及菩薩・当知是妙法・諸仏之秘要）は、信じることのできる法に疑いを起こしてはならないことである。「法王」（10b4/A130･6/145･5）については、そもそも人王として言葉に二［言］はない。仏は法王である。どうして偽りを説くはずがあろうか。そもそも方便は権仮《ごんけ》（仮りのもの）である。真実はどうしてでたらめ【妄】であるはずがあろうか。法王の法を説くのを聞いて、疑いを生じてはならない。

5.122223121222252226　衆を揀び信を敦くするを頌す

旧［説］には「汝等舎利弗」（10b7/A130·9/145·8）以下の七行（汝等舎利弗・声聞及菩薩……自知当作仏）は、信をしっかりとしたものにする【敦信】ことを頌しない［という］[21]。ただ釈迦章（諸仏、過去仏、未来仏、現在仏、釈迦仏の五章の一つ）のなかの信を勧めて経を弘通する【勧信弘経】という意味にすぎない。その文を二［段］とする。最初に五行半（汝等舎利弗・声聞及菩薩……不能暁了此）は、経を弘通させ、彼ら（舎利弗をはじめとする声聞や菩薩たち）に因を修行させる。次に一行半（汝等既已知・諸仏世之師・随宜方便事・無復諸疑惑・心生大歓喜・自知当作仏）は、かいつまんで授記する。

最初の一行（汝等舎利弗・声聞及菩薩・当知是妙法・諸仏之秘要）は、彼らに果を慕い因を修行させ、経を弘通

18 起　底本の「越」を、『講義』の「越は、和本に起に作る」に従い、「起」に改める。

19 ［『法華経』の会座に集まった］多くの衆生【普衆】『講義』に、「普会の大衆」の意とする。『法華経』の会座に集まった衆生を広く指す。

20 上の四つの難しいこと【上四難】仏の出現が難しいこと、法が難しいこと、法を聞くことが難しいこと、信受する者が難しいことを指す。

21 旧［説］には「汝等舎利弗」以下の七行（汝等舎利弗・声聞及菩薩……自知当作仏）は、信をしっかりとしたものにする【敦信】ことを頌しない［という］【旧従汝等舎利弗下七行不頌敦信】『法華義記』巻第三、「『今我亦如是』、此れ自り下に三十六行半の偈有りて、上の釈迦門を頌す。上の長行の中に、本と五義有り。一には開三、二には顕一、三には五濁を挙げて先三後一の意を釈し、第四に真偽を簡んで信を敦くし、五には虚妄ならざるを明かす。今者《いま》、第四の真偽を簡んで信を敦くするを頌せず」（大正三三、六〇八上一三～一七）を参照。

させるべきであることをいう。四十余年、仏の心に隠されて、他に知る者がいないことを、「秘」（10b8）と名づける。一乗の真っ直ぐな道は、まとめてあらゆる方途を包摂するので、「要」（10b8）というのである。「以五濁悪世」（10b9/A130·11/145·10）以下の一行（以五濁悪世・但楽著諸欲・如是等衆生・終不求仏道）は、「秘要」（10b8）を解釈する。障礙が重い人は、終に理解することができないので、如来に、秘密にしてみだりに述べないようにさせることを明らかにする。「当来世」（10b11/A130·13/145·12）以下の二行（当来世悪人・聞仏説一乗・迷惑不信受・破法堕悪道・有慚愧清浄・志求仏道者・当為如是等・広讃一乗道）は、経を弘通する体を明らかにする。最初に一行（当来世悪人・聞仏説一乗・迷惑不信受・破法堕悪道）は、悪【不善】の人には説いてはならないことを明らかにする。後には善人には説くべきであることを明らかにする。「舎利弗」（10b15/A132·2/146·4）以下の一行半（舎利弗当知・諸仏法如是・以万億方便・随宜而説法・其不習学者・不能暁了此）は、二つの意義をどちらも結論づける。最初に一行[22]（舎利弗当知・諸仏法如是・以万億方便・随宜而説法）は、「秘要」を結論づける。この法はこのように、まず万億の方便によって、そうして後に、はじめて真実を示すことを明らかにする。後の半行（其不習学者・不能暁了此）は、経を弘通する体を結論づける。「其不習学　不能暁了此」（10b17/A132·4/146·6）は、正面から悪【不善】の者には説いてはならないことを結論づける。兼ねて学習する者が理解できることに対する。これははじめて説くことができるのである。「汝等既已知」（10b18/A132·5/146·7）以下の一行半（汝等既已知・諸仏世之師・随宜方便事・無復諸疑惑・心生大歓喜・自知当作仏）は、かいつまんで授記する。上には、三句（汝等既已知・諸仏世之師・随宜方便事）が彼らに理解があることを論じることを明らかにし、中間の一句（無復諸疑惑）は、彼らに惑いがないことを明らかにし、下の半偈（心生大歓喜・自知当作仏）は、彼らが記別を得ることを明らかにする。理解があって惑いがない以上、まさに歓喜して成仏するはずである。このなかの記別を受けることは、下の身子（舎利弗）などが記別を得ることに対して根本となることを展開する。このなかの経を弘通することは、下の身子に流通を命じることに対して根本となることを展開するのである。旧［説の］意味【旧意】はこのようである。

今明らかにする。「五濁」（10b9/A130・11/145・10）以下、第六に六行（以五濁悪世……自知当作仏）は、上の大勢の者【衆】を選択して信をしっかりとしたものにする【敦信】ことを頌する。上に幸いなことにこの文がある。近いのに、頌さないであろうか。さらにまた二［段］がある。最初に三行（以五濁悪世・但楽著諸欲・如是等衆生・終不求仏道・当来世悪人・聞仏説一乗・迷惑不信受・破法堕悪道・有慚愧清浄・志求仏道者・当為如是等・広讃一乗道）は、大勢の者【衆】を選択することを頌し、次に三行（舎利弗当知・諸仏法如是・以万億方便・随宜而説法・其不習学者・不能暁了此・汝等既已知・諸仏世之師・随宜方便事・無復諸疑惑・心生大歓喜・自知当作仏）は、信をしっかりしたものにする【敦信】ことを頌する。

63b 「五濁」については、一行（以五濁悪世・但楽著諸欲・如是等衆生・終不求仏道）は、上の仏弟子でないことを選び捨てることを頌する。なぜならば、もしさまざまな欲を願うならば、魔の行為【魔業】を行なうので、これを選び捨てる必要がある。上の文には、涅槃に執著することでさえ仏子ではない［とある］。この文には、生死に執著することは、どうして仏弟子であろうか［とある］。たがいに誤ったもの【非】を選び捨てるだけである。「終不求仏道」（10b10/A130・12/145・11）とは、上の増上慢を選び捨てることを頌する。上慢とは、まだ

22　一行　底本の「行」を、甲本によって「一行」に改める。

上法（すぐれた覚り）を得ないのに、上法を得たと思い込む。このために、その人は仏道を求めないのである。「当来世悪人」（10b11/A130・13/145・12）の一行（当来世悪人・聞仏説一乗・迷惑不信受・破法堕悪道）は、上の「如来が涅槃に入った後に教えの道理【義】を理解する者、このような人は得難い」（7c6-7）を頌するのである。「有慚愧清浄」（10b13/A130・15/146・2）の一行（有慙愧清浄・志求仏道者・当為如是等・広讃一乗道）は、上の「もし他の仏に出会うならば、すぐにきっぱりと定めて理解することができる」（7c7）を頌する。

次に三行（舎利弗当知・諸仏法如是・以万億方便・随宜而説法・其不習学者・不能暁了此・汝等既已知・諸仏世之師・随宜方便事・無復諸疑惑・心生大歓喜・自知当作仏）は、上の信をしっかりしたものにする【敦信】ことを頌する。この法を信じないということは、ありえない。最初に一行半（舎利弗当知・諸仏法如是・以万億方便・随宜而説法・其不習学者・不能暁了此）は権を信じることをしっかりとしたものにし、次に一行半（汝等既已知・諸仏世之師・随宜方便事・無復諸疑惑・心生大歓喜・自知当作仏）は実を信じることをしっかりしたものにする。実と権とに疑いがない。自分で成仏することを知る……。

譬喩品を解釈する。[23]

まず総体的な解釈【総釈】である。「譬」とは、比べて他のものにたとえること【比況】である。「喩」とは、よく分かるように教えること【暁訓】である。これに託してそれと比較し、浅いものにこと寄せて深いものを教える。前に詳しく［十方仏、過去仏、未来仏、現在仏、釈迦仏の］五仏の長行・偈頌を明らかにするのに、上根は智慧が鋭く円かに聞いて覚りを得、中［根］・下［根］の仲間は迷いを抱いてまだ悟らなかった。[24]大悲は止まず、巧みな智慧は無限である。さらに樹木を動かして風を教え、扇を取りあげて月をたとえ、彼らに悟らせるので、「譬喩」という。

個別的な解釈【別釈】については、世［間の］法を出世［間］の法と比較する。かつてあったもの【曾有】によって、まだなかったもの【未曾有】を聞いて、躍り上がって歓喜する。『［法華］経』に、世間の父子を出世［間］の師弟にたとえるようなものである。さらにまた、世［間の］の生法（生じるもの）を出世［間の］の生法と比較する。仏の言葉の教え【音教】を受け、大乗を失わないようにさせる。『［法華］経』に、「父は子供たちが以前からそれぞれ好む貴重で珍しいものがあることを知る」とあるようなものである。[25] さらにまた、世［間］の滅を出世［間］の滅と比較する。無漏（煩悩の汚れを離れること）を得るけれども、聞いてまた憂い悩みを除く。『［法華］経』に、「私はその父であり、その苦難を抜いて焼かれたり煮られたりすることを免れ

23 譬喩品を解釈する【釈譬喩品】 ここから、「観心解不復記云云」（大正三四、六四上二五）までは、『文句』全体の科文から除く。この段だけの科文を記すと、**1.** 品題を釈す、**1.1** 総釈、**1.2** 別釈、**1.21** 因縁釈、**1.22** 約教釈、**1.23** 本迹釈・観心釈、**2.** 分文解釈、**2.1** 法譬を分かつ、**2.2** 解釈、**2.21** 法説、**2.211** 身子の領解、**2.2111** 分科、**2.2112** 経を釈す、である。

24 悟らなかった【不達】 底本の「不遣」を、甲本・『全集本』によって「不達」に改める。

25 『［法華］経』に、「父は子供たちが以前からそれぞれ好む貴重で珍しいものがあることを知る」とあるようなものである【如経父知諸子先心各有所好珍玩之具】『法華経』譬喩品、「父は、諸子は先心に各おの好む所の種種の珍玩奇異の物有り，情に必ず楽著するを知りて、之れに告げて言う」（大正九、一二下六～八）を参照。

させるべきである」とある通りである。[26] さらにまた、世［間］の不生不滅を出世［間］の不生不滅と比較する。彼ら（子供たち）を実智のなかに安住させ、私をきっと成仏させるであろう。[27]『［法華］経』に、「この宝乗に乗って、まっすぐに道場に至らせる」とあるようなものである。[28] わかるはずである。仏は同一の音声によって比喩を説き、巧みに中［根］・下［根の声聞］に四悉檀の利益を得させるので、「譬喩品」というのである。

教に焦点をあわせて解釈するとは、仏の心はもともと仏乗をたたえることである。衆生が任に堪えないために、すぐに過去仏の大悲による方便を思って、鹿苑に趣き、三車をほめたたえる。二乗は下［根］・中［根］によって自分で救済し、恩恵は他者に及ばない。菩薩は牛に乗り、他者を運んで火から脱出させるので、摩訶
63c
薩と名づける。これは三蔵教のなかの比喩である。

さらにまた、［声聞・縁覚・菩薩の］三人はともに焼かれ煮られることを恐れる。声聞は麞《のろ》がすぐに立ち去って振り返らないようなものであり、縁覚は母鹿がみな一様に走り、みな一様に［子鹿を］顧みるようなものであり、菩薩は大象が身に刀箭［を受けること］を防ぎ、群れをすべて救って脱出するようなものである。[29]『涅槃［経］』には、「兎・馬」とある。[30] これは通教のなかの比喩である。

さらにまた、三乗[31]は発心することが［時間的に］近く、理を対象とすることが浅く、智慧が弱く、通惑（見思惑）を断ち切り、果て【辺】を尽くし底に到達することができず、波羅蜜でない。菩薩は発心することが遠

26 『［法華］経』に、「私はその父であり、その苦難を抜いて焼かれたり煮られたりすることを免れさせるべきである」とある通りである【如経我為其父応抜其苦難令免焼煮】『法華経』譬喩品、「諸の衆生を見るに、生老病死、憂悲苦悩の焼煮す

る所と為り、亦た五欲財利を以ての故に、種種の苦を受く」（同前、一三上一八〜二〇）、同、「我れは衆生の父と為り。応に其の苦難を抜き、無量無辺の仏の智慧の楽を与え、其れをして遊戯《ゆげ》せしむべし」（同前、一三上一七〜一八）を参照。

27 **彼ら（子供たち）を実智のなかに安住させ、私をきっと成仏させるであろう【令其安住実智中我定当作仏】**『法華経』譬喩品、「我が心は大いに歓喜し、疑悔は永く已に尽き、実智の中に安住す。我れは定んで当に作仏すべし。天人の敬う所と為り、無上の法輪を転じ、諸の菩薩を教化す」（同前、一一中五〜八）を参照。

28 **『［法華］経』に、「この宝乗に乗って、まっすぐに道場に至らせる」とあるようなものである【如経乗是宝乗直至道場】**『法華経』譬喩品、「是の如き乗を得しめて、諸子等をして、日夜劫数に、常に遊戯することを得、諸の菩薩、及び声聞衆と、此の宝乗に乗じて、直ちに道場に至らしむ」（同前、一五上一一〜一四）を参照。

29 **声聞は麞《のろ》がすぐに立ち去って振り返らないようなものであり……群れをすべて救って脱出するようなものである【声聞如麞直去不迴縁覚如鹿母並馳並顧菩薩如大象身扞刀箭全群而出】**　この譬喩は、『大智度論』巻第三十一、「声聞を求むる者の為めに、衆生空、及び四真諦の法を説く。声聞は生死を畏悪《いお》し、衆生空、及び四真諦・無常・苦・空・無我を聞いて、諸法を戯論《けろん》せず。囲の中に鹿有り、既に毒箭を被《こうむ》りて、一向に脱するを求め、更に他念無きが如し。辟支仏は老・病・死を厭うと雖も、猶お能く少しく甚深の因縁を観じ、亦た能く少しく衆生を度するが如し。譬えば犀の囲みの中に在り、毒箭を被ると雖も、猶お能く其の子を顧恋《これん》するが如し。菩薩は老・病・死を厭うと雖も、能く諸法実相を観じ、究尽して深く十二因縁に入り、法空に通達し、無量の法の性に入る。譬えば白香象王の猟の囲みの中に在り、箭射を被ると雖も、猟者を顧視して、心に畏るる所無く、及び営従を将《ひき》いて、安歩して去るが如し」（大正二五、二九五中一二〜二一）を参照。

30 **『涅槃［経］』には、「兎・馬」とある【涅槃云兎馬】**『南本涅槃経』巻第二十五、師子吼菩薩品、「二乗の人は、因縁を観ずと雖も、猶お亦た名づけて仏性と為すことを得ず。仏性は常なりと雖も、諸の衆生の無明覆うを以ての故に、見ることを得ること能わず。又た未だ十二縁の河を渡ること能わざること、猶お兎・馬の如し」（大正一二、七六八中六〜九）を参照。

31 **三乗**　文脈としては、「二乗」の方が適当である。

い昔【久遠】であり、理［を対象とすること］が深く、智慧が強く、別惑（塵沙惑と無明惑）を断ち切り、根源を窮め本性を尽くす。『大品［般若経］』には、「二乗は蛍の火のようであり、菩薩は太陽の光のようである」とある。[32] これは別教のなかの比喩である。

さらにまた、「はじめて私の身を見、私の説くことを聞いて、すぐにすべて信受して、如来の智慧に入った」とある。[33] このような人は教化救済する【化度】ことが易しく、如来に疲れや苦しみを生じさせない。『華厳［経］』のように、事柄そのままが真実であるので、比喩を必要としない。まだ［如来の智慧に］入らない者のために四十余年、あらためて別の方便【異方便】によって、それを助けとして第一義をあらわそうとしてきた。[34] 今日、王［舎］城においてきっぱりと定めて大乗を説き、くまなく一切［衆生］に仏の智慧を開き示し悟らせ入らせて、一人だけに滅度（涅槃）を得させず、今ははじめのようなものであり、はじめは今のようなものであり、二つの別のものがなく異なるものがない。上根の鋭い智慧は、聞いてすぐに理解することができ、如来に疲れや苦しみを生じさせず、また比喩を必要とせず、ただ中［根］・下［根］の執著を動揺させて疑いを生じさせ、［中根・下根は］分かれ道において躊躇《ちゅうちょ》するために、今日の大［白牛］車の比喩を用いて利益を得させる。以上を円教の比喩と名づけるのである。

本迹［釈］、観心［釈］は、例にならって理解できるであろう。前のようには記さない……。

法説に五段（正説・領解・述成・授記・歓喜）の経文がある。その一つ［の段］（正説）ははじめに終わったけれども、四［つの段］（領解・述成・授記・歓喜）はなおまだ終わらない。この［譬喩］品［という品名］は諸天が偈を説いた後で、火宅の比喩の前にあるべきである。［釈尊の滅後に］経を誦出する者【出経者】が、調巻して［舎利弗の］領解（理解）の最初に置いただけである。さらにまた、ある人は、「中根を発動させて、

〔『法華経』の〕第二巻の最初に置く。六瑞についての問答が、法説のために序となるようなものである。〔舎利弗の〕領解・得記（記別を得ること）は譬喩のために序となる」といっている。これは人の心【情】に〔基づく解釈に〕すぎない。〔譬喩品という品名を〕法説〔周〕の後に置くならば、中根は悟らないであろうか。

5.122223122　身子領解

5.1222231221　分科

この領解段は、その聞く内容を了解し【領】、その理解する【解】内容を述べる。長行は領と解とを合わせ

32 『大品〔般若経〕』には、「二乗は蛍の火のようであり、菩薩は太陽の光のようである」とある【大品云二乗如蛍火菩薩如日光】。『大智度論』巻第三十五、「十方の恒河沙の舎利弗・目連は一菩薩に如《し》かざる所以は、譬えば蛍火虫《けいかちゅう》は衆多《しゅた》にして各おの照らす所有りと雖も、日に及ばざるが如し。蛍火虫も亦た是の念を作さず、我が光明は能く一閻浮提を照らすと。諸の声聞・辟支仏は、是の念を作さず。我が智慧は能く無量無辺の衆生を照らすと。蛍火虫は夜に能く照らす所有るも、日出ずれば則ち能わざるが如し。諸の声聞・辟支仏も亦た是の如し。未だ大菩薩有らざる時、能く師子吼し説法教化す。菩薩の出ずること有りて、作す所有ること能わず」（大正二五、三二二中四～一一）を参照。

33 「はじめて私の身を見、私の説くことを聞いて、すぐにすべて信受して、如来の智慧に入った」とある【始見我身聞我所説即皆信受入如来慧】『文句』巻第三上の前注10を参照。

34 あらためて別の方便【異方便】によって、それを助けとして第一義をあらわそうとしてきた【更以異方便助顕第一義】『文句』巻第一上の前注45を参照。

て説き、偈のなかでは領と解とをそれぞれ別に述べる。それ故、領解段というのである。

5.1222231222　経を釈す

5.12222312221　長行

文に二［段］がある。第一に経典編纂者【経家】が述べ、第二に身子（舎利弗）が自分で述べる。述べることを二［段］とする。内なる理解【内解】と外なる振る舞い【外儀】のことである。

5.122223122211　経家の叙

5.1222231222111　内解を叙す

内なる理解が心にあることを「喜」（10b29）と名づけ、喜びが身体【形】を動かすことを「踊躍」（10b29）と名づける。妙なる人から妙なる法を聞き、妙なる理解を得る場合、もし一［つの業］の幸い[35]に出合いさえす
64a
れば、また喜ぶ。[36]まして［身・口・意の］三つの［業の］喜びが完備する場合、どうして踊り上がらないであろうか。［経］文には、「今、世尊からこの法音を聞き、心に躍り上がる喜びを懐く」とある。[37]内［なる理解］と外［なる振る舞い］とが和合して、この歓喜をもたらすのは、世界［悉檀］の解釈である。さらにまた、小［乗］を改めて大［乗］を学び、貧しい事柄【貧事】である草庵[38]を捨て、富豪の家業[39]を受け継ぐ。［経］文には、「今日やっと知った。ほんとうに仏の子であると」とある。[40]このために歓喜する。これは為人［悉檀］の解釈である。さらにまた、憂いと悔いとをどちらも除き去り、疑いと苦しみ【難】とがいずれも除かれ、内と外の障礙を防ぐことは、さっぱりとして【廓然】大いに広々としている【大朗】。［経］文には、「私（舎利弗）はす

でに漏（煩悩）がなくなっており、［仏の教えを］聞いて、同様に憂い悩みが取り除かれた」とある。[41] このために歓喜する。これは対治［悉檀］の解釈である。さらにまた、仏子の得るべきものは、すべてこれを得た。［経］文には、「実智のなかに安住する。私（舎利弗）はきっと成仏するであろう」とある。[42] これは第一義［悉檀］の解釈である。

35　一［つの業］の幸い【一幸】　身・口・意の三業のうちの一つの業の歓喜をいう。「三喜」は、三業の歓喜をいう。

36　喜ぶ【欣抃】　「欣」は息をはずませて喜ぶこと、「抃」は手をたたいて喜ぶこと。

37　［経］文には、「今、世尊からこの法音を聞き、心に躍り上がる喜びを懐く」とある【文云今従世尊聞此法音心懐踊躍】『法華経』譬喩品、「今、世尊従り此の法音を聞き、心に勇躍を懐き、未曾有なることを得」（同前、一〇下一～二）を参照。

38　草庵　『文句』巻第三下の前注78を参照。窮子は長者の実子であることに気づかず、あいかわらず粗末な家に住んだことをいう。

39　家業　このままの表現はないが、信解品の長者窮子の譬喩において、父が窮子に家業を継承させることをいう。

40　［経］文には、「今日やっと知った。ほんとうに仏の子であると」とある【今日乃知真是仏子】『法華経』譬喩品、「今日乃ち知んぬ。真に是れ仏子にして、仏口従り生じ、法従り化生し、仏法の分を得たり」（同前、一〇下一三～一四）を参照。

41　［経］文には、「私はすでに漏（煩悩）がなくなっており、［仏の教えを］聞いて、同様に憂い悩みが取り除かれた」とある【文云我已得漏尽聞亦除憂悩】『法華経』譬喩品、「我れは已に漏の尽くることを得、聞いて亦た憂悩を除く」（同前、一〇下二〇）を参照。

42　［経］文には、「実智のなかに安住する。私（舎利弗）はきっと成仏するであろう」とある【文云安住実智中我定当作仏】前注27を参照。

約教［釈］とは、そもそも歓喜は位に入ることを喜び、阿羅漢は三界の籠【籠樊】を出て、四住［地惑］・子［縛］・果［縛］[43]を破る。害に対しても憂えず、利益に出合っても喜ばない。今、歓喜というのは、決して世間の喜びではないのである。あるいは苦忍[44]が明らかに生じたり、あるいは無学［果］を究極的なものにしたりするのは、以前にこれを得ているので、今重ねては喜ぶべきではない。もし［声聞・縁覚・菩薩の］三人がともに言葉を超えた道による場合、体［空観］と析［空観］が異なるけれども、空を証得する点では一致する。一致の喜びは、長い間これを得たので、また重ねては喜ばない。もし［空観と仮観の］二空観[45]を方便道とするならば、仮観によって二乗の狭苦しいこと【隘陋】を洗い流し、空観によって凡夫の喧噪【喧湫[46]】を洗い流す。二辺（二つの極端）の悪を乗り超えて、大いなる歓喜を得る。円かな覚りによるならば、初発心住を歓喜住と名づけ、［十行の第一の］初行も同様に歓喜行と名づけ、初地も同様に歓喜地と名づける。身子は上根で鋭い智慧を持つ以上、きっと超入［次第順序を超えて入ること］の歓喜［を得るの］である。たとい超入しなくても、同様に歓喜と名づける。これはすべて約教釈である。

本迹釈とは、［本は］身子（舎利弗）は遠い昔に成仏して、金龍陀[47]と名づけた。迹は釈迦を助けて右面の智慧の弟子[48]となった。初め外道にしたがって、邪なものを抜き正しいものに帰着し、乳味の歓喜を示して、凡夫に利益を与える。次に酪味の歓喜を示して、賢人・聖人に利益を与える。次に生蘇・熟蘇の歓喜を示して、菩薩に利益を与える。今は醍醐の仏知見に入るという歓喜を示して、仏道を学ぶ者に利益を与える。このような歓喜は、すべて迹の行為である。

観心の解［釈］は、前のようには記さない……。

5.1222231222112　外儀を叙す

外なる振る舞い【外儀】について述べると、「即起合掌」（10b29/A134-2-3/148-2-3）を身の領解と名づける。昔、権実（方便と真実）を二つ［の別なもの］とするのは、掌が合わないようなものである。今、権はそのままが実であると理解するのは、二つの掌が合うようなものである。「向仏」[49]とは、昔、権は仏因ではなく、実は

43　四住［地惑］・子［縛］・果［縛］【四住子果】　「四住」は、見一処住地惑・欲愛住地惑・色愛住地惑・有愛住地惑をいう。「子果」は、子縛と果縛のこと。子縛は、煩悩が我を束縛すること。果縛は、煩悩の果報である生死の苦果が我を束縛すること。

44　苦忍　苦法智忍（苦法忍）のこと。この智によって、欲界の苦諦を現観して、苦諦に迷う煩悩を断じる。

45　二空観　『菩薩瓔珞本業経』巻上、賢聖学観品、「二観とは、従仮名入空の二諦観、従空入仮名の平等観、是の二観は方便道なり。是の二空観に因《よ》りて、中道第一義諦観に入ることを得」（大正二四、一〇一四中一九～二一）によれば、「二空観」は空観と仮観を指す。

46　喧噪【喧湫】　『私志記』巻第十四、「凡夫は生死に滞るが故に『喧』、自ら潤益すること無きが故に『湫』なり。『湫』は、極めて水の小《すくな》きなり。若し沸声を言わば、同じく是れ喧閙なり」（『新纂大日本続蔵経』二九、四七五下五～六）を参照。「喧」は、かまびすしいこと。「湫」は水のきわめて少ないこと。または水がごぼごぼとわき出る音の意ならば、喧閙《けんどう》（うるさい）の意となるとされる。

47　金龍陀　『文句』巻第一上の前注71を参照。

48　右面の智慧の弟子【右面智慧弟子】　『文句』巻第一下の前注79を参照。

49　向仏　この箇所の『法華経』の経文には出ないが、本文のすぐ下に出るように、『法華経』勧持品、「合掌して仏に向かう」（大正九、三六上八～九）を参照。

仏果ではないということであり、今、権はそのままが実であると理解するということである。大［乗］の円因を成就すると、因はきっと果に趣くので、「合掌して仏に向かう」とある。[50]「瞻仰尊顔」（10b29/A134·3/148·3）とは、その実を理解することを表わす。実はそのまま仏の境界であり、方便の法ではない。尊いお顔を仰ぎ見て【瞻仰】、他の思いがないのは、仏知見を開くことを表わす。心で実を理解し【解】、またすぐに権を理解す
64b る【解】。身で権を了解し【領】、また実を理解する【領】。たがいに一方のあり方【一辺】を取りあげる。

5.1222231222212　身子自ら陳ぶ

5.12222312222121　三喜に約して解釈す

5.122223122221211　分科

「白仏」（10c1/A134·3/148·3）以下は、口の理解【領解】である。とりもなおさず身子が自分で述べることである。［経］文を二［段］とする。最初に長行、第二に偈頌である。最初の文を三［段］とする。第一に「身・口・意の」三喜の章を高く掲げ、第二に解釈し、第三にしっかりと結論づける【結成】のである。

5.122223122221212　解釈

5.1222231222212121　三喜を標す

「今従世尊」（10c1/A134·3-4/148·4）は、私の身が仏身を見ることを高く掲げるので、身の喜と名づける。「聞此法音」（10c1/A134·4/148·4）は、仏口によって、聞いて歓喜するので、口の喜という。「得未曾有」（10c2/A134·4-5/148·5）は、私の意が仏の意を理解するので、意の喜と名づける。以上が標章である。

5.12222312221212 2 釈

5.122223122212122 1 昔の身失を提げて今の身領を顕わす

5.1222231222121221 1 総釈

次に「所以者何」（10c2/A134·5/148·5）以下、第二に解釈とは、昔の欠点【失】を提起して、今の長所【得】をあらわす。「所以者何」から「無量知見」（10c4/A134·8/148·8）に終わるまでは、昔、仏を見ないことを欠点とすることを明らかにする。昔、仏は菩薩のために授記したけれども、私はこの事柄に関与しない。仏を見るという意義は遠く、仏を見ないので、身の喜はない。

5.1222231222121212 別して文を消す

「聞如是法」（10c2-3/A134·6/148·6）とは、もし太陽が高山を照らす[51]ときは、秘密には聞くという意義があるけれども、あらわには口の不自由な人や耳の不自由な人のようであり【如聾如唖】、このような法を聞くということはないのである。ただ方等教（大乗教）のなかで大乗の実慧（真実の智慧）を聞くと、今と相違しないので、「聞

50 「合掌して仏に向かう」とある【言合掌向仏】 前注49を参照。

51 太陽が高山を照らす【日照高山】 『華厳経』の三照の譬喩（『六十巻華厳経』巻第三十四、宝王如来性起品、大正九、六一六中一四～一六）に基づく表現。太陽が高山を照らすことは、『華厳経』の説法を指す。

如是法」というのである。「受記」（10c3/A134･6/148･6）とは、また方等［教］のなかで菩薩に記別を与えるけれども、二乗はこの事柄に関与せず、とても心を痛めた【感傷】。『思益［梵天所問経］』・『浄名［経］』（『維摩経』）のなかで大［乗］を称讃し小［乗］を破斥することを聞き、内に疑って外に軽視する【鄙】ことを、心を痛める【感傷】と名づける。「失一切知見」（10c4/A134･7-8/148･7-8）とは、仏眼の見を失い、仏智の知を失うことである。

5.122223122212122　昔の口失を提げて今の口解を顕わす

5.1222231222121221　総釈

「世尊」（10c4/A134･8/148･9）から「非世尊也」（10c7/A134･12/149･2）に終わるまでは、昔、法を聞かなかったという欠点【失】を明らかにする。ほんとうに身は山林に居り、心は小［乗の］道に執著するとき、法を聞かないので、口の喜はない。

5.1222231222121222　別して文を消す

「我常独処」[52]（10c4-5/A134･8-9/148･9）とは、過失を思う場所である。「同入法性」（10c6/A134･10/148･10-149･1）とは、正面からその過失を提示する。入る対象としての一理に執著して、［声聞乗・縁覚乗・菩薩乗の］三教という［理に入る］主体としての門【能門】を疑う。一理は同じであるけれども、私（舎利弗）は知見を失う。三教は相違するけれども、菩薩は記別を受ける。［菩薩が］記別を受けるときは、如来に偏りがある［と思い、］それ故、［舎利弗は］過失を作る。今、この過失について述べるので、悔過《けか》（過失を後悔すること）という。

「是我等咎」（10c7/A134·11/149·2）とは、私（舎利弗）が権に迷うことによるのは、どうして理・教に関わるであろうか。私が実に惑うことによるのは、どうして仏の偏りに関わるであろうか。［このように］さかのぼって【追】昔の過ち【非】について述べ、仰いで如来に感謝する。以上が過失を引き導いて自分で帰着することである。

5.1222231222121223　昔の意失を提げて今の意解を顕わす

5.12222312221212231　待を引きて自ら責む

「所以者何」（10c7/A134·12/149·3）から「毎自剋責」（10c11/A136·4/149·8）に終わるまでは、心に理解がないという欠点【失】を明らかにする。ほんとうに因となるもの【所因】を説くことを待たないときは、実の理解がなく、さらに方便を知らないので、権の理解がない。理解がないので、わざわざ意の喜がない。昔の欠点【失】がはっきりとあらわれる以上、今の長所【得】は自然とあらわれる。「不待説所因[53]」（10c8/A134·12-13/149·3）とは、自分で実を理解しないことを責めることである。「不解方便」（10c9/A136·1-2/149·5）とは、自
64c 分で権を理解しないことを責めるのである。

52　常　底本の「甞」を、甲本によって「常」に改める。

53　「不待説所因」【不待説所因】『法華経』の本文では、「待説所因」に作るが、下に続く内容に合わせて、本文を変えている。

5.1222312221212232　正しく所因を釈す

原因となるもの【所因】に二つの意義がある。第一に前に相対すること【待対】を受けない。第二に後を待たない【不停待】。最初に高山を照らして、三諦の智慧を明らかにする。以上は仏を得る因である。これを私に相対させるけれども、私は受けず、以前にこれを失った。諸仏は法を長い間説いた後、きっと真実を説くであろうが、[54]私は［その真実を説くことを］待たなかった【不停待】。この二つの柱【両楹】［の間］で、あわただしく【怱怱】小［乗］を取り、実・権を理解しなかった。［経］文の通りである。

5.122223122212123　結成

「而今従仏」（10c11/A136･4-5/149･8）以下は、［身・口・意の］三喜を結論づけ、成立させる。まず結論づけ、後に成立させる。「従仏」は、身の喜を結論づけるのである。「聞法」（10c12/A136･5/149･9）は、口の喜を結論づけるのである。「断諸疑悔」（10c12/A136･6/149･9）は、意の喜を結論づける。「乃知真是仏子」（10c13/A136･7/149･10-11）は、仏に近づく意義が成立するのである。「従仏口生」（10c13/A136･7/149･11）は、口を結論づけ、成立させるのである。「従法化生」（10c14/A136･8/149･11）は、意を結論づけ、成立させる。このように文を解釈すると、文［の疑問点］がなくなり、理を解釈すると、理がはっきりとあらわれるのである。

5.12222312222122　四悉に約して解釈す

あらためて四悉檀によって文を解釈する。「今従世尊」（10c1/A134･3-4/148･4）以下は、世界［悉檀］の歓喜である。「所以者何」（10c2/A134･5/148･5）以下は、昔の欠点【失】を提起して、今の長所【得】をあらわす。

以上が為人［悉檀］の喜である。「世尊我従昔来」（10c10-11/A136·3-4/149·7）以下は、対治［悉檀］の喜である。「今日乃知」（10c13/A136·7/149·10）以下は、第一義［悉檀］の喜である。あらためて喜心に焦点をあわせて四悉［檀］を明らかにするならば、心が喜び、そのたびにいつも喜ぶ【動悦】ことは、常にこれまでなかったことである【未曾有】。喜びは覚（心の粗い働き）・観（心の細かい働き）を動揺させ、また身体【形】を動揺させる……。

5.1222231222 偈頌

偈に二十五行半があり、三［段］とする。最初に一行（我聞是法音・得所未曾有・心懐大歓喜・疑網皆已除）は、三喜を高く掲げることを頌する。「我聞」（10c16/A136·11/150·3）を取りあげて、仏を兼ねることができる［ようにしている］。「昔来」（10c18/A136·13/150·5）以下、第二に二十二行（昔来蒙仏教……謂是魔所為）は、三喜を解釈することを頌する。さらに三［段］とする。今、最初に一行半（昔来蒙仏教・不失於大乗・仏音甚希有・能除衆生悩・我已得漏尽・聞亦除憂悩）は、仏を見る喜びを頌する。長行は、知見を失うことを明らかにする。頌のなかでは大乗を失わないことを明らかにする。上に欠点【失】を論じ、遠いことを論じる。頌には近いことを論じ、長所【得】を論じる。たがいに現わすだけである。「我処於山谷」（10c21/A138·1/150·8）以下、第二に十一行（我処於山谷……非是実滅度）は、上の法を聞かないことを頌する。さらに二［段］とする。最初に

54 諸仏は法を長い間説いた後、きっと真実を説くであろう【諸仏法久後要当説真実】『文句』巻第四上の前注79を参照。

九行（我処於山谷……令衆至道場）は、上の身が遠いので聞かないことを頌する。次に「我本著邪見」（11a10/A140·4/152·2）以下、第二に二行（我本著邪見・為諸梵志師・世尊知我心・抜邪説涅槃・我悉除邪見・於空法得証・爾時心自謂・得至於滅度）は、上の法性に入るので聞かないことを頌する。邪見は凡夫の執著であり、法性に入ることは二乗の執著であり、いずれも法を聞かない。「我嘗於日夜」（11a4/A138·13/151·8）については、生死を「夜」とし、涅槃を「日（昼）」とする。生死のなかに涅槃があるか、生死の外にあるか。覚りを得るときは、二つの疑いはどちらも捨て去られる。さらにまた、生死・涅槃をどちらも「夜」とし、この疑いが除かれることがあるのを「日」と名づける。日（太陽）が出るとき、二つの疑いはどちらも捨て去られる。さらにまた、世間の人に二種類がいる。第一にはじめに【草創】大［乗］を学ぶ。第二に小［乗］を習って大［乗］に入る。その事柄の様相をはかり考える[55]とき、ただちに［大乗に］入る者は劣っている。たとえば、『阿毘曇［論］』のなかから入る者は優れているようなものである。菩薩もそうであるはずである。『華厳［経］』のなかで［大乗に］入る者は、教化【化道】が弱いはずである。五味を経過して淘汰して【洮汰】入る者は優れている。「而今乃自覚」（11a14/A140·8/152·6）以下、第三に九行半（而今乃自覚……謂是魔所為）があり、上の心にす
65a
ぐれた理解を得て喜ぶことを頌する。上に因となるもの【所因】を待たず、方便を理解しないことを明らかにした。頌のなかに因となるもの【所因】を得て、さらに方便を理解することを明らかにする。成仏すべきであると聞くのは、因となるもの【所因】である。五仏の道が同じであることを聞いて、魔・非魔を理解するのは、方便を理解することである。たがいに一方のあり方【一辺】を現わす。五仏の章は、了解【領】の文である。「聞仏柔軟音」（11b4/A142·13/154·1）以下、第三に二行半（聞仏柔煗音・深遠甚微妙・演暢清浄法・我心大歓喜・疑悔永已尽・安住実智中・我定当作仏・為天人所敬・転無上法輪・教化諸菩薩）は、上のしっかりと結論づけること【結

成】を頌する。［経］文の通りである。

5.12223123 仏の述成を明かす

「爾時仏告舎利弗吾今」（11b9/A144・4/154・6-7）以下は、第三にしっかりと祖述する【述成】段である。上に身子（舎利弗）は自分で覚りを得ることを述べる。今、如来は理解が偽りでないことを述べる。文に三［段］がある。第一に昔、大［乗］を教えたことがある。第二に中間において［大乗を］忘れて小［乗の覚り］を取る。第三にかえって大［乗］を説く。昔、教えたことがあるのを引く理由は、それ（身子）が仏を見る条件【縁】を述べる。中間において［大乗を］忘れて小［乗の覚り］を取ることに関しては、それ（身子）が憂い悔いて法を聞く条件【縁】を述べる。かえって大［乗］を説くのは、それ（身子）の覚り・理解【悟解】が偽りでないことを述べる。上の三つの意味をしっかりと祖述するのである。

『十住毘婆沙［論］』には、「身無上は相好を意味し、受持無上は自利・利他を意味し、具足無上は命・見・戒（正命・正見・正戒）を意味し、智慧無上は［法無礙辯・義無礙辯・辞無礙辯・楽説無礙辯の］四無礙［辯］

55 はかり考える【桷】「桷」は、たるきの意で、意味が通じない。『講義』には、「補注に云わく、『角は量なり』」とあり、「桷」を「角」の音通と解釈し、はかるの意と解釈している。『法華文句記箋難』巻第二、「桷は角と音ず。此の桷は乃ち屋椽なるのみ。応に権に作るべし。商権を謂う。亦た通じて較に作る」（『新纂大日本続蔵経』二九、五二八上一四～一五）を参照。この注は、桷を権の誤写と解釈したうえで、はかり考える、検討する、の意と解釈している。

を意味し、不思議無上は六波羅蜜を意味し、解脱無上は［所知障・煩悩障の］二障を破ることができ、行無上は聖行・梵行を意味する。さらにまた、身無上は大丈夫と名づけ、受持無上は大慈悲と名づけ、具足無上は到彼岸と名づけ、智無上は一切智と名づけ、不思議無上は阿羅訶（阿羅漢）と名づけ、解脱無上は大涅槃と名づけ、行無上は三藐三仏陀（完全な覚り）と名づける」とある。[56]

『菩薩瓔珞［経］』［巻第］十三には、「道は清浄にすべきであり、汚れたもの【穢濁】は道ではない。道は一心であるべきであり、多くの想念は道ではない。道は足るを知るべきであり、欲が多いのは道ではない。道は尊敬すべきであり、おごり高ぶること【憍慢】は道ではない。道は心を統制するべきであり、わがままであること【放逸】は道ではない。道ははっきりと耀《かがや》かすべきであり、自分で隠すことは道ではない。道は［修行を］連続【連属】させるべきであり、修行がないのは道ではない。道は悟るべきであり、愚昧であること【愚惑】は道ではない。道は教化すべきであり、物惜しみすること【矜悋】は道ではない。道は善い友人に近づくことであり、悪を積み重ねることは道ではない」とある。[57] このように種々の仕方で最高の覚りを明らかにする。

今の『［法華］経』は円かに通じること【円通】を最高の覚りとする。偏ったもの【偏】にしろ、段階的なもの【次】にしろ、すべて他の経に論じるものである。

「長夜随我受学」（11b11/A144·7-8/154·10）とは、昔、大［乗］の教化をしたけれども、まだ無明を破らなかった。迷いの暗闇【惑闇】の心のなかで仏にしたがって学んだ。了因［仏性］は［時間的に］遠いけれども、やはり消滅しない。まして今の真実の覚りはどうして偽りであろうか。それ故、教えたことがあることを取りあげて、仏を見ることにおいて誤らないことを述べるのである。

「我以方便生我法中」（11b11-12/A144·8-9/154·10-11）とは、この［文の二つの］意義は、どちらも［以下に］

65b 引く【牽】。もし昔、大［乗］によって教化し、今、大［乗］に対する理解を生ずるならば、これは最初の意味に所属する。もし悪道を免れさせ、かりに小［乗］によって引き導くならば、これは第二の意味である。「我昔教汝志願仏道汝今悉忘」（11b12-13/A144·9-10/154·12-155·1）以下は、自分で途中で大［乗］を廃し小［乗］を習うことがあることを、中途ですべて忘れると名づける。「若而今便自謂已得滅度」（11b13-14/A144·10-11/155·1）は、今にしてすべて忘れることである。あなたは大願を忘れて、すぐに小［乗］を習うことによって、憂いと悔いがあることになるけれども、法を聞くことができることは偽りではないのである。

56 『十住毘婆沙［論］』には、「身無上は相好を意味し……行無上は三藐三仏陀（完全な覚り）と名づける」とある【十住毘婆沙云身無上謂相好受持無上謂自利利他具足無上謂命見戒智慧無上謂四無礙不思議無上謂六波羅蜜解脱無上能壊二障行無上謂聖行梵行又身無上名大丈夫受持無上名大慈悲具足無上名到彼岸智無上名一切智不思議無上名阿羅訶解脱無上名大涅槃行無上名三藐三仏陀】『菩薩地持経』巻第三、方便処無上菩提品（大正三〇、九〇一下六～九〇二上七）を参照。「聖行梵行」は、『南本涅槃経』巻第十一、聖行品（大正一二、六七三中を参照）に説かれる五行（聖行・梵行・天行・嬰児行・病行）のなかの二つ。「聖行」は、戒・定・慧の三学を修めること。「梵行」は、清浄な心で衆生の苦を抜き楽を与えること。「阿羅訶」は、arhat の音写語。阿羅漢とも音写する。「三藐三仏陀」は、samyaksambuddha の音写語。正遍智、等正覚などと漢訳する。

57 『菩薩瓔珞［経］』［巻第］十三には、「道は清浄にすべきであり……悪を積み重ねることは道ではない」とある【菩薩瓔珞十三云道当清浄穢濁非道道当一心多想非道道当知足多欲非道道当恭敬憍慢非道道当検意放逸非道道当顕曜自隠非道道当連属無行非道道当覚悟愚惑非道道当教化矜恪非道道近善友習悪非道】『菩薩瓔珞経』巻第十三、浄居天品（大正一六、一一一下一四～二二）を参照。

「我今還欲令汝憶念本願」（11b14/A144·11-12/155·2）は、それ（身子）が理解を得ることが偽りでないことを述べる。まず権教（方便の教え）を与えて、その中途の小善を成立させ、後に真実をあらわして、それ（身子）の本願の大［乗の］心を実現するのである。

5.122223124　授記を与うるを明かす

「汝於未来」（11b16/A146·1/155·5）以下は、大段の第四、授記段である。前に自分で述べ、仏が印可し終わった。このために記別を与える。もし大［乗に対する］理解を得るならば、自分で成仏することがわかる。どうして記別を必要とするのであろうか。記別に四つの意味がある。第一に昔、まだ二乗に授記しないが、今にして記別を必要とする。第二に中［根］・下［根］はまだ悟らないが、記別によって励ます。第三に聞く者に縁を結ばせる。第四にその本願を実現させる。このために授記するのである。

長行と偈頌がある。長行を十［段］とする。第一に時節である。第二に因を行ずることである。第三に果を得ることである。［如来の］十号を解釈することはとても多い。ひとまず一種［の解釈］を記そう。偽りがないことを如来と名づける。良い福田を応供と名づける。法界を知ることを正遍知と名づける。［宿命明・天眼明・漏尽明の］三明を備えることを明行足と名づける。戻ってこないことを善逝《ぜんぜい》と名づける。衆生と国土を知ることを世間解《せけんげ》と名づける。等しいものがないことを無上士と名づける。他者の心を調えることを丈夫と名づける。衆生の眼となることを天人師と名づける。［摂律儀戒・摂善法戒・摂衆生戒の］三聚［浄戒］を知ることを仏と名づける。波旬《はじゅん》[58]を破壊することを婆伽婆《ばぎゃば》[59]と名づける。第四に国土である。第五に説法である。第六に劫の名である。第七に多くの人の数である。第八に寿命の分量【寿量】である。第九に補処《ふしょ》[60]である。第十に

〔仏〕法が留まる〔時間の〕長短である【法住久近】。すべて〔経〕文の通りである。『大〔智度〕論』〔巻第〕四十八に、「『舎利弗正法三十二小劫』[61]については、三災の飢餓・病気・戦いが衆生を消滅させることを小劫と名づける。さらにまた、ただ時節を小劫と名づける。『法華経』を説くこと六十小劫であるというようなものは、また時節の数にすぎない。〔火災・水災・風災の〕三災が外物（衆生）を消滅させることを小劫とするのではないのである」とある。[62]

偈に十一行半（舎利弗来世……宜応自欣慶）がある。二〔段〕とする。最初に十行（舎利弗来世……天人普供養）

58 波旬　pāpīyas の音写語。悪しき者の意。仏道修行を妨げる魔。

59 婆伽婆　Bhagavat の音写語。世尊と漢訳する。

60 補処　仏の処を補うの意。次生で成仏する菩薩（一生補処の菩薩）をいう。

61 『舎利弗正法三十二小劫』【舎利弗正法三十二小劫】『法華経』譬喩品、「是の華光仏は滅度の後、正法の世に住すること三十二小劫、像法の世に住することも亦た三十二小劫なり」（大正九、一一下一〇～一二）を参照。

62 『大〔智度〕論』〔巻第〕四十八に、「『舎利弗正法三十二小劫』……小劫とするのではないのである」とある【大論四十八云舎利弗正法三十二小劫者三災飢病刀滅衆生者名小劫又直是時節名小劫如説法華経六十小劫亦是時節數耳非三災滅外物為小劫也】　本来は、「舎利弗正法三十二小劫者、大論四十八云……」に作るべきである。引用は、『大智度論』巻第三十八、「時節の歳数を、名づけて小劫と為す。『法華経』の中に説くが如し、『舎利弗は作仏する時、正法の世は二十小劫、像法、世に住すること二十小劫なり。仏は三昧従り起ちて、六十小劫の中に於いて、『法華経』を説く』と。是の衆《もろもろ》の小劫和合するを、名づけて大劫と為す」（大正二五、三三九下一五～一九）を参照。

65c は、上の九つの意味を頌する。省略して補処を頌さない。増やして舎利を供養することがある。後の一行半（華光仏所為・其事皆如是・其両足聖尊・最勝無倫匹・彼即是汝身・宜応自欣慶）は、結論づけてたたえる。最初に一行（舎利弗来世・成仏普智尊・号名曰華光・当度無量衆）は、［順番を］飛び超えて果を得ることを頌する。[63]次に「供養」（11c15/A150·11/158·11）以下、第二に一行（供養無数仏・具足菩薩行・十力等功徳・証於無上道）は、さかのぼって因を修行することを頌する。次に、「過無量」（11c17/A150·13/159·1）以下、第三に半行（過無量劫已・劫名大宝厳）は、［順番を］飛び超えて劫の名を頌する。次に、「世界名」（11c18/A152·1/159·2）以下、第四に一行半（世界名離垢・清浄無瑕穢・以瑠璃為地・金縄界其道・七宝雑色樹・常有華菓実）は、国の浄化を頌する。次に、「彼国」（11c21/A152·4/159·5）以下、第五に一行半（彼国諸菩薩・志念常堅固・神通波羅蜜・皆已悉具足・於無数仏所・善学菩薩道）は、菩薩衆の数を頌する。次に、「如是等」（11c24/A152·7/159·8）以下、第六に半行（如是等大士・華光仏所化）は、説法を頌する。次に、「仏為王子」（11c25/A152·8/159·9）以下、第七に二行（仏為王子時・棄国捨世栄・於最末後身・出家成仏道・華光仏住世・寿十二小劫・其国人民衆・寿命八小劫）は、寿命の分量【寿量】を頌する。次に、「仏滅度之」（11c29/A152·12/160·1）以下、第八に一行半（仏滅度之後・正法住於世・三十二小劫・広度諸衆生・正法滅尽已・像法三十二）は、［仏］法が留まる［時間の］長短【法住久近】を頌する。次に「舎利広」（12a3/A152·15/160·4）以下、第九に半行（舎利広流布・天人普供養）は、舎利を供養する。後に「華光仏」（12a4/A152·16/160·5）以下、第二に一行半（華光仏所為・其事皆如是・其両足聖尊・最勝無倫匹・彼即是汝身・宜応自欣慶）は、結論づけてたたえる。「宜応自欣慶」（12a6/A154·1/160·7）とは、最初に歓喜位に入るという理解を成立させることをいう。初住［の菩薩］は、百仏世界において成仏することができ、［十］行と［十］地［の菩薩］はこれに倍する［多数の世界で成仏する］。

5.12223125　四衆歓喜を明かす

第五に四衆の領解（理解）に、長行と偈頌がある。最初に経典編纂者【経家】は大勢の者が喜ぶことを述べる。次に、供養を述べる。「作是言」（12a15/A154･14/161･8）以下は、正面から領解する。最初に開権を了解する【領】。「今乃復転」（12a16/A154･15-16/161･9-10）以下は、顕実を了解する【領】のである。偈に六行半（昔於波羅奈……尽廻向仏道）があり、二［段］とする。最初に二行（昔於波羅奈・転四諦法輪・分別説諸法・五衆之生滅・今復転最妙・無上大法輪・是法甚深奥・少有能信者）は、上の開権と顕実とを頌する。後の四行半（我等従昔来……尽廻向仏道）は、自分で理解を得ることができること・随喜すること・回向することを述べるのである。「我等亦如是」（12a26/A156･9/162･9）とは、身子が領解するようなものであり、身子が述成（しっかりと祖述すること）を受けるようなものであり、身子が記別を得るようなものである。

質問する。迦葉、善吉（須菩提）などの偉大な声聞たちでさえ、まだ理解を得ない。四衆のなかでどのような人がまず覚りを獲得するのか。

答える。四衆・天人も同様に三品（三等級）を備える。上根は身子と同じで、中［根］・下［根］はわかるであろう。さらに解釈する。身子・迦葉はいずれも権行（菩薩の仮りの姿）である。中［根］・下［根］はまだ開

63［順番を］飛び超えて果を得ることを頌する【超頌得果】「超頌」は、偈頌が長行を頌するという対応関係を示す場合に、順序を飛び超えて対応する場合をいう。

きあらわさないので、迦葉・満願（富楼那）は理解しない姿を仮りに示す【示同】。『浄名［経］』（『維摩経』）には、「衆生がまだ癒《い》えないので、菩薩も同様にまだ癒えない」とある[64]……。

5.1222232　中根の為めに譬説す

5.12222321　分科示意

「爾時舍利弗白仏」（12b2/A156・14/163・2）以下は、第二の大段であり、中根［の声聞］のために譬説を示す。文に四品がある。この一品（譬喩品）は正面から比喩によって開三顕一する。信解［品］は中根［の声聞］が理解を得ることを明らかにする。薬草［喩品］は、如来が述成する。授記［品］は、記別【決】を与える。この四番は、いずれも比喩に焦点をあわせて説く。下の四段は、いずれも因縁に焦点をあわせる。［阿若憍］陳如は繋珠（宝珠を衣の裏に縫い付けること）の縁を明らかにして了解する。阿難は、空王の縁を引用して、記別を獲得する[65]……。さらにまた、法説を例とすると、中根の四衆の歓喜があるはずである。今にしてないのは、第一に、経典編纂者【経家】が省略することを意味する。第二に前後を例とすると、わかるであろう。後の文は法師品のなかにある……。譬説の文を二［段］とする。第一にお願いすること【請】であり、第二に答えである。お願いすること【請】を三［段］とする。第一に［舍利弗が］自分で疑いがないことを述べ、第二に同輩に惑のあることを述べ、第三にくまなく四衆のために［お願い］する。

5.12222322　釈

5.122223221　譬喩開三顕一

5.12222232211　請

66a
5.12222322111　自ら疑い無きを述ぶるを明かす

自分で述べることは、［経］文の通りである。

5.12222322112　同輩惑有ることを述ぶるを明かす

同輩は同行である。昔を懐かしく思うので、お願いする必要がある。四衆は教化の対象【化境】である。今新たに大悲を働かせれば、くまなくお願いする。「仏常教化」（12b4/A158·3/163·6）以下は、昔の［声聞乗・縁覚乗・菩薩乗の］三教に執著するのである。「而今於世尊前」（12b7/A158·6/163·9）以下は、昔の一理に執著するのである。昔、三［教］は究極的であると説いた。今はさらに一［理］を真実とすると説くならば、矛盾して迷いをもたらすので、「皆堕疑惑」（12b7/A158·7/163·10）という。ある人が、「身子（舎利弗）は新・旧の二つの疑いがある。千二百［人の声聞］はただ新しい疑いだけがある」という。今思うのには、上根は疑いが少なく、中［根］・下［根］は疑いが多い。どうして顚倒した理解をするのであろうか。

64 『浄名［経］』（『維摩経』）には、「衆生がまだ癒えないので、菩薩も同様にまだ癒えない」とある【浄名云衆生未愈菩薩亦未愈】『維摩経』巻中、文殊師利問疾品、「衆生病めば、則ち菩薩も病む。衆生の病愈ゆれば、菩薩も亦た愈ゆ」（大正一四、五四四中二六～二七）を参照。

65 阿難は、空王の縁を引用して、記別を獲得する【阿難引空王縁而獲記】『文句』巻第一上の前注94を参照。

5.12222322113　普く四衆の為めに請するを明かす

「善哉世尊」（12b7-8/A158・7/163・11）以下は、四衆のためにくまなくお願いするのである。「因縁」（12b8/A158・8/163・11-12）とは、前三後一の因縁である。

5.1222232212　仏答

5.12222322121　分科

「爾時仏告舎利」（12b8-9/A158・8-9/164・1）以下は、第二に仏の答えである。［経］文を三［段］とする。第一に発起（生起させること）、第二に比喩、第三に勧信（信を勧めること）である。発起を二［段］とする。第一に抑制すること【抑】、第二に引き導くこと【引】である。

5.12222322122　釈

5.122223221221　発起

5.1222232212211　抑

抑制して発憤【憤勇】させ、引き導いて速やかに進ませる。「我先不言」（12b9/A158・9/164・2）以下は、上に権（方便）を明らかにすることを指す。「皆為菩提」[66]（12b11/A158・12/164・5）は、上に実をあらわすことを指す。「皆為化菩薩」については、権にしろ、実にしろ、いずれも仏道、無住（留まることのないこと）の涅槃に入らせる。上で明らかにいった。どうして教に執著して、暗闇に迷って理解しないのかと。このように責めることが、抑制するという文のことである。

5.12222322212212　引

「然舎利弗今当」（12b12/A158・13/164・5-6）以下は、引き導いて救い取り【引接】安らかに慰める。前に破斥することが差し迫っている以上、恐らくは卑しみうらんで【鄙懟】自分で沈むであろうと思う。今はその比喩によってあらためてこの意義を明らかにしようとすることを許す。もし理解することができれば、やはり智と呼ぶのである。

5.1222232221222　譬喩

5.12222322212221　分科

第二に譬喩説に長行・偈頌がある。長行に開譬（比喩を開くこと）と合譬（比喩を思想的内容に対応させること）がある。開譬が同じでないのは、上に説いた通りである。今、二［段］とする。第一に総体的なものであり、第二に個別的なものである。総体的な比喩【総譬】は、釈迦章のなかの「今我亦如是」（9b21）の二行の偈（今我亦如是・安穏衆生故・以種種法門・宣示於仏道・我以智慧力・知衆生性欲・方便説諸法・皆令得歓喜）が、かいつまんで開権顕実を頌することをたとえるのである。個別的な比喩【別譬】は、釈迦章のなかの「我以仏眼観見」

66 「皆為菩提」『法華経』の原文は「皆為化菩薩」である。次下の引用文は、正しく引用されている。

（9b25-26）の四十一行半の偈（舎利弗当知・我以仏眼観……自知当作仏）が詳しく開権顕実の六つの意味を頌することをたとえるのである。

5.1222232212222　釈

5.12222322122221　長行

5.122223221222211　開譬

5.1222232212222111　総譬

5.12222322122221111　長者譬

5.122223221222211111　名・行

5.1222232212222111111　正しく迹に約して釈す

5.12222322122221111111　今正しく釈す

5.122223221222211111111　総じて長者譬を釈す

総体的な比喩に六［段］がある。第一に長者、第二に舎宅、第三に一門、第四に五百人、第五に火起（火が生じること）、第六に三十人の子供である。「長者」（12b14/A160･1/164･8-9）は、我（釈尊）をたとえる。我（釈尊）は釈迦の一代の教化の主である。火宅は上の場所の安隠さが上の三界の不安隠さに対することをたとえるのである。「一門」（12b15/A160･3/164･11）は、上の宣示仏道門（仏道を述べ示す門）をたとえるのである。「五百人」（12b16/A160･4-5/164･12）は、上の衆生をたとえるのである。「火起」（12b18/A160･7/165･2）は、上の不安隠である法が五濁・八苦に対することをたとえるのである。「三十子」（12b18-19/A160･8-9/165･4）は、上の「知衆生性欲」(9b23)、三乗の修行者をたとえるのである。長者譬を三［段］とする。第一に名・行であり、第二に位・号であり、第三に徳業である。名（名声）は賓（客人）のようであり、行は主人のようである。行に親・疎があるので、名に近・遠（名声が近い範囲に届くだけか、遠い範囲に届くかの相違）がある。それ故、場所を取りあげて、名・行をあらわすのである。

5.1222232212222111112 別釈

国境内の地域【封疆】を国とするのは最も遠く、大臣が統治するもの【宰治】を邑《むら》とするのは中間に位置し、聚落は村里[67]であり最も近い。長者の名・行は、この三箇所に遍在する。近ければ、その小さく狭いもの【細陋】を見ず、遠ければ、ただその高い風を取り納める【挹】だけである。口に捨てるべき悪い言葉【択言】がなく、身に悪い行為【択行】がなく、意に悪い考え【択法】がない。名・行がたがいに合致して、真実の大人物である。如来の［身・口・意の］三業は智慧にしたがって行じ、［衆生の］機に合致して教化し、名声がくまなく伝わり、徳は法界に普遍的であることに内的に対応する【内合】のである。

66b

5.1222232212222111112 旧釈を用いざるを明かす

旧［説］は、十方の大空の慈悲が覆う場所を国と名づけ、三千［大千世界］を邑とし、一つの四天下（東弗

67 村里【隣閭】「隣」は五家の集まり、「閭」は二十五家の集まりをいう。

婆提・南閻浮提・西瞿耶尼・北鬱単越）を聚落とする。[68] さらにまた、［三千］大千［世界］（十億個の世界）を国とし、中千［世界］（百万個の世界）を邑とし、小千［世界］（千個の世界）を聚落とする。今はすべて用いない。

5.122223221222211113　論を引きて釈す

『大［智度］論』［巻第］六十には、「柔順忍を聚落とし、無生忍［を邑とし、］三菩提を城とする」とある。[69]
因果はともに比喩とする。今の『［法華］経』はただちに果徳を比喩とする。実報［無障礙］土を国とし、［方便］有余土を邑とし、［凡聖］同居土を聚落とする。

5.122223221222211112　迹を摂して本に反するを明かす

本から迹を垂れ、迹を収めて本に帰着する。名・行がたがいに合致して、賓（客人）・主［人］の相違がない。きらびやかで美しく【彪炳】、満ちあふれて【洋溢】、［実報無障礙土・方便有余土・凡聖同居土の］三土に遍在するのである。

5.122223221222211112　位・号を釈す

第二に位・号を高く掲げて三［段］とする。第一に世［間］の長者、第二に出世［間］の長者、第三に観心の長者である。

世［間］には十徳を備える。第一に姓が貴く、第二に位が高く、第三に大いに富み、第四に強く勇ましく【威猛】、第五に智が深く、第六に年老い、第七に行が清らかで、第八に礼が備わり、第九に上がたたえ、第十に下が帰依する。姓は三皇・五帝[70]の末裔であり、左貂《さちょう》・右揷《うそう》[71]（高官）の家系である。位は天子の政治を助ける宰相【輔弼丞相】、国家に必要な賢才【塩梅】、宰相の職【阿衡】である。富は銅を産する山【銅陵】、金を産する谷【金谷】、豊かで身分不相応にぜいたくすること【豊饒侈靡】である。威（強いこと）は態度が霜のように厳しく、気高く重々しく【厳霜隆重】、導かなくても成就する。智は胸が器物を貯蔵する倉庫【武庫】のよ

68 旧［説］は、十方の大空の慈悲が覆う場所を国と名づけ、三千［大千世界］を邑とし、一つの四天下（東弗婆提・南閻浮提・西瞿耶尼・北鬱単越）を聚落とする【旧以十方虚空慈悲所被処名国三千為邑一四天下為聚落】『法華義記』巻第四、「如来は、徳、有識に被《こうむ》らしめ、恩、蒼生《そうじょう》を潤すこと、長者の国の中に於いて徳有るが如し。若し但だ十方の諸仏の一応の化道の及ぶ所の処を取らば、釈迦の三千大千に王たる等の如し。猶お長者の邑の中に於いて徳有るが如し。又た、的《まさ》しく論ずれば、娑婆の南閻浮提にて、如来、中に於いて利益するは、聚落にて徳有るが如きなり」（大正三三、六一五上一九～二三）を参照。

69 『大［智度］論』［巻第］六十には、「柔順忍を聚落とし、無生忍［を邑とし、］三菩提を城とする」とある【大論六十云柔順忍為聚落無生忍三菩提為城】『大智度論』巻第六十六、「聚落とは、是れ柔順法忍、邑は是れ無生法忍、城は是れ阿耨多羅三藐三菩提なり」（大正二五、五二六中一七～一八）を参照すると、本文の「無生忍三菩提為城」は、「無生忍為邑、三菩提為城」に作るべきである。ただし、『全集本』は底本と同じである。『国訳一切経』の訓読では、「無生忍を邑と為し三菩提を城と為す」と修正している。

70 三皇・五帝【三皇五帝】『文句記』巻第六上には、「三皇とは、伏羲・神農・黄帝なり。五帝とは、少昊・顓頊・高辛・唐・虞なり」（大正三四、二五八下二～三）とある。高辛は帝嚳、唐は帝堯、虞は帝舜のこと。

71 左貂・右挿【左貂右挿】「左貂」は、高官の冠が、貂《てん》の尾を飾りとして冠の左に用いること。「右挿」は、『文句記』巻第六上に、「簪《かんざし》なり」（同前、二五八下一一）とある。「右蝉」であれば、蝉の羽を冠の右に飾りとして用いることである。

うであり、権謀が抜群にすぐれている【権奇超抜】。年は老年で白髪交じりであり【蒼蒼】、威厳があり【稜稜】、衆生を救う儀式【物儀】によって制伏される。行は白玉で作った礼器【白珪】であり瑕《きず》がなく、行為は言葉の通りである。礼は則ち節度があり静かで落ち着いていて【庠序】、世［間］に敬慕【式瞻】される。上は一人に敬われ、下は四海が帰するものである。十徳を備えることを、大長者と名づける。

出世［間］の長者、［つまり］仏は三世の真如・実際のなかから生じる。功績は成就し道がはっきりとあらわれ、十号[72]は窮まりがない。法財・万徳は、すべて完備する【具満】。十力[73]は勇猛【雄猛】であり、魔を降し外［道］を押さえる。一心三智（一心において同時に三智を得ること）は通達しないことはなく、早く正しい覚りを成就し、このように久遠である。［身・口・意の］三業は智にしたがって、行動【運動】に過失はない。仏の礼儀にかなった振る舞い【威儀】を備えて、心は海のように大きい。十方の種覚[74]はともにほめたたえられ、［人・天・声聞・縁覚・蔵教の菩薩・通教の菩薩・別教の菩薩の］七種の方便はやって来て拠り所とする。以上を出世［間］の仏の大長者と名づける。

第三に観心とは、観心の智慧は実相から出る。仏教の家系【仏家】に生まれ、種性[75]は真正である。［見思惑・塵沙惑・無明惑の］三惑は起こらない。まだ真［無漏の智慧］を生じないけれども、如来の衣を着ることを、寂滅忍[76]と呼ぶ。三諦に一切の功徳を含み収める【含蔵】。正しく観察する智慧は、愛・見［の煩悩］を押さえつける【降伏】。中道はどちらも照らし、権・実はいずれも明らかである。長い間、善根を積んで、この観察を修めることができる。この観察は［人・天・声聞・縁覚・蔵教の菩薩・通教の菩薩・別教の菩薩の］七方便の上に超過する。この観察は、心の本性【心性】を観察することを上定と名づけるので、三業に過失はない。外的条件【縁】を経歴し、境（認識対象）に対して、礼儀にかなった振る舞いに過失はない。このように

66c

観察することができる。以上が深く信解する様相である。諸仏はみな歓喜して、法を保持する者をほめたたえる。天龍四部[77]は、尊敬し供養する。下の文には、「仏子はこの地に留まれば、仏は受け用いる。経行したり、座ったり横になったりする」とある。[78] この人を仏と呼ぶ以上、どうして観心の修行者と名づけないであろう

72 十号　如来の十種の呼び名。如来・応供・正遍知・明行足・善逝・世間解・無上士・調御丈夫・天人師・仏・世尊であるが、これを数えると全部で十一あるので、十号という表現と一致しない。そこで、論書によっては無上士と調御丈夫を合わせて一と数えたり、仏と世尊を合わせて一と数えたり、あるいは仏までで十とし、最後の世尊は別な尊称と解釈する説など諸説がある。

73 十力　仏の持つ十種の智慧の力のことで、処非処智力・業異熟智力・静慮解脱等持等至智力・根上下智力・種種勝解智力・種種界智力・遍趣行智力・宿住随念智力・死生智力・漏尽智力（他の説もある）。

74 種覚　種智＝一切種智を得て円満な悟りを開いた仏のこと。

75 種性　gotra の訳語で、悟りを開く種となる本来的な素質をいう。

76 寂滅忍　『仁王般若経』巻上、教化品（大正八、八二六中）に出る五忍の一つで、煩悩を断じて寂静に安住する第十地、および仏果において得られる。忍は真理の認識の意。

77 天龍四部　普通は「天龍八部衆」（天・龍・夜叉・乾闥婆・阿修羅・迦楼羅・緊那羅・摩睺羅迦）というが、ここでは「四部」とあるので、『法華経』法師功徳品に出る「諸天龍夜叉　及阿修羅等」（大正九、四九下一〇）を指すのかもしれない。

78 下の文には、「仏子はこの地に留まれば、仏は受け用いる。経行したり、座ったり横になったりする」とある【下文云仏子住是地即是仏受用経行及坐臥】『法華経』分別功徳品、「仏子は此の地に住すれば、則ち是れ仏は受用し、常に其の中に在りて、経行、及び坐臥す」（同前、四六中一二～一三）を参照。

か。今、十徳によって経を提示する【帖】場合、その意義は十分であるけれども、一文（身分の高い人に尊敬されるという一文）を欠いている。「国邑聚落有大長者」（12b13-14/A160・1/164・8-9）は、三箇所の称賛【称誉】を「大」とする。どうして姓は貴くないであろうか。長者はどうして位が高くないであろうか。「衰邁」（12b14/A160・2/164・9）は、どうして老人【耆老】でないであろうか。「財富無量」（12b14/A160・2/164・9）は、どうして富裕【豊足】でないであろうか。「多有田宅」（12b14/A160・2/164・9-10）は、部分的に謀略があって広く救済する[79]ということである。どうして智が深くないであろうか。「多有僮僕」（12b14-15/A160・2-3/164・9-10）は、どうして勢いが大きくないであろうか。「其家広大」（12b15/A160・3/164・10）は、どうして徳行がこれを師としないであろうか。「唯有一門」（12b15/A160・3/164・10-11）は、どうして礼節が人に一路を教えるのではないであろうか。「多諸人衆」（12b15/A160・4/164・11）は、身分の低い人【下人】の帰着する対象であり、ただ身分の高い人【上人】の尊敬する対象の一文を欠くだけである。今、大の字によってこれを兼ねる。大人物が知る対象であるので、大と呼ぶのである。

5.122223221222221113　徳号を歎ず

「其年衰邁」（12b14/A160・2/164・9）以下は、第三に有徳の行為【徳業】をたたえる。徳に内・外がある。内は智略であり、外は財産【貲財】である。年老いて、広く今古に精通するのは、仏の智徳をたとえることである。年を取って衰え【衰邁】、能力・志向【根志】がもっぱら成熟する【純熟】のは、仏の断徳をたとえることである。「財富」は外徳をたとえ、「無量」は総体的に万徳をたとえるのである。「田宅」は、個別的にたとえるのである。「田」は命を養うことができ、禅定が般若を助けることをたとえることである。「宅」は身を棲まわせることができるので、実境（真実の対境）が智慧に託されることをたとえる。概括すると十八空門[80]となり、敷衍すると無量の空門となる。もし福徳を論じるならば、行として修めないことはなく、もし智慧を論じるならば、境として照らさないことはないので、「多有田宅」とあるのである。「僮僕」とは、近くに侍り仕える使用人【給侍使人】であり、「方便知見皆已具足」（5c3-4）をたとえている。六道において光を和らげ[81]、詳しく万機にしたがうことは、実智の「僮僕」である。

5.1222322122221112　舍宅譬

第二に「其家広大」（12b15/A160·3/164·10）とは、家宅は上の安隠が不安隠に対することをたとえる。不安

79　部分的に謀略があって広く救済する【分略周贍】「分略」は、『文句記』巻第六上には「部分謀略」（大正三四、二五九上二六）の意としている。「周贍」は、広く救済するの意。

80　十八空門　内空・外空・内外空・空空・大空・第一義空・有為空・無為空・畢竟空・無始空・散空・性空・自相空・諸法空・不可得空・無法空・有法空・無法有法空のこと。『大品般若経』巻第一、序品（大正八、二一九下九～一二）を参照。

81　六道において光を和らげ【和光六道】「和光」は、もと『老子』第四章、第五十六章に出る「其の光を和げ、其の塵《よご》れを同じくす」に基づく語で、鋭い英知の光を和らげること、つまり、衆生と同じ立場に立って、同じ行為をすること。

隠は三界をたとえるのである。衆生は入り交じって【冗冗】[82]、すべて三界を宅とする。如来が具体的な姿形を現わすこと【応化】は、まとめてこれを家とするので、「広大」というのである。

5.12222322122221113　一門譬

5.12222322122221131　譬を牒して法に対す

第三に「唯有一門」（12b15/A160·3/164·10-11）については、上の「種種法門　宣示於仏道」（9b22）をたとえる。

5.12222322122221132　解釈

5.122223221222211321　古を叙す

67a 道場［寺慧］観は、「実相の理は相違せず、慧も当然同一である。出るのに異なった道がないので、一門という」といっている。[83] 光宅［寺法］雲は、「三界は広大であるけれども、［そしてまた］九十［六種の外道］は多いけれども、出要（苦から出離すること）を論じると、ただ仏の教だけ［が出要の方法］であるので、一門という」といっている。[84]

5.122223221222211322　今破す

今明らかにする。もしただ理だけを門とするならば、理には通・塞（通じること・塞がること）がない。どのような門を意味するのか。ただ教だけを門とするならば、経を得る者は多い。［だが、教だけを門とした場合〕なぜ〔苦を〕出ないのか。今は理を教の説き明かす対象【所詮】とすることを取る。文には、「仏の教門によって三界の苦を出、涅槃の証《さと》りを獲得する」とある。[85]門にさらに二つがある。家宅【宅】の門、車の門である。家宅とは、生死である。門とは、出要〔苦から出離すること〕の道である。これは方便の教の説き明かすもの【詮】である。車とは、大乗の法である。門とは、円教の説き明かすものである【詮】。もし家宅の門が車の門であるならば、最初に三車によって子供を救うことは、また平等に大車（大白牛車）を賜うことであるはずである。もし出る門が入る門でなければ、車と家宅とが相違することは明らかである。

82 入り交じって【冗冗】 底本の「穴穴」を、「冗冗」に改める。『国訳一切経』（二〇九頁）の注には、「或は冗冗に作る」とある。「冗冗」が正しい。冗と穴は字体が似ているために混同したものと思われる。『文句記』巻第六上は、「穴」としているが、意味は「剰」としているので、実際には「冗」と解釈している。「穴穴とは、剰なり。亦た位外の散官なり。衆生は聖位の外に居するが故に、穴穴と云う」（大正三四、二五九中一八～一九）を参照。「冗冗」の意味は、入り交じるさま。

83 道場〔寺慧〕観は、「実相の理は相違せず、慧も当然同一である。出るのに異なった道がないので、一門という」といっている【道場観云實相理不異慧亦宜一出無異路故言一門】 出典未詳。

84 光宅〔寺法〕雲は、「三界は広大であるけれども……一門という」といっている【光宅雲曰三界雖曠九十雖多論於出要唯是仏教故言一門】 出典未詳。

85 文には、「仏の教門によって三界の苦を出、涅槃の証りを獲得する」とある【文云以仏教門出三界苦得涅槃証】『法華経』譬喩品、「如來も亦復た是の如く、一切衆生の父と為りて、若し無量億千の衆生の、仏の教門を以て、三界の苦、怖畏の険道を出でて、涅槃の楽を得るを見ば、如来は爾の時、便ち是の念を作す」（大正九、一三下二～五）を参照。

5.12222322122221114　五百人譬

第四に「五百人」（12b16/A160·4-5/164·12）については、上の衆生をたとえる。とりもなおさず五道である。

5.12222322122221115　火起譬

第五に「堂閣」（12b16/A160·5/164·12）以下は、上の安隠が不安隠の法に対することをたとえる。［これは］五濁である。まず焼かれる家宅の様相を提示することは、六道の果報をたとえる。次に、焼く主体としての火を明らかにする。［これは］八苦・五濁をたとえる。「堂」は欲界をたとえ、「閣」は色・無色界をたとえ、「牆
67b 壁」（12b16/A160·5/165·1）は［地・水・火・風の］四大をたとえ、「頽落」（12b17/A160·6/165·1）は損なわれること【減損】をたとえ、「傾危」（12b17/A160·6/165·2）は移り変わること【遷変】をたとえ、「柱根」（12b17/A160·6/165·1）は命をたとえ、「梁棟」（12b17/A160·6/165·1）は意識をたとえ、「腐敗」（12b17/A160·6/165·1）はとても危《あぶ》なく長持ちしないことをたとえる。理解しやすくしようとして、観［心釈］を設けて解釈する。「堂」は身の下の部分をたとえ、「閣」は頭などの上の部分をたとえ、「牆壁」は皮・肉をたとえ、「頽落」は年老いること【老朽】をたとえ、「柱根」は両足をたとえ、「腐敗」は無常をたとえ、「梁棟」は背骨をたとえ、「傾危」は死期【大期】をたとえ、「周障屈曲」（13c23）は大［腸］・小腸をたとえる。さらに、「心をたとえる」とある……。「周匝」（12b17/A160·6-7/165·2）以下は、焼く主体としての火を明らかにする。八苦はくまなく［地・水・火・風の］四大・［胎生・卵生・湿生・化生の］四生にあるので、「周匝」という。いずれも無常であるので、「倶時」（12b17/A160·7/165·2）とある。「欻然」（12b17/A160·7/165·2）は、もともとなく、今［はじ

めて」あること【本無今有】をたとえる。もともとこの苦はないけれども、無明のためにある。

5.12222322122221116　三十子譬

第六に「長者諸子」(12b18/A160·8/165·3)以下の「三十子」は、上の「知衆生性欲」(9b23)をたとえる。仏法を習ったことがあり、生まれつきの本性【天性】がたがいに関係すれば、子の意義である。性質・欲望【性欲】に相違がある。「若十」(12b18/A160·8/165·3)は、菩薩の子である。「二十三十」(12b18-19/A160·8-9/165·3-4)は、二乗の子である。この[衆生の]機はともに[火]宅を脱出することができるので、子と名づける。この[衆生の]機がないのは、「五百人」(12b16)である。「或」(12b18)とは、[辟]支仏の出・没は一様ではないことをいう。あるいは小乗に包摂され、あるいは中乗に包摂される。みな「十」というのは、すべて十智の性質があるので、「内有智性」(13b18-19)とある。ただ如実智の性がないだけである。上の二偈[86]にはまず実を頌し、後に権を頌する。今、総体的比喩【総譬】のなかで、まず[「一門」は]実であり、後に[「五百人」は]権である……。

妙法蓮華経文句巻第五上

86　上の二偈【上二偈】　底本の「三二」を、『講録』の示す和本によって「二二」に改める。『文句』巻第一上の前注38を参照。

妙法蓮華経文句　巻第五下

天台智者大師が説く

5.122223221222112　別譬

5.1222232212222121　分科

「長者見是大火」(12b19/A160·9/165·5) 以下は、第二に個別的比喩【別譬】である。個別的［比喩］【別】について、あらためて四［段］とする。最初に長者見火《ちょうじゃけんか》（長者が火を見ること）譬は、上の「仏見五濁」[1] の四行の偈（舎利弗当知・我以仏眼観……而起大悲心）の根本となることをたとえる。第二に捨机用車《しゃきゆうしゃ》（机を捨てて車を用いること）譬は、上の釈迦の五濁のために大［乗］を止めて小［乗］を与える「はじめ覚りを得た場所に座る」[2] 以下の十七行半の偈（我始坐道場……我常如是説）の根本となることをたとえる。第三に等賜諸子大車《とうししょしだいしゃ》（等しく諸子に大車を賜うこと）譬は、上の釈迦の真実の様相を示す、「私は仏の子たちを見た。［彼らは］仏の覚りを得ることを目標とする者」[3] 以下の六行の偈（舎利弗当知・我見仏子等……悉亦当作仏）の根本となることをたとえる。第四に長者無虚妄《ちょうじゃむこもう》（長者に偽りがないこと）譬は、上の「私は法の王である」[4]（10b4）以下の二行半の偈（汝等勿有疑・我為諸法王・普告諸大衆・但以一乗道・教化諸菩薩・無声聞弟子・汝等舎利弗・声聞及菩薩・当知是妙法・諸仏之秘要）の根本となることをたとえる。最初の見火について、その文に四［段］があるが、その意味は、ただ三［段］があるだけである。第一に見る主体【能見】を明らかにし、第二に見る対象【所見】を明らかにし、第三に驚き恐れることを明らかにし、第四に前の見る対象【所見】を詳しく説明する。［第二と第四をまとめると、」ただ三つの意味を成立させるだけである。

5.1222232212222122　釈

5.12222322122221221　見火譬

5.122223221222211211　能見を明かす

「長者見」は、見る主体【能見】を提示【標出】し、上の「私は仏眼によって洞察し、［以下のことを］見た」[5]（9b25-26）をたとえるのである。

1　「仏見五濁」『文句』巻第三下の前注22を参照。

2　「はじめ覚りを得た場所に座る」【始坐道場】『法華経』方便品、「我れは始めて道場に坐す」（同前、九下四）を参照。

3　「私は仏の子たちを見た。［彼らは］仏の覚りを得ることを目標とする者」【我見仏子等志求仏道者】『法華経』方便品、「我れは仏子等を見る。仏道を志求する者」（同前、一〇上一〇〜一一）を参照。

4　「私は法の王である」【我為諸法王】『法華経』方便品、「我れは諸法の王なり」（同前、一〇中四）を参照。

5　「私は仏眼によって洞察し、［以下のことを］見た」【我以仏眼観見】『文句』巻第三下の前注22を参照。

5.12222321222211212　所見を明かす

「是大火従四面起」（12b19/A160·9-10/165·5）とは、見る対象【所見】を提示し、上の見る対象【所見】の「六道の衆生」[6]をたとえるのである。「即大驚怖」（12b19-20/A160·10/165·5-6）は、上の「これらの衆生のために、［私は］大悲の心を起こした」[7]（9c3）をたとえるのである。「而諸子等於火宅内」（12b21/A160·12/165·8）以下は、第二の見る対象【所見】の火を詳しく説明するのである。また驚き恐れるという意義をしっかりと解釈する。身・受・心・法[8]は、家宅の四方の周囲である。この四方の周囲から、浄・楽などの四倒（無常・苦・無我・不浄である存在を常・楽・我・浄であるとする誤った見解）を生ずる。八苦の火、多くの苦はすべて集まる。もし身は不浄・苦・無常であると知るならば、煩悩の火は消滅する。旧［説］に、［四面について］三つの解釈がある。第一には、「［地・水・火・風の］四大を四面とする。［眼識・耳識・鼻識・舌識・身識・意識の］六識はいずれもそのなかに託す」とある。第二に、「［胎生・卵生・湿生・化生の］四生である」［とある］。第三には、「四倒である」とある。下の文によると、生老病死を四辺（「四面」）とするのである。

5.122223212222112213　驚怖を明かす

5.1222232122221122131　驚怖を釈す

「即大驚怖」については、その大善から退くことを思うので「驚」である。その重い悪を生じようとするこ
67c とを心配するので「怖」である。「驚」は慈に対して、それ（諸子）に楽がないことを思う。「怖」は悲に対して、それ（諸子）に苦があることを心配する。「我雖能於此所焼之門安隠得出」（12b20-21/A160·11-12/165·7-8）については、驚怖と慈悲の意義をしっかりと解釈する。

5.12222322122221122132　雖の字を釈す

5.122223221222211221321　通じて大意を釈す

「雖」は、まだ最後までまっとうしない【未尽】という言葉であり、仏は智慧の力によって、正しい教えを尋ねて、説き明かす真理【諦】を見ることを明らかにする。［劫濁、煩悩濁、衆生濁、見濁、命濁の］五濁・八苦によって危険にされないので、「安」と名づける。四倒の暴風も動かすことができないものなので、「隠」と名づけ、煩悩【累】の外に静かである【蕭然】ので、「得出」と名づける。そして、衆生はそうではなく、火に焼かれる。如来の慈悲は、やはり心配【憂】の火に焼かれる[9]ので、「雖」というのである。

5.122223221222211221322　別して所焼の門を釈す

『［法華］経』に「所焼之門」（12b20/A160・11/165・7）とあることについて、今質問する。教えを門とするな

6　「六道の衆生」【六道衆生】『文句』巻第三下の前注22を参照。

7　「これらの衆生のために、［私は］大悲の心を起こした」【為是衆生故而起大悲心】『法華経』方便品、「是の衆生の為めの故に、而も大悲心を起こす」（同前、九下三）を参照。

8　身・受・心・法【身受心法】身の不浄、受の苦、心の無常、法の無我を観察する四念処に取りあげられる四つの対象。順に身体、感覚、心、思考の対象の意。

9　焼かれる【焼】底本の「熾」を、『講録』（全集本三、一一五七頁）の紹介する和本によって「焼」に改める。

らば、この教えは焼けるのか、焼けないのか。

救っていう。教門は焼けない。仏の教えを門として、焼かれる人を通すことができる。通す対象としての人が焼かれれば、通す主体としての門を、焼と名づける。門のなかで人が死ねば、門を衰えると名づけるけれども、門は実際には衰えないようなものである。

さらに質問する。もしそうである（門は実際には衰えないこと）ならば、教えは常住であり、有為の法（原因によって作られたもの）ではない。［反対に］もしそうでなければ、どうして焼けないのか。

今、解釈する。そうではない。そもそも門に楗《かんぬき》【件】があり、中間の通路【空】がある。楗でなければ、門を示すことがなく、中間の通路【空】でなければ、人を通すこと【通致】がない。楗は燃やして灰にすること【灰燼】ができ、中間の通路【空】は焼くことができない。教えに説き明かす主体【能詮】・説き明かす対象【所詮】がある。もし解釈議論する【詮辯】のでなければ、教えとすることがない。もし説き明かす対象【所詮】でなければ、何によって［門を］出ることができようか。解釈議論【詮辯】は無常でありえるが、説き明かす対象【所詮】はもはや無常ではない。教えの下の説き明かす対象【所詮】を得るので、「安全に脱出することができた[10]」と名づける。説き明かす主体【能詮】はすり減ってなくなる【磨滅】ので、「所焼之門」という。焼かれる門にしたがわなければ、どこから安全に脱出することができるのか。言葉による教えによって、説き明かす対象【所詮】に合致する。『大［般涅槃］経』には、「因は無常であるので、果は常である」とある。[11]このように解釈するならば、『［法華］経』の「於所焼之門」のようである。小乗の無常の教門に関しては、これは焼かれる門から出る。大乗の常住の教門に関しては、文字は解脱であるので、この教は理に相即し、焼・無焼を深く理解し、安全に脱出することができる。もし如来の権智にしたがうならば、焼かれる門から出る。もし実智にしたがうならば、焼く対象【所焼】を体得して、安全に脱出することができる。それ故、まず衣裓《えこく》、几案《きあん》を作って、[12]これを脱出させようとするがうまくいかない。後に無常によってこれを脱出させる。とりもなおさずこの意味である。

10 「安全に脱出することができた」【安隠得出】『法華経』譬喩品、「我れは能く此の焼くる所の門於《よ》り、安隠に出ずることを得たりと雖も、諸子等は火宅の内に於いて、嬉戯に楽著して、覚えず知らず、驚かず怖じず」（同前、一二中二〇〜二二）を参照。

11 『大［般涅槃］経』には、「因は無常であるので、果は常である」とある【大経云因無常故而果是常】『南本涅槃経』巻第三十五、憍陳如品、「婆羅門よ、汝の法の中には、因は常、果は無常なるが如し。然るに、我が法の中には、因は無常なりと雖も、果は是れ常なりとは、何等の過《あやま》ち有らん」（大正一二、八四〇下二九〜八四一上一）を参照。本文には「因無常故而果是常」とあり、「故」が文脈的に奇妙である。「因是無常而果是常」とあれば、「因は無常であるが、果は常である」という意味になり、引用元と同じ意味となる。

12 衣裓、几案を作って【作衣裓几案】『法華経』譬喩品、「我が身手に力有れば、当に衣裓を以て、若しは机案を以て、舎従り之れを出だす」（大正九、一二中二四〜二五）に基づく表現。「衣裓」は、伝統的には、花を盛る器と解釈された（後出の『文句』の注釈を参照）。前掛けの意（辛嶋静志『妙法蓮華経詞典』［創価大学国際仏教学高等研究所、二〇〇一年、三二五頁］を参照）とする説もあるが、ここでは衣の裾の意としておく。「几案」は「机案」に通じ、机の意。

5.1222232212222112214　前の所見を広くす

5.1222232212222122141　正しく文を消す

5.1222232212222211221411　遊戯を以て見・愛二濁を譬う

「楽著嬉戯」(12b21/A160·12-13/165·8-9)は、見［煩悩］(知的な煩悩)に執著することを「嬉」と名づけ、愛［煩悩］(情的な煩悩)に執著することを「戯」と名づける。さらにまた、［有門・空門・亦有亦空門・非有非空門の］四門に執著すること【四見】に耽溺する【耽湎】ことを「嬉」と名づけ、むなしくその功績を喪失することを「戯」と名づける。愛［煩悩］に執著することも同様である。［色・声・香・味・触の］五塵(五境)に耽溺することを「嬉」と名づけ、むなしく獲得するものがないことを「戯」と名づける。むなしく生まれ、むだに死んで、［世俗を］厭い離れることがないことは、その子供の遊び【児戯】のようなものである。

5.1222232212222211221412　四の不を以て衆生濁を譬う

68a 「不覚不知」(12b22/A160·13/165·9)とは、すべて火があるといわないことを「不覚」と名づけ、火は熱するもの【熱法】であると理解しないことを「不知」と名づける。火の熱いことを知らない以上、身を傷つけることを恐れないことを「不驚」(12b22/A160·13/165·9)と名づけ、命を断ち切ることを考えないので、「不怖」(12b22/A160·13/165·9)である。衆生は五陰・八苦をまったく理解せず、四倒・［貪欲・瞋恚・愚癡の］三毒を知らない。惑を知らない以上、どうして心配に思う【憂慮】であろうか。惑は法身を押さえつけ、慧命(智慧の生命)を傷つける。このように苦［諦］を理解せず、集［諦］を知らず、道［諦］を傷つけることに驚かず、滅［諦］を失うことを恐れない。四諦の教えを聞かないので、聞慧がないことを「不覚」と名づけ、思慧を得ないことを「不知」と名づける。見［惑］からの解脱を得ないことを「不覚」と名づけ、思惟（思惑）からの解脱を得ないことを「不知」と名づける。見諦（見惑）［がないこと］は驚いて目覚めること【驚悟】であり、思惟（思惑）［がないこと］は厭い恐れること【厭怖】である。[13] さらにまた、現在の苦を理解せず、未来の苦を知らないので、下の文に、「現在、多くの苦を受けて、後に地獄などの苦を受ける」とあるのは、[14] この意義である。

5.122232212222112221413　余句を以て命濁・劫濁を譬う

「逼身」（12b22/A160·14/165·10）とは、［眼識・耳識・鼻識・舌識・身識の］五識である。「心」（12b23/A160·14/165·10）とは、意識という心王である。身は八苦に迫られるけれども、心に厭い悩まないのである。

13　見諦（見惑）［がないこと］は驚いて目覚めること【驚悟】であり、思惟（思惑）［がないこと］は厭い恐れること【厭怖】である【見諦即驚悟思惟即厭怖】『文句記』巻第六上、「次に反釈すとは、応に『無見諦故不驚、無思惟故不怖』と云うべし。文の中は反釈するが故に、『見諦故驚悟』等と云うなり」（大正三四、二六二上二三～二四）に従って翻訳する。

14　下の文に、「現在、多くの苦を受けて、後に地獄などの苦を受ける」とある【下文云現受衆苦後受地獄等苦】『法華経』譬喩品、「又た、貪著追求するを以ての故に、現に衆苦を受け、後に地獄・畜生・餓鬼の苦を受く」（大正九、一三上二〇～二一）を参照。

5.12222322122221122142　他解を出だす

また、「大乗の功徳を種えたことがある。法身の智慧を体とする。体は四倒に迫られるけれども、知らず、理解しない」とある。「心不厭患」(12b23/A160·14/165·10) とは、無常の苦を厭わず、煩悩の集まりを心配しないのである。「無求出意」(12b23/A160·15/165·10-11) とは、道を修行して滅を求めないのである。

5.12222322122221122143　重ねて結示す

今思うのには、「火宅」はもともと五濁をたとえる。「嬉」は見濁をたとえ、「戯」は煩悩濁をたとえ、「不覚不知不驚不怖」は衆生濁をたとえ、「火来逼身苦痛切己」は命濁をたとえ、「心不厭患無求出意」は劫濁をたとえる。これは五濁に相当する……。

5.122223221222211222　捨机用車譬

5.1222232212222112221　分科

「是長者作是思惟」(12b23-24/A162·1/165·12) 以下は、第二に捨几[15]用車譬である。上の寝大施小《しんだいせしょう》(大乗を止めて小乗を与えること) をたとえる。上の六行半 (我始坐道場・観樹亦経行……我寧不説法・疾入於涅槃[16]) は、大[乗]をあてがったところ、うまくいかないことを明らかにする。後の十一行 (尋念過去仏・所行方便力……生死苦永尽・我常如是説[17]) は、小[乗]をあてがったところ、うまくいく[ことを明らかにする]。上のうまくいかないことに、三[段]がある。第一に大[乗]の擬宜《ぎぎ》(衆生に教えを与え、それを受ける衆生の宗教的能力に適宜な教えかどうかをはかり考えること) を思い、第二に機がなく、第三に教化を止める。今の比喩を二[段]とする。最初に勧門によって擬宜し、第二に誡門によって擬宜する。勧・誡について、それぞれ三［段］がある。第一に擬宜、第二に受けず、第三に放ち捨てることである。勧門の三つとは、第一に「長者作是思惟身手有力」(12b23-24/A162·1-2/165·12-166·1) 以下は、上の大［乗］によって教化しようと思うこと［を意味する］、「三七日（三週間）において、このような事柄を思惟する」[18]をたとえる。第二に「復更思惟」(12b25/A162·3/166·3) 以下は、子が［教えを］受けないことを明らかにし、上の機がないこと［を意味し］、「衆生はさまざまな感覚機能が鈍く、どうすれば救済できるであろうか」[19]をたとえる。第三に「或当堕落為火所焼」(12b26-27/A162·5-

15 捨几　三車火宅の譬喩において、父がはじめ自分には腕力があるので、子供たちを「机（几）案」（机＝几と案はいずれも机の意）を用いて脱出させようとしたが、狭く小さな門が一つしかないことを思い、それを断念したことを「捨几」と表現したもの。

16 上の六行半（我始坐道場・観樹亦経行……我寧不説法・疾入於涅槃）【上六行半】『法華経』方便品、「我れは始めて道場に坐し……疾く涅槃にや入りなん」（同前、九下四～一六）を指す。

17 後の十一行（尋念過去仏・所行方便力……生死苦永尽・我常如是説）【後十一行】『法華経』方便品、「尋《つ》いで過去の仏の……我れは常に是の如く説きき」（同前、九下一七～一〇上九）を指す。

18 「三七日（三週間）において、このような事柄を思惟する」【於三七日中思惟如此事】『法華経』方便品、「三七日の中に於いて、是の如き事を思惟せり」（同前、九下五）を指す。

19 「衆生はさまざまな感覚機能が鈍く、どうすれば救済できるであろうか」【衆生諸根鈍云何而可度】『文句』巻第五上の前注10を参照。

6/166·6）以下は、巧みに誘うことを放ち捨てること、上の機がないこと、教化を止めること［を意味し］、「私は[68b]むしろ法を説かないで、速やかに涅槃に入ってしまおう[20]」をたとえるのである。

5.12222322122221112222　釈

5.1222232212222112221　捨机譬

5.122223221222211222211　勧門

5.1222232212222112222111　擬宜

5.12222322122221122221111　能施の身手を釈す

「長者作是思惟」以下は、上の「三週間の間、［次のようなことを］思索した[21]」をたとえるのである。「身手」等とは、下の合譬（比喩を思想的内容に対応させること）に「ただ神通力や智慧の力によって[22]」とあるのを引用して、この比喩を解釈する。「身」は神通によって担うこと【荷負】をたとえ、「手」は智慧によって引いて抜き出すこと【提抜】をたとえる。三昧の断徳によれば、神通がある。智慧の智徳によれば、説法がある。智［徳］・断［徳］の力は、法身を成就することができる。この智［徳］・断［徳］は、逆に勧［門］・誡［門］の二門から入る。勧は為人悉檀であり、誡は対治悉檀である。この二つの悉檀は、第一義悉檀のために方便となる。如来は最初に勧門によって衆生に擬宜し、多くの善を押しいただいて実行し、十力・無畏（正等覚無畏・漏永尽無畏・説障法無畏・説出道無畏の四種の畏れのない自信）・一切種智を成就させようとするけれども、衆生は持ちこたえられない。次に誡門によって擬宜し、さまざまな悪をなすことがなく、大涅槃を証得させようとするけれども、衆生はこらえられず、機がないので、教化を止める。それ故、大乗を用いようと思うことは、ただ勧（為人悉檀）・誡（対治悉檀）の二つの悉檀、神通の智［徳］・断［徳］にすぎないことがわかる。それ故、上の文に、「禅定の力と智慧の力によって飾られており、これによって衆生を救済する」とあるのは[23]、その意義である。前に長者をたたえるのに、「其年衰邁」（12b14）は、智［徳］・断［徳］をたとえる。智［徳］・断［徳］は、「身手の力」にほかならない。

5.1222232212222112222112 所施の衣裓を釈す

「衣裓几案《えこくきあん》」（12b24/A162·2/166·1-2）とは、三蔵法師[24]が、「『衣裓』は外国の花を盛る器である。貴人に献上【貢上】するとき、これ（衣裓）を用いて［花を］貯える」といっている。旧［説］では、「衣裓[25]は大乗の因を

20 「私はむしろ法を説かないで、速やかに涅槃に入ってしまおう」【我寧不説法疾入於涅槃】『法華経』方便品、「我れは寧ろ法を説かずして、疾く涅槃に入らん」（同前、九下一六）を参照。

21 「三週間の間、［次のようなことを］思索した」【三七日思惟】前注18を参照。

22 「ただ神通力や智慧の力によって」【但以神力及智慧力】『法華経』譬喩品、「但だ神力及び智慧力を以て」（同前、一三上二九～中一）を参照。

23 上の文に、「禅定の力と智慧の力によって飾られており、これによって衆生を救済する」とある【上文云定慧力荘厳以此度衆生】『法華経』方便品、「定・慧の力もて荘厳し、此れを以て衆生を度し」（同前、九上二四）を参照。

24 三蔵法師　真諦三蔵（四九九～五六九）のこと。

25 裓　底本の「襟」を、『法華経』の原文と『全集本』によって「裓」に改める。

たとえ、几案は大乗の果をたとえる。最初に大乗の因果をあてがう【擬】と、これは機がないことである」といっている。[26] 旧［説］では、さらに、「この物は大乗の戒・定・慧をたとえる。第一週【初七】に獲得した法を思惟する。これは衣裓を用いるようなものである。第二週【二七】に衆生の根縁（能力・条件）を思惟する。几（机）を用いるようなものである。第三週【三七】に樹木と大地【樹地】の恩を思惟する。案（台）を用いるようなものである」といっている。［また、］「この意義は、『阿含経』に出る」といっている。今は合譬の文に、「もし私がただ神通力や智慧の力によって、如来の知見・［十］力・［四］無所畏をたたえるだけであれば、衆生はこれによって救済を得ることはできない[27]」とあるのを取る。「神力」は身、「慧力」は手である。前に説いた通りである。「知見」は「衣裓」をたとえ、「無畏」は「几」をたとえ、「十力」は「案」をたとえる。如来は神通によってこの三法（知見・力・無所畏）を発動させ、智慧によってこの三法を述べようとするが、［衆生の］機がなければ、教化を止める。「衣裓几案」等は、簡略・中程度・詳細【略中広】の相違があるだけである。簡略に説くならば、「如来知見」と名づける。「知」は一切種智であり、「見」は仏眼である。名は簡略で、意義は奥深い【玄】。たとえば「衣裓」が一本足であるが、多く含むようなものである。中間に身を置いて【処中】説くならば、「四無所畏」と名づけ、四諦に対応する。「几」のようなものである。法については少
68c しく詳細であり、衆生については少しく安全である。あるいは詳細に説くならば、「十力」と名づける。横と縦に該括することは「案」の足が多いので、傾いたりひっくり返ったりすることがないようなものである。法については詳細で、衆生については大いに安らかである。三週間にわたって思惟し、［如来は］このような詳細・簡略である仏法（仏の特性）を説こうとするけれども、衆生はこらえられないので、「衣裓几案」というのである。

5.1222232212222112222112　子、受けざることを明かす

5.12222322122221122221121　一門狭小を釈す

5.122223221222211222211211　上の類同を指す

「復更思惟」（12b25/A162･3/166･3）以下は、第二に子が受けないことを明らかにして、上の機がないことをたとえる。「惟有一門而復狭小」（12b25-26/A162･3-4/166･4）は、門の意義であり、上に説いた通りである。

5.122223221222211222211212　分門解釈

今、あらためて通［釈］・別［釈］を明らかにする。別［釈］とは、「一」は、一理のことであり、一道清浄

26　旧［説］では、「衣裓は……これは機がないことである」といっている【旧云衣裓譬大乗因几案譬大乗果初擬大乗因果是則無機也】法雲『法華義記』巻第四、「衣裓は大乗の因を譬え、机案は大乗の果を譬う」（大正三三、六一六中二三～二四）を参照。

27　「もし私がただ神通力や智慧の力によって、如来の知見・［十］力・［四］無所畏をたたえるだけであれば、衆生はこれによって救済を得ることはできない」【若我但以神力及智慧力讃如来知見力無所畏者衆生不能以此得度】『法華経』譬喩品、「若し我れは但だ神力、及び智慧力を以て、方便を捨て、諸の衆生の為めに、如来の知見・力・無所畏を讃《ほ》めば、衆生は是れを以て得度すること能わじ」（大正九、一三上二九～中二）を参照。

である[28]。「門」は、正しい教えのことであり、通じる対象【所通】に通じる。「小」は、断［見］・常［見］と［人・天・声聞・縁覚・蔵教の菩薩・通教の菩薩・別教の菩薩の］七方便などを容認しないことである。教理は広いので【寛博】、「狭小」ではない。衆生はこの理教によって自分では通じることができない。機がないことを語ろうとするので、「狭小」というだけである。通［釈］とは、理が純粋で雑多なものがないので、「一」という。理に即して通じることができるので、「門」という。かすかではかりしれず【微妙】知り難いので、「狭小」という。教とは、十方にはっきりと【諦】求めると、他の教え【余乗】はけっしてなく、ただ一仏乗だけであるので、「一」という。この教は通じることができるので、「門」という。この教はかすかではかりしれず、凡夫が出る所を知らないのは、権（方便）を知らないことである。入る所を知らないのは、実（真実）を知らないことである。二乗は聞くことによって、少しく［苦からの］出離【出要】を知り、ずっと入ることを知らない。菩薩は自分で出ることを知るけれども、また入ることを知らない。七方便について奪って説けば【奪七方便】、「彼らは」すべて入ることと出ることを知らない。上の文に、「もし私が仏乗をほめたたえるならば、衆生は苦に没する」とある[29]。［衆生は］教によって自分では通じることができない。機がないことを語ろうとするので、「狭小」という。行とは、円因の自行である。大いなる真っ直ぐな道【大直道】を行って、障礙【留難】がないので、「一」と名づける。巧みに菩薩道を行じて、すぐに道場に到達するので、「門」と名づける。妙なる行は行じ難く、方便［の教えを行ずる者[30]］には機がないので、「狭小」というだけである。

5.1222232212222112222122　幼稚者

旧解（古い解釈）では、「人天の小善であるので、『幼稚』（12b26）という。大乗の善がないことを、『未有所識』（12b26）と名づける」とある。[31] 今明らかにする。二万仏[32]のもとで無上道を教える場合、大乗の善根が微弱であるのを「幼稚」と名づける。もし大乗を聞いて［大乗に対する］誹謗を生ずる能力があれば、「未有所識」と名づけるのである。「恋著戯処」（12b26/A162・5/166・5）とは、前には善が弱いことを明らかにし、ここでは悪が強いことを明らかにする。つまり因の時に深く見・愛［の煩悩］に執著し、果の時に深く依［報］・

28 一道は、清浄である【一道清浄】『南本涅槃経』巻第十二、聖行品、「実諦とは、一道清浄にして、二有ること無きなり」（大正一二、六八五中一～二）を参照。

29 上の文に、「もし私が仏乗をほめたたえるならば、衆生は苦に没する」とある【上文云若我讃仏乗衆生没在苦】『文句』巻第四下の前注7を参照。

30 方便［の教えを行ずる者］【方便】『講義』は、「方便教に依る者は、此の機無きなり」と注す。

31 旧解（古い解釈）では、「人天の小善であるので、『幼稚』という。大乗の善がないことを、『未有所識』と名づける」とある【旧解人天小善故云幼稚無大乗善名未有所識】『法華義記』巻第四、「第一に『諸子幼稚』とは、衆生に天人の五戒・十善の小機有るを明かすなり。『未有所識』とは、此れは是れ第二意にして、正しく衆生に大乗の機無きを明かす。故に『未有所識』と言う」（大正三三、六一六下九～一一）を参照。「幼稚」、「未有所識」については、『法華経』譬喩品、「諸子は幼稚にして、未だ識る所有らずして、戯処に恋著し、或いは当に堕落して、火の焼く所と為るべし」（大正九、一二中二六～二七）を参照。

32 二万仏「二万仏」ではなく、「二万億仏」が適当である。『文句』巻第四上の前注8を参照。

正［報］[33]に執著することである。欲界は六塵（六境）に執著し、色界は［禅定そのものではなく、］禅定の味わい【禅味】に執著し、無色界は禅定に執著する。上の文には、「衆生はさまざまな感覚機能が鈍であり、楽に執著し愚癡によって盲目にされる」とある。[34]［このように衆生は］大乗を聞くことができないのである。

5.1222232212222112222113　放捨善誘

「或当堕落為火所焼」（12b26-27/A162・5-6/166・6）は、この二句（或当堕落・為火所焼）を指して、巧みに誘うこ
69a とを放ち捨てると名づけるのである。「堕落」に二つがある。第一には幼稚で、もとの遊び場を思い出すので、堕落する。第二にまったく知ることなく、物に執著することが堅固でないので、堕落する。五欲（色・声・香・味・触の五境に対して起こす欲望）に執著して［地獄・餓鬼・畜生の］三途に堕落することをたとえる。二つとは、善が弱いことと知ることがないことである。[35]大乗を誹謗して、三途に堕落するのである。

5.122223221222211222212　誡門

5.1222232212222112222121　擬宜

「為説怖畏」（12b27/A162・6/166・6-7）以下は、第二に対治門（誡門）である。［これに］三［段がある］ことについては、第一に対治を擬宜する。[36]戒め恐れさせて【誡怖】出させる。対治の様相は、『大品［般若経］』に、「四念［処］は摩訶衍（大乗）である」と説く通りである。[37]不可得（実体として捉えることのできない空）であるので、小乗と相違するのである。遊び場所【戯処】に愛着するので、恐ろしいことを説いて、［遊び場所から］解放されるようにする。五濁の火は、五陰の家を焼く。［五濁の火を］捨て離れるのが妥当である。もし

［五濁の火に焼かれる五陰の家に］長く留まるならば、必ず善根を断ち切るので、「無令為火之所焼害」（12b28/A162·7-8/166·8）という。

33 依［報］・正［報］【依正】 依報と正報のこと。主体である衆生を正報といい、正報の住する環境世界を依報という。いずれも過去の業の報いとして成立したものなので、報という。

34 「衆生はさまざまな感覚機能が鈍であり、楽に執著し愚癡によって盲目にされる」【衆生諸根鈍著楽痴所盲】 前注19を参照。

35 二つとは、善が弱いことと知ることがないことである【二者善弱無識】 この段は番号付けに問題があり、注釈者が苦労している。本文では、『講義』の読みに従ったが、この場合は、「堕落」の理由に二種あるうち、第一の「幼稚で、もとの遊び場を思い出す」を「善弱」といい、第二の「まったく知ることなく、物に執著することが堅固でない」を「無識」といっていることになる。一方、「第二は善が弱く知ることがない」と読む解釈も可能であり、この場合は、上に挙げた二つの堕落のうち、第二の「まったく知ることなく、物に執著することが堅固でない」を繰り返し説明したものと解釈することになる。

36 第一に対治を擬宜する【一擬宜対治】 衆生に対治をあてがい、それを受ける衆生の宗教的能力に適宜な教えかどうかを考えること。誡門に三あるうちの第一を指す。第二は「父雖憐愍」以下、第三は「但東西走戯視父而已」以下を指す。本文に通し番号が出ていないので、わかりにくい。

37 『大品［般若経］』に、「四念［処］は摩訶衍（大乗）である」と説く通りである【如大品中説四念是摩訶衍】 『大品般若経』巻第七、会宗品、「四念処は摩訶衍に異ならず、摩訶衍は四念処に異ならず、四念処と摩訶衍は二無く別無し」（大正八、二六七上一三～一五）を参照。「四念処」は、身の不浄、受の苦、心の無常、法の無我を観察すること。

5.1222232212222112222122　子、誡を受けざることを明かす

「父雖憐愍」（12c1/A162·9/166·12）以下は、［第二に］子が戒めを受けないことをいう。「不驚不畏」（12c2/A162·11/167·1-2）とは、聞［慧］・思［慧］を生じないことである。上に説いた通りである。八苦・五濁が善根を焼くことができることを知らないことは、「火[38]」を知らないようなものである。［五］陰・［十八］界・［十二］入の法がさまざまな苦の器であることを知らないことは、「舎[39]」を知らないようなものである。法身を失う理由を知らないことは、「何を失[40]とするのかを知らない」（12c3）ようなものである。

5.1222232212222112222123　放捨苦言

「但東西走戯視父而已」（12c3-4/A162·13-14/167·3-4）以下は、［第三に］この二句（但東西走戯・視父而已）を指して［父の］苦言を捨てることとするのである。すべて明るさに背いて暗闇に向かうことは「東西」のようなものである。生死を行き来することの速やかであることは「馳走[41]」のようなものである。そのなかで見・愛［の煩悩］を起こすことは、「戯」のようなものである。大［乗］を与える【擬】けれども、大［乗の］教えにしたがわないので、「視父而已」という。

5.12222322122221122222　用車譬

5.122223221222211222221　分科

「長者即作是念此舎已為大火所焼」（12c4-5/A162·14-164·1/167·5-6）以下は、第二に用車《ゆうしゃ》（車を用いること）譬

である。［これは、］上の「それに引き続いて、過去の仏の行使した方便の力に思いをひそめる」[42]の十一行（尋念過去仏・所行方便力……生死苦永尽・我常如是説）の偈をたとえる。上の文に四［段］がある。今の比喩にも四［段］がある。第一には擬宜三車《ぎぎさんしゃ》（三車を与えることが適当かどうかをはかり考える）譬である。上の「それに引き続いて過去の仏も同様に三乗の教化をすることに思いをひそめる」[43]をたとえるのである。第二には父知先心所好《ふちせんしんしょこう》（父は子供が以前から心に好むものを知っていること）譬である、上の「このように考え及んだとき、十方の仏たちはみな出現する」[44]をたとえる。第三には歎三車《たんさんしゃ》（三車をたたえること）譬である。上の「正面から三乗を与え、

38 「火」【火】『法華経』譬喩品、「何者か是れ火なるや」（大正九、一二下三）を参照。

39 「舍」【舍】『法華経』譬喩品、「何者を舍と為すや」（同前、一二下三）を参照。

40 「失」【失】『法華経』譬喩品、「云何んが失と為すや」（同前、一二下三）を参照。

41 「馳走」【馳走】『法華経』本文の「走戯」（同前、一二下三～四）は、一本に「馳走」に作る。

42 「それに引き続いて、過去の仏の行使した方便の力に思いをひそめる」【尋念過去仏所行方便力】『法華経』方便品、「尋《つ》いで過去の仏の行ぜし所の方便力を念《おも》うに、我が今得る所の道にても、亦た応に三乗と説くべし」（同前、九下一七～一八）を参照。

43 「それに引き続いて過去の仏も同様に三乗の教化をすることに思いをひそめる」【尋念過去仏亦作三乗化】前注42を参照。

44 「このように考え及んだとき、十方の仏たちはみな出現する」【作是思惟時十方仏皆現】『文句』第四下の前注8を参照。

このことを考えた後、すぐに波羅奈《はらない》（ベナレス）に行った」[45]をたとえるのである。第四には適子所願《ちゃくししょがん》（子供の願うものに合致すること）譬である。上の「受・行・悟・入する。以上を転法輪と名づける」[46]をたとえるのである。

5.12222322122221122222　釈

5.122223221222211222221　擬宜三車譬

5.1222232212222112222211　必為所焚を釈す

大乗による教化の功績を父の命とし、衆生の大いなる善を子の命とする。大いなる善がもし消滅するならば、子の命は断たれる。子の命が断たれるならば、教化の功績も同様に廃される。［これは］父の命が断たれることである。前に「苦痛が自分に差し迫る【苦痛切己】」という。[47]やはりまだ死んでいない。今、「必為所焚」（12c5/A164·2/167·7）とあるのは、死の意義があるのである。上の文に、「焼かれる門から安全に脱出することができる【於所焼之門安隠得出】」という。[48]今、「若不時出必為所焼」（12c5/A164·2/167·7）とあるのは、この
69b
意義はどのようなものか。前の「脱出することができる【得出】」とは、法身が出現することである。今、「若不時出」というのは、応身が［衆生の］病と同じ立場に立つことである。衆生に善があるならば、応身とともにすぐに脱出する。衆生の善が断ち切られれば、応身とともにすぐに脱出することはない。ともに焼かれることである。今、応身が擬宜して、それ（衆生）にすぐに脱出させようとするのである。

5.1222232212222112222212　我今当設方便を釈す

「我今当設方便」（12c6/A164·2-3/167·7-8）以下は、権（方便）を与えようとするのである。

5.122223221222211222222　知子先心譬

「知子先心」（12c6-7/A164·4/167·9）以下は、第二に救済される機があることを明らかにするのである。それ〔衆生〕が昔、小〔乗〕を習ったことがあることは、〔長者が諸子の〕先の心を知ることである。〔衆生の〕性欲**【性質・欲求】**が同じでないことは、〔長者が諸子の〕それぞれ好むものがあることを知ることである。さらにまた、衆生は昔、大〔乗〕を習ったことがあることを〔如来は〕知るけれども、大〔乗〕を習うことがまだ深くはなかったことは、大〔乗〕が弱いということである。〔衆生が〕老・病・死をいやがるので、小

45　「正面から三乗を与え、このことを考えた後、すぐに波羅奈（ベナレス）に行った」**【正施三乗思惟是事已即趣波羅奈】**『法華経』方便品、「是の事を思惟し已りて、即ち波羅奈に趣く」（同前、一〇上三）を参照。なお、「正施三乗」は『法華経』に出ない。

46　「受・行・悟・入する。以上を転法輪と名づける」**【受行悟入是名転法輪】**『法華経』方便品、「是れを転法輪と名づく」（同前、一〇上六）を参照。「受・行・悟・入」については、『文句』巻第四下の前注64を参照。

47　前に「苦痛が自分に差し迫る」という**【前言苦痛切己】**　後注48を参照。

48　上の文に「焼かれる門から安全に脱出することができる」という**【上文於所焼之門安隠得出】**『法華経』譬喩品、「『我れは能く此の焼くる所の門於《よ》り、安隠に出ずることを得たりと雖も、諸子等は火宅の内に於いて、嬉戯《きげ》に楽著《ぎょうじゃく》して、覚えず知らず、驚かず怖《お》じず。火来たって身を逼《せ》め、苦痛己に切《せ》まれども、心に厭患せず、出でんと求むる意無し』と」（同前、一二中二〇～二三）を参照。

［乗］によって救い取る【接】ことは、小［乗］が強いということである。身子（舎利弗）が［十住の第］六心において退くことに関しては、もともと大［乗］を習ったことを「知先心」と名づけ、途中で老・死をいやがることを「各有所好」（12c7/A164·4/167·9）と名づける。

5.122223221222211222223　歎三車希有譬

「而告之言」（12c8/A164·5-6/167·10-11）以下は、第三に歎三車希有《たんさんしゃけう》（三車が希有であることをたたえること）譬である。上の正面から法輪を転ずることをたとえるのである。これは三［段］とする。勧・示・証[49]のことである。「玩好希有」（12c8/A164·6/167·12）以下は、勧転である。「如此種種」（12c9/A164·7/168·1）以下は、示転《じてん》である。「汝等於此火宅宜速出来皆当与汝」（12c10-11/A164·9-10/168·3-4）は、証転である。

5.122223221222211222224　所願譬

5.1222232212222112222241　対法略釈

「爾時諸子聞父所説」（12c11-12/A164·10-11/168·5）以下は、第四に適子所願《ちゃくししょがん》（子供の願うものに合致すること）譬である。上の受・行・悟・入をたとえる。前の偈の根本は簡略であり、今、たとえる事柄は詳細である。因を修行して果に到達することを詳しく明らかにする場合、六句によって解釈する。[50]

5.1222232212222112222242　広く六句を釈す

5.12222322122221122222421　正しく三蔵の位次に約して釈す

第一に「適願」（12c12/A164·12/168·6）とは、機と教がたがいに合致することである。これは聞慧である。「勇鋭」（12c13/A164·12/168·6）とは、思慧である。思索する心が活動して考えることは、思慧の方便である。「互相推排」（12c13/A164·12/168·6）とは、［「推排」とは］四真［諦］（四諦）の理を推しはかり、見惑を排除・制伏することであり、邪と正がまだ定まらないことを、「互相」と名づける。これは修慧に入って、煖・頂[51]の位に所属するのである。「競」（12c13/A164·13/168·7）とは、競って優れた道理を取ることである。これ

49　勧・示・証【勧示証】　四諦のそれぞれについて、示・勧・証の三段階にわたり、合計十二度にわたって考察する「三転十二行法輪」が説かれる。まず、示転とは、「これ苦なり。これ苦の集なり。これ苦の滅なり。これ苦の滅の道なり」と、四諦を示すことである。次に、勧転とは、「苦は応に知るべし。集は応に断ずべし。滅は応に証すべし。道は応に修すべし」と、四諦の実践を勧めることである。最後に、証転とは、「苦は我れは已に知れり。集は我れは已に断ぜり。滅は我れは已に証せり。道は我れは已に修せり」と、四諦をすでに実証したことである。通常の順番は示・勧・証であるが、ここでは、経文の記述の順番にしたがって勧・示・証となっている。

50　六句によって解釈する【依六句解釈】「適其願故、心各勇鋭、互相推排、競共馳走、争出火宅」（同前、一二下一二～一三）は五句に分けられるが、「競共馳走」を「競共」と「馳走」に分けて注釈しているので、六句と数えたようである。

51　煖・頂【煖頂】　四善根の前二者をいう。小乗仏教の階位では、五停心・別相念処・総相念処の三賢を外凡夫といい、煖・頂・忍・世第一法の四善根を内凡夫という。見道以上は聖位になる。

は忍法の位である。競って優れた道理を取るとは、最初に三十二諦[52]を観察し、競って真実の道に趣き、後に縮観（集諦・滅諦・道諦の三諦を減じて、ただ苦諦を観察すること）して苦法忍に趣くのである。「共」（12c13/A164·13/168·7）とは、世第一法の位である。ともに一諦（苦諦）を観察する。苦法忍の四観（四諦の観察）と異ならないのである。「馳走」（12c13/A164·13/168·7）とは、見道の十五心[53]に入り、速やかに理を見ることである。上の「かくて涅槃という言葉がある【便有涅槃音[54]】」をたとえる。見道のなかで、部分的に涅槃を得るのである。「争出」（12c13/A164·13/168·7）とは、思惟道である。争って三界を出、無学果（阿羅漢果）を成就し、思惟［惑］をすべて断ち切り、はじめて火宅を脱出する。つまり上の偈の「および阿羅漢・法・教団という別名[55]」をたとえるのである。

5.122223221222211222222422　観心に約して釈す

観心の解釈とは、中道正観は、ただちに実相を観察し、心と法とたがいに合致することを、「適所願[56]」と名
69c づける。境は無辺であるので、観察も同様に無辺であることを「勇[57]」と名づけ、境は心を錬磨して鋭くさせることを「鋭[58]」と名づける。心と境とたがいに錬磨することを「互相推排[59]」と名づけ、心王と心数（心作用）とは境を対象とすることが速やかであることを、「競共馳走[60]」と名づける。くまなくすべての［五］陰・［十八］界・［十二］入などを経歴すると、実相でないことはないことを、「出火宅」（12c13/A164·13/168·7）と名づける……。

5.122223221222211223　等賜大車譬

5.12222322122221122231 科分対法

「是時長者見諸子等」（12c13-14/A166·1/168·8） 以下は、個別的な比喩のなかの第三、等賜諸子大車《とうししょしだいしゃ》（平等に

52 三十二諦 四諦それぞれに異なる四行相があるので十六行相となるが、これを欲界＝下界の四諦と色界・無色界＝上界の四諦に分けるので、合わせて三十二の行相があることになる。これを三十二諦と表現している。四諦を観察することのすがた、状態を行相といい、苦諦に関しては、諸法が非常・苦・空・非我であることを観じ、集諦に関しては、すべての惑業が因・集・生・縁であることを観じ、滅諦に関しては、滅諦が滅・静・妙・離であることを観じ、道諦に関しては、道諦が道・如・行・出であることを観じることである。

53 見道の十五心【見道十五心】 見道において四諦を現観する無漏智に、八忍・八智の十六心がある。第十六心の道類智の前の十五心が見道に属し、道類智は修道に属す。詳しくは、『文句』巻第一上の前注111を参照。

54 「かくて涅槃という言葉がある【便有涅槃音】」『法華経』方便品、「便ち涅槃の音、及以《およ》び阿羅漢、法・僧の差別の名有り」（同前、一〇上六～七）を参照。

55 「および阿羅漢・法・教団という別名」【及以阿羅漢法僧差別名】 前注54を参照。

56 「適所願」【適所願】『法華経』譬喩品、「爾の時、諸子は父の説く所の珍玩の物を聞くに、其の願に適《かな》えるが故に、心は各おの勇鋭して、互相《たが》いに推排し、競いて共に馳走し、争いて火宅を出ず」（同前、一二下一一～一三）を参照。

57 「勇」【勇】 前注56を参照。

58 「鋭」【鋭】 前注56を参照。

59 「互相推排」【互相推排】 前注56を参照。

60 「競共馳走」【競共馳走】 前注56を参照。

子供たちに大車を与えること）譬である。上の真実の様相をあらわすことをたとえる。[61] この文を四［段］とする。第一に父見子免難歓喜《ふけんしめんなんかんぎ》（父は子の難を免れるのを見て歓喜すること）譬である。上の「私はすぐに次のように考える、世に出現する理由【我即作是念所以出於世】」（10a14）から「今、私は喜び、恐怖がない【今我喜無畏】」（10a18）までの二行一句（我即作是念・如来所以出・為説仏慧故・今正是其時・舎利弗当知・鈍根小智人・著相憍慢者・不能信是法・今我喜無畏）の偈の根本となることをたとえる。第二に諸子索車《しょししゃくしゃ》（子供たちが車を求めること）譬である。上の大乗の機が生じること、「私は仏の子たちを見た。［彼らは］仏の覚りを得ることを目標とする者で、みな尊敬の心から、全員が仏（釈尊）のもとに来た[62]」の二行（舎利弗当知・我見仏子等・志求仏道者・無量千万億・咸以恭敬心・皆来至仏所・曽従諸仏聞・方便所説法）の偈の根本となることをたとえる。第三に等賜諸子大車譬である。上の「菩薩たちのなかでまっすぐで正しく、方便を捨てて、ただ最高の覚りだけを説く[63]」の三句（於諸菩薩中・正直捨方便・但説無上道）の根本となることをたとえる。第四に諸子得車歓喜《しょしとくしゃかんぎ》（子供たちが車を得て歓喜すること）譬である。上の「菩薩はこの教えを聞いて、網のように覆う疑いはすべて除かれた[64]」の一偈（菩薩聞是法・疑網皆已除・千二百羅漢・悉亦当作仏）の根本となることをたとえる。

上の法説においては、まず機が生じることを明らかにし、次に障礙が除かれ、仏は喜んで恐れがないことを説く。今の比喩においては、まず難を免れることを明らかにし、後に車を求めることを明らかにする。

もし［すべてを］備えて論じるならば、四句を作るべきである。まず障礙が除かれ、後に機が生じることがあるのは、四大声聞などが三蔵［教］において障礙が除かれ、『大品［般若経］』の末、『法華［経］』の最初に大［乗の］機がはじめて生じるようなものである。第二に障礙がまだ除かれないで、大乗の機が生じるのは、『華厳［経］』や『法華［経］』のなかの凡夫衆で仏慧に入ることができる者のようなものである。他の二句は、上に説いた通りである。[65]

もし大［乗の］機がまず動き、後に障礙が除かれれば、方便品に説くようなものである。もしまず障礙が除かれ、後に機が動くならば、今、説くようなものである。機が動くことと障礙が除かれることとはたがいに現われ、一緒に一つの意味を成立させるのである。さらにまた、方便品には仏は喜び恐れがないことを明らかにし、ここでは子供たちが歓喜する。子供が喜ぶので、その父も喜ぶ。これもまたがいに現われ、一緒に一つの意味を完成するのである。

61　上の真実の様相をあらわすことをたとえる【譬上顕真実相】『法華経』方便品、「我れは仏子等を見るに……千二百の羅漢は、悉《こと》ごとく亦た当に作仏すべし」（同前、一〇上一〇～一一）に対する注として、『文句』巻第五上には、「三に『我見仏子等』従りの六行は、広く上の顕実を頌す。下の等賜大車譬の為めに本と作る」（大正三三、五九中二一～三）とある。つまり、引用した方便品の偈の箇所を「顕実」＝「顕真実相」と解釈したものである。

62　「私は仏の子たちを見た。［彼らは］仏の覚りを得ることを目標とする者で、みな尊敬の心から、全員が仏（釈尊）のもとに来た」【我見仏子等志求仏道者咸以恭敬心皆来至我所】」『法華経』方便品、「我れは仏子等を見るに、仏道を志求《しぐ》する者、無量千万億は、咸《こと》ごとく恭敬《くぎょう》の心を以て、皆な仏所に来至せり」（大正九、一〇上一〇～一一）を参照。

63　「菩薩たちのなかでまっすぐで正しく、方便を捨てて、ただ最高の覚りだけを説く」【於諸菩薩中正直捨方便但説無上道】『文句』巻第三上の前注140を参照。

64　「菩薩はこの教えを聞いて、網のように覆う疑いはすべて除かれた」【菩薩聞是法疑網皆已除】『文句』巻第二上の前注142を参照。

65　他の二句は、上に説いた通りである【余両句如上説】『文句』巻第五上（大正三四、六二中六～一一）を参照。

5.12222322122222112232　解釈

5.122223221222221122321　見子免難歓喜譬

難を免れることについて、二つの意義を備える。その意味は、難を免れることと歓喜である。もし子供がまだ難を免れなければ、父は心配する。もし火を離れることができれば、心はすぐに落ち着く。それ故、難を免れることと歓喜とは、一つの比喩となることができる。子供は歓喜するので、その父も喜ぶ。仏が喜ぶことをたとえることができるのである。「四衢道中《しくどうちゅう》」(12c14/A166·2/168·9)とは、旧［説］には、「四濁（衆生濁・煩悩濁・見濁・命濁）の障礙が除かれるのは、『四達路[66]』のようなものである。さらに一濁（劫濁）が除かれることがあるのは、『露地坐[67]』のようなものである」とある。今はそうではない。五濁はただ垢障（汚れという障礙）の法を明らかにするだけで、まだ対治する方法【治道】を論じない。［五濁を］「衢道」にたとえるべきではな
70a い。「衢道」はまさに四諦をたとえる。四諦の観が相違することを、「四衢」と名づける。四諦はともに見諦[68]に合致すれば、道路の交わる四辻【交路頭】のようなものである。見惑が除かれるけれども、思惟[69]（思惑）はまだ残っているので、「露地」と名づけない。三界の思［惑］がなくなることを、「露地」と名づける。果に留まって進まないので、「而坐」とある。見思［惑］に限定されないので、「泰然[70]」とある。涅槃の安らかさ【滅度安隠】の思いを生ずるので、「歓喜[71]」というのである。

5.122223221222221122322　諸子索車譬

5.1222232212222211223221　大車を明かす

5.1222232212222112232211　索車を明かす

5.1222232212222211223222111　義に約して総じて索車を明かす

「各白父言」（12c16/A166·4/168·11）以下は、第二に索車《しゃくしゃ》（車を求めること）譬である。文には、「願わくは私たちに三種の宝車を与えてください」とある。[72]文に索（求めること）という文字と意義がないのは、この請願の言葉によって、索車を明らかにするだけであるからである。

66　『四達路』【四達路】『法華経』譬喩品、「是の時、長者は、諸子等の安隠に出ずることを得て、皆な四衢道の中の露地に於いて坐して、復た障礙無く、其の心は泰然として、歓喜踊躍するを見る」（大正九、一二下一三～一五）に出る「四衢道」と同義で、四辻の意。

67　『露地坐』【露地坐】　前注66を参照。

68　見諦　預流果において、三界の見惑を断じて、四諦の理を見ること。

69　思惟　修道において断じられる思惑（修惑）を指す。思惑は見惑とともに、見思惑と呼ばれる。界内の通惑（声聞・縁覚・菩薩が共通に断じる惑なので通惑と呼ぶ）とされる。これをすべて断じると、三界に生じない。

70　「泰然」【泰然】　前注66を参照。

71　「歓喜」【歓喜】　前注66を参照。

72　文には、「願わくは私たちに三種の宝車を与えてください」とある【文云願賜我等三種宝車】『法華経』譬喩品、「願わくは我れ等に三種の宝車を賜え。前に許す所の如し」（同前、一四下四～五）を参照。

5.12222322122222122322112　今古に約して別して索車を明かす

5.122223221222221122322121　古難を立てて菩薩の索車を許さず

5.1222232212222211223221211　古の十難を述す

ある人は、「二乗は車を求めるけれども、菩薩は求めない」といっている。[73]

［二乗の人は車を求めるが、菩薩は求めないと説く、ある人は］十難を設けて、これ（旧経師・法雲の三乗の人はいずれも車を求めるという説）を非難する。

第一にいう。二乗は三界の外に出て、車を［与えられることを］許される場所に着いて果車を求め、菩薩はまだ許される場所に着かないのに、どうして軽々《けいけい》に車を求めるであろうか。

第二にいう。大乗経には、菩薩が小乗の果を求めることはない。それ故、［菩薩が小乗の果を］求めないことを知る。

第三にいう。教化される菩薩は、初発心から、終わり［一生］補処（次生で成仏する最高位の菩薩）に至るまで、すべて凡夫であり、三界を出ないので、意義としては求めることはない。教化する主体としての菩薩は、三十三心に見［惑］が尽きるけれども、思［惑］はまだ尽きない。[74]三十四心はとりもなおさず仏である。仏は誰にしたがって求めるのか。

第四に二乗の果は正使（煩悩の正体）の門の外にあり、仏果は習気《じっけ》（煩悩の余習《よじゅう》）・無知（塵沙惑）の門の外にある。[75]二乗は正使を完全に断ち切って、車を見ない。このために［車を］求める。菩薩はまだ習気と無知（塵

73 ある人は、「二乗は車を求めるけれども、菩薩は求めない」といっている【有人云二乗索車菩薩不索】 この段は、灌頂が吉蔵『法華玄論』巻第六、「旧経師の云わく、三人は三車を索むるなり。……評して曰わく、今、十義を以て之れを推するに、応に三人有りて三を求むべからざるなり。……今明かす所は、但だ二乗人は索め、菩薩は索めず。上の十推の如し」（大正三四、四〇八上一五～四〇九中二三）を参照して作文したものである。平井俊榮『法華文句の成立に関する研究』三六七～三七三頁に研究がある。それによれば、『文句』の中の「ある人」とは吉蔵であり、上で引用した『法華玄論』の「評して曰わく……但だ二乗人は索め、菩薩は索めず」の説を指す。それに対し旧経師・法雲の「三人は三車を索むるなり」という説については、『法華義記』巻第四、「時に諸子等、各おの父に白《もう》して言わく、父の先に許す所の珍玩の具の羊・鹿・牛車をば、願わくは時に賜《し》与《よ》したまえ。此れは是れ第七に諸子索車譬なり。此れは即ち上の方便品の中の第六の『咸《こと》ごとく恭敬心を以て、皆な仏の所に来至し、曽て諸仏従り聞き、方便もて説く所の法』の一偈を譬う。名《な》づけて三乗人、果を索むと為す」（大正三三、六一八下一五～一九）を参照。次に展開される「十難」は、吉蔵が法雲＝「旧経師」の説（声聞・縁覚・菩薩の三人がいずれも車を索めるとする説）を十義によって批判し、二乗は車を索めるが、菩薩は索めないと論じた部分を、灌頂が必ずしも正確ではないが、要約紹介したものである。『文句』では、この法雲に対する吉蔵の批判を、さらに灌頂が批判する内容が続く。

74 三十三心に見［惑］が尽きるけれども、思［惑］はまだ尽きない【三十三心見傾思未尽】 蔵教においては、八忍・八智によって見惑を断じ、九無礙・九解脱によって修惑（思惑）を断じて成仏するとされる（これを三十四心断結成道という）。三十三心においては、見惑は尽きても、思惑はまだ尽きていないことになる。

75 第四に二乗の果は正使（煩悩の正体）の門の外にあり、仏果は習気（煩悩の余習）・無知（塵沙惑）の門の外にある【四二乗果在正使門外仏果在習気無知門外】 『法華経疏義纉』巻第四、「【疏】『四二乗果門外』とは、正使は是れ煩悩障なり。煩悩障を断じ尽くして小果を得。仏果は習気・無知門の外に在りとは、習気は是れ正使の余習なり。無知とは、塵沙障は俗諦三昧に於いて、理は了せざるを、名づけて無知と為す」（『新纂大日本続蔵経』二九、六四上二〇～二二）を参照。

沙惑）とを断ち切っていないので、どうして軽々に［車を］求めるであろうか。

第五に二［乗］は方便であると明らかにすれば、求めるということができる。文に、「ただこの一つの事柄だけが真実で、他の二つは真実ではない」とある。[76] これによって推定すると、ただ二つ（声聞と縁覚）は［車を］求めて、一つ（菩薩乗）は［車を］求めない。

第六に『大品［般若経］』から『法華［経］』に至るまでは、仏因・仏果はすべて方便であるので、窮子に財産を与える【付窮子財】が、この珍宝はすべて方便であるはずである。もし財産を与えること【付財】が真実であれば、『大品［般若経］』などに仏乗を明らかにするのは、とっくに真実である。どうして［菩薩が］軽々にあらためて［車を］求めるであろうか。

第七に方便品の偈に、昔、小［乗］を説くことは方便であることを述べ、大［乗］は方便であることを述べない。仏子の大乗は方便でないことを知るべきである。どうして［菩薩が］軽々に［車を］求めるであろうか。

第八にもし三人が求めるならば、どうして領解（理解すること）がないであろうか。[77] 領解がないので、［菩薩は車を］求めないことがわかる。

第九に車を与えることに対応する。文には、「衆生たちが三界の苦を出て、涅槃の楽を得るのを見るので、大乗を与える」とある。[78] 菩薩は涅槃を証得しないので、どうして軽々に［車を］求めるであろうか。

第十に子供たちは落ち着いて座るので、[79] 父について求める。二乗は果が満ちて修行をしないので、落ち着いて座り、求めることがありえる。菩薩の行はまだ止まらないので、落ち着いて座るという意義はない。どうして［菩薩が車を］軽々に求めるであろうか。

5.1222232212222112232211212　章安の斥破

5.12222322122221122322112121　総じて破す

個人的に【私】（灌頂の説）、総体的、個別的にこれ（ある人の十難説）に対して反駁する。求めること【索】70bは、求め願うこと【求請】の別名である。心にある場合を求索《ぐしゃく》（探して求めること）と名づけ、口にある場合を請索《しょうしゃく》（願って求めること）と名づけ、身にある場合を乞索《こつしゃく》（乞い求めること）と名づける。道理に暗い者【矇者】が知識を求めるように、飢えた者が食べ物を願うように、［道に］迷った者が道を問うようなものである。総じて［究極に］到達していない［境］地にいるのに、どうして求めないという道理があろうか。求めることによるので［如来は］与えることを許し、［如来が］与えることを許すので［衆生は］歓喜する。今の文に、

76　文に、「ただこの一つの事柄だけが真実で、他の二つは真実ではない」とある【文云唯此一事実余二則非真】『文句』巻第三下の前注4を参照。

77　もし三人が求めるならば、どうして領解（理解すること）がないであろうか【若三人索者何無領解】『法華玄論』巻第六には、「既に三人の索むること有れば、何が故に菩薩の領解無からんや。但だ二乗の領解を明かすのみにして、菩薩の領解を明かさず。故に知る、菩薩の索無きなり」（大正三四、四〇九上二五～二七）とある。したがって、三車火宅の譬喩について、四大声聞の領解が説かれるのに対して、菩薩の領解が説かれないことを指している。

78　文には、「衆生たちが三界の苦を出て、涅槃の楽を得るのを見るので、大乗を与える」とある【文云見諸衆生出三界苦得涅槃楽故賜以大乗】『文句』巻第五上の前注85を参照。

79　子供たちは落ち着いて座る【諸子安坐】前注66を参照。

請（願うこと）・与（与えること）・歓喜（歓喜すること）が備わっている。法説のなかの千二百人[80]は、身子（舎利弗）を上首として、心を込めて【慇懃】三度お願いする。菩薩衆のなかでは、弥勒を上首として、仏の口から生じた子は、おおよその数が八万人いる。敬意を表する心で合掌し、完備した道を聞こうとする。[81]譬説の最初に身子（舎利弗）は中根人のためにお願いし、そのうえ、まとめて［比丘・比丘尼・優婆塞・優婆夷の］四衆のためにお願いし、付随的に【傍】下根のためにお願いする。文には、「すばらしい。世尊よ、どうか四衆のために、そのいわれ【因縁】を説いて［疑いや後悔を離れさせて］ください」とある。[82]法説には許して、「あなたは真心を込めて三度お願いした。どうして説かないことができようか」という。[83]譬説には許して、「比喩によってあらためてこの意義を明らかにしよう」という。[84]因縁［説］には許して、「私とあなたたちの過去世の結びつきについて、私は今説こう」という。[85]法説の末尾には身子（舎利弗）が歓喜し、譬説の末尾には迦葉などが歓喜し、宿世［因縁］説の末尾には［富］楼那が歓喜する。さらにまた、合譬（比喩を思想的内容に対応させること）の文には、「子供たちに日夜、長い期間【劫数】常に遊び戯れることができるようにさせる。菩薩たちとこの宝乗に乗って、まっすぐ覚りを得た場所に到達する」とある。[86]喜びのために与えることを知り、与えるのでお願いすること【請】を知る。［法説周・譬説周・因縁説周の］三周の［請・与・歓喜の］三つの意義について、はっきりとした文は明らかである【炳然】。なぜ二（声聞・縁覚）は求め、一（菩薩）は求めないとそればかりいうのか。

5.122223221222211223222112122　別して破す

個別的に反駁する。第一には、三蔵［教］に限定して、菩薩が惑を断ち切らないことを明らかにすれば、

80 千二百人　『法華経』序品の冒頭には、「大比丘衆万二千人と倶なり」（同前、一下二〇）とある（『正法華経』や梵本では、千二百人とする）が、阿羅漢の数を千二百と表現する箇所も多い。たとえば、方便品、「爾の時、大衆の中に諸の声聞、漏尽の阿羅漢、阿若憍陳如等の千二百人有り」（同前、六上二八～二九）を参照。

81 敬意を表する心で合掌し、完備した道を聞こうとする【合掌以敬心欲聞具足道】　『法華経』方便品（同前、六下六）に同文がある。

82 文には、「すばらしい。世尊よ、どうか四衆のために、そのいわれ【因縁】を説いて［疑いや後悔を離れさせて］ください」とある【善哉世尊願為四衆説其因縁】　『法華経』譬喩品、「善きかな。世尊よ、願わくは四衆の為めに、其の因縁を説いて、疑悔を離れしめよ」（同前、一二中七～八）を参照。

83 「あなたは真心を込めて三度お願いした。どうして説かないことができようか」という【云汝已殷勤三請豈得不説】　『法華経』方便品、「汝は已に慇懃《おんごん》に三請せり。豈に説かざることを得んや。汝は今諦《あき》らかに聴き、善く之れを思念せよ。吾れは当に汝が為めに分別解説すべし」（同前、七上五～七）を参照。

84 「比喩によってあらためてこの意義を明らかにしよう」という【云当以譬喩更明此義】　『法華経』譬喩品、「今当に復た譬喩を以て更に此の義を明かすべし。諸の智有らん者は、譬喩を以て解することを得ん」（同前、一二中一二～一三）を参照。

85 「私とあなたたちの過去世の結びつきについて、私は今説こう」という【云我及汝等宿世因縁吾今当説】　『法華経』授記品、「我れ及び汝等の宿世の因縁、吾れは今当に説くべし。汝等よ、善く聴け」（同前、二二上一六～一七）を参照。

86 「子供たちに日夜、長い期間【劫数】常に遊び戯れることができるようにさせる。菩薩たちとこの宝乗に乗って、まっすぐ覚りを得た場所に到達する」とある【云令諸子等日夜劫数常得遊戯与諸菩薩乗是宝乗直至道場】　『文句』巻第五上の前注28を参照。

『法華［経］』によると、四句がある。その意味は、妨げるもの【障】が除かれて大［乗を受ける］機が動き、妨げるもの【障】がまだ除かれないで大［乗を受ける］機が動くことである。［大乗を受ける］機が動くと、［大乗を］求めることがわかる。

第二には、「大乗経には、菩薩が小乗の果を求めることがない」とある。『大品［般若経］』には、「三乗の人はともに言葉で説けない道によって、煩悩を断ち切り涅槃に入る」とある。[87]［三乗が］煩悩を断ち切って涅槃に入ることは同じである。なぜ［菩薩は大乗を］求めないのか。

第三には、「三十三心を菩薩と名づける。三十四［心］に思［惑］を断じ尽くして、すぐに仏となる。仏は誰にしたがって求めるのか」とある。これはやはり三蔵［教］の意義である。見［惑］の妨げるもの【障】がまだ除かれなくとも、大［乗を受ける］機はやはり動く。まして三十三心であって、動かないはずがあろうか。動けば、すぐに［大乗を］求めることを知る。

第四には、「菩薩はまだ習気・無知［惑］（塵沙惑）を断ち切らないので、［大乗を］求めるべきではない。断じ尽くすと、仏となる。仏は誰にしたがって求めるのか」と。これは三乗の通教の意義である。具縛（煩悩の束縛を備えること）［の凡夫］の妨げるもの【障】が残っても、やはり大［乗を受ける］機が動く。まして残りの習［気］・無知［惑］（塵沙惑）［が残っても、］なおさら［大乗を受ける機が動くの］である。

第五には、「ただこの一つの事柄だけが真実【実】である。[88]真実【実】はとりもなおさず真正【真】である。どうして軽々にふたたび求めるのか」とある。開会される【被会】相対を絶した【絶待】唯一なるものは、一のほかに法はけっしてない。昔の二に相対的な【待二】唯一なるものは、一のほかにさらに法がある。「相対
70c
を絶した一と二に相対的な一は、」一の名は同じであるけれども、体は相違する。暗闇のなかで瓦礫のような

魚の目を取りあげて、夜光［珠］のような月の姿と思い込む。愚者は笑うけれども[89]、智者は憐れむ……。

第六には、「『般若［経］』から、『法華［経］』までは、財産を付与する法と同じである。求めることがあるべきではない」とある。あなたは共《ぐう》・不共の般若を聞かない。不共は求める必要がない。共ならば、求めないはずはない……。

第七には、「方便品の最初に、昔、小［乗］を説くことが方便である［と説くが］、昔、大［乗］を説くことが方便であるとは述べない。大［乗］は方便ではない。このため、求めない」とあることについては、あなたは、［如来］寿量品のなかに、「私は若く出家して、覚り【三菩提】を得た。ないし中間のあるいは［寿命が］短い［仏］、あるいは［寿命が］長い［仏］、あるいは自己、あるいは他者は、すべて私の［設けた］方便であ

87 『大品［般若経］』には、「三乗の人はともに言葉で説けない道によって、煩悩を断ち切り涅槃に入る」とある【大品云三乗之人同以無言説道断煩悩入涅槃】出典未詳。

88 ただこの一つの事柄だけが真実【実】である【唯此一事実】前注76を参照。

89 笑う【蚩】底本の「豈」を、甲本と『全集本』によって「蚩」に改める。

る。諸仏も同様である」とあることを聞かなかったか。[90] どうして求めないことができようか。

第八には、「もし菩薩が求めるならば、菩薩は領解（理解すること）するはずである。領解がない以上、求めないことがわかる」とある。あなたは、法説の末尾で、天龍・四衆はすべて理解した【領解】ことを聞かなかったか。[91] もし［これが］菩薩［の領解］でなければ、何を意味するのか。さらにまた、法師品において、三乗［の人］にすべて記別を与える。[92] もし領解しなければ、どうして［法師品で］軽々に記別を与えるのか。

第九には、「三界の苦を出て、安らぎの楽を得ると、やっと与え、やっと求める。菩薩はまだ［三界を］出ず、まだ証得しない。このために求めない」とある。やはり三蔵［教］の意義にすぎない。

第十には、「子供たちは安らかに座って、そしてやっと車を与えられる。二乗の修行が止むことを安らかに座ると名づける。菩薩の修行が止まないのは、安らかに座ることではない。どうして軽々に車を求めるのか」とある。やはり前（三蔵教）の意義にすぎない。もともと修行が止んで求めたり、修行がまだ止まないのに求めたりすることがある。さらにまた、菩薩の修行【行行】は、とりもなおさず乗乗[93]である。乗は求めることによって得られる。どうして求めないというのか。

それ（ある人の十難説）が偽って三蔵［教］を重ねるのを見るので、「私、灌頂が」この十難を設けた。［ある人は］一部分だけを狭く見ており、[94] すべて本質【大体】ではない。

90 ［如来］寿量品のなかに、「私は若く出家して……諸仏も同様である」とあることを聞かなかったか【寿量品中我少出家得三菩提乃至中間若小若大若己若他皆我方便諸仏亦然】『法華経』如来寿量品、「是の中間に於いて、我れは燃灯仏等を説き、又復た其れ涅槃に入ると言いき。是の如きは皆な方便を以て分別しき……処処に自ら名字の不同、年紀の大小を説き……我れは小《わか》くして出家し、阿耨多羅三藐三菩提を得たりと説く。然るに、我れは実に成仏してより已来、久遠なること斯の若し。……或は己身を説き、或は他身を説き、或は己身を示し、或は他身を示し、或は己事を示し、或は他事を示す」（同前、四二中二八～下一二）を参照。

91 法説の末尾で、天龍・四衆はすべて理解【領解】したことを聞かなかったか【法説竟天龍四衆皆領解】『法華経』譬喩品、「爾の時、四部の衆の比丘・比丘尼・優婆塞・優婆夷・天・竜・夜叉・乾闥婆・阿修羅・迦楼羅・緊那羅・摩睺羅伽等の大衆は、舎利弗の仏前に於いて阿耨多羅三藐三菩提の記を受くるを見て、心は大いに歓喜し、踊躍すること無量にして、各各身に著たる所の上衣を脱いで、以て仏に供養す」（同前、一二上七～一一）を参照。

92 法師品において、三乗［の人］にすべて記別を与える【法師品中三乗皆与記】『法華経』法師品、「汝は是の大衆の中の無量の諸天・竜王・夜叉・乾闥婆・阿修羅・迦楼羅・緊那羅・摩睺羅伽、人と非人、及び比丘・比丘尼・優婆塞・優婆夷の声聞を求むる者、辟支仏を求むる者、仏道を求むる者を見るや。是の如き等類は、咸《こと》ごとく仏の前に於いて、妙法華経の一偈一句を聞いて、乃至一念も随喜せば、我れは皆な与《た》めに当に阿耨多羅三藐三菩提を得べしと授記す」（同前、三〇下一～七）を参照。

93 乗乗　乗り物（教え）に乗る（実践する）の意味。『文句記』巻第十、「所乗に乗ずるは、物を利するを以ての故に、故《ことさ》らに乗乗と曰う」（大正三四、三五四中九～一〇）を参照。また、『文句』巻第十、「薬王は苦行を以て乗に乗り、妙音・観音は三昧を以て乗に乗り、陀羅尼は総持を以て乗に乗り、妙荘厳は誓願を以て乗に乗り、普賢は神通を以て乗に乗る」（同前、一四三中三～五）を参照。

94 一部分だけを狭く見ており【管見一斑】「管見」は、細い管を通して見ることで、見識の狭いことをいう。一斑は、一部分の意。「斑」は、豹の体表のまだら模様。

5.1222232212222112232221122　今師正しく索車を明かす

今、あなた（ある人）のために区別してこれを説こう。もともと惑（煩悩）を断ち切らず車を求めないことがある。三蔵［教］の菩薩のことである。もともと惑（煩悩）を断ち切り、車を求めることがある。通教の菩薩のことである。もともと惑を断ち切りもし、また惑を断ち切りもせず、求めもし、また求めもしないことがある。別教の菩薩のことである。もともと惑を断ち切るのでもなく、惑を断ち切らないのでもなく、求めるのでもなく、求めないのでもないことがある。円教の菩薩のことである。

さらにまた、五味を経歴すると、乳味に二つの意味がある。第一に断ち切りもし、また断ち切りもせず、求めもし、また求めもしない。第二に断ち切るのでもなく断ち切らないのでもなく、求めるのでもなく、求めないのでもない。酪味に一つの意味がある。断ち切らず求めない。生酥は四つの意味を備え、熟酥はただ三つの意味があるだけである。醍醐は一つの意味がある。全体を統一する趣旨【宏綱大統】については、その意義はこの通りである。一々の句、一々の意味について、またそれぞれ四句がある。妨げるもの【障】が除かれて機が動くこと、妨げるもの【障】がまだ除かれずに機が動くこと、妨げるもの【障】が除かれもし、また除かれもしないで機が動くこと、妨げるもの【障】が除かれるのでもなく、除かれないのでもなく、機が動くことで
71a ある。この根本【宗】を見ないで、一（菩薩が求めないこと）に執著して三（声聞・縁覚・菩薩の三人が求めること）を否定する【執一非三】ことは、深く憐れむべきである。

5.12222322122221122322212　体数不同を明かす

5.12222322122221122322121　総標

世間の人が車の数に執られることは同じでなく、車の本体を説くことは同じでない。

5.122223221222211223322122　別釈

5.1222232212222112232221221　車数を明かす

あるいは、「最初に三車を説き、後に二［乗］を集めて【会】一［乗］に帰着させる」という。あるいは、「最初に三［乗］があると説き、後に三［乗］を集めて【会】一［乗］に帰着させる」という。あるいは、「最初に四［乗］があると説き、後に三［乗］を集めて【会】一［乗］に帰着させる」という。

経を提示する理由は、人の言葉を信じてはならないからである。

この文に、昔、仏は声聞のために相応する四諦の法を説き、縁覚の人のために相応する十二因縁の法を説き、菩薩の人のために相応する六波羅蜜の法を説くことを引用する。[95] 今、仏は三［乗］を説く。［乗の］数もまたこのようである。

『華厳［経］』［巻］第八には、「下劣であり［生死の苦に］没することを嫌う者には声聞道を示し、根（感覚

95　この文に、昔、仏は声聞のために相応する四諦の法を説き、縁覚の人のために相応する十二因縁の法を説き、菩薩の人のために相応する六波羅蜜の法を説くことを引用する【此文引昔仏為声聞説応四諦法為縁覚人説応十二因縁法為菩薩人説応六波羅蜜法】『法華経』序品、「声聞を求むる者の為めに、応ぜる四諦の法を説き、生老病死を度し、涅槃を究竟す。辟支仏を求むる者の為めに、応ぜる十二因縁の法を説く。諸菩薩の為めに、応ぜる六波羅蜜を説き、阿耨多羅三藐三菩提を得、一切種智を成ぜしむ」（同前、三下二二一～二二六）を参照。

機能）が鈍くて因縁を好む者には縁覚道を説き、根が鋭くて慈悲がある者には菩薩道を説き、最高で重大な事柄【大事】を好む者には限りない仏法を説く」とある。[96]［『華厳経』巻第］三十六にさらに、「三解脱の法（空三昧・無相三昧・無作［無願］三昧の三三昧、三解脱門）は声聞乗を提示し、無諍法《むじょうほう》（論争を超えた法）は縁覚乗を提示し、六度（六波羅蜜）・四摂（布施、愛語、利行、同事の衆生を救い取る四種の方法）は大乗を提示し、一切法を知ることは、仏乗を提示する」とある。[97]さらにまた、第九地には声聞乗の様相、［辟］支仏乗の様相、菩薩乗の様相、如来乗の様相を説く。[98]

『［十］地［経］論』に、第二地を解釈する場合、「十不善（十悪）が集まると［地獄・餓鬼・畜生の］三途に落ち、十善が集まると天に生じると観察する。上の十善と四諦の観智（観察する智慧）とが合わさると声聞となり、さらに上の十善と他者から［教えを］聞かない観智とが合わさると縁覚となり、さらに上の十善とすべてを完備した清浄な観智とが合わさると菩薩地となり、さらに上上の十善と一切種［智］[99]、一切仏法とが合わさると仏となる」とある。[100]

『［菩薩］瓔珞［経］』［巻］第十三には、「十方の仏が三乗を説く場合、［三乗の］一つの乗のなかにさらに三

96 『華厳［経］』［巻］第八には、「下劣であり［生死の苦に］没することを嫌う者……最高で重大な事柄【大事】を好む者には限りない仏法を説く」とある【華厳第八云下劣厭没者為示声聞道根鈍楽因縁為説縁覚道根利有慈悲為説菩薩道無上楽大事説無量仏法】『六十巻華厳経』巻第二十六、十地品、「若し衆生は下劣にして、其の心は没するを厭わば、示すに声聞道を以てし、衆苦を出でしむ。若し復た衆生有りて、諸根は少しく明利にして、因縁法を楽《ねが》わば、為めに辟支仏を説く。若し人は根明利にして、衆生を饒益《にょうやく》し、大慈悲心有らば、為めに菩薩道を説く。若し無上心有りて、決定して大事を楽わ

ば、為めに仏身を示し、無量の仏法を説く」（同前、五六七下一三～二〇）を参照。

97 ［『華厳経』巻第］三十六に……仏乗を提示する」とある【三十六又云三解脱法出声聞乗無諍法出縁覚乗六度四摂出大乗】『六十巻華厳経』巻第四十二、離世間品、「三解脱門は声聞乗を出生す。決定無諍法は、縁覚乗法の摂持する所を出生す。六波羅蜜・四摂法は、大乗法の摂持する所を出生す。一切刹・一切法・一切衆生・一切世間を知るは、是れ仏境界法の摂持する所なり」（同前、六六四下二四～二七）を参照。

98 第九地には声聞乗の様相、［辟］支仏乗の様相、菩薩乗の様相、如来乗の様相を説く【第九地説声聞乗相支仏乗相菩薩乗相如来乗相】『法華玄義釈籤』巻第九にも、「第九地に一切法の差別を知り、四乗の相を知り、衆生の為めに説く。四乗の相とは、声聞乗の相、支仏乗の相、菩薩乗の相、仏乗の相を謂う」（大正三三、八七八下一九～二二）と類似の文がある。

99 一切種［智］【一切種】『講録』、『講義』によれば、「一切種智」に作るテキストもある。

100 『［十］地［経］論』に、第二地を解釈する場合……さらに上上の十善と一切種［智］、一切仏法とが合わさると仏となる」とある【地論釈第二地観十不善集墜三途十善集生天上十善与四諦観智合成声聞又上十善与不従他聞観智合成縁覚又上十善与具足清浄観智合成菩薩地又上上十善与一切種一切仏法合成仏】『十地経論』巻第四、「経に曰わく、是の菩薩は復た深く思惟し、十不善業道の集因縁を行ずるが故に、則ち地獄・畜生・餓鬼に堕す。十善業道の集因縁を行ずるが故に、則ち人中に生じ、乃至、有頂処に生ず。又た是の上の十善業道は智慧観と和合して修行し、其の心は狭劣なるが故に、心は三界を厭畏するが故に、大悲を遠離するが故に、他従り声を聞いて通達するが故に、声を聞いて意解し、声聞乗と成る。……又た是の上上の十善業道は、一切種の清浄十力の力の故に、一切仏法を集めて成就せしむるが故なり。是の故に我れは応に等しく十善業道を行ずべく、一切種を修行し、清浄に具せしむ」（大正二六、一四八中二二～一四九上一六）を参照。

［乗］を開くと、合わせて九乗である。九乗はすべて平等大慧に集まって入る」とある。[101] 聖人の説はこのようであり、会通【融通】することができない。たがいに議論し、法を否定し人を謗る過失は巨大である。

今、教に焦点をあわせてこれを区別する。たとい三乗の法門は相違するけれども、真諦は同じであると説くならば、三蔵教である。もし三乗の法門は同じであり、真諦もすべて同じであると説くならば、通教である。もし三乗の三三九乗を説き、もし［声聞乗・縁覚状・菩薩乗・仏乗の］四乗の浅深の階級がそれぞれ同じでないけれども、同じく平等大慧に入ると説くならば、別教である。もし三乗・九乗・四乗の一々はすべて平等大慧と相応し、二もなく異なるものもないと説くならば、円教である。

さらにまた、五味を経歴して区別するならば、乳味はただ菩薩乗・仏乗を明らかにし、酪味はただ異なる三乗を明らかにし、生酥味は三乗・四乗・九乗のそれぞれの分斉がたがいに乱れないものをひとそろい明らかに
71b
し、熟酥味はただ異なる三乗を除いていて、その他（四乗・九乗）については生酥のようなものである。醍醐のなかには仏乗をもっぱら説いて、もうその他の乗はないのである。

もしこの意味を知るならば、異説に妨げるものはない。もし知らなければ、ただ論争を増すだけである。

5.1222232212222112232221222　車体を明かす

世間の人が仏乗を明らかにする場合、乗の体に相違がある。光宅［寺法雲］は、仏果の究極的な尽［智］・無生［智］の二智を取りあげて車体とする。五百由旬の外に遠く出ることを、昔に対して「高[102]」とし、万徳を

101 『［菩薩］瓔珞［経］』［巻］第十三には、「十方の仏が三乗を説く場合、［三乗の］一つの乗のなかにさらに三［乗］を開くと、合わせて九乗である。九乗はすべて平等大慧に集まって入る」とある【瓔珞第十三云十方仏説三乗一乗中又開三合九乗九乗悉会入平等大慧】『菩薩瓔珞経』巻第十、三道三乗品、「仏は舎利弗に告ぐらく、菩薩の三乗に各おの三品有り、辟支の三乗にも亦た三品有り、声聞の三乗にも亦た三品有り。是に於いて舎利弗よ、菩薩の三乗を知らんと欲せば、今、汝の与《た》めに説く。菩薩の大乗有り、菩薩の辟支仏乗有り、菩薩の声聞乗有り。是れ菩薩の三乗と謂う。又た舎利弗よ、辟支仏の三乗とは、辟支仏の菩薩大乗有り、辟支仏の菩薩縁覚乗有り、辟支仏の菩薩声聞乗有り。是れ辟支の三乗と謂う。又た舎利弗よ、声聞の三乗とは、声聞の大乗有り、声聞の辟支仏乗有り、声聞の無著乗有り。是れ声聞の三乗と謂う」（大正一六、九一上二四～中四）を参照。引用文中の「一乗中」は、『講録』、『講義』によれば、「一一乗中」に作るテキストもある。

102 「高」【高】『文句』巻第三下の前注102を参照。

すべて含むことを、昔に対して「広」[103]とする。[104]荘厳［寺僧旻］[105]は因が万行をまとめることを取りあげて体とし、上に［菩提を］求めることを「高」とし、下に［衆生を］教化することを「広」とする。

旧［説］は功徳を取りあげない。功徳は凡夫と一緒である。ただ智慧だけを取りあげて体とする。旧［説］はさらに福・慧をどちらも取りあげて体とする。文には、「この三車に乗って、無漏の［五］根、［五］力、［七］覚［支］、［八正］道、禅定、解脱、三昧によって、自分で楽しむ」とある。[106]どうしてただ智慧だけであろうか。

さらにまた、ある師はただ有の理解を取りあげて体とする。空の理解には動きがないので取りあげない。尽［智］・無生智は、有の理解である。

さらにまた、ある［師］は、小乗は空［を認識する］智慧を取りあげて車体とする。文には、「私たちは長い間、空の法を修習する」とある……。[107]大乗もまた実慧・方便［慧］を車体とする。車体は有をたとえる。有に運び動かすことがあるからである。

個人的に考える【私謂】と、さまざまな師は仏乗の体を解釈するけれども、争って具度[108]を指す。どうして多くの目の不自由な人が象に触れて、その尾や牙について争うことと相違するであろうか。天台智者を拠り所と

103　「広」【広】　前注102を参照。
104　光宅［寺法雲］は、仏果の究極的な尽［智］・無生［智］の二智を取りあげて車体とする。五百由旬の外に遠く出ること

を、昔に対して「高」とし、万徳をすべて含むことを、昔に対して「広」とする【世人明仏乗乗体有異光宅取仏果究竟尽無生二智為車体遠出五百由旬之外対昔為高具含万徳対昔為広】 平井俊榮『法華文句の成立に関する研究』三七三〜三七八頁によれば、この段の旧説の紹介は、吉蔵『法華玄論』巻第六（大正三四、四一三中二七〜四一五中三）に基づく部分が多い。『文句』の『法華玄論』に対する参照が正確でないために、意味不明な箇所もあり、『法華玄論』を改めて参照する必要がある。法雲に関しては、『法華義記』巻第四、「今、車の体を明かすに、又た功徳を取らず。何を以ての故なるや。功徳の用は運載無きが故なり。唯だ智慧を取りて、以て車の体と為すのみ。智慧は衆多にして、復た一条に非ず。今、境に拠りて撿求《けんぐ》するに、十智を出でず。十智とは、一に苦智、二に集智、三に滅智、四に道智、五に名字智、六に法智、七に比智、八に他心智、九に尽智、十に無生智なり。十智有りと雖も、今、車の体を覈論《かくろん》するに、唯だ尽智・無生智を取りて、以て車の体に当つるのみ。其の余の八智は、正しき車の体に非ず」（大正三三、六一九中一一〜一九）、同、「今、『其車高広』と言うは、此れは即ち昔日、止《た》だ三界の正使を断じ尽くす処にて尽・無生智を得るを果と為すに対す。然るに、此の果は狭くして復た短かし。今日、三乗の行人は皆な菩薩と成り、受記得仏するを明かす。然るに、此の仏果は五百由旬の外に超出す。即ち是れ『高』の義なり。又た、傍《かたわ》ら其の諸もろの功徳・智慧を摂するは、即ち是れ『広』なり。是の徳は悉ごとく円かなるが故に、『衆宝荘校』と言うなり」（同前、六二一上二一〜二六）を参照。

105 荘厳［寺僧旻］【荘厳】 荘厳寺僧旻（四六七〜五二七）のこと。梁の三大法師の一人で、『成実論』を講じた。

106 文には、「この三車に乗って、無漏の［五］根、［五］力、［七］覚［支］、［八正］道、禅定、解脱、三昧によって、自分で楽しむ」とある【文云乗是三車以無漏根力覚道禅定解脱三昧而自娯楽】『法華経』譬喩品、「是の三乗に乗りて、無漏の根、力、覚、道、禅定、解脱、三昧等を以て自ら娯楽し、便ち無量の安隠快楽を得」（大正九、一三中一六〜一八）を参照。

107 文には、「私たちは長い間、空の法を修習する」とある【文云我等長夜修習空法】『法華経』信解品、「我れ等は長夜に、空法を修習し、三界の苦悩の患いを脱することを得て、最後身の有余涅槃に住す」（同前、一八下二一〜四）を参照。

108 具度 牛車の備えている装飾品や付属品の意味。

すると、諸法実相は、まさに車体であり、すべての宝で荘厳するものはどれも荘厳する道具であるにすぎないと明らかにする。車を与える文に至って、一つひとつ指摘する【点出】であろう。

5.1222232212222112232222　小車を明かす

5.12222322122222112232221　運不運を明かす

旧［説］の解釈では、小車とは、小果である。果に有為・無為の功徳がある。正面から有為を取りあげて、車が運ぶことをたとえ、運んで無余［涅槃］に入るのである。有為の果のなかに、福・慧がすべてあって、慧を正（中心的なもの）とし、福は具度に所属する。その智慧に十あるけれども、八智は因果に通じ、尽［智］・無生智はただ果の位にすぎない。そこで［尽智・無生智の］二智を取りあげて、車の果をたとえる。この意義によるので、車は門の外にある。もし『大品［般若経］』によるならば、「この乗り物は三界から出て、薩婆若（一切智）に到達して留まる」とある。[109]まだ［三界から］出ないときは、もうこの乗り物に乗っており、争って火宅を脱出する。なぜまた車は門の外にあるというのか。もしはじめから［門の］外にあるならば、何に乗って脱出するであろうか。ところが、ただ乗り物は、因果に通じているだけである。三十七［道］品は、見思惑を断ち切る。すべて因乗である。尽［智］・無生智は、いずれも果乗（果としての乗り物）と名づける。かならず因乗によって惑を除去し尽くすことによって、はじめて果乗の尽［智］・無生智を獲得する。それ故、車は門の外にあるという。ただ果は正（中心的なもの）、因は傍（付随的なもの）である。果についていうと、車は門
71c の外にある。もし内の因において結（煩悩）を断ち切るならば、運ぶという意義を乗と名づける。外の果は運ばない。どうして乗と名づけることができようか。ところが、果には惑を断ち切るという、運ぶことがないけ

れども、かならず尽［智］・無生智によって、無余涅槃に入る。はじめてよく運ぶこと［といえるの］である。

5.12222322122221122322222 索不索を明かす

5.12222322122221122322221 古を引きて釈す

もし因に乗って果に到達するならば、なぜはじめてあらためて車を求めるのか。旧［説］には、「機が求めること【機索】と心が求めること【情索】とがある」とある。[110] 機が求めることについては、理解できるであろう。心が求めることについては、仏は尽［智］・無生［智］の教えを説き、［阿］羅漢はこの果を証得してから、神通の天眼によって、試しに未来を観察すると、やはり変易の生死が広大であることを見て、自分で獲得した尽［智］・無生［智］の証得を疑う。もしまことに無生［智］であるならば、どうしてその（変易の生死の）広大であるようなものがあることを見るのか。昔［、証得した果］は究極的ではないので、心【情】のなかで仏に従って以前に許されたものを求める。以上が、［旧［説］による］心が求めるということである。た

109 もし『大品［般若経］』によるならば、「この乗り物は三界から出て、薩婆若（一切智）に到達して留まる」とある【若依大品云是乗従三界出到薩婆若中住】『大品般若経』巻第六、出到品、「仏の言わく、是の乗は三界の中従り出で、薩婆若の中に至りて住す。不二の法を以ての故に」（大正八、二五九下一八～一九）を参照。

110 旧［説］には、「機が求めること【機索】と心が求めること【情索】とがある」とある【旧云機索情索】『法華義記』巻第四、「又た有る人解す、是れ機の中に索有り。即時に習う所は、情に就いて索を明かす。意は後途《ごず》に在り」（大正三三、六一九上二四～二五）を参照。

とい経文を尋ねても、［経］文にこの［旧［説］が述べる］言葉はない。もし求めることの意義を推し量るならば、その意義はそう（旧［説］の通り）ではないはずである。文がないことは理解できるであろう。推し量るとは、下の文に、「自分で獲得したものについて、滅度の思いを生ずる」とある。[111] 天眼によって生死があることを見る以上、なぜまた滅度の思いを起こすのか。これは自然とたがいに矛盾する。さらにまた、仏が涅槃に入った後の［阿］羅漢が、他の仏に出会わなければ、きっぱりとして理解する【決了】ことはできない。自分で天眼によって、生死を照らし見る以上、どうして仏を見てきっぱりとして理解する【決了】必要があろうか。さらにまた、初禅の天眼でさえ二禅を見ない。まして変易［の生死］を見るのはなおさら［できないの］である。また『摂大乗［論］』と背反するのである。さらにまた、［阿］羅漢が煩悩の汚れのない業を得て、天眼によって、変易の未来の生死の果報を見るならば、すぐに人は五戒・十善を修行して、自分でその未来の果報を見るべきである。三界外部の果報は、どうして天眼の見る対象であろうかと知るべきである。これによって心が求めることであるとは判定しないのである。

5.122223221222211223222222 今師正しく解す

今、心が求めること【情索】というのは、昔、教によって、尽［智］・無生［智］は無余［涅槃］に入ることができると思うが、方等［経］において、菩薩の不思議を見、浄名（維摩詰）の弾呵排斥【弾斥】を聞くことである。もし私が得るものが真実【実】であるならば、［菩薩］大士は挫《くじ》かれる【折挫】べきではない。もし私［の得るもの］が真実【実】でなければ、仏が真正【真】であると説くべきではない。それ故、「［須菩提は］呆然として、［維摩詰の］いうことを知らない」とある。[112]［その後、須菩提等は、］『大品［般若経］』に至って、偉大な法を理解する。これを聞いて、大［乗］を願う心が生じ、はじめて進んで大乗を修行しようとする。しかしながら、得と不得を知ることができない。これらはすべて心のなかで大乗を求めたという意義である。それ故、身子（舎利弗）は領解（理解すること）して、昔の疑問の心【疑情】を提起して、「菩薩たちが成仏すると授記されるのを見たが、［私は］このことと無関係である。『ああ』と声を上げ、深く自分を責めて、世尊に質問しようとする。「［私は世尊からの利益を］失ったのか、それとも失っていないのか」［という］[113]。つまり［これは］、昔、方等［経］において心が求めることを指すのである。今、口が求めることを加えるのは、

111　下の文に、「自分で獲得したものについて、滅度の思いを生ずる」とある【下文云自於所得生滅度想】『法華経』化城喩品、「我が滅度の後、復た弟子有りて是の経を聞かず、菩薩の行ずる所を知らず覚せず、自《みずか》ら得る所の功徳に於いて、滅度の想を生じ、当に涅槃に入るべし」（大正九、二五下一四～一六）を参照。

112　「［須菩提は］呆然として、［維摩詰の］いうことを知らない」とある【云茫然不知所云】『維摩経』巻上、弟子品、「時に我れは、世尊よ、此の語を聞いて茫然として、是れ何の言なるやを知らず、何を以て答うるやを知らず。便ち鉢を置いて其の舎を出でんと欲す」（大正一四、五四〇下一二～一三）を参照。

113　「菩薩たちが成仏すると授記されるのを見たが……それとも失っていないのか」［という］【見諸菩薩授記作仏不予斯事嗚呼自責欲以問世尊為失為不失】『法華経』譬喩品、「我れは昔、仏従り、是の如き法を聞き、諸の菩薩の授記作仏するを見しかども、而も我れ等は斯の事に予《あずか》らず。甚《はなは》だ如来の無量の知見を失えることを感傷《かんじょう》しき」（大正九、一〇下一～四）、同、「嗚呼《うこ》して深く自ら責めき。云何んが而も自《みずか》ら欺ける」（同前、一〇下二三）、同、「我れは常に日夜に於いて、毎《つね》に是の事を思惟して、以て世尊に問わんと欲す。失えりと為すや、失わずと為すや」（同前、一一上四～五）を合わせて作文したものである。

方便品の最初の偈を聞くことにより、［大衆は］仏がいずれも方便であると説くのをかいつまんで聞いて、す[72a]ぐにまた今の方便に執著して、昔はまだ究極的ではなかったと疑う。それ故、「私［たち］は今、これがどういう趣旨なのかわからない」とある。[114]過去の疑問の心を動かすので、言葉を発して三たび請い、昔日説く真実を求める。機は大乗にあるけれども、心は昔の真実を求める。さらにまた、心は大乗を求め、口は昔の真実について質問する。六度［の菩薩］（蔵教の菩薩）・通教［の菩薩］も同例である。

5.12222322122221122323　等賜大車譬

5.122223221222211223231　科文

「舎利弗爾時」（12c18/A166･6/169･2）以下は、第三に平等に大車を与える。二つの章、二つの広、二つの解釈がある。第一に等しい子、第二に等しい車である。

5.122223221222211223232　釈文

5.1222232212222112232321　両章を標す

5.12222322122221122323211　子等しきを標す

子が等しいので、心が等しい。一切衆生に等しく仏性があることをたとえる。仏性は同じなので、等しく子である。

5.12222322122221122323212　車等しきを標す

第二に車が等しいとは、法が等しいので、仏法でないことはないということである。一切法はすべて摩訶衍（大乗）であることをたとえる。摩訶衍は同じなので、等しく大車である。そして、「各賜」（12c18/A166·7/169·2）というのは、それぞれもともと四諦・六度（六波羅蜜）・無量の諸法を習うのにしたがって、それぞれ過去に習ったこと【旧習】について真実を開き示すことをいう。過去に習ったことは同じでないので、「各」という。すべて摩訶衍であるので、「大車」（12c18/A166·7/169·3）という。

5.1222232212222112232322　広く車等しきを釈す

5.12222322122221122323221　広く車体を叙す

「其車高」（12c18-19/A166·7/169·3）以下は、車について詳細に述べることを二［段］とする。第一に詳細に車の体について述べ、次に車が存在する理由を解釈する。車の体について述べるなかで、まず［車の］高く広いことについて述べ、次に白牛について明らかにし、後に侍従の人【儐従】を明らかにする。仮名の車[115]に高く広いという特徴がある。［これは］如来の知見が深遠であることをたとえる。横に法界の果てまでくまなく行きわたり、縦に三諦の奥底まで貫くので、「高広」というのである。「衆宝荘校」（12c19/A166·8/169·3）

114　「私［たち］は今、これがどういう趣旨なのかわからない」とある【我今不知是義所趣】『文句』巻第四上の前注61を参照。

115　仮名の車【仮名車】『講録』、『講義』によれば、世俗の車の意。

とは、あらゆる修行【万行】の修飾をたとえるのである。「周匝欄楯」（12c19/A166·8/169·4）とは、総持（陀羅尼）が万善を保持して、多くの悪を遮ることをたとえる。「四面懸鈴」（12c19/A166·8/169·4）とは、四辯（法無礙辯・義無礙辯・辞無礙辯・楽説無礙辯の四無礙辯）によって［衆生に対して］下に教化【下化】することをたとえるのである。「張設幰蓋」（12c20/A166·9/169·5）とは、四無量（慈・悲・喜・捨の心を無量に起こし、無量の衆生を救済すること）をたとえる。多くの徳のなかで、慈悲は最も高く、くまなく一切を覆うのである。「珍琦雑宝而厳飾之」（12c20/A166·9-10/169·5-6）とは、真実の万善によって、この慈悲を装飾する。『大［般涅槃］経』には、「慈がもし十力・［四］無畏（正等覚無畏・漏永尽無畏・説障法無畏・説出道無畏の四種の畏れない自信）をすべて備えれば、如来の慈と名づける。慈のなかで布施などを行なう」とある[116]……。「宝縄交絡」（12c21/A166·10/169·6）とは、四弘誓［願］（衆生無辺誓願度・煩悩無尽誓願断・法門無量誓願学・仏道無上誓願成の四つの広大な誓願）が偉大な慈しみの心を堅固にすることをたとえるのである。「垂諸花纓」（12c21/A166·10-11/169·6）とは、四摂・神通などが衆生を喜び動かす【悦動】ことをたとえるのである。また七覚（択法・精進・喜・軽安・捨・定・念の七種の覚りへ導く要素）の美髪【妙鬘】をたとえるのである。「重敷婉綖」（12c21/A166·11/169·6-7）とは、観・練・熏・修[117]などのすべての禅が重なり【重沓】柔軟であることをたとえるのである。「安置丹《たん》枕《ちん》」（12c21-22/A166·11/169·7）とは、車がもし運転される【駕運】ならば、到着する場所にしたがって、これ（車を支え挙げる丹枕）を用いて支え挙げること[118]は、動そのままが静であり、静そのままが動であることをたとえる。もし車のなかの枕が首【身首】を休ませるならば、一行三昧[119]は一切智、一切行を［実相に］休息させる【息】ことをたとえるのである。「丹」は、赤い光であり、無分別の法をたとえるのである。「駕以白牛」

72b
（12c22/A166·12/169·7-8）とは、煩悩の汚れを離れた【無漏】般若が［四］諦・［十二因］縁・［六］度、すべての行【一切万行】を導いて、薩婆若《さつばにゃ》（一切智）に到達することをたとえる。「白」は色の基本である。つまり本来清浄であり煩悩の汚れを離れたもの【無漏】と相応する。体に万徳を備えることは、「膚充」（12c22/A166・12/169・7-8）のようである。煩悩によって汚染しないことは、「色潔」（12c22/A166・12/169・8）のようである。さらにまた、四念処（身の不浄、受の苦、心の無常、法の無我を観察すること）を「白牛」とする。四正勤（律儀断・断断・随護断・修断の四つの正しい努力）のなかに［過去世・現在世の］二世の善が満ちるのは、「膚充」のようであり、二世の悪が尽きるのは、「色潔」のようである。四如意足（欲、勤、心、観の四種の自在力を得るための基となる四神足）が修行者の心に合致することは、「形体姝好」（12c22/A166・12/169・8）のようである。「筋」（12c22/A166・13/169・8）は、五根（信根・精進根・念根・定根・慧根の覚りに至るための五つの能力）が留まり【住立】、

116　『大［般涅槃］経』には、「慈がもし十力・［四］無畏……慈のなかで布施などを行なう」とある【大経云慈若具足十力無畏名如来慈慈中行布施等】『南本涅槃経』巻第十四、梵行品、「慈は若し仏の十力・四無所畏を得ること能わずば、当に知るべし、是の慈は是れ声聞の慈なり」（大正一二、六九九上一五～一六）を参照。

117　観・練・熏・修【観練熏修】　観禅・練禅・熏禅・修禅の四禅。禅を世間禅、出世間禅、出世間上上禅の三種禅に分けるなかで、出世間禅に属する。観禅は、九想・八背捨・八勝処・十一切処、練禅は九次第定、熏禅は師子奮迅三昧、修禅は超越三昧を指す。『法華玄義』巻第四上（大正三三、七一九中九～七二〇中二五）を参照。

118　支え挙げる【支昂】『文句記』巻第六、「丹枕を支昂《しこう》と云うは、即ち車の外枕なり。車の住《とど》まるは支を須《もち》い、支は之れ昂を恐る。故に支昂と云う。支は持なり。昂は挙なり」（大正三四、二六八中四～六）を参照。

119　一行三昧　常坐三昧のこと。常坐の一行を修するので、一行三昧という。

生ずることのできるという意義をたとえるのである。「力」（12c23/A166·13/169·8）は、五力（信力・精進力・念力・定力・慧力）が悪をくだく才能を持つ【摧伏幹用】という意義をたとえるのである。「行歩平正」（12c23/A166·13/169·9）は、禅定と智慧が等しいことをたとえる。さらにまた、七覚の調和がとれていること【調平】をたとえる。「其疾如風」（12c23/A166·13/169·9）とは、八正道のなかの修行は速やかに薩婆若（一切智）に到達することである。「僕従」（12c23/A166·14/169·9）とは、方便波羅蜜によってさまざまな教化の方法をめぐらし、[120]人にしたがって給侍し使用人として仕事をする【使令】ことができることをたとえる。多くの魔・外道・二乗の卑小な修行は、すべて方便の智の作用にしたがう。それ故、『浄名［経］』には、「すべて私が侍るのである」とある。[121]さらにまた、果地の神通が働いて【運役】心にしたがう。とりもなおさず「僕従」である。

5.122223221222221122323222　車有るの由を釈す

5.1222232212222211223232221　牒経総釈

次に「所以者何」（12c24/A166·14/169·10）以下、車が存在する理由を解釈することについては、財産が豊かで蔵が物であふれているからである。果地の福・慧が円満であることをたとえて、「財富無量庫蔵充溢」（12c24-25/A166·15-16/169·11）と名づける。

5.1222232212222211223232222　別釈

［如来蔵には］修行の［如来］蔵と理の［如来］蔵がある。一切法は布施・持戒・忍辱などを拠り所とし、この拠り所を超えない[122]とは、修行に焦点をあわせて［修行の］如来蔵とすることである。一切法は［五］陰・

［十二］入・［十八界］・［六］根・［六］塵（六境）などを拠り所とし、この拠り所を超えない。理に焦点をあわせて如来蔵を明らかにする。もともとこの修行・理を行ずることを「充」と名づけ、他者を教化することを「溢」と名づける。実智が満ちることを「充」と名づけ、権智が働くことを「溢」と名づける。中道に入ることを「充」と名づけ、［中道は空と仮を］どちらも照らすので「溢」と名づける。ただ蔵が多いだけではなく、さらにまたすべて充溢する。いかなる法が摩訶衍（大乗）でないであろうか。それ故、大乗は無量である。

120　さまざまな教化の方法をめぐらし【屈曲】　身をかがめるの意から転じて、ここでは衆生に合わせてさまざまな教化の方法をめぐらすことを意味する。

121　『浄名［経］』には、「すべて私が侍るのである」とある【浄名云皆吾侍也】　『維摩経』巻中、文殊師利問疾品、「一切の衆魔、及び諸の外道は、皆な吾れ侍するなり」（大正一四、五四四下七～八）を参照。

122　一切法は布施・持戒・忍辱などを拠り所とし、この拠り所を超えない【一切法趣檀尸忍等是趣不過】　『大品般若経』巻第十五、知識品、「一切法は空に趣き、是の趣をば過ぎず。何を以ての故に。空の中の趣・不趣は不可得なるが故なり。須菩提よ、一切法は無相に趣き、是の趣をば過ぎず。何を以ての故に。無相の中の趣・不趣は不可得なるが故なり」（大正八、三三二下二六～二九）とあるように、『大品般若経』に多く出る表現に基づく。「趣」は gati の訳で、拠り所の意。「すべての法はAを拠り所として、この拠り所を超えない。なぜかと言えば、Aの中の拠り所や拠り所でないものは捉えられないからである」という意味になる。「檀尸忍」は、布施（檀 dāna）、持戒（尸羅 śīla）、忍辱（羼提《せんだい》 kṣānti）のこと。

5.12223221222212232323　広く心等しきを釈す

「而作是念」(12c25/A166·16/169·12)以下は、詳細に心の平等を明らかにする。文を二[段]とする。第一に心の平等を詳細に述べ、第二に解釈である。心の平等を詳細に述べるとは、「財富無量」である。子であって、えこひいき【偏】はない。このために心が平等である。もし裕福でも[自分の]子供ではなく、[自分の]子であっても貧乏であれば、平等であることにはならない。今、「七宝大車其数無量」(12c27/A168·3-4/170·3-4)である。教にしろ、行にしろ、いずれも摩訶衍(大乗)である。財産が多いのである。「各各与之不宜差別」(12c28/A168·4-5/170·4-5)とは、過去に習ったこと【本習】を変化させないけれども、真実を示すことである。身子(舎利弗)に関しては、智慧について仏知見を開き、一切の仏法(仏の特性)を備える。目連は禅定について仏知見を開き、一切の仏法(仏の特性)を備える。その他の人も同様である。さらにまた、『方等[経]』・『般若[経]』の[四]念処・[四]正勤・[五]根・[五]力・[七]覚[支]・[八正]道の種々の別名があるけれども、すべて実相を開き示す。一切法を経歴するけれども、またこの通りである。それ故、「無量」というのである。「所以者何以我」(12c28-29/A168·5/170·5)以下は、[心が平等であることと子が平等であることの]二つの平等【両等】を解釈する。最初に財産の多いことを解釈する場合、一国に[おいて]すら広く行きわたる。まして子供たち[に対して]はなおさらである。[この巨大な財産は、]大いなる円かな因【大円因】は広く善悪を包括し、まして仏の知見はなおさらであることをたとえる。次に子が平等であることを解釈するとは、子でなくとも、やはり充ちる。まして子であるのはなおさらである。仏は関係性【縁】がない者でさえやはり救済し、まして関係性【縁】がある子はなおさらであることをたとえる。文を尋ねれば理解できるであろう。

5.122223221222112232 4　諸子得車歓喜譬

「是時諸子各乗大車」（13a1/A168·7/170·7）以下は、第四に願いにかなって歓喜し、上の「受行悟入」（10a6）をたとえる。もともと羊・鹿・水牛を求め、分段［の生死］を出ることを期待する。今は白牛を得て、変易［の生死］を消滅させる。もともと望んだものを超過する。どうして歓喜しないであろうか。

5.12222322122221224　無虚妄譬

5.122223221222211224 1　問

「於意云何」（13a2/A168·8/170·9）以下は、第四に不虚譬《ふこひ》であり、法王が偽りでないことをたとえる。第一に問い、第二に答え、第三にたたえることを述べること【述歎】である。問いは文の通りである。

5.122223221222211224 2　答

5.12222322122221122421　免難不虚

「舎利弗言」（13a3/A168·10/170·11）以下は、第二に答えである。二［段］とする。第一に難を免れることが偽りでないこと【免難不虚】である。また重いものによって軽いものを奪うことが偽りでないことと名づける。第二に本心に背かないことが偽りでないことである。また本来の希望を超過することが偽りでないという。それぞれ三［段］とする。標章（章を高く掲げること）、解釈、況結《こうけつ》（比喩を用いて結論づけること）のことである。難を免れることを高く掲げることとは、文の通りである。「何以故」（13a5/A168·12-13/171·2）以下、第二に解釈とは、命は重く身は軽い。身を全うし火を免れるならば、大宝を得たことになる。重い命を救済することに、どうして偽りがあるはずがあろうか。八苦の火を免れて、五分の身（戒・定・慧・解脱・解脱知見の五つの功徳の集まり）を全うすることは、すでに大宝である。まして二万仏[123]のもとで、大乗の慧命、円かな因が成就して、仏知見が開くのは、どうして偽りであろうか、ということを結論づける。

5.1222232212222112422　不乖本心不虚

次に「世尊若是」（13a6-7/A168·15/171·4）以下は、第二に本心に背かないことをいう。最初に本心に背かない章を高く掲げれば、もともと三［乗］がないと知るけれども、心のなかで［如来を］謗《そし》らないようにさせる。謗らなければ、本心に背かないことになる。解釈して、もともと小［乗］がないと知るけれども、心のなかで［如来を］非難して悪に堕落しないようにさせる、という。非難するという因がない以上、悪果に堕落しない。小車を与えないけれども、本意に背かない。結論づけて、「［長者は］数えきれないほど財産が豊かであると自分で知り、その子に大いに利益を与えようとして、一つの大車を与える」という[124]。もともと望んだことを超過する[125]。このために偽りでない。前の章を結論づけて「方便によって救済する」[126]というのは、断徳である神通の力をたとえるようなものである。後の章を結論づけて「財富無量」というのは、智徳である雄弁の力をたとえるようなものである。前は子が等しいので偽りでない。後は財が等しいので偽りでない。

5.1222232212222112243　述歎

「仏告舎利」（13a10-11/A170·5/171·11）以下は、第三にたたえて述べる【歎述】。二つの善哉《ぜんざい》がある[127]のは、その二つが偽りでないことを述べるのである。

質問する。仏はどうして偽りでないことを自分で説かないのか。答える。仏は三［車］を［与えることを］許可して、一［大車］を与えるので、［仏が］自分で説くことは難しい。身子（舎利弗）が偽りでないことを説くならば、信を得ることは容易である。

5.122223221222212　合譬

5.1222232212222121　分科斥旧

「舎利弗如来亦復」（13a11-12/A170·6-7/172·1）以下は、第二に合譬（比喩を思想的内容に対応させること）であ

123 二万仏　前注32を参照。

124 結論づけて、「［長者は］数えきれないほど財産が豊かであると自分で知り、その子に大いに利益を与えようとして、一つの大車を与える」という【結云自知財富無量欲饒益其子与一大車】『法華経』譬喩品、「何に況んや長者は自ら財富無量なりと知って、諸子を饒益せんと欲して、等しく大車を与うるをや」（大正九、一三上九～一〇）を参照。

125 もともと望んだことを超過する【過本所望】『法華経』譬喩品、「是の時、諸子は各おの大車に乗り、未曾有なることを得て、本との望む所に非ず」（同前、一三上一）を参照。

126 「方便によって救済する」【方便救済】「況んや復た方便もて彼の火宅於《よ》り之れを抜済す」（同前、一三上六）を指すと思われる。

127 二つの善哉がある【有二善哉】「仏は舎利弗に告ぐらく、善き哉、善き哉。汝の言う所の如し」（同前、一三上一〇～一一）を指す。

る。光宅［寺法雲］は十譬を展開した。[128]ただ七［譬］を［思想的内容に］対応させて、三［譬］を対応させない。七［譬］のなかで正面から五［譬］を対応させて、第五［譬］・第八［譬］をあわせて［対応させず］、第
73a
七［譬］・第九［譬］を対応させない。それ故、十譬は繁雑であり、［『法華経』の比喩の文に］合致しないことがわかる。今は総・別の二譬を対応させる。総のなかに六がある。今の文はすべて対応させるけれども、少し順序通りではない。今、最初に第一は上の第一に対応する。上の長者には名声と品行【名行】、爵位と称号【位号】、道徳的行為【徳業】がある。

5.12222322212222122　釈

5.122223222122221221　総譬を合す

合して「如来亦復如是」（13a11-12/A170·6-7/172·1）とあるのは、まず爵位と称号【位号】に対応する。如来に数限りない道徳と称号【徳号】がある。かいつまんで十の意義を取りあげる。上に説いた通りである。

「一切世間」（13a12/A170·7/172·2）は、場所【処所】によって名声と品行【名行】を定める。上には「ある国の都とか地方」といい、[129]合［譬］にはただ「一切世間」というだけである。[130]通じて［凡聖］同居［土］・［方便］有余［土］・自体（実報無障礙土）[131]を指す。すべて絶妙な身体【妙色】、絶妙な心【妙心】の果報の場所である。如来はくまなく［凡聖同居土・方便有余土・実報無障礙土の］三つの場所に応じる。つまり、「一切世間」は、上の「国邑聚落」に対応するのである。

「於諸怖畏」（13a12-13/A170·7-8/172·2）以下は、上に内外の徳をたたえることに対応する。内［徳］は年老いて衰弱しており【年高衰邁】、事理を知る識見【識達】が多く、如来の智［徳］・断［徳］をたとえる。

「於諸怖畏無明永尽」（13a12-13/A170·7-9/172·2-3）は、上の「年老いて」132に対応して、断徳をあらわすのである。「成就無量知見」（13a13-14/A170·9/172·4）は、「その年齢は高い」133（12b14）に対応して、智徳をあらわすのである。「力無畏等」（13a14/A170·10/172·4）は、上の外徳の「財産は数え切れないほどである」134に対応するのである。「神力」（13a14/A170·10/172·5）とは、深く禅定を修行して、神通を得ることができることであ

128　光宅［寺法雲］は十譬を展開した【光宅開十譬】『法華義記』巻第四、「今、開譬の中に就いて、凡そ十譬を開く」（大正三三、六一四中二）を参照。

129　「ある国の都とか地方」といい【云国邑聚落】『法華経』譬喩品、「国邑聚落に、大長者有るが若《ごと》し。其の年は衰邁《すいまい》して、財富は無量にして、多く田宅及び諸の僮僕有り」（大正九、一二中一三～一五）を参照。

130　「一切世間」という【云一切世間】『法華経』譬喩品、「如来も亦復た是の如し。則ち一切世間の父と為す」（同前、一三上一一～一二）を参照。

131　自体（実報無障礙土）【自体】『文句記』巻第六下、「『自体』とは、実報土なり。此れは是れ摂大乗師は因に従いて名を立てて謂わく、有為の縁集は即ち同居の因、無為の縁集は即ち方便の因、自体の縁集は即ち実報の因なり。亦た云わく、法界の縁集なり」（大正三四、二六九下二二～二五）を参照。なお、これらの用語は地論学派に由来するものを、智顗が取り入れたもののようである。『十地義記』巻第一、「一切世間とは、有為の縁集の行、無為の縁集の行、自体の縁集の行なり。三種の縁集の相に在るは、皆な方便に拠りて修入するを、世間と言う」（大正八五、二三七下六～八）を参照。

132　「年老いて」【衰邁】前注129を参照。

133　「その年齢は高い」【其年高】前注129に出る「其の年は衰邁」を言い換えたものであろう。

134　「財産は数え切れないほどである」【財富無量】前注129を参照。

り、上の「農地」[135]に対応するのである。「智慧力」（13a14/A170·10-11/172·5）は、智はきっと境を照らす。身体が［自分を］場所に託すようなものである。上の「家」[136]に対応するのである。「具足方便波羅蜜」（13a14-15/A170·11/172·5-6）は、上の「多くの召使い」[137]に対応するのである。

「大慈大悲」（13a15/A170·11-12/172·6）以下は、第二に上の第四に対応する。慈悲は教化する根本であり、「一切」（13a16/A170·13/172·7）は五道（地獄・餓鬼・畜生・人・天の五つの生存領域）である。［五道の衆生は］常に慈悲によって覆われる。上の「五百人」[138]に対応するのである。

「而生三界火宅」（13a16/A170·13/172·7-8）以下は、第三に上の第二の「その家」[139]に対応するのである。

「為度衆生」（13a16-17/A170·14/172·8）以下は、第四に上の第六に対応する。衆生に縁があれば、親しい者を先に救済する。上の「三十人の子供」[140]（12b18-19）に対応するのである。

「生老病死等」（13a17/A170·14/172·8-9）以下は、第五に上の第五の欻《くつ》[141]然《ねん》火《か》起《き》（突然火が生じること）譬に対応するのである。

「教化令得三菩提」（13a18/A170·15-16/172·10-11）以下は、第六に上の第三に対応する。教は理を説き明かすことができる。理を尋ねて行を起こし、すぐに菩提を得る。それ故、教と理とともに用いるのがわかる。上の唯《ゆい》有《う》一《いち》門《もん》譬《ひ》に対応する。もし講説して、前後を理解できるようにさせるならば、一々方便品という比喩の根本を提示して、これを考え飾る【勘揀】必要がある。それ以降も同様である。

5.12222322122221222　別譬を合す

5.1222232212222122221　見火譬を合す

「見諸衆生」（13a18-19/A172・1/172・12） 以下は、第二に個別的な比喩【別譬】に対応する。個別的な比喩に四［段］がある。今は第一の見火譬に対応する。比喩に三つの意味がある。その文に四［段］があり、合［譬］にも四［段］がある。ただ比喩のなかでは、「大いに驚き恐れる[142]」は前にあり、「子供たちは遊び場所に夢中

135 「農地」【田】 前注129を参照。

136 「家」【宅】 前注129を参照。

137 「多くの召使い」【諸僕従】 前注129に出る「諸の僮僕」を言い換えたものであろう。

138 「五百人」【五百人】『法華経』譬喩品、「其の家は広大にして、唯だ一門有り、諸の人衆多くして、一百・二百、乃至五百人は、其の中に止住せり」（同前、一二中一五～一六）を参照。

139 「その家」【其家】 前注138を参照。

140 「三十人の子供」【三十子】『法華経』譬喩品、「長者の諸子、若しは十・二十、或いは三十に至るまで、此の宅の中に在り」（同前、一二中一八～一九）を参照。

141 欻 底本の「炊」を、『法華経』の本文によって「欻」に改める。『全集本』に出る「欻」は、「欻」の異体字である。

142 「大いに驚き恐れる」【驚怖】『法華経』譬喩品、「長者は是の大火の四面従り起こるを見て、即ち大いに驚怖して、是の念を作す」（同前、一二中一九～二〇）を参照。

になる」[143]は後にある。対応のなかでは、「［火事に］気づかず、驚かない[144]」は前にあり、「苦を抜いて楽を与え
73b
る[145]」は後にある。［前後関係にあるそれらは］たがいに現われて、その固定的でないことを論じるだけである。

今、一つの「見」の字を、第一に上の第一の見る主体として【能見】の眼に対応させる。とりもなおさず如来の寂照の智慧の眼が見る主体【能見】である。

「諸衆生為生老」（13a19/A172·1/172·12）以下は、第二に上の第二の見る対象【所見】としての火が四面から生じることに対応させる。このなかで八苦（生老病死の四苦に、愛別離苦、怨憎会苦・求不得苦・五盛陰苦を加えたもの）を火とすることを明らかにする。四苦は、文の通りである。「貪著追求」（13a20/A172·3/173·2）は、求不得苦である。「後受地獄天上人間」（13a21-22/A172·4-5/173·3-4）は、五陰苦である。「愛離怨会」（13a22-23/A172·6/173·5）は、文の通りである。この八苦は、四［顚］倒（無常・苦・無我・不浄である存在を常・楽・我・浄であるとする誤った見解）という四面から生じるのである。

「衆生没在其中」（13a23/A172·7/173·6）以下は、第三に上の第四の所見火譬の「子供たちは［火事に］気づかず、驚きも恐れもしない[146]」などに対応するのである。苦［諦］・集［諦］を観察しないので、「嫌悪を覚えることもない[147]」のである。道［諦］・滅［諦］を観察しないので、「解脱を求めない[148]」のである。「雖遭大苦不以為患」（13a25-26/A172·10-11/173·9-10）は、上の「心の中で嫌悪することもなく、脱出を求める気もない[149]」に対応するのである。

「仏見此已便作是念」（13a26-27/A172·11-12/173·11）以下は、第四に上の第三の「驚きや恐れを生ずる。私はこの焼けている門から安全に脱出することができたけれども[150]」の意味に対応するのである。「応抜其苦難」（13a27/A172·13/173·12）とは、大悲の力である。「与無量楽」（13a27-28/A172·13-14/174·1）とは、大慈の力である。

5.1222232212222 1222　捨机用車譬を合す

「如来復作是念」（13a29/A174・1/174・2）以下は、第二の捨几用車譬に対応する。上の比喩に勧・誡がある。今はただ勧に対応して、誡に対応しない。［方便品の］法説のなかにも、また勧善（善を勧めること）だけで、

143　「子供たちは遊び場所に夢中になる」【諸子恋著戯処】『法華経』譬喩品、「諸子等は火宅の内に於いて、嬉戯に楽著して、覚えず知らず、驚かず怖じず」（同前、一二中二一～二〇）を参照。「恋著戯処」は、別の箇所に出る（同前、一二中二六）が、文字はやや相違するものの、この部分が引用の箇所を指しているはずである。

144　「［火事に］気づかず、驚かない」【不覚不驚】前注143を参照。

145　「苦を抜いて楽を与える」【抜苦与楽】『文句記』巻第六下（大正三四、二七〇上一二～一三）によれば、「我れは衆生の父と為り、応に其の苦難を抜き、無量無辺の仏の智慧の薬を与え、其れをして遊戯せしむべし」（大正九、一三上二七～二八）を指す。

146　「子供たちは［火事に］気づかず、驚きも恐れもしない」【諸子不覚不知】前注143を参照。

147　「嫌悪を覚えることもない」【不厭】『法華経』譬喩品、「衆生は其の中に没して、歓喜し遊戯して、覚えず知らず、驚かず怖じず、亦た厭うことを生ぜず、解脱を求めず」（同前、一三上二三～二五）を参照。

148　「解脱を求めない」【不求解脱】前注147を参照。

149　「心の中で嫌悪することもなく、脱出を求める気もない」【心不厭患無求出意】前注48を参照。

150　「驚きや恐れを生ずる。私はこの焼けている門から安全に脱出することができたけれども」【起驚怖我雖能於此所焼之門安隠得出】前注10を参照。

誡悪《かいあく》（悪を戒めること）を明らかにしない。それ故、［善を］勧め修めることは中心的なもの【正】であり、誡悪は付随的なもの【傍】である。また勧善は誡悪であり、誡悪は勧善である。今、勧善に対応するのは、誡悪に対応することであると知るのである。

上の［善を］勧める文に三［段］がある。擬宜、機がないこと、教化を止めることである。擬宜に「体［力］・腕［力］と衣の裾」[151]（12b24）などとある。「但以神力」（13a29/AI74·1-2/174·3）とは、上の「体力」【身力】[152]に対応する。「及智慧力」（13a29-b1/AI74·2/174·3）とは、上の「腕力」【手力】[153]に対応するのである。「讃如来知見」（13b1/AI74·3/174·4）は、「衣の裾[154]」に対応するのである。「力無所畏」（13b1-2/AI74·3-4/174·4-5）は、「台」[155]に対応するのである。もし仏が最初に出現して、これを衆生にあてがったとしても、「いまだ機がなく」「衆生はこれによって救済を得ることはできない」[156]のである。

「所以者何」（13b2/AI74·5/174·6）以下は、得度しないことを解釈して、上の第二の子不受勧《しふじゅかん》（子どもは勧めを受けないこと）譬に対応する。まさに五濁の障礙が重く、まだ生死などの火を免れないことに基づいて、大乗は微妙であるので、［それに］入ることができない。それ故、「何によって仏の智慧を理解することができるのか」という。[157]この一句は、上の「ただ一つの門だけあり、しかも狭くて小さい」[158]に対応する。［門が］小さいので、智慧を理解することができない。智慧を理解しないのは、行を［小さい］門とするからであるという意味である。

「如彼長者雖復身手有力而不用之」（13b5/AI74·8-9/174·9-10）は、上の第三の巧みに誘うことを放ち捨てるこ
73c と、機がないこと、教化を止めること、「あるいは堕落して火に焼かれる」[159]に対応するのである。この文には放ち捨てるという言葉はないけれども、比喩と比喩の根本には、教化を止めるという意味であることはとても

明白である。教化を止めるという文を二［段］とする。まず前後の三つの比喩（身手に力があること、衣裓、几案）を提示し、次に正面から教化を止めることに対応する。前の一つの比喩（身手に力があること）を提示して、正面から教化を止めることにぴったりと対応させ【帖合】、後の二つの比喩（衣裓、几案）を提示して、付随的に教化を止めることを成立させるのである。

「雖復身手有力而用之」、これは前の身手救子不得譬《しんしゅぐしふとくひ》を提示して、教化を止めることに対応する。如来も同様

151「体［力］・腕［力］と衣の裾」【身手衣裓】『法華経』譬喩品、「我れは身手に力有り。当に衣裓《えこく》を以て、若しは几案《きあん》を以て、舎従り之れを出だすべし」（同前、一二中二四～二五）を参照。

152「体力」【身力】前注151を参照。

153「腕力」【手力】前注151を参照。

154「衣の裾」【衣裓】前注151を参照。

155「台」【几案】前注151を参照。

156「衆生はこれによって救済を得ることはできない」【不能以此得度也】前注27を参照。

157「何によって仏の智慧を理解することができるのか」という【言何由能解仏之智慧】『法華経』譬喩品、「何に由りて能く仏の智慧を解せんや」（同前、一三中四）を参照。

158「ただ一つの門だけあり、しかも狭くて小さい」【唯有一門而復狭小】『法華経』譬喩品、「是の舎に唯だ一門有るのみにして、而も復た狭小なり」（同前、一二中二五～二六）を参照。

159「あるいは堕落して火に焼かれる」【或当堕落為火所焼】前注31を参照。

に大乗の教化【大化】を休むのである。

「但以殷勤」（13b6/A174·9/174·10）以下は、施三（三乗を与えること）の譬を提示するのである。

「然後各与」（13b6-7/A174·10/174·11）以下は、第三の等賜大車譬《とうしだいしゃひ》を提示するのである。

「如来亦復如是」（13b7/A174·11/174·12）以下の十六字は、正面から第三の教化を止めることに対応するのである。

「但以智慧方便」（13b8/A174·12-13/175·1-2）以下は、用車救得譬《ゆうしゃぐとくひ》に対応する。上の文に四［段］がある。このなかにも四［段］がある。「但以智慧」以下は、第一の擬宜三車《ぎぎさんしゃ》（三車を与えることが適当かどうかをはかり考える）に対応するのである。

「為説三乗」（13b9/A174·14/175·3）以下は、上の第二の知子先心《ちしせんしん》に対応するのである。

「而作是言」（13b9-10/A174·15/175·4）以下は、上の第三の歎三車希有《たんさんしゃけう》に対応する。上に勧・示・証がある。今も詳しく対応する。ただ順番通りではない。第一に上の第二に対応する。「汝等莫得楽住三界」（13b10/A176·1/175·5）以下は、その尽［智］・無生［智］の場所を示すのである。「三界」は苦諦を示し、「勿貪麁弊乃至生愛等」（13b10-11/A176·1-3/175·5-7）はその集諦を示し、「速出三界」（13b12/A176·3/175·7-8）はその滅［諦］・道［諦］を示す。滅［諦］・道［諦］は、その三界の外に智［徳］・断［徳］の三乗の果があることを示す。それ故、速やかに三界を出て、三乗を得るようにさせる。三乗はまさに道［諦］・滅［諦］を取って体とするのである。

「我今為汝保任此事終不虚」（13b13/A176·5/175·9-10）とは、第二に上の第三の必与《ひつよ》証得不虚《しょうとくふこ》[160]に対応するのである。

「復作是言汝等当知」(13b14-15/A176・7-8/175・12-176・1)以下は、第三に上の第一の歎希有《たんけう》に対応する。このような三乗は、諸仏の方便であり、衆生を引き導く儀式である。それ故、「多くの聖人にたたえられる」[161]とある。無生智を得ることを「自在」[162]とし、尽智を得ることを「無繋」[163]とし、自己の生存が尽きて未来の生存を受けないことを「無所依」[164]と名づけ、なすべきことを成し遂げ、清浄な修行【梵行】が確立したことを「無所求」[165]と名づけるのである。

160 必与証得不虚 「必与」は必ず三車を与えることを意味し、「汝等は此の火宅於《よ》り、宜しく速やかに出で来たるべし。汝の欲する所に随いて、皆な当に汝に与うべし」(同前、一二下一〇~一一)の「皆な当に汝に与うべし」を指す。「証得」は、この経文を『文句』巻第五下が「即ち是れ証転なり」(大正三四、六九中一四)と注しているように、証転法輪を指す。

161 「多くの聖人にたたえられる」【衆聖所称】 『法華経』譬喩品、「此の三乗法は、皆な是れ聖の称歎せる所なり。自在無繋にして、依求する所無く、是の三乗に乗り、無漏の根・力・覚・道・禅定・解脱・三昧等を以て、自ら娯楽し、便ち無量の安隠快楽を得」(大正九、一三中一五~一八)を参照。

162 「自在」【自在】 前注161を参照。

163 「無繋」【無繋】 前注161を参照。

164 「無所依」【無所依】 前注161を参照。

165 「無所求」【無所求】 前注161を参照。

「若有衆生内有智性」（13b18-19/A176·13/176·6）以下は、第四に適《ちゃく》子《し》所願《しょがん》譬《ひ》に対応する。上に真実・相似などの四つの位がある。[166] 今の対応にも四［段］がある。ただ上は総体的であり、今は個別的である。三乗それぞれを四［段］とする。すべて上の比喩を引用してぴったりと対応させる【帖合】のである。「内有智性」とは、過去に習った【宿習】三乗の願い【楽欲】が、三乗の智慧の本性を成立させる、ということである。それ故、仏は三乗の教えを与えるのである。「内有智乃至従仏聞法信受」（13b18-19/A176·13-14/176·6-7）は、上の「父の言うことを聞いて、その貴重なものが彼らの願いに合致するので[167]」に対応し、上の聞慧に対応するのである。「殷勤」（13b19/A176·14/176·7）は、上の「心は各おの勇鋭して[168]」に対応する。思慧である。「精進」74a（13b19/A176·14/176·7）は、上の第二の「押し合い」【推排[169]】に対応する。「推」は理を推し量り、「排」は悪を排斥する。悪が除かれるので「精」であり、理が明らかであるので「進」である。上の修慧に対応するのである。「欲速出」（13b19-20/A176·14/176·8）以下は、上の第三の「先を争って一緒に走り[170]」に対応するのである。「是名声聞乗」（13b20/A176·15/176·8-9）は、上の第四の「火のついた家を我れ先にと脱出するであろう[171]」に対応する。三乗の修行に、すべてこの四［段］がある。

そして、辟支仏が自然慧を求めることについては、辟支［仏］は法行の人であり、他者にしたがって法を聞くことが少なく、自分で意義を推し量ることが多い。それ故、鹿にたとえる。鹿は人に依存しないからである。「自然」（13b22/A178·2/176·11）とは、十二［因］縁門から入ることであり、この門はもともと存在して、仏や神々【天人】が作ったものでないので、「自然慧」と名づける。他者にしたがって聞くのではないので、また「自然慧」と名づけるのである。

菩薩を「一切智」（13b25）と呼ぶことは、二乗と同じでなく、かえって仏智である。菩薩はこれに比べて因を修行する。とりもなおさず大乗によって広く運ぶという意味である。

5.12222322122221223　等賜大車譬を合す

「如彼長者見諸子等安隠得出」（13b29-c1/A178・12-13/177・10-11）以下は、第三の等賜大車譬《とうしだいしゃひ》に対応する。上の文に四［段］がある。第一に免難、第二に索車、第三に等賜、第四に歓喜である。今、省略して第二・第四に対応しないのである。ただ免難に対応する場合、その意義は索車を兼ねている。等賜に対応する場合、その意

166　上に真実・相似などの四つの位がある【上有真似四位】『法華経』譬喩品、「其の願に適《かな》えるが故に、心は各おの勇鋭して、互相《たが》いに推排し、競いて共に馳走し、争いて火宅を出ず」（同前、一二下一二～一三）を、『文句』巻第五下（大正三四、六九中一七～二六）は六句に分類して、聞慧、思慧、修慧の煖・頂、修慧の忍・世第一法、見道、修道の六位を示している。ここの「四位」と一致しないので、注釈家がさまざまな会通を試みているが、詳しい紹介は割愛する。ただ、「今の合にも亦た四あり」とする注を参照すると、先の経文を「其の願に適えるが故に、心は各おの勇鋭して」、「互相いに推排し」、「競いて共に馳走し」、「争いて火宅を出ず」のように四つに区切っているようである。

167　「父の言うことを聞いて、その貴重なものが彼らの願いに合致するので」【聞父所説玩好之物適其願故】　前注166を参照。

168　「心は各おの勇鋭して」【心各勇鋭】　前注166を参照。

169　「押し合い」【推排】　前注166を参照。

170　「先を争って一緒に走り」【競共馳走】　前注166を参照。

171　「火のついた家を我れ先にと脱出するであろう」【争出火宅】　前注166を参照。

義は歓喜を兼ねている。今、免難・賜車の二譬のどちらも提示し、その後に二つの比喩のどちらにも対応する。

「如彼長者」（13b29/A178·12/177·10）以下は、免難［譬］を提示する。「自惟財富」（13c1-2/A178·13-14/177·11-12）以下は、等賜［譬］を提示する。

「如来亦復如是」（13c2-3/A178·15/177·12-178·1）以下は、免難［譬］に対応する。門に三つの意義がある。入る意義、出る意義、別［教］の意義である。もし三界を宅とし、五陰を舎とするならば、色心に迷うことを通じて色心に入る。とりもなおさず入宅生死《にゅうたくしょうじ》（生死という宅に入ること）の門である。もし出るとするならば、この乗り物は三界から出る。とりもなおさず仏の通教に説き明かされるものを受けて門とする。もし別［教］の意義であるならば、とりもなおさず別教に説き明かされるものを受けて門とするのである。今、「仏教門」（13c4/A178·16/178·2）とあるのは、ちょうど蔵［教］・通［教］の二教の［説き明かす］理を、ともに門として、三界を出て難を免れることができるのである。

「如来爾時便作是念」（13c5/A180·2/178·4）以下は、等賜《とうし》［譬］に対応するのである。上の等賜［譬］は、まず（第一に）二つの章門（等しい子の章門と等しい車の章門）を列挙し、第二に詳細に説き、第三に解釈して提示する【釈出】。今の対応は、欠けている。文は少し順番通りでない。「如来爾時便作是念我有無量智慧力」（13c5/A180·2-3/178·4-5）以下は、第一に上の第四に車がある理由を解釈することに対応する。上には「財産が数え切れないほどであり、［さまざまな］倉庫は、すべて［もので］満ちているからである」[172] とあるのである。
74b
「是諸衆生皆是我子」（13c6/A180·4/178·6）以下は、第二に上の第五の等しい心を詳しく述べることに対応する。上には「私の財産は無限である。低級な小さな車を［子どもたちに］与えるわけにはいかない」[173] とあるのである。「不令有人独得滅度皆以如来滅度而滅度之」（13c7-8/A180·5-6/178·7-8）は、どうして等しい心という意義に対応しないであろうか。「是諸衆生脱三界」（13c8/A180·6-7/178·9）以下は、第三に上の第一の等しい心という章門に対応する。上には「それぞれ子どもたちに［同一の大きな車を］与えるであろう」[174]とあるのである。「諸仏禅定解脱等」（13c8-9/A180·7-8/178·9-10）以下は、第四に上の第二の車を高く掲げる章門に対応する。「皆是一相一種」（13c9/A180·8-9/178·10-11）以下は、第五に上の第三の正面から大車について詳しく述べることに対応する。共通に上の「［その車は］高く広く……［多くの］召し使いが［これ（車）を護衛している］」[175]等に

172 「財産が数え切れないほどであり、［さまざまな］倉庫は、すべて［もので］満ちているからである」【財富無量庫蔵充溢】『法華経』譬喩品、「財富は無量にして、種種の諸蔵は悉皆《こと》ごとく充溢《じゅういつ》せり」（同前、一二下二四～二五）を参照。

173 「私の財産は無限である。低級な小さな車を［子どもたちに］与えるわけにはいかない」【我財物無極不応以下劣小車】『法華経』譬喩品、「我が財物に極まり無し。応に下劣の小車を以て諸子等に与うべからず」（同前、一二下二五～二六）を参照。

174 「それぞれ子どもたちに［同一の大きな車を］与えるであろう」【各賜諸子等】『法華経』譬喩品、「爾の時、長者は各おの諸子に等一の大車を賜う」（同前、一二下一八）を参照。

175 「［その車は］高く広く……［多くの］召し使いが［これ（車）を護衛している］」【高広乃至僕従】『法華経』譬喩品、「其の車は高広にして、衆宝もて荘校《しょうきょう》し、周匝《しゅうそう》して欄楯あり、四面に鈴を懸く。又た其の上に於いて幰蓋《けんがい》を張り設け、亦た珍奇の雑宝を以て之を厳飾し、宝縄《ほうじょう》絞絡《きょうらく》して、諸の華瓔《けよう》を垂れ、重ねて綩綖《おんえん》を敷き、丹枕を安置せり。駕するに白牛を以てし、膚色は充潔に、形体は姝好《しゅこう》にして、大筋力有り。行歩は平正にして、其の疾きこと風の如し。又た僕従多くして、之を侍衛せり」（同前、一二下一八～二四）を参照。

対応する。「一相[176]」は実相であり、法身である。「一種[177]」は［一切］種智である。般若は清浄で神妙な楽を生ずることができる。楽は苦がないので、解脱と名づける。［法身・般若・解脱の］三徳が高く広く、装飾を完全に備え、多くの徳を包含することを、摩訶衍（大乗）と名づける。上の大車譬に対応するのである。

5.122223221222212224　無虚妄譬を合す

「如彼長者以三車」（13c10-11/A180·10-11/179·1）以下は、第四の不虚譬に対応する。上の答えに二［段］がある。第一に身命を全うし、第二に本心に背かないことである。それぞれ三つの区別がある。今、ただ本心に背かないことにだけ対応して、身［命］を全うすることも兼ねる。なぜならば、仏の意図はもともと［劫濁・見濁・煩悩濁・衆生濁・命濁の］五濁を除こうとすることであり、五濁が消滅する以上、大善は自然と完全となる。上の［本］心に背かないことに三［段］がある。第一に高く掲げること、次に解釈、第三にたとえ【況】である。今、ただ解釈に対応し、たとえ【況】に対応するだけである。

最初に三車によって誘い引き、後に大車を与える比喩を提示する。次に如来は最初に三乗を説いて誘い導き、その後にただ大乗だけを説くことに対応する。これは本心に背かないことを解釈することに対応する。上には「［この資産家は］先に次のように考えたからである。『私は方便によって子どもたちが脱出することができるようにさせよう』と[178]」とあるのである。「何以故」（13c14/A180·15-16/179·6）以下は、上の第三の況出不虚《こうしゅつふこ》（たとえることが偽りでないこと）に対応する。長者が自分で財産が数え切れないほどであることを知り、子供たちに大いに利益を与えようとする。それ故、三［車］を許して一［車］を与える。偽りでないのである。この解釈は少し前と相違する。前の意味は、子供たちに［火宅から］脱出することができるようにさせるためであるので、その意味は三［車］にはない。［火宅から］脱出する以上、［車を］与えなくても、また偽りではない。今、如来は世に出現し、もともと大［乗］を説こうとするけれども、ただ［衆生の］卑小な智慧は三界を好み執著するので、方便によって誘い導き、［火宅から］脱出することができる以上、かえって大乗を与えることが、本心に合致することを明らかにする。それ故、「すべての衆生に大乗の法を与えることができるからである。ただ［衆生は与えられた法を］完全には受け取ることはできない」とあるのである。[179] もし『華厳［経］』において［大乗の法を］受けることができるならば、すぐに大［乗］を与えて、一［乗］を開いて三［乗］とすることを待たなかった。受けることのできない者には、「方便力によって、一仏乗について、区別して三

176 「一相」【一相】『法華経』譬喩品「是の諸の衆生の三界を脱れたる者には、悉ごとく諸仏の禅定・解脱等の娯楽の具を与う。皆な是れ一相・一種にして、聖の称歎したまう所なり」（同前、一三下八～一〇）を参照。

177 「一種」【一種】 前注176を参照。

178 「［この資産家は］先に次のように考えたからである。『私は方便によって子どもたちが脱出することができるようにさせよう』と」【先作是意我以方便令子得出】『法華経』譬喩品、「是の長者は先に是の意を作さく、『我れは方便を以て子をして出ずることを得しめん』と」（同前、一三上八～九）を参照。

179 「すべての衆生に大乗の法を与えることができるからである。ただ［衆生は与えられた法を］完全に受け取ることはできない」とあるのである【言能与衆生大乗之法但不尽能受也】『法華経』譬喩品、「如来は無量の智慧・力・無所畏の諸法の蔵有って、能く一切衆生に大乗の法を与う。但だ尽《こと》ごとくは受くること能わず」（同前、一三下一四～一六）を参照。

［乗］を説く」のである。[180] 三［乗］は衆生に基づき、仏の本意ではない。それ故、これによって本心に背かないことが偽りでないことをしっかりと解釈するのである。

74c

妙法蓮華経文句巻第五下

180 「方便力によって、一仏乗について、区別して三［乗］を説く」のである【以方便力於一仏乗分別説三】『法華経』方便品、「諸仏は方便力を以て、一仏乗に於いて、分別して三を説く」（同前、七中二六～二七）を参照。

菅野博史（かんの・ひろし）
1952年　福島県に生まれる
1976年　東京大学文学部卒業
1984年　東京大学大学院博士課程単位取得退学
1994年　文学博士（東京大学）
創価大学大学院文学研究科教授、公益財団法人東洋哲学研究所副所長
中国人民大学客員教授。
専門は仏教学、中国仏教思想史。

著 書
『中国法華思想の研究』（春秋社）
『法華文句』Ⅰ～Ⅳ
『一念三千とは何か—「摩訶止観」正修止観章』
（以上、第三文明社）
『法華経入門』（岩波書店）
『南北朝・隋代の中国仏教思想研究』（大蔵出版）
『法華玄義を読む—天台思想入門』
『法華経—永遠の菩薩道 増補新装版』
『法華経思想史から学ぶ仏教』（以上、大蔵出版）
『中国仏教の経典解釈と思想研究』（法藏館）
『現代語訳 法華玄義』（上）（下）（東洋哲学研究所）ほか。

東哲叢書 仏典現代語訳シリーズ Ⅱ
現代語訳 法華文句（上）

2024年10月2日　初版第1刷発行

訳注者　菅野博史
発行者　田中亮平
発行所　公益財団法人東洋哲学研究所
〒192-0003 東京都八王子市丹木町 1-236
TEL: 042 (691) 6591　FAX: 042 (691) 6588
URL: https://www.totetu.org/
印刷所　光村印刷株式会社
製本所　大口製本印刷株式会社

ISBN 978-4-88596-086-4 C1315

―「東哲叢書」の刊行にあたって―

東洋哲学研究所の創立は、一九六一年二月四日、創価学会第三代会長池田大作先生がインドのブダガヤを訪れた際に構想された。仏教原点の地に立った池田先生の脳裏に去来したのは、「仏教という世界の精神的遺産を決して過去のものとして終わらせてはならない。そのためには、信仰体系としての仏教にとどめるだけでなく、そこに学問的英知の光をあて、仏教の真髄、普遍的価値を明らかにすることが必要である」との考えであった。

そして、仏教をはじめ、古今東西の思想・哲学・文化を多角的に研究するとともに、宗教間・文明間の対話を推進し、その成果をもって、平和と共生、そして豊潤な精神文明の構築に寄与するとの高邁な理想と使命を掲げて、翌一九六二年一月、前身の東洋学術研究所が創立された（一九六五年、財団法人東洋哲学研究所として認可。二〇一〇年、公益財団法人に移行認定）。

現在、東洋哲学研究所は、多角的な研究事業と出版事業を柱として活動を展開している。主要な研究事業として、インド仏教、中国仏教などの仏教全般を研究対象としたうえで、大乗仏教の主要な経典である『法華経』の文献学的研究、思想・哲学的研究、並びに、伝播の歴史的研究を推進している。

その研究成果の一つが、「法華経とシルクロード展」、「法華経―平和と共生のメッセージ」展等の開催である。『法華経』をテーマにした展示会は、これまで世界十九カ国・地域で開催し、累計九十万人の鑑賞者を数えるに至っている。

出版事業では、創立者と海外の学識者との文明間対話シリーズの他、研究員による『大乗仏教の挑戦』シリーズなどを刊行してきた。

また定期刊行物として、『東洋学術研究』（一九六二年創刊）、『THE JOURNAL OF ORIENTAL STUDIES』（一九八七年創刊）、『東洋哲学研究所紀要』（一九八五年創刊）を発刊している。

さらに、一九九七年以来、「法華経写本シリーズ」の刊行を創価学会との共同事業として推進している。これは世界の各機関が所蔵する『法華経』の梵文写本（西夏文を含む）を写真版とローマ字版として出版したものであり、十八点（本年十一月現在）を刊行してきた。

これらの出版事業に加えて、このたび新たに「東哲叢書」を刊行する運びとなった。その嚆矢となるのが、本書『現代語訳 法華玄義（上）』である。

『法華経』は古来、東アジアの仏教世界において、広範囲に信仰され、社会的・文化的にも大きな影響を与え続けた。

この法華思想の系譜にあって特に著名な注釈書、思想書を著し、後世に甚大な影響を与えたのが中国の智顗、湛然、日本の最澄であり、この法華思想の系譜は、後世の日蓮へと引き継がれ、日蓮教学の基礎理論を提供する重要な仏教文献となるのである。

これらの仏教文献は『大正新修大蔵経』等に収録されており、原典は漢文である。そのため現代語訳し、その思想の全貌を蘇らせることは仏教研究者のみならず、『法華経』に関心を持つ読者にとって待望久しいものであった。

それらの原典の現代語訳を当研究所の三人の研究員が進めている。この主要な法華思想仏教文献の現代語訳の出版が未来への思想的財産として、現代社会にその仏教の豊かな智慧の光明を提供するものとなることを願うものである。

今後は、この「仏典現代語訳シリーズ」にとどまらず、当研究所の学術研究の成果を専門性と一般性を兼ね備えた「東哲叢書」として刊行していく予定であり、本叢書がより多くの読者に迎えられることを願ってやまない。

二〇一八年十月二日

公益財団法人東洋哲学研究所